쉽게 풀어 쓴

심리학개론

INTRODUCTION TO PSYCHOLOGY

강진령 저

학지사

머리말

심리학은 인문학뿐 아니라 자연과학과도 밀접한 학문 분야다. 20세기에 걸쳐, 21세기에서도 심리학은 사회의 다양한 영역에서 적용의 지평을 넓혀 가고 있다. 이러한 추세에 따라 심리학은 의학, 간호학, 문학, 법학, 사회학, 경제학, 경영학, AI(인공지능) 등 다양한 학문과도 융합하면서 더 살기 좋은 세상을 만드는 데 일조하고 있다.

첨단 테크놀로지 혁명 덕에 사람들은 더 많은 자유를 누리며 더 안락하게 생활할 수 있을 것으로 기대했다. 그러나 오히려 스트레스, 불안, 우울 등의 어려움을 호소하는 사람이 늘고 있다. 이러한 현상에 대해 프랑스의 지성, 프레데릭 르누아르(Frédéric Lenoir)는 현대인들이 '일빙ill-being'에 빠져 있다고 선언했다. 일빙은 삶의 주인이 자신이 아니라고 느끼는 무력감, 빈약한 소셜 네트워크, 물질적 빈곤, 허약한 건강상태, 사회불안이 상호작용해 만들어지는 상태다. 문명의 아이러니가 아닐 수 없다.

삶은 우리 각자에게 주어진 선물이다. 세상에서 가장 소중한 것이 있다면, 세상에 하나밖에 없는 '우리 자신'이다. 지식 획득을 통한 우리 자신의 의식 혁명 없이는 세상의 변화는 기대할 수 없다. 그래서 간디는 일찍이 '당신 스스로 당신이 바라는 세상의 변화가 되라'고 강조했나 보다. 심리학은 변화에 필요한 마음을 열어 주는 학문이다. 심리학자들의 통찰을 분별하여 소통하는 것은 흥미롭고 유쾌한 일이다.

이 책에는 이미 오래전부터 사람의 마음을 이해하려는 심리학자들의 통찰과 지혜가 담겨 있다. 나는 이 책이 인간 이해뿐 아니라, 어떻게 살아야 할까에 관심 있는 사람들에게 도움이 되었으면 한다. 나뭇가지에 앉은 새는 가지가 부러질까 두려워하지 않는다. 자신의 날개를 믿기 때문이다. 나는 새처럼 이 책이 자기주도적인 삶을 살아가려는 사람들에게 자신의 온전성integrity을 믿게 하는 데 도움이 되었으면 한다.

이 책의 특징은 다음 여섯 가지다. 첫째, 각 장마다 학습목표를 제시했다. 학습목표를 제시한 이유는 학생들이 해당 장에서 학습해야 할 내용에 대해 개념지도를 그리도록 도움을 주기 위해서다. 둘째, 심리학의 핵심 용어를 진한 글자로 표기했고, 원문을 병기함으로써, 독자들의 이해와 가독성을 높이고자 했다. 셋째, 해당 주제와 관련된 심리학자들에 대한 짤막한 인적사항을 소개함으로써, 이론과 연구의 배경 이해를 돕고자 했다. 넷째, 얼핏 복잡해 보이는 심리학 이론과 연구의 이해를 돕기 위해 관련 그림 또는 사진을 삽입했다. 다섯째, 각 장 끝부분에 복습문제(10문항)를 제시하여, 해당 장의 학습 여부를 확인하게 함으로써, 학습효과를 극대화하고자 했다. 끝으로, 일부 장의 말미에 간편 자기검사를 추가하여, 학습자의 흥미 유발과 자기이해를 돕고자 했다.

우리에게 주어진 날들이 영원하지 않음을 알면, 삶이 그만큼 소중해진다. 자신이 간발의 차이로 살아남은 행운아임을 안다면, 무의미한 고민이나 일들로 시간을 낭비하지 않게 될 것이다. 주어진 날들이 선물처럼 다가오고, 더 절실하게 아침을 맞이하며, 삶을 더 깊이 사랑하게 될 것이다. 또 가장 아까운 것이 '매 순간을 살지 않은 삶'이라는 걸 깨닫게 될 것이다. 이 책은 흥미롭고 가치 있는 심리학적 지식을 공유·소통하려는 열정의 산물이다. "무엇이든 생동적인 것은 대중의 언어로 쉽고도 자연스럽게 표현된다."는 헨리 소로(Henry David Thoreau, 1817~1862)의 조언에 힘입어, 나는 이 책을 통해 심리학을 명쾌하고 생생하게 풀어내어 독자들에게 전달하고자 했다. 우리가 시작해야 하는 가장 창조적인 행위는 삶의 매 순간을 붙잡는 일임을 깨닫는 데 이 책이 조금이나마 도움이 되었으면 한다.

끝으로, 이 책이 나오기까지 도와주신 모든 분께 감사드린다. 특히 꼼꼼하면서도 특유의 부드러움으로 원고 교정을 해 주신 김현주 선생님, 든든하게 온 마음으로 지원해 주신 한승희 부장님 그리고 이 책의 출간을 위해 여러모로 애써 주신 김진환 사장님께 깊은 감사의 인사를 드린다. 모쪼록 이 책이 자기를 찾아 떠난 독자의 여정에 따뜻한 동반자가 되기를 소망한다.

2023년 3월

저자

차례

01

심리학의 기초
: 마음의 이치

개요

- 심리학의 정의
- 과학으로서의 심리학
- 현대 심리학
- 심리학 연구

학습목표

1. 심리학의 정의를 내릴 수 있다.
2. 심리학의 발달과정과 주요 인물의 업적을 이해할 수 있다.
3. 현대 심리학의 주요 관점을 설명할 수 있다.
4. 심리학의 하위영역별로 심리학자들이 어떤 일을 하는지 설명할 수 있다.
5. 비판적 사고의 중요성과 그 원리를 설명 · 논의할 수 있다.
6. 인간의 행동과 정신과정에 관한 연구방법을 설명할 수 있다.
7. 심리학 연구의 방법을 설명하고 윤리에 관해 논의할 수 있다.

현생 인류를 가리켜 호모 사피엔스homo sapiens라고 한다. '생각하는 사람' '슬기로운 사람'이라는 뜻이다. 이 슬기로운 사람들의 역사 속에서 심리학이 탄생했다. 그러나 과연 인간은 호모 사피엔스라 불릴 자격이 있는가? 우리는 어떤 존재인가? 이 질문에 대한 답은 심리학을 통해 들을 수 있다. 심리학의 기원은 소크라테스, 플라톤, 아리스토텔레스 등의 철학자들이 활동하던 고대 그리스 시대로 거슬러 올라간다. 특히 소크라테스(Socrates, BC 470~399)가 '너 자신을 알라'고 말하기 이전부터 사람들은 인간의 마음에 관심이 있었다. 그 후, 인간의 본질에 관한 다양한 심리학적 쟁점은 대부분 철학적 관점에서 탐구되었다.

그러나 19세기 중반, 찰스 다윈의 '진화론theory of evolution'이 세상에 소개되고, 물리학, 화학 같은 과학의 발달은 심리학이 과학적 증거에 바탕을 둔 학문으로 변모하는 데 큰 영향을 주었다. 이러한 변화의 기저에는 심리학자들의 과학적 태도와 비판적 사고방식이 있었다. 그러면 21세기에 걸맞은 심리학의 정체성부터 살펴봄으로써, 심리학을 통한 독자들의 자기 자신과 타인 이해를 위한 여정을 시작해 보자.

찰스 다윈
(Charles Darwin,
1809~1882)

심리학의 정의

심리학psychology은 인간의 행동과 정신과정을 탐구하는 학문이다. 행동behavior이 자극에 대한 생명체의 관찰 가능한 반응이라면, 정신과정mental process은 행동에서 추론되는 사고, 신념, 감정 같은 내적 상태다. 심리학은 말 그대로 마음('심心')의 이치('리理')를 연구하는 학문이다. 이에 비해 영어의 'psychology'는 그리스어로 마음, 영혼, 정신을 뜻하는 'psyche'와 학문을 의미하는 'logos'가 합해진 것으로, 마음, 영혼, 정신을 연구하는 학문의 의미로 풀이된다. 그렇다면 심리학 공부를 통해 사람의 마음을 들여다볼 수 있을까? 안타깝게도, 다른 사람의 마음을 읽는 것은 불가능에 가깝다. 그러나 사람들의 행동 연구를 통해 간접적으로 이해하는 것은 가능하다. 사람들의 정신과정의 결과가 행동으로 표출되기 때문이다. 그러므로 사람의 마음을 이해하려면, 그 마음에 작용하는 정신과정과 행동 이해가 선행되어야 한다.

그렇다면 심리학에서 인간의 행동과 정신과정을 연구하는 목적은 무엇일까? 심리학의 목적은 인간의 행동과 정신과정에 관한 연구를 통해 인간 이해와 삶의 질을 높이는 것이다. 그러나 심리학은 인간 행동의 연구에만 한정되어 있지 않다. 심리학자 대부분은 동물과 인간에게 공통점이 많다고 믿고 있다. 동물의 행동에 영향을 주는 요인을 더 잘 통제할 수 있다는 점에서, 심리학 분야에서는 동물 대상의 연구가 수행되어 오고 있다. 그러면 오늘날 과학에 기반한 심리학은 어떻게 발달했는지 살펴보기로 하자.

과학으로서의 심리학

구스타프 페히너
(Gustav Fechner, 1801~1887)

19세기에 들어서면서 화학과 물리학은 복합물(분자)을 그 요소(원자)로 분석함으로써 눈부신 발전을 이루었다. 이러한 분위기에 편승하여 1860년 독일의 물리학자 · 실험심리학자 구스타프 페히너는 자신의 저서 『정신물리학의 요소(Elemente der Psychophysik)』에서 몸과 마음의 관계, 즉 자극의 물리적 강도와 심리적 감각 사이의 관계를 양적으로 측정하는 정신물리학psychophysics을 소개했다. 페히너는 마음을 자연과학적 방법으로 연구하는 실험심리학을 개척함으로써, 과학으로서의 심리학의 출발을 위한 기초를 다졌다. 과학으로서의 심리학은 대상과 방법에 따라 ① 구조주의, ② 기능주의, ③ 행동주의, ④ 게슈탈트 심리학, ⑤ 정신분석, ⑥ 인지심리학으로 구분된다.

구조주의

구조주의structuralism는 독일의 빌헬름 분트를 중심으로 의식을 요소별로 분석 · 기술하고자 했던 사조다(인식의 주체인 개인의 흥미와 관심에 따라 지식을 구성해 나가는 주관적 측면을 강조한 사조인 구성주의constructionism와는 다름). 분트는 내성법introspection(자신의 지각, 사고, 감정을 관찰 · 기록하는 방법)을 통해 정신과정을 연구했다. 그는 1879년 라이프치히 대학에 실험심리학 실험실을 건립함으로써 정신과정에 대한 과학적 연구의 발판을 마련했다. 이러한 공로로 오늘날 1879년은 현대 심리학 탄생의 원년으로 기록되었고, 분트는 '심리학의 아버지'로 불리고 있다.

빌헬름 분트
(Wilhelm Max Wundt, 1832~1920)

구조주의라는 말은 영국 태생, 미국의 심리학자 에드워드 티치너가 명명한 것이다. 이는 화학자들이 물질의 구조를 분석해 내는 것처럼, 정신구조를 밝혀내고자 한 그의 바람을 반영한 것이었다. 티치너는 화학자들이 물질을 분자나 원자의 결합으로 설명하듯이, 정신구조를 다양한 구성요소의 결합을 통해 설명하고자 했다. 그는 자연과학적 연구방법을 통해 의식의 구조를 탐구했고, 분트의 저서 『생리심리학의 원리(Principles of Physiological Psychology)』(1874)를 영어로 출간하기도 했다. 그러나 구조주의의 한계를 지적하면서 반발하는 심리학자가 있었는데, 윌리엄 제임스였다.

에드워드 티치너
(Edward Bradford Titchner, 1867~1927)

기능주의

기능주의functionalism는 유기체가 환경에 적응하고 기능하려면 마음이 어떤 일을 해야 하는지에 관한 연구에 초점을 둔 심리학 사조다. 이 사조를 주도한 미국의 윌리엄 제임스는 의식(사고, 감정 등)의 기능과 성질을 이해하는 것이 의식의 요소를 분석하는 것보다 더 중요하다고 보았다(예 코의 냄새 맡는 기능, 뇌의 생각하는 기능). 다윈의 진화론에 영향을 받은 제임스는 냄새 맡기와 마찬가지로 사고가 발달한 이유는 이 기능이 적응적이었기 때문이라고 보았다. 즉, 사고가 인류의 생존과 확장에 기여했기 때문에 발달했다는 것이다.

윌리엄 제임스
(William James, 1842~1910)

이로써 의식은 한 가지 중요한 기능, 즉 과거를 돌이켜 보고, 현재에 적응하며, 미래를 계획할 수 있게 해 준다는 것이다. 이에 제임스는 정서, 기억, 의지, 습관, 순간순간의 의식의 흐름을 탐구할 것을 강조했다. 구조주의와 기능주의는 각기 체계적인 연구방법을 모색했다는 점에서 현대 심리학 발달에 기여했다. 그러나 이들 역시 여전히 심리학을 의식 경험 중심의 과학으로 간주하는 한계를 보였다. 이러한 한계점은 1920년대에 들어서면서 자연스럽게 행동주의, 게슈탈트 심리학, 정신분석 같은 새로운 사조로 대체되었다.

행동주의

존 왓슨
(John Broadus Watson, 1878~1958)

행동주의behaviorism는 미국의 존 왓슨을 중심으로 창시된 심리학 사조다. 이 사조는 의식 경험을 심리학의 대상으로 삼았던 이전 사조의 주장에 반발하여 창시되었다. 심리학이 과학이 되려면 심리학적 데이터가 다른 자연과학의 데이터처럼 객관적 검토가 가능해야 한다고 보았다. 즉, 의식은 사적이기 때문에 공개적인 특성이 있는 행동에 초점을 맞추어야 한다는 것이다. 이러한 주장은 급속도로 심리학자들의 관심을 불러일으켰다.

왓슨 외에도 스키너(Burrhus Frederick Skinner, 1904~1990)는 실험을 통해 행동이 조건형성의 산물이며, 환경은 특정 습관을 강화함으로써 행동을 만들어 낸다고 주장했다. 아이의 울음을 그치게 하려고 아이가 좋아하는 과자를 주는 것은 우는 습관을 강화(보상)하게 되는 것이 한 예다. 행동주의에 의하면, 조건반응은 가장 작은 단위의 행동으로, 이를 토대로 더 복잡한 행동이 생성된다. 또 특별한 훈련에 의해 형성된 복잡한 행동 패턴은 조건반응을 서로 엮어서 짠 직물과 같다. 심리학적 현상에 관한 일련의 연구는 자극-반응Stimulus-Response(S-R) 심리학이라는 용어를 탄생시켰다. 행동주의 심리학이 미국에서 관심을 얻기 시작할 무렵, 1912년경 독일에서는 게슈탈트 심리학에 심리학자들의 주목이 집중되고 있었다.

게슈탈트 심리학

게슈탈트 심리학Gestalt psychology은 독일의 막스 베르트하이머를 비롯하여 코프카(Kurt Koffka, 1886~1941), 쾰러(Wolfgang Köhler, 1887~1967) 등을 중심으로 지각을 연구대상으로 삼은 심리학 사조다('형태주의 심리학'라고도 함). 이 사조에서는 지각 경험이 자극의 패턴과 경험의 체제화에 의존한다고 보았다. 즉, 우리가 실제로 보는 것은 자극과 자극의 배경뿐 아니라, 자극의 전체적 패턴과 관련되어 있다는 것이다.

막스 베르트하이머
(Maximilian Wertheimer, 1880~1943)

[그림 1-1]에서 사람들은 정삼각형을 이루는 세 개의 각을 볼 때, 세 개의 작은 각을 보는 것이 아니라, 하나의 삼각형을 인지한다. 게슈탈트 심리학자들은 운동지각, 크기 판단, 조명에 따른 표면 색상의 변화 등의 지각 문제에 관심을 가졌다.

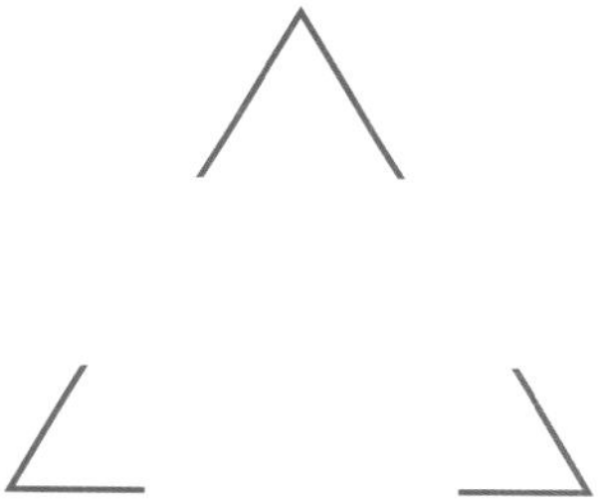
[그림 1-1] 게슈탈트 도식

이들은 학습, 기억, 문제해결 등에 대한 지각 중심적 해석을 시도함으로써 인지심리학 개척에 크게 공헌했다. 또 레빈(Kurt Lewin, 1890~1947)을 비롯한 애쉬(Solomon Asch, 1907~1996), 하이더(Fritz Heider, 1896~1988)는 게슈탈트 심리학 원리를 대인관계에 적용함으로써, 사회심리학 창시에 기여했다.

정신분석

정신분석psychoanalysis은 20세기 초 오스트리아의 지그문트 프로이트가 창시한 최초의 성격이론이자 심리치료 모델이다. 이 사조는 1859년 찰스 다윈이 저서 『종의 기원(The Origin of Species)』을 통해 인간이 신에 의해 창조된 것이 아니라, 적자생존의 법칙law of survival of the fittest에 따라 진화되어 온 생물학적 존재라고 주장한 시대정신을 반영하여 탄생했다. 프로이

지그문트 프로이트
(Sigmund Freud, 1856~1939)

트는 인간을 생물학적 존재로 보고, 본능이론을 바탕으로 정신분석을 창시했다. 정신분석은 후속 이론들의 이론적 토대가 되었을 뿐 아니라, 비판 대상이 되면서 새로운 이론 태동의 촉매 역할을 했다. 이 이론은 사람들이 알고 있는 의식 영역보다 모르고 있는 무의식 영역을 더 강조한다는 점에서 심층심리학depth psychology으로도 불린다. 또 쾌락을 추구하는 본능과 현실세계와의 마찰에서 비롯된 불안을 처리하는 과정에서 겪는 갈등을 다룬다는 점에서 갈등심리학conflict psychology이라고도 한다.

게슈탈트 심리학과 정신분석에 대한 높은 관심에도 불구하고, 제2차 세계대전 이전까지는 행동주의 사조가 심리학계를 주도했다. 그러나 종전 후, 심리학 연구 영역의 확대, 그리고 정교한 도구와 전자 장비의 개발은 심리학의 새로운 사조, 즉 인지심리학의 출현을 가능하게 했다. 특히 1950년대에 들어서면서 개발된 컴퓨터는 훨씬 더 정확하고 객관적인 심리과정의 이론화에 필요한 도구가 되었다.

인지심리학

인지심리학cognitive psychology은 인간을 정보처리자(정보 입력, 저장, 인출)로 간주하는 정보처리모형information processing model에 기반한 심리학적 사조다. 이 사조는 마음의 본성에 대한 초기 개념을 구체적인 용어로 제시하는 한편, 실제 데이터를 기반으로 한 평가를 가능하게 했다. 예컨대, 기억의 작동이 컴퓨터가 정보를 저장 · 인출하는 방식과 유사하다거나, 작업기억이 장기기억으로 가는 정류장 역할을 한다는 사실을 발견했다. 이는 마치 컴퓨터가 임시저장고 속에 있는 정보를 내부의 메모리칩(RAM)으로 옮기고, 그것을 다시 영구 저장고(하드디스크)로 옮기는 것과 같다.

노암 촘스키
(Noam Chomsky, 1928~)

1950년대에서 심리학 발전에 중대한 영향을 준 또 다른 사건은 현대 언어학linguistics의 발전이다. 언어학자들은 언어를 듣고 말하는 데 필요한 정신구조물의 이론화에 박차를 가했다. 이러한 움직임을 주도한 노암 촘스키는 1957년 저서 『통사구조(Syntactic Structures)』에 언어를 심리적으로 분석한 결과를 최초로 소개함으로써, 심리언어학psycholinguistics이라는 새로운 영역을 개척했다. 비슷한 시기에 신경심리학에서는 뇌와 신경계통에 관한 연구를 통해 신경적 사건과 정신과정 사이에 관련이 있음을 입증했다. 생의학 기술의 진보는 이 분야의 연구 발전을 가속화했다.

일례로, 1981년 로저 스페리는 대뇌반구의 기능과 시각 정보화 과정에 관한 연구로 노벨 생리의학상을 받았다. 정보처리모형, 심리언어학, 신경심리학의 발전은 오늘날 심리학의 인지혁명의 불을 지폈고, 융합학문으로서 인지신경과학 cognitive neuroscience에 대한 인식 전환으로 이어졌다. 이로써 인지심리학은 정신과정과 구조의 과학적 분석뿐 아니라 지각, 동기, 정서, 임상, 성격, 사회심리 등을 포괄하는 영역으로 발전하고 있다.

로저 스페리
(Roger W. Sperry, 1913~1994)

현대 심리학

구조주의에서 인지심리학에 이르기까지 과학으로서의 심리학 발달은 인간의 다양한 문제를 조망하는 현대 심리학의 기초가 되었다.

현대 심리학의 관점

오늘날 심리학자들은 실험·연구실, 병원, 산업체 등 폭넓은 장면에서 뇌 과학 brain science에서 사회, 문화에 이르기까지 다양한 주제에 관해 과학자로서의 사회적 책무를 수행하고 있다. 각자의 임무와 환경은 다르지만, 이들은 인간의 마음과 행동을 기술·설명한다는 공통적인 목표 성취를 위해 노력하고 있다. 현대 심리학의 주요 이론적 관점을 요약·정리하면 〈표 1-1〉과 같다.

〈표 1-1〉 현대 심리학의 주요 이론적 관점

관점	초점
1. 정신역동	❍ 개인의 무의식과 갈등이 행동에 미치는 영향
2. 행동주의	❍ 관찰 · 측정 가능한 반응행동의 학습 과정
3. 인지주의	❍ 정보의 부호화, 처리, 저장, 인출과정과 방법
4. 신경과학	❍ 뇌가 인간의 정서, 기억, 감각 경험에 미치는 영향
5. 진화론	❍ 특질의 자연선택이 유전자의 영속성에 미치는 영향
6. 행동 유전학	❍ 유전자와 환경이 개인차에 미치는 영향
7. 사회문화주의	❍ 사회 · 문화가 개인의 행동과 사고에 미치는 영향

현대 심리학의 주요 이론적 관점에 의하면, 인간은 세포, 원자, 분자 같은 신경 체계 등의 신체 기관으로 이루어져 있는 미시적 존재이자 가족, 학교, 사회, 문화 같은 사회문화적 체계의 일부인 거시적 존재다. 이로써 심리학자들은 생물학적 · 심리적 · 사회문화적 접근을 통합하고 각 차원의 한계를 보완함으로써 개인에 대한 이해와 분석의 틀을 제공하는 생물심리사회적 접근biopsychosocial approach에 깊은 관심을 가지고 있다.

긍정심리학의 출현. 20세기 동안 심리학자와 정신의학자들은 주로 마음의 부정적인 측면에 치중한 경향이 있었다(예 학대, 불안, 우울, 정신질환 등). 이에 마틴 셀리그먼(Martin Seligman, 1942~)을 중심으로, 인간의 강점과 미덕 등 긍정적 측면에 초점을 맞추자는 심리학의 새로운 동향, 즉 긍정심리학positive psychology이 탄생했다. 긍정심리학의 출현은 인류 공존과 번영에 관한 연구를 촉진하는 역할을 하고 있다(Myers & Dewall, 2019). 긍정심리학에서는 개인의 행복이 즐겁고, 헌신적이며, 의미 있는 삶의 부산물로 간주한다. 즉, 삶의 질이 높고 의미 있는 삶을 영위하는 것에 초점을 둔다. 긍정심리학에서는 과학적 방법을 통해 〈표 1-2〉와 같은 주제를 탐구한다.

〈표 1-2〉 긍정심리학의 탐구 주제

주제	초점
1. 긍정적 정서	❍ 과거에 대한 만족, 현재에 대한 행복, 미래에 대한 낙관
2. 긍정적 성격특성	❍ 창조성, 용기, 연민, 성실성, 자기조절, 리더십, 지혜, 영성
3. 긍정적 환경	❍ 건강한 가족, 서로 돕는 이웃, 효과적인 학교, 사회적 책임을 실천하는 미디어

현대 심리학의 영역

오늘날 심리학 분야의 학위를 소지하고 있는 사람들의 절반 정도는 대학에서 활동한다. 이들은 교육 외에도 연구, 상담/심리치료 등의 일을 한다. 그런가 하면 학교, 병원, 연구소, 정부기관, 기업 등에서 활동하거나, 개업하여 유료로 심리학적 서비스를 제공하는 심리학자들도 있다. 이처럼 다양한 심리학의 하위영역을 정리하면 〈표 1-3〉과 같다.

〈표 1-3〉 현대 심리학의 영역

심리학 영역	활동 내용
1. 건강	❍ 개인 또는 공동체의 건강을 증진하고, 손상 가능성이 있는 심리적 · 생물학적 · 행동적 요소를 탐구함
2. 공학	❍ 인간과 기계의 관계/상호작용 효율성 향상을 꾀함(예 효율적인 계기판/제어기가 장착된 기계 설계를 통해 수행, 안전, 편의성 극대화 추구)
3. 교육	❍ 학습과 교수방법의 전문가로, 주로 대학에서 활동하면서 교수방법 연구와 교사교육 · 연수를 담당함
4. 발달	❍ 인간발달(출생~노년기)에서 행동형성 요인에 관해 연구함(예 인지, 언어 등)
5. 사회	❍ 사람들이 자신이 속한 사회를 어떻게 지각 · 해석하고, 신념, 정서, 행동이 실제 또는 가상적 타인에 의해 어떻게 영향을 받는지에 관해 탐구함
6. 상담	❍ 개인 또는 집단(커플, 가족 포함)의 강점과 자원 인식을 통해 개인적 · 직업적 문제해결과 도전 극복, 그리고 적응상의 정서 · 행동 장해를 진단 · 치료함
7. 생물/생리	❍ 뇌의 생물학적 과정과 행동의 관계를 탐구함
8. 성격	❍ 개인차, 외부 세계와 상호작용하는 개인의 방식, 그리고 그 방식을 규정하는 사고, 정서, 행동을 탐구함

9. 인지	❍ 사람들의 지각, 기억, 언어, 사고, 문제해결 등의 내적 정신과정을 탐구함
10. 임상	❍ 정신장애, 물질/약물사용, 정서와 행동 장해를 진단 · 치료함
11. 산업/조직	❍ 기업 또는 산업시설에서 인적자원 선발 또는 협동/팀워크 촉진을 위한 기업 구조 개선 등을 도모함
12. 학교	❍ 아동 발달, 교육, 상담, 임상심리학 분야에서 훈련받고 학생들의 정서 문제를 사정 · 평가함

인간의 행동은 매우 복잡해서 이를 설명하려는 이론들이 그만큼 많다. 특정 시간과 장소에서 개인의 행동에는 너무 많은 요인이 영향을 미치기 때문에 단순하고 선언적인 설명에 대해 의구심을 품는 것은 과학자로서 심리학자의 자세다. 건강한 회의주의healthy skepticism는 과학자로서 임상가의 지식 추구 또는 개입전략의 탐색을 촉진하는 잠재력이다. 연구는 심리학자들에게 인간 본성에 관한 지적 호기심을 만족시키기 위한 메커니즘을 제공한다.

심리학 연구

심리학은 과학science이다. 심리학이 과학이라는 것은 과학적 · 경험적 연구를 기반으로 성립되었다는 의미다. 연구research는 과학적인 방법을 통해 세계에 대한 지식을 체계적 · 구체적 · 논리적인 방법으로 증거를 얻는 탐구과정이다. 심리학 연구의 목적은 특정 현상을 기술 · 설명 · 예측 · 통제함으로써, 사람들의 행동에 미치는 요인들을 이해하고, 이 지식을 공공의 이익을 위한 것으로 활용하는 데 있다. 과학적 연구는 또 심리학자들이 이론을 간명 · 유용하게 정립 · 확장 · 수정할 수 있게 해 준다.

과학에서 이론theory은 관찰 결과를 조직화하는 아이디어를 제공함으로써, 행동 또는 사건을 설명한다. 이론은 개별적으로 존재하는 사실들을 체계화함으로써, 현상을 단순화한다. 행동에는 무수히 많은 사실이 존재한다. 이는 계속해서 점을 찍다 보면 한 장의 선명한 그림이 되는 것에 비유된다. 좋은 이론은 검증 가능한 가설 설정을 가능하게 한다. 가설은 어떤 결과(행동 또는 사건)가 이론을 지지 또는 기각하는지 검증할 수 있다. 이론은 관찰자로 하여금 편견을 갖게 할 수 있다. 연구자가 기대하는 것을 보고자 하는 욕구는 실험실 안팎에 항시 존재한다.

이런 편향을 막기 위해 심리학자들은 조작적 정의operational definition(독립변수에 처치를 가하는 절차 또는 종속변수를 측정하는 절차를 명시한 것)를 설정한다. 예를 들어, 수면부족은 개인의 자연스러운 수면보다 2시간 이상 적게 자는 것으로 정의할 수 있다. 이 조작적 정의는 다른 연구자들이 이 연구를 반복할 수 있게 해 준다. 만일 후속 연구자들이 다른 참여자들을 대상으로 동일한 내용의 연구('반복연구replication research')를 수행하여 유사한 결과를 산출한다면, 이전 연구의 결과가 믿을 만하다고 확신할 수 있을 것이다.

과학적 연구

심리학에서 과학적 연구scientific research는 심리학적 지식의 정교화·확장하고, 이론, 사고, 실제 경험을 일정한 원칙과 절차에 따라 검증하는 구조화된 방법이다. 과학적 연구는 비판적 사고에서 시작된다. 비판적 사고critical thinking란 감정·편견·권위에 맹종하지 않고 합리적·논리적으로 분석·평가·분류하는 것을 말한다. 이는 사실 또는 사상을 당연한 것으로 받아들이지 않는 것에서 출발한다. 과학적 연구를 위한 비판적 사고의 원리는 [글상자 1-1]과 같다.

© PROUVÉ Victor

[글상자 1-1] **비판적 사고의 원리**

1. 의심으로 시작하라. ☛ 증거에 대한 검토를 마치기 전까지는 사실로 인정하지 말라.
2. 증거를 고집하라. ☛ 특정 진술, 의견, 주장에 대해 증거를 요구하라.
3. 용어의 정의를 확인하라. ☛ 진술의 정확성은 정의에 따라 달라진다.
4. 개인적인 일화를 의심하라. ☛ 타인의 경험에 관한 진술이 근거로 충분한지 확인하라.
5. 연구증거에 대한 다른 해석도 고려해 보라. ☛ 알코올과 공격성 사이에는 상관이 있는데, 음주가 공격성을 유발한다는 증거가 될 수 있을까?
6. 지나치게 단순화 또는 일반화하지 마라. ☛ 인간도 동물임을 기억하라.

과학적 연구의 이점. 과학적 연구는 두 가지 이점이 있다.

첫째, 명료하고 정확하다. 행동에 대한 상식은 모호한 경향이 있다. 예컨대, '매를 아끼면 자식을 버린다'는 말에서 매를 아낀다는 것은 무엇을 말하는가? 또 자식을 버리게 되는 것은 어떻게 알 수 있는가? 게다가 매를 아낀다는 것과 아이를 버린다는 진술은 사람마다 다르게 이해할 수 있다. 이에 과학적 접근은 모든 관련 변인에 대해 정확한 조작적 정의를 내릴 것을 요구한다. 또 검증하고자 하는 가설을 명확하게 세워야 한다. 이처럼 명료성은 아이디어에 관한 소통을 향상시킨다.

둘째, 오류를 허용하지 않는다. 과학자들은 근본적으로 회의적인 시각을 갖도록 훈련받는다('비판적 사고'). 이들은 자신의 생각을 경험적으로 검증할 뿐 아니라, 비판적 시각으로 타인의 연구결과를 면밀히 조사한다. 과학에는 때로 흥미있는 가설을 도출하는 사색이 요구되기도 하지만, 궁극적으로는 객관적인 자료와 문헌이 요구된다. 과학자는 두 연구의 결과가 상충될 때, 어느 것이 맞는지 확인하고자 한다.

반면, 상식에 의한 분석은 상반되는 진술(예 아는 것이 힘이다 vs. 아는 것이 병이다)에 관대하고, 생각을 검증하거나 오류를 밝히려고 노력하지 않는다. 결국 이것이 의미하는 것은 과학적 접근이 상식적 분석보다 더 정확한 정보를 얻는 경향이 있다는 것이다. 즉, 과학적 접근은 현실에 바탕을 둔 정보를 산출하는 경향이 있다. 심리학자들은 자신의 경험적 관찰 결과를 요약 · 제시하기 위해 일정한 연구절차에 따른다.

과학적 연구의 절차. 과학적 연구는 보통 ① 관찰, ② 예측, ③ 검증, ④ 해석, ⑤ 소통 순으로 이루어진다. 연구는 보통 관찰에서 시작된다. 연구자들은 관찰된 현상에 대해 예측하고, 예측한 것은 이론으로 기술한다. 이론theory은 특정 현상에 대해 검증 가능한 예측을 할 수 있는 일련의 가정 · 명제다. 이론은 연구자가 관찰한 것을 조직화 · 설명해 주며 관찰대상을 알려 준다. 이에 이론은 실제 증거와 결부되어야 하고, 관찰을 체계화하여 검증할 수 있는 기대를 창출해야 한다. 이러한 이론을 토대로 가설을 설정한다.

가설hypothesis은 검증될 수 있는 주장, 즉 변수 간의 관계에 대한 예측이다. 다시 말해서 과학적 가설은 특정 조건하에서 어떤 결과가 나타날 것이라는 데 대한 특수하고, 정보에 근거하며, 검증 가능한 예측이다. 과학적scientific이란 말은 데이터 수집에 사용되는 방법의 공정성(특정 가설에 편향되지 않음)과 신뢰성(다른 연구자들이 반복적 관찰에도 동일한 결과를 산출함)이 있다는 뜻이다. 가설 검증에는 측정이 요구된다.

측정measurement이란 변수에 숫자를 배정하는 체계를 말한다. 측정결과를 해석하고, 그 결과가 우연한 것이 아니라 의미 있고 예측에 잘 맞는지 알아보기 위해 통계학statistics(숫자로 된 자료를 수집, 분석, 해석, 제시하는 수학적 방법)이 사용된다. 또 동일한 주제에 관한 논문들의 일반적 경향을 이해하기 위해 효과크기effect size라는 통계치를 이용한다. 가장 흔히 사용되는 통계치는 평균이다. 평균mean은 점수들의 합계를 개체의 수로 나눈 값이다. 통계학 적용을 통해 연구자들은 개별 대상으로 구성된 전집에서 데이터를 추출하고, 그 데이터로부터 전집에 관한 수학적 추론을 한다.

과학적 연구의 최종 단계는 연구결과의 소통이다. 즉, 연구자의 발견을 전문 학술지에 발표하는 것이다. 일정한 양식에 따라 연구자는 자신의 가설, 실험설계, 실험조건, 결과, 결론을 공유한다. 연구자는 발표논문에서 연구결과의 폭넓은 의미를 공유한다. 학술지에 논문을 발표하는 일은 과학적 발견 내용을 공적 영역의 일부로 축적하는 역할을 한다. 이는 다른 연구자들의 연구 반복 또는 확대 기회를 제공한다. 이는 지금까지 과학적 발견과 지식이 축적되어 온 방식이다.

연구방법

심리학이 과학의 한 영역으로 자리 잡게 되면서 사람들의 행동에 대해 더 만족스러운 설명을 도출하는 정교한 연구방법들이 생겨났다. 이러한 방법들은 단순한 추측이나 권위에 의존하는 것을 방지할 수 있게 해 준다. 즉, 특정 사안에 대한 의문점을 객관적으로 관찰 · 증명함으로써, 관계의 존재를 확인하거나, 인과관계를 검증하거나, 이러한 관계 기저에 내재된 원리를 생성해 낼 수 있다. 이론이 연구의 동기를 부여하고 방향을 안내한다면, 연구는 이론을 수정한다. 연구방법은 다양하고 각 방법에는 나름의 장단점이 있을 뿐, 모든 연구문제에 완벽하게 답해 줄 연구방법은 존재하지 않는다. 그러나 유용한 방법을 선별하여 사용할 수 있다면, 연구자는 이해 · 예측 능력이 확장될 것이다. 심리학의 주요 연구법으로는 ① 실험법, ② 상관법, ③ 사례연구, ④ 관찰법, ⑤ 조사연구가 있다.

실험법. 실험법experimental method은 원인과 결과에 관한 가설을 검증하는 방법이다. 즉, 실험자의 조작과 특정 결과의 측정치 사이에 인과관계를 보여 주기 위해 특정 방식으로 참여자들의 경험을 조작('처치')하는 연구방법이다. 원인과 결과의 분리를 위해 심리학자들은 세상을 단순화한다. 이를 위해 심리학 실험은 주로 실험실에서 이루어진다. 실험실 환경이 행동에 대한 정확한 측정과 변수variable(변화할 수 있는 모든 것)의 완전한 통제가 가능하기 때문이다. 그러나 실험은 실험실 밖에서도 가능하다. 실험은 논리의 문제이지 장소의 문제가 아니다.

실험법에서는 인과관계 규명을 위해 참여자들을 실험집단과 통제집단에 무선할당하여 혼재변수confounding variable(인과관계 관찰을 위해 조작한 독립변수 외에 종속변수에 영향을 미치는 변수)를 통제한다('혼입변수' '가외변수'라고도 함). 종속변수의 측정은 독립변수의 효과를 결정한다. 실험집단experimental group은 연구자가 관심 있는 실험적 요인 또는 상황의 처치treatment를 받는 일련의 피험자들을 가리킨다. 반면, 통제집단control group은 실험연구에서 어떤 처치의 성과 또는 효과를 비교하기 위해 아무런 처치도 받지 않는 일련의 피험자들이다. 비교집단comparative group은 실험집단('처치집단')의 결과와 비교하기 위해 다른 처치를 받는 일련의 피험자들을 말한다.

무선할당random assignment은 참여자들을 서로 다른 조건에 배정하여 개인이 특정 집단에 속할 기회와 다른 집단에 속할 기회가 동일하도록 하는 것이다. 이는 각 참여자가 어느 집단에 배정되느냐가 동일한 확률임을 나타낸다. 무선할당은 집단 사이에 존재하는 기존의 차이를 최소화한다. 통제되지 않은 변수 이외에 실험자가 모르는 많은 다른 변수가 실험의 결과를 어떤 방향으로 편향시킬 수 있다. 그럼에도 엄정하고 객관적인 연구결과를 산출하기 위해서는 실험자 기대효과를 배제해야 한다. 실험자 기대효과experimenter expectancy effect는 실험자가 누가 어떤 집단에 할당되어 있는지를 아는 것이 참여자의 행동에 영향을 미치는 현상이다. 즉, 이러한 효과는 연구에 실험자와 참여자 간의 직접적 상호작용이 개입되면, 실험자의 연령, 성별, 인종, 성격이 참여자의 행동에 영향을 준다는 것이다.

독립변수independent variable(IV)는 연구자가 예측하는 것으로, 통제된 조건하에서 실험자에 의해 조작되어 특정 결과를 초래하는 조건을 말한다. 반면, 종속변수dependent variable(DV)는 실험 조작에 대한 결과 또는 반응이다. 독립변수는 원인, 종속변수는 결과로 생각할 수 있으나, 실제로는 그렇게 단순하지가 않다. 그렇지만 만일 두 변수 사이에 인과관계가 있다면, 반응은 처치에 종속적이고, 종속변수로 볼 수 있다.

예를 들어, 학업성적이 올랐을 때 돈을 제공하면 학생의 성적이 향상된다는 가설을 실험법으로 검증한다고 하자. 연구자는 참여자들을 세 가지 조건에 무선 배정한다. 성적이 오르면, 한 집단에는 10만 원을, 다른 집단에는 5만 원을 주기로 하고, 또 다른 집단에게는 아무런 말을 하지 않았다. 이러한 실험설계를 통해 보상 액수[가정된 원인(독립변수)]가 성적[가정된 효과(종속변수)] 향상에 원인이 되었는지 알 수 있다.

실험연구에서 연구자는 귀무가설을 설정한다. 귀무가설null hypothesis(또는 '영가설')은 설정한 가설이 '참'일 확률이 극히 적어 기각될 것이 예상되는 변수 간의 관계에 대한 예측이다. 처치가 완전히 비효과적이라 할지라도, 어떤 특성에 대해서든 혼재변수 또는 점수 변동으로 인해 집단 간에 일정한 차이가 나타날 수 있다. 따라서 처치에 효과가 있다는 것을 나타내기 위해 이러한 차이가 처치로 인한 것일 확률probability을 측정·보고한다. 이를 통해 연구자는 무언가를 입증했다고 선언하기보다 처치가 효과적일 확률로 보고한다.

실험연구를 수행할 때, 독립변수를 어떻게 설정·조작하고, 종속변수를 어떻게 측정할 것인지에 따라 다양한 종류의 설계가 가능해진다. 그러나 모든 심리학적 연구문제가 실험법에 의해 이루어지는 것은 아니다. 연구자들이 어떤 참여자들을 어떤 조건에 배정할 것인지를 통제할 수 없는 상황이 있다. 이러한 경우, 상관법을 통해 통제할 수 없는 변수가 다른 변수들과 연관('상관')이 있는지를 결정할 수 있다.

상관법. 상관법correlational method은 두 개 또는 그 이상의 변수들 간에 어떤 선형적 관계가 있는지 분석하는 방법이다. 이 방법은 변수 간의 연관된 정도를 나타낼 뿐, 인과관계를 설명하지 못하고 무선할당을 요구하지 않는다는 특징이 있다. 예컨대, 거식증이 있는 사람들이 정상 체중인 사람들보다 맛의 변화에 더 민감하다는 가설을 검증한다고 하자. 연구자는 정상 체중인 사람들을 모집해서 그들 중 과반수가 거식증 환자이기를 기대할 수는 없다. 대신, 이미 정상 체중이거나 거식증인 사람들을 모집하여 미각의 차이를 조사할 수 있다. 이 예에서 체중 변수는 두 개의 값, 즉 거식증과 정상 체중이 되는데, 한 변수의 값들이 다른 변수의 값들과 관련된 정도를 조사하게 된다. 이를 위해 상관계수라는 기술통계치가 사용된다.

변수 간의 선형적 상관관계의 정도를 나타내는 상관계수correlation coefficient를 통해 알 수 있다. 상관계수는 두 개의 변수가 관련된 정도의 추정치다. 단순상관 여부와 그 관련성의 방향은 피어슨 적률상관계수 '*r*'로 나타낸다. 이는 변수 x와 y 간의 선형관계성 정도를 0에서 1.00 또는 0에서 −1.00 척도상에서 기술해 주는 통계치를 말한다. 변수들 간의 인과관계는 회귀분석regression analysis으로 확인할 수 있다. 변수들 간의 상관관계는 −1에서 +1 사이의 숫자로 표시된다. 1.00은 완벽한 관련성을, 상관계수 0은 전혀 관계가 없음을 나타낸다.

상관관계 연구는 쌍생아들 간의 유전적 요인과 특정 심리장애 간의 관계를 규명하기 위해 사용되기도 한다. 유전자가 동일한 일란성 쌍생아는 유전자가 동일하지 않은 이란성 쌍생아보다 일부 심리장애에서 더 높은 상관관계를 나타낸다. 실험법과 상관법의 중요한 차이점이 있다면, 실험법은 독립변수를 체계적으로 조작하여 이것이 종속변수에 미치는 영향을 알 수 있는 반면, 상관법으로는 이러한 원인과 결과의 관계를 알 수 없다는 점이다.

특정 집단의 경험과 태도에 대한 정확한 판단을 위한 한 가지 방법은 무선표집을 통해 대표성을 지닌 표본sample을 표집하는 것이다. 무선표집random sampling은 모집단의 모든 구성원이 표본으로 추출될 확률이 동일한 표집 방법이다. 무선표집된 표본은 다른 표본의 추출에 전혀 영향을 주지 않고 독립적이라는 특징이 있다. 이 방법은 연구자가 관찰 · 기술 · 설명하려는 모집단을 정확하게 반영할 수 있다는 이점이 있다.

무선표집을 하려면, 모집단의 구성원들에게 번호를 부여하여 난수표를 활용하여 표본을 추출해야 한다. 또 표본이 모집단의 대표성을 높이기 위해서는 가능한 많은 표본을 표집해야 한다. 표본의 크기가 클수록, 모집단을 더 잘 대표할 수 있기 때문이다. 결과의 일반화를 위한 가장 바람직한 조건은 모집단에 대한 무선표집이다. 기술연구에는 ① 사례연구, ② 관찰법, ③ 조사연구 등이 있다.

사례연구. 사례연구case study는 특정 현상 또는 사회적 단위('사례')에 관한 상세하고 심층적인 자료 수집을 통해 집중 탐구하는 방법이다. 이 방법은 인간 행동에 관한 지식과 지혜의 근원이 될 수 있다. 사례연구는 일대일의 관계를 기반으로 수년에 걸쳐 실시된다는 점에서 조사 또는 질문지로 파악할 수 없는 깊은 통찰을 얻을 수 있다(예 역사적으로 중요한 인물의 일생 연구). 또한 가설설정을 위한 귀중한 자료를 제공할 수 있다는 이점이 있다.

그러나 사례연구는 부정확할 수 있다는 약점이 있다. 사람들의 기억은 사실과 다르거나 오류가 발견된다(Bernstein & Loftus, 2009). 또 피면접자는 면접자의 환심을 사거나 반감을 일으키기 위해 자신의 이야기를 왜곡시킬 수도 있다. 게다가, 면접자 역시 특정 기대를 가지고 있을 수 있고, 피면접자들의 기억의 틈 사이에 이런 기대에 부응하는 내용을 채우도록 미묘하게 부추길 수도 있다.

관찰법. 과학은 복잡한 수학공식이나 실험실을 연상시킨다. 그러나 이것이 과학의 전부는 아니다. 자연환경이나 생명체를 직접 접하면서 연구하는 경우도 있다. 관찰법observation method은 실제 세계에서 행동을 관찰 · 기록하는 방법이다('자연관찰'이라고도 함). 이 방법에서 연구자는 관심 대상이 되는 행동에 영향을 주지 않아야 하고, 편견을 갖지 말아야 하며, 개입하지 않아야 한다. 이 방법은 참여자들의 행동을 부자연스

럽게 할 수 있는 통제된 상황이 아니라, 실제 상황에서 실제 행동을 면밀히 살필 수 있다는 장점이 있다. 반면, 조건이 통제될 수 없고, 변인들 간의 인과관계를 밝힐 수 없다는 한계가 있다.

제인 구달 (Jane Goodall, 1934~)

관찰법의 대표적인 예로는 영국의 제인 구달의 침팬지 연구다. 그녀는 1960년부터 탕가니카(오늘날의 탄자니아) 곰비Gombe 지역에 들어가 자연스러운 환경에서 침팬지의 행동관찰을 통해 침팬지에 관한 두 가지 새로운 사실을 발견했다. 하나는 당시에 채식동물로 알고 있었던 침팬지가 사냥과 육식을 즐긴다는 사실이었다. 침팬지는 고기를 아주 좋아해서, 고기 먹을 기회가 생기면 치열한 경쟁을 벌이곤 했다. 또 침팬지 수컷이 암컷을 유혹할 때, 고기를 선물로 주기도 했다. 다른 하나는 침팬지가 도구를 사용한다는 사실이었다. 이는 인간만이 도구를 제작 · 사용한다는 당시의 통념을 뒤집는 발견이었다.

조사연구. 조사연구survey research는 일련의 질문 또는 면담을 통해 목표 대상으로부터 정보를 수집하는 방법이다. 이 방법의 최대 장점으로는 설문지를 배부하고 컴퓨터로 응답을 분석함으로써 한번에 다수의 행동, 생각, 의견, 태도 등에 관한 정보를 수집할 수 있다는 점이다. 수집된 정보는 빈도 분포, 백분율, 집중 경향성, 분산도 등 기본적인 기술통계가 사용된다.

알프레드 킨제이 (Alfred Kinsey, 1894~1956)

잘 알려진 설문조사로는 알프레드 킨제이가 수행한 남녀의 성행동에 관한 보고서가 있다. 그는 당시 인디애나대학교 교수로서 미국인 11,240명(남 5,300명, 여 5,940명)과의 개인면담을 통해 수집한 자료를 바탕으로 『남성의 성행동(Sexual Behavior in the Human Male)』(1948), 『여성의 성행동(Sexual Behavior in the Human Female)』(1953) 두 권의 서적을 출판했다(이 두 권의 서적은 당시에 책 제목의 민망함 때문에 '킨제이 보고서'로 불렸음).

킨제이의 연구결과는 성 억압이 만연했던 미국 사회에 큰 파장을 일으켰다. 설문연구에서는 사람들에게 그들의 생각과 행동에 관해 직접적 또는 간접적으로

묻는다. 또 각 응답자에게 동일한 방식으로 특정한 일련의 질문을 한다. 질문의 유형은 개방질문과 척도(예 리커트 척도)를 활용한 질문으로 나뉜다. 지금까지 살펴본 연구방법을 요약 · 정리하면 〈표 1-4〉와 같다.

〈표 1-4〉 연구방법 비교

연구방법	특징
1. 실험법	❍ 무선할당을 통해 1개 이상의 요인에 처치를 가함으로써 원인과 결과를 탐색함 ❍ 현실적 · 윤리적인 이유로 연구수행이 불가한 경우가 발생할 수 있음
2. 상관법	❍ 처치 없이 2개 이상의 변인에 관한 데이터 수집을 통해 자연적으로 발생하는 관계를 탐색함 ❍ 1개 변인이 다른 변인의 예측 정도를 평가함 ❍ 원인과 결과 규명이 불가능함
3. 기술 연구법	❍ 처치 없이 행동을 관찰 · 기록함(사례연구, 자연관찰, 조사연구) ❍ 변인통제가 불가능하고, 사례누락 가능성이 있음

연구윤리

심리학자는 살아 있는 존재를 대상으로 연구를 수행한다는 점에서 연구 중에 발생할 수 있는 윤리적 문제에 유의해야 한다. 연구자는 법과 원칙에 합당한 방식으로 연구를 수행해야 한다. 연구는 개인의 권리를 존중하는 방식으로 수행되어야 하고, 참여자에 대한 정서적 · 신체적 · 사회적 손상을 피하기 위해 합리적인 주의를 기울여야 함을 강조하고 있다. 심리학 연구윤리는 크게 ① 인간 대상 연구와 ② 동물 대상 연구로 나뉜다.

인간 대상 연구. 사람을 대상으로 하는 연구의 참여자에 대한 주요 윤리적 원칙은 ① 사전동의와 ② 최소 위험성 원칙이다.

첫째, 사전동의informed consent는 참여자들이 자신들의 협력 의사에 영향을 줄 수 있는 연구의 모든 측면에 대해 사전에 설명을 들어야 하고, 그 후에 자발적으로 연구에 참여하며, 언제라도 불이익을 받지 않고 실험 참여의 중도포기가 허용되어야 한다는 원칙이다.

둘째, 최소 위험성minimal risk이란 연구에 참여하는 사람들을 신체적 위해 또는 부상 위험성에 노출시켜서는 안 된다는 것이다. 즉, 연구 참여 중 발생할 수 있는 위험은 일상생활의 위험과 크게 다르지 않아야 한다는 원칙이다. 그러나 만일 연구목적상 참여자들에게 특정 감정을 불러일으키거나 당혹감을 줄 수 있다면, 연구자는 사후에 가능한 한 신속하게 참여자들에게 사후설명을 해 주어야 한다.

사후설명debriefing은 가설을 포함한 정확한 연구목적, 적용된 기만행위, 기만이 연구수행에 필요한 이유, 그리고 연구결과에 대해 참여자에게 알리고 설명해 주는 것이다. 이는 기만의 결과로 나타날 수 있는 부정적 영향을 최소화시키기 위한 과정이다. 이는 실험 절차를 알려 주지 않은 이유 또는 그들을 속인 이유가 설명되어야 하며, 이들이 실험 참여 전과 동일한 자존심을 지니고 연구에 대해 좋은 인식을 가지고 실험실을 떠날 수 있도록 모든 감정적 앙금을 해소시켜야 한다. 연구자는 허용될 수 있는 조건(① 과학적 · 교육적 · 응용적 잠재 가치가 중요할 때, ② 기만이 연구설계의 일부일 때, ③ 기만 이외의 다른 대안이 없을 때, ④ 실험 종료 후 사후설명이 있을 때) 외에는 참여자를 기만하지 않아야 한다(APA, 2014).

동물 대상 연구. 동물을 대상으로 하는 연구에서도 윤리기준을 준수해야 한다. 동물 대상 연구의 기원은 고대 그리스 시대에 해부를 통해 생식과 유전을 설명한 히포크라테스의 업적에서 찾을 수 있다. 아리스토텔레스는 '식물은 동물을 위해 존재하고, 동물은 인간을 위해 존재한다'고 주장하며, 해부학과 발생학 발전에 기여했다.

갈레노스
(Claudios Galenos, 129~199)

2세기 무렵에는 로마의 외과의사 갈레노스가 동물(돼지, 염소, 원숭이 등) 해부를 통해 신체구조(뼈, 심장, 근육, 뇌신경 등)에 관한 의학적 토대를 마련했다. 그는 해부학 외에도 생리학, 진단법, 치료법 등 의학의 모든 분야에서 오랫동안(1,000년 이상) 큰 영향을 끼쳤다. 16세기 베살리우스(Andreas Vesalius, 1514~1564)에 의해 인체 해부학이 발전하기까지 동물해부 연구는 의학발전의 중요한 토대가 되었다.

동물실험이 의학, 독성학, 생리학 등의 분야에서 본격적으로 활용되기 시작한 것은 19세기 이후다. 1860년 근대 실험의학의 창시자로 불리는 프랑스의 생리학자 클로드 베르나르(Claude Bernard, 1813~1878)는 동물실험을 생리학 분야의 표준연구법으로 확립시켰다. 그는 물질이 인간과 동물에게 미치는 영향은 정도의 차이만 있을 뿐, 동일하므로 동물실험이 독성학과 위생학에서 과학적 증거로 활용될 수 있다고 주장했다. 동물실험의 성행은 실험동물(슈퍼쥐, 기니피그, 햄스터, 실험용 토끼, 특정 종류의 개 등)이라는 새로운 종류의 생명체를 탄생시켰다.

[그림 1-2] 실험용 동물

[그림 1-3] 파블로프 실험에 사용된 개
출처: Wikipedia.

동물 대상 연구는 불안, 스트레스, 공격성, 알츠하이머병 같은 심리적 문제의 이해 · 치료에 큰 역할을 해 왔다(Carrol & Overmier, 2001). 1900년경, 러시아의 생리학자 이반 파블로프(Ivan P. Pavlov, 1849~1936)는 개의 식도에 관을 삽입하여 타액이 입 밖으로 나오도록 수술한 뒤에 조건반사conditioned reflex 실험을 한 것으로 유명하다.

심리학자들이 연구에 동물을 사용하는 이유는 다음 두 가지다. 하나는 동물의 행동 그 자체에 관심이 있는 경우이고, 다른 하나는 동물이 인간의 대용으로 사용되는 경우다. 심리학 연구에서 동물이 사용되는 비율은 약 7%이고, 이 중에서 95%가 쥐와 새다(Nolen-Hoeksema et al., 2015). 동물을 사용하는 연구의 윤리성 여부에 관한 논쟁이 지속되어 오고 있지만, 미국 내에서 80%의 심리학자들과 72%의 심리학 전공 학생들은 동물의 사용을 지지하는 것으로 조사되었다(Plous, 1996a, b).

그러나 의학, 생물학, 심리학 연구에서 동물 사용에 대한 압도적인 지지에도 불구하고 동물실험에 반대하는 움직임은 이미 100여 년 전에도 있었다. 동물실험에 대한 조직적인 반대운동은 1903년 런던대학교 의과대학 실험실에서 베일리스(William M. Bayliss, 1860~1924) 교수가 갈색 테리어 개를 해부한 실험('갈색개 사건brown dog affair')의 합법성을 두고 발화되었다.

[그림 1-4] 갈색개 동상
출처: Wikipedia.

[그림 1-4]는 1906년 반생체실험협회가 런던의 배터시Battersea 지역에 세운 갈색 개 동상이다. 이 동상은 의과대학생들의 반발로 1910년 3월 배터시 의회의 의결로 철거되었으나, 이후에도 동물생체 실험을 반대하는 사람들의 목소리는 잦아들지 않고 있다.

동물피해 우려를 해소하기 위한 관련 학회의 연구지침의 핵심은 모두 동물에게 가해지는 고통과 피해가 그 연구에서 얻어지는 지식에 의해 충분히 정당화될 수 있어야 한다는 것이다. 즉, 동물을 학대하지 않고 고통과 피해를 최소화해야 할 도덕적 의무를 강조하고 있다. 실험실 동물의 생존 환경과 관리에 관한 구체적인 지침은 이러한 도덕적 의무가 어떻게 이행되어야 하는지를 규정하고 있다. 동물 대상 연구의 윤리기준은 심리학 연구에 참여하는 사람과 동물이 연구의 협력적 파트너로 간주되어야 한다는 것이다.

복습문제

※ 다음 빈칸에 들어갈 말을 써 보세요.

1. 심리학은 인간의 ________와/과 정신과정에 대한 연구로 정의할 수 있다.

2. 독일의 심리학자 ____________은/는 의식을 요소별로 분석 · 기술하고자 했던 구조주의를 창시함으로써, '심리학의 아버지'로 불린다.

3. 다윈(C. Darwin)은 자신의 저서 『종의 기원』을 통해 인간이 신에 의해 창조된 것이 아니라, __________의 법칙에 따라 진화되어 온 생물학적 존재라고 주장했다.

4. 프로이트(S. Freud)가 창시한 정신분석은 사람들이 알고 있는 의식 영역보다 모르고 있는 무의식 영역을 더 강조한다는 점에서 ________심리학으로도 불린다.

5. 현대 언어학의 움직임을 주도한 촘스키(N. Chomsky)는 자신의 저서 『통사구조』에 언어를 심리적으로 분석한 결과를 최초로 소개함으로써, '________학'이라는 새로운 영역을 개척했다.

6. 뇌에서 생성되어 신경세포 간에 전달되는 생화학물질을 ______________(이)라고 한다.

7. 인지심리학자들은 마음의 작용을 컴퓨터의 ________과정에 비유한다.

8. __________은/는 연구참여자들을 서로 다른 조건에 배정하여 개인이 특정집단에 속할 기회와 다른 집단에 속할 기회가 동일하도록 하는 것을 말한다.

9. ____________ 사고란 감정, 편견, 권위에 맹종하지 않고 합리적 · 논리적으로 분석 · 평가 · 분류하는 것을 말한다. 이는 사실 또는 사상을 당연한 것으로 받아들이지 않는 것에서 출발한다.

10. __________집단은 연구자가 관심 있는 실험적 요인 또는 상황의 처치를 받는 일련의 피험자들을 말하는 반면, __________집단은 실험연구에서 어떤 처치의 성과 또는 효과를 비교하기 위해 아무런 처치도 받지 않는 일련의 피험자들을 말한다.

과학적 심리학에 관한 논의

초감각 지각과 과학적 사고

※ 다음 글을 읽고 자신의 의견을 제시하고, 그 근거에 관해 논의해 봅시다.

당신은 감각이 없는 지각, 즉 초감각 지각extrasensory perception(ESP)의 존재를 믿는가? 대표적인 초감각 지각으로는 ① 텔레파시telepathy(마음과 마음의 소통), ② 천리안clairvoyance(멀리 떨어진 곳에서 발생한 사건의 지각), ③ 예지력precognition(미래 사건의 지각), ④ 염력psychokinesis(마음이 물질에 힘을 가하는 초능력)이 있다. ESP가 실제로 존재한다면, 심리학자들은 마음이 생물학적 뇌와 연계되어 있고, 세상에 대한 지각 경험을 감각에 근거하는 존재라는 과학적 이해를 포기해야 할 것이다.

□ 초감각 지각(ESP)의 존재를 믿는다면, 그 근거는 무엇인가?

□ 초감각 지각(ESP)의 존재를 믿지 않는다면, 그 근거는 무엇인가?

※ 초감각 지각(ESP)의 존재에 대한 자신의 견해를 밝혔다면, 다음에 제시된 글을 읽고 소감을 적어 보자.

ESP가 실재하지 않음의 증거

1. 9. 11 테러 발생 후, 5천만 달러의 포상금이 걸린 오사마 빈 라덴의 은신처를 찾는 데 도움을 준 예지력 소유자는 단 한 명도 없었다.
2. 2010년 33명의 칠레광부 매몰사고 시, 정부가 자문을 구한 4명의 예지력 소유자들의 예측은 '전원 사망'이었는데, 69일 후 죽었다던 광부 33명은 전원 구조되었다.
3. 2003년 미국 클리블랜드에서 아만다 베리라는 여아 실종사건이 발생했다. 아이의 엄마는 TV 프로에 출연하여 유명한 예지력 소유자에게 딸아이의 생존 여부를 물었고, 그는 아이 엄마에게 "안타깝게도 아이는 살아 있지 않아요."라고 답했다. 2013년 아이의 엄마는 살아서 돌아온 딸을 보지 못하고 세상을 떠났다.
4. 한 분석 보고서에 의하면, 실종 후 사망한 116명에 대한 예지력 소유자의 예측 중 83건은 미확인 상태이고, 33건은 틀렸으며, 정확하게 맞힌 사례는 단 한 건도 없었다.
5. 16세기 프랑스의 예지력 소유자 노스트라다무스는 자신의 모호한 예측은 '사건이 일어난 후에 그 사건에 근거하여 해석될 때까지는 이해할 수 없는 것'이라고 노골적으로 밝히기도 했다.
6. 초심리학자 리아 화이트(White, 1998)는 "40여 년간 이 분야에서 활동한 나의 마음에 떠오르는 초심리학의 이미지는 1882년 이래 경험과학이라는 공항 활주로에서만 끊임없이 왔다 갔다 하는 경비행기의 모습이다. 가끔 지상 몇 미터 위로 나는 것 같다가 다시 활주로로 곤두박질하며, 비행다운 비행을 위해 이륙한 적이 단 한 번도 없는 경비행기 말이다."라는 말로 자신의 연구에 대한 결론을 내렸다.
7. 마술사 제임스 랜디James Randi는 타당한 관찰조건에서 진정한 염력을 보이는 사람에게 100만 달러를 상금으로 주겠다고 제안했다(Randi, 1999). 프랑스, 호주, 인도에서도 초능력을 증명하는 사람에게 20만 유로를 상금으로 주겠다고 제안했으나 단 한 명도 나타나지 않았다(CFI, 2003).

잠정결론

☞ 독심술, 천리안, 예지력, 염력, 영매의 망자와의 대화 같은 주장에 대해 어떻게 '참'을 분리해 낼 수 있을까? 과학에 답이 있다. 검증을 통해 실제로 작동하는지 알아보라는 것이다. 과학자로서의 자세는 심령현상을 연구하는 초심리학parapsychology이 반복 가능한 현상과 그 현상을 설명하는 이론을 통해 진실성을 확보하는 일이다.

소감

02

뇌와 신경계
: 마음의 메커니즘

개요

- 신경의 정보전달 시스템
- 신경계
- 내분비계
- 뇌

학습목표

1. 뉴런, 신경자극, 신경전달물질을 비롯한 신경계의 기능을 설명할 수 있다.
2. 말초신경계와 중추신경계의 기능을 설명할 수 있다.
3. 뇌의 구조와 그 기능을 설명할 수 있다.
4. 후뇌, 중뇌, 전뇌의 기능을 설명할 수 있다.
5. 대뇌피질에 관해 설명할 수 있다.
6. 내분비계와 내분비선의 기능을 설명할 수 있다.
7. 분할뇌 연구의 의의를 설명할 수 있다.

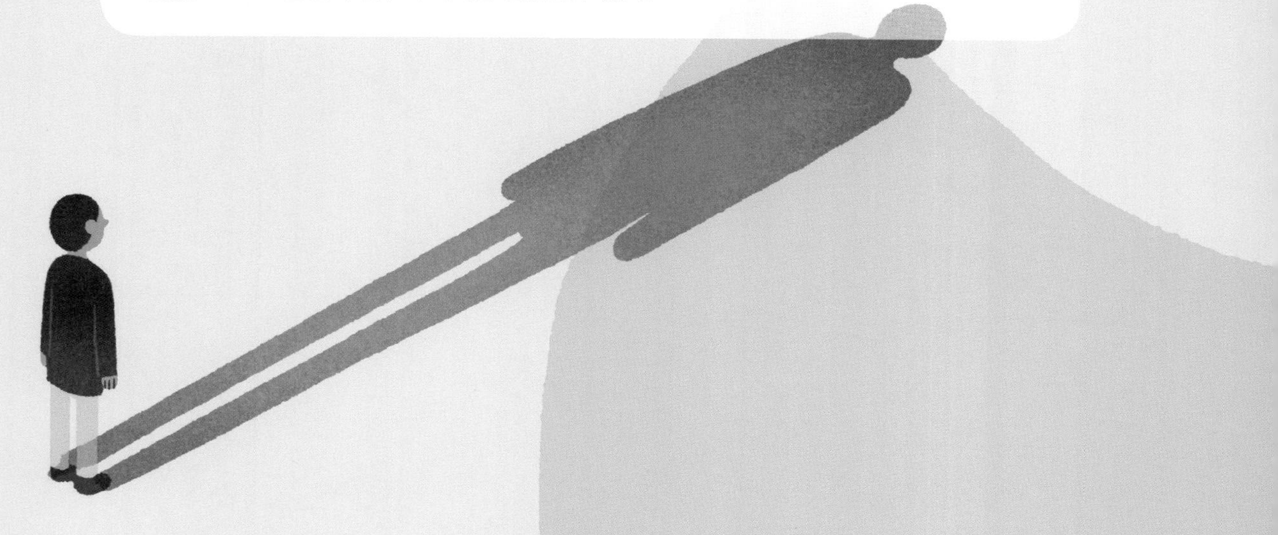

마음은 어디에 있는가? 우리의 뇌brain에 있다. 뇌는 인간에게 마음이 있음을 알게 해 준다. 이러한 점에서 심리적인 것은 생물학적이다. 마음, 즉 사람들의 생각, 아이디어, 기분, 충동 같은 심리적 현상은 생물학적 작용에 의한 것이기 때문이다. 이를 이해하려는 시도는 이미 오래전에 있었다. 일찍이 고대 그리스 철학자 플라톤은 마음이 둥그런 머리통 속에 존재한다고 주장했다. 반면, 그의 제자 아리스토텔레스(Aristoteles, BC 384~322)는 신체에 온기와 생명력을 불어넣는 심장heart에 있다고 했다. 심장은 여전히 많은 이에게 사랑의 상징(♥)으로 여겨지고 있지만, 과학은 이미 오래전 마음의 위치에 관한 논쟁에서 철학을 압도했다. 사랑에 빠지는 것은 심장이 아니라, 바로 뇌라는 사실에 관해서 말이다. 뇌는 사람들이 다양한 경험을 할 수 있게 하는 복잡한 생물학적 체계다.

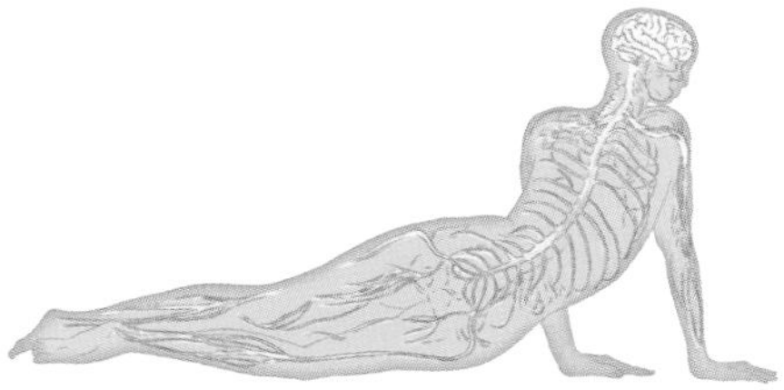
[그림 2-1] 인체의 신경계 배선

플라톤
(Plato,
BC 427~347)

인간의 뇌는 수백만 년에 걸쳐 생존과 번식에 이로운 방식으로 진화해 왔고, 또 진화하고 있다. 심리학 전공생들은 반복된 학습을 통해 전공 지식과 실제 역량 향상을 위해 독특한 뇌의 가소성을 자극하는 것처럼, 뇌 역시 계속해서 적응하고 있다. 이로써 태어날 때의 뇌는 죽게 될 때의 것과 다르다. 인간은 생물심리사회적 존재biopsychosocial being다. 심리적 현상은 동시에 생물학적 현상이다. 사고 · 감정 · 행동은 신체 기능(혈압, 맥박, 호르몬 분비 등)에 영향을 미친다.

오늘날 과학자들은 마음이 뇌의 기능이라는 데에 동의한다(Gazzaniga, 2016). 뇌는 유전자뿐 아니라 경험을 통해 끊임없이 변화하고, 새로운 경로를 구축한다. 이러한 신경의 변화를 가소성plasticity이라고 한다. 가소성은 뇌를 독특하게 만드는 요소의 일부다(Gómez-

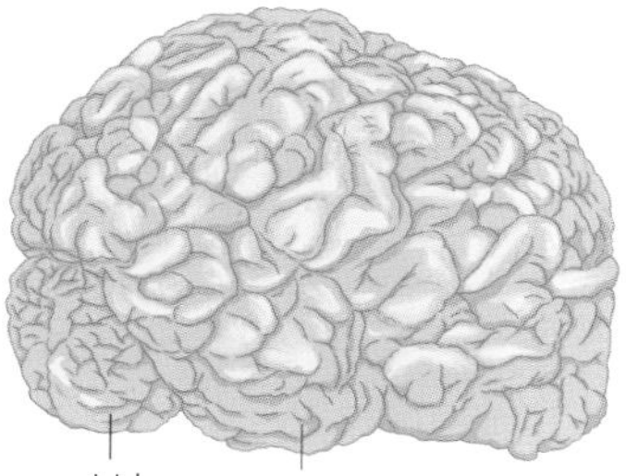

[그림 2-2] 인간의 뇌

Robies et al., 2015). 뇌는 어떻게 마음을 만들어 낼까? 인지신경과학에서는 다양한 분야의 과학자들이 협력하여 뇌의 활동과 정신과정 간의 연관성을 연구한다. 이들은 뇌에서 정보가 수용, 조직, 해석, 저장, 사용을 위한 전기·화학작용의 수수께끼를 풀기 위해 노력하고 있다.

신경의 정보전달 시스템

인간의 행동과 정신과정은 신경계 활성화로 이루어진다. 신경nerve은 수백, 수천의 뉴런으로부터 연장된 축삭 다발이다. 신경계는 전기와 화학작용으로 정보를 전달하는 세포, 즉 뉴런에 의해 작동된다. 사람들의 감정·사고·행동이 바로 뉴런에 의한 신경계 작용의 결과라는 사실은 선뜻 받아들이기 쉽지 않을 것이다. 그렇다면 과연 뉴런이 무엇이고, 어떻게 작동하는지 알아보기로 하자.

뉴런

뉴런neuron은 신경계의 기본 단위다. 뉴런은 다른 뉴런, 내분비선, 근육에 신경

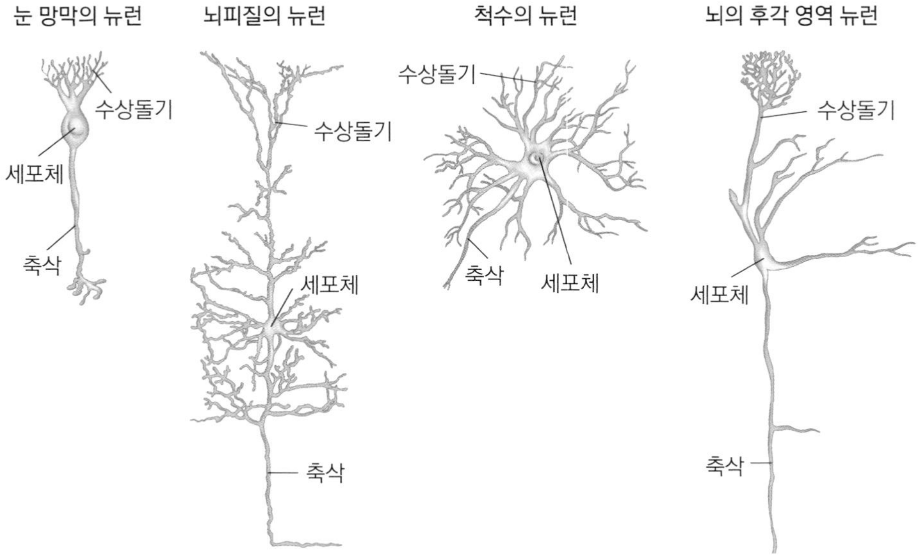

[그림 2-3] 뉴런의 모양

충동으로 정보를 전달하는 전문화된 세포로, 크기와 모양이 매우 다르다. 척수에 있는 뉴런의 축삭 중에는 척추의 끝에서 엄지발가락 근육까지 1m 정도 이어지는 것이 있는가 하면, 뇌의 뉴런 중에는 수천분의 1cm 거리만 도달하는 것도 있다.

뉴런의 구조. 뉴런은 매우 복잡하게 얽혀 있어서 현미경으로도 단일 뉴런의 시작점과 종결점 확인이 쉽지 않다. 신경정보는 섬유질의 유형에 따라 시간당 3~300km 이상의 빠른 속도로 전달된다. 이 속도는 인간이 개발한 컴퓨터에 비해 300만 배나 느리다. 이는 컴퓨터가 거의 즉시 반응하는 것과는 달리, 뇌의 반응은 1/4초 또는 그 이상 걸리는 이유다. 인간의 뇌는 컴퓨터보다 훨씬 더 복잡하지만, 자극에 대한 반응속도는 느리다.

뉴런의 세포체는 신경계 곳곳에서 군집을 이룬다. 뇌와 척수에 있는 뉴런의 세포체 집단은 핵nucleus(복수형은 nuclei), 뇌와 척수 외에서 발견되는 뉴런의 세포체 집단은 신경절ganglion(복수형은 ganglia)이라고 한다. 뉴런의 세포체에서 뻗어 나온 수상돌기dendrite는 다른 뉴런으로부터 신경충동을 수신한다. 반면, 신경충동의 속도를 증가시켜 주는 수초myelin로 둘러싸인 축삭axon(세포체로부터 뻗어 나온 관)은 다른 뉴런(근육, 내분비선 등)에 정보 신호를 전달한다. 축삭의 끝에는 시냅스 종말synaptic terminal(종말단추terminal button로도 불림)이 있다. 뉴런의 종말단추와 다른 뉴런의 세포체 또는 수상돌기 사이의 연결부(시냅스synapse)에는 미세한 공간(시냅스 틈synaptic gap)이 있다.

신경계에는 뉴런 외에도 다수의 비신경세포인 교세포glial cell(그리스어로 접착제glue를 뜻함)가 있다. 수십억 개의 신경세포를 지탱하는 것은 뉴런보다 9배나 많은 가늘고 기다란 교세포다. 교세포는 뉴런 사이에 산재해 있으면서 뉴런에 영양분 공급, 노폐물 수거, 죽은 뉴런과 이물질 흡수 등 청소를 담당한다. 교세포는 학습·사고·기억의 정보처리 기능을 한다(Martín et al., 2015).

신경계에서 정보전달은 세 가지 유형의 뉴런(① 감각뉴런, ② 중간뉴런, ③ 운동뉴런)에 의해 이루어진다. 단일신경에는 감각뉴런과 운동뉴런으로부터 오는 축삭이 있다. 감각뉴런sensory neuron은 감각수용기로부터 받은 충동('메시지')을 척수와 뇌로 전달한다. 수용기receptor는 신체적·화학적 변화를 감지하여 충동으로 변환하는 감각기관, 근육, 피부, 관절의 전문화된 세포다. 중간뉴런interneuron은 감각(구

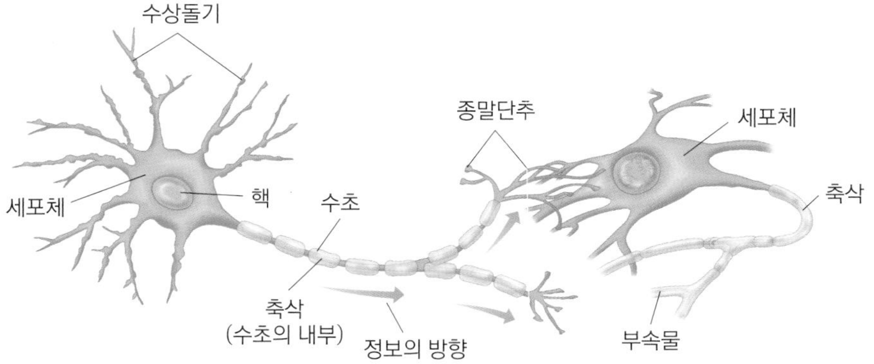

[그림 2-4] 뉴런과 시냅스

심성) 뉴런과 운동(원심성) 뉴런을 연결하며, 중추신경계와 눈에서만 발견된다('간뉴런'으로도 불림). 운동뉴런motor neuron은 뇌와 척수의 명령을 근육과 내분비선에 전달하는 기능을 한다. 신경계에는 약 수백만 개의 감각뉴런과 운동뉴런, 그리고 수천억 개의 중간뉴런이 있다.

활동전위. 활동전위action potential는 세포체로부터 축삭종말까지 전해지는 전기화학적 충동이다. 뉴런은 다른 뉴런으로부터 수신된 신호에 반응하여 정보를 전달하는 장치다. 뉴런이 전달하는 정보는 전기신호 또는 신경충동('활동전위')이다. 신호의 대부분은 뉴런이 가속페달을 밟게 하는 흥분성이고, 나머지 신호는 브레이크를 작동하게 하는 억제성이다. 송신뉴런으로부터 신호를 수신한 뉴런이 흥분되면, 신경흥분은 축삭을 통해 다음 뉴런으로 신경정보를 전달한다. 이때 흥분성 신호에서 억제성 신호를 빼고 난 나머지 신호의 강도가 역치threshold를 넘어서면 활동전위가 발화된다. 이는 이온(전하를 띤 분자)의 운동에 의해 발생한다.

이온들이 뉴런에 들어가면, 뉴런은 흥분 또는 억제된다. 이러한 뉴런의 작동방식은 실무율 반응all-or-none response으로, 뉴런은 흥분하거나 하지 않거나 둘 중 하나의 상태로 유지된다. 단, 강한 자극은 더 많은 뉴런을 흥분시키고, 더 자주 흥분하게 한다. 그러나 활동전위의 강도 또는 속도에는 영향을 주지 않는다. 이는 총의 방아쇠를 힘껏 당긴다고 해서 총알이 더 빠르게 날아가지 않는 것과 같은 원리다.

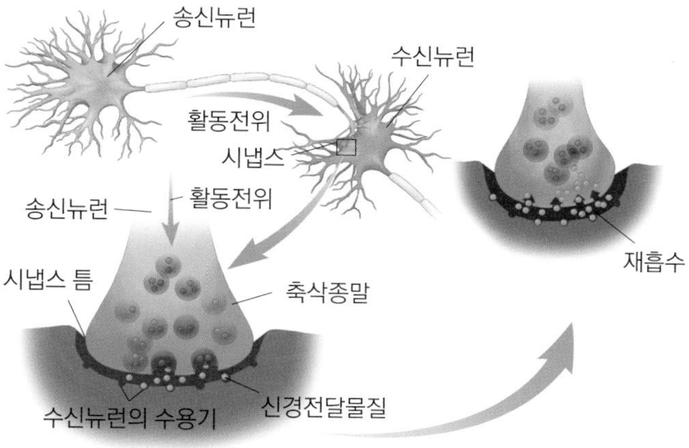

[그림 2-5] 뉴런의 정보전달 방식
주. 화살표는 신경충동의 방향을 나타냄.

활동전위가 축삭종말에 도달하면 시냅스에서는 신비로운 현상이 일어난다. 전기충동은 시냅스 틈을 건널 수 있는 화학물질, 즉 신경전달물질로 변환된다. 신경전달물질의 분자들은 1/10,000초 내에 마치 열쇠가 자물쇠 구멍에 들어가는 것처럼 수신뉴런의 수용기에 들러붙어 흥분 또는 억제신호로 작용한다. 이 과정은 신호를 수신한 뉴런에서 반복된다. 이때, 필요 이상의 신경전달물질은 흩어지거나, 효소들이 분해하거나, 원래의 뉴런으로 재흡수reuptake된다.

항우울제는 기분을 좋게 하는 신경전달물질의 재흡수를 부분적으로 차단함으로써 효과를 낸다. 뉴런은 발화 후 1msec(1/1,000초) 동안 불응기에 접어든다. 불응기refractory period란 뉴런이 흥분한 후에 다시 활동하지 못하는 휴지기간을 말한다. 이 시기에 뉴런은 활동전위를 발생시키지 않고 다른 뉴런의 메시지에 반응하지 않는 안정상태가 된다. 불응기는 초당 수백 번 발생한다. 뉴런은 발화할 때마다 동일한 강도의 자극을 전달한다.

신경전달물질

신경전달물질neurotransmitter은 뉴런들 사이의 시냅스 틈에서 작용하는 화학적 메신저다. 정보를 보내는 뉴런에서 방출된 신경전달물질은 시냅스 틈을 건너서 다른 뉴런의 수용기에 들러붙음으로써 그 뉴런의 신경흥분 생성에 영향을 준다. 신경전달물질은 한 가지 이상 유형의 수용기와 결합할 수 있고, 상이한 유형의 수용기에 따라 서로 다른 효과를 초래한다. 뇌에서 벌어지는 활동을 보고 싶다면, 신경전달물질을 따라 가 보면 된다. 인간의 뇌에는 수십 가지의 신경전달물질이 그들만의 경로를 구축해 놓고 있다. 이들은 각자의 경로를 따라 이동하면서 동작 또는 감정 등에 영향을 미치는 다양한 정보를 전달한다. 주요 신경전달물질과 그 기능은 〈표 2-1〉과 같다.

〈표 2-1〉 신경전달물질과 기능

신경전달물질	기능	역기능의 예
1. 아세틸콜린(ACH)	• 근육수축, 학습, 기억	❍ 알츠하이머병은 ACH를 생성하는 뉴런을 퇴화시킴 ❍ ACH가 적게 생산될수록 기억상실이 더 심화됨
2. 노르에피네프린	• 경계 · 각성, 흥분, 학습, 기억, 섭식	❍ 과잉/결핍은 정서장해(예 기분 저하)를 초래함 ❍ 코카인, 암페타민은 노르에피네프린 재흡수를 지연시켜 그 작용을 지속시키는 반면, 리튬은 재흡수를 가속화하여 기분을 우울하게 만듦
3. 도파민	• 동작, 학습, 주의, 감정	❍ 과도한 분비는 조현병(환각, 사고 · 감정 혼란)을, 결핍은 수전증, 파킨슨병 발병의 원인이 됨
4. 세로토닌	• 기분, 배고픔, 수면, 정서	❍ 결핍은 우울증, 섭식장애, 알코올 중독, 공격성, 불면증을 유발할 수 있음 ❍ 항우울제(프로작, 졸로프트, 팍실)는 뉴런에서 재흡수를 차단하여 세로토닌 수치를 높임
5. GABA	• 주요 억제성 신경전달물질	❍ 결핍은 경련, 떨림, 불면증을 초래함 ❍ 항불안제는 GABA의 억제작용의 결과로 진정효과를 산출함
6. 글루타메이트	• 주요 흥분성 신경전달물질	❍ 과잉공급은 뇌를 과잉 흥분시켜 편두통/경련을 초래함
7. 엔도르핀	• 내인성 모르핀 • 통증/기쁨 지각	❍ 아편의 과잉투여는 신체의 천연 엔도르핀 공급을 억제함

주. GABA는 감마아미노낙산(gamma-aminobutyric acid)을 말함.

사람들이 격렬한 운동을 하거나 통증을 느낄 때, 뇌는 모르핀과 유사한 신경전달물질을 생산한다. 내인성 모르핀endogenous morphine으로도 불리는 엔도르핀endorphin은 뇌에서 생성되는 천연 아편제다(내인성이란 '내부에서 발생한다'는 뜻임). 이 물질은 심각한 부상으로 인한 통증을 완화할 정도로, 기능과 효과 면에서 마약성 모르핀과 유사하다. 엔도르핀은 또한 러너스 하이runner's high(격렬한 운동 후의 도취감)를 유발하는 신경전달물질이다. 이와 같은 천연 마약성 모르핀이 체내에서 생성되는데도, 물질사용자들이 생겨나는 이유는 무엇일까? 그 이유는 뇌가 화학적 균형을 유지하려는 속성을 지니고 있기 때문이다. 즉, 중독성 물질을 체내에 투여하면, 뇌는 천연 마약 생산을 중지하게 된다.

신경계

우리가 생각하고, 느끼고, 행동하며 살고 있는 것은 신경계의 작용 덕분이다. 우리의 마음 역시 신경계가 전달하는 정보의 산물이다. 신경계nervous system는 생물체의 몸 안팎에서 일어나는 자극에 대한 반응을 생성 · 전달하는 신경세포로 구성된 조직이다. 신경nerve은 축삭다발로 된 일종의 전기/통신 케이블로 CNS에서부터 신체부위의 근육, 내분비선, 감각수용기와 연결되어 있다. 신경계는 크게 ① 중추신경계와 ② 말초신경계로 구성되어 있다.

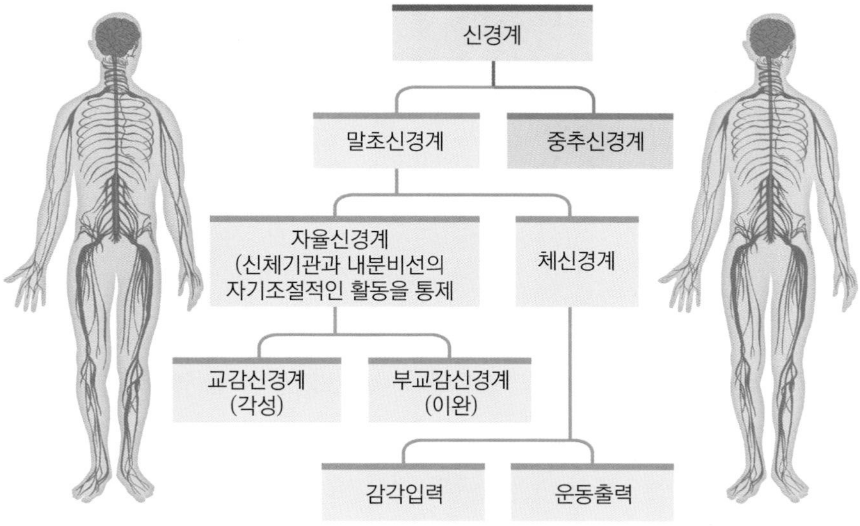

[그림 2-6] 신경계 도식

중추신경계

중추신경계central nervous aystem(이하 CNS)는 뇌와 척수로 구성된다. 척수spinal cord는 PNS와 뇌를 연결하는 양방향 고속도로다. 감각기관에서 보내오는 정보를 뇌로 전달하는 신경섬유('구심성 신경afferent nerves')가 있는가 하면, 뇌로부터 신체부위로 운동정보를 전달하는 신경섬유('원심성 신경efferent nerves')도 있다. 척수의 최상층부가 손상을 입으면 뇌와 신체부위와의 연결이 끊겨, 손상된 부위 아래 부분의 척수에 연결된 신체부위의 감각과 자발적 운동이 불가능하게 된다.

말초신경계

말초신경계peripheral nervous system(이하 PNS)는 신체부위의 정보를 CNS로 보내고, CNS 결정을 신체부위로 전달하는, CNS 외의 신경조직이다. PNS는 ① 체성신경계와 ② 자율신경계로 구성된다.

체성신경계. 체성신경계somatic nervous system는 의식적 감각 기능과 수의적 운동, 즉 감각수용기, 근육, 신체의 표면에서 신경 신호를 전달한다. 체성신경계의 감각신경sensory nerves은 피부, 근육, 관절로부터 오는 외적 자극에 관한 정보를 CNS에 전달한다. 이로써 우리는 통증, 압력, 온도 변화를 자각할 수 있게 된다. 체성신경계의 운동신경motor nerves은 CNS로부터 근육까지 신경충동을 전달하여 행동을 시작하도록 한다. 운동신경은 수의적 운동, 자세, 균형 잡기 같은 불수의적 적응에 사용하는 근육운동을 통제한다. 신경계와 내분비계는 화학물질로 소통한다.

자율신경계. 자율신경계autonomic nervous system(이하 ANS)는 분비선, 심혈관, 위장의 내층을 포함하는 평활근smooth muscle을 통제하는 자율적 · 불수의적 기능을 한다. ANS의 활동은 시상하부에 의해 통제된다. ANS는 교감신경계와 부교감신경계로 나뉘는데, 이 두 신경계의 작용은 길항적/호혜적이다. 즉, 교감신경계sympathetic nervous system는 강한 각성을 보일 때 활동적인 반면, 부교감신경계parasympathetic nervous system는 휴식/회복과 연관이 있다. 놀라거나 긴장되면, 교감신경계는 심박수, 혈압, 혈당수준을 높이고, 각성과 발한작용을 일으키며, 소화를 지연시켜 반응('투쟁/도피 반응')을 준비시킨다. 반면, 부교감신경계는 심박수와 혈당을 낮춤으로써 신체 회복을 위해 활성화된다. 이 두 신경계는 안정된 내적 상태 유지를 위해 연동된다.

내분비계

내분비계endocrine system는 호르몬을 신체로 분비하는 선gland이 모여 있는 기관이다. 내분비선endocrine gland은 신체 전반에 퍼져 있으며, 또 다른 형태의 화학 메신저인 호르몬을 분비한다. 호르몬hormone은 혈관을 통해 성장, 생식, 신진대사, 기분 등 유기체의 삶에 영향을 미친다. 일부 호르몬은 화학적으로 신경전달물질과 동일하다는 점에서 내분비계와 신경계는 매우 가까운 관계다. 이 둘은 다른 수용기를 활성화하는 분자를 방출한다는 공통점이 있다. 반면, 신경계는 눈에서 뇌로 순간적으로 메시지를 전송하지만, 내분비계의 메시지는 속도가 느리다는 차이가 있다(예 내분비선에서 분비된 호르몬이 혈관을 통해 목표 조직에 도달하는 시간은 몇 초 이상 걸림).

단, 내분비계의 메시지 효과는 신경계의 것보다 더 오래 지속되는 경향이 있다. 이로써 분노는 그 원인이 해소된 후에도 한동안 남아 있을 수 있다.

그런가 하면, 놀란 가슴은 상황이 종료된 후에도 한동안 그대로 유

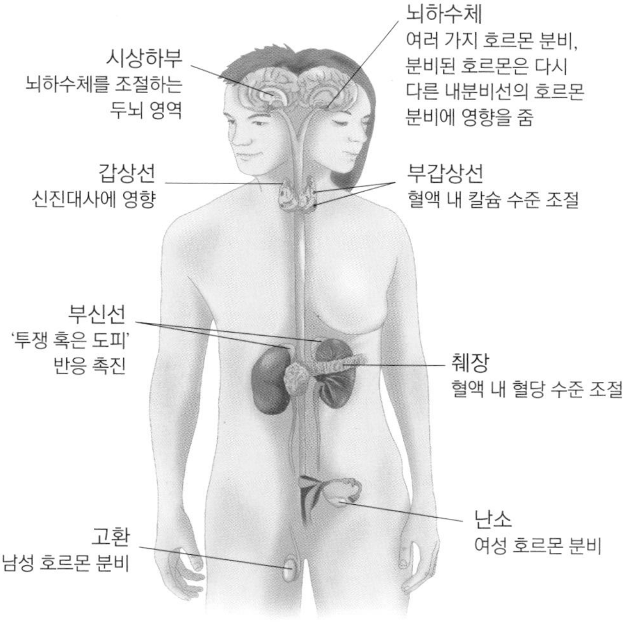

[그림 2-7] 내분비계

지된다. 이런 상황이 발생하는 이유는 자율신경계가 부신선에 에피네프린(또는 아드레날린)과 노르에피네프린(또는 노르아드레날린)의 분비를 촉발함으로써, 이 호르몬이 심박수, 혈압, 혈당수준을 높여 에너지를 상승('투쟁/도피반응')시키기 때문이다.

대표적인 내분비선으로는 뇌하수체pituitary가 있다('우두머리선master gland'으로 불림). 뇌하수체는 콩알만한 크기로, 뇌 중심부의 시상하부 바로 아래에 위치하며, 시상하부의 통제를 받는다. 뇌하수체는 여러 호르몬을 생성하여 다른 내분비선의 활동을 통제하는데, 하나는 성장호르몬(신체발달 촉진)이고, 다른 하나는 옥시토신oxytocin(출산, 수유 중 모유의 흐름, 오르가슴 중 수축을 가능하게 함)이다. 만일 성장호르몬이 결핍되면 왜소증dwarfism, 과다하면 거인증gigantism이 발생한다. 이외에도 뇌하수체에서는 갑상선, 성선, 부신피질 같은 내분비선에도 작용한다. 동물의 구애, 교미, 생식 행동은 신경계 활동과 성선에 대한 뇌하수체 영향 사이의 복잡한 상호작용에서 비롯된다.

뇌

인간 뇌brain의 무게는 약 1,200g이다. 코끼리 또는 고래의 뇌는 이보다 네 배 정도 더 무겁다. 그러나 이러한 동물과 비교할 때, 인간의 뇌는 몸에 비해 더 크다는 차이가 있다. 인간의 뇌 무게는 체중의 약 1/60인 반면, 코끼리의 뇌 무게는 체중의 약 1/1,000이고, 고래의 뇌는 1/10,000밖에 되지 않는다. 인간의 뇌는 진화를 통해 세 개의 동심층(① 후뇌, ② 중뇌, ③ 전뇌)으로 이루어져 있다(MacLean, 1973).

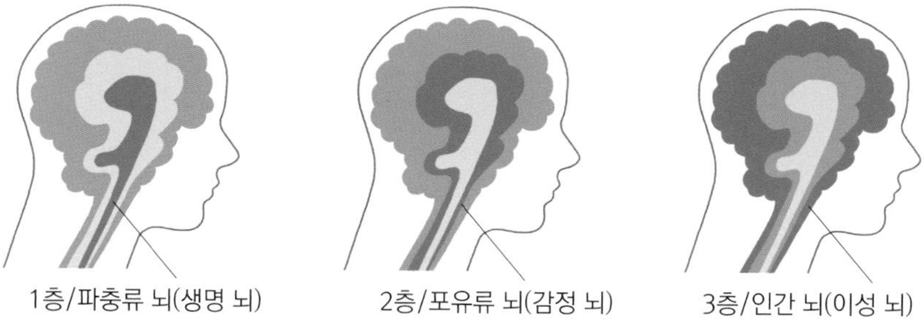

[그림 2-8] 인간 뇌의 3층 구조

후뇌

후뇌hindbrain는 동심층 가장 안쪽에 위치한 1층(중심핵), 즉 척수 상단에 위치한다. 후뇌는 생명유지 기능 및 원시적 행동 조절을 담당한다는 점에서 '생명 뇌'로 불린다(① 연수, ② 뇌교, ③ 망상체, ④ 소뇌로 구성됨).

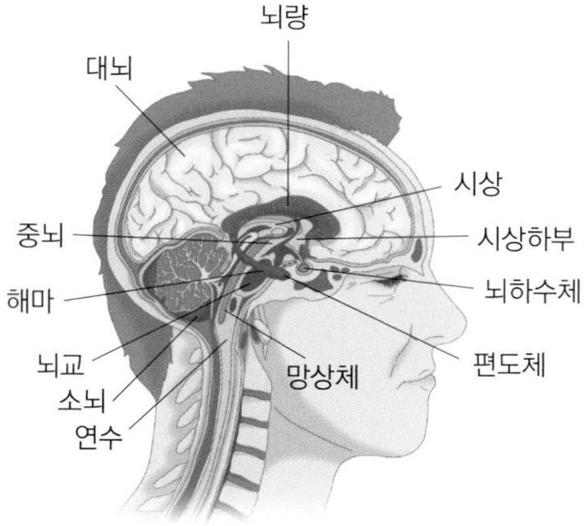

[그림 2-9] 인간 뇌의 주요 구조

연수medulla(숨뇌)는 두개골로 들어가는 척수 상단에 조금 확장된 부위로, 호흡, 심장박동, 직립자세 유지를 돕는 반사행동을 통제한다.

뇌교pons는 연수 위에 위치하며 운동협응, 주의집중, 수면시기를 조절한다. 척수에서 상행하는 주요 신경교차로는 뇌교에서 교차하는데, 우뇌는 신체의 좌측, 좌뇌는 신체의 우측을 제어한다. 이러한 교차배선은 뇌가 보여 주는 많은 놀라운 현상의 근거가 된다. 정보전달 교통의 요충지인 뇌교가 손상을 입으면, 생명중추가 손상을 입을 때 나타나는 증상 외에도 소뇌로부터의 정보가 전달되지 못하기 때문에 몸의 평형과 방향감각 유지가 어렵게 된다.

연수와 뇌교로 구성된 뇌간brainstem(뇌 줄기)은 척수(척추 속의 신경)가 고생대인 5억여 년 전, 윗부분으로 확대·팽창되면서 형성된 것으로 추정된다. 가장 먼저 형성된 뇌간은 구조가 원시적이기는 하나, 생명체의 기본 기능을 담당하는 생명중추 역할을 한다. 뇌간은 파충류의 뇌에 해당하는 형태와 기능을 가지고 있다는 점에서 '파충류 뇌'로 불린다. 뇌간은 생명 기능의 기본이 되는 생명반사(호흡, 혈압, 심장박동 등)를 담당하고 있으므로, 이 부위가 손상되면 스스로 생명을 유지할 수 없는 뇌사 상태가 된다.

뇌사brain death 상태에 빠지면, 네 가지 생명기능(호흡, 혈압, 맥박, 체온)을 인공 심폐기로 어느 정도 유지할 수는 있지만, 결국 수일 내에 생명을 잃게 된다. 사망의 원인이 뇌사인 경우, 장기 이식 수술을 필요로 하는 사람에게 심장, 간, 신장, 폐

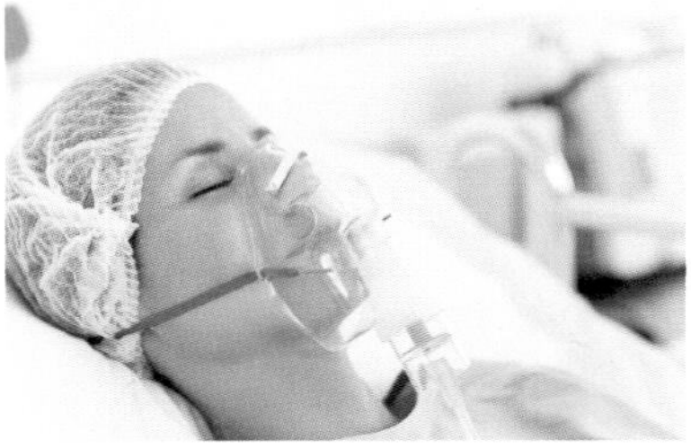

등을 이식할 수 있다. 이에 뇌간이 완전히 손상되어 어떤 의학적 노력으로도 회생이 불가한 뇌사 상태가 되면, 이를 공식적으로 선언하고 장기 이식을 할 수 있는 법(「장기 등 이식에 관한 법률」)이 제정되어 있다. 그러나 뇌간이 손상되지 않아도 망상활성화계와 대뇌피질이 광범위하게 손상되면, 의식이 없어지고 고등정신을 표출할 수 없는 식물인간 상태vegetative state가 된다. 그러나 손상 정도가 크지 않으면 다시 깨어날 수도 있다. 즉, 뇌사 상태인 사람은 다시 깨어날 수 없으나, 식물인간은 다시 깨어날 수도 있다.

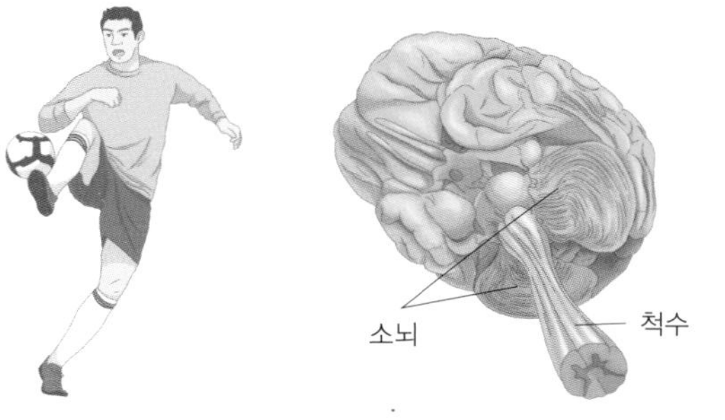

[그림 2-10] 소뇌

망상체reticular formation는 하위 뇌간에서 전뇌의 시상까지 연장되고, 다른 중심핵의 구조를 거쳐 가는 신경회로의 망이다. 이 망은 중요한 감각정보를 선별하여 대뇌피질로 전달('의식적 자각')하는 필터 기능을 한다. 소뇌cerebellum는 연수 위 뇌간의 후방에 부착된 주름진 구조로, 시간 판단, 감촉과 소리 구분, 정서 · 운동 조절에 관여한다(Boyden et al., 2004). 소뇌는 자발적 운동을 조절하는데, 운동선수가 노련하게 공을 다루는 것의 상당 부분을 소뇌가 관여한다. 자전거 타기 같이 의식적으로 회상할 수 없는 것에 대한 기억을 처리 · 저장하는 것 역시 소뇌가 담당한다.

중뇌

두 번째 부위는 후뇌 바로 위에 위치한 중뇌다. 중뇌midbrain(중간 뇌)는 뇌교 바로 위에 있고, 전뇌로 둘러싸여 있다(① 변연계, ② 상구와 하구, ③ 흑질로 구성됨). 중뇌는 상하로 정보를 전달하는 중간 정거장 역할을 하고, 감정 기능을 담당한다는 점에서 '감정 뇌'로도 불린다. 포유류 동물이 으르렁거리거나, 움츠리거나, 꼬리를 흔들며 감정을 표현하곤 하는데, 이는 감정적 행동을 담당하는 중뇌가 발달했기 때문이다. 인간 뇌에서는 이런 감정은 변연계에서 담당한다. 감정표현은 파충류에게서는 발달하지 않았고, 포유류 동물만이 지닌 고유의 행동이라는 점에서 중뇌를 '포유류 뇌'로도 불린다. 상구superior colliculus와 하구inferior colliculus는 작은 구조로, 감각경로를 뇌로 연결해 주고, 안구운동 같은 운동통제에 중요한 역할을 한다. 흑질substantia nigra은 도파민 경로에서 결정적인 부분으로 파킨슨병이 흑질의 퇴화와 연관이 있는 것으로 알려져 있다.

변연계. 변연계limbic system는 대뇌피질과 뇌간 중간에 있는 중앙부로, 중심핵이 조절하는 본능 행동을 추가로 통제하며, 기억, 감정, 호르몬을 조절한다(① 편도체, ② 시상하부, ③ 해마로 구성됨).

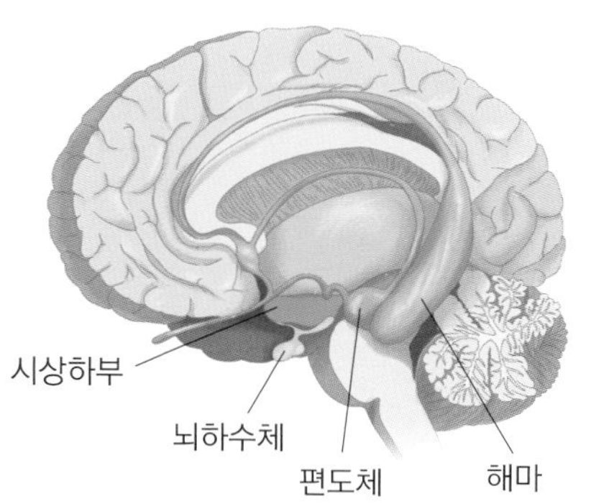

[그림 2-11] 변연계

변연계는 2~3억여 년 전 중생대에 발생·진화한 것으로 알려져 있다. 포유동물은 변연계에 해마와 편도체가 있어서 파충류와는 달리 학습 기능과 기억 기능을 가지고 있다. 변연계가 손상되면, 포유동물의 학습과 기억 기능이 사라져 파충류와 비슷한 행동을 하게 된다.

편도체amygdala는 공격과 공포반응을 비롯한 정서기억의 형성에 결정적인 기능을 한다. 편도체 제거수술을 받은 포악한 붉은털 원숭이rhesus monkey는 온순한 동물로 바뀐다(Klüver & Bucy, 1939). 반면, 평소에 온순한 고양이 편도체의 한 영역에 전기자극을 가하면, 고양이는 즉시 등을 구부리고 동공이 확장되면서 털을 곤두세우며 공격자세를 취한다.

또 전극의 위치를 약간 이동한 채 쥐 한 마리를 우리에 넣으면, 고양이는 공포에 질려 위축된 행동을 보인다. 원숭이와 인간의 편도체 손상은 낯선 사람을 덜 두려워하게 한다(Harrison et al., 2015). 희귀 유전병으로 편도체를 잃은 한 여성은 뱀과 마주하거나, 공공장소에서 말을 하거나, 총으로 위협을 받아도 전혀 두려워하지 않았다(Feinstein et al., 2013).

시상하부hypothalamus는 시상의 바로 아래에 있으며, 자율신경계에 영향을 주고 뇌하수체를 조절하여 항상성homeostasis(체온, 갈증, 배고픔, 성행동, 심장박동, 혈압 등 건강한 유기체의 특성이 되는 기능수준) 유지에 관여한다. 더우면 땀을 흘리고, 추우면 몸을 떠는 것이 그 예다. 이러한 현상은 신체의 정상체온 회복을 위해 시상하부가 관여한 결과다. 시상하부는 혈액의 화학성분도 감시하며, 정서의 감각과 스트레스 유발 상황에 대한 반응에 중요한 역할을 한다. 즉, 서로 다른 영역에 대한 경미한 전기자극은 쾌감 또는 불쾌감을 유발한다.

해마hippocampus는 해마 모양의 구조로 사실과 사건의 기억을 처리한다. 해마를 제거 또는 손상을 입히면 의식적 기억 형성과 회복 능력도 함께 사라진다. 해마에 종양이 있었던 아이들은 그 후 정보기억에 어려움을 겪었다(Jayakar et al., 2015). 뇌하수체pituitary gland는 내분비선으로 불리며, 신체 체계 중 가장 중요한 부위다. 시상하부는 바로 아래에 연결된 뇌하수체에 영향을 줌으로써 내분비계를 통제하고 호르몬을 생성한다.

전뇌

끝으로, 전뇌forebrain는 가장 최근에 진화된 것으로, 상대적으로 크고 중뇌와 후뇌의 일부를 덮고 있다. 전뇌에서 가장 큰 부위는 대뇌cerebrum로, 타 동물에 비해 인간이 더 잘 발달되어 있다. 이 부위는 인간만이 지닌 고등정신과 창조 기능을 관할하고 있다는 점에서 '인간 뇌' 또는 '이성 뇌'로도 불린다. 이 부위는 학습과 기억을 담당한다. 인간의 뇌는 전체 몸무게의 2%에 불과하지만, 전체 에너지의 20% 정도를 사용한다(Myers & DeWall, 2019).

뇌가 복잡해진다는 것은 오래된 뇌 구조 위에 새로운 구조가 얹히는 것을 의미한다. 대뇌피질이 발달한 덕분에 인간은 문명을 창조할 수 있었고, 만물의 영장으로 불리고 있다. 시상thalamus은 대뇌반구의 내부에서 중뇌의 상부에 위치한 두 개의 계란형 신경세포핵 집단이다. 이는 감각수용기로부터 들어오는 시각과 청각 같은 정보를 대뇌에 전달해 주는 감각중계소 기능을 한다. 뇌의 외부 층에는 대뇌피질이 있는데, 심리기능에 중요한 역할을 한다.

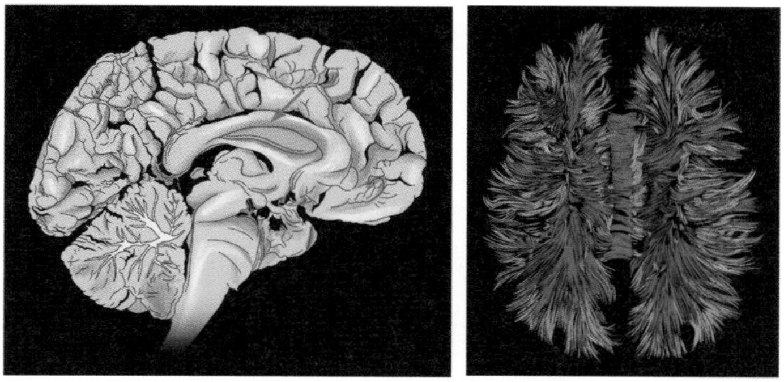

[그림 2-12] 뇌량

좌측 사진은 뇌량을 잘라서 반구를 나눈 것으로, 커다란 신경섬유 띠가 두 개의 뇌 반구를 연결하고 있음을 보여 준다. 우측 사진은 뇌의 위쪽에서 촬영한 고해상도 확산 스펙트럼 이미지로, 두 반구 사이의 뇌량과 두 반구 내의 뇌 신경망을 보여 주고 있다.

대뇌피질. 대뇌피질cerebral cortex은 대뇌반구의 표면에 얇은 층을 형성하며, 신체를 궁극적으로 제어하고 정보처리를 수행하는 중추다(라틴어로 '나무껍질'을 뜻하며, 피질cortex로도 불림). 피질에는 약 200~250억 개의 신경세포와 300조 개의 시냅스가 연결되어 있다(de Courten-Myers, 2005). 피질은 뇌의 좌우가 뇌량으로 연결된 두 개의 반구hemisphere로 구성되며 기억, 사고, 언어를 담당한다.

반구 사이에는 대뇌종렬longitudinal fissure(깊숙한 구분선)이 있어서 좌반구와 우반구로 나뉜다. 각 반구는 네 개의 엽(① 전두엽, ② 두정엽, ③ 후두엽, ④ 측두엽)으로 나뉘며, 깊은 주름으로 분리되어 있다. 전두엽frontal lobes은 이마의 안쪽, 두정엽parietal lobes은 머리 위에서 뒤쪽까지, 후두엽occipital lobes은 머리 뒷부분, 그리고 측두엽temporal lobes은 양쪽 귀 바로 위에 위치한다. 각 엽은 상호작용을 통해 다양한 기능을 수행한다.

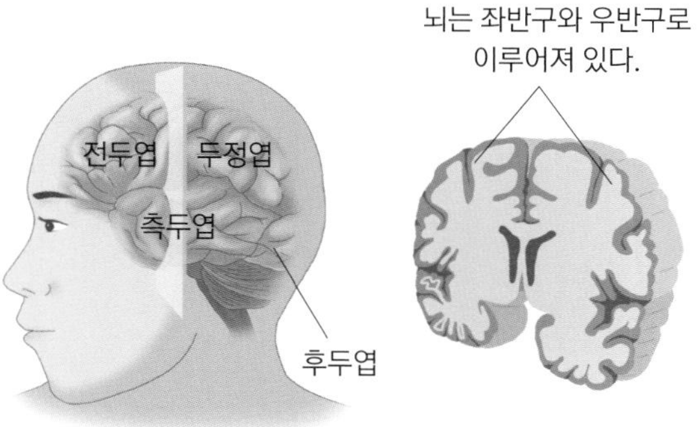

[그림 2-13] 뇌의 네 개 엽 구조

피질cortex은 크게 ① 운동피질, ② 체성감각피질, ③ 연합령으로 구분된다. 먼저,

운동기능을 담당하는 운동피질motor cortex은 1870년 독일의 의사 구스타프 프리치(Gustav Fritsch, 1838~1927)와 에두아르트 히치히(Eduard Hitzig, 1838~1907)의 실험으로 발견되었다. 이들은 실험에서 동물의 전두엽 맨 뒤의 양쪽 귀를 연결하는 아치 모양의 영역에 약한 전기자극을 가함으로써 특정 신체 부위를 움직이게 했다. 이 실험에서 흥미로운 점은 우반구의 한 부위를 자극하면 좌측 다리가, 좌반구의 한 부위를 자극하면 우측 다리가 움직였다는 사실이다.

1930년대에 독일의 신경학자 오트프리트 푀르스터(Otfrid Foerster, 1873~1941)와 캐나다의 신경외과의사 와일더 펜필드(Wilder Penfield, 1891~1976)는 수백 명의 환자를 대상으로 운동피질의 여러 영역에 약한 전기자극에 대한 신체 반응을 확인함으로써 운동피질 지도를 작성했다. 이들은 입 또는 손가락같이 정교한 제어가 필요한 신체 부위의 움직임을 담당하는 운동피질 영역이 가장 크다는 사실을 발견했다.

또한 와일더 펜필드는 피부감각과 신체운동의 메시지를 받아들이는 피질영역('체성감각피질')이 있음을 확인했다. 체성감각피질somatosensory cortex은 운동피질의 뒤쪽, 두정엽의 맨 앞부분을 차지한다. 이 영역을 자극하면, 누군가 신체의 한 부분을 만지고 있다는 감각을 느끼게 된다. 신체 부위가 민감할수록, 그 부위를 제어하는 체성감각영역도 커진다. 예컨대, 입술은 팔보다 더 민감해서 체성감각영

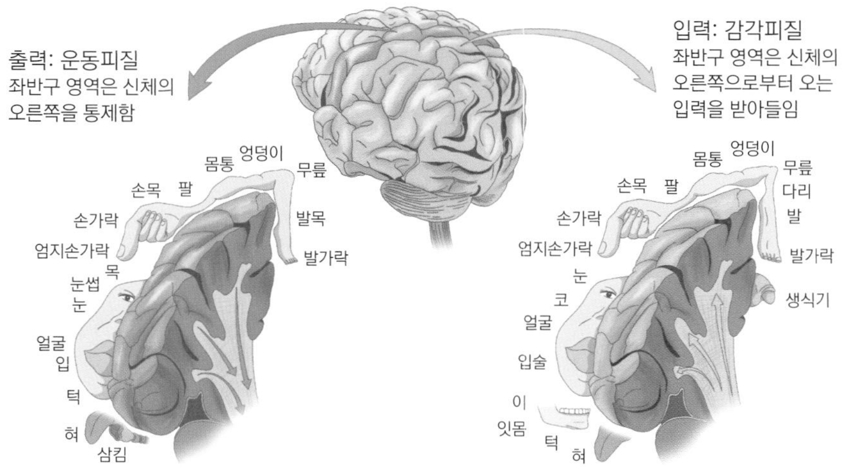

[그림 2-14] 좌반구 영역의 기능 도식

역이 더 넓다. 쥐는 수염 감각을 제어하는 영역이, 부엉이는 청각에 관여하는 영역이 크다. 체성감각피질은 피부감각(체온, 촉감 등)과 신체 부위로부터 입력된 정보를 처리한다. 소리는 측두엽의 청각피질에서 처리한다. 청각 정보의 대부분은 한쪽 귀에서 다른 쪽 귀 위의 청각수신 영역으로 돌아서 이동한다. 이 사실은 조현병 환자의 MRI 영상을 통해 환청이 발생할 때, 측두엽의 청각영역이 활성화되는 것으로 확인할 수 있다.

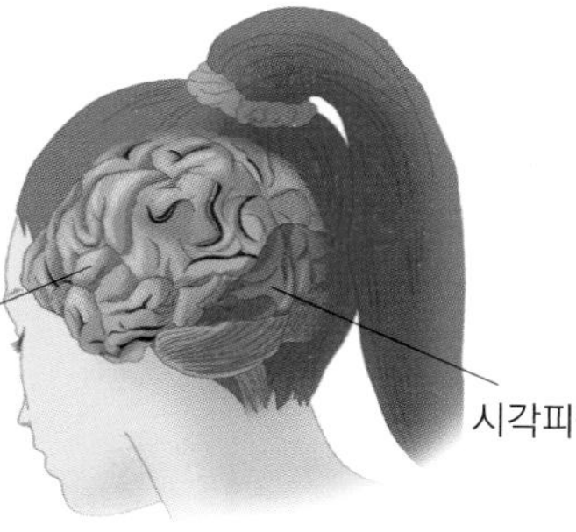

[그림 2-15] 시각피질과 청각피질

끝으로, 연합령association areas은 피질의 다른 넓은 영역을 차지하며, 고등정신 기능을 담당한다. 이 영역은 전기로 자극해도 관찰 가능한 반응이 일어나지 않는다. 연합령은 네 개 엽에 존재한다. 전두엽 앞에 위치한 전두피질frontal cortex은 판단, 계획, 새로운 기억을 처리한다. 전두엽 손상을 입은 사람은 기억이 온전하고 지능에 이상이 없지만, 기억 또는 지식을 종합하거나 사전에 계획을 세울 수 없다(Huey et al., 2006). 전두엽 손상의 결과를 보여 준 대표적인 사례는 [글상자 2-1]과 같다.

[글상자 2-1] **전두엽 손상 사례**

미국의 피니어스 게이지(Phineas Gage, 1823~1860)는 철도공사 현장감독으로 일하던 1848년 당시 25세의 나이로 쇠막대를 사용하여 바위구멍에 화약을 다져 넣고 있었다. 그 순간, 불꽃이 화약에 튀어 폭발하는 바람에 쇠막대가 그의 왼쪽 뺨을 관통하여 두개골 상단으로 튀어나와 전두엽이 심하게 손상되는 사고를 당했다. 그러나 놀랍게도 그는 이내 일어나 앉아 놀라서 달려온 동료 인부들과 이야기를 할 수 있었고, 간단한 치료를 받은 후 일터로 되돌아왔다. 그러나 평소에 다정하고 부드러운 성품이었던 그는 사고 이후, 화를 잘 내고, 음란해졌으며, 부정직한 성품으로 변했다. 전두엽 손상으로 인해 도덕성과 행동 간의 연결이 끊어진 결과였다.

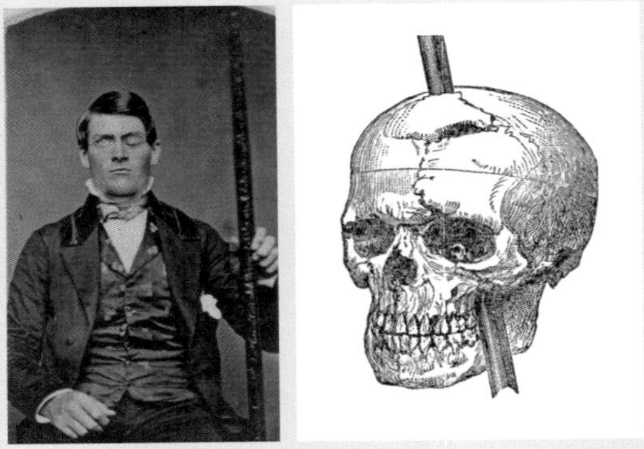

출처: Wikipedia.

뇌졸중 또는 두부 손상으로 두정엽 일부가 손상되는 경우, 수학적 · 공간적 추론 능력을 상실할 수 있다(Ibos & Freedman, 2014). 그러나 뇌 영상은 복잡한 정신 기능이 뇌의 특정 영역에만 있지 않음을 보여 준다. 특히 복잡한 작업을 수행하는 동안 뇌 영상은 여러 뇌 영역이 함께 작용하는 것을 보여 준다. 기억, 언어, 주의는 뇌 영역 간 상호작용의 산물이다(Knight, 2007).

뇌 지도

뇌의 두 반구는 언뜻 크기가 같은 것처럼 보인다. 그러나 뇌의 좌반구는 우반구보다 크다. 좌반구에는 제한된 영역 내에서 다수의 상호 연결하는 짧은 신경섬유가 많은 반면, 우반구에는 산재한 개별 뇌 영역을 연결하는 긴 신경섬유가 많다(Hellige, 1993). 정상 뇌의 경우, 좌반구와 우반구는 협력한다. 좌반구가 언어의 신속 · 정확한 해석에 능한 반면, 우반구는 추론에 뛰어나다(Mason & Just, 2004). 뇌 지도 작성brain mapping을 위한 주요 방법은 ① 뇌 손상/선택적 손상, ② 뇌 자극, ③ 전기기록, ④ 구조 뇌 영상법, ⑤ 기능 뇌 영상법이 있다.

뇌 손상. 뇌의 기능을 연구하는 방법의 첫 번째는 손상된 뇌를 관찰하는 것이다. 뇌 손상brain damage은 뇌의 외상성 상해(예 교통사고, 총상) 또는 뇌에 손상을 입히는 질병(예 종양, 뇌전증, 혈관성/퇴행성 질병)으로 인해 뇌가 기능하지 않는 상태다. 뇌에 대한 사후 부검을 비롯하여 뇌 손상 여부와 정도를 확인하려는 신경심리학 검사의 결과들은 뇌 구조와 기능 간의 관계에 관한 중요한 정보를 제공해왔다. 또 연구자들은 뇌의 영역 손상 또는 뇌 조직 제거를 통해 국소화된 뇌 영역의 기능을 알 수 있었다. 이 연구는 주로 동물을 대상으로 이루어졌다.

뇌 자극. 둘째, 뇌 자극brain stimulation은 뇌 조직을 파괴하는 대신, 뇌 영역을 자극하는 방법이다. 이 방법은 뇌에 가는 관을 심고 화학물질을 주입하거나 전극을 삽입하여 뇌의 특정 부위를 자극하는 것이다. 일례로, 경두개 자기자극transcranial magnetic stimulation(이하 TMS)은 머리 위의 자기코일에 의해 발생하는 자기장을 활용한다. TMS를 통해 두개골의 표면 근처에 있는 뇌의 특정 영역의 활성화를 증가 또는 감소시킬 수 있다. TMS의 장점은 고통이 없고 비침습적non-invasive, 즉 피험자에게 피해를 주지 않는다는 점이다.

전기 기록. 셋째, 전기 기록electrographic은 뇌가 활동적인 상태에서 뉴런의 활동을 관찰·기록하는 방법이다. 이 방법은 주로 뇌전도를 사용한다. 뇌전도electroencephalography(EEG)는 두피 또는 피질 표면에 전극을 부착하여 뇌의 자발적인 전기적 활동을 가시화 또는 기록하는 기법이다. 전기활동을 자극 또는 운동반응 같은 특정 사건에 대한 반응으로 기록함으로써, EEG 신호는 사건관련 전위Event-Related Potentials(ERPs) 연구에 사용되기도 한다. 또 미세전극을 통해 개별 뉴런의 활동을 알 수 있는 단일세포 기록single-cell recordings은 세포의 활동을 유발하는 자극 또는 행동을 파악하기 위해 사용된다.

구조 뇌 영상법. 넷째, 구조 뇌 영상법structural brain imaging(SBI)은 살아 있는 뇌의 영상을 모니터하는 방법이다. 이 방법은 주로 전체 뇌의 구조 영상을 제공하고, 뇌의 구조적 기형(예 종양tumpor)을 스캔하는 CT와 MRI를 사용한다.

[그림 2-16] 자기공명영상(MRI) 촬영 장면

컴퓨터단층촬영법computerized (axial) tomography(CT/CAT, 이하 CT)은 서로 다른 각도에서 촬영한 다수의 컴퓨터로 고도화된 X선 사진을 통해 뇌를 스캔하는 기법이다. 이 기법은 MRI보다 비용이 적게 든다는 이점이 있다. 자기공명영상magnetic resonance imaging(이하 MRI)은 뇌조직의 분자에서 일시적 반응을 초래하는 자기 펄스를 유발시킴으로써, 고해상도의 뇌 영상으로 전환하는 기법이다. MRI는 입체적인 스캔이 가능하고 해상도가 높아 CT로 찍기 힘든 부분도 쉽게 확인할 수 있다는 장점이 있다.

기능 뇌 영상법. 끝으로, 기능 뇌 영상법functional brain imaging(FBI)은 뇌의 국소화된 활동을 모니터하는 방법이다. 이 방법으로는 ① 양전자 방출 단층촬영법과 ② 기능성 자기공명 영상법이 있다. 양전자 방출 단층촬영법positron emission tomography(PET)은 글루코스와 혼합된 방사능 추적자를 활용하여 뇌 활동을 측정하는 기법이다. 이 기법은 활동적인 뇌 조직이 더 많은 글루코스를 필요로 하여 활동적인 뇌 영역에서 더 많은 방사성 활동을 일으키기 때문에 뇌 활동을 측정할 수 있다.

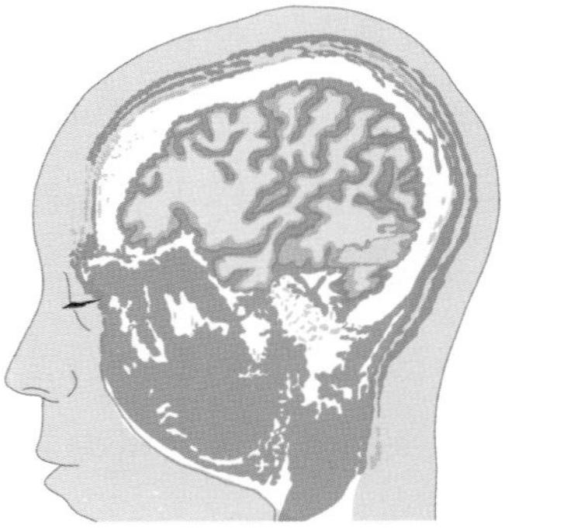

[그림 2-17] 활동 중인 뇌를 촬영한 fMRI 영상

반면, 기능성 자기공명 영상법functional magnetic resonance imaging(fMRI)은 산소를 비롯한 혈액이 활동적인 뇌 영역으로 흐른다는 사실에 착안하여 개발된 기법이다. 이 과정으로 인한 자기 변화는 MRI 스캐너에 의해 기록된다. 이 기록은 PET보다 더 정확하고, 뇌 활동의 변화를 작은 시간대별로 측정할 수 있다는 장점이 있다.

뇌 손상과 실어증

언어와 실어증에 대한 뇌의 메커니즘에 관한 정보는 주로 뇌 손상 환자 관찰로부터 수집된다. 뇌 손상은 주로 종양, 부상, 혈관파열로 인한 것이다. 실어증aphasia은 뇌 손상으로 인한 언어결손을 말한다.

브로카 실어증. 1861년 프랑스의 의사 폴 브로카(Paul Broca, 1824~1880)는 말하는 능력 상실로 고통을 겪다가 사망한 환자의 뇌를 검사했다. 그는 전두엽의 외측렬 바로 위 영역의 손상을 발견했다.

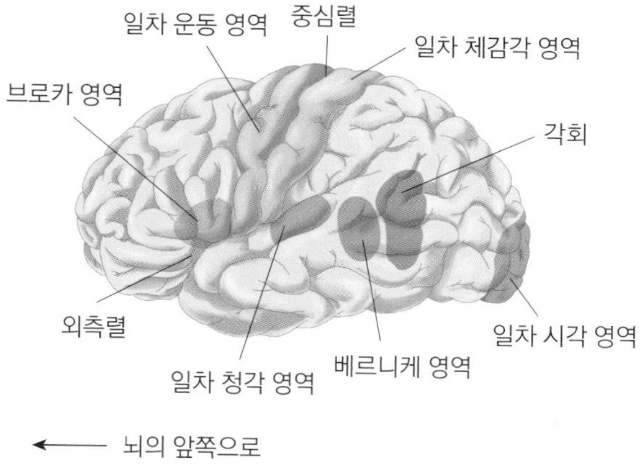

[그림 2-18] 뇌의 좌반구 피질의 영역별 기능

브로카 영역Broca's area으로 불리는 이 영역은 말소리 생성에 관여한다. 이 영역이 손상된 사람은 브로카 실어증Broca's aphasia, 즉 단어의 정확한 발음에 어려움을 겪고, 느리면서 힘들게 말한다('표현성 실어증expressive aphasia'으로도 불림). 이들의 말은 의미는 있지만, 몇 개의 핵심 단어만을 포함할 뿐이다. 명사는 단수형으로 표현하고, 형용사, 부사, 관사, 접속사는 자주 생략한다. 반면, 우반구의 동일한 영역의 손상은 언어장애를 초래하지 않는다. 이는 말소리를 이해하고, 단어를 쓰고, 그 단어 이해에 관여하는 영역이 좌반구에 있다는 사실을 입증하는 것이다. 따라서 뇌졸중으로 인한 좌반구 손상은 우반구에 국한된 뇌졸중보다 언어장애 발생 가능성이 더 크다.

그러나 모든 사람이 좌반구에 언어중추가 있는 것은 아니고, 일부 왼손잡이는 우반구에 언어중추가 있다. [그림 2-19]는 상이한 뇌 영역이 서로 다른 양식의 단어 처리에 관여한다는 것을 보여 주는 뇌의 PET 스캔이다.

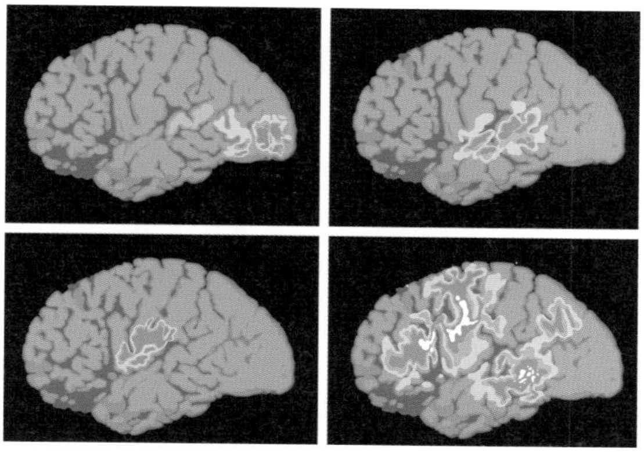

[그림 2-19] 뇌 영역별로 단어 처리에 관여하는 것을 보여 주는 뇌의 PET 스캔

베르니케 실어증. 1874년 독일의 칼 베르니케(Carl Wernicke, 1848~1905)는 좌반구의 측두엽 피질영역 손상이 언어장애, 즉 베르니케 실어증Wernicke's aphasis을 초래한다는 사실을 발견했다('수용성 실어증receptive aphasia'). 즉, 베르니케 영역Wernicke's area으로 불리는 이 부위가 손상된 사람은 단어를 들을 수는 있지만, 단어의 의미를 이해하지 못한다. 또 어려움 없이 적절한 발음으로 단어의 어절을 발성할 수 있지만, 어법에 오류를 범할 뿐 아니라, 말에 의미가 없는 경향이 있다.

브로카 영역은 전두엽 뒤쪽에, 베르니케 영역은 측두엽에 위치한다. 이 영역 또는 두 영역 사이에 위치하는 영역의 손상은 특정 유형의 실어증(언어 와해)을 유발한다(Dronkers et al., 2000). 실어증 환자는 언어의 신경기반에 관해 많은 것을 시사한다. [대화상자 2-1]은 브로카 실어증과 베르니케 실어증 환자와 실험자의 면담내용이다(Gardner, 1975, p. 61, 68).

[대화상자 2-1] **실어증 환자와 실험자 대화의 예**

브로카 실어증

실험자: 해안경비대에서 근무하셨었나요?

환 자: 아니, 어, 예, 예… 배가… 매사추… 세츠 해안경비대… 몇 년 동안. [손을 두 번 들어서 손가락으로 '19'를 나타낸다.]

실험자: 네. 해안경비대에 19년간 근무하셨군요.

환 자: 어… 이런… 맞아… 맞아요.

실험자: 병원에 입원해 있는 이유를 알고 있나요?

환 자: [마비된 손을 가리키며] 팔이 좋지 않아서. [입을 가리키며] 말을… 말할 수가 없어… 이야기를, 보다시피.

베르니케 실어증

환 자: 어이쿠, 땀을 흘리고 있네요. 알다시피 방해를 받으면, 나는 한 번씩 무서운 긴장하거든요. 타리포이를 말할 수가 없고, 한 달 전에는 어느 정도 잘 해냈고요. 나는 상당히 강요하지만, 그 반대로, 내가 무슨 말 하는지 아시죠? 나는 돌아다녀야 하고, 둘러봐야 하고, 트레빈과 온갖 종류의 일들을 말입니다.

[대화상자 2-1]에서 브로카 실어증 환자는 실험자의 질문을 확실히 이해하지만, 말이 매우 어눌하다(일시 중지 또는 머뭇거림). 이러한 현상은 베르니케 실어증

환자의 유창한 말과 대비된다. 그러나 이 환자는 올바른 단어를 찾아 사용하는 데 명백하게 어려움을 겪고 있고, 때로 단어를 만들어서 사용하기도 한다(예 타리포이, 트레빈). 이 결과는 브로카 실어증(말하기 계획을 전담하는 브로카 영역의 손상으로 야기됨)이 언어생성 장애인 반면, 베르니케 실어증[음운(말소리)을 전담하는 베르니케 영역의 손상으로 야기됨]은 언어 이해의 장애임을 확인할 수 있게 해 준다.

이 두 환자의 장애에 대한 신경학적 설명은 다음과 같다. 즉, 두 환자의 언어 이해와 산출의 기본 측면을 매개하는 뇌 구조는 온전하지만, 두 구조 사이의 신경연계가 손상되었다는 것이다. 브로카 실어증 환자는 베르니케 영역이 온전하므로 들려준 것을 이해할 수 있었던 반면, 베르니케 실어증 환자는 브로카 영역이 온전하므로 유창하게 말할 수 있었지만, 두 영역 사이의 연계가 손상되었기 때문에 이해한 것을 말 중추로 전달할 수 없었다(Geschwind, 1972).

분할뇌 연구

정상 뇌는 통합된 전체로 기능한다. 이는 두 반구를 연결하는 뇌량corpus callosum(넓은 신경섬유 띠)이 각 반구에 입력되는 정보를 다른 반구로 전달해 주기 때문이다. 그러나 뇌전증 환자의 경우, 교량은 한 반구에서 발생한 발작을 다른 반구로 전달하여 그 반구의 뉴런을 광범위하게 발작시킨다. 이런 대발작grand mal seizure을 방지하기 위해 심한 뇌전증 환자의 뇌량을 외과수술을 통해 절단한 사례가 있었다.

수술 결과, 환자의 발작은 제거되었고, 뇌가 분할된 환자들은 놀라우리만치 정상이었으며, 지능과 성격도 거의 영향을 받지 않았다. 환자 중에는 수술실을 나오면서 자신에게 '분할된 두통'이 생겼다고 너스레를

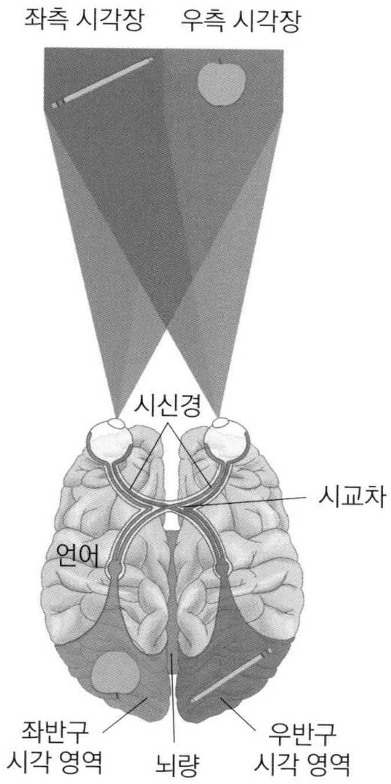

[그림 2-20] 시각의 정보전달 과정

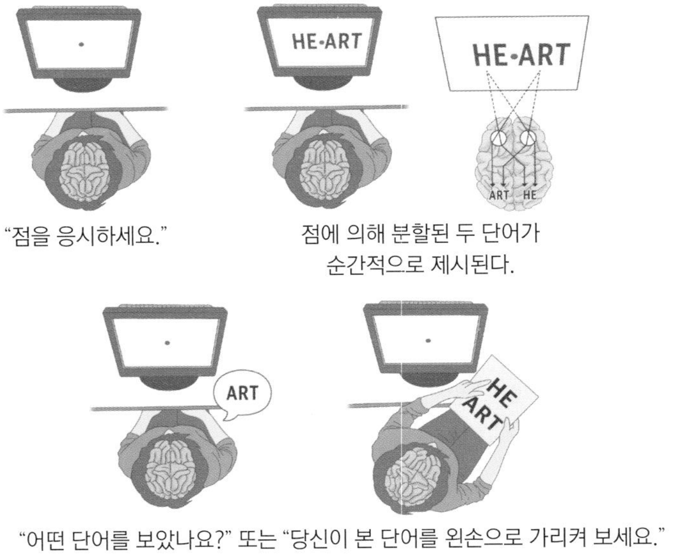

[그림 2-21] 가자니가의 분할뇌 실험

떨기까지 했다(Gazzaniga, 1967). 이 사례는 좌반구와 우반구의 기능을 살펴볼 기회를 제공했다.

눈은 전체 시각으로부터 감각정보를 받는다. 이때 좌측 시야의 정보는 우반구로, 우측 시야의 정보는 좌반구로 간다. 정상 뇌의 경우, 정보를 받아들인 반구는 뇌량을 통해 즉각 반대편 반구로 정보를 전송한다. 그러나 뇌량 제거 수술을 받은 사람은 이런 정보공유가 이루어지지 않는다. 마이클 가자니가(Michael Gazzaniga, 1939~)는 초기 실험에서 'HE'가 점의 좌측에 나타나고, 'ART'가 점의 우측에 나타나도록 화면에 'HEART'라는 단어를 아주 짧은 시간에 제시했다. 뇌량이 절단된 환자에게 무엇을 봤는지 질문하자, 환자는 'ART'를 봤다고 답했다. 이어, 단어를 왼손으로 짚어보라고 하자, 환자는 'HE'를 가리켰다. 즉, 한 뇌에 두 가지 마음이 작용하고 있었다(Gazzaniga, 1983). 이에 대해 로저 스페리(Sperry, 1964)는 분할뇌 수술은 사람들에게 '두 개의 독립된 마음'을 갖게 한다고 했다.

복습문제

※ 다음 빈칸에 들어갈 말을 써 보세요.

1. 뉴런은 ________________(이)라는 화학물질을 사용하여 다른 뉴런으로 메시지를 전송한다.
2. 뉴런에는 세포체/체세포, 정보신호를 수신하는 수상돌기, 그리고 체세포에서 확장되어 정보 신호를 전송하는 ________이/가 있다.
3. ________(이)라는 정신장애를 가진 사람들은 신경전달물질인 도파민을 과도하게 활용하는 것으로 알려졌다.
4. ________은/는 세포체로부터 축삭종말까지 전해지는 전기화학적 충동으로, 흥분성 신호에서 억제성 신호를 빼고 난 나머지 신호의 강도가 역치를 넘어서면 발화된다.
5. ________신경계는 분비선, 심혈관, 위장의 내층을 포함하는 평활근을 통제하는 자율적·불수의적 기능을 하며, 교감신경계와 부교감신경계로 나뉜다.
6. 주요 신경전달물질인 ____________은/는 유기체의 기분, 배고픔, 수면, 정서 조절에 관한 정보를 전달하는데, 이 물질의 결핍은 우울증, 섭식장애, 알코올 중독, 공격성, 불면증 유발과 연관이 있다고 알려져 있다.
7. 내인성 모르핀으로도 불리는 ________은/는 뇌에서 생성되는 천연 아편제로, 심각한 부상으로 인한 통증을 완화할 정도로 기능과 효과 면에서 마약성 모르핀과 유사하다.
8. ________은/는 대뇌반구의 표면에 얇은 층을 형성하며, 신체를 궁극적으로 제어하고 정보처리를 수행하는 중추로서, 약 200~250억 개의 신경세포와 300조 개의 시냅스가 연결되어 있다.
9. 연합령은 4개 엽에 존재한다. 전두엽 앞에 위치한 ________ 피질은 판단, 계획, 새로운 기억을 처리하는 기능을 담당한다. 이 영역에 손상을 입은 사람은 기억이 온전하고 지능에 이상이 없지만, 기억 또는 지식을 종합하거나 사전에 계획을 세울 수 없다.
10. ________ 영역으로 불리는 이 영역은 말소리 생성에 관여한다. 이 영역이 손상된 사람은 표현성 실어증, 즉 단어의 정확한 발음에 어려움을 겪고, 느리면서 힘들게 말한다.

자기검사

✿ 셀프테스트 해 보세요.

사회동조성 척도(SDS)

사회동조성 척도는 당신이 일상에서 솔직하게 행동하는지, 아니면 사회적으로 바람직하거나 용인되는 반응이라고 생각하는 대로 행동하는지 확인해 볼 수 있는 도구입니다.

※ 다음에 제시된 일련의 문항은 개인의 태도와 특성에 관한 것입니다. 각 문항을 읽고 자신의 태도 또는 특성이라고 생각하면, 밑줄 친 부분에 '○', 그렇지 않으면 'X'를 기입하세요. 모든 문항에 대한 작성을 마치면, 채점 방법에 따라 점수를 환산하고 해석해 보세요.

나는...	문항

_____ 1. 투표하기 전에 모든 후보자의 자격 사항을 꼼꼼하게 검토한다.
_____ 2. 곤경에 처한 사람을 돕기 위해서라면 전혀 망설이지 않는다.
_____ 3. 가끔 격려받지 않으면 일을 계속하는 것이 어려울 때가 있다.
_____ 4. 누군가를 심각하게 싫어해 본 적이 없다.
_____ 5. 가끔 인생에서 성공할 수 있을지 나의 능력을 의심한 적이 있다.
_____ 6. 가끔 내가 원하는 방식대로 되지 않을 때 분개한다.
_____ 7. 항상 옷 입는 방식에 신경을 쓴다.
_____ 8. 집에서 식사할 때도 외식할 때처럼 식사예절이 좋다.
_____ 9. 공짜로 영화를 볼 수 있고, 들키지 않을 것이 확실하다면 그렇게 할 것이다.
_____ 10. 가끔 내 능력을 과소평가해서 일을 포기한 적이 있다.
_____ 11. 때로 잡담을 즐긴다.
_____ 12. 때로 그들이 옳았다는 것을 알면서도 권위자에게 저항하고 싶은 마음이 든다.
_____ 13. 누구와 대화를 나누든지 간에 항상 잘 들어 준다.
_____ 14. 무언가로부터 벗어나기 위해 아픈 척한 적이 있다.
_____ 15. 누군가를 이용하여 이득을 취한 적이 있다.
_____ 16. 내가 한 실수에 대해 항상 기꺼이 인정할 생각이 있다.
_____ 17. 내가 한 말은 항상 지키려고 노력한다.
_____ 18. 허풍이 심하고 불쾌한 사람들과 어울리는 자리에서도 불쾌함을 느끼지 않는다.
_____ 19. 가끔 용서를 하거나 잊어버리기보다 갚아 주려고 한다.

_____ 20. 무언가 잘 모르는 것이 있을 때 모른다는 것을 인정하는 걸 꺼려하지 않는다.
_____ 21. 나와 의견이 다른 사람들에게도 항상 정중하게 대한다.
_____ 22. 이따금 내가 생각하는 방식을 강하게 주장한 적이 있다.
_____ 23. 무언가를 부숴 버리고 싶다는 느낌이 든 적이 있다.
_____ 24. 나의 잘못 때문에 다른 사람이 벌을 받게 절대 내버려 두지 않을 것이다.
_____ 25. 누군가 베푼 호의에 보답을 해 달라는 요청에 대해 분개한 적이 한 번도 없었다.
_____ 26. 사람들이 나와 다른 의견을 말할 때도 불쾌함을 느낀 적이 전혀 없다.
_____ 27. 자동차의 안전 정비를 하지 않은 채로 장기간 여행을 한 적이 없다.
_____ 28. 사람들의 행운을 보면서 질투한 적이 간혹 있었다.
_____ 29. 다른 사람에게 '꺼지라'고 말하고 싶은 적이 거의 없었다.
_____ 30. 가끔 나에게 무엇인가 부탁하는 사람들에게 짜증을 느낀다.
_____ 31. 아무런 이유 없이 처벌을 받았다고 느낀 적이 단 한 번도 없다.
_____ 32. 가끔 사람들이 불행을 겪게 되었을 때 다 그럴 만한 이유가 있다고 생각한다.
_____ 33. 누군가의 기분을 상하게 하는 말을 의도적으로 했던 적이 단 한 번도 없었다.

▢ 채점방법: 답변이 다음과 일치하면 1점, 일치하지 않으면 0점을 부여하세요. 그런 다음 모든 점수를 합산하여 총점을 구하세요.

1	○	6	×	11	×	16	○	21	○	26	○	31	○
2	○	7	○	12	×	17	○	22	○	27	○	32	×
3	×	8	○	13	○	18	○	23	×	28	×	33	○
4	○	9	×	14	×	19	×	24	○	29	○		
5	×	10	×	15	×	20	○	25	○	30	×		

해석

사회동조성 척도는 면접 상황에서 피면접자가 사회적으로 바람직하고 적절할 것으로 생각할 만한 응답 경향성을 평가하는 것입니다. 이 경향성은 심리검사, 설문조사, 면접결과를 편향시킬 수 있습니다. 총점이 평균점수(13~14점)보다 높은 경우, 사회적으로 바람직한 방향으로 답변하려는 경향이 있음을 시사합니다. 반면, 평균보다 낮은 경우, 사회적으로 바람직한 방향으로 반응할 가능성이 낮음을 의미합니다. 대체로 수검자 6명 중 1명은 19~20점 이상을 받습니다. 이는 평균보다 강하게 사회적으로 기대되는 일을 하려는 경향이 있음을 나타냅니다.

소감

03

생애발달
: 자궁에서 무덤까지

개요

- 인간발달의 특징
- 태아발달
- 정서발달
- 인지발달
- 성격발달
- 사회성 발달
- 청소년 발달
- 성인 발달

학습목표

1. 인간발달의 특징을 설명할 수 있다.
2. 발달의 결정적 시기/민감기와 관련된 개념을 설명할 수 있다.
3. 태아기의 특징과 발달과정을 설명할 수 있다.
4. 정서발달이론을 설명할 수 있다.
5. 인지발달이론의 특징을 설명할 수 있다.
6. 성격발달에서 기질의 영향을 설명할 수 있다.
7. 에릭슨의 심리사회성 발달을 설명할 수 있다.
8. 생물학적 · 사회적 관점에서 청소년 발달을 설명할 수 있다.
9. 성인기 발달단계와 단계별 특징을 설명할 수 있다.

삶은 어떻게 시작되어, 발달하며, 종결되는가? 이는 발달심리학developmental psychology의 주제다. 삶은 자궁에서 무덤으로 향하는 여정이다. 한 사람의 삶은 난소에서 배란된 난자와 정자의 접합에서 시작된다. 이는 2억 5천만 개 이상의 정자가 자신보다 85,000배나 큰 난자에 접근하여 극소수만이 난자의 표면에 들러붙어, 이 중 한 정자가 난자의 보호막을 뚫고 진입하는 즉시 난자가 보호막을 닫음으로써 이루어진다(Myers & DeWall, 2019). 이 과정에서 2만여 개의 유전자가 제공된다. 이후, 몇 시간 내에 난자의 핵과 정자의 핵이 접합한다.

접합체zygote(수정과정에 의해 난자와 정자가 융합하여 만들어진 세포)라 불리는 수정된 난자('수정란')는 자궁 내벽에 착상하여 모체로부터 영양을 공급받으며, 태아fetus로서 280여 일의 여정을 시작한다. 이렇게 시작된 개인의 삶은 신생아new born[출생 직후부터 독립된 자궁 외 생활을 할 수 있는 능력을 획득할 때까지 약 4주[(28일) 미만]에서 영아suckling(3세 미만의 젖먹이)로, 젖먹이에서 유아infant(3세부터 학령기 전까지의 아이)로, 아동에서 10대로, 청소년에서 성인으로 성장한다. 삶의 각 단계에는 신체적 · 지적 · 정서적 · 사회적 이정표milestone가 존재한다.

그러나 다른 한편으로, 지구상에 수십억 명의 사람들이 살아가고 있지만, 모두 제각기 독특한 존재로서 삶을 영위하고 있다. 17세기 영국의 철학자 존 로크는 신생아를 백지상태tabula rasa로 보았다. 백지에 신생아의 경험(보고, 듣고, 느끼고, 냄새 맡고, 맛보는 것)이 그대로 기록된다고 믿었다('환경론적 입장'). 로크는 지식은 전적으로 감각을 통한 경험에 의해 제공될 뿐, 선험적 지식은 존재하지 않는다고 생각했다.

존 로크
(John Locke,
1632~1704)

그러나 『종의 기원(The Origin of Species)』(1859)에서 진화론을 발표한 다윈의 생각은 달랐다. 그는 다른 동식물과 마찬가지로, 사람 역시 초기의 종들로부터 진화해 왔고, 환경과 조건에의 적응 능력을 후손에게 유전자 코드genetic code로 전달한다고 보았다('유전론적 입장'). 오늘날에 와서는 인간발달에 유전과 환경 둘 다 중요한 역할을 한다는 데에 의견이 모아진다. 이 장에서는 ① 인간발달의 특징, ② 태아발달, ③ 정서발달, ④ 인지발달, ⑤ 성격발달, ⑥ 사회성 발달, ⑦ 청소년 발달, ⑧ 성인 발달로 구분하여 살펴보기로 한다.

인간발달의 특징

인간발달의 특징은 다음 네 가지로 요약 · 정리할 수 있다.

첫째, 점진적이고 연속적이다. 발달은 체내 수정과 함께 시작하고 죽음으로 끝이 나는 복잡한 과정이다. 이 과정은 결코 쉼이 없고, 시작하면 멈추지 않는다. 개인차가 있지만, 인류의 전형적인 기본 계획은 변경되지 않는다.

둘째, 모든 사람이 동일한 순서로 동일한 단계를 거친다. 예컨대, 영아suckling(젖먹이)는 동일한 순서로 운동 행동을 한다(뒤집기 → 혼자 앉기 → 가구 잡고 일어서기 → 기기 → 걷기). 그러나 운동의 진행 속도에는 개인차가 있다. 환경요인은 발달을 가속하거나 늦출 수 있으나, 단계의 순서를 바꿀 수는 없다. 즉, 누구라도 이전 단계를 거치지 않고, 다음 단계로 나아갈 수 없다.

셋째, 한 단계에서 다음 단계로 넘어가는 시점의 경계가 명확하지 않다. 인간에게는 특정 단계에서 다른 단계로 옮겨 가는 시점이 있다. 이 시점은 개인마다 차이가 있다. 이 시기에 개인은 새로운 삶의 방식을 조절하게 되면서 불균형 상태가 된다. 이러한 과도기에 흔히 혼돈, 불안, 우울, 두려움, 또는 흥분 상태로 경험되는데, 짧게 또는 수년에 걸쳐 발생하기도 한다. 이러한 점에서 발달은 때로 고통스럽지만 개인을 성장하게 한다.

넷째, 특정 심리적 특성 또는 행동이 획득되어야 할 결정적 시기critical period가 있다. 이는 최적의 시기를 의미한다는 점에서 민감기sensitive period라고도 한다. 특정한 심리적 특성 또는 행동은 비가역적irreversible(되돌릴 수 없는)이어서, 민감기가 지나면 획득이 거의 불가능하거나 획득에 더 큰 노력이 필요하다. 만일 결정적 시기에 발달과업을 성취하지 못하면, 개인은 심지어 병리적 증상 발달과 고통을 겪을 가능성이 커진다. 일례로, 생후 1년은 대인애착을 형성하는 민감기이고, 취학 전기는 지적발달과 언어획득에 중요한 시기다(Rutter et al., 1990). 인지능력은 아동기에 두드러지게 발달한다. 아동기에 달성해야 하는 최고의 사회적 성취는 긍정적 자기감positive sense of self이다. 긍정적 자기감은 실패가 잦을 때조차 아동에게 끈기를 갖고 지속할 수 있게 하는 자신감을 제공하기 때문이다. 발달 시기에 따른 용어의 정의는 〈표 3-1〉과 같다.

〈표 3-1〉 발달 시기에 따른 용어 정의

용어	정의
1. 접합체zygote	❍ 수정이 일어나 정자와 난자가 합쳐진 세포 ❍ 접합체는 세포분열과 분화를 거쳐 배아를 형성함
2. 배아embryo	❍ 수정 후 2주 후부터 8주(임신 10주) 이전까지의 개체 ❍ 접합체가 첫 세포분열을 시작하여 태아가 되기 전까지의 개체 ❍ 이 시기까지는 동물과 외관상 구별이 거의 없음
3. 태아fetus	❍ 수정 8주(임신 10주)~출생까지의 임신된 개체(약 4cm 정도의 크기) ❍ 이 시기부터 사람의 모습을 보임
4. 신생아new-born	❍ 출생부터 독립된 자궁외 생활을 할 능력을 획득할 때까지의 아이 ❍ 출생 직후부터 4주(28일)까지
5. 영아suckling	❍ 출생부터 1~3세 미만의 아이(모유를 필요로 하는 젖먹이를 의미한다는 점에서 젖을 뗀 유아와 구분됨)
6. 유아infant	❍ 3세부터 학령기 전까지의 아이
7. 영유아infant	❍ 출생부터 학령기 전까지의 아이(영어로는 유아와 구분하지 않음) ❍ 「영유아보육법」에서는 6세 미만의 취학 전 아이를 지칭함
8. 아동child	❍ 학령기(6~12세), 즉 초등학교 1~6학년까지의 아이
9. 청소년adolescent	❍ 중학교 1학년부터 고등학교 3학년까지의 아이 ❍ 「청소년 보호법」에서는 만 19세 미만의 사람을 지칭함
10. 성인adult	❍ 본래 개체발생이 완성되어 생식이 가능하게 된 개체를 의미함 ❍ 「청소년 보호법」에서는 19세 이상의 사람을 지칭함

태아발달

정자와 난자가 수정되는 순간, 수정된 난소의 유전적 구조에 의해 무수히 많은 개인적 특성이 결정된다. 유전자gene는 사람으로 발달하게 하는 프로그램을 제공하는 동시에 성별, 피부색, 머리색, 신체 크기 등을 결정한다. 유전적으로 결정된 특성은 성숙과정에서 드러난다. 성숙maturation이란 생래적으로 결정되어 비교적 외부 사건과 무관한 성장 순서와 변화를 말한다. 태아는 정해진 이정표에 따라 일정한 순서로 발달한다.

신장과 체중은 태아기에 가장 극적으로 증가한다. 태아는 9개월 이내에 미세 세포에서 50cm 정도의 신생아로 발달하고, 체중은 무려 10억 배로 늘어난다. 이 시기에 주요 장기와 조직이 형성된다. 머리의 성장은 신체의 다른 부분보다 앞서 발달하고, 장기(심장, 폐 등)는 사지보다 앞서 발달한다. 뇌와 장기의 성장은 다른 부분의 발달에 영향을 미친다. 심장은 사망에 이를 때까지 계속해서 뛴다.

성 발달

성인으로서 사회적 · 성적 만족을 위해서는 적절한 성별정체성gender identity 발달이 요구된다. 이는 남성이 자신을 남성으로, 여성이 자신을 여성으로 생각하게 되는 것이다. 성별정체성 발달은 출생 전에 시작된다. 임신 후, 초기 몇 개월 동안 염색체는 태아가 남아 또는 여아로 발달할 것인지 나타내 준다. 이 시기까지는 남녀 모두 외양이 동일하다가 고환/난소로 발달하는 신체조직, 그리고 페니스/클리토리스가 되는 성기의 돌기가 발달한다. 임신 후 2~3개월에 원시적인 성선 또는 생식선은 태아가 유전적으로 남성이면 고환, 여성이면 난소로 발달한다. 이후 내부의 생식구조와 외성기 발달을 통제하는 성호르몬이 생성된다. 성호르몬은 태아기 발달에 중요하게 작용한다.

성기 발달에 결정적인 역할을 하는 호르몬은 안드로겐androgen이다. 태아의 성선이 안드로겐을 충분히 생산하면 남성의 성기가 발달하고, 안드로겐이 불충분하면 신생아는 유전적으로는 남성일지라도 여성의 성기를 갖게 된다. 즉, 남성염

색체(Y)의 존재 또는 부재는 태아가 안드로겐의 분비 여부를 결정함으로써 성 발달에 영향을 준다. 안드로겐이 개입되지 않으면, 태아는 자연적으로 여성이 된다. 남성화androgenization라고 불리는 안드로겐은 성기를 생성한 후, 뇌세포에 작용하기 시작한다. 안드로겐의 효과는 뇌를 남성화하고, 수개월 또는 수년 후에 나타나는 공격성 같은 남성적 특질과 행동에 영향을 준다.

언어발달

출생 이전의 모든 단계에서 유전과 환경 요인은 발달에 영향을 준다. 언어발달은 유전적으로 결정된 특성과 경험 간 상호작용을 보여 주는 또 다른 예다. 정상적인 언어발달은 신경발달이 일정 수준에 도달하고 난 이후라야 가능하다. 수정 후 6개월이 되면, 태아는 소리에 반응하고, 모체의 분명치 않은 목소리를 들을 수 있다. 이러한 점에서 태아의 학습은 엄마의 자궁에서부터 시작된다. 거의 예외 없이 생후 1년이 지나야 영아는 문장을 말할 수 있다. 그렇지만 주위 사람들이 이야기를 많이 해 주고, 말다운 소리를 내는 것을 강화해 주는 환경에서 자란 영아는 그렇지 못한 영아보다 더 일찍 말하는 법을 획득한다. 이처럼 환경은 영아의 언어기술 습득에 영향을 준다. 그러나 최종 발달수준에는 영향을 주지 않는다.

태아발달의 저해요인

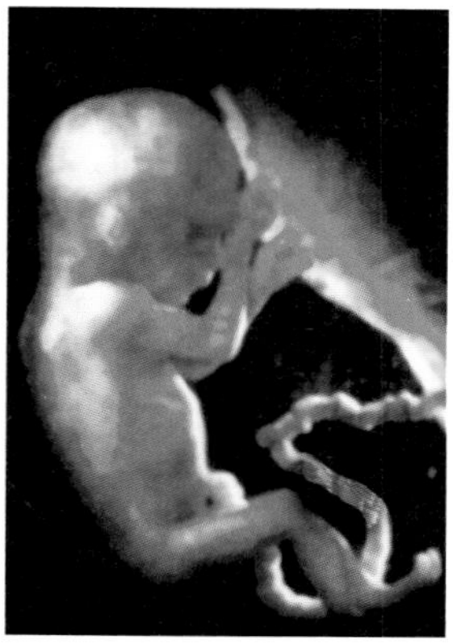

태반은 모체로부터 태아로 영양분과 산소를 공급할 뿐 아니라, 해로운 물질을 걸러내고 어떤 물질은 통과시킨다. 바이러스 또는 약물같이 해로운 인자('테라토겐teratogen')는 배아나 태아에게 해를 입힐 수 있다. 자궁 환경이 정상을 벗어나면 태아의 성숙에 차질이 생긴다. 예를 들어, 태아의 기초 기관이 발달하는 임신 3개월경에 산모가 풍진에 걸리면, 태아는 시각장애, 청각장애, 또는 뇌손상 아이로 태어날 수 있다. 또 산모의 가벼운 음주나 간헐적 폭음도 태아의 뇌 발달에 악영향을 미칠 뿐 아니라, 장차 자녀로 하여금 습관성 음주, 10대의 폭음, 알코올 사용장애로 진단받을 가능성을 높인다. 실험에서 임신한 쥐들이 알코올을 섭취하면, 새끼 쥐들 역시 알코올 맛과 냄새를 선호하게 된다(Nolen-Hoeksema, 2019).

산모의 지속적인 폭음은 태아를 선천성 결함, 행동장애와 과잉행동, 낮은 지능 등의 위험에 빠뜨릴 수 있다. 유아 800명 중 1명 정도에서 그 효과가 태아 알코올 증후군Fetal Alcohol Syndrome(FAS)으로 나타나며, 평생 신체적 · 심적 비정상을 나타낸다(May et al., 2008). 또 임산부의 극단적인 스트레스 경험은 체내에 넘쳐흐르는 스트레스 호르몬이 태아의 생존을 위협하여 사산 또는 조산을 초래할 수 있다. 반면, 생애 초기에 겪는 경미한 스트레스는 삶의 후기에 직면하는 역경에 대처할 수 있도록 준비시키기도 한다.

정서발달

유아기에 달성해야 하는 최고의 정서적 · 사회적 성취는 애착이다. 애착attachment은 영아가 특정인들과 가까이 있으려 하고, 그들과 함께 있을 때 더 안정감을 느끼는 경향성이다. 이 개념은 오스트리아의 동물학자 콘라트 로렌츠(Konrad Lorenz, 1903~1989)의 각인imprinting 개념에서 비롯되었다. 1935년 로렌츠는 갓 부화한 새끼 오리가 자신을 따라오는 모습이 담긴 사진을 공개하면서, 동물에게는 태어나자마자 처음 본 움직이는 물체에 강한 유대감을 느끼는 각인 현상이 있음을 발견했다.

[그림 3-1] 로렌츠의 오리관찰 장면

출처: https://psychologyhub.co.uk/

인간의 애착 행동이라는 발달심리학적 주제가 주목받게 된 것은 1950년대에 수행된 두 연구에 기인한다. 하나는 볼비의 부적응 아동에 관한 연구였고, 다른 하나는 할로우가 수행한 원숭이의 애착행동에 관한 실험이었다. 초기에 이들은 엄마에 대한 애착형성이 엄마가 먹을 것의 원천이기 때문이라고 생각했다. 그러나 새끼오리와 병아리는 태어나자마자 스스로 먹이를 먹을 수 있음에도 불구하고, 어미와 함께 많은 시간을 보낸다는 사실을 알게 되었다. 새끼가 어미와 함께 있음으로써 갖게 되는 평안함은 어미의 새끼에 대한 급식 기능에서 비롯된 것이 아니었다. 또 원숭이를 대상으로 실시된 실험(Harlow & Harlow, 1969) 역시 어미와 새끼의 애착이 급식 기능 이상의 것이었음을 입증했다.

볼비의 애착이론

볼비의 애착이론attachment theory은 영아가 양육자와 형성하는 애착, 즉 강한 정서적 결속은 영아의 생존과 심리사회적 발달에 중요한 영향을 미친다는 이론이다. 애착에 관한 연구는 1950~1960년대에 영국의 존 볼비로부터 시작되었다. 그의 아버지는 왕실의 의사로서, 일등 준남작의 작위가 있었다. 당시 그의 사회계급에 속한 집안 정도에서는 그랬듯이 그도 유모의 손에서 자랐고, 어머니는 거의 볼 수 없었다. 부모가 자녀에게 너무 관심을 보이면 버릇없이 자라게 된다는 당시 귀족사회에서의 믿음 때문이었다. 그런 볼비에게 유모는 어린 시절 내내 중요한 애착 대상이 되었다.

존 볼비
(John Bowlby,
1907~1990)

후에 볼비는 유모가 떠나자 어머니를 상실한 것 같은 경험을 했다고 회고했다. 그는 제2차세계 대전 후 고아원, 탁아소, 클리닉 등에서 엄마 없이 성장한 아이들의 행동과 정서 문제를 목격하게 되면서 애착에 관심을 가지게 되었다. 볼비는 애착이론을 통해 생애 초기에 한 사람 또는 그 이상의 사람들과 안정된 애착을 형성하지 못한 아이는 성인기가 되어도 친밀한 인간관계를 형성하기 어렵다고 확신했다(Bowlby, 1973).

볼비는 아이가 엄마와 애착이 제대로 형성되지 않았을 때 발생하는 문제를 박탈이라는 개념으로 설명했는데, 그 후 결핍 개념과 구분했다. 결핍privation은 아이가 애착을 형성할 기회가 없는 경우(예 보호시설)인 반면, 박탈deprivation은 아이가 애착을 형성했지만, 그 관계에서 분리 또는 상실을 경험하는 것을 말하며, 결핍보다 덜 심각한 상태다. 박탈로 인한 영향은 붕괴상태의 지속 기간에 따라 다르다. 붕괴상태가 짧게 지속되면, 괴로움(항의, 절망, 초탈)이 나타나지만, 오래 지속되면 고통(공격성, 매달리기, 초탈, 또는 신체건강 문제)이 발생한다. 결핍은 더 심각하고 더 장기간 지속되어 발달 문제로 이어질 수 있다.

할로의 애착반응 실험

[그림 3-2] 할로의 애착반응 실험

출처: https://www.researchgate.net

미국의 심리학자 해리 할로(Harry Frederick Harlow, 1905~1981)의 애착반응 실험은 생애 초기의 정서적 연계와 물리적 접촉이 애착형성에 중요함을 입증한 연구다. 인공어미에 대한 애착반응 실험에서 새끼 원숭이는 태어나자마자 어미와 분리되어 나무와 철사로 된 두 개의 인공어미가 있는 우리 속에서 길러졌다.

이 실험의 목적은 새끼 원숭이가 어떤 인공어미에게 더 많은 시간 동안 달라붙어 있는지 알아보는 것이었다. 인공어미 중 하나의 몸은 철사로 된 구조물로, 가슴 부분에 우유병을 매달아 우유를 제공하는 장치가 부착되었다. 다른 하나는 기포 고무와 벨벳 천으로 덮여 있어서 새끼 원숭이가 매달려 있기 좋게 제작되었다([그림 3-2] 참조).

실험 과정에서 새끼 원숭이는 우유 제공 여부와 관계없이 천으로 된 인공어미에게 내내 달라붙어 지냈다. 전적으로 수동적이지만 부드러운 접촉이 가능한 인공어미가 안정감의 원천을 제공했기 때문이었다.

출처: Wisconsin Watch.

예컨대, 낯선 상황에 놓일 때 천으로 된 인공어미와 접촉할 수 있으면, 새끼 원숭이의 공포심은 감소되었다. 새끼 원숭이는 한 손 또는 한 발로 천으로 된 인공어미를 붙든 채, 그렇지 않으면 다가가기 힘든 공포의 물체를 기꺼이 탐색하기도 했다.

할로는 이 실험을 통해 당시 모자 사이의 애착 형성은 수유 같은 음식 제공 때문이고, 지나친 관심 또는 애정 표현은 아이를 망친다는 사고가 잘못된 것임을 입증했다. 또한 생애 초기에 어머니와의 정서적 연계와 물리적 접촉이 애착형성에 매우 중요함을 확인했다.

에인스워스의 낯선 상황 실험

볼비의 제자이자 동료 메리 에인스워스는 볼비의 이론을 확장했다. 그녀는 우간다와 미국의 엄마, 아이를 대상으로 생후 12~18개월 영아의 '애착 안정성' 측정 절차를 개발했다(Ainsworth et al., 1978). '낯선 상황strange situation'으로 불리는 이 절차는 아이를 주로 돌보는 사람이 방을 떠났다가 되돌아올 때 아이의 반응을 관찰하는 에피소드로 구성된다. 낯선 상황 절차의 에피소드는 [글상자 3-1]과 같다.

메리 에인스워스 (Mary Ainswirth, 1913~1999)

[글상자 3-1] **'낯선 상황' 절차의 에피소드**

1. 엄마와 아이가 방으로 들어온다. 엄마는 아이를 장난감이 놓여 있는 마루에 내려놓고 방의 맞은편 끝에 가서 앉는다.
2. 낯선 여성이 방으로 들어온다. 잠시 조용히 앉아 있다가 엄마와 이야기를 나눈다. 장난감을 갖고 노는 아이와 어울리려고 시도한다.
3. 엄마는 눈에 띄지 않게 방을 나간다. 아이가 당황해하지 않으면, 낯선 여성은 조용히 자리로 돌아와 앉아 있다. 아이가 당황해하면 낯선 여성은 아이를 달랜다.
4. 엄마가 돌아와 놀고 있는 아이와 어울린다. 그사이 낯선 여성은 방을 빠져나간다.
5. 엄마가 다시 방을 떠난다. 이 경우, 아이는 방에 혼자 있게 된다.
6. 낯선 여성이 다시 돌아온다. 아이가 당황해하면 낯선 여성은 아이를 달랜다.
7. 엄마가 다시 돌아온다. 낯선 여성은 방을 빠져나간다.

에인스워스는 일방경을 통해 아이의 행동(① 활동수준, 놀이에 대한 몰입수준, ② 울음과 기타 불편 정도, ③ 엄마와의 근접성과 기꺼이 상호작용하려는 정도)을 관찰·기록하여, 이를 토대로 아이들을 ① 안정secure형, ② 불안-회피avoidant형, ③ 불안-양가ambivalent

형)으로 분류했다. 세 범주에 속하지 않는 아이들은 후속 연구에서 ④ 혼란disorganized 형으로 분류했다(Main & Solomon, 1986). 애착의 유형별 특징은 〈표 3-2〉와 같다.

〈표 3-2〉 애착의 유형

유형	특성
1. 안정형	❍ 엄마가 돌아왔을 때 엄마와의 신체적 접촉과 상호작용을 추구한다. ❍ 멀리서 장난감을 갖고 놀면서 엄마가 돌아온 것을 좋아한다. ❍ 회기 내내 엄마에게 몰두하고, 엄마가 떠날 때 강한 불편을 보인다.
2. 불안-회피형	❍ 엄마와 다시 만났을 때, 엄마와의 상호작용을 피하며, 엄마의 존재를 무시한다. ❍ 엄마에게 관심을 보이지 않고, 엄마가 떠나도 불편해하지 않는다. ❍ 유아가 불편을 느끼더라도 엄마나 낯선 여성 모두가 쉽게 달랠 수 있다.
3. 불안-양가형	❍ 엄마와 다시 만났을 때 엄마에게 저항을 보이고, 신체적 접촉을 추구하면서도 거부한다(예 안아 주면 울다가 내려놓으면 화난 듯 소리를 지름). ❍ 엄마가 돌아오면 엄마를 보고 울지만, 엄마에게 기어 오지 않고, 엄마가 다가오면 저항을 보인다.
4. 혼란형	❍ 엄마를 쳐다보지 않으면서 엄마에게 다가가고, 엄마에게 다가가서는 회피해 버리며, 안정되었다가도 갑자기 울음을 터트리는 등 모순적인 행동을 보인다. ❍ 혼란스러워하고, 우울해 보이는 등 학대를 받거나 부모가 정신장애가 있는 아이가 이 범주에 속할 가능성이 크다.

애착박탈

환경으로 인해 아동이 애착박탈attachment deprivation, 즉 애착 형성을 할 수 없다면 어떤 일이 일어날까? 가정에서 학대받거나 극단적으로 방치된 조건에서 성장한 아이는 위축되고 공포에 질려 있으며, 심지어 말을 하지 못하기도 한다.

루마니아 사례. 1965년 정권을 잡은 루마니아의 독재자 니콜라에 차우셰스쿠(Nicolae Ceauşescu, 1918~1989)는 피폐한 국가의 경제 회생을 위한 인적 자원 확보라는 명분을 내세워 피임 불법화, 낙태 금지, 그리고 자녀가 넷 이하인 가정에 많은 세금('금욕세')을 부과했다. 이로써 출산율은 급증했으나, 자녀양육의 여력이 없던 많은 가정이 아이를 버리는 바람에 수많은 아이가 국가가 운영하는 고아원에서 자랐고, 거리에는 부랑아가 넘쳐났다. 현실이 이렇다 보니, 보모 1인이 수십 명의 아이를 돌보는 것이 예사였고, 생후 1년 미만의 아기들은 기둥에 매단 우유병으로 급식해야 할 정도로 방치되었다. 아이들은 최소한 성인 1인과의 건강한 애착형성 기회조차 박탈되었다.

[그림 3-3] 고아원에 수용된 루마니아 아동들

출처: https://brunch.co.kr/

그 결과, 아이들은 3세가 되어도 울지도, 말하지도 않았고, 정상아의 3~10% 수준의 신체발달을 보였으며, 운동과 정신기능이 심각하게 지체되었고, 불안 수준도 2배 이상 높았다. 아이들은 타인에 대해 별다른 반응을 보이지 않았고, 타인의 감정에 대해서도 관심을 보이지 않은 채, 한두 가지 행동만 반복하고 있었다. 이들은 훗날 차우셰스쿠 정부의 친위대/비밀경찰('세쿠리타테')이 되었고, 사이코패스 같은 잔인함을 겸비했으며, 시키는 일은 무엇이든 했다고 한다.

홀로코스트에서 생존한 아이들이 그랬던 것처럼, 역경 속에서 자란 아이들 대부분은 오히려 자아탄력성ego resilience이 높은 성인으로 성장한다(Masten, 2001). 그 이유는 심리적 외상이 없는 역경은 심리적 강건성을 증폭시켜 주기 때문이다. 가난과 역경은 불편할 수 있지만, 이를 극복할 힘을 키워 주기도 한다. 그러나 학대 경험을 극복하지 못하는 사람은 쉽게 정상적인 삶으로 회복하지 못한다.

[그림 3-4] 독일 나치 포로수용소에 수용된 아이들

출처: https://www.holocaust.com.au

아동학대 · 방치의 영향. 고립된 상태에서 대리모조차 없이 성장한 할로의 원숭이들은 평생 마음의 상처를 갖게 된다. 이들은 성장한 후에 또래 원숭이들과 함께 있게 했을 때, 공포에 질려 웅크리고 있거나 공격적인 모습을 보였다. 성적으로 성숙한 단계에 도달했을 때도 이들 대부분은 짝짓기를 하지 못했다. 인공수정을 시키면, 암컷은 자신의 새끼를 무시 · 학대하고, 심지어 죽이기까지 했다. 다른 영장류 실험에서도 학대가 학대를 낳는 현상이 확인되었다.

한 연구에서 어미에게 학대받았던 16마리의 암컷 원숭이 중, 9마리가 학대하는 어미가 된 반면, 학대하지 않는 어미가 양육한 암컷은 한 마리도 그런 경우가 없었다(Maestripieir, 2003). 사람의 경우에도 사랑받지 못한 사람은 사랑하지 못하는 사람이 되기도 한다. 학대 부모와 유죄 판결을 받은 살인범 대부분은 아동기에 방치 또는 학대받았던 경험이 있었다.

학대받은 경험이 있는 사람의 약 30%는 부모가 되었을 때 자녀를 학대했다(Lewis et al., 1997). 어려서 학대받았던 아동 대부분이 성장한 후에 폭력 범죄자나 학대하는 부모가 되는 것은 아니다. 그러나 학대로 인한 극단적인 아동기 외상은 뇌에 흔적을 남길 수 있다.

어렸을 때 반복적으로 위협받고 공격받은 온순한 골든 햄스터는 성장한 후에 같은 크기의 다른 햄스터와 한 우리에 있게 하자 겁쟁이가 되었고, 거친 햄스터들과 함께 있게 하자 난봉꾼이 되었다(Ferris, 1996). 이러한 현상은 공격 충동을 진정시키는 세로토닌의 분비 저하로 인해 나타난다. 이는 아동기에 학대받아 공격적인 행동을 나타내는 10대와 성인에게서도 나타나는 현상이다. 생애 초기의 스트레스는 스트레스 반응 시스템을 민감하게 하여, 성장한 후에도 스트레스에 과민반응을 보이게 할 수 있다.

양육방식

애착유형을 분류할 때, 심리학자들은 일차 양육자(주로 엄마)의 행동, 즉 양육방식parenting style에 주목한다. 즉, 아동의 욕구에 대한 양육자의 민감반응성sensitive responsiveness이 자녀와의 안정애착으로 이어진다는 것이다. 안정애착secure attachment을 나타내는 아이의 엄

다이애나 바움린드
(Diana Baumrind,
1927~2018)

마는 대체로 아이가 울면 신속하게 반응하고, 아이를 안을 때 사랑스럽게 안으며, 아이의 욕구에 자신의 반응을 맞추는 경향이 있다(Clarke-Stewart, 1973). 반면, 불안정애착insecure attachment을 보이는 엄마는 아이가 보내는 신호에 따르기보다 엄마 자신의 욕구나 기분에 따라 아이를 안고 싶을 때는 반응하지만, 그렇지 않을 때는 반응하지 않는다(Stayton, 1973).

다이애나 바움린드는 자녀에 대한 부모의 통제수준과 형태에 따라 양육방식을 세 가지 유형, 즉 ① 독재authoritarian형, ② 허용permissive형, ③ 권위authoritative형으로 구분했다(Baumrind, 1967). 양육방식의 유형별 특징은 〈표 3-3〉과 같다.

〈표 3-3〉 바움린드의 세 가지 양육방식

양육방식	설명
1. 독재형/ 강압형	❍ 자녀의 절대복종을 요구하고, 종종 자녀의 통제수단으로 체벌을 사용한다. ❍ 기성세대의 가치관을 강조하며, 자녀의 자율성을 제한한다. ❍ 아동은 기가 죽어 있고, 독립심이 부족하며, 위축된 경향이 있다.
2. 허용형/ 비억제형	❍ 자녀의 가치관/행동 교정에 긍정적 · 수용적이고 너그러운 태도로 대한다. ❍ 매우 애정적이지만, 자녀 양육의 책임회피 방법으로 자유를 제공한다.
3. 권위형/ 직면형	❍ 자녀 양육에 부모로서의 권위를 이용하지만, 일방적인 복종 강요 또는 체벌 사용을 하지 않는다. ❍ 자율적이고 자기만족을 할 줄 알며, 자기통제가 가능하고, 배우려는 의지가 강한 아이로 성장하게 한다.

연구에 의하면, 높은 자존감, 자신감, 사회적 유능감을 보이는 아동들에게는 따뜻하고 관심을 보여 주는 권위형 부모들이 있었다. 반면, 독재형 부모의 자녀들은 사회적 기술과 자존감 수준이 낮았고, 허용형 부모의 자녀들은 공격적이고 성숙하지 않은 경향이 있다. 이들 연구의 대상은 대부분 중산층의 백인들이었고, 효과적인 양육방식은 문화에 따라 다를 수 있다. 그렇지만 다른 인종의 가족 대상으로 수행된 연구들과 전 세계적으로 200개 이상의 문화에서 수행된 연구들은 사회적 · 문화적으로 사랑과 권위형 양육방식이 정적 상관이 있었다(Baumrind, 2013).

그러나 유념할 점은 특정 양육방식과 결과 간의 관계는 상관관계이지 인과관계가 아니라는 것이다. 즉, 아동의 성격특질이 부모의 양육방식에 영향을 미칠 수 있다는 것이다. 또 같은 가정에서조차 부모의 애정과 통제는 자녀의 특질에 따라 다를 수 있다. 사회적으로 성숙하고 원만하며 다루기 쉬운 아동은 부모로부터 더 큰 신뢰감과 애정을 촉발할 수 있다. 이러한 가설은 쌍생아 연구를 통해 입증되었다(Kendler, 1996).

인지발달

인지발달cognitive development이란 정신작용(정보의 지각 · 평가 · 이해)과 능력의 변화를 뜻한다. 언어능력 획득에서부터 기억, 문제해결 학습 등은 인지발달 연구자들의 초점이 되어 왔다. 대표적인 연구자로는 스위스의 장 피아제를 꼽을 수 있다. 그는 1920년 당시 파리에서 알프레드 비네가 주도한 아동의 지능검사 문항 개발을 돕고 있었다. 그 과정에서 그는 아동들의 오답에 관심을 가지게 되었다. 아동들이 저지르는 오류가 연령대에 따라 놀라울 정도로 유사했기 때문이었다. 그는 이 과정에 지능이 작동하고 있는 것으로 믿었다. 반세기를 아동들과 함께 보낸 피아제는 아동의 마음이 어른 마음의 축소판이 아님을 확신했다. 그가 발표한 인지발달이론 덕분에 오늘날 아동이 어른과 다르게 추론한다는 사실을 알게 되었다.

피아제의 인지발달이론

장 피아제
(Jean Piaget,
1896~1980)

인지발달이론의 핵심 아이디어는 경험을 이해하려는 끊임없는 노력이 인지발달의 원동력이라는 것이다. 스위스의 심리학자 피아제에 의하면, 뇌는 새로운 대상/자극에 의해 인지적 불평형disequilibrium 상태가 되면, 대상/자극에 적합한 스키마schema, 즉 인지도식(정보를 통합 · 조직하는 인지적 틀 또는 개념)을 만들어 낸다. 인지도식은 조직화와 적응이라는 인지과정을 통해 만들어지는데, 이는 개인의 경험을 부어 넣은 주물과 같은 것이다.

조직화organization는 기존의 인지도식들을 결합하여 새롭고 보다 복잡한 인지구조로 통합시키는 과정이다. 반면, 순응adaptation은 동화와 조절이라는 상보적인 과정으로 이루어진다. 동화assimilation가 새로운 자극을 기존의 인지도식에 맞게 해석하여 받아들이는 것이라면, 조절accommodation은 새로운 자극이 기존의 인지도식으로 이해되지 않을 때 기존의 인지도식을 수정하거나 새로운 인지도식을 형성하는 것이다.

동화와 조절로 유기체는 스스로 환경과 균형 있고 조화로운 관계를 형성하는 과정, 즉 평형화equilibration 또는 항상성homeostasis을 이루게 된다. 이러한 과정을 통해 사람들은 평생에 걸쳐 다수의 인지도식을 형성한다. 예를 들면, 강아지에 대한 단순한 인지도식을 가지고 있던 아이는 처음에는 네 발 달린 동물을 모두 멍멍이라고 한다. 그러나 아동은 곧 본래의 멍멍이에 대한 인지도식이 너무 광의적임을 학습함으로써 그 범주를 점차 구체적으로 조절하게 된다.

피아제의 인지발달이론에 의하면, 인지능력은 일정한 순서에 의해 일련의 단계를 거쳐서 발달한다. 단계별 사고능력은 질적으로 다르고, 단계가 높아질수록 점차 복합적인 사고가 가능해진다. 또한 인지발달은 이전 단계에서의 과업 완수를 토대로 이루어지므로, 단계를 건너뛸 수 없다(Piaget, 1953). 인지발달은 4단계, 즉 ① 감각운동기, ② 전조작기, ③ 구체적 조작기, ④ 형식적 조작기를 거쳐 이루어진다.

1단계: 감각운동기. 감각운동기sensorimotor stage(출생~2세)는 언어능력이 발달하기 전으로, 태아는 시각과 청각 등의 감각과 운동 행동motor behaviors을 통해 환경과 상호작용한다. 신생아는 주로 잡기, 빨기 같은 반사운동reflex을 통해 새로운 자극을 동화시킨다. 생후 3~4개월 된 영아는 자신의 손과 다리에 매료되어, 주먹을 쥐었다 폈다 하는 행동에 열중한다.

생후 6개월 미만의 영아들은 대부분 물체를 마음속으로 표상하지 못한다. 이러한 이유로 [그림 3-5]에서처럼, 영아는 가로막 뒤에 놓인 물체를 찾으려고 하지 않는다. 그러나 8~12개월이 되면, 영아는 시야에서 사라진 물체가 여전히 존재한다는 사실을 알게 되고, 그것을 찾으려고 시도하게 된다. 이로써 영아들

[그림 3-5] 대상영속성 실험 장면

은 대상영속성object permanence 개념을 형성하여 '까꿍놀이peekaboo'를 할 수 있게 된다 (Lowe et al., 2013). 생후 18개월이 되어서야 의도적 · 목표지향적 행동이 나타나고, 내적 표상이 발달하면서 서서히 전조작기에 진입한다.

2단계: 전조작기. 전조작기preoperational stage(2~6, 7세)의 유아들은 점차 언어 사용이 가능해지면서 내적 표상을 다양한 형태의 상징symbol으로 표현할 수 있게 된다. 그래서 장난감 블록이 기차나 자동차가 되고, 비행기나 집이 되기도 한다. 그러나 여전히 행위를 나타내는 사고과정이 비가역적irreversible이지 못하고, 지식이 여전히 체계적이지 못한 특징이 있다. 전조작기 사고의 특징은 ① 상징적 사고, ② 자아중심적 사고, ③ 직관적 사고, ④ 마음이론이 나타난다는 것이다.

첫째, 상징적 사고symbolic thinking는 행동 또는 감각에 의존하지 않고 정신적 표상, 즉 심상을 통해 생각하는 것을 말한다. 정신적 표상은 언어발달을 가속화하여 상징적 언어, 즉 가상놀이, 그림, 언어를 통해 유아는 자신의 내적 표상을 표현할 수 있게 된다. 특히 가상놀이pretend play는 가상적인 사물과 상황을 실제 사물 또는 상황으로 상징화하는 놀이로, 소꿉장난, 병원놀이, 학교놀이 등이 그 예다.

둘째, 자아중심적 사고egocentric thinking는 타인의 생각, 감정, 지각, 관점 등이 자신과 같다고 생각하는 것을 말한다. 이러한 특성으로 인해 전조작기 유아들은 여전히 타인의 시각에서 추론할 수 있는 조망수용perspective taking 능력이 없어서 타인 배려에 한계가 있다. 이는 세 개의 산에 대한 조망실험에서 확인할 수 있다. 3~4세 유아들에게 비대칭적인 산을 보여 준 후, 그들이 앉아 있는 위치와 다른 방향에서는 어떻게 보이겠는가라는 질문에 대해 유아들은 자신들과 동일하게 보일 거라고 답한다.

셋째, 직관적 사고intuitive thinking란 크기, 모양, 색깔 등 한 가지 두드러진 속성에 근거하여 대상을 이해하는 것을 말한다. 이처럼 지배적인 지각적 특성에만 의존하는 전조작기 유아들은 보존conservation개념을 이해하지 못한다. 예를 들어, 같은 양의 물을 각각 좁고 긴 모양의 비커(A)와 넓고 납작하게 생긴 비커(B)에 담았을 때, 유아는 길이가 긴 A 비커에 담긴 물이 더 많다고 답한다.

이러한 현상은 눈에 보이는 모양만을 보고 물의 양을 판단하게 되는 직관적 사고의 예다([그림 3-6] 참조). 이 외에도 전조작기 유아에게서는 물활론적 사고animistic thinking(모든 사물에 생명이 있다는 생각)와 인공론적 사고artificial thinking(모든 것을 사람이 만들었고 또 자신을 위해 만들어졌다는 생각)가 특징적으로 나타난다.

[그림 3-6] 보존개념 실험

넷째, 마음이론theory of mind은 타인의 말과 행동의 의미를 이해하고, 타인의 생각, 믿음, 의도, 감정, 정서 등을 추론하여 미래의 행동을 예측 · 대처하기 위해 자신과 타인의 마음 상태에 관한 정보를 사용하는 능력을 말한다. 이 시기에 마음이론이 형성되면서, 유아들은 다른 사람의 정신적 상태를 읽는 능력이 개발된다. 다른 사람의 관점을 상상할 수 있게 되면, 다양한 종류의 새로운 기술이 나타난다. 유아는 다른 아이를 놀릴 수 있다. 어떤 것이 그 아이를 화나게 했는지 이해할 수 있기 때문이다.

이처럼 타인의 마음을 이해하는 능력을 지닌 아이들은 더 인기 있는 경향이 있다(Slaughter et al., 2015). 반면, 자폐스펙트럼장애autism spectrum disorder(ASD)가 있는 아이들은 손상된 마음이론을 지니고 있다(Senju et al., 2009). 이들은 다른 아이의 삐죽 내민 입술이 슬픔을, 반짝이는 눈이 행복감 또는 장난기를 의미한다는 사실을 이해하지 못한다(Boucher et al., 2012). 전조작기는 다시 ① 전개념단계, ② 직관단계로 나뉜다.

전개념단계preconceptual subphase(2~4세)에서 2세 유아는 1~2개 단어로 된 구phrase를 구사하다가 만 4세가 되면서 4~5개 단어로 된 구를 구사할 수 있게 된다. 언어발달은 지식습득으로 이어져, 현재뿐 아니라 과거와 미래도 고려할 수 있게 된다. 이로써 유아는 더 넓은 관점을 갖게 되고, 언어라는 상징을 통해 성취 가능한 과업을 이루게 된다.

직관단계intuitive subphase(4~7세)에서 유아는 등급, 수, 관계 등을 고려한 사고가 가능해진다. 이 시기의 유아는 이러한 요소들을 토대로 반응할 수는 있지만, 반응에 대한 이유를 대지는 못한다. 예를 들어, '개는 고양이보다 크지만, 소보다는 작다' 같이 단순관계는 이해할 수 있다. 그러나 더 큰 체계, 즉 '아빠가 엄마의 남편'이라는 사실은 이해하지만, '사촌동생의 큰아빠'라는 사실은 이해하지 못한다.

3단계: 구체적 조작기. 구체적 조작기concrete operational stage(7~12세)에는 체계적·논리적 사고가 발달한다. 이 단계에서 아동은 규칙의 기능적 가치를 이해하게 되고, 보존개념, 유목화, 서열화 능력이 발달한다. 보존개념은 액체와 고체는 모양이 변해도 질량이나 부피는 변하지 않는다는 것이다. 특히 수에 대한 보존개념은 6~7세, 질량은 7~9세, 무게는 10~11세, 부피는 11~12세에 발달한다(Piaget, 1953).

유목화classification는 사물을 속성에 따라 분류할 수 있는 능력이다. 서열화serialization는 사물의 특성에 따라 배열할 수 있는 능력이다. 이 능력을 갖추게 되면서 아동은 사칙연산을 이해할 수 있게 되고, 부분과 합을 동시에 추론할 수 있게 되어 종류가산class inclusion을 할 수 있게 된다. 또 관계를 나타내는 개념(예 촌수)을 이해하고, 계획 수립과 행동 결과를 정신적 이미지로 그려 낼 수 있게 된다. 이 단계의 아동들은 논리적인 문제를 다루고 실제적인 일을 논리적 체계를 세워 조직화할 수 있지만, 2차적으로 현존하지 않는 관계는 여전히 이해하기 어려워한다.

4단계: 형식적 조작기. 형식적 조작기formal operational stage(12세 이상)에 도달하면,

아동은 구체적 경험 없이도 추상적인 상징체계를 매개로 사고의 조작이 가능해진다. 즉, 가설 설정, 추론, 고차적이고 추상적인 사고능력이 발달하고, 조합적 사고combinational thinking 능력이 발달하여 미래의 가능성에 대한 사고가 가능해진다. 따라서 문제에 직면했을 때 가능한 해결책들을 고려할 수 있게 된다. 중학교 이상의 학생들은 합리적·체계적 사고가 가능해져서 문제해결을 위한 가능성을 고려할 수 있게 된다. 즉, 인지적으로 사고를 개념화하고, 과학적 접근을 통해 여러 현상을 이해할 수 있게 된다.

또 이 시기의 청소년들은 자신에게 몰입하게 되면서 최상의 도덕성을 추구하게 된다. 그렇지만 개인차가 있어서 발달상의 특징이 서로 다를 수 있다. 청소년기의 시작을 알리는 사춘기 연령, 발달 속도나 기간은 개인이 속한 국가의 경제수준, 성장환경, 주거지역, 부모의 직업과 교육수준, 영양섭취 상태, 생활양식 등에 따라 큰 차이를 보이기도 한다.

비고츠키의 사회문화적 접근

레프 비고츠키
(Lev S. Vygotsky, 1896~1934)

인지발달의 사회문화적 접근은 러시아의 심리학자 레프 비고츠키가 창안한 것으로, 언어와 사고발달을 개체 수준이 아니라, 사회문화적 맥락에 관련지어 설명하려는 관점이다. 비고츠키는 세상을 이해하고 새로운 기술 개발을 돕는 지식을 갖춘 협력자의 도제식 전달('비계')을 통해, 아동이 세상을 더 잘 이해하게 되고, 장차 전문가로 나아갈 수 있다고 보았다.

이처럼 아동의 인지적·사회적·행동적 발달을 위한 협력자(성인, 또래)의 환경적 중재를 비계설정scaffolding이라고 한다. 비계는 건축 초기에 건물을 지탱하는 구조물을 가리킨다. 비계설정은 아동의 수준에 따른 조력을 통해 과제수행 능력을 배양시켜 아동이 협력자의 도움 없이도 문제해결력 증진을 돕는 교수방법이다.

비고츠키는 인지발달을 2개 수준, 즉 ① 실제 발달수준(아동이 과제를 독립적으로 해결할 수 있는 능력의 정도)과 ② 잠재적 발달수준(성인 또는 또래의 도움으로 해결할 수 있는 능력의 정도)으로 구분했다. 이 두 수준 간의 차이를 근접발달영역zone of proximal development(ZPD)이라고 한다. 그에 의하면, 아동의 인지발달 수준을 온전히 이해하여 적절한 교육을 하기 위해서는 그 아동의 잠재적 발달수준과 실제 발달수준을 알아야 한다. 또 언어는 사회적 의미를 교환하고 새로운 기술과 지식발달의 일차수단이라는 점에서, 언어습득은 인지발달의 필수요소다(Blanck, 1990).

성인과 또래가 아동을 도와 새로운 과제를 숙달시킬 때, 이들 간의 대화는 아동 사고의 일부가 된다('내면화'). 내면화internalization란 사회적 상황에서 지식을 받아들여 아동이 스스로 사용할 수 있는 상태를 말한다. 인지발달은 사회적 상호작용을 기반으로 타인의 중재를 통해 인지기능과 기술이 아동에게 점차 내면화되는 과정이다.

그리고 고등정신기능은 본래 집단행동의 형태로, 타인(어른, 또래)의 협력을 통한 대인간 기능interpersonal functioning에서 시작되어 점차 개인내적 기능intrapersonal functioning으로 변화된다. 그 후, 아동은 자신이 새로운 기술을 수행할 때 자신의 행동을 안내하기 위해 자신의 언어('사적 언어private speech')를 활용한다(피아제는 '자아중심적 언어egocentric speech'라 불렀음). 즉, 아동은 자신을 안내하고 방향 제시를 위해 자신에게 말하고 지시한다.

성격발달

부모들은 첫째와 둘째 아이의 성격과 행동 특성이 매우 다른 것에 대해 놀라워한다. 생후 첫 주부터 영아는 활동수준, 환경변화에의 반응, 과민성 등에서 개인차를 보인다. 평소에 자주 우는 아이가 있는가 하면, 별로 우는 일 없이 어른들에게 미소 짓는 아이가 있다. 기저귀를 갈거나 목욕을 할 때도 조용히 즐기는 듯한 모습을 보이는 아이가 있는가 하면, 소리를 지르고 발로 차며 몸부림치는 아이도 있다. 안아 주는 것을 좋아하며 안아 주는 사람에게 꼭 안기는 아이가 있는가 하면, 안아 주려는 사람을 밀쳐 내며 짜증을 내는 아이도 있다. 이는 아이의 타고난

성질, 즉 기질을 나타낸다.

기질

기질temperament이란 태어나면서부터 발현되는constitutional 정서, 운동, 자극에 대한 반응, 자기통제에서의 개인차를 말한다(Rothbart & Bates, 1998). 이러한 개인차는 생물학적, 즉 유전적 차이에서 비롯된 심리적 특징을 의미한다. 이를 뒷받침하는 증거는 일란성 쌍생아가 이란성 쌍생아보다 더 유사한 기질적 속성을 지니고 있다는 연구(Braungart et al., 1992)에서 찾을 수 있다. 기질에 대한 관점은 두 가지로 나뉜다. 하나는, 기질이 유전적 요인에서 기인한다는 입장이고, 다른 하나는, 유전적 요인을 기반으로 환경적 요소들과의 상호작용을 통해 표현된다는 입장이다.

기질이 생래적인 성질이면서 비교적 오래 지속되는 특성이라는 입장에서 볼 때, 기질은 특질trait과 유사하다. 특질과 비교할 때, 기질은 특질보다 정서(예 차분함, 불안, 긴장 등)와 더 연관되어 있어서, 개인의 일반적인 기분이나 기분 패턴을 나타낸다. 예컨대, 까다로운 영아의 부모는 아이의 문제가 자신의 탓이라고 책망하는 경향이 있다. 그러나 기질의 차이는 선천적이고, 아이의 행동에 따라 부모의 반응이 달라진다. 즉, 쉽게 달랠 수 있고, 안아 주면 달라붙어서 울음을 멈추는 아이는 부모의 유능감과 자긍심을 높여 준다.

반면, 아이를 달래려는 부모의 노력에도 울음을 그치지 않고 고집 피우는 아이는 부모에게 제 역할을 하지 못하고 있다는 느낌과 거부감이 들게 한다. 부모의 자극에 아이가 반응할수록(안아 주면 안기고 편안해하며, 이야기하거나 함께 놀면 관심과 흥미를 보이는 것), 부모와 아이 간의 연대 형성이 수월하다(Nolen-Hoeksema et al., 2015).

기질에 관한 대표적인 연구로는 뉴욕종단연구(Thomas & Chess, 1977)를 꼽을 수 있다. 이 연구는 1950년대에 140명의 중·상류층 영아들을 대상으로 시작되었다. 연구자들은 부모와의 심층면접, 추후에 실시한 교사와의 면담, 그리고 아동들에게 실시한 검사점수 자료를 수집했다. 그 결과,

기질의 9개 차원(① 활동수준activity level, ② 리듬성rhythmicity, ③ 주의산만성distractibility, ④ 접근approach/철수withdrawal, ⑤ 적응성adaptability, ⑥ 주의지속시간attention span · 끈기persistence, ⑦ 반응강도intensity of reaction, ⑧ 반응역치threshold of responsiveness, ⑨ 기분의 질quality of mood)을 추출해 냈다. 각 차원에 관한 설명은 〈표 3-4〉와 같다(Thomas et al., 1970).

〈표 3-4〉 기질의 9개 차원

차원	정의
1. 활동수준	❍ 잠잘 때 얼마나 많이 움직이는지, 적극적인 놀이 활동을 좋아하는 정도
2. 리듬성	❍ 먹고 자는 시간 또는 양의 규칙성 정도
3. 주의산만성	❍ 한 자극에의 집중 정도 또는 다른 자극에 의해 주의가 분산되는 정도
4. 접근/철수	❍ 새로운 장소, 음식, 이방인, 새로운 활동 등에 쉽게 접근하고 관심을 가지는 정도
5. 적응성	❍ 새로운 환경이나 활동에의 적응 속도
6. 주의지속시간 · 끈기	❍ 과제, 활동, 놀이 등을 끝까지 하려는/이내 포기하려는 정도
7. 반응강도	❍ 마음에 들지 않은 상황(예 젖은 기저귀)에서의 반응의 정도
8. 반응역치	❍ 큰 소리에의 반응, 혼자서 잠자리에 드는 정도, 음식은 잘 먹는지 정도
9. 기분의 질	❍ 긍정/부정 정서 표현의 빈도와 강도

〈표 3-4〉에 제시된 특질의 9가지 차원은 다시 세 가지 기질(① 순한easy 기질, ② 까다로운difficult 기질, ③ 더딘slow-to-warm-up 기질)로 분류되었다. 나머지 35%는 9개 척도의 어느 차원에서도 높거나 낮은 점수가 산출되지 않았다. 각 유형의 특징은 〈표 3-5〉와 같다(Thomas et al., 1963).

〈표 3-5〉 기질의 세 가지 유형

유형	비율	특성
1. 순한 기질	40%	❍ 즐겁게 잘 놀고, 규칙적인 수면과 섭식, 그리고 새로운 상황에 쉽게 적응함
2. 까다로운 기질	10%	❍ 안절부절못하고, 불규칙적인 수면과 섭식, 그리고 새로운 상황에 강하게 부정적으로 반응함
3. 더딘 기질	15%	❍ 비교적 반응이 없고, 새로운 상황에서 다소 위축되며, 새로운 상황에의 적응에 순한 기질의 영아보다 더 많은 시간이 필요함

원표집 중 133명을 성인기까지 추적하여 기질과 심리적 적응 수준을 재측정한 결과, 혼합된 증거가 산출되었다. 즉, 생애 첫 5년간의 기질 점수에서는 높은 상관을 나타냈다. '까다로운 기질'의 아동은 '순한 기질'의 아동보다 학교생활에서 더 많은 문제를 나타냈다. 성인기에 측정한 기질과 적응수준 역시 3, 4, 5세에 실시한 기질 측정치와 유의한 상관을 보였다. 그러나 기타 모든 상관은 낮았고, 측정된 9개 특질 대부분이 시간 경과에 따른 연속성이 거의 또는 전혀 없었다(Thomas & Chess, 1986).

기질의 안정성에 관한 이 연구는 영아의 기질을 주로 부모의 보고에 의존함으로써, 자녀에 대한 부모의 편파적 판단 가능성이 크다는 비판을 받았다. 그 후, 부모의 보고와 영아에 대한 직접 관찰 두 가지를 적용한 후속연구에서는 생애 초기에 보이는 기질적 특성의 안정성이 낮다는 결과를 산출했다. 그렇지만 적어도 걸음마 시기에 측정된 아동의 기질은 추후의 정서적 · 행동적 특성을 예측한다는 사실을 입증하기도 했다(Rothbart & Bates, 1998). 그런가 하면, 기질은 어느 정도 유전적 영향을 받는다는 연구도 있다. 즉, 이란성 쌍생아보다 일란성 쌍생아 사이에 기질의 유사성이 더 높았다. 이는 유전자가 기질에 중요한 역할을 한다는 것을 시사한다.

사회성 발달

사회성sociality이란 사회라는 집단에서 생활하려는 인간의 근본적인 속성인 동시에, 사회에 적응하는 개인의 소질, 능력, 또는 대인관계의 원만성을 의미한다. 이는 개인의 정신건강에 중요한 역할을 한다. 그렇다면 사회성은 어떻게 발달하는가? 독일 출신, 미국의 심리학자 에릭 에릭슨은 저서 『아동기와 사회(Childhood and Society)』(1950)에 자신의 성격이론, 즉 심리사회발달단계stages of psychosocial development를 소개했다. 이 이론에서 그는 프로이트의 심리성적발달단계stages of psychosexual develepment를 바탕으로, 인간의 사회성 발달을 8단계로 구분하여 단계별로 습득해야 할 결정적인 과업을 대칭적으로 설정했다.

에릭 에릭슨
(Erik Erikson,
1902~1994)

또 단계별로 해결해야 할 정체성 위기identity crisis를 제시하여 발달과업의 습득 여부에 따라 정상normal과 이상abnormal으로 분류했고, 과업성취 여부는 다음 단계에 영향을 주게 된다고 보았다. 프로이트는 성격이 생후 5~6년 이내에 결정된다고 주장한 반면, 에릭슨은 평생 지속적으로 발달한다고 보았다. 에릭슨은 인간이 원초아의 지배를 받는 존재라는 프로이트의 주장을 받아들이지 않는 대신, 자아의 역할을 중시함으로써 자아심리학ego psychology을 주도했다. 심리사회성 발달이론의 8단계에 관한 설명은 〈표 3-6〉과 같다.

〈표 3-6〉 에릭 에릭슨의 심리사회발달단계

발달단계	발달과업	결과	심리사회적 발달과업의 성취와 위기
1. 영아기 (출생~1년)	신뢰 대 불신 (희망hope)	성취	• 기본 신뢰감 발달
		위기	• 자신과 타인에 대한 불신감 발달
2. 유아기 (2~3세)	자율성 대 수치심 (의지will)	성취	• 의지를 갖고, 스스로 행하는 것을 학습함
		위기	• 자신의 능력에 대해 의심함
3. 학령전기 (4~6세)	주도성 대 죄책감 (목적purpose)	성취	• 과제를 스스로 하고, 계획실행 방법을 획득함
		위기	• 독립하려는 노력에 대해 죄의식을 가짐
4. 학령기 (7~12세)	근면성 대 열등감 (자신감competence)	성취	• 과제수행의 즐거움을 학습함
		위기	• 열등의식이 발달함
5. 청소년기 (13~19세)	정체성 대 역할혼란 (충실성fidelity)	성취	• 역할검증과 자기감 정교화를 통해 정체성으로 통합함
		위기	• 자신에 대한 혼란이 초래됨
6. 청년기 (20~40대 초)	친밀감 대 고립감 (사랑love)	성취	• 친밀관계 형성을 위한 노력으로 사랑의 능력을 획득함
		위기	• 사회적으로 고립됨
7. 중년기 (40~60대)	생산성 대 자기침체 (돌봄care)	성취	• 가족형성과 일을 통해 사회에 공헌한다는 느낌 획득
		위기	• 삶의 목표의식이 상실됨
8. 노년기 (60대 후반 이후)	자아통합 대 절망감 (지혜wisdom)	성취	• 삶의 경험을 의미 있게 통합하며 만족감을 느낌
		위기	• 삶에 대한 허무함과 이제 끝장이라는 절망감에 빠짐

청소년 발달

청소년기adolescence는 아동기에서 성인기로 넘어가는 시기다. 이 시기(대체로 13~19세)는 신체적 · 성적 성숙에서 시작하여 사회적으로 성인의 지위를 성취하는 것으로 종료된다. 청소년은 아동기를 벗어나면서 신체적 · 성적으로 성숙해지는 동시에, 가족과 분리된 독립된 개체로서의 정체감을 형성하거나 혼란을 겪기도 한다. 독립성을 강조하는 서구문화에서 성장하여 30세가 넘은 사람 대부분은 자신의 10대를 다시 돌아가고 싶지 않은 시기, 또래의 사회적 인정이 절대적이었고, 삶의 방향성이 유동적이며, 부모와의 단절감이 최고조에 달했던 시기로 회상한다(Arnett, 1999).

그렇지만 많은 사람에게 청소년기는 성인기를 염두에 두지 않는 활기찬 시기로, 우정을 쌓고 높은 이상을 추구하며, 삶의 흥미진진한 가능성을 느끼는 시기이기도 하다.

신체 발달

청소년기에는 급속한 신체적 성숙('성장급등growth spurt')과 함께 사춘기가 포함된다. 사춘기puberty는 대체로 3~4년에 걸쳐 진행되면서 남녀 모두 이차성징secondary sexual character이 나타난다. 호르몬의 급격한 증가로 여성은 가슴과 엉덩이가 커지고, 남성은 수염과 체모가 생기고 가슴이 넓어지는 등의 신체적 변화와 함께 재생 능력을 갖추게 된다. 사춘기의 시작 연령과 진전 속도는 개인차가 있지만, 보통 여아는 남아보다 평균 2년 정도 일찍 신체적 성숙을 경험한다. 청소년기에는 뇌가 급격히 발달한다. 청소년 초기에는 정서, 보상, 동기 관련 뇌 영역이 정서적 · 사회적 자극과 보상에 대해 더 민감하게 반응한다.

사춘기의 호르몬 변화와 함께 이러한 변화는 아동 또는 성인보다 청소년들이 일상에서 감정 변화가 더 심하고, 극적인 정서 체험을 추구하게 하며, 정서 자극

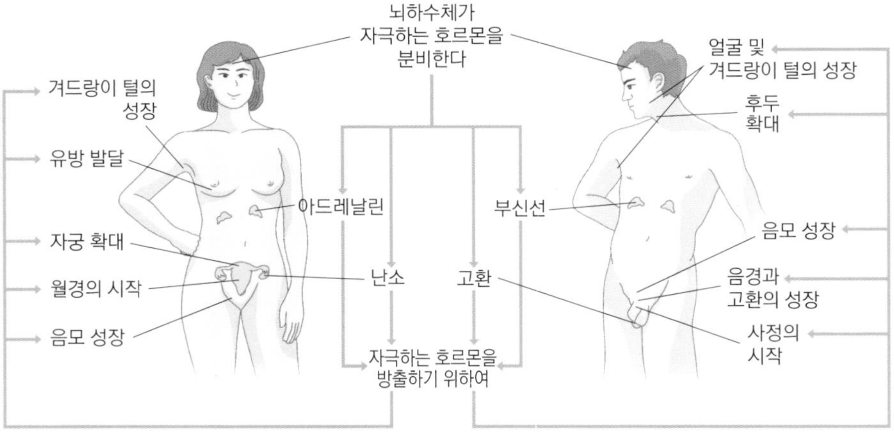

[그림 3-7] 사춘기의 신체변화

에 대해 강한 편향을 유발한다. 이로써 청소년기는 '연료만 있고 브레이크는 없는 시기' 또는 '운전할 줄 모르는 사람이 차를 모는 시기'로 불리기도 한다. 즉, 청소년은 정서적 · 사회적 환경에 관심이 있고, 민감하게 반응하며, 보상 자극에 민감하지만, 감정 · 욕구 · 행동 통제는 잘 발달되어 있지 않다. 이러한 특성으로 인해 이들은 모험지향적 행동을 더 많이 하게 된다. 이로 인해 사고, 폭력, 자살, 위험한 성행동, 건강파괴 행동이 청소년기에 극적으로 증가한다(Ozer et al., 2003).

사회성 발달

청소년기에는 '나는 누구인가?' '나는 어디로 가고 있는가?' 같은 질문에 대한 답을 찾는 과정에서 정체성이 발달한다(Erikson, 1950). 에릭슨은 이와 같은 자기확인을 위한 적극적 과정을 정체성 위기identity crisis라 명명했다. 그는 정체감 위기를

건강한 심리적 발달의 통합적 부분이라고 믿었다. 청소년기가 다양한 행동, 관심, 이념을 탐색하는 역할 실험을 위한 시기여야 한다는 것이다. 그렇지 않고 일관성 있는 자기감sense of self 또는 삶의 주요 영역에서 자기가치self-worth를 평가할 수 있는 일련

의 내적 기준을 갖지 못하게 되는 상황을 에릭슨은 정체감 혼미identity confusion라고 했다.

자기확인 과정에서 청소년들은 매일 수십 통의 문자메시지를 보내고, 페이스북 친구가 있으며, 트위터를 하고, 스냅챗에 동영상을 올리며, 인스타그램에서 사진을 공유한다. 오늘날처럼 복잡한 사회에서 살아가는 청소년에게 정체감 형성은 꽤 어려운 과제다. 청소년에게는 인생에서 어떻게 행동해야 하고, 무엇을 해야 하는지에 대해 거의 무한한 가능성이 열려 있기 때문이다. 청소년기는 부모의 영향력은 줄고, 또래의 영향력은 커진다. 또래와 부모는 청소년의 행동과 태도에 영향을 미친다.

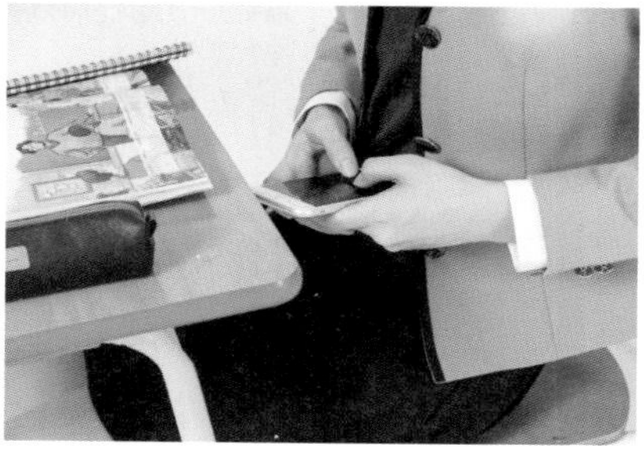

또래관계. 청소년기에는 또래집단peer group이 중요해진다. 또래집단의 중요성은 청소년이 또래집단에 맞추려고 노력하고, 이들의 영향을 받는 것으로 나타난다. 청소년의 뇌는 보상에 민감해진다. 이러한 현상은 10대가 혼자 있을 때보다 또래와 함께일 때 위험을 무릅쓰는 행동을 하는 이유가 된다(Albert et al., 2013). 흡연을 시작한 10대에게는 일반적으로 이들에게 담배를 준 친구들이 있다(Rose et al., 2003). 청소년은 또래와 많은 시간을 함께하면서 여러 친구를 사귀게 된다. 또래와 어울리면서 부모와 함께하는 시간은 줄고, 부모와의 갈등이 늘어난다.

부모와의 관계. 청소년들은 정체성 형성을 위해 자연스럽게 부모와 거리를 두기 시작한다(Shanahan et al., 2007). 이는 종종 부모와의 사소한 언쟁과 말다툼으로 이어져, 부모들은 이로 인해 고통스러워한다. 부모들은 흔히 자녀의 성공에 만족감을 느끼는 반면, 실패에 대해서는 죄책감을 느끼기 때문이다. 갈등의 원인은 아들의 경우, 행동화acting out 또는 위생과 관련된 행동 문제인 반면, 딸은 관계와 관련된 충동이 주를 이룬다(Schlomer et al., 2011). 이러한 마찰로 인한 스트레스의 정도는 서로 얼마나 가깝게 느끼고 있는지에 따라 증감된다.

부모와 가깝게 느끼는 청소년은 건강하고 행복해하며, 또래와도 친밀한 관계를 유지하고, 학교생활도 잘하는 경향이 있다. 특히 따뜻하고 지지적이면서도 규칙과 실행에 관해서는 확고하고 분명한 권위 있는[authoritative] 부모를 둔 자녀는 청소년기를 지나는 동안 문제가 적다(Steinberg & Morris, 2001). 반면, 따뜻하지 않고 엄격한 규칙을 융통성 없이 적용하는 권위적인[authoritarian] 부모의 자녀는 정서 및 행동 문제를 더 많이 보이는 경향이 있다. 이들 청소년은 부모 또는 다른 어른들과도 긴장 관계에 있는 경향이 있었다. 그러나 대부분 가정에서는 갈등이 높아지는 청소년 초기가 지나면서 더 평등한 부모-자녀 관계가 형성된다(Resnick et al., 1997).

자녀는 부모의 생물학적 · 사회적 유산이다. 종래의 정신의학과 심리학에서는 자녀의 신체적 또는 정신적 문제가 좋지 않은 양육 때문이라고 비난해 왔다. 이는 사회가 부모에 대한 비난의 빌미가 되어 왔다. 자녀의 성장과 발달에 부모의 역할은 매우 중요하다. 어려서부터 학대받은 사람들은 폭력적이 되기 쉽고, 무시당한 사람은 무관심한 사람이 되는 경향이 있다. 또 성공은 친밀하고, 지지를 많이 해 주고, 심지어 까다로운 가정환경에 기인한다(Caplan et al., 1992).

한 가정에 두 아이가 있다면, 이들은 전체 인구 중 무작위로 선택된 한 쌍의 아이들만큼 서로 다르다(Plomin, 2011). 이는 부모가 훌륭하게 자란 아이들에 대해 덜 인정받아야 하고, 그렇지 못한 아이에 대해 덜 비난받아야 함을 의미한다(Scarr, 1993).

성인 발달

성인기[adulthood]는 보통 20대에서 시작하여 죽음과 함께 종결한다. 한 살과 열 살의 차이점에 대해서는 상당히 말할 내용이 많다. 그러나 성인기에서 10년의 차이는 썩 그렇지 않다. 태내기부터 청소년기에 이르기까지 개인의 발달과정은 대체로 보편적인 특징이 있어서 비교적 예측이 가능하다. 그러나 청소년기를 벗어나 성인기에 들어서면 사람들의 발달과정에 대한 예측은 이전 단계보다 쉽지 않다.

사람들에게는 입학 · 졸업, 취업, 결혼, 출산 · 육아, 은퇴 등 개인적인 사회적 시계social clock가 작동되기 때문이다. 개인의 사회적 시계는 "대학을 늦게 졸업했어요." "결혼을 너무 일찍 했어요." "아이를 늦게 가진 편이에요."라는 말속에 드러난다. 성인기는 대체로 3단계, 즉 ① 초기, ② 중기, ③ 후기로 나뉜다. 그러나 이렇게 인위적으로 나눈 단계는 신체적 · 정신적 · 사회발달적 측면에서 개인차가 있음을 고려해야 한다.

초기 성인기

초기 성인기는 20대에서 30대까지를 말한다. 이 시기에는 고등교육 이수 및/또는 취업, 결혼, 출산 · 육아 등의 과업을 성취한다. 오랜 시간을 서로 다른 환경에서 생활해 온 사람들은 결혼생활에서 자신이 변화하려 하기보다는 상대방을 변화시키려고 하다가 원만한 관계 형성에 어려움을 겪거나 때로 별거/이혼하기도 한다. 그러나 고등교육을 받고 20세 이후에 결혼한 커플의 관계는 오래 지속될 가능성이 증가한다(Wolfinger, 2015). 이 시기에 배우자에 대한 기대의 대부분은 급여소득자, 안식처, 친밀한 친구, 그리고 따뜻하고 반응이 빠른 연인이다(Finkel et al., 2015).

신체적 능력(근력, 반응시간, 감각, 심장 출력 등)은 대체로 20대 중반에 최고조에 달한다(Myers & DeWall, 2019). 그러나 이후에는 신체적 쇠퇴가 완만하게 진행되는데, 그 속도는 점차 빨라진다. 노화는 또한 생식력에 점진적인 쇠퇴를 가져온다. 35~39세 여성에게 한 번의 성관계 후 임신 가능성은 19~26세 사이 여성의 절반밖에 안 된다(Dunson et al., 2002).

초기 성인기에 사람들은 자신의 흥미와 관심에 걸맞은 일을 함으로써 능력과 성취감을 느낀다. "당신은 누구인가요?"라는 질문은 이 시기 사람들에게 종종 "당신은 어떤 일을 하나요?"라는 질문으로 받아들여진다. 직업 선택과 결정은 쉽지 않은 일이다. 경제가 좋지 않은 상황에서는 더욱 그렇다. 그렇지만 지금 이 순간은 개인의 삶에

서 가장 나이 든 때이고, 남은 시간 중 가장 어린 순간이다. 이는 개인이 만족감/후회감으로 뒤돌아볼 수 있고, 희망감/두려움으로 앞을 내다볼 수 있음을 의미한다. 사람들은 "다시 태어난다면 무엇을 다르게 해 보고 싶은가요?"라는 질문에 "좀 더 충실하게 교육을 받고, 더 열심히 일하고 싶어요."라고 답한다(Roese & Summerville, 2005).

중기 성인기

중기 성인기는 40대부터 65세까지를 말한다. 산다는 것은 나이 드는 것이다. 나이가 들면서 신체적 쇠퇴가 완만한 경사를 이룬다. 서서히 노화가 진행되지만, 사람들은 잘 알아채지 못한다. 우리의 일상생활이 최상의 신체 상태를 유지하라는 요구가 없다면, 사람들은 신체 쇠퇴의 초기 징후를 거의 인식하지 못한다. 여성들은 폐경menopause을 겪는데, 월경주기의 마지막, 보통 50세가 되기 전 몇 년 이내에 겪는다.

남성들은 성호르몬이 급감하고, 정자 수가 줄며, 테스토스테론 수치가 낮아지고, 발기와 사정에서 점진적 쇠퇴가 이루어진다. 건강한 정신은 건강한 신체에서 온다. 신체운동은 근육, 뼈, 에너지를 강화해 주고, 비만과 심장질환을 예방해 주며, 뇌세포와 신경연결을 자극한다(Erickson et al., 2010). 체력은 나이보다는 그 사람의 건강과 운동 습관과 관련이 있다. 우리의 몸은 과한 사용으로 닳아 없어지기보다는 사용하지 않아서 녹슬기 쉽다.

이 시기에는 종종 가까운 가족, 친지, 친구가 세상을 떠난다('사별bereavement'). 사랑하는 이의 죽음이 갑작스럽거나 기대했던 때보다 일찍 찾아오면 비통함의 강도는 높아진다. 상실감sense of loss은 때로 "아빠에게 사랑한다고 말했어야 했는데." "지난 명절 때 찾아뵈었어야 했는데." 같은 아쉬움 또는 죄책감으로 유족들의 가슴에 새겨진다.

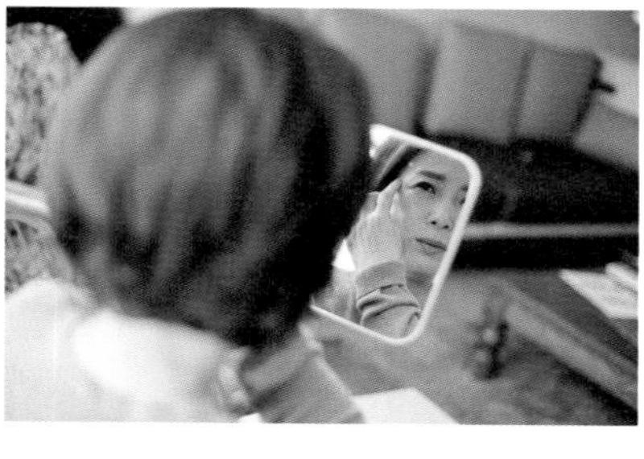

가장 힘든 작별은 배우자/동반자의 죽음으로, 남성보다 여성이 4배 이상 상실의 고통을 겪게 되고, 배우자/동반자 또는 자녀

의 죽음은 장기적인 애도 기간과 우울을 야기하기도 한다(Lehman et al., 1987). 또 18세 이하 자녀의 죽음으로 고통받은 17,000여 명의 부모를 추적조사한 결과, 이들 중 3%가 자녀의 죽음 5년 이내에 처음으로 정신병원에 입원했다. 이 비율은 자녀를 잃어 본 적이 없는 부모들보다 67% 높은 것이었다(Li et al., 2005).

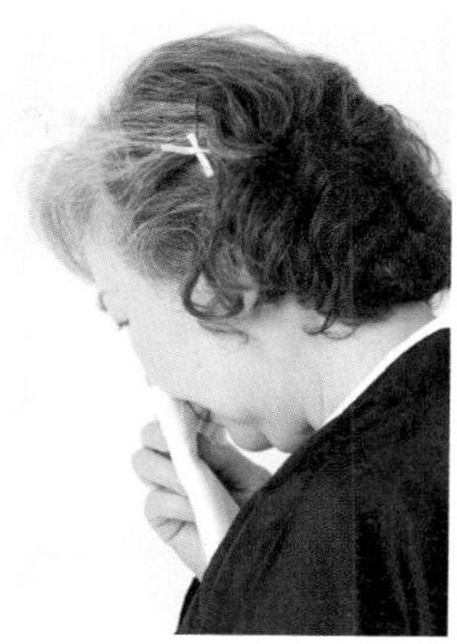

후기 성인기

후기 성인기는 65세 이후를 말한다. 이 시기에 들어서면 몸은 점차 쇠약해지고, 기억이 희미해지며, 계단이 더 가파르게 느껴지고, 책의 글씨가 더 작아지며, 다른 사람들의 말이 중얼거리는 소리로 들리게 된다.

65세의 망막은 20세의 망막보다 약 1/3의 빛만 받는다(Kline & Schieber, 1985). 이는 20세처럼 잘 보려면, 65세는 책을 읽거나 운전할 때 3배 더 많은 빛이 필요하다는 의미다. 이제 더 나이가 들면, 죽음이 성큼 다가온다. 또 사랑하는 이들이 하나둘 세상을 떠난다. 죽음이 사회적 시계에서 알맞은 노년기에 오면 비통함의 강도는 다른 시기에 비해 적어진다. 죽음은 우리가 피할 수 없는 과제이면서 발달의 종착지다.

그렇다면 나이가 들면, 슬픈 일만 생겨서 사람들이 불행해할까? 다행히도 꼭 그렇지는 않다. 후기 성인기 사람들은 다른 연령대에 비해 그렇게 불행해하지 않는다. 전 세계 658,038명 대상의 갤럽 조사에 의하면, 15~90세 이상의 응답자들은 삶의 만족도에서 유의한 차이가 없었다(Morrison et al., 2014). 오히려 감정조절 수준의 증가로, 긍정적 감정이 증가하는 반면, 부정적인 감정은 감소한다(Urry &

Gross, 2010). 이들은 긍정적인 뉴스에 더 주의를 기울이게 되고(Wang et al., 2015), 관계로 인한 문제(애착불안, 스트레스, 분노)를 덜 경험하며(Chopik et al., 2013), 더 안정적이고 포용적이 된다(Shallcross et al., 2013). 게다가 시간의 흐름에 따라 과거의 사건으로 인한 감정들은 점차 온화해진다(Brose et al., 2015). 이러한 점들을 고려할 때, 나이가 들면 삶은 대체로 나아진다.

복습문제

※ 다음 빈칸에 들어갈 말을 써 보세요.

1. 발달과정에는 특정 심리적 특성 또는 행동이 획득되어야 할 결정적 시기가 있다. 이는 최적의 시기를 의미한다는 점에서 ________기라고도 한다.

2. 태아기에 ________은/는 사람으로 발달하게 하는 프로그램을 제공하는 동시에 성별, 피부색, 머리색, 신체 크기 등을 결정한다.

3. 산모의 지속적인 폭음으로 인해 태아에게서 선천적 결함, 행동장애, 과잉행동, 낮은 지능 등의 증상이 나타나는 장애를 ____________________ 증후군(FAS)이라고 한다.

4. 영아가 특정인들과 가까이 있으려 하고, 그들과 함께 있을 때 더 안정감을 느끼는 경향성을 ________(이)라고 한다.

5. 애착이론을 창안한 영국의 볼비(J. Bowlby)는 아이가 애착을 형성했지만, 그 관계에서 분리 또는 상실을 경험하는 것을 __________(이)라고 명명하면서 이를 결핍보다 덜 심각한 상태로 구분했다.

6. 에인스워스(M. Ainsworth)의 ________ 상황 실험은 아이를 주로 돌보는 사람이 방을 떠났다가 되돌아올 때 아이의 반응을 관찰하는 에피소드로 구성된다.

7. 피아제(J. Piaget)에 의하면, ________은/는 기존의 도식들을 결합하여 새롭고 보다 복잡한 인지구조로 통합시키는 과정이다. 반면, ________은/는 동화와 조절이라는 상보적인 과정으로 이루어진다. ________이/가 새로운 자극을 기존의 도식에 맞게 해석하여 받아들이는 것이라면, ________은/는 새로운 자극이 기존의 도식으로 이해되지 않을 때 기존의 도식을 수정하거나 새로운 도식을 형성하는 것이다.

8. 비고츠키(L. Vygotsky)는 아동의 인지적 · 사회적 · 행동적 발달을 위한 협력자의 환경적 중재를 ________________(이)라고 명명했다.

9. 에릭슨(E. Erikson)의 심리사회발달단계에 의하면, 청소년기(13~19세)의 발달과업은 ____________ 대 ____________인데, 이 과업을 성공적으로 완수하면 역할검증과 자기감 정교화를 통해 정체성으로 통합할 수 있게 되지만, 그렇지 못하면 자신에 대한 혼란이 초래된다.

10. 성인기에 들어서면 사람들의 발달과정에 대한 예측이 이전 단계보다 쉽지 않다. 그 이유는 사람들에게 입학 · 졸업, 취업, 결혼, 출산 · 육아 등 개인적인 ____________이/가 작동되기 때문이다.

자기검사

✿ 셀프테스트 해 보세요.

자기개념 검사: 나는 누구인가?

나는 내가 생각하는 존재다.
나는 나의 생각으로 일으키는 그 모든 것이다.
나의 생각으로 나는 세상을 만든다.
이것을 통제하는 것이 좋고,
이것이 행복을 누리도록 관리하는 것이 좋다.

※ 빈칸에 단어를 넣어 가능한 한 많은 문장을 완성해 보고, 소감을 적어 보세요.

1. 나는 ____(이)다.
2. 나는 ____(이)다.
3. 나는 ____(이)다.
4. 나는 ____(이)다.
5. 나는 ____(이)다.
6. 나는 ____(이)다.
7. 나는 ____(이)다.
8. 나는 ____(이)다.
9. 나는 ____(이)다.
10. 나는 ____(이)다.
11. 나는 ____(이)다.
12. 나는 ____(이)다.
13. 나는 ____(이)다.
14. 나는 ____(이)다.
15. 나는 ____(이)다.

설명

☞ 완성한 문장들은 바로 당신의 자기개념의 일부입니다. 아동기에서 청소년기로 넘어가는 12세경이 되면, 아동은 자기개념, 즉 자신의 정체성과 가치감을 발달시킵니다. 자기개념self-concept이란 자신에 관한 생각과 느낌을 말합니다.

소감

04

감각과 지각
: 마음의 눈 · 마음의 소리

개요

- 감각의 개념
- 감각의 유형
- 지각의 개념

학습목표

1. 감각과 인식의 정의 및 구분을 할 수 있다.
2. 눈의 구조 및 빛의 속성과 색각 이론들을 설명할 수 있다.
3. 시각적 인식의 구성을 설명할 수 있다.
4. 귀의 구조를 파악하고 청각의 작용을 설명할 수 있다.
5. 화학감각, 피부감각, 운동요법 및 전정 감각의 기능들을 설명할 수 있다.
6. 심리학자들이 초감각 인식에 대해 회의적인 이유를 설명할 수 있다.

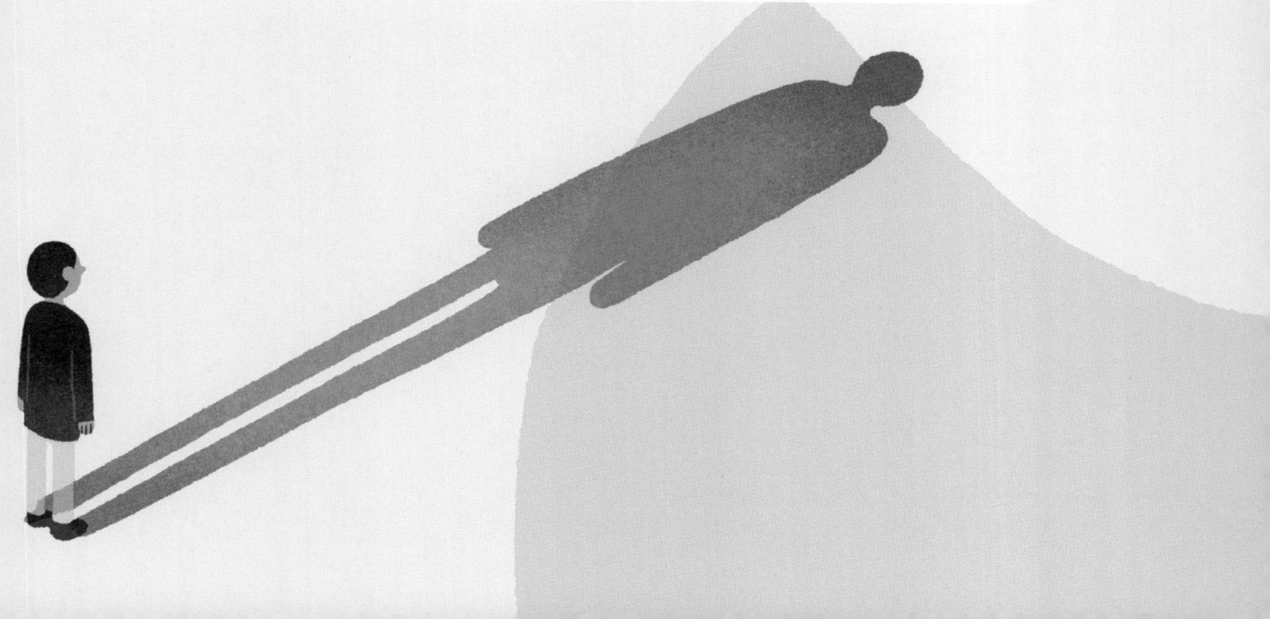

고요한 산기슭에 홀로 앉아 있다고 상상해 보자. 이 상황은 고요함 속에 묻혀 외부 자극이 전혀 없을 것 같다. 그러나 실제로는 상상할 수 없을 정도로 많은 정보가 감각기관을 통해 들어온다. 바람에 흔들리는 나뭇가지, 이따금 울어대는 풀벌레 소리, 귓전을 스치는 바람, 풀 내음, 조금 전 목을 축이느라 마셨던 음료 맛.

그러나 이는 극히 일부의 환경정보일 뿐, 자각하지 못하는 훨씬 더 많은 정보가 있다. 완벽에 가까울 정도로 조용한 환경에서도 외부 세계는 쉴 새 없이 많은 양의 정보를 제공한다. 이에 우리의 감각기관은 외부 세계와의 적절한 상호작용을 위해 정보를 선별하여 수용 · 해석 · 무시한다.

마음에 영향을 주는 보고, 듣고, 맛보고, 냄새 맡고, 통증을 느끼고, 몸의 자세 파악 역시 뇌가 담당한다. 감각sensation이 자극과 관련된 가공되지 않은 경험이라면, 지각perception은 뇌가 감각 경험을 통합 · 조직하여 의미 있게 해석하는 과정과 결과를 말한다. 예컨대, 컴컴한 골목길에 막 들어서는데 검은 물체 하나가 눈에 들어왔다면, 이는 감각의 결과다. 그 물체가 검은 코트를 걸친 남성임을 알게 되었다면, 이는 지각의 결과다.

감각과 지각은 협응하여 상향처리bottom-up processing(감각수용기의 기초 수준으로부터 상위수준의 처리)와 하향처리top-down processing(경험, 기대 등을 토대로 감각 정보로부터 의미를 생성함)를 통해 외부 세계를 해석할 수 있게 한다. 뇌는 쉼 없이 유입되는 감각정보에서 어떻게 의미를 생성할까? 이는 '우리는 어떻게 외부 세계의 표상을 구성하는가?'라는 과학적 질문으로 바꿀 수 있다. 이 장에서는 ① 감각의 개념, ② 감각의 유형, ③ 지각의 개념에 관해 살펴보기로 한다.

감각의 개념

우리의 감각기관은 순간순간 입력되는 에너지를 다른 형태로 변환transduction하는 놀라운 기능을 한다. 이를 통해 시각은 빛에너지를, 청각은 음파를, 후각은 냄새를, 촉각은 접촉 자극을, 미각은 맛 자극을 처리한다. 감각 정보는 3단계(① 입력 → ② 변환 → ③ 전달)를 통해 뇌(피질)로 전해진다. 이러한 기능 수행이 가능한 것은 감각기관에 역치가 설정되어 있기 때문이다. 감각 메커니즘을 이해하려면 ① 역치, ② 감각 부호화, ③ 감각순응에 관한 이해가 요구된다.

역치

역치threshold란 자극에 대한 반응 유발에 필요한 최소한의 자극강도를 나타내는 수치를 말한다. 자극강도의 민감도는 절대역치로 측정한다. 절대역치absolute threshold는 빛, 소리, 압력, 맛, 또는 냄새를 50%의 확률로 감지할 수 있는 최소의 자극이다. 예컨대, 소리의 절대역치는 다양한 크기의 소리를 들려줄 때, 시행의 절반을 탐지할 수 있는 자극강도, 즉 절반은 들었고, 나머지 절반은 듣지 못했다고 보고하는 경우의 소리 크기로 측정한다. 역치하subliminal 자극이란 50% 탐지 확률 미만의 자극, 즉 절대역치 미만의 강도를 지닌 자극을 말한다. 사람들은 종종 의식적으로 인식할 수 없을 만큼 약한 자극, 즉 역치하 감각의 영향을 받는다. 오감의 절대역치의 예는 〈표 4-1〉과 같다.

〈표 4-1〉 절대역치의 예

감각	절대역치
1. 시각	❍ 맑고 어두운 한밤중에 48.28km 떨어진 곳에 있는 촛불
2. 청각	❍ 6.10km 떨어진 곳에서 시계의 똑딱 소리
3. 미각	❍ 7.57L의 물에 녹인 티스푼 1개 분의 설탕
4. 후각	❍ 6개의 방에 퍼진 한 방울의 향수
5. 촉각	❍ 뺨에서 1cm 떨어진 곳에서 나는 파리의 날갯짓

감각 부호화

감각 부호화sensory coding란 감각체계가 물리적 정보를 신경표상으로 변환하는 한편, 물리적 정보의 여러 측면(강도, 색채 등)을 그에 상응하는 신경표상으로 부호화하는 것을 말한다. 물리적 정보의 신경표상으로의 변환은 감각기관의 특화된 세포('감각수용기')에 의해 처리된다. 시각의 경우, 시각수용기visual receptor는 눈 안의 얇은 조직층에 배치되어 있고, 빛에 반응하는 화학물질을 포함하고 있다. 이것이 일련의 단계를 가동하여 신경충격을 생성한다. 수용기 세포가 활성화되면, 전기신호가 생성되고 다음 세포로 전달된다. 이 과정을 거쳐 신호는 대뇌피질의 관련 영역에 도달한다. 감각에 따라 도달하는 피질 영역이 다르다. 뇌에서는 이러한 전기신호가 의식적 감각 경험을 생성한다. 이러한 점에서 피부접촉 경험은 피부가 아니라, 뇌에서 일어나는 것이다.

와일더 펜필드 (Wilder Penfield, 1891~1976)

캐나다의 신경과학자 와일더 펜필드는 환자가 의식이 있는 상태에서 뇌 수술을 하는 동안 전극을 통해 뇌의 두정엽에 있는 일차 체성감각피질을 전기적으로 자극해 보았다. 그러자 환자는 몸의 어떤 부위가 따갑게 느껴진다고 보고했다(Penfield & Rasmussen, 1950). 연구자가 전극을 피질 위에서 이리저리 움직이자, 따가운 느낌도 따라서 이동했다. 이를 통해 그는 몸의 여러 곳에서 오는 감각입력이 감각피질 위에 어떻게 분포되어 있는지 그림으로 그려 낼 수 있었다. 이 감각표상 지도를 호문쿨루스homunculus(라틴어로 '작은 사람'이라는 뜻)라고 한다.

[그림 4-1] 호문쿨루스
출처: Wikipedia.

신체 부위에서 올라오는 정보를 처리하는 체감각피질 영역의 크기는 그 부위에 있는 감각뉴런의 양에 비례한다. 이에 입술 또는 손가락같이 민감한 신체 부위에서 오는 입력은 호문쿨루스의 더 넓은 영역을 차지한다.

감각순응

감각순응sensory adaptation은 특정 자극이 지속될 때 신경세포의 충동 수가 감소하면서 감각이 둔해지는 현상이다. 예를 들어, 옆에 앉은 사람의 머리에서 향기로운 샴푸 냄새가 나다가, 시간이 지나면서 더 이상 냄새를 인식하지 못하게 되는 것이다. 감각순응은 민감도를 떨어뜨리지만, 배경에 방해받지 않고 정보가 있는 변화에만 집중하게 해 준다.

안경을 쓰는 경우, 처음에는 안경이 콧잔등 위에 걸쳐진다는 감각이 느껴지지만, 이내 둔감해져서 안경을 쓰고 있다는 느낌 없이 대상(책, 신호등, 위험한 물건 등)에 집중할 수 있게 해 준다. 신발 역시 처음 신을 때와는 달리 신발을 착용하고 있다는 느낌은 더 이상 들지 않게 된다. 이로써 축구선수는 축구공과 다른 선수들의 움직임에 집중할 수 있게 된다. 감각순응을 당장 경험하고 싶다면, 옷소매를 걷어 보라. 처음과는 달리 이내 걷어 올린 소매에 대한 감각이 무뎌질 것이다. 이러한 현상이 감각순응이다.

감각의 유형

감각sense에는 ① 시각, ② 청각, ③ 후각, ④ 미각, ⑤ 촉각, ⑥ 운동감각이 있다. 이 중 비교적 멀리 있는 정보를 수집할 수 있는 감각은 시각, 청각, 후각이다. 한 가지 활동에는 보통 복합적인 감각이 관여한다. 음식을 먹을 때, 음식을 눈으로 보고, 감촉을 느끼고, 맛을 보고, 냄새를 맡고, 씹는 소리를 듣는다. 감각적 판단은 다수의 감각이 사용될 때 더 정확하다. 소리가 나는 방향의 판단은 귀뿐 아니라 눈도 함께 사용하는 것이 더 정확하다. 감각 중에서 가장 섬세한 정보를 수집하는 감각은 시각이다. 인간의 뇌피질 대부분은 시각 처리를 위해 사용된다. 그러나 다른 감각 없이는 세상에 대한 경험이 상당히 제한될 것이다.

시각

시각visual sense의 물리적 자극은 빛이다. 빛은 일종의 전자기 에너지로, 태양 또는 우주로부터 방사되어 지구를 가득 메우고 있다. 전자기 에너지electromagnetic energy에는 빛 외에도 X선, 자외선, 적외선, 라디오파, TV 전파, 우주선(우주에서 끊임없이 지구로 내려오는 매우 높은 에너지 입자선의 총칭)이 포함된다. 빛에너지가 눈에서 신경신호로 변환되고, 뇌는 이를 의식적 경험으로 처리한다. 시신경은 약 100만 개의 신경절 세포의 축삭을 통해 약 100만 개의 메시지를 동시에 전송할 수 있다. 이런 점에서 시신경은 눈과 뇌 사이의 고속도로와 같다.

가시광선visible ray(사람의 눈으로 볼 수 있는 빛)은 전자파 에너지의 넓은 스펙트럼 중 극히 가는 일부다. 이 스펙트럼의 한쪽 끝은 전자atom 직경보다도 작은 단파장('감마파gamma wave')이고, 다른 한쪽은 폭이 km 단위의 장파장('전파radio wave')이다. 이들 사이의 좁은 일부가 우리 눈에 보이는 것이다. 그러나 동물에 따라서는 다른 것을 볼 수 있다. 예컨대, 벌은 붉은색을 보지 못하지만, 사람의 눈으로 볼 수 없는 자외선을 볼 수 있다.

빛은 파동wave으로 이동하는데, 이 파동의 형태가 지각에 영향을 준다. 빛의 파장wavelength은 파동의 정점에서 다음 파동의 정점까지의 거리다. 파장은 색을 결정한다. 파동의 진폭은 빛의 강도(빛에너지의 양)를 결정한다. 강도는 명도brightness에 영향을 준다.

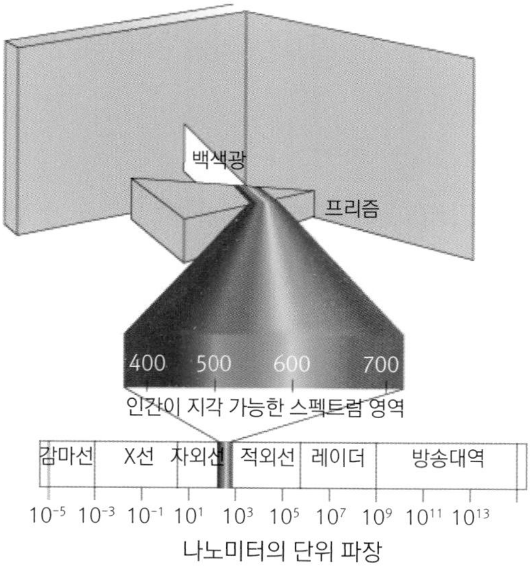

[그림 4-2] 가시파장

시각체계. 시각체계는 ① 눈, ② 뇌의 여러 영역, ③ 눈과 뇌 사이의 경로로 구성된다. 앞을 바라볼 때, 세상의 우측 반은 뇌의 좌반구에서, 좌측 반은 우반구에서 처리한다. 눈은 망막에 상을 형성하고, 그 상을 전기신호로 변환한다. 눈의 색을

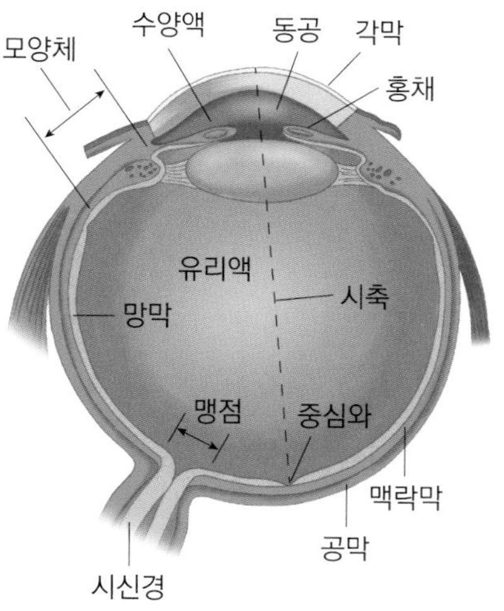

[그림 4-3] 우측 눈 조감도

결정하는 홍채iris는 눈에 들어오는 빛의 양을 조절한다. 상을 형성하는 체계는 각막, 동공, 수정체로 되어 있다.

각막cornea은 투명하고, 눈의 앞쪽에 있다. 빛은 각막을 통해 들어오고, 각막에 의해 굴절되어 상이 형성된다. 동공pupil은 빛의 수준에 반응하여 지름이 바뀌는 동그란 구멍으로, 어두운 곳에서는 커지고 밝은 곳에서는 작아진다. 동공을 통과한 빛은 수정체에 도달한다. 수정체lens는 안구 깊숙한 뒤 표면에 있는 망막retina에 상을 맺게 한다.

망막 표면에는 뒤집힌 상이 맺힌다. 수백만 개의 망막세포는 빛에너지 입자를 신경충동으로 변환하여 뇌로 보낸다. 뇌는 이를 제대로 서 있는 물체로 재구성한다. 이러한 시각정보 처리는 점차 추상적 수준으로 이동하여 매우 빠른 속도로 처리된다.

빛의 감지. 빛의 감지는 망막의 수용기 세포인 ① 원추체와 ② 간상체가 담당한다. 원추체cones는 강한 빛에 반응하고, 고해상도 색채가 있는 감각을 일으킨다(주간을 위한 수용기 세포). 원추체는 주로 중심와fovea(망막의 상이 맺히는 중앙)와 그 인접 부분에 분포하고, 뇌와 직통라인이 연결되어 있다. 원추체는 미세한 세부 정보와 색 감각을 돕는다. 그러나 희미한 환경에서는 제 기능을 하지 못한다. 반면, 간상체rods는 낮은 강도의 빛에서 작동하고, 낮은 해상도의 흑백으로 된 감각을 일으킨다(야간을 위한 수용기 세포). 간상체 덕분에 암순응dark adaptation(밝은 곳에서 어두운 곳으로 들어갔을 때, 처음에는 보이지 않던 것이 시간이 지나면서 차차 보이기 시작하는 현상)이 가능하다.

원추체가 무대 위의 독주자라면, 간상체는 오케스트라다. 간상체는 흑백 시야가 가능하지만, 뇌와의 직통라인이 개설되어 있지 않다. 원추체와 간상체 기능의 차이를 경험해 보려면, 지금 읽고 있는 문장에서 한 단어만을 응시해 보면 된다.

눈의 중심에 맺힌 상은 또렷해 보이지만, 중심에서 떨어질수록 흐리게 보인다. 그 이유는 간상체가 분포하는 곳에 맺힌 상에 관한 세부 정보가 부족하기 때문이다. 대신, 간상체는 자동차를 운전할 때, 세부정보 감각에 앞서 주변 시야의 사물을 빠르게 탐지할 수 있게 해 준다.

패턴 감지. 시력visual acuity은 사물의 세세한 부분을 분간하는 눈의 능력을 말한다. 시력측정 방법으로는 1862년 네덜란드 안과의사 헤르만 스넬렌(Herman Snellen, 1834~1908)이 고안한 '스넬렌 시력검사'가 있다.

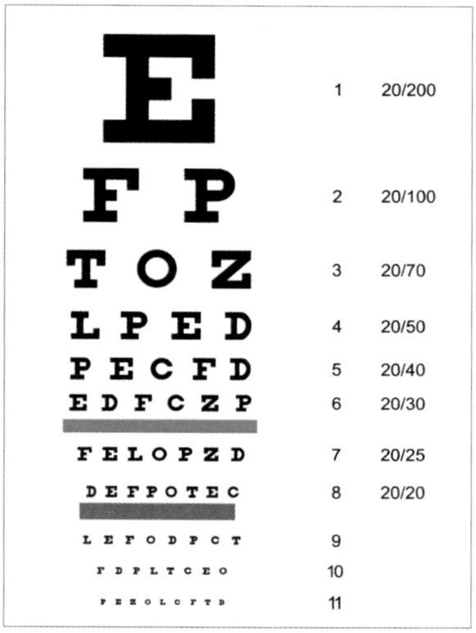

[그림 4-4] 스넬렌 시력표

출처: Wikipedia.

스넬렌 시력Snellen acuity은 정상 시력을 가진 사람과 비교하여 측정한 시력이다. 이 차트는 11줄의 블록체 문자로 구성된다. 첫 번째 줄은 아주 큰 문자이고, 다음 줄로 갈수록 문자의 크기가 작아진다.

20/20의 시력은 6m(20ft) 거리에서 시력이 정상인 사람이 문자를 읽을 수 있는 상태를 말한다. 20/100의 시력은 시력이 정상인 사람이 30m(100ft) 거리에서도 읽을 수 있는 문자를 6m 거리에서 읽을 수 있는 상태를 가리킨다. 이는 정상보다 낮은 시력을 가리킨다. 스넬렌 시력은 공간시력spatial acuity(형태 차이를 식별하는 능력)과 대비시력contrast acuity(밝기 차이를 식별하는 능력)을 구분하지 못한다는 한계가 있다.

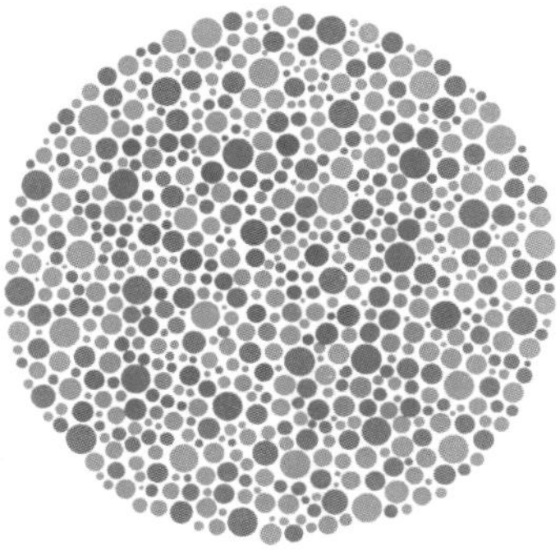

[그림 4-5] 색맹 시험도

출처: Wikipedia.

색채 감지. 사람들은 종종 사물이 색상을 가지고 있는 것처럼 말한다("사과는 빨간색입니다."). 과연 그럴까? 사과 자체가 빨간색을 가지고 있는 것이 아니라, 빨간색의 장파장을 거부(반사)하는 것일 뿐,

사과의 색은 뇌가 구성한 것이다.

인간은 약 100만 가지의 색을 구분할 수 있다(Neitz et al., 2001). 단, 50명 중 1명은 색맹으로, 대부분 녹색과 적색을 구분하지 못한다. 색맹은 대부분 남성에게 나타나는데, 이는 성 유전자와 관련이 있기 때문이다.

가시광선visible light은 눈으로 지각되는 파장 범위(380~800nm의 스펙트럼)를 가진 빛이다. 파장의 길이에 따라 눈은 색채로 지각한다. 단파장(450~500nm)은 파랑색, 중간 파장(500~570nm)은 초록색, 장파장(650~780nm)은 빨간색으로 보인다. 그러나 자외선과 X선의 파장은 380nm 미만이고, 적외선과 라디오에 사용하는 열선의 파장은 780nm 이상이어서 눈으로 감지되지 않는다.

색채 지각은 물체가 반사하는 파장과 배경의 색채 맥락에 의해 이루어진다. 물체 주변의 다양한 색채는 물체로부터 눈에 들어오는 파장이 물체의 색을 충실하게 나타내 주지 않더라도 관찰자가 물체의 색을 인식하도록 돕는다(Land, 1986). 이처럼 빛의 조건이 달라져도 물체의 색이 일정하게 지각되는 현상을 색채항등성color constancy이라고 한다.

[그림 4-6] 색입체

출처: Wikipedia.

색채는 ① 색상, ② 명도, ③ 채도로 나타낸다. 색상hue은 빨강, 파랑, 노랑 등의 색명에 의해 기술되는 색의 질이다. 명도brightness는 반사된 빛의 밝은 정도다. 명도가 가장 높은 색은 흰색, 가장 낮은 색은 검은색이다. 채도saturation는 색이 순수한 정도('순도')를 말한다. 색이 맑고 깨끗하며 원색에 가까우면, 채도가 높다고 표현한다.

앨버트 먼셀
(Albert H. Munsell, 1858~1918)

1905년 미국의 화가 앨버트 먼셀은 저서 『색 표기법(A Color Notation)』(1905)을 통해 10가지 색상 이름과 2개의 숫자(명도, 채도)를 할당하여 색채를 기술하는 방법('먼셀시스템Munsell system')을 고안했다. 먼셀시스템에서 색은 색입체color solid에 의해 표현된다([그림 4-6] 참조).

사람들이 구별할 수 있는 색상은 삼원색이 혼합된 것이다. 삼원색 이론trichromatic theory은 1807년 영국의 물리학자 토머스

영(Thomas Young, 1773~1829)이 발표한 것을 50년 후 독일의 물리학자이자 의사인 헤르만 폰 헬름홀츠(Hermann von Helmholtz, 1821~1894)가 발전시킨 이론이다. 이 이론에 의하면, 사람들이 변별할 수 있는 색은 많지만, 색채수용기는 세 유형밖에 없다. 이 수용기가 바로 원추체다. 각 유형의 원추체는 넓은 범위의 파장에 민감하지만, 민감하게 반응하는 파장의 영역은 상당히 좁다. 단파장 원추체는 짧은 파장(파랑)에, 중파장 원추체는 중간 파장(초록, 노랑)에, 장파장 원추체는 긴 파장(빨강)에 가장 민감하다. 이 세 가지 원추체의 협동작업으로 색채 감각이 결정된다.

청각

청각auditory sense은 시각과 함께 환경으로부터의 정보를 수집한다. 청각은 적응과 생존 수단인 동시에, 소통의 통로이자 음악의 전달 수단이다. 청각은 음압의 작은 변화가 귓속의 막을 진동시킴으로써 발생한다. 청력상실은 눈에 띄지 않는 장애다. 귀가 들리지 않으면, 이름 부르는 소리를 듣지 못하고, 수화를 통하지 않고는 질문을 이해하지 못하며, 타인과의 대화에 동참하지 못한다. 이는 세상으로부터 소외되는 느낌이 들게 할 수 있다.

음파. 소리는 대상의 운동/진동에서 시작한다. 물체가 움직이면 그 앞에 있는 공기 분자가 밀려 나간다. 이 분자들은 다시 다른 분자들을 밀어낸 다음, 원위치로 되돌아간다. 이런 방식으로 압력 변화의 파('음파')는 공기 중에 진행해 나간다. 공기 분자는 멀리 움직이지 않는다. 이는 잔잔한 물에 돌을 던졌을 때 생기는 물결과 유사하다.

음파sound wave는 시간에 따른 공기압의 변화로 나타낸다. 순음pure sound은 단일한 주파수의 소리다. 사인파sine wave는 주기적이고 연속적으로 진동하는 가장 간단한 파동이다. 순음의 첫 번째 차원에는 주파수가 있다. 주파수frequency는 분자들이 앞뒤로 움직이는 주기를 가리키는데, 초당 반복되는 횟수(헤르츠hertz)로 나타낸다. 개인이 지각하는 음고pitch는 주파수에 의해 결정된다.

순음의 두 번째 차원은 진폭이다. 진폭amplitude은 시간 대비 압력 그래프에서 주기적인 진동의 정점과 바닥 사이의 압력차다. 진폭에 의해 소리크기loudness가 결정된다. 진폭은 보통 데시벨 척도decibel scale로 제시된다. 일반적으로, 조용한 곳에서 작은 속삭임은 30dB, 소란한 식당은 70dB, 록 콘서트는 120dB, 항공기 이륙은 140dB 정도가 된다. 100dB 이상의 소리에 지속적으로 노출되면, 영구적인 청각 손상을 입을 수 있다.

순음의 세 번째 차원은 음색이다. 음색timbre은 소리의 복잡성에 대한 감각이다. 일상생활에서 듣는 소리는 매우 복합적이다(소리굽쇠와 전자악기 소리는 예외). 자동차, 전철, 각종 음향 장치, 시냇물, 폭포수, 사람/동물이 내는 소리 등은 모두 복잡한 패턴의 음압을 지니고 있다. 현악기와 트럼펫의 같은 음계가 다르게 들리는 이유는 음색의 차이 때문이다.

청각체계. 청각체계는 ① 귀, ② 뇌의 여러 영역, ③ 다양한 신경회로로 구성된다. 첫째, 귀는 머리의 양쪽에 붙어 있는 귓바퀴를 비롯하여 두개골 속의 청각기관 전체를 포함한다. 눈처럼 귀도 두 개의 시스템이 있다. 하나는 소리를 증폭하

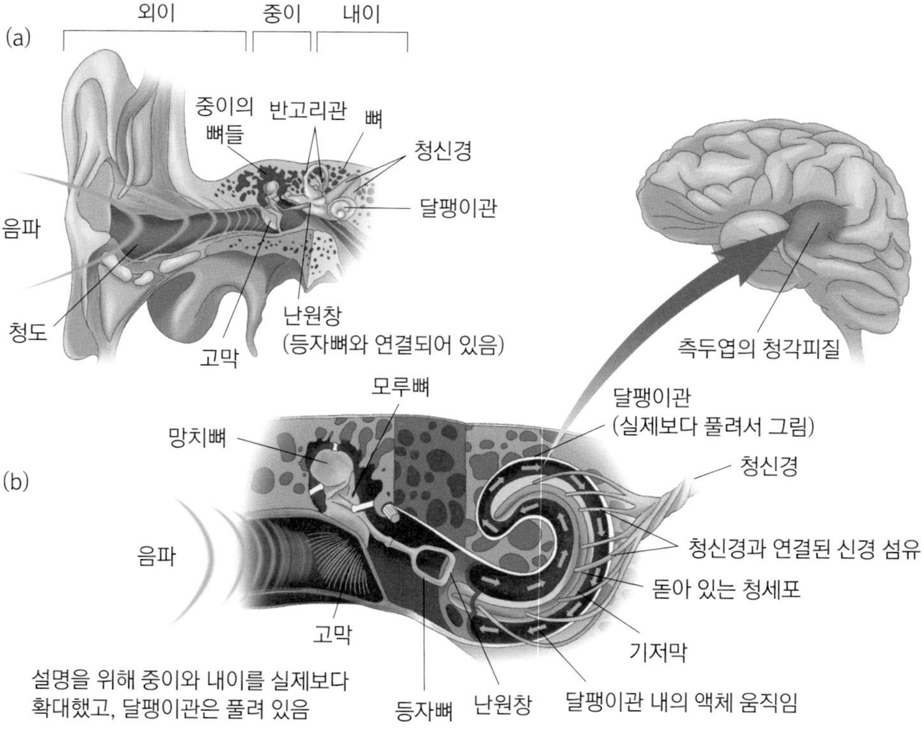

[그림 4-7] 음파가 신경충동으로 변환되는 과정

출처: 조규판 외(2018).

여 수용기에 전달하고, 다른 하나는 소리를 받아서 신경신호로 변환한다. 전달 시스템은 외이와 중이로 구성된다. 외이outer ear는 귓바퀴와 이도, 중이middle ear는 고막과 세 뼈(추골malleus, 침골incus, 등골stapes)가 연결된 것이다.

내이inner ear에 속하는 와우각chochlea에는 청각수용기가 있어서 변환을 담당한다. 외부의 소리는 외이를 통해 수집되어, 이도auditory canal를 통해 중이의 가장 바깥에 위치한 고막eardrum을 진동시킨다. 중이는 고막의 진동을 공기가 들어간 공간을 통해 난원창oval window이라 불리는 막에 전달한다. 난원창은 내이와 수용기로 가는 문이다. 청소골auditory ossicle(추골, 침골, 등골)이라 불리는 기계역학적 교량이 음의 전달을 완성한다. 고막의 진동은 이 세 개의 작은 뼈를 차례로 움직여서 난원창의 진동을 유발한다. 이 과정은 음파를 전달할 뿐 아니라 증폭하기도 한다.

청각장애hearing impairment는 ① 감각신경성 난청과 ② 전도난청이 있다. 감각신경성 난청sensorineral hearing loss은 달팽이관의 모세포 수용기 또는 이와 관련된 신경세포 손상으로 인해 발생한다. 반면, 전도난청conduction hearing loss은 음파를 달팽이관에 전달하는 기계적 구조 손상으로 인해 초래된다. 감각신경성 난청은 전도난청보다 더 흔하다.

그러나 유전이나 노화, 또는 장기간 큰 소음이나 음악에 반복 노출로 인한 난청이 더 빈번히 발생한다. 전 세계적으로 난청이 있는 사람의 수는 약 12억 명으로 추산된다(Global Burden of Disease, 2015). 1990년대 초부터 청소년 난청은 약 30% 증가하여 5명 중 1명이 손상의 영향을 받고 있고(Shargorodsky et al., 2010), 남자 청소년이 여자 청소년 또는 성인보다 더 큰 소리에 노출되어 있다(Zogby, 2006).

후각

후각olfactory sense은 물질의 분자가 비강 내 후세포를 자극하여 감지되는 감각이다. 출생 시 첫 들숨과 죽기 전의 마지막 날숨 사이에 코는 약 5억 회의 숨 속에서 냄새를 풍기는 분자에 노출된다(Myers & DeWall, 2019).

후각은 화학적 감각이다. 공기에 포함된

화학 분자가 비강 상단부의 약 2천만 개의 후각수용기에 도달하면, 수용기들은 흔들거리면서 냄새를 맡게 된다. 후각은 시상(뇌의 감각제어 중추)을 거치지 않고 뇌에 직접 신호를 전달한다. 코로부터 감각 입력을 받는 영역과 정서 · 기억에 관여하는 뇌의 영역은 직통라인이 개설되어 있다. 냄새는 개인의 생존을 돕는다. 부패한 음식, 상한 우유, 가스 누출을 알아차리려면 냄새가 필요하다. 냄새 감각의 저하는 식욕감퇴의 원인이 된다. 냄새는 언어로 회상할 수 없지만, 오랫동안 잊었던 향기에 대한 재인recognition은 놀랍도록 정확하다(Schab, 1991). 향수, 바다, 좋아하는 음식 냄새는 추억에 젖게 한다.

후각체계. 냄새의 자극은 특정 물질로부터 분리되어 공기 중에 떠다니던 분자가 코로 유입되면서 일어난다. 이 분자는 지방에 용해되는데, 후각수용기는 지방성 물질로 덮여 있기 때문이다. 후각체계는 ① 코안의 수용기, ② 뇌의 여러 부분, ③ 중간의 신경 경로로 구성된다. 후각수용기는 비강의 높은 곳에 있고, 섬모가 공기 중의 분자와 접촉하면 전기신호가 발생한다('변환'). 전기신호는 신경섬유를 거쳐 전두엽 바로 아래의 뇌 영역, 즉 후구olfactory bulb로 간다. 후구는 측두엽 안쪽의 후각피질olfactory cortex과 연결되어 있다. 흥미로운 점은 후구가 장기기억 형성에 관여하는 피질 부위와 연결되어 있다는 것이다. 이는 특정한 냄새가 오래된 기억인출에 영향을 주기 때문으로 추정된다.

[그림 4-8] 마약 탐지견

인간의 후각은 다른 종에 비해 훨씬 둔감하다. 인간과는 다른 종에서 후각을 담당하는 피질 영역이 훨씬 크다(예 인간은 5%, 개는 33%). 그만큼 이들의 생존에 냄새가 큰 비중을 차지한다는 의미다. 뛰어난 후각으로 개는 인간보다 100배 낮은 농도의 물질을 탐지할 수 있어서 밀수품, 불법 물질, 폭발물 탐지에 투입된다(Marshall et al., 1981).

인간의 민감도가 낮은 이유는 후각수용기가 덜 민감하기 때문이 아니라, 후각수용기 수가 개의 약 1/100이기 때문이다(인간은 약 1,000만 개, 개는 10억 개의 수용기를 가지고 있음). 대신, 인간은 다른 동물보다 냄새를 가진 많은 다른 것을 감지할 수 있다. 건강한 사람은 1만~4만 가지의 냄새를 구별할 수 있는데, 일반적으로 여성이 남성보다 더 잘 구별한다(Cain, 1988). 향수 조제 또는 위스키 블렌더 전문가는 약 10만 가지의 냄새를 구별할 수 있다(Dobb, 1989).

후각은 흔히 의사소통 수단으로 사용된다. 곤충을 비롯한 여러 동물이 페로몬pheromone을 분비한다. 이 물질은 공기 중을 떠돌다가 다른 개체의 코로 유입되는 화학물질이다. 예를 들어, 암컷 나방이 분비하는 페로몬은 수 킬로미터 떨어진 곳의 수컷을 유인할 수 있다. 그런가 하면, 어미 물개는 수많은 새끼 물개 사이에서 냄새로 새끼를 찾을 수 있다. 신뢰게임에서 피험자들이 생선 비린내에 노출되면 상대방을 더 의심했다(Lee & Schwarz, 2012). 달콤한 향기가 나면, 사람들은 애인을 더 다정하게 대하고, 타인을 더 잘 돕는다(Ren et al., 2015). 또 감귤향 세정제 냄새가 나는 열차의 승객들은 내릴 때 쓰레기를 덜 남겼다(de Lange et al., 2012)는 흥미로운 연구도 있다.

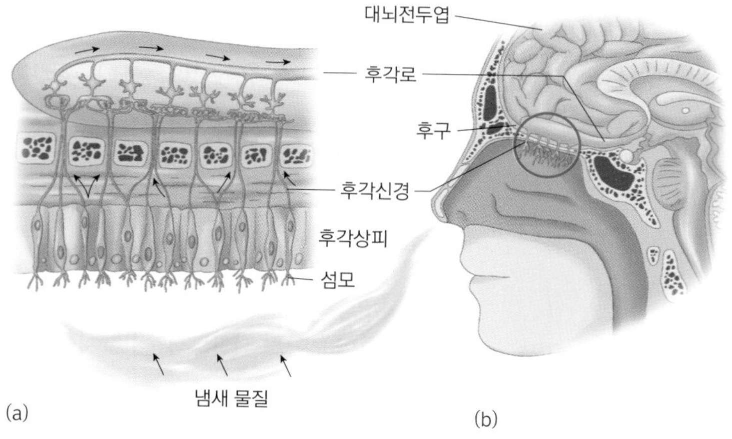

[그림 4-9] 후각수용기

미각

미각gustation, 즉 맛은 사람들의 생존을 도울 뿐 아니라 즐거움을 선사한다. 기분 좋은 맛은 인류의 조상들을 단백질과 고칼로리 음식으로 유도한 반면, 기분 나쁜 맛은 독이 있을 수 있는 새로운 음식을 멀리하게 했다. 오늘날에도 이러한 생물학적 지혜가 반영되어, 어린아이들은 여전히 쓰거나 새로운 맛이 나는 채소는 멀리하려고 한다(Cooke et al., 2003). 그러나 조상들의 생존키트에는 비선호 음식이라도 조금씩 반복해서 맛보게 하면, 아이들은 결국 그 맛을 수용하게 되는 학습이라는 비법이 들어 있다. 이로써 사람들은 자주 먹게 되는 음식을 결국 좋아하게 된다(Walker et al., 2003).

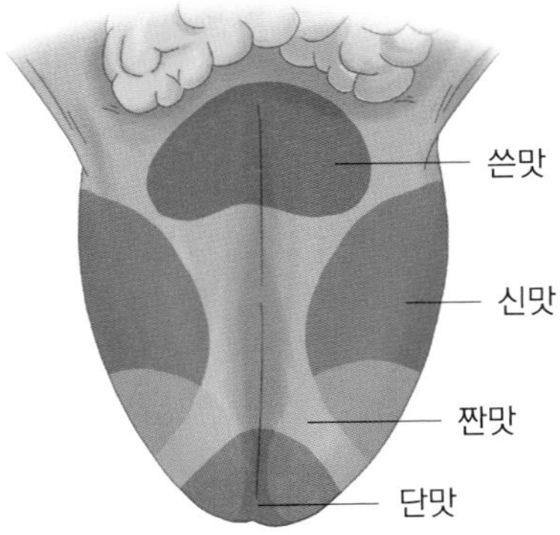

[그림 4-10] 미각영역

미각체계. 미각체계는 ① 혀, ② 목, ③ 미각수용기(입천장에 위치), ④ 뇌의 여러 부분과 연결된 신경회로들로 구성된다. 혀의 수용기들은 묶음을 이루고 있는데, 이를 미뢰taste bud라고 한다.

미뢰에는 음식의 화학물을 탐지하는 미세한 구멍들이 있다. 이 구멍에는 50~100여 개의 미각수용기 세포가 있다. 이 세포는 안테나처럼 밖으로 돌출되어 있어서 음식 분자들에 반응한다. 이 세포들은 각 맛의 분자에 잘 반응한다. 각 수용기는 뇌의 대응되는 신경세포에 전기신호로 정보를 전달한다. 혀의 거의 모든 위치(한가운데는 제외)에서 자극 탐지가 가능하지만, 위치에 따라 가장 잘 탐지되는 맛의 종류가 다르다. 즉, 짠맛과 단맛은 혀끝, 신맛은 혀의 가장자리, 쓴맛은 입천장의 안쪽('연구개soft palate')이 가장 민감하다.

미각수용기는 매주 또는 격주로 재생된다. 이로써 뜨거운 음식을 먹다가 혀를 데어도 전혀 문제 되지 않는다. 그러나 나이가 들면서 미뢰가 점차 줄어들게 되어, 맛에 대한 민감도가 떨어진다(Cowart, 1981). 이러한 이유로, 나이 든 성인들이 강한 맛을 좋아하는 것은 그리 놀라운 일이 아니다. 음주와 흡연은 미뢰의 감소를 가속화한다. 미각에 영향을 주는 것은 혀뿐 아니라 기대도 한몫한다. 살코기로 만든 소시지를 콩으로 만든 것이라고 하면, 살코기 소시지보다 맛이 더 좋지 않다는 평가를 받는다(Allen et al., 2008). 사람들은 똑같은 포도주도 가격이 비싸다고 한 포도주를 더 맛있다고 평했고, 실제로 뇌의 쾌 영역이 활성화되었다(Plassman et al., 2008).

촉각

촉각tactile sense은 피부에 닿아서 느껴지는 감각이다. 촉각은 생후 초기부터 개인의 발달을 돕는다. 볼 수도, 들을 수도, 냄새를 맡을 수도 있었지만, 어미와의 접촉이 차단된 새끼 원숭이가 몹시 고통스러워한 것이 그 증거 중 하나다. 촉각은 ① 압각(눌리는 감각), ② 온각(따뜻함과 차가움을 느끼는 감각), ③ 통각(아픈 감각)으로 구분된다.

압각. 압각pressure sensation이란 피부에 가해지는 물리적 압력을 말한다. 사람들은 몸 전체에 가해지는 지속적 압력(예 공기압력)은 자각하지 못하지만, 피부 표면에 가해지는 압력의 차이는 구별한다. 특히 신체 부위에 따라 압력 정도를 더 잘 감지한다. 입술, 코, 뺨은 민감하지만, 엄지발가락은 둔감하다. 이는 부위의 수용기 수와 관련이 있다. 압각체계 역시 다른 감각체계처럼 순응효과를 보인다. 타인의 손을 잡은 채로 4~5분 정도 지나면, 압력에 대해 둔감해지고, 결국 압력을 느끼지 못하게 된다. 압각과 같은 운동감각은 환경탐색 경험에 영향을 준다. 사람들은 능동적 접촉만으로도 익숙한 사물을 쉽게 인지한다. 예컨대, 호주머니 또는 가방에 든 열쇠 또는 동전같이 작은 물건을 비교적 쉽게 재인할 수 있다.

온각. 온각temperature sensation이란 피부의 온도를 말한다. 온각수용기는 피부의 바로 아래에 있는 뉴런이다. 변환단계에서 냉각수용기는 피부 온도가 떨어질 때, 온각수용기는 피부 온도가 상승할 때 신경신호를 발생한다. 이로써 다양한 온도의 질은 활성화되는 특정 수용기에 의해 일차적으로 부호화된다. 냉각수용기는 높은 온도(45℃ 이상)에도 반응한다. 즉, 뜨거운 자극은 냉각수용기와 온각수용기를 활성화한다.

체온유지는 생존에 필수적이다. 생존을 위해서는 피부 온도의 작은 변화도 탐지할 수 있어야 한다. 온각은 상당한 온도 변화에도 잘 적응한다. 이에 2~3분이 지나면 어떤 자극에도 차갑거나 뜨겁게 느껴지지 않는다. 한참 동안 목욕탕의 온탕에 들어가 있던 사람과 이제 막 발을 담그려는 사람이 느끼는 온도는 차이가 있다.

통각. 통각sense of pain은 강한 고통과 불쾌감을 동반하는 감각으로, 조직손상을 일으킬 만큼 강한 자극이다. 통각은 신체가 무언가 잘못되어 가고 있음을 알려주는 신호다. 통각이 없다면, 유기체는 곧 위험에 처하게 된다. 통각이 있어서 뜨거운 불에 손대지 않거나, 칼에 베이지 않거나, 다치지 않게 행동하는 법을 학습하게 된다. 통각 자극은 압력, 온도, 전기충격, 자극성 화학물질일 수 있다. 때로 고통을 느끼지 못하는 유전장애를 가지고 태어나는 사람들이 있는데, 이들은 대개 조기에 사망한다. 사망의 주된 원인은 부상으로 인한 조직퇴화다. 통증을 감지할 수 있었다면, 부상을 피할 수 있었을 것이다.

통각의 질은 위상성 통증phasic pain(부상 즉시 느끼는 고통)과 긴장성 통증tonic pain(부상 후에 겪는 고통)에 따라 차이가 있다. 위상성 통증은 날카롭고 즉각적인(강도가 급상승했다가 급하강하는) 고통으로 지속시간이 짧은 반면, 긴장성 통증은 둔하고 오래 지속되는 고통이다. 발목을 삐면 순간적으로 찢어진 것 같은 위상성 통증을 느끼지만, 잠시 후에는 부상 부위가 부어오르면서 지속적인 통증을 느끼기 시작한다. 위상성 통증과 긴장성 통증은 서로 다른 신경회로에 의해 일어나고, 이 자극은 피질의 서로 다른 부위로 전달된다(Melzack, 1990).

운동감각

운동감각kinesthetic sense/kinesthesia이란 신체의 위치와 움직임을 파악하는 감각을 말한다. 운동감각이 없다면, 맛있는 음식을 입에 넣을 수도, 일어설 수도, 한 발짝 내딛는 단순한 동작도 불가능하게 된다. 동작은 뇌에서 200여 개의 근육에 신호를 보내고, 피드백 정보를 분석해야 하는 등, 정신적 추론에 필요한 것보다 훨씬 더 많은 뇌 활동이 요구된다. 우리 몸의 근육, 힘줄, 관절에는 신체 위치와 움직임에 대한 피드백을 끊임없이 뇌에 전달하는 수백만 개의 센서가 있다. 예를 들어, 손목을 조금만 비틀어도 뇌는 즉시 이 정보를 업데이트한다.

시각은 운동감각과 상호 협응한다. 전정감각vestibular sense 역시 운동감각과 협응하여 머리와 몸의 위치 및 동작을 모니터한다. 내이의 두 구조물은 몸의 균형 유지를 돕는다. 이 중 하나가 3차원 프레첼처럼 생긴 세반고리관semicircular canal이다. 다른 하나는 한 쌍의 전정낭vestibular sacs으로, 이 구조물은 세반고리관을 달팽이관에 연결하고, 머리를 돌리거나 기울일 때 이 낭 안에 있는 액체가 같이 움직이게 된다.

이러한 움직임은 털처럼 생긴 수용기를 자극하고, 뇌의 뒤쪽에 위치한 소뇌로 신호를 보내어, 신체의 위치를 감각하고 균형을 유지할 수 있게 해 준다. 회전하다가 갑자기 멈추면, 세반고리관의 액체와 운동감각 수용기가 중립 상태로 회복하는 데 몇 초가 걸린다. 이 후유증은 어지러운 뇌에게 몸이 여전히 돌고 있다는 착각을 일으킨다. 정상적으로는 세상에 관해 적합한 해석을 가능하게 하는 메커니즘이 특수한 상황에서는 우리를 속이는 지각적 착시의 원리를 잘 보여 준다.

지각의 개념

모든 생물체는 환경이 끊임없이 부과하는 문제를 풀어야 한다. 문제의 복잡성과 해답의 세련성은 생물체의 본성과 복잡성에 따라 달라진다. 어두운 뒷골목을 걷다가 손에 칼을 든 검은 그림자를 보았다고 하자. 순간적으로 우리는 여러 가능한 상황을 떠올려 보고, 재빨리 밝고 많은 사람이 오가는 길로 발걸음을 옮김으로써 안전을 확보할 수 있다. 이처럼 지각은 복잡해서 임의로 분류할 수밖에 없다. 여기서는 지각의 개념으로는 ① 지각갖춤새, ② 지각조직화, ③ 재인, ④ 감각 상호작용, ⑤ 지각항등성으로 구분하여 살펴본다.

지각갖춤새

출처: Wikipedia.

사람들은 보는 대로 믿을까? 믿는 대로 볼까? 우리는 경험을 통해 특정 결과를 기대한다. 이러한 기대는 오감의 해석에 영향을 주는 심적 경향성과 가정, 즉 지각갖춤새 perceptual set를 제공한다. 1972년 영국의 한 일간지에 '역사상 가장 놀라운 사진'이라는 제목으로 스코틀랜드 네스호 '괴물'의 사진이 실렸다. 이 제목은 당시 독자들에게 사진

출처: Wikipedia.

에 실린 대상을 괴물로 믿게 했다. 그러나 사진이 촬영된 당시, 실제로 사람들이 목격한 것은 나무둥걸이었다(Campbell, 1986). 이처럼 새로운 지각갖춤새는 전혀 다른 결과를 초래한다.

사람들은 때로 믿는 대로 듣는다. 항공기가 이륙을 위해 활주로를 달리는 상황에서 기장이 부기장에게 건네는 'Cheer up(힘내)!'이라는 말은 부기장이 항상 들어 왔던 'Gear up(기어 올려)!'이라는 말로 들을 수 있다(Reason & Mycielska, 1982). 기대는 맛의 지각에도 영향을 준다. 유아들은 6:1의 비율로 맥도날드 봉투에 담긴 감자튀김이 아무것도 적혀 있지 않은 흰 봉투에 담긴 것보다 더 맛있다고 했다(Robinson et al., 2007). 이러한 결과들은 모두 사람들의 과거 경험에 의해 형성된 인지도식scheme이 새로운 자극 해석에 적용되었기 때문이다.

지각조직화

사람들은 어떻게 감각정보를 조직 · 해석하여 의미 있는 지각을 만들어 낼까? 20세기 초, 독일의 심리학자들은 사람들에게는 감각정보를 게슈탈트gestalt(독일어로 '형태' 또는 '전체'를 의미함)로 조직화하려는 경향이 있음을 발견했다. 우리가 정면을 응시할 때, 지각된 장면은 좌측, 우측 시야로 분리되지 않고, 의식적 지각은 하나의 전체, 이음새 없는 하나의 장면으로 인식된다. 망막에 투사된 이미지는 다양한 밝기와 색채의 모자이크다. 지각체계는 이 모자이크를 체제화하여 배경으로부터 돌출한 상호 분리된 대상들의 집합을 만든다. 게슈탈트 심리학자들은 이런 체제화에 관심이 있었다. 이들은 대상 체제화 방식으로 전경과 배경 개념을 사용했다.

지각조직화의 기본 방식은 2~3개 영역으로 나뉜 자극을 전경figure과 배경ground으로 보는 것이다. 전경은 관심 대상이 포함된 것으로, 배경보다 입체적으로 보이며, 배경의 앞에 있는 것처럼 보인다. [그림 4-11]에서 흰 화병과 두 사람의 얼굴 옆면이 제시되어 있다. [그림 4-11a]에 제시된 패턴은 한 쌍의 얼굴 옆면이 마

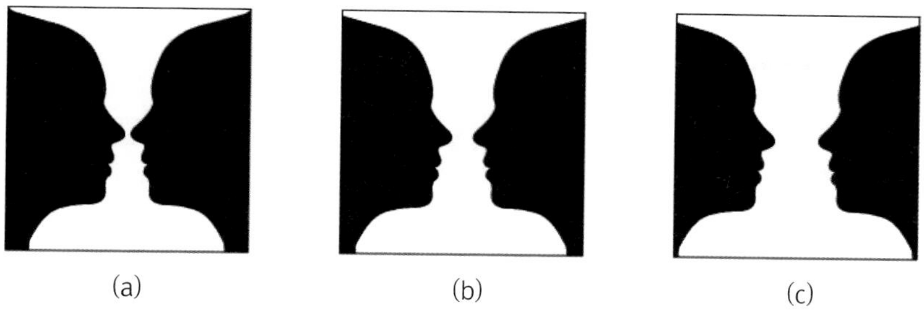

[그림 4-11] 대상 체제화(전경-배경) 예시

주 보고 있는 것으로 보이거나 화병으로 보일 것이다. 화병은 검은 배경에 희게 보이고, 얼굴 옆면은 흰 배경에 검은색으로 보인다. 흰 영역이 좁을 때 화병으로 인식하기가 더 쉽다.

[그림 4-11b]에서는 2개의 체제화가 번갈아 의식화될 것이다. 전경과 배경으로의 체제화는 관찰자의 마음속에 있는 것이지, 자극 속에 있는 것이 아님을 보여 준다. 이때 얼굴 옆면과 화병이 동시 나타나지는 않는다. 즉, 두 가지가 가능하다는 사실은 알 수 있으나, 두 개를 동시에 볼 수는 없다. [그림 4-11c]처럼 검은 영역이 좁고 흰 영역이 넓을 때는 얼굴로 인식하기가 더 쉽다.

형태 지각. 뇌는 전경을 배경에서 분리하고 나면, 전경을 의미 있는 형태로 조직한다. 장면의 기본 속성(색, 움직임, 명암 대조)은 자동으로 즉각 처리된다(Treisman, 1987). 이러한 기본 감각에 질서와 형태 부여를 위해 마음은 자극의 집단화grouping 규칙을 사용한다.

게슈탈트 심리학자들은 일련의 점들을 집단화하는 ① 근접성, ② 연속성, ③ 폐쇄성 같은 결정요인이 있음에 주목했다(〈표 4-2〉 참조).

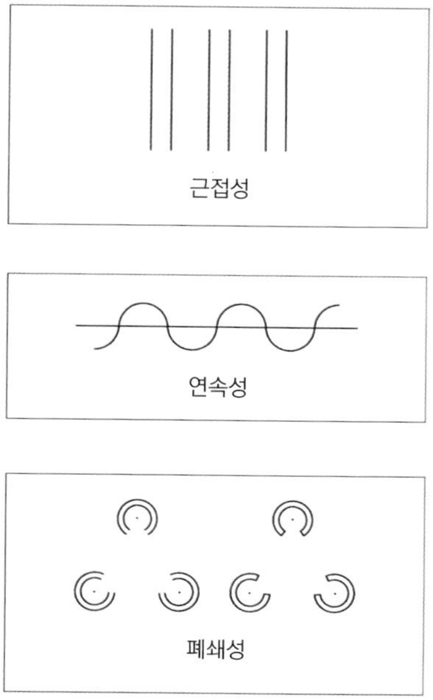

[그림 4-12] 근접성 · 연속성 · 폐쇄성

〈표 4-2〉 집단화의 결정요인

결정요인	설명
1. 근접성proximity	❍ 서로 근접한 위치에 있는 것들을 집단화함
2. 연속성continuity	❍ 부드럽게 연속적인 패턴을 지각함
3. 폐쇄성closure	❍ 끊어진 부분을 이어서 완전한 전체상으로 지각함

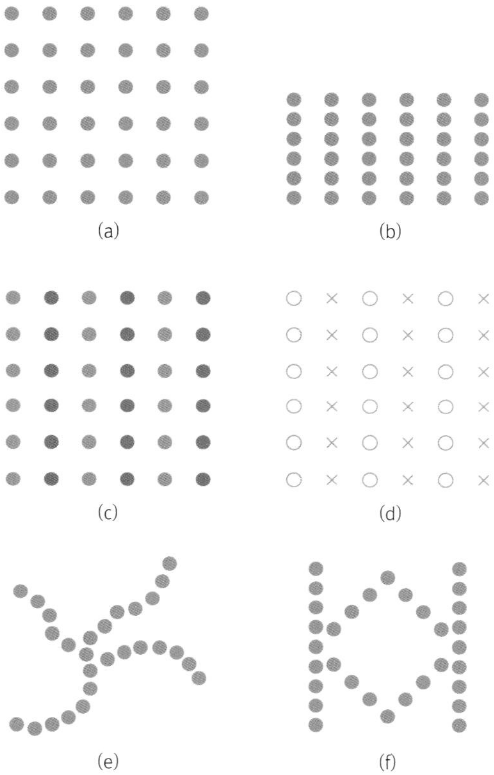

[그림 4-13] 대상 집단화 예시

집단화 원리는 실재를 구성하는 데 도움을 준다. 일련의 점들이 상하로 일정한 간격으로 배열되면, 가로, 세로, 대각선으로 체제화되어 있는 것처럼 보인다([그림 4-13a]). 일련의 점 사이의 수직거리가 짧아지면, 열이 잘 보이게 되는데, 이는 근접성proximity에 의한 집단화다([그림 4-13b]).

그러나 일련의 점 사이의 거리에 변화를 주는 대신, 점의 색채 또는 모양에 변화를 주면 유사성에 의해 체제화할 수 있다([그림 4-13c], [그림 4-13d]).

점의 위치를 이동시켜 두 개의 교차 곡선 형태로 만들면 연속으로 집단화하게 된다([그림 4-13e]). 그리고 특정 공간을 점으로 둘러싸면, 폐쇄에 의한 집단화가 된다([그림 4-13f]). 또 두 개의 수직선 사이에 다이아몬드 형태를 볼 수 있고, 알파벳 'W'와 'M'이 상하로 포개져 있는 형상 또는 알파벳 'K'와 거울에 비친 'K'가 마주 보고 있는 형태를 띤다. 이처럼 일련의 점들의 변형된 형태는 게슈탈트 집단화 결정요인의 속성을 보여 주고 있다. 즉, 이러한 결정인자들은 주어진 패턴 내에서 가능한 한 가장 단순하고 안정되며 일관성 있는 형태를 만들어 낸다는 것이다.

거리 지각. 대상의 위치 파악을 위해서는 대상의 거리 또는 깊이를 알아야 한다. 망막은 높이와 넓이는 반영할 수 있지만, 깊이 정보는 다룰 수 없다. 따라서 깊이는 깊이단서로 불리는 정보에 근거하여 재구성되어야 한다. 깊이단서depth cues란 논리적·수학적으로 대상의 깊이에 관한 다양한 시각 정보를 말한다. 인간과 동물의 눈은 두 개다. 두 눈은 같은 방향을 향해 있다. 왜 그럴까?

[그림 4-14] 깊이지각 실험

출처: Wikipedia.

그 이유는 몸을 움직이지 않고 외부세계의 더 많은 것을 볼 수 있게 해 주기 때문이다. 또 두 눈은 양안단서binocular cue를 통해 깊이를 지각할 수 있게 해 준다. 이처럼 양쪽 눈의 망막에 맺힌 대상을 각각이 아니라 하나로 보게 하고, 입체적으로 보게 하는 눈의 기능을 양안시binocular vision라고 한다.

양안부등binocular disparity은 두 눈에 보이는 장면의 차이를 말한다. 이러한 차이는 대상에 초점을 맞추거나 장애물을 피해 가는 등의 일상 과제에서 깊이의 강력한 단서가 된다. 양안부등은 가까운 거리에 있는 대상은 크고, 멀어지면 작아진다. 양안단서의 사용은 비교적 가까이에 있는 대상에 국한된다. 대상의 거리가 3~4m를 넘어서면 각 눈에 보이는 것의 차이가 미미해져 양안부등은 깊이단서로서의 기능을 상실한다.

양안부등은 실제로 깊이가 없을 때도 깊이를 보도록 눈을 속이기도 한다. 입체경stereoscope은 두 눈에 약간 서로 다른 사진을 보여 준다. 입체경에 사용되는 이런 양안부등의 원리는 오늘날 색깔필터 또는 편광필터가 달린 특수안경을 쓰고 관람하는 3차원 특수효과 영화에 이용되고 있다. 이 안경은 한 이미지가 한쪽 눈에, 그리고 약간 다른 이미지가 다른 쪽 눈에 들어가게 해 준다.

양안단서의 사용은 비교적 가까이에 있는 대상에 국한된다면, 멀리 떨어져 있는 대상(예 산, 구름, 달)은 단안단서가 사용된다. 단안단서monocular cues란 한쪽 눈만으로 지각할 수 있는 깊이지각 단서를 말한다. 단안단서로는 시각체계의 과제가 분명히 드러나지 않는다. 이에 시각체계가 어떤 결론에 도달하기 위해서는 환경

속의 가용한 정보, 즉 단안단서(① 상대적 크기, ② 중첩, ③ 상대적 높이, ④ 조망, ⑤ 음영/그림자, ⑥ 운동[움직임 속도차])를 이용해야 한다.

운동 지각. 운동 지각motion perception은 자극 대상의 이동 또는 움직임을 지각하는 것을 말한다. 개체가 환경 속에서 효과적으로 이동하려면 정지 상태 대상의 위치뿐 아니라, 운동 상태의 경로도 파악해야 한다. 예컨대, 축구선수는 공을 잡고 드리블하거나 상대선수의 태클을 피하기 위해 움직임을 정확하게 지각할 수 있어야 한다.

가현운동apparent movement은 어둠 속에서 플래시 불빛을 한곳에 비추었다 끄고, 아주 잠시 후에 약간 옆에 불빛을 비췄다가 끔으로써 불빛이 한곳에서 다른 곳으로 이동한 것처럼 지각되는 현상을 말한다('스트로보스코프 운동stroboscopic motion'으로도 불림). 이는 실제 운동과 구별되지 않는다. 이러한 현상은 1912년 독일의 베르트하이머가 발견한 것으로, 오늘날 다양한 시각적 디스플레이 기술 발전의 초석이 되었다.

가현운동의 대표적인 예로는 각 사진이 바로 앞의 사진과 약간씩 다른 일련의 정지 사진('프레임'으로 불림)의 연속인 영화를 꼽을 수 있다. 영화는 이 프레임이 연속적으로 화면에 제시되는 동안 앞 프레임과 뒤 프레임의 차이는 운동으로 보

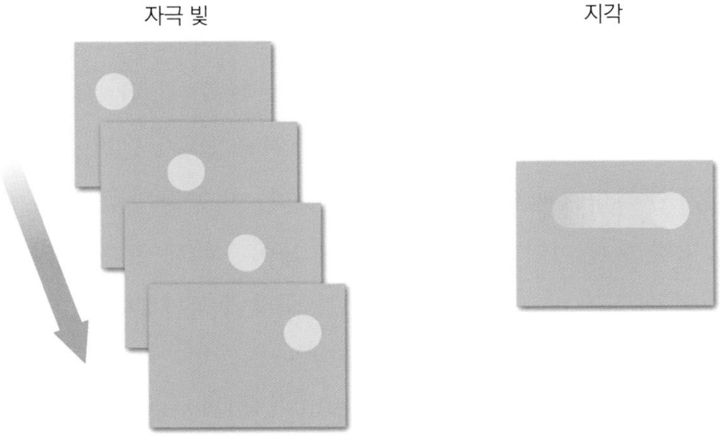

[그림 4-15] 가현운동

이게 되는 효과를 이용한 것이다. 이처럼 가현운동은 실제 운동과 같은 것으로 지각된다. 시각체계는 실제 운동에도 민감하다.

그러나 일상적인 조건에서 실제 운동을 분석하는 것은 매우 복잡하다. 단적인 예로, 망막 상의 운동은 정지해 있는 대상에 대해 눈이 움직인 결과일 수 있다. 사람들은 배경이 구조화되어 있을 때, 대상의 운동을 훨씬 더 잘 탐지한다('상대적 운동relative motion'). 상대적 운동의 패턴은 3차원 대상의 모양을 파악하는 강력한 단서가 된다.

재인

재인recognition이란 개인이 현재 대하는 대상이 무엇인지 알아내는 과정을 말한다. 이 과정은 이전에 보았거나 접촉했던 경험을 기억해 내는 인지적 활동이다. 시각체계는 진화과정에서 사물을 위험한 것으로 지각하는 편향을 가지게 된 것으로 추정된다. 사물의 재인을 위해서는 두 가지 문제가 해결되어야 한다. 하나는 환경으로부터 기본적/원시적 특징primitive feature을 획득하여 적절히 조합해야 한다.

예컨대, 파랑, 노랑, 원, 사각형이 있다는 정보를 획득했다면, 파란 것은 원이고 노란 것은 사각형이라는 것을 알아야 한다. 다른 하나는 대상이 무엇인지 알아야 한다. 즉, 원이 무엇이고, 사각형이 무엇인지 알아야 한다. 더 복잡한 과제는 시각체계가 획득한 일련의 선, 각, 형태의 조합이 인간의 얼굴임을 알아야 하고, 더 복잡한 과제는 그 얼굴이 특정인의 것(예 부, 모, 동생, 친구)임을 아는 것이다.

감각 상호작용

감각의 해석, 즉 지각은 상향처리(감각)와 하향처리를 통해 기대, 가정, 태도, 사고, 경험, 기억 외에도, 동기, 정서, 맥락의 영향을 받는다. 특히 맥락은 자극 대상이 모호하거나 둘 이상의 방식으로 지각될 수 있을 때 영향을 미친다. [그림 4-16]의 모호한 그림은 나이 든 여성 또는 젊은 여성의

[그림 4-16] 모호한 자극

얼굴 옆면으로 지각될 수 있다. 만일 먼저 젊은 여성과 닮은 얼굴을 보고 있었다면(젊은 여성의 맥락에 있었다면), 이 그림 속의 얼굴을 젊은 여성으로 재인할 수 있었을 것이다.

이처럼 하향처리가 유용한 이유로는 어떤 물체가 어떤 상황에서 나타나는지를 제한해 준다는 점이다. 또 신체감각을 담당하는 뇌 회로는 인지를 다루는 뇌 회로와 상호작용한다. 이를 체화인지embodied cognition라고 한다. 이러한 사실을 입증하는 흥미로운 실험은 〈표 4-3〉과 같다.

〈표 4-3〉 지각에 영향을 주는 맥락 · 동기 · 정서에 관한 실험

요인	실험
1. 동기	❍ 타격이 잘되면 야구공이 더 커 보인다(Witt & Proffitt, 2005).
2. 정서	❍ 이해받는 느낌이 들면, 언덕을 덜 가파르게 지각한다(Oishi et al., 2013).
3. 맥락	❍ 자신이 운전할 때는 행인들을 싫어하지만, 길을 걸을 때면 운전자들을 싫어한다(Jaffe, 2004). ❍ 총을 들고 있으면 다른 사람도 총이 있다고 오인하여 사격하기 쉽다(Witt & Brockmole, 2012).
4. 체화인지	❍ 몸이 따뜻하면 온정적인 사회적 지각과 행위를 촉진한다. ☛ 따뜻한 음료를 마시면, 타인을 더 따뜻한 사람으로 평가하고, 더 친밀감을 느끼며, 더 관용적으로 행동한다(IJerman & Semin, 2009). ❍ 사회적 배척은 춥게 느껴진다. ☛ 냉대받은 사람은 환대받은 사람보다 실내 온도를 더 낮게 평가한다(Zhong & Leonardelli, 2008). ❍ 타인에 대한 평가는 신체감각의 영향을 받는다. 흔들리는 의자에 앉아 있으면, 타인과의 관계를 덜 안정적인 것으로 지각한다(Kille et al., 2013).

지각항등성

지각항등성perceptual constancy이란 감각수용기에 가해지는 환경조건에 관한 자극이 변해도 물체의 속성을 일정하게 지각하는 현상을 말한다. 예를 들어, 멀리 떨어져 있는 코끼리의 망막 상은 가까운 곳에 있는 참새의 망막 상보다 작지만, 코끼리가 참새보다 더 크다는 지각을 유지한다. 또 다른 예로는 영화관의 구석진 자리에 앉아도 영화의 시각적 측면이 정상처럼 보이는 것이다.

그러나 실제로는 중앙에서 멀리 떨어진 자리에서 보면 망막에 비치는 스크린

이 직사각형이 아니므로, 스크린 속의 이미지도 이에 따라 왜곡되지만, 사람들은 이 모든 것을 정상인 것으로 지각한다. 어떻게 이런 현상이 일어날까? 그 이유는 지각은 환경으로부터 유입되는 '객관적인' 물리적 정보에만 의존하지 않고, 대상이 실제로 어떻게 생겼는가에 대한 것, 즉 항등성을 유지하기 때문이다.

복습문제

※ 다음 빈칸에 들어갈 말을 써 보세요.

1. ________이/가 자극과 관련된 가공되지 않은 경험이라면, ________은/는 뇌가 감각 경험을 통합·조직하여 의미 있게 해석하는 과정과 결과를 말한다.

2. 감각정보는 3단계, 즉 ① 입력, ② ________, ③ 전달 단계를 통해 뇌(피질)에 전달된다.

3. ________은/는 자극에 대한 반응 유발에 필요한 최소한의 자극강도를 나타내는 수치를 말한다. 자극강도의 민감도는 빛, 소리, 압력, 맛, 또는 냄새를 50%의 확률로 감지할 수 있는 최소의 자극, 즉 ______________(으)로 측정한다.

4. 캐나다의 신경과학자 펜필드(W. Penfield)는 몸의 여러 곳에서 오는 감각입력이 감각피질 위에 어떻게 분포되어 있는지 그림으로 그려 낼 수 있었다. 이 감각표상 지도를 ______________(이)라고 한다.

5. 특정 자극이 지속될 때 신경세포의 충동 수가 감소하면서 감각이 둔해지는 현상을 ______________(이)라고 한다.

6. 망막의 수용기 세포인 ________은/는 강한 빛에 반응하고, 고해상도 색채가 있는 감각을 일으킨다. 반면, ________은/는 낮은 강도의 빛에서 작동하고, 낮은 해상도의 흑백으로 된 감각을 일으킨다.

7. ______________은/는 정상 시력을 가진 사람과 비교하여 측정한 시력으로, 11줄의 블록체 문자로 구성된 차트를 말한다.

8. ______________ 난청은 달팽이관의 모세포 수용기 또는 이와 관련된 신경세포 손상으로 인해 발생하는 반면, __________난청은 음파를 달팽이관에 전달하는 기계적 구조 손상으로 인해 초래된다.

9. 사람들은 경험을 통해 특정 결과를 기대한다. 이러한 기대는 오감의 해석에 영향을 주는 심적 경향성과 가정, 즉 ______________을/를 제공한다.

10. ______________은/는 감각수용기에 가해지는 환경조건에 관한 자극이 변해도 물체의 속성을 일정하게 지각하는 현상을 말한다.

심리학의 존재 이유에 관한 논의

직관과 상식의 한계

사람들은 필요 이상으로 자신들의 직관을 신뢰하는 경향이 있다. 우리의 기억, 생각, 태도는 흔히 의식과 무의식 수준에서 작동한다. 마치 자동항법장치에 의해 비행하는 항공기처럼, 정신과정은 대부분 자동으로 이루어진다. 이러한 이유로 직관은 사람들을 잘못된 판단을 내리게 할 수 있다. 직관은 우리에게 사건 목격자의 기억 또는 거짓말 탐지기의 결과가 정확하다고 알려 줄 수 있지만, 심리학에 관한 수백 편의 연구 결과는 이에 대해 동의하지 않는다(Myers & DeWall, 2019).

과학적 사고는 사람들이 환상으로부터 현실을 가려내는 데 도움을 준다. 심리학자들은 과학적 방법을 사용하여 직관적 사고의 함정을 피하고자 한다. 이들은 사건을 관찰하고, 이론을 구성하며, 새로운 관찰에 비추어 자신들의 이론을 정교화한다. 비판적 사고는 가정을 확인하고, 증거를 평가하며, 비판을 유도하고, 결론을 검증하는 것이다. 과학으로서의 심리학은 증거 수집과 선별기준을 통해 직감의 오류를 막고 더 현명하고 합리적인 생각으로 이끈다. 우리가 심리학을 공부해야 하는 이유는 직관적 사고의 공통적인 결함, 즉 ① 후견편향, ② 과신, ③ 무작위 사건의 패턴 인식을 피하기 위해서다.

첫째, 후견편향hindsight bias은 사건의 결과를 알게 되면, 마치 일어날 사건이 어떤 것인지 알고 있었던 것처럼 여기는 현상이다. 어떤 결과를 돌이켜보면서 당연한 것으로 간주하는 이 경향성은 '난 진작 알고 있었어 현상'이라고도 한다. 우리의 기억과 그것을 어떻게 설명하는지에 대한 후견편향은 심리과학적 연구가 필요한 이유를 보여 준다.

둘째, 무작위 사건의 순서 지각과 관련된 직관의 오류다. 사람들은 대개 세상에 대해 알고 싶어 한다. 이로 인해 이들은 때로 임의의 서로 무관한 자료를 보고 의미 있는 패턴으로 받아들인다. 그 이유는 무작위로 배열된 순서가 무작위로 보이지 않기 때문이다(Falk et al., 2009). 동전을 50번 던지면, 동전의 앞면 또는 뒷면이 연속해서 나오기도 한다. 실제로 무작위 순서에서 패턴과 연속은 사람들이 예상한 것 이상으로 일어난다(Oskarsson et al., 2009).

끝으로, 사람들은 종종 자신들이 알고 있는 것보다 더 많이 알고 있다고 과신하는 경향이 있다. 답을 아는 것은 우리를 과신하게 만든다. 다음에 제시된 퍼즐을 풀어 보자. 먼저, 예시를 살펴보면, 순식간에 퍼즐을 풀 수 있을 것 같은 생각이 들 수 있을 것이다. 각 철자를 맞추는 데 걸리는 시간을 재어 보자(예 TOHRS → SHORT).

※ 단어 맞히기 퍼즐

1. WREAT → ____________	2. LBTEA → ____________
3. ETRYN → ____________	4. RMOJA → ____________
5. RODWS → ____________	6. ESSTT → ____________
7. EILTT → ____________	8. EBALL → ____________
9. RETOH → ____________	10. NOECU → ____________

☞ 정답은 복습문제 정답표 다음에 제시되어 있음.

※ 감각순응 실험

1. 상의 소매를 걷어 올려 보자. 처음에는 팔에 소매가 걷어 올려져 있다는 느낌이 들지만, 금세 그 감각이 무뎌질 것이다.

2. 안경을 머리 위에 걸쳐 놓은 채, 책을 읽어 보자. 시간이 지나면서 머리에 무언가 있다는 느낌이 드는지 확인해 보자.

3. 펜 또는 연필을 귀에 올려놓아 보자. 책의 내용에 집중해 보자. 시간이 지나면서 귀 위에 무언가 걸쳐 있다는 느낌이 드는지 확인해 보자.

소감 ____

05

의식
: 꿈과 무의식

개요

- 의식의 기능
- 의식의 구조
- 수면과 꿈
- 최면
- 명상
- 바이오피드백 훈련
- 향정신성 물질

학습목표

1. 의식의 기능과 구조(전의식, 무의식)를 이해할 수 있다.
2. 수면의 본질과 수면장애를 설명할 수 있다.
3. 최면, 명상, 바이오피드백 훈련의 의식변성을 이해할 수 있다.
4. 향정신성 물질의 종류와 그 특성을 이해할 수 있다.
5. 향정신성 물질의 유혹과 위험에 관해 논의할 수 있다.

의식이란 무엇인가? 일찍이 독일의 심리학자 빌헬름 분트는 의식의 흐름을 연구함으로써, 심리학이 물리나 화학처럼 과학에 기반을 둔 학문이 되어야 한다는 신념을 실천했다. 그러나 이러한 시도는 20세기에 들어서면서 심리학이 객관적이고 관찰 가능한 대상에 초점을 두어야 한다는 행동주의의 출현으로 의식, 무의식, 꿈, 명상, 최면 같은 흥미로운 심리학적 문제를 외면하는 결과를 초래했다. 주관적 경험처럼 보이는 이러한 현상은 객관성을 중시하는 행동주의 심리학자들에게는 부적절한 연구주제로 여겨졌기 때문이었다.

그러나 다행스럽게도 1960년대에 들어서면서부터 심리학자들은 의식의 다양한 측면이 인간의 행동이나 마음 연구에서 고려되어야 할 대상임을 재인식하게 되었다. 심리학자들이 검증 가능한 연구를 통해 의식의 본질을 이론화할 수 있다면, 마음이 어떻게 작용하는지에 관한 탐구에 크게 기여할 것이다. 이 장에서는 ① 의식의 기능, ② 의식의 구조, ③ 수면과 꿈, ④ 최면, ⑤ 명상, ⑥ 바이오피드백 훈련, ⑦ 향정신성 물질로 구분하여 인간의 의식에 관해 살펴보기로 한다.

의식의 기능

의식consciousness은 개인 자신(신체감각, 기억, 사고)과 환경(외부 사건)에 대한 순간순간의 감각적 인식이다. 이러한 인식은 마음의 상태를 자발적으로 통제하고, 복잡한 개념 또는 행동을 학습할 때 주의를 집중시키기도 한다. 또 과거를 회상하고 현재에 적응하며 미래를 계획할 때, 여러 자원으로부터 다양한 정보를 수집할 수 있게 해 준다. 우리의 내·외적 환경은 다양한 감각자극으로 가득 차 있다. 감각자극에 주의를 기울이지 않으면, 감각자극을 인식('의식')하지 못한다. 의식은 뇌 전반에 걸친 협응coordination 활동의 산물이다(Chennu et al., 2014).

사람의 뇌는 통합적으로 작동된다. 우리의 정신적 경험은 조직화·체계화된 뇌 활동에서 비롯된다. 뇌의 정보처리 방법은 두 가지 경로(① 순차처리, ② 병렬처리)로 이루어진다. 새로운 일이나 복잡한 과제에 의식적으로 주의를 집중하는 경우, 뇌는 한 번에 한 가지 일에만 집중하는 순차처리sequential processing를 한다. 그러나 의식이 다른 곳에 집중되어 있는 경우, 병렬처리parallel processing를 통해 일상적인 일(호흡 · 심장 기능, 신체균형 유지 등)을 모니터한다. 의식의 기능은 내 · 외적 자극의 ① 모니터링과 ② 통제로 함축된다.

모니터링

첫째, 의식은 개인 자신 또는 환경을 모니터한다. 지속적인 모니터링monitoring을 통해 의식은 수시로 기억, 사고, 지각적 경험을 인식한다. 이러한 기능은 생존과 번성을 위해 매우 중요하다. 감각체계(시각, 청각, 후각, 미각, 촉각, 운동감각)는 개인의 환경뿐 아니라 신체 내부에서 일어나고 있는 일을 인식할 수 있게 해 준다. 그러나 감각기관으로 유입되는 모든 자극에 주의를 기울인다면, 우리는 이내 엄청난 양의 정보에 의해 과부화를 겪게 될 것이다. 이로써 의식은 어떤 자극에는 주의를 기울이지만, 다른 자극은 무시하는 선택 주의를 기울인다.

선택 주의selective attention는 특정 자극에 대해 의식이 집중되는 현상이다. 이는 어두운 곳에서 손전등을 비추는 것처럼 유기체가 경험하는 것 중 아주 작은 부분에 초점을 맞추는 것과 같다. 선택 주의는 감각을 더 예리하게 한다(Passingham & Lau, 2017). 무엇인가에 집중하고 있을 때, 우리는 배경 자극을 자각하지 못한다. 이 책을 읽으며 단어에 집중하는 동안, 주변 시야에 들어오는 정보의 지각은 자연스럽게 차단된다. 이 문장 다음에 제시된 점(●)을 응시해 보자. 이 점에 시선을 고정한 채, 주변을 지각해 보자. 무엇이 보이는가?

●

인간의 의식적 주의는 선택적이어서 쉼 없이 입력되는 무수히 많은 시각적 자극 중 극히 일부만을 선택하여 처리한다. 한 연구에서 24명의 방사선 전문의에게 환자의 폐 영상을 보여 주면서 암의 징후를 찾아내게 했다. 이 영상에는 작은 고릴라 이미지가 포함되어 있었다. 그러나 방사선 전문의들은 고릴라보다 훨씬 작은 암세포를 발견했으나, 24명 중 20명이 고릴라 이미지의 존재를 인식하지 못했다(Drew et al., 2013). 이처럼 특정한 대상에 주의를 집중하느라 다른 대상을 인식하지 못하는 현상을 부주의 맹시inattentional blindness라고 한다. 이와 유사하게, 마술사들은 극적이고 과장된 동작으로 관객들의 선택 주의를 다른 대상으로 돌리게 함으로써 변화맹시change blindness를 활용한다.

이렇게 집중해야 할 자극의 선택 능력은 정보 과부화를 피할 수 있게 해 준다. 그러나 시선 집중과 주의 이동은 예상치 않은 대가를 치를 수 있다. 운전 중 동승자와의 대화는 운전에 필요한 뇌 활동을 평균 37% 정도 감소시키기 때문이다(NSC, 2010). 한 시뮬레이션 연구에서 동승자 또는 전화로 인한 주의산만이 10대 운전자들의 충돌사고 원인의 58%를 차지했다(AAA, 2015). 이처럼 운전 중 휴대전화 사용은 사고의 원인이 되고, 동승자와의 대화는 사고위험을 1.6배 높인다. 이는 음주운전 시 사고발생 위험과 비슷한 수준으로, 운전 중 휴대전화 사용은 4배 이상 사고 위험성을 증가시킨다(McEvoy et al., 2007).

운전 중 문자메시지를 보내는 것은 동승자와의 대화보다 훨씬 더 위험하다. 한 실험에서 장거리 트레일러 운전자들의 운전 패턴을 18개월간 추적한 동영상을 분석한 결과, 운전 중 문자메시지를 보내는 경우, 사고위험이 23배로 급증했다(Olson et al., 2009). 이에 대부분의 선진국에서는 운전 중 문자메시지 발송을 법으로 금하고 있다. 선택 주의는 개인이 인식하는 것보다 더 큰 반경을 이동한다.

한 실험에서 참여자들을 28분간 한 방에서 자유롭게 인터넷 검색과 TV 시청을 할 수 있게 했다. 참여자들은 15번 정도 주의를 옮겼을 것으로 추산했으나, 시선추적 장치 결과, 평균 120회 정도나 주의를 이동했다(Brasel & Gips, 2011). 특히 감각자극의 변화는 선택 주의를 유발한다. 개인의 주의를 끄는 것은 감각자극의 변화다. 갑자기 정전되거나, 음악 소리가 멈추거나, 타는 냄새가 나는 등 감각자극에 변화가 생기면 이내 알아차리게 될 것이다.

이처럼 선택 주의는 생존에 필요한 사건/조건에 우선권을 부여한다. 배가 고

프면 공부에 집중하기 어렵고, 통증이 생기면 고통이 멈출 때까지 다른 생각을 의식 밖으로 밀쳐 낸다. 반면, 의도적 선택에 의해 다른 자극에 주의를 돌릴 수도 있다.

시끌벅적한 칵테일파티에서 옆 테이블 사람들의 떠들썩한 목소리를 들을 수 있는 것이 바로 이 때문이다('칵테일파티 효과cocktail party effect')(Miller, 2013). 시선을 사로잡은 TV 광고를 떠올려 보라. 광고주들은 TV, 자동차, 맥주, 화장품, 운동화 등의 홍보 영상에 시각적 · 청각적으로 변화를 줌으로써, 소비자들의 시선을 집중시켜 지갑을 열게 하기 위해 의식의 특성을 적극 활용하고 있다.

통제

둘째, 의식은 개인의 현재 마음 상태와 행동을 통제control한다. 그리고 행동 계획 · 개시 · 안내를 통해 행동의 방향을 결정한다. 계획이 단순하거나 어렵지 않게 종결하는 것(예 점심을 먹기 위해 친구를 만나는 것)이든, 복잡하고 시간이 오래 걸리는 행동(예 시험 또는 취업 준비)이든 의식은 주위 사건과 조화를 이루도록 조정한다.

계획단계에서는 아직 일어나지 않은 사건이 미래의 가상적인 가능성으로 의식에 떠오른다. 의식은 여러 대안적 시나리오를 그려 봄으로써, 그중에서 가장 적절한 행동을 선택 · 실행한다. 그러나 모든 행동이 의식적 결정에 의해 실행되는 것은 아니다. 또 모든 문제의 해결이 의식수준에서 이루어지는 것 역시 아니다.

정신적 사건은 의식과 무의식 과정을 포함하고, 다수의 결정과 행동이 의식의 범주 밖에서 수행되기도 한다. 야구에서 타자가 보통 8/100초 이내에 공을 쳐 내는 것이 그 예다. 이 시간은 공을 쳐 내는 데 필요한 행동의 연쇄적 단계를 의식하기에는 너무 짧은 시간이다. 복잡한 문제의 해결책이 불현듯 떠오르는 것은 또 다른 예

가 된다. 이처럼 의사결정과 문제해결은 종종 의식하지 않은 상태, 즉 무의식 수준에서 일어나기도 한다.

행동은 실행이 반복될수록 습관화 또는 자동화된다. 습관화habituation란 자극을 반복 제시하면 반응 강도가 감소하는 현상을 말한다. 예컨대, 자동차 운전을 처음 배울 때는 고도의 집중이 요구된다. 즉, 일련의 행동(브레이크 밟기, 시동 걸기, 기어 넣기, 액셀 밟기, 핸들 돌리기 등) 협응에 집중해야 하므로 다른 것에 신경 쓸 수 없게 된다. 그러나 일단 반복적인 운전으로 일련의 동작들이 자동화되고 나면, 운전에 대한 의식 없이도 옆 사람과 대화를 나누거나 주변 경치를 감상할 수 있게 된다. 이처럼 처음에는 의식적 주의가 필요했던 반응의 습관화를 자동성automaticity이라고 한다. 특정 행동이 자동화automation될수록 의식의 통제가 덜 요구된다.

의식의 구조

정신분석의 창시자 프로이트에 의하면, 인간의 정신세계는 의식 외에도 전의식과 무의식으로 구성되어 있다. 전의식과 무의식은 둘 다 무의식적인 것으로 간주된다.

전의식

전의식preconsciousness은 일시적으로 무의식적 상태에 있어서 비교적 쉽게 접근할 수 있는 정신영역이다. 사람은 주어진 시간에 주위에서 일어나는 모든 일에 주의를 기울일 수 없다. 마찬가지로 과거 사건에 대한 기억과 지식 모두를 생각하며 살 수 없다. 단지, 주어진 순간에 극히 일부 자극에만 주의를 기울일 수 있을 뿐이다.

유입되는 자극의 선택, 무시, 거부로 인해 의식의 내용은 계속해서 바뀐다. 그럼에도 주의의 초점이 되지 못한 사건 또는 사물도 의식에 영향을 줄 수 있다. 주의를 기울이지 않았던 벽시계의 종소리를 거슬러 셀 수 있는 것이 그 예다. 공공장소에서 친구들과 대화를 나누다가 주위 사람들의 대화에서 낯익은 이름이 들린다면, 그쪽으로 주의를 돌리는 것 역시 또 다른 예다.

주의의 초점을 맞추고 있지 않았더라도, 그들의 대화를 모니터링하고 있지 않았더라면, 낯익은 신호가 다른 사람의 입에 오르내리는 것을 알아차리지 못했을 것이다. 이처럼 의식적 지각 없이도 자극은 등록 · 평가될 수 있다(Bargh, 2007). 이런 자극은 의식의 바로 아래 수준에 있으면서 개인에게 영향을 주거나 인식의 비의식적 수준에서 작용한다.

지금 이 순간에도 의식의 일부가 되지 않는 기억과 사고라도, 필요하다면 의식으로 떠오를 수 있다. 즉, 지난 휴가 때 있었던 일을 의식하고 있지 않았더라도 의식하고 싶으면 언제라도 그 기억은 떠올려서 의식의 일부가 되게 할 수 있다. 이처럼 의식으로 접근 가능한 기억을 전의식 기억preconscious memory이라고 한다. 전의식 기억에는 개인적 사건에 대한 기억, 축적된 정보(단어의 의미, 지명, 국가의 위치), 학습된 기술(자동차 운전 절차, 신발 끈 매는 순서)이 포함된다.

무의식

무의식unconsciousness은 의식되지 않은 정신활동(기억, 충동, 욕망 등)을 말한다. 프로이트에 의하면, 정서적으로 용납하기 힘든 욕망(성적 · 공격적 충동) 또는 고통스러운 기억은 억압repression되어 무의식에 저장되는데, 개인이 인식하지 못해도 행동, 사고, 감정에 지속적으로 영향을 준다. 이처럼 억압된 충동과 사고는 의식으로 올라오지는 않지만, 꿈, 매너리즘, 말실수, 비이성적 행동 같이 간접적 또는 가장된 방식으로 영향을 미친다. 이러한 현상을 프로이트식 실수Freudian slip 또는 실언slip of tongue(숨겨진 충동을 드러낸 비의도적 발언)이라고 한다. 무의식은 개인이 일상생활에서 항시 의존하면서도 의식적으로는 접근하지 못하는 여러 심적 과정에도 관여한다.

수면과 꿈

사람들은 매일 밤 의식을 잃고 세상모르고 잠이 든다. 그러나 지각은 여전히 깨어 있어서, 이중 경로로 작동되는 마음은 계속해서 입력되는 정보를 처리한다.

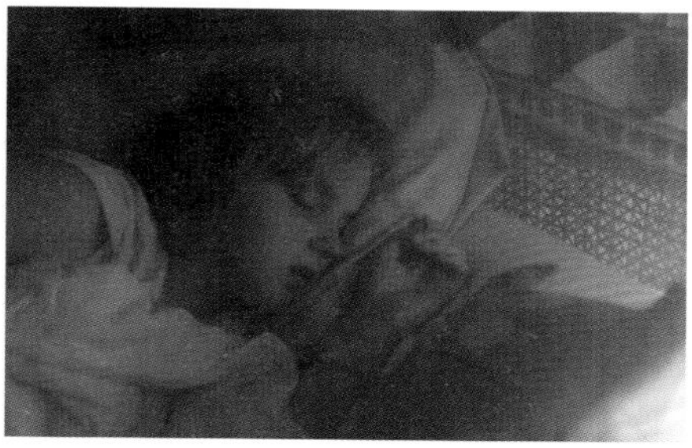

집 부근을 지나는 차 소리에 방해받지 않고 자면서도, 낯익은 이름을 듣거나 갓난아기의 울음소리에는 잠이 번쩍 깨기도 한다. 이는 수면 중에도 청각피질이 소리 자극에 민감하게 반응하기 때문이다(Kutas, 1990). 사람들이 잠을 자야 하는 이유는 무엇일까? 잠을 자지 않거나 잠이 부족하면 어떻게 될까? 자다가 꿈을 꾸는 이유는 무엇일까?

수면sleep은 잠든 상태, 각성wake은 깨어 있는 상태다. 일주기 리듬circadian rhythm이란 지구 자전의 24시간과 연결되어 24시간을 주기로 이루어지는 생리적·행동적 변화를 말한다. 인간을 비롯한 지구상의 모든 생명체에는 일주기 시계circadian clock가 있다고 알려져 있다. 일주기 리듬은 수면, 각성, 체온, 호르몬 변화 등에 영향을 미친다.

수면과 꿈은 변성의식 상태다. 변성의식 상태altered states of consciousness란 일상적인 정신기능 패턴이 개인에게 다르게 느껴지는 현상을 말한다. 이는 의식상태가 매우 개인적이고 주관적임을 반영하는 것이다. 변성의식 상태는 생생한 꿈에서부터 백일몽으로 인한 주의산만 또는 물질사용으로 인한 정신적 혼란과 지각적 왜곡에 이르기까지 다양한 형태로 나타난다.

수면의 기능

사람들은 보통 하루 평균 8시간, 즉 하루의 1/3을 잠을 잔다. 사람의 평균수명이 75년이라면, 평생 약 25년간 잠으로 보내는 것이다. 충분한 수면은 사람들에게 개운한 느낌을 주고, 더 효율적이고 정확하게 일을 할 수 있게 한다. 충분한 수면은 스트레스 회복에 도움을 준다. 수면 연구자들에 의하면, 수면은 신체 활력을 되찾게 해 주고, 스트레스 회복을 도우며, 학습/경험을 통합하고, 뇌 발달을 촉진하는 등 다양한 기능을 한다. 이들이 일련의 연구를 통해 주장하는 수면의 기능은 〈표 5-1〉과 같다.

〈표 5-1〉 수면의 기능

수면의 기능	설명
1. 보호	❍ 어둠이 수렵 · 채취를 어렵게 하고, 돌아다니는 것을 위험하게 만들었을 때, 위험을 피해 동굴에서 잠을 자는 것이 생존에 도움이 되었음
2. 회복	❍ 면역계 회복 및 뇌 조직 수선에 도움을 줌
3. 기억 복원 · 재생	❍ 그날의 기억 응고화를 촉진함
4. 창의적 사고 배양	❍ 역사적으로 문학, 과학, 예술 성취에 영감을 제공해 왔음
5. 성장 지원	❍ 수면 중 뇌하수체가 근육 발달에 필요한 성장호르몬을 분비함

수면의 양

건강 유지를 위해 우리는 하루 평균 얼마나 잠을 자야 할까? 사람들은 건강을 유지하려면 하루 평균 8시간의 수면이 필요하다고 믿는 경향이 있다. 그러나 이는 사실이 아니다. 수면의 양은 연령대에 따라 다르다. 신생아는 하루에 16시간을 자고, 성인 대부분은 하루에 1/3이 채 안 되는 시간을 잔다. 나이 든 성인은 젊은 성인보다 수면이 덜 필요한 것으로 알려져 있다. 그러나 이들은 때로 신체적 불편감 또는 수면 도중의 화장실 출입의 필요성으로 인해 수면의 질이 저하되기도 한다.

그러나 평균 수면시간은 나이보다 개인차가 더 크다. 하루에 6시간을 채 자지 않고도 끄떡없는 사람들이 있는가 하면, 거의 매일 9시간 이상을 자면서도 피로를 호소하는 사람들도 있다. 그런가 하면, 밤잠이 전반과 후반 수면으로 분절되어, 그 중간시간에는 깨어 있는 사람들도 있다(Randall, 2012). 사람에 따라서는 15분가량의 낮잠이 한 시간 정도의 밤잠을 더 자는 것만큼 효과적일 수 있다(Horne, 2011).

오늘날 과거에 비해 훨씬 밝아진 조명, 근무 여건(교대근무), 소셜 미디어 활동 등은 사람들의 수면시간과 패턴에 영향을 주고 있다. 깨어 있는 시간만큼 수면시간은 감소한다. 일부 선진국 성인들의 수면시간은 평일에 6.5~7시간 정도, 주말 또는 휴일에는 7~8시간으로 조사되었다(National Sleep Foundation, 2013). 밝은 빛은 생체시계의 기능을 저해할 수 있다. 수면의 질 저하는 주간 졸림의 원인이 된다. 수면의 양과 패턴은 부분적으로 유전적/생물학적 · 심리적 · 사회적 · 문화적 영향을 받는다.

수면부족

수면이 부족하면 어떻게 될까? 불충분한 수면은 집중력과 수행력을 저해한다. 잠을 하룻밤 이상 거르면, 주의력, 학습력, 기억력 등에 결함이 나타난다(Patrick et al., 2017). 수면부족은 졸음을 유발하여 매년 10만 건의 교통사고와 1,500여 명의 사망사고의 원인이 된다.

현대 사회의 스트레스는 불면증의 원인이 되기도 하고, 기력을 떨어뜨리며 행복감을 앗아 간다(Halonen et al., 2017). 수면부족에 관한 연구에 의하면, 수면부족은 학생들의 우정과 이성관계에 갈등을 유발하고(Gorden & Chen, 2014), 우울증 발생 가능성을 높인다(De Wild-Hartmann et al., 2013).

수면부족 상태의 장기화는 면역체계를 억제하여 질병 또는 감염에 대한 저항력을 떨어뜨릴 수 있다(Möller-Levet et al., 2013). 또 수면부족은 체중증가를 유발하기도 한다. 수면시간이 적은 아동과 성인의 체중은 평균치보다 더 많이 나간다. 최근 수십 년에 걸쳐 사람들의 수면시간은 줄어든 반면, 체중은 증가하고 있다(Shiromani et al., 2012).

일주기 리듬

밤새 졸음을 참아 가며 시험공부를 하는 경우에도, 평소의 기상 시간이 되면 우리 몸은 다시 활력을 되찾게 된다. 이는 신체 내의 24시간 생체시계, 즉 일주기 리듬이 있기 때문이다. 일주기 리듬circadian rhythm은 생명체(박테리아로부터 인간까지)의 행동, 생리적 · 생화학적 반응이 24시간 정도의 주기에 따라 자체적으로 유지되는 현상이다. 이 말은 '돌아서'라는 의미의 라틴어 circa와 '하루'라는 뜻의 dies에서 파생되었다.

일주기/24시간 생체리듬은 생명체의 수면과 섭식뿐 아니라 체온, 뇌파, 호르몬 생성, 세포 재생성에도 영향을 준다. 게다가 낮의 길이에 따른 광주기성은 동물의 생리학적 기능에도 중요한 역할을 한다. 생물학적 시계는 빛의 영향을 받는데, 주간의 밝은 빛은 수면유도 호르몬 멜라토닌melatonin 분비를 멈추게 한다. 반면, 밤이 깊어지면 생물학적 시계는 무활동성 상태가 되면서 수면이 시작된다.

일주기 각성 수준이 정점에 도달할 때, 사고가 가장 예리하고 기억도 가장 정확하다(Myers & DeWall, 2019). 일주기 리듬은 나이와 경험에 따라 변화된다. 실버타운은 저녁시간이 지나면 조용해지지만, 젊은이들의 하루는 쉽사리 끝나지 않는다. 20대 대학생 대부분은 하루가 지나면서 수행력이 높아지는 올빼미형이다(May & Hasher, 1998).

그러나 나이가 들면서 생체시계에 변화가 생긴다. 나이가 들면서 잠에 더 취약해지고, 더 자주 잠을 깬다(Kamel & Gammack, 2006). 나이 든 성인 대부분은 하루가 지나면서 수행력이 떨어지는 종달새형이다(Roenneberg et al., 2004). 특히 여성은 임신 또는 폐경기에 들어서면서 남성보다 좀 더 일찍 종달새형으로 바뀐다(Randler & Bausback, 2010).

수면단계

사람들은 매일 밤 4~5회 정도의 다단계 수면주기를 거친다. 밤이 깊어지면, 숙면시간은 줄고 REM 수면시간이 증가한다. 졸음이 쏟아지면, 대뇌피질의 다양한 영역의 소통이 멈추면서 의식이 사라진다(Massimini et al., 2005). 그러나 뇌는 잠이 든 상태에서도 여전히 활동을 멈추지 않는다. 즉, 90분 간격으로 뚜렷한 수면단계라는 생물학적 리듬이 작동된다. 수면은 뇌전도로 측정된 뇌파의 패턴에 따라 ① 급속안구운동rapid eye movement(REM) 수면('렘수면'으로도 불림), ② 1단계 비급속안구운동stage 1 non-rapid eye movement(NREM-1) 수면('1단계 비렘수면'으로도 불림), ③ 2단계 비렘(NREM-2) 수면, ④ 3단계 비렘(NREM-3) 수면으로 구분된다([그림 5-2] 참조).

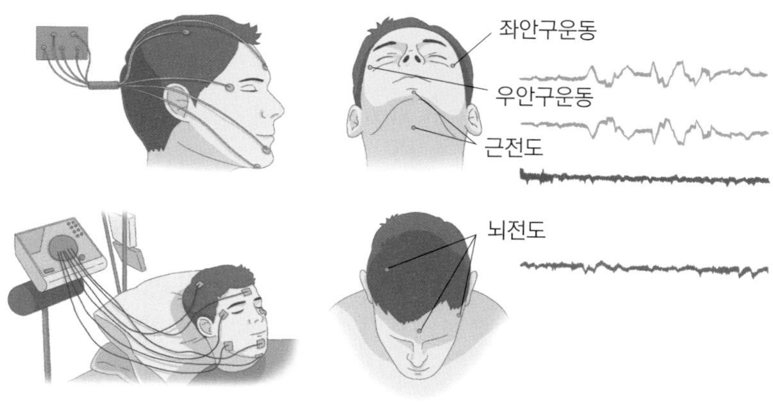

[그림 5-1] 수면활동 측정

뇌전도electroencephalogram(EEG)는 두피에 전극을 부착하여 뇌의 전기적 활동을 측정하는 전기생리학적 측정방법이다. 이 방법을 통해 수면의 깊이를 측정하고, 꿈을 꾸는 시기를 확인할 수 있다. EEG는 수면 중 뇌 활동과 관련된 두피의 전기적 변화뿐 아니라, 꿈꾸는 동안 발생하는 안구운동까지 측정한다.

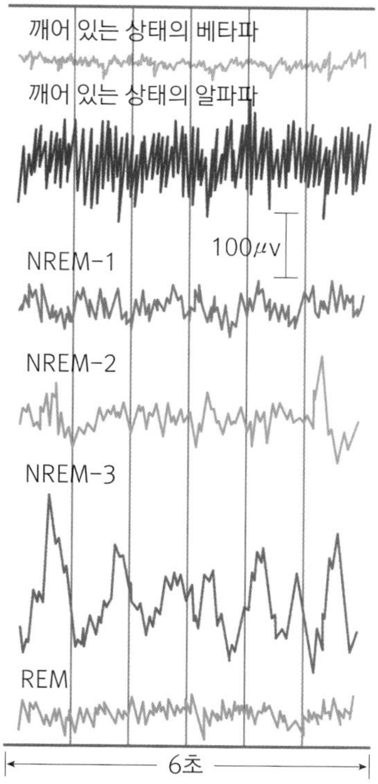

[그림 5-2] 뇌파와 수면단계

잠들기 전, 눈을 감고 잠자리에 들면, 깨어 있기는 하지만 이완된 상태에서는 뇌전도상에 비교적 느린 8~12Hz의 규칙적인 알파파alpha wave가 나타난다. 피로감을 느끼면서 기억하지 못하는 순간에 호흡이 느려지고 잠이 들게 된다. 순간, 뇌전도는 NREM 수면의 불규칙한 뇌파를 나타낸다('NREM-1 수면').

NREM-1 수면은 매우 짧고, 마치 무중력 상태로 떠 있거나 떨어지는 느낌이 들 수 있으며, 수면 중에 환각과 유사한 환상적인 이미지를 경험할 수 있다(Clancy, 2005). 그런 다음, 더 깊이 이완되면서 20분 정도의 NREM-2 수면에 진입한다.

이때 뇌전도는 빠르고 리드미컬한 뇌파활

동을 보여 준다. 이 단계에서는 별 어려움 없이 깨어날 수 있다. 이젠 확실히 잠이 든 것이다. 곧 NREM-3 수면의 깊은 잠에 빠진다. 이후 약 30분간 진폭이 크고 느린 델타파delta wave가 방출된다. 이 시기에는 잠에서 깨기 어렵다.

유진 아세린스키 (Eugene Aserinsky, 1921~1998)

REM 수면. 입면, 즉 잠든 지 한 시간 정도가 지나면 기이한 일이 발생한다. NREM-3에서 NREM-2로 되돌아간 후, REM 수면에 접어든다. 약 10분간 뇌파는 거의 깨어 있는 NREM-1 수면과 유사하게 빨라지면서 톱니바퀴 같은 양상을 띠게 된다. 이는 거의 깨어 있는 NREM-1 수면의 뇌파와 유사하다.

그러나 NREM-1 수면과는 달리, REM 수면 중에는 심박수가 증가하고, 호흡이 빨라지며, 불규칙적으로 변한다. 30초마다 안구는 눈꺼풀 속에서 급속히 움직인다. 이는 흔히 정서를 담고 있고 환각 같은 꿈의 시작을 알리는 신호다. REM 수면이 존재한다는 사실은 수면 연구의 개척자 유진 아세린스키에 의해 밝혀졌다(Aserinsky, 1988).

[글상자 5-1] **REM 수면의 발견**

1952년 어느 날 밤, 시카고대 박사과정 학생이었던 유진 아세린스키는 수면 중에 안구운동이 일어난다는 사실을 확인해 보기 위해 낮에 수선한 뇌전도기를 잠든 아들의 눈 주위에 전극을 부착하여 안구운동을 기록·관찰했다. 뇌전도기가 그래프용지에 상하로 크게 지그재그 선을 그리자, 그는 기계가 여전히 오작동하는 것으로 생각했다. 그러나 밤이 깊어지면서 이 현상이 주기적으로 나타났다. 아세린스키는 결국 이것이 활발한 뇌 활동으로 인한 빠르고 경련을 일으키는 것 같은 '급속안구운동(REM)'임을 알게 되었다. 이러한 안구운동이 일어나는 상태에서 아들을 깨우자, 아이는 꿈을 꾸고 있었다고 말했다.

뇌의 운동피질은 REM 수면 중에도 활동한다. 그러나 뇌간brainstem이 운동피질의 메시지를 차단하여 근육을 이완된 상태로 쉬게 해 준다. 때로 손가락, 발가락, 또는 안면 경련이 있지만, 대부분 거의 마비된 상태로 이완된 상태가 유지된다. 더욱이, REM 수면 중에는 잠에서 깨어나기 어렵다. 이러한 이유로 REM 수면을 역설적 수면paradoxical sleep이라고 한다. 신체는 내적으로 각성되어 있지만, 외적으로는 아주 평온한 상태라는 이유에서다.

밤이 깊어지면서 90분 수면주기는 계속 반복된다. NREM의 깊은 수면은 점차 짧아지다가 사라진다. REM과 NREM 수면은 점차 길어져, 아침이 될 때까지 야간 수면의 20~25%(100분 정도)가 REM 수면이 된다. 사람들의 37%는 다음 날 아침에 기억해 낼 수 있는 꿈을 거의 꾸지 않거나 전혀 꾸지 않는다고 보고한다. 그러나 이들조차 REM 수면 중에 깨우면 80% 이상은 꿈을 기억해 낸다. 사람들은 매년 평균 600시간 정도를 1,500여 개의 꿈을 꾸는 데 소모한다. 이는 평생 약 10만 개 이상 꿈을 꾸는 것이 된다(Moore, 2004).

수면주기 패턴은 나이에 따라 달라진다. 신생아는 총 수면시간 중 절반을 REM 수면이 차지한다. 5세경이 되면, 총 수면시간 중 REM 수면이 20~25% 정도로 감소해서 후기 성인기까지 그대로 유지된다. 후기 성인기에 이르면, REM 비율이 18% 이하를 유지한다. 이 시기에는 깊은 수면(3, 4단계)이 감소하거나 사라지기도 한다. 또 자주 오래 깨어 있기도 한다.

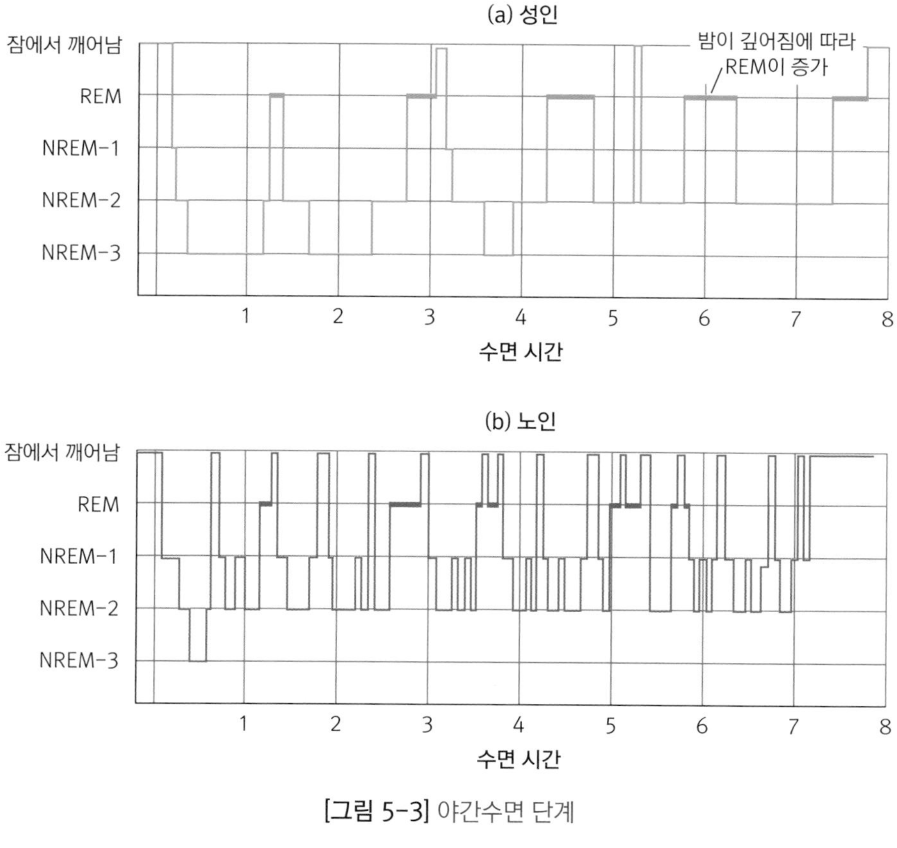

[그림 5-3] 야간수면 단계

꿈

사람들은 평생 약 6년을 꿈속에서 보낸다(Myers & Dewall, 2019). REM 수면과 꿈과의 관계를 발견함으로써, 이젠 REM 수면 후 3분 이내에 잠자던 사람을 깨우면 생생한 꿈 이야기를 들을 수 있게 되었다. 사람들이 꿈을 꾸는 이유는 무엇인가? 프로이트는 저서 『꿈의 해석(Die Traumdeutung)』(1900)에서 꿈은 용인될 수 없는 감정 방출의 정신적 안전밸브를 제공한다고 주장했다. 그는 꿈을 개인의 내적 갈등을 이해하는 열쇠라고 믿었다.

꿈은 일종의 변성의식 상태다. 꿈에 나타나는 영상 스토리는 기억, 현재의 걱정이나 관심사, 정서, 환상, 이미지로 구성된다. 사람들은 대부분 아침에 잠을 깨면 그날 밤에 꾸었던 꿈을 회상하지 못한다. 그러나 REM 수면연구에 의하면, 꿈을 기억하지 못하는 사람도 꿈을 기억해 내는 사람과 마찬가지로 자주 꿈을 꾼다. 꿈의 회상 여부는 잠을 깼을 때의 상황에 달려 있다.

꿈을 꾼 직후에 어떤 간섭이 있다면, 꿈은 기억에 잘 저장되지 않는다. 그런가 하면 꿈 회상에 대한 개인적 동기와 흥미가 꿈의 회상 능력의 예언요인으로 작용한다(Schredl, 2007). 즉, 잠에서 깨자마자 꿈을 회상하고자 노력한다면, 꿈의 내용을 회상할 수 있다는 것이다. 그러나 이런 노력이 없다면, 꿈은 이내 사라진다. 꿈을 꾸었다는 사실은 알 수 있지만, 어떤 꿈을 꾸었는지는 기억할 수 없다는 것이다. 집단에 따른 꿈의 특성에 관한 연구결과는 [글상자 5-2]와 같다(Bulkeley, 2013).

[글상자 5-2] **집단에 따른 꿈의 특성에 관한 연구결과**

1. 예술가는 다른 사람들보다 악몽을 꿀 가능성이 더 크다.
2. 어린아이는 성인보다 동물에 관해 꿈을 꿀 가능성이 더 크다.
3. 비종교적인 사람들이 신앙심이 깊은 사람들보다 더 꿈을 자주 꾼다.
4. 젊은 사람들은 꿈을 꾸는 동안 그게 꿈이라는 사실을 알고 있을 가능성이 더 크다.

사람들은 때로 악몽을 꾼다. 악몽nightmare은 내용이 끔찍한 꿈이다. 사람들의 85%가 지난 1년 동안 악몽을 꾼 적이 있고 보고했다(Levin & Nielsen, 2007). 흔한 악몽 중의 하나는 떨어지는 꿈 또는 위협으로부터 도망치려는데 발을 뗄 수 없거나 다리를 꼼짝할 수 없는 장면이다. 즐거운 꿈과 마찬가지로, 악몽 역시 REM 수면 중에 꾸게 된다. 사람들은 성별과 관계없이 달콤하거나 성적인 꿈보다는 나쁜 꿈을 꾼다. 한 연구에서 참여자의 80% 이상이 나쁜 꿈을 꾼다고 보고했다. 주제는 주로 어떤 것을 시도하다가 실패하거나, 공격 또는 거부당하거나, 쫓기거나, 불행한 일을 당하는 것이다(Domhoff, 2007).

대학생들을 대상으로 수행된 한 연구에서 참여자들은 불안한 꿈의 종류로 쫓기는 꿈(82%), 떨어지는 꿈(74%), 기차를 놓치는 꿈(60%), 성행위를 하는 꿈(77%), 날아다니는 꿈(48%, 프로이트는 성행위로 해석함), 다시 아이가 되는 꿈(37%, 자유욕구)을 보고했다(Nielsen et al., 2003). 프로이트에 의하면, 꿈은 대부분 성과 관련이 있다. 이러한 견해는 오늘날 심리학자들은 검증할 수 없다는 이유로 동의하지 않는다(Hobson, 2003).

최면

최면hypnosis은 최면술사hypnotist or mesmerist에 의해 의도적 · 인위적으로 야기되는 잠들기 직전같이 몸과 마음이 이완된 상태에서 의식은 깨어 있는 변성의식 상태를 말한다. 이 말은 '잠'이란 뜻의 그리스어에서 유래되었다. 최면술은 18세기 독일의 프란츠 메스머가 창안한 치료법이 진화한 것이다. 메스머는 우주의 모든 것이 자력의 형태로 연결되어 있어서 자력의 흐름을 이용하여 병을 치료할 수 있다고 주장했다.

프란츠 메스머
(Franz Anton Mesmer, 1734~1815)

최면은 전통적으로 최면술사가 대상자에게 조그만 목표물(작은 빛, 벽의 반점), 건네준 물건, 또는 목소리에 집중하도록 요청함으로써 유도된다. 최면술사는 대상자의 팔다리가 따뜻해지고, 무겁고 편안해지며, 곧 졸리게 된다고 암시한다. 대상자는 졸리거나 잠자고 있다는 말을 들을 수 있으나, 실제로는 최면가수면 상태hypnotic trance에 있다. 최면 상태에서 나타나는 특징은 [글상자 5-3]과 같다.

[글상자 5-3] **최면 상태에서 나타나는 특징**

1. 계획적 행동이 정지된다. ☛ 최면에 걸린 사람은 자발적으로 행동하지 못하고, 최면술사가 지시할 때까지 기다린다.
2. 주의가 선택적이 된다. ☛ 최면술사의 말을 들어야 한다고 지시받은 사람은 다른 목소리를 무시한다.
3. 환상이 쉽게 일어난다. ☛ 최면에 걸린 사람은 시공간상 먼 곳에서 일어난 경험을 스스로 즐길 수 있다.
4. 현실검증력[reality testing]이 감소되고 현실왜곡을 쉽게 받아들인다. ☛ 환상적 경험을 받아들이고, 그것이 실제인지 알아보려고 하지 않는다.
5. 피암시성이 증가한다. ☛ 최면 상태에서의 암시성 증가에 관한 논쟁이 계속되고 있지만, 최면 유도 후, 피암시성이 증가한다는 연구는 있다(Wegner, 2002).
6. 최면 후 기억상실[posthypnotic amnesia]이 초래된다. ☛ 지금까지의 일을 기억하지 못할 거라는 암시를 받으면 최면에 걸린 사람은 최면 동안 일어났던 일의 전부 또는 대부분 잊어버린다.

일단 최면에 걸려 본 적이 있는 사람은 다음에도 최면에 걸리기 쉽다(Kihlstrom, 2007). 최면에 걸리기 쉬운 사람을 피암시성이 있다고 한다. 피암시성[suggestibility]이란 내·외부에서 투입되는 자극을 암시로 받아들이는 경향성을 말한다. 피암시성이 높은 사람은 쉽게 환상에 빠지고, 최면술사에게 협조하고 싶어 하는 경향이 있다. 나머지 사람들은 최면에 대한 민감성 정도에 따라 차이가 있다.

최면에 걸린 사람에게 암시를 주면 행동과 경험에 다양한 변화가 일어난다. 즉, 운동 통제가 영향을 받거나, 새로 형성된 기억이 망각되거나, 과거 기억을 새롭게 경험하거나, 현재의 지각이 급격히 바뀌기도 한다. 그러나 최면은 누구나 똑같이 반응하지 않는다. 사람들의 5~10%는 숙련된 최면술사에 의해서도 최면에 걸리지 않는다(Accardi et al., 2014).

최면은 한때 신비주의[mysticism]와 관련하여 열띤 논쟁이 있었으나, 오늘날에는 심리장애 치료를 비롯하여 의학 또는 치의학 치료와 관련된 불안, 천식, 위장병, 암 치료 관련 구토나 통증 관리에 사용되고 있다. 241명의 수술환자를 대상으로 수행된 연구에서 최면은 이들의 고통과 불안 해소에 도움이 된다는 사실이 입증되었다(Lang et al., 2000).

심리치료에서 최면은 중독 극복에 유용하게 사용되어 왔다. 그러나 가장 논란이 되었던 점은 정서적 문제 치료에 최면을 사용하는 것이었다. 즉, 최면이 심리적 문제 이면의 억압된 기억을 되살리는 데 유용한 측면이 있지만, 치료자가 환자의 마음속에 일어나지 않았던 끔찍하고 잘못된 경험에 대한 기억을 심어 주는 것에 불과할 수 있기 때문에 심리치료에서 최면은 신중하게 사용되어야 한다(Kihlstrom, 2007).

명상

명상meditation은 호흡 통제/조절, 주의 폭 제한, 외부자극 제거, 요가자세 유지, 특정 사건 또는 상징에 대한 심상 형성 등 특정 의식과 수련을 통해 변성의식 상태에 이르는 과정이다. 이 개념은 우주 또는 이 세상에서의 나의 위치를 영적 맥락에서 깊이 생각하는 것 또는 걱정, 문제, 계획, 사건에 대한 인식이 사라지도록 놓아 주는 과정을 의미한다. 이 과정은 자각self-awareness이 사라지고, 더 넓은 의식으로 들어가는 느낌을 경험하게 한다. 이로써 명상은 의식변성을 통해 정신적 · 신체적 이완을 느끼게 하여 스트레스에 대처하는 방법으로 사용되기도 한다.

명상은 본래 힌두교 사상에 바탕을 둔 요가, 불교에서 파생된 선Zen의 수행방식으로, 순수한 마음 상태로 돌아가 초월을 실천하는 방법이다. 오늘날 많이 사용되는 명상으로는 초월명상이 있다. 초월명상transcendental meditation(이하 TM)은 1959년 인도의 마하리시 마헤시Maharishi Mahesh가 미국에 소개함으로써 본격적으로 보급되었다.

TM에서 수행자들은 만트라mantra/진언(의식변성을 촉진하는 음절, 단어, 소리, 또는 구절)에 집중한다. TM은 실제로 심장박동수와 호흡수를 낮춤으로써, 심혈관질환의 위험인자인 혈압감소에 효과가

있음이 입증되었다(Taylor et al., 2010). 명상 방법으로는 ① 통찰명상과 ② 집중명상이 있다. 통찰명상opening-up meditation은 수행자가 새로운 경험을 받아들이기 위해 마음을 깨끗하게 닦아 나가는 기법이다. 반면, 집중명상concentrative meditation은 특정 대상, 단어, 또는 생각에 주의를 집중하는 기법이다.

존 카밧 진
(Jon Kabat-Zinn, 1944~)

매사추세츠대학교 의료센터 스트레스 감소 클리닉 설립자 존 카밧 진은 스트레스, 통증, 질병 등으로 고통받는 환자들을 돕기 위해 마음챙김 명상mindfulness meditation(MM)을 활용한 마음챙김 기반 스트레스 감소mindfulness-based stress reduction(이하 MBSR) 프로그램을 개발했다.

마음챙김mindfulness은 "목적에 주의를 기울이고 현재에 머물며 무비판적으로 순간순간의 경험을 알아차리는 것"(Kabat-Zinn, 2003, p. 145)을 말한다. MBSR에서는 사람들이 겪는 고통과 괴로움은 현재에 충실하기보다 과거에의 집착과 미래에 대한 과도한 염려에 마음을 쓰기 때문이라고 보고, 참여자들에게 인지수정 방법을 가르친다.

명상은 알파파 생성(이완상태)과 야간에 멜라토닌 호르몬 분비 증가에 효과가 있다(Nagendra et al., 2012). 이러한 효과는 명상이 자율신경계의 주의력과 제어에 관여하는 신경구조를 활성화하여 이완효과를 유발하기 때문이다. 한 연구에서 명상수련에 참여자들은 불안과 부정적 감정이 감소하고, 긍정적 정서 관련 뇌 영역의 활동이 증가하며, 면역체계의 기능이 향상되었다(Davidson et al., 2003). 명상의 주 효과는 신체 이완, 그리고 반복적으로 떠오르는 괴로운 생각을 신경 쓰지 않고 제쳐 두는 방법을 터득하는 것이다. 오늘날 명상수련은 스트레스 관련 장애가 있는 사람들을 위한 치료법으로 널리 사용되고 있다.

바이오피드백 훈련

바이오피드백 훈련biofeedback training(이하 BFT)은 신체에 감지기를 부착하여 심박수, 근긴장, 호흡, 발한, 체온, 혈압, 뇌파 등의 생리적 기능 변화를 알려 주어 신체기능을 의식적으로 조절할 수 있게 하는 기법이다. 이 기법은 닐 밀러가 수행한 실험실 쥐의 심박수 증가 또는 감소를 위한 훈련 실험에서 창안되었다.

밀러(N. Miller, 1969)는 한 집단의 쥐의 시상하부에 있는 쾌락중추에 전극을 심었다. 그런 다음, 한 집단의 쥐들에게는 심박수가 증가할 때마다 전기충격을 주었고, 다른 집단의 쥐들에게는 심박수가 감소할 때마다 전기충격을 주었다. 9분간의 훈련 후, 쥐들은 심박수를 보상받은 방향으로 20% 정도로 심박수 증가 또는 감소를 학습했다. 이러한 밀러의 연구는 BFT의 효시가 되었다.

닐 밀러
(Neal E. Miller, 1909~2002)

BFT는 신체기능에 관한 정보를 제공하거나 피드백하는 시스템이다. 이 시스템에서 사람들은 이전에는 의식적으로 통제할 수 없다고 여겼던 심박수를 포함한 신체기능을 자발적으로 조절하는 방법을 획득할 수 있게 되었다.

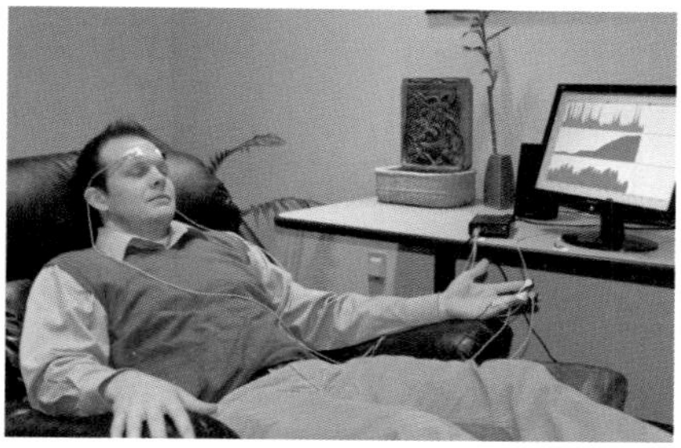

[그림 5-4] 바이오피드백 훈련(BFT)
출처: http://universe.byu.edu

단, 사람 대상의 BFT에는 뇌에 전극을 심는 대신 표적반응을 나타낼 신호를 사용한다. BFT는 스트레스, 긴장, 불안 등의 극복을 돕는다. 이 경우, 근전도를 통해 근육의 긴장상태를 모니터링할 수 있다.

근전도electromyography(이하 EMG)란 근육이 수축할 때 근육과 신경계에서 발생하는 미세한 활동전위를 측정 · 분석하는 전기진단법이다. EMG는 이마, 손가락, 또는 다른 신체부위의 근긴장muscle tone 상태를 적시에 인식하여 긴장을 해소할 수 있다는 점에서 근긴장성 두통 발생률을 낮출 수 있다(Sun-Edelstein & Mauskop, 2012). BFT는 운동선수들의 불안 또는 긴장 조절에 유용하게 사용된다.

향정신성 물질

향정신성 물질psychoactive substance이란 중추신경계에 작용하여 인간의 정신기능(행동, 의식 등)에 영향을 미치며, 습관성/중독성이 있는 물질을 말한다('antipsychotic

substance' 'psychotropic substance'로도 불림). 향정신성 물질에는 친숙하면서도 널리 사용되는 물질(알코올, 니코틴, 카페인), 합법물질(신경안정제, 자극제), 불법물질(헤로인, 마리화나, 코카인)이 포함된다. 물질의 합법성 여부는 위험성과는 관련이 없다. 카페인coffeine(커피)은 대부분의 문화권에서 기호식품으로 사용되고 있고, 사용에 대한 규제도 없다. 니코틴nicotine(담배)은 최소한의 규제(사용자 연령 제한)를 받고 있고, 알코올(술)은 니코틴보다 규제가 더 심하지만 합법적이다. 마리화나marihuana는 국가에 따라 불법물질로 간주된다. 이러한 물질 중 니코틴이 가장 해롭다. 왜냐하면 매년 수십만 명이 니코틴의 유해성으로 인해 사망하기 때문이다(Nolen-Hoeksema, 2019).

향정신성 물질사용은 보통 청소년기에 호기심, 또래의 압력, 부모의 물질사용, 반항심, 권태감 또는 압박감으로부터의 탈출, 흥분과 쾌락 추구 등의 이유로 시작된다(Lindgren et al., 2010). 그러나 대부분은 나이가 들면서 만성적 · 장기적으로 사용하지는 않는다. 물질사용은 또래의 영향 외에도 물질의 기분에 대한 긍정적 효과, 불안, 두려움, 스트레스 감소 등의 효과로 인해 강화될 수 있다(McCarty et al., 2012).

뇌의 도파민 체계를 활성화하는 중독성 물질(코카인, 헤로인, 암페타민 등)의 반복 사용은 도파민 뉴런을 지나치게 활동하게 해서 과민하게 만든다('신경민감화neural sensitization'). 이는 도파민 뉴런이 물질과 물질관련 자극에 의해 더 크게 활성화됨을 의미한다. 이로써 습관적 물질 사용은 도파민 체계를 영속적으로 변화시켜 대뇌에 강력한 강화 효과를 준다. 이러한 점에서 단순한 호기심으로 물질을 접하는 사람도 금방 물질을 갈망하게 되고, 물질 사용에서 벗어나기 힘들게 된다.

더욱이, 물질에의 심리적 · 생리적 의존에 취약한 사람이 시험 삼아 접하는 것은 더더욱 위험하다. 이것이 물질중독에서 회복된 사람들조차 그 후에도 물질과 물질사용 관련 사건에 대해 계속해서 강한 갈망을 일으키게 하는 이유다. 향정신성 물질을 반복적으로 사용하면, 물질의존이 나타난다. 물질의존substance dependence은 세 가지 특징이 있는데, 그 내용은 〈표 5-2〉와 같다.

〈표 5-2〉 물질의존의 세 가지 특징

특징	설명
1. 내성tolerance	❍ 사용할수록 처음과 같은 효과를 얻기 위해 점점 더 많은 양을 필요로 한다('갈망craving').
2. 금단withdrawal	❍ 물질사용을 멈추면, 불쾌한 생리적 · 심리적 반응을 겪게 된다.
3. 강박적 사용	❍ 의도했던 것보다 더 많은 양의 물질을 사용하게 된다. ❍ 물질사용을 통제하기 위해 애쓰지만, 번번이 실패한다. ❍ 물질을 얻기 위해 많은 시간을 소비하게 된다.

〈표 5-2〉에서 내성 증가와 금단증상의 심각도는 물질의 종류에 따라 다르다. 여기서는 향정신성 물질로 ① 억제제, ② 자극제, ③ 환각제를 중심으로 살펴보기로 한다.

억제제

첫째, 억제제depressant는 중추신경계를 억제하여 안정감을 주는 물질이다. 이 물질은 신체활동을 느려지게 하여 신체의 반응성을 감소시켜 진정, 졸음 등을 유발한다. 대표적인 억제제로는 ① 알코올, ② 바르비투르산염barbiturate(수면제, 신경안정제), ③ 아편제가 있다. 이들 중 가장 흔히 사용/남용되는 것은 알코올과 아편제이다.

알코올. 사람들은 종종 술을 마시며 기념일을 축하하고, 성취한 일에 박수를 보내며, 만남의 즐거움을 나눈다. 대학 신입생들은 공개적으로 술을 마시며 성인이 되었음을 세상에 선포하기도 한다. 그러나 알코올만큼 남용되는 물질도 없다. 미국의 경우, 매일 약 4명의 대학생이 알코올로 인해 사망한다(Correia et al., 2012). 알코올alcohol은 곡물(밀, 호밀, 옥수수), 과일(포도, 사과), 채소(감자) 등 다양한 물질의 발효로 추출되며, 증류과정에 따라 알코올 함유량이 높은 것도 얻을 수 있다.

음용에 사용되는 알코올은 에탄올ethanol인데, 비교적 작은 분자로 이루어져서 위장에 빠르게 흡수된다. 위장에는 작은 혈관이 밀집되어 있어서 에탄올 분자가 혈액 속으로 쉽게 흡수된다. 에탄올 분자가 혈관에 흡수되면 몸 전체에 쉽게 퍼진다. 그 영향은 뇌에서 가장 두드러지고 즉각적으로 나타난다. 매 순간 심장이 방출하는 혈액의 상당 부분이 뇌로 유입되어, 뇌 속의 지방 조직이 알코올을 잘 흡수하기 때문이다.

혈중 알코올 농도blood alcohol concentration(이하 BAC)는 숨을 내쉴 때 호흡에 함유된 알코올의 양을 측정하는 방법이다(예 음주측정기). BAC가 0.03~0.05%라는 것은 혈액 중 30~50mg이 알코올이라는 뜻으로, 가벼운 현기증, 이완감, 억제의 풀림 등을 유발한다. 이로써 평소에는 말할 수 없는 것을 말할 수 있게 되고, 더 사교적이 되거나 대범해지며, 자신감이 증가하지만, 운동 반응은 느려진다. 이러한 효과로 음주 후 운전은 운전자와 동승자를 위험에 빠뜨릴 수 있다.

BAC가 0.10%에 이르면, 감각과 운동기능에 현저한 손상이 발생한다. 말이 어눌해지고, 운동협응 능력이 크게 떨어진다. 또 사람에 따라서는 쉽게 화를 내거나, 시비를 걸거나, 침울해지기도 한다. BAC가 0.40%에 이르면 사망하기도 한다. 알코올 섭취량에 따른 BAC는 음주자의 성별, 나이, 체중, 신진대사, 음주 경험과 속도 등에 따라 달라진다.

음주는 자제력을 떨어뜨려 시비 또는 싸움의 원인이 되고, 무방비의 성행위 같이 술을 마시지 않았다면 하지 않았을 행동을 하게 할 수 있다(Tumwesigye et al., 2012). 술에 취하면, 사람들은 행동의 결과에 대한 예측력이 크게 떨어지고, 도덕적 신념을 생각할 가능성이 크게 낮아진다. 그러나 음주로 인한 가장 큰 문제는 사고다. 교통사고, 익사, 화상, 낙상, 중독 등 음주 관련 비고의적 손상으로 인해 전 세계적으로 매년 약 60만 명이 사망하고 있다(WHO, 2007). 게다가, 살인범과 피해자의 절반 이상이 사건 당시 술에 취한 상태였고, 자살 역시 종종 음주 상태에서 시도된다.

전 세계적으로 남성의 46%, 여성의 73%는 술을 마시지 않는 것으로 알려져 있다. 알코올은 남성보다 여성의 뇌에 더 빨리 영향을 미친다. 그 이유는 여성은 남성보다 위장에서 알코올을 대사시키는 알데하이드 탈수소효소aldehyde dehydrogenase가 적기 때문이다(Petrosino et al., 2014).

폭음 또는 습관적 음주는 심각한 건강 문제(고혈압, 뇌졸중, 구강암, 후두암, 위장암, 간경변, 우울증 등)를 초래할 수 있다. 임산부의 음주는 태아를 알코올에 노출시켜 심각한 문제를 야기할 위험이 있다(예 태아 알코올 중

후군fetal alcohol syndrome(이하 FAS)]. 과음은 반복적 유산 또는 저체중 신생아 출산 확률을 2배 정도 높인다. FAS는 신생아의 지적장애('정신지체'), 입과 얼굴의 복합기형이 특징적으로 나타나는 병으로, 임신 중 임산부의 음주로 인해 발생한다. FAS를 일으키는 알코올의 양은 명확하지 않지만, 주당 소량만 마셔도 유해한 결과가 초래될 수 있는 것으로 알려져 있다(Streissguth et al., 1991).

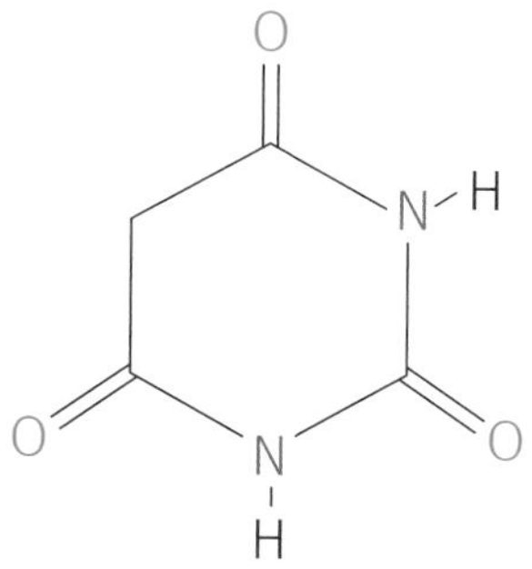

[그림 5-5] 바르비투르산염의 구조식

바르비투르산염. 바르비투르산염barbiturate 약물 또는 신경안정제는 알코올과 마찬가지로 중추신경계 활동을 억제한다. 이 물질은 용량에 따라 항경련제, 최면제/수면제, 숙면제, 진통제, 마취제 등으로 사용된다. 특히 넴뷰탈Nembutal, 세코날Seconal, 아미탈Amytal 같은 신경안정제는 수면 유도와 불안 감소를 위해 처방된다. 다량 복용은 기억과 판단력을 손상시킬 수 있다. 또 알코올과 함께 복용하면 신체기능에 치명적인 영향을 줄 수 있다. 이는 과음 후 수면제를 복용하고 잠들 때 발생한다.

아편제. 아편제opiates란 양귀비에서 추출한 아편과 아편 유도체를 포함한 물질의 총칭이다. 이 물질은 중추신경계를 마비시켜 물리적 자극을 약화시키거나 자극에 대한 반응을 감소시킨다. 고대 바빌로니아의 수메르인들은 아편의 재료 양귀비를 '기쁨의 식물'로 여겼다. 아편opium은 덜 자란 양귀비 열매에 상처를 내어 흘러나온 진액을 공기 중에 건조시킨 고무 모양의 흑갈색 물질이다.

아편계opioid는 아편제와 화학구조는 유사하지만 인공적으로 제조되는 물질을 말한다('아편유사제'라고도 함). 아편제를 흡연 또는 주사하면, 수분 이내에 뇌 속에서 최고 수준의 효과를 낸다. 흡수가 빠를수록 과량에 의해 사

[그림 5-6] 양귀비 꽃과 열매

출처: Wikipedia.

망할 위험성이 높아진다. 반면, 코로 흡입하면 코의 점막을 통해 혈관에 도달하므로 흡수 속도는 느린 편이다.

아편제는 의료장면에서 주로 진통제, 진정제, 마취제, 지사제 등으로 사용된다. 그러나 기분 고양과 불안 감소 효과가 있어서 불법적으로 널리 사용되고 있다. 이러한 물질들은 강한 중독성과 독성이 있어서 오용할 경우 건강을 해칠 수 있다. 대표적인 아편제로는 모르핀, 헤로인, 코데인 등이 있다. 통증 · 기침 완화를 위해 사용되는 코데인codeine은 다른 아편제에 비해 강도가 약한 편이다. 반면, 모르핀과 이의 유도체 헤로인은 훨씬 강력하다.

헤로인. 헤로인heroin은 주사, 흡연, 흡입이 가능한 아편제다. 이 물질의 상습 사용자들은 정맥 주사 후 1~2분 이내에 특별한 스릴감 또는 격한 행복감을 유발한다. 이 순간의 감각은 매우 유쾌하여 극치감과 유사하여 골치 아픈 문제가 일시에 잊히고, 만족스러운 기분만 느낄 뿐 배고픔, 고통, 성적 욕망을 느끼지 못한다고 보고된다. 이는 마치 편안한 자세로 TV를 보거나 책을 읽을 때 정신이 들었다가 졸렸다가를 반복하는 것처럼 의식이 몽롱해진다. 알코올과는 달리, 헤로인 사용자는 민첩성과 지적 능력이 요구되는 검사에서 능숙한 반응을 보이고, 공격적 · 폭력적 행동을 거의 하지 않는다. 헤로인이 유발하는 의식의 변화는 기분 변화인데, 바로 이것이 헤로인 사용을 시작하게 되는 주된 이유다.

헤로인은 중독성이 매우 강해서 아주 잠깐 사용하더라도 신체적 의존성이 생긴다. 이 물질이 주는 본래의 고양된 기분을 느끼기 위해 사람들은 피부 또는 정맥주사로 헤로인을 투여한다. 일단 혈관에 주사하기 시작하면, 고양된 기분을 느끼기 위해 점점 더 많은 양의 헤로인을 갈망하게 된다. 헤로인의 사용 중지로부터 오는 신체적 불편감(오한, 발한, 구토, 두통 등)은 강렬하다. 이러한 신체적 고통과 불편을 피하기 위해 헤로인을 투여하려는 부가적 동기가 발생한다.

헤로인의 상습 사용은 뇌의 호흡중추 위축에 의한 질식을 유발하므로 과다복용은 사망으로 이어진다. 특히 밀거래되는 헤로인의 농축 정도가 많이 다를 수 있고, 사용자가 물질의 강도를 알 수 없다는 점에서 사망으로 이어지는 경우가 많다. 상습사용자의 사망 평균 연령은 40세다(Hser et al., 1993). 헤로인 사용으로 인한 또 다른 위험성은 HIV(AIDS 바이러스), C형 간염, 기타 소독하지 않은 주사기로 인한 감염성 질병 발생 가능성이 크다는 사실이다. 헤로인을 주사하기 위해 다른 사람과 같은 주삿바늘을 사용하는 것은 HIV에 감염될 수 있는 가장 위험한 행동 중 하나다.

자극제

둘째, 자극제stimulants는 각성과 흥분을 증가시키는 물질이다(예 카페인). 이 물질은 시냅스에서 모노아민성 신경전달물질(노르에피네프린, 에피네프린, 도파민, 세로토닌)의 분비량을 증가시킴으로써 동공 확장, 심박수 · 호흡 · 혈당 증가, 식욕저하, 활력과 자신감을 높인다. 사람들은 기민함을 느끼거나, 살을 빼거나, 기분을 좋게 하거나, 운동의 성과를 높이기 위해 자극제를 사용한다. 그러나 자극제는 생리적으로는 심장박동과 혈압을 상승시키고, 정신적으로는 높은 각성을 일으키는, 중독 가능성이 큰 물질이다. 대표적인 자극제로는 카페인 외에도 ① 니코틴, 그리고 훨씬 더 강력한 ② 코카인, ③ 암페타민, ④ 메스암페타민, ⑤ 엑스터시가 있다.

니코틴. 니코틴nicotine은 담배연기 속에 함유된 자극제로, 자극제 중에서 가장 중독성이 높은 물질이다. 니코틴은 7초 이내에 뇌(중추신경)에 도달하는데, 이는 헤로인 정맥주사보다 2배나 빠른 속도다. 니코틴은 신경전달물질(도파민, 아드레날린, GABA, 엔도르핀) 분비를 촉진하여, 기억력 · 주의력 및 단순 · 반복 작업 능률을 높이고 기분을 좋게 한다(Levin, 2013). 또 이완, 식욕억제, 신진대사 속도 향상 효과가 있어서, 체중조절을 위해 담배를 피우는 사람들도 있다.

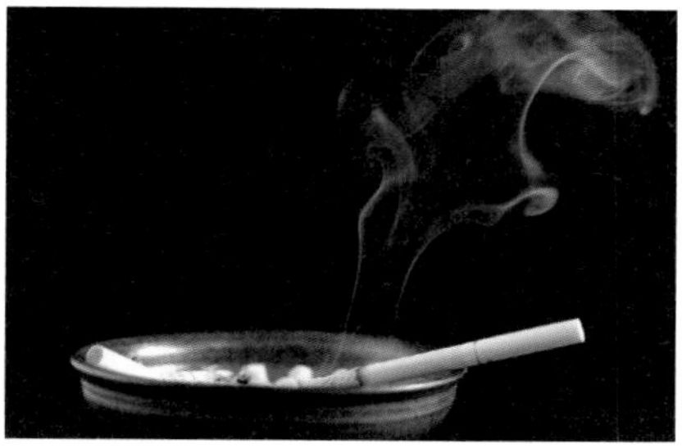

그러나 니코틴은 다른 향정신성 물질처럼 내성이 생기며, 금연 시도는 금단증상(갈망, 불면, 불안, 성마름, 산만함, 신경과민, 졸음, 무력감, 두통, 불규칙한 배변, 불면증, 현

기증, 경련, 두근거림, 떨림, 발한 등)을 유발한다. 특히 일에 집중하고자 할 때, 흡연자들은 비흡연자들보다 3배 정도 산만해진다(Sayette et al., 2010). 이러한 증상을 없애기 위해 흡연자들은 결국 담배 한 모금을 빨게 된다.

담배연기의 일산화탄소는 혈액이 산소를 운반하는 능력을 저하시켜 호흡을 어렵게 한다. 또 담배연기의 탄화수소('타르tar')는 폐암, 동맥경화를 유발하며, 심장질환, 만성 폐 · 호흡기 질환 및 기타 건강 문제로 인한 사망의 원인이 된다. 이는 흡연자들의 평균수명을 10년 정도 단축한다. 여성의 흡연은 골밀도 감소와 골반과 척추 골절 위험을 증가시키고, 특히 임산부의 흡연은 유산, 조산, 사산, 학습장애아 출산 위험을 높인다. 니코틴이 사람들에게 미치는 부정적인 영향은 매년 44만 명의 미국인이 흡연 관련 질병으로 사망한다는 사실만으로도 알 수 있다. 이 숫자는 매일 공중에서 두 대의 점보제트기가 충돌할 때 죽는 승객 수보다 많다(American Lung Association, 2013).

그럼에도 흡연자들은 담배 끊기를 몹시 어려워하고, 이들의 금연 시도는 번번이 실패로 끝난다. 심지어 금연 후 10%의 사람들이 1년 이내에 다시 흡연을 시작하게 된다(Hughes et al., 2008). 2030년이 되면, 흡연관련 사망자 수는 전 세계적으로 매년 800만 명에 이를 것으로 추산되는데, 이는 21세기 사람 중 10억 명이 흡연으로 생명을 잃게 되는 것이다(WHO, 2012). 따라서 금연은 다른 어떤 것보다 인간의 수명을 증가시킬 것이다. 금연 시도 후 나타나는 극심한 갈망과 금단 증상은 6개월에 걸쳐 서서히 사라진다(Ward et al., 1997).

간접흡연second-hand smoking(다른 흡연자의 담배 연기를 마시는 것) 역시 호흡기 질환 또는 천식을 유발한다. 또 유년기에 담배 연기에 장기간 노출('수동흡연passive smoking'이라고도 함)되면 후두, 목구멍, 비강, 뇌, 방광, 직장, 위 및 유방 등에 암 발생 위험이 높아진다(American Cancer Society, 2015). 이런 이유로, 한국과 미국을 비롯한 여러 나라에서는 담배갑에 경고 메시지를 삽입하고 있고, TV와 라디오에서도 담배광고를 전면 금지하고 있다. 게다가 간접흡연의 악영향을 막기 위해 여러 나라에서는 식당, 항공기를 비롯한 공공장소에서의 흡연을 엄격히 제한하고 있다.

흡연자 비율은 성별과 교육수준과 관련이 있다. 고학력자일수록 담배를 피울 가능성이 적고, 흡연을 시작했다고 해도 금연할 가능성이 크다. 담배 흡연의 대안으로 흔히 전자담배가 사용되고 있다. 전자담배electronic cigarette는 전기를 이용하여 니코틴 농축액 또는 담배향이 있는 액체를 수증기로 만드는 분무장치를 말한다. 전자담배 사용자 수는 계속해서 늘고 있다(Johnston et al., 2015). 그러나 전자담배를 피우더라도 흡연자는 여전히 담배연기에 들어 있는 중독성이 강한 니코틴에 노출된다는 문제가 있다.

코카인. 코카인cocaine은 코코아의 마른 잎에서 추출되는 물질로, 활력감과 자기 확신감이 증가하고, 자신이 재치가 있다고 느끼며, 과도한 각성을 유발하는 자극제다('코크coke'로도 불림). 20세기 초만 하더라도 코카인은 쉽게 구할 수 있었고 널리 사용되었다. 심지어 이 물질은 1906년 이전까지 코카콜라 제조에 포함되는 성분의 하나로 사용되었다. 오늘날 코카인은 여러 나라에서 불법물질로 규정하고 있지만, 1980~1990년대까지만 해도 많이 사용되었다. 이 물질 역시 투여 즉시 높은 수준의 다행감euphoria을 경험하지만, 결국 이에 못지않은 불편감(안절부절못하는 불안 또는 우울감을 수반하는 고통)이 뒤따른다. 불편감을 줄이기 위해서는 더 많은 양의 코카인 투여 외에 다른 방도가 없다.

그러나 코카인을 다량 투여하는 경우, 사용자는 환시(빛의 번쩍임 또는 움직임) 또는 환촉[벌레('코카인 벌레')]가 자신의 피부 밑으로 기어 다니는 느낌]을 경험한다. 이때 환촉은 매우 강렬해서 코카인 사용자는 '벌레'를 죽이기 위해 칼을 휘두르기도 한다. 환각을 경험하게 되는 이유는 코카인이 감각뉴런을 자발적으로 흥분하게 하기 때문이다. 코카인은 흡입 또는 용액으로 만들어 혈관에 주사할 수 있다. 사람들은 종종 코카인을 가연성 화합물('크랙crack')로 만들어 흡연하기도 한다.

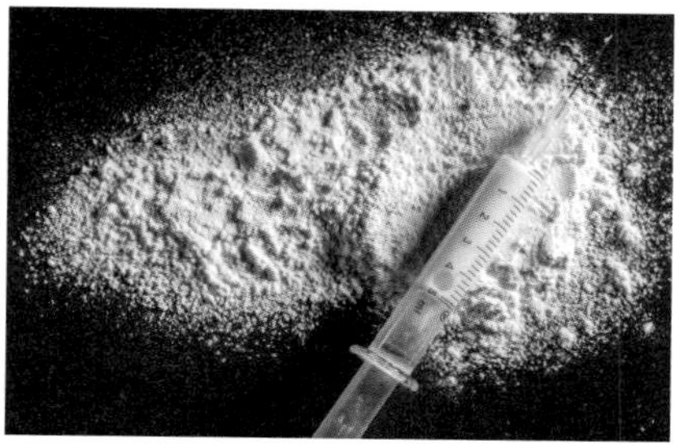

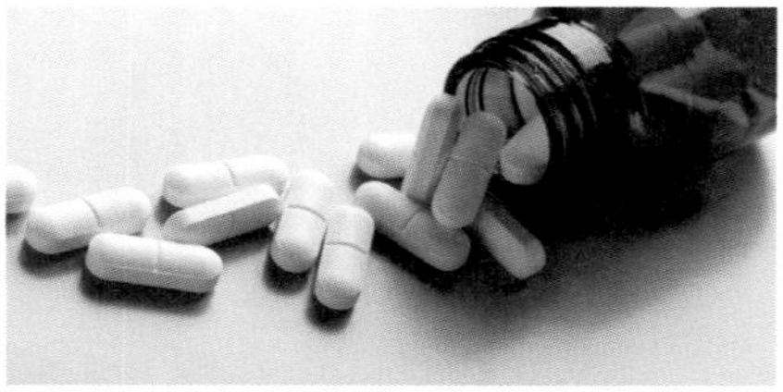

암페타민. 암페타민amphetamine은 강력한 자극제로, 중추신경계를 흥분시키고, 기민성 및 말하는 능력과 전반적인 운동 활동을 증가시키는 물질이다. 이 물질은 메테드린Methedrine, 덱세드린Dexedrine, 벤제드린Benzedrine 등의 상표명으로 판매되며, 스피드speed, 어퍼스uppers, 비니스bennies 라는 이름으로 뒷거래된다. 아이러니컬하게도, 암페타민은 제2차 세계대전 중 병사들이 야간 경계근무에 충실하도록 하기 위해 사용되었다. 또 밤새 운전해야 하는 트럭기사들이 많이 사용했다. 게다가 다이어트 중인 사람은 배고픔을 줄이기 위한 용도로 사용하곤 했다.

암페타민은 기분 변화, 자신감 고양, 각성 증가, 피로감 감소 효과를 유발한다. 이러한 효과는 인내가 요구되는 힘든 활동을 한결 쉽게 느껴지게 함으로써, 사용자가 계속 찾게 만든다. 이 물질은 피로 극복에 효과가 있어서 짧은 시간 동안 소량 사용하면 비교적 안전하다. 그러나 물질의 자극적 효과가 사라지면 이내 우울해지고, 안절부절못하며, 피로를 느끼고, 더 많은 양을 사용하고 싶은 유혹에 빠지게 한다. 특히 내성발달이 빨라서 사용자는 원하는 효과를 얻기 위해 점차 사용량을 늘리게 된다.

1950년대 초 일본에서 암페타민이 유행처럼 사용되고 있을 당시(암페타민이 의사의 처방 없이 판매되었고, 졸음을 쫓고 정신을 맑게 하는 약이라고 광고되었음), 2개월간에 걸쳐 일어난 살인 사건의 절반이 암페타민 사용과 연관이 있었다고 한다(Hemmi, 1969). 흥미로운 사실은 주의력결핍 과잉행동장애(ADHD)가 있는 아동의 행동통제를 돕기 위해 자극제(예 리탈린ritalin 또는 아데랄adderall)가 처방된다는 점이다. 자극제는 주의력 향상, 공격적 · 파괴적 행동감소, 학업성취도 향상 등의 효과가 있기 때문이다.

메스암페타민. 메스암페타민methamphetamine은 강력한 중추신경 자극제로, 각성작용을 일으키는 합성 화합물질이다. 투여 시 뇌세포를 자극하는 도파민 방출을 유발하여 8시간 정도 졸음과 피로감 해소, 신체활동 증가, 쾌감/행복감이 상승한다. 반면, 성마름, 불면증, 고혈압, 발작, 사회적 위축, 우울증, 그리고 때로 폭력적인 감정폭발 등의 후유증이 있다.

이 물질은 1888년 도쿄대 의학부의 나가이 나가요시 교수가 천식 치료제 마황으로부터 에페드린 추출과정에서 발견한 것으로, 1893년 대일본제약회사에서 히로뽕이라는 이름의 각성약물로 제조·판매를 시작했다('필로폰'으로도 불림).

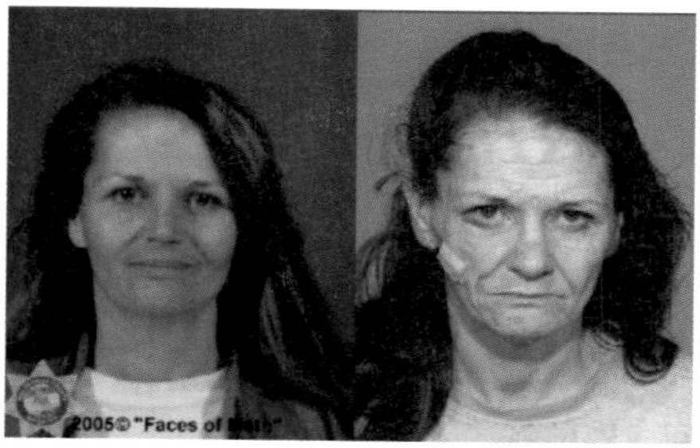

메스암페타민 사용 2.5년 후의 모습

[그림 5-7] 메스암페타민의 영향

출처: multnomah county sheriff's office.

메스암페타민은 선조물질인 암페타민과 화학적으로 유사하지만, 그 효과는 암페타민보다 크다(NIDA, 2005). 특히 빠른 내성, 상습 사용 시 심각한 의존성, 중단 시 금단증상 유발, 뇌의 도파민 생산 감소 등의 문제로 의약품으로는 사용되지 않으며, 법으로 강력하게 규제되는 물질이다. [그림 5-7]은 2.5년간의 메스암페타민 사용으로 인해 변화된 얼굴 모습이다.

엑스터시. 엑스터시ecstasy는 비교적 약한 환각작용을 유발하는 암페타민 계열의 자극제다. 이 물질은 본래 메틸렌디옥시 메스암페타민methylenedioxy methamphetamine(MDMA)이라는 명칭의 식욕감퇴제로 개발되었다. 그러나 1980년대 초부터 주로 나이트클럽 또는 밤새 노는 댄스파티에서 사용되면서 일명 '클럽약물'로 불린다(국내에서는 '도리도리'라는 이름으로 불림).

엑스터시는 메스암페타민(필로폰)보다 가격이 저렴하면서도 환각효과는 3~4배 강하다. 또 메스암페타민과 코카인보다 중독성이 덜하고, 다른 향정신성 물질보다 구하기 쉬운 편이며, 알약이라는 점에서 죄책감을 덜 느끼게 하여 한때 사용인구가 급증했다. 그러나 엑스터시는 밤을 즐겁게 하지만, 내일을 어둡게 한다. 이 물질은 탈수증을 유발하는데, 이 상태에서 오래 춤을 추면 체온과 혈압이 상승하여 사망으로 이어질 수 있다. 또 장기간 반복적 사용은 세로토닌을 생성하는 뉴런을 손상시켜 영구적인 기분 저하로 이어질 수 있다(Wagner et al., 2012).

환각제

셋째, 환각제hallucinogens는 중추신경계에 작용하여 실제로 존재하지 않는 감각을 실제인 것처럼 인식하게 하는('환각') 물질이다. 이 물질은 도취감 상승, 기억상실, 자기인식, 기분변화를 유발한다는 이유로 '정신병 유도제psychotomimetic drug'로도 불린다. 대표적인 환각제로는 ① LSD와 ② 대마초가 있다.

[그림 5-8] 터널시야

LSD. 엘에스디lysergic acid diethylamide(LSD)는 1938년 스위스의 화학자 앨버트 호프먼(Albert Hoffmann)이 처음으로 맥각균claviceps purpurea[잡초(호밀)에 기생 · 생장하는 곰팡이]에서 합성 · 제조한 강력한 환각제다.

LSD는 무색, 무미, 무취의 백색분말로, 호프먼은 맥각균에 대한 실험을 진행하던 중 환각 증상을 경험했고, 이 경험이 LSD 합성에 단서를 제공했다. 그는 경이로운 모양의 강렬한 색채가 만화경처럼 펼쳐지는 환상적인 그림들이 끊임없이 이어지는 경험을 했다고 보고했다(Siegel, 1984). 이 물질은 엑스터시처럼 세로토닌 신경전달물질 체계를 와해시켜 사용자의 기분을 행복감에서부터 공포심까지 예상치 못한 곳으로 '여행'하게 한다. [그림 5-8]은 환각제에 취한 사람들이 경험하는 터널시야tunnel vision다.

대마초. 대마초cannabis는 기분 고양, 인지 · 운동기능 손상, 때로 환각을 유발하는 향정신성 물질이다. 이러한 효과로 인해 대마초는 이미 오래전부터 재배되어 왔다. 대마초는 대마의 잎과 꽃을 말린 것으로, 사람들은 이를 종이로 말아서 피운다. 건조된 대마의 잎과 꽃을 분말 형태로 만든 것이 마리화나marijuana, 대마의 진을 응고시킨 것이 하시시hashish다.

마리화나와 하시시는 보통 종이에 말아 피우지만('흡연'), 차나 음식에 넣어 입으로 섭취하기도 한다('구강섭취'). 이 물질의 활성 성분은 테트라하이드로칸나비

놀tetrahydrocannabinol(이하 THC)이다. 소량(5~10mg)의 THC를 구강으로 섭취하면 미약한 반응이 일어난다. 그러나 다량(30~70mg) 섭취하면 환각제 같은 효과가 장시간에 걸쳐 심각한 정도로 나타난다. 초기에는 도취감euphoria을 경험하게 되고, 진정감과 수면으로 이어진다.

[그림 5-9] 대마 잎

출처: Wikipedia.

마리화나를 흡연하면, 다량의 혈액이 공급되는 허파로부터 THC가 빠르게 흡수된다. 허파에서 나온 혈액은 심장을 거쳐 바로 뇌로 유입되어 수분 이내에 고양감이 절정에 이른다. 그러나 THC는 간, 신장, 췌장, 고환 등에 축적된다. 신체에 유입되는 THC의 양은 사용방식에 따라 달라진다. 마리화나를 종이에 말아서 흡연하면 10~20%의 THC가 전이되고, 파이프로 흡연하면 40~50%가 전이된다. THC가 뇌에 유입되면 해마에 많이 분포된 대마수용기와 결합한다. 해마는 새로운 기억의 합성에 관여하므로, 마리화나는 새로운 기억의 합성을 억제하게 된다.

물질중독

물질중독substance addiction이란 특정 물질의 체내 유입이 자신에게 부정적인 영향을 미친다는 사실을 인식하면서도 강박적·파괴적인 투약 행동의 반복을 스스로 제어하지 못하는 경향성을 말한다. 중독은 사람에 따라 강력한 동기로 작용한다. 알코올과 니코틴을 비롯하여 아편제(헤로인, 모르핀), 자극제(암페타민, 코카인) 등에 대한 갈망craving은 매우 강력하다. 이러한 이유로 중독자는 물질을 구하기 위해 직장생활, 가정생활, 대인관계, 그리고 심지어 자유조차 희생하게 된다.

[그림 5-10] 아편 중독자

출처: Wikipedia.

물질을 1회 또는 가끔 투여한다고 해서 중독을 초래하는 것은 아니다. 다수의 사람은 최소한 1회 정도 물질을 사용해 본 적이 있다고 보고하지만, 중독되지 않았다. 또 저녁식사 때 와인을 마시는 것 같은 규칙적 사용 역시 중독으로 보지 않는다. 중독을 유발하는 물질은 다음 세 가지 특징이 있다.

첫째, 뇌의 보상체계를 과도하게 흥분시킨다. 중독성 물질은 뇌의 뉴런에 직접 작용한다. 따라서 선천적 보상에 의해 발생하는 도파민 체계의 활동을 훨씬 초과하는 수준의 활성화를 초래한다. 다행감euphoria('도취감'이라고도 함)을 유발하는 물질은 쾌(좋아하기)와 유인(원하기) 체계를 모두 활성화한다. 일단 이런 강한 쾌감을 경험 · 기억하면, 유기체는 이를 반복하여 경험하려는 강한 유혹에 빠지게 된다. 그러나 쾌감 자체의 기억은 적어도 다른 추가 요인 없이 다수의 사람에게 중독을 유발하기에는 충분치 않다.

둘째, 물질의 반복적 투여는 불쾌한 금단증상을 유발한다. 물질의 반복적 투여는 이를 활성화하는 쾌감체계를 정상적인 균형 상태를 회복하려고 노력하게 하여 점차 활성화에 대해 저항하게 된다. 이는 부분적으로 강한 다행감 유발을 위해 더 많은 양의 물질을 필요로 하는 내성tolerance의 원인으로 작용한다. 더욱이, 뇌는 특정 물질에 반복적으로 노출되면, 그 물질의 효과와 반대되는 효과를 나타내는 과정을 활성화한다. 이 과정에서 물질이 투여되면, 뇌가 균형상태를 유지할 수 있으나, 그 자체는 매우 불쾌한 경험을 유발한다. 또 중독자가 물질사용을 멈추면, 저항하는 쾌 체계의 활동성 부족과 불쾌한 물질 대립과정의 활성화를 통해 물질사용 중지에 대한 강한 혐오반응인 금단증상withdrawal symptom을 유발한다.

끝으로, 중독성 물질은 금단증상이 사라진 후에도 물질에 대한 갈망craving을 초래하도록 뇌의 유인체계에 영구적인 변화를 유발한다. 뇌의 도파민 체계를 활성화하는 중독성 물질의 반복적 사용은 도파민 뉴런을 과도하게 활동 또는 과민하게 만든다. 이러한 신경민감화neural sensitization는 영속적인데, 이는 도파민 뉴런이 물질 관련 자극에 의해 더 많이 활성화된다는 것을 의미한다.

뇌의 도파민 체계는 쾌(좋아하기)보다는 유인동기(원하기)를 중개하는 것처럼 보인다는 점에서 중독자는 물질의 경험이 더 이상 긍정적이지 않을 때조차 물질에 대한 강렬한 갈망을 초래하게 된다. 신경민감화는 금단증상보다 더 오래 지속된다. 이는 중독에서 회복된 사람이 해독 프로그램을 이수한 후에도 물질사용의 재발 위험성을 보이는 이유다.

사람들은 물질 외에도 행동중독(도박, 쇼핑, 일, 인터넷, 음식 등)으로 고통받곤 한다. 행동중독behavioral addiction이란 자신 및/또는 타인에게 해가 될 수 있는 특정 행위의 반복 시행을 통해 스스로 그 행위를 통제할 수 없는 상태를 말한다. 이는 물질중독과 동일한 신경적 속성을 공유하지는 않더라도, 강박적이고 온 마음을 빼앗기게 될 때 발생한다.

복습문제

※ 다음 빈칸에 들어갈 말을 써 보세요.

1. 의식은 특정 자극에 대해 의식이 집중되는 현상인 ____________와/과 개인의 현재 행동을 __________하는 기능을 한다.
2. 프로이트(S. Freud)에 의하면, 정서적으로 용납하기 힘든 욕망(성적 · 공격적 충동) 또는 고통스러운 기억은 억압되어 __________에 저장되며, 개인이 인식하지 못해도 행동, 사고, 감정에 지속적으로 영향을 준다.
3. ____________은/는 지구 자전의 24시간과 연결되어 24시간을 주기로 이루어지는 생리학적 · 행동적 변화를 말한다. 인간을 비롯한 지구상의 모든 생명체에는 ____________이/가 있어서 수면, 각성, 체온, 호르몬 변화 등에 영향을 미친다.
4. __________은/는 두피에 전극을 부착하여 뇌의 전기적 활동을 기록하는 전기생리학적 측정방법이다. 이 방법을 통해 수면의 깊이를 측정하고, 꿈을 꾸는 시기를 확인할 수 있다.
5. 최면에서 __________(이)란 내 · 외부에서 투입되는 자극을 암시로 받아들이는 경향성을 말한다. 이러한 경향성이 높은 사람은 쉽게 환상에 빠지고, 최면술사에게 협조하고 싶어하는 경향이 있다.
6. __________은/는 1959년 인도의 마하리시 마헤시(Maharishi Mahesh)가 미국에 소개함으로써 본격적으로 보급한 명상으로, 수행을 위해 수행자들은 의식변성을 촉진하는 음절, 단어, 소리, 또는 구절을 의미하는 __________에 집중한다.
7. 존 카밧 진(J. Kabat-Zinn)은 목적에 주의를 기울이고 현재에 머물며 무비판적으로 순간순간의 경험을 알아차리는 것을 중시하는 __________ 명상을 활용하여 스트레스 감소 프로그램을 개발했다.
8. 신체에 감지기를 부착하여 심박수, 근긴장, 호흡, 발한, 체온, 혈압, 뇌파 등의 생리적 기능 변화를 알려 주어 신체기능을 의식적으로 조절할 수 있게 하는 기법을 ____________(이)라고 한다. 이 기법은 심리학자 닐 밀러(Neal E. Miller)가 수행한 실험실 쥐의 심박수 증가 또는 감소를 위한 훈련 실험에서 창안되었다.
9. __________은/는 기분 고양, 인지 · 운동기능 손상, 때로 환각을 유발하는 향정신성 물질이다. 건조된 대마의 잎과 꽃을 분말 형태로 만든 것이 __________, 대마의 진을 응고시킨 것이 __________(이)다.
10. 주사, 흡연, 흡입이 가능한 아편제인 __________은/는 중독성이 매우 강해서 아주 잠깐 사용하더라도 신체적 의존성이 생긴다. 이 물질을 혈관에 주사하기 시작하면, 고양된 기분을 느끼기 위해 점점 더 많은 양을 갈망하게 된다.

자기검사

✿ 셀프테스트 해 보세요.

알코올 문제 자기진단검사

※ 다음 질문을 읽고, 자신에게 해당하면 '예', 해당하지 않으면 '아니요'에 ✓표 하세요.

나는… 문항	예	아니요
1. 술을 끊거나 줄여야 한다고 느낀 적이 있다.		
2. 다른 사람들이 나의 음주 행동에 대해 비판하여 짜증난 적이 있다.		
3. 음주에 대해 기분이 나빴거나 죄책감을 느낀 적이 있다.		
4. 아침에 속을 풀기 위해 일어나자마자 술을 마신 적이 있다.		

해석

1. 한 문항이라도 '예'라고 답한 경우, 알코올 사용에 문제가 있음을 의미합니다.
2. 둘 이상이면 문제가 있을 가능성이 높으므로, 전문가와의 자문이 요구됩니다.

소감 ______________________________

06

학습
: 행동과 인지변화

개요

- 고전적 조건형성
- 도구적 조건형성
- 조작적 조건형성
- 인지학습

학습목표

1. 학습과 경험 및 변화를 정의할 수 있다.
2. 고전적 조건형성의 원리와 방법을 이해 · 설명할 수 있다.
3. 고전적 조건형성의 적용에 관해 논의할 수 있다.
4. 도구적 조건형성의 원리와 방법을 이해할 수 있다.
5. 조작적 조건형성의 원리와 방법을 이해 · 설명할 수 있다.
6. 조작적 조건형성의 적용에 관해 논의할 수 있다.
7. 학습의 인지적 요인에 대해 논의할 수 있다.

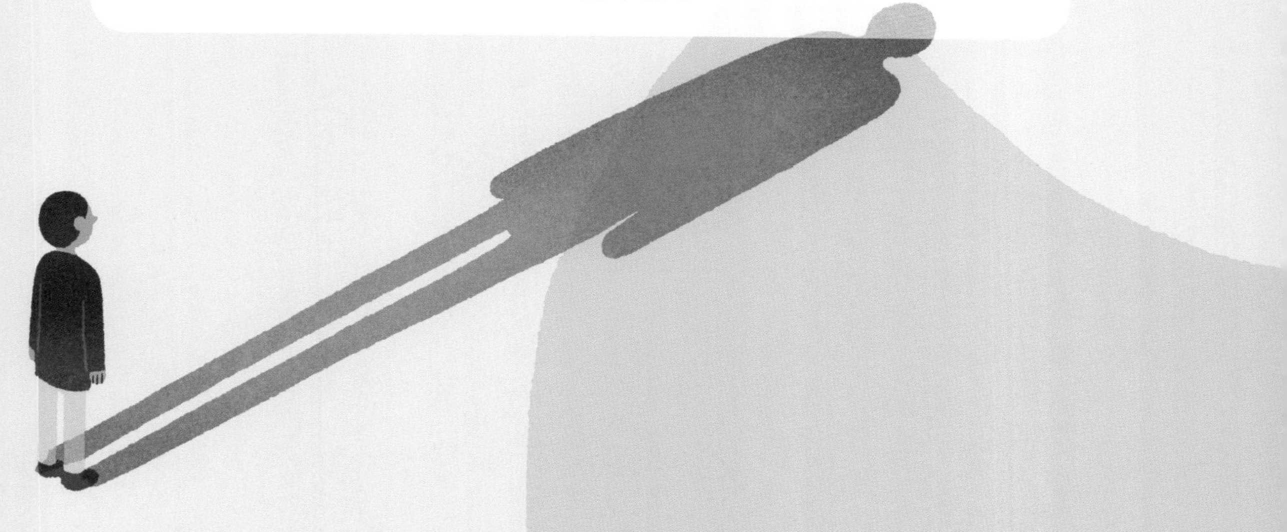

사람들은 녹색 신호등이 켜지면 길을 건너고, 적색 신호등이 켜지면 멈춰 선다. 이는 신호등 색에 대한 학습이 이루어졌기 때문이다. 학습은 학교 공부나 새로운 기술 습득 이상의 의미가 있다. 심리학에서 학습learning은 경험의 결과로 나타나는 행동변화를 의미한다. 이는 연습 또는 경험의 결과로, 새롭고 비교적 영속적인 정보 또는 행동을 획득하는 과정이다. 학습은 연합을 통해 이루어진다. 연합association이란 연속해서 일어난 두 개의 사건을 연결함으로써, 하나의 사건이 다른 사건을 유발하는 것을 말한다.

오븐에서 갓 구워 낸 빵을 보고 냄새를 맡고 맛을 보며 흡족한 경험을 한 사람은 나중에 빵을 보거나 냄새를 맡을 경우, 빵을 먹으면 흡족한 경험을 할 것으로 기대하게 된다. 반면, 번개에 이은 천둥소리로 두려움을 느꼈던 사람은 이후 번개만으로도 공포심을 갖게 될 수 있다. 이러한 원리에 의해 보고서 평가 또는 교정 시, 검은 펜 대신 빨간 펜을 손에 쥐면 오류를 더 많이 표시하고, 낮은 점수를 줄 가능성이 커진다. 이러한 현상은 빨간 펜과 잘못된 부분을 표시하는 용도가 연합되었기 때문이다.

학습은 우리에게 희망을 준다. 배울 수 있는 것은 가르칠 수 있고, 이미 배운 것은 새로운 학습으로 수정할 수 있기 때문이다. 이러한 이유로 실패와 불행한 것처럼 여겨지는 것도 학습을 통한 변화 가능성은 교육과 심리치료의 전제조건이기도 하다. 학습된 연합은 습관적 행동을 조성한다(Wood et al., 2014). 습관habit은 특정 맥락에서 같은 행동을 반복하는 것을 말한다. 행동이 맥락과 연결되면, 그 맥락에 놓일 때마다 습관적 행동이 나타난다. 즉, 유용한 습관이든 그렇지 않은 습관이든 뇌 회로에 체화된다. 이처럼 인접해서 발생하는 두 사건이 연계됨으로써 연합학습associative learning이 일어나는데, 이를 조건형성conditioning이라고 한다('조건화'라고도 함).

인간을 비롯한 유기체는 학습을 통해 환경에 적응한다. 이들은 음식 또는 고통처럼 생존에 중요한 사건을 예측·준비하는 것을 학습한다('고전적 조건형성'). 또 긍정적인 결과를 가져오는 행동은 반복하고, 부정적인 결과를 가져오는 행동은 피한다['조작적(도구적) 조건형성']. 그런가 하면, 타인의 행동 또는 사건을 관찰하는 것으로도 새로운 행동을 학습한다('관찰학습'). 그뿐 아니라 경험 또는 관찰 없이 언어를 통해서도 학습한다('인지학습'). 따라서 이 장에서는 오늘날 학습이론을 대표하는 이론적 접근을 크게 ① 고전적 조건형성, ② 도구적 조건형성, ③ 조작적 조건형성, ④ 인지학습으로 구분하여 인간 행동학습의 면모를 살펴보기로 한다.

고전적 조건형성

이반 파블로프 (Ivan P. Pavlov, 1849~1936)

고전적 조건형성classical conditioning은 소화액 분비의 신경 지배에 관한 연구로 러시아 최초로 노벨상(생리의학)을 수상한 생리학자 이반 파블로프가 개의 침 분비 실험을 통해 창시한 이론이다('파블로프식 조건형성Pavlovian conditioning' 또는 '반응적 조건형성respondent conditioning'으로도 불림). 이 이론의 핵심은 학습이 연합을 통해 이루어진다는 것이다('연합학습associative learning'). 1902년 파블로프는 타액이 외부로 배출되도록 수술을 받은 개의 타액선을 연구하던 중, 개가 사육사의 발소리에도 침을 분비한다는 사실('심적 분비psychic secretion')을 발견하고는 조건반사 연구에 착수했다. 이 연구는 대뇌 생리학 연구의 문을 여는 동시에 유물론적 심리학의 기초가 되었다.

파블로프의 실험

실험에서 파블로프는 개를 먹이(고깃가루)가 자동으로 공급되는 접시 앞에 위치시켰다. 개는 배가 고픈 상태이고, 개의 침샘에 관을 꽂아 먹이가 제공할 때 분비되는 침의 양을 측정 · 기록했다. 이 침 분비는 먹이가 유발하는 비학습반응[무조건반응Unconditioned Response(UR)]이고, 먹이는 사전 조건형성 없이도 반응을 유발하는 자극[무조건자극Unconditioned Stimulus(US)]이다. 개는 음식(US)이 제시되면 침을 분비(UR)했다. 음식(US)과 종소리[중성자극Neutral Stimulus(NS)]를 반복해서 제시하자, 개는 먹이 제공 없이 종소리만 들어도 침을 분비[조건반응Conditioned Response(CR)]했다.

이는 본래 NS가 US와 연합하여 조건자극Conditioned Stimulus(CS)이 되어('조건형성'), CS(종소리)만 제시되어도 CR이 나타난 것이었다. [그림 6-2]는 파블로프의 조건형성 실험과정을 도식화한 것이다.

[그림 6-1] 파블로프와 개 실험 장치

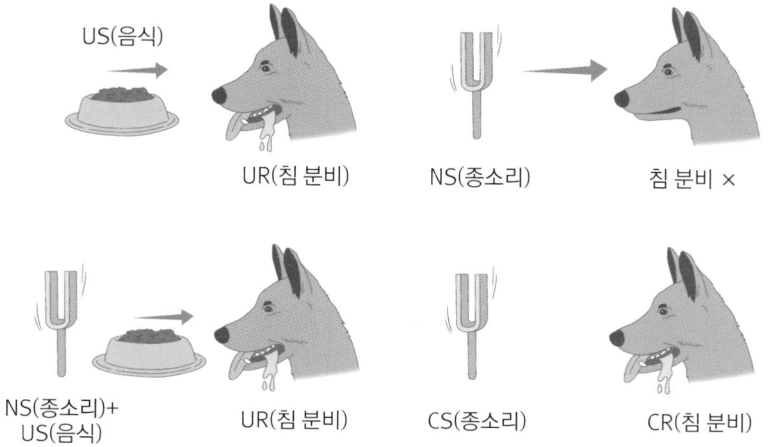

[그림 6-2] 고전적 조건형성 과정 도식

고전적 조건형성의 핵심개념

고전적 조건형성의 핵심개념으로는 ① 획득, ② 일반화와 변별, ③ 이차조건형성, ④ 소거와 자발적 회복이 있다.

획득. 획득acquisition은 학습을 통해 일어나는 행동변화를 말한다. 파블로프의 실험에서 획득은 고전적 조건형성의 첫 단계로, 개가 NS(종소리, 빛 등)와 US(먹이)의 연결을 학습하는 시점에 일어난다. CS(종소리)에 이어 US(먹이)를 짝지어 제시하는 것을 강화시행이라고 한다. CS와 US의 반복적인 짝짓기는 이 둘 간 연합의 강도를 높인다. 이는 실험의 획득 단계로, CR의 강도 변화는 초기 조건형성 시행에서 가장 크며, 이후 CR에 변화는 거의 없다.

이 실험에서 CS와 US의 반복적 짝짓기는 이 둘의 연합을 강화했다('획득'). 다양한 중립자극에 대한 조건형성 실험에서 획득은 US 제시 후 NS를 1초 이내에 제시되었을 때 가장 잘 이루어졌다. 그렇다면 US(먹이)가 NS(소리)보다 먼저 제시되면 어떻게 될까? 이렇게 하면 조건형성이 거의 일어나지 않는다. 고전적 조건형성은 유기체가 좋은 또는 나쁜 사건에 준비하게 하는 생물학적 반응이기 때문이다.

일반화와 변별. 일반화generalization란 특정 소리에 조건반응(CR)을 나타내도록 훈련받은 개들이 음조가 조금 높거나 낮은 다른 소리에도 동일한 반응을 보이는 현상을 말한다. 즉, 새로운 자극이 원래의 조건자극(CS)과 유사할수록 동일한 반응을 나타낼 가능성이 더 크다. 일반화와 상보적 과정이 변별이다. 즉, 일반화는 유사성에 대한 반작용인 반면, 변별discrimination은 차이에 대한 반작용이다. 덤불의 바스락거리는 소리(CS)는 매번 다르지만, 이 소리를 포식자(US)가 가까이 있는 것으로 예견하고 도망치는 토끼의 생존 가능성을 높이는 것은 진화적 일반화다. 이처럼 차이를 재인recognition할 수 있는 능력은 적응적 현상이다.

일반화된 공포는 잘 소거되지 않는다. 비밀요원들에게 납치되어 심한 고문을 당했던 남미의 한 작가는 검은 구두만 보면 공포심에 몸서리치곤 했다고 한다. 그를 고문했던 사람들이 그가 갇혀 있던 감방에 들이닥칠 때 처음 본 것이 검은 구두였기 때문이었다(Myers & Dewall, 2019). 일반화된 불안반응은 학대받은 아동과 정상 아동의 뇌파를 비교하는 실험에서도 입증되었다. 학대받은 아동에게 컴퓨터 화면에 화난 얼굴을 보여 주었더니 그의 뇌파 반응이 극적으로 강력하고 오래 지속되었다(Pollak et al., 1998).

이차조건형성. 이차조건형성second-order conditioning이란 개를 불빛에 대한 반응으로 침을 분비하도록 조건형성했다면, 또 다른 자극(예 소리)을 조건자극('불빛')과 반복적으로 연합시킴으로써, 그 소리에 대한 반응으로 침을 분비하도록 조건형성하는 것을 말한다. 즉, 일단 불빛이 조건자극(CS) 역할을 하면 무조건자극의 힘을 획득한다. 이차조건형성은 고전적 조건형성의 범위를 확장한다. 본래 무조건자극(US)은 음식, 통증, 또는 구역질같이 생물학적으로 중요한 자극이다. 조건형성에 필요한 것은 그 자극과 다른 자각의 연합이다.

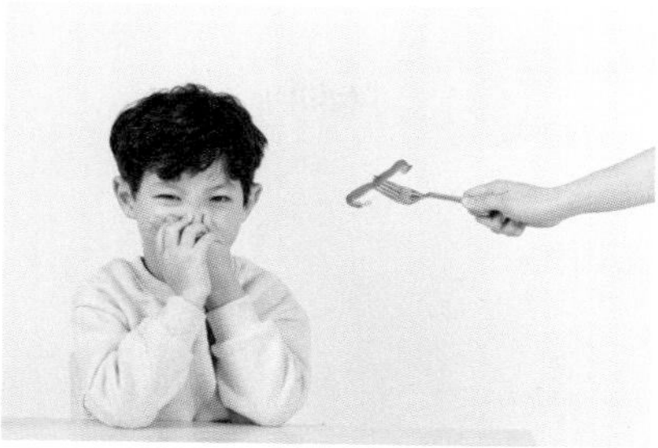

예를 들어, 종양의 전이를 막기 위해 화학치료를 받는 암 환자에게 독성물질(US)을 주입하면, 부작용으로 구역질(UR)을 하게 된다. 만일 아동 암 환자에게 화학치료에 앞서 고통 경감을 위해 초콜릿을 준다면, 초콜릿은 독성물질로 인한 고통과 연합되어 구역질을 유발한다(Bernstein, 1999). 만일 초콜릿을 먹은 후 장난감 같은 다른 자극을 반복적으로 제시하면, 아동은 그 장난감에 대한 반응으로 불쾌감을 경험하게 될 수 있다. 장난감은 치료나 구역질과 직접적으로 연합된 적이 없으므로, 이는 이차조건형성의 결과에 해당한다.

소거와 자발적 회복. 만일 조건자극(CS)에 뒤따르던 무조건자극(US)이 생략되면, 조건반응(CR)이 점차 감소한다. 불빛(CS)이 제시된 후에 먹이(US)가 뒤따르지 않으면, 10회 정도의 시행 후에는 불빛에 대한 반응으로 침 흘리기(CR)가 나타나지 않는다. 이처럼 CS(불빛)가 US(먹이)를 동반하지 않는 경우, CR(침 분비)이 나타나지 않는 현상을 소거extinction라고 한다. 반면, 자발적 회복spontaneous recovery이란 일정시간 휴식 후, CS(불빛)가 제시되면 사라졌던 CR(침 분비)이 다시 나타나는 현상을 말한다.

고전적 조건형성의 적용

파블로프의 연구는 인간의 정서와 행동이 생물학적인 영향을 받는다고 해도 주로 조건반응의 집합체라는 존 왓슨(Watson, 1913)의 연구에 근거를 제공했다.

존 왓슨
(John B. Watson, 1878~1958)

공포조건형성. 공포조건형성fear conditioning이란 고전적 조건형성을 통해 중립자극에 대해 공포반응을 유발하게 하는 일련의 과정을 말한다. 이 개념은 존 왓슨과 레이너(Watson &

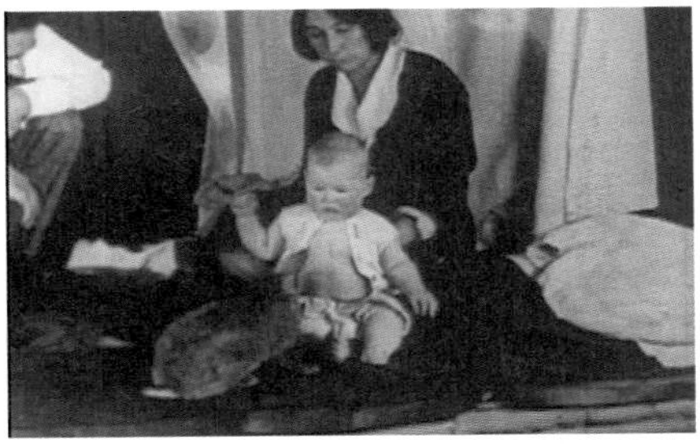

[그림 6-3] 리틀 앨버트에 대한 공포조건형성 실험 장면

출처: http://udallasnews.com/

Rayner, 1920)가 생후 13개월 된 아이['리틀 앨버트Little Albert'(별칭)]를 대상으로 한 실험을 통해 입증되었다.

이 실험에서 연구자들은 아이를 흰쥐(NS)와 놀게 했다. 처음에 아이는 흰쥐에 대한 두려움 없이 잘 놀았다. 연구자들이 아이에게 흰쥐를 보여 줄 때마다 아이의 뒤에서 망치로 쇠막대를 내리쳐 큰소리(US)를 내자, 아이는 몹시 놀라는 반응(UR)을 보였다. 이 자극이 반복해서 제시되자, 아이는 결국 흰쥐(CS)만 보고도 공포반응(CR)을 보였다. 아이의 공포반응은 그 후 흰쥐와 유사한 대상(흰 토끼, 흰 수염)에게 일반화되었다. 그러나 그 후, 왓슨이 어린아이에게 공포심을 갖게 하는 실험의 대상으로 삼았다는 사실이 알려지면서 연구윤리에 대한 논란이 되기도 했다.

매리 존스
(Mary Jones,
1897~1987)

역조건형성. 역조건형성counterconditioning이란 공포와 함께 발생하기 어려운 반응을 유발하는 자극을 사용하여 공포증을 감소시키는 일련의 과정을 말한다. 이 개념은 1924년 학습된 공포를 소거하는 방법을 입증한 매리 존스의 실험을 통해 창안되었다. 존스는 왓슨과 레이너의 리틀 앨버트 실험에 대한 후속 실험으로, 공포 대상을 긍정적 경험과 연합시킴으로써 공포를 역조건형성할 수 있음을 입증했다.

피터Peter라는 3세 아이는 토끼와 쥐를 비롯한 대상에 대해 공포반응을 보였다. 존스는 피터의 공포증 제거를 위해 아이가 좋아하는 음식을 먹고 있을 때, 토끼를 점진적으로 가까이 데리고 갔다. 이후, 공포 대상은 음식과 연합되었고, 수개월 후 피터는 토끼를 어루만질 정도가 되었으며, 토끼에 대한 공포증은 완전히 사라졌다. 이 경우, 토끼에 대한 공포가 음식에 대해 혐오를 일으킬 정도로 크면 안 된다. 공포조건형성과 역조건형성은 1958년 상호억제이론reciprocal inhibition theory을 기반으로 고안된 체계적 둔감법의 토대가 되었다.

도구적 조건형성

도구적 조건형성instrumental conditioning은 찰스 다윈의 진화론에 깊은 인상을 받은 에드워드 손다이크가 창안한 것으로, 유기체의 특정 행동이 환경에 조작을 가함으로써, 그 행동을 학습하게 된다는 이론이다. 여기서 도구적instrumental이란 행동이 환경에서의 특정한 변화를 초래한다는 의미다.

에드워드 손다이크 (Edward L. Thorndike, 1874~1949)

손다이크의 실험

손다이크는 실험에서 배고픈 고양이를 간단한 걸쇠로 잠긴 문이 있는 우리에 가둔 상태에서 우리 곁에 생선토막을 놓았다. 배고픈 고양이는 우리 창살 사이로 앞다리를 뻗어 생선을 먹으려고 시도했다. 그러나 실패하자, 우리 속을 어슬렁거리면서 다양한 행동을 했다. 그러다가 우연히 걸쇠를 풀고 우리 밖으로 나와 생선을 먹었다.

그러면 실험자는 다시 고양이를 우리에 집어넣고 새로운 생선토막을 우리 밖에 놓았다. 고양이는 거의 같은 유형의 행동을 거쳐서 다시 우연히 걸쇠를 풀고 생선을 먹게 되었다. 이 절차가 계속 반복되자, 고양이는 생선을 먹기 위해 도움이 되지 않았던 여러 행동을 제거하고, 결국 우리에 집어넣자마자 걸쇠를 풀고 우리 밖으로 빠져나왔다. 고양이는 먹이를 얻기 위해 걸쇠를 푸는 방법을 학습했던 것이다.

효과의 법칙

손다이크의 실험에서 고양이는 마치 지능적으로 행동하는 것처럼 보일 수 있다. 그러나 손다이크는 고양이에게는 문제의 해결책에 대해 어떤 통찰이 일어난 것처럼 보이는 순간이 전혀 없었고, 다만 고양이의 문제해결 수행은 시행이 거듭되면서 점진적으로 증진되었을 뿐이라고 밝혔다. 즉, 고양이는 시행착오를 거쳐 새

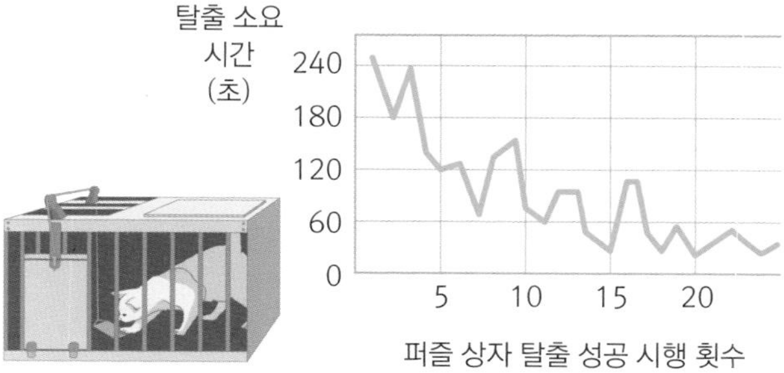

[그림 6-4] 손다이크의 퍼즐 상자

로운 행동을 학습하게 되었다는 것이다.

손다이크는 이 과정을 시행착오학습trial-and-error learning이라고 명명했다. 이는 특정 행동에 보상이 즉각적으로 뒤따를 때, 그 행동의 학습이 강력해진다는 의미다. 손다이크는 이러한 강화원리를 효과의 법칙law of effect이라고 명명했다.

고전적 조건형성에서는 조건반응이 침 분비같이 동물의 생득적 레퍼토리의 한 부분인 반면, 도구적 조건형성은 유기체가 일련의 무작위적 반응 중, 긍정적인 결과가 뒤따르는 반응만을 선택함으로써 학습이 유발하는 것으로 본다. 도구적 조건형성은 조작적 조건형성의 기초가 되었다.

조작적 조건형성

버러스 스키너 (Burrhus F. Skinner, 1904~1990)

조작적 조건형성operant conditioning은 버러스 스키너가 창안한 이론이다. 이 이론에 의하면, 우연히 일어난 행동이 유기체에게 보상을 제공하거나 혐오자극을 피할 수 있게 한다면, 그 행동을 다시 할 가능성이 증가하는 반면, 환경이 강화를 제공하지 않거나 혐오자극이 제시된다면, 그 행동을 다시 할 가능성은 감소한다. 이 이론은 손다이크의 효과의 법칙(보상받은 행동은 재발할 가능성이 크다)을 정교화한 것이다. 스키너는 효과의 법칙을 행동제어의 원리를 밝히는 행동공학behavioral engineering으로 발전시켰다.

조작적 조건형성에서는 반응(행동)을 그 결과와 연합시키는 학습이 이루어진다. 즉, 유쾌한 결과가 뒤따르는 행동은 반복하고, 불쾌한 결과가 뒤따르는 행동은 피하는 것을 학습한다. 이러한 연합은 조작적 행동operant behavior을 형성한다. 조작적operational이란 유기체가 나타내는 반응이 환경에 대한 능동적 작동을 통해 강화물을 초래한다는 의미다. 이 원리를 통해 스키너는 비둘기에게 전혀 비둘기답지 않은 행동을 가르칠 수 있었다(예 8자를 그리며 걷게 하기, 탁구, 미사일이 목표 방향을 유지하도록 화면의 표적 쪼기).

스키너의 실험

출처: https://miepvon sydow.wordpress.com

스키너의 실험은 손다이크의 방법보다 간단하다. 그는 한번에 하나의 반응만을 연구했다. 실험에서 스키너는 배고픈 쥐를 스키너 상자Skinner box로 알려진 조작실operant chamber에 집어넣었다. 이 상자에는 동물이 먹이 또는 물(보상)을 얻기 위해 누르거나 쪼는 레버lever 또는 버튼이 설치되어 있었고, 반응을 기록하는 장치가 연결되어 있었다. 레버 위의 작은 전구에는 실험자의 의도에 따라 불빛이 들어올 수 있었다. 상자에 홀로 남은 쥐는 이리저리 다니면서 상자 안을 탐색했다. 그러다가 우연히 레버를 눌렀다. 쥐가 처음으로 레버를 누르는 비율을 기저선 수준baseline level이라고 한다. 스키너는 이러한 실험과정에서 다음과 같은 개념들을 창안했다.

조작적 조건형성의 핵심개념

조작적 조건형성의 핵심개념으로는 ① 획득과 소거, ② 행동조성, ③ 강화, ④ 강화계획, ⑤ 벌이 있다.

획득과 소거. 기저선baseline 수준이 정해지면, 실험자는 상자 밖에 설치된 먹이통을 작동한다. 이제 쥐가 레버를 누를 때마다 먹이가 접시에 떨어진다. 쥐는 먹이를 먹고는 곧 레버를 다시 누른다. 먹이가 레버 누르기를 강화하고, 누르기 비율은 극적으로 증가한다('획득acquisition'). 만일 먹이통 연결을 끊어서 레버 누르기가

[그림 6-5] 스키너 상자

먹이를 제공하지 않으면, 누르기 비율은 감소한다. 강화받지 못하는 조작적 반응은 고전적 조건형성 반응과 마찬가지로 소거extinction된다.

조작적 조건형성은 특정 행동 뒤에 강화물(먹이, 물)이 뒤따름으로써 반응 빈도를 증가시킨다. 스키너 상자에서 레버는 항상 존재하기 때문에 쥐는 자신의 의도대로 레버에 반응할 수 있다.

따라서 유기체의 반응 비율은 조작적 조건형성의 유용한 측정치가 된다. 즉, 주어진 시간에 더 빈번히 반응할수록 학습이 많이 일어난 것이다. 이 이론에 의하면, 유기체는 무작위적 환경에서 조건형성되고, 행동은 주기적으로 강화되거나 벌을 통해 소거된다. 스키너는 행동조성과 유지에서 환경의 역할을 강조했다.

행동조성. 행동조성shaping이란 복잡한 목표행동에 접근하는 하위반응을 점진적 강화를 통해 새로운 행동을 학습시키는 기법을 말한다. 예를 들어, 조작적 조건형성 원리를 이용하여 강아지에게 앞다리를 들고 걷게 하는 묘기를 가르치려고 한다고 하자. 강아지가 우연히 이런 행동을 할 때까지 기다렸다가 강화해야 한다면 영원히 기다려야 할 수도 있다.

목표행동이 새로운 것일 때는 동물행동의 자연적 변형을 이용하여 조건형성을 해야 한다. 강아지가 앞다리를 들고 걷게 하려면 우선 앞다리를 드는 행동을 할 때마다 먹이 강화물을 주어서 더 오랫동안 앞다리를 들고 있게 하고, 결국에는 이 상태에서 걷게 만들어야 한다. 이처럼 행동조성은 실험자가 원하는 방향으로 변형된 반응만을 강화하는 기법이다.

그러나 모든 동물에게 행동을 조성할 수 있는 것은 아니다. 한 연구에서 실험자들은 너구리에게 돼지 저금통에 동전을 집어넣는 행동조성에 상당한 어려움을 겪었다. 너구리는 목표행동에 접근하는 행동을 하기보다 끊임없이 동전 2개를 비비거나, 저금통에 집어넣었다가 다시 꺼내 계속해서 비비는 행동을 했다. 이 행동은 너구리가 자연적인 먹이를 얻기 위해 나타내는 행동과 유사했다. 즉, 너구리의 행동이 새로운 반응의 조성을 어렵게 만들었던 것이다.

이처럼 동물이 생물학적으로 생래적인 행동에 몰두하는 현상을 향본능 표류instinct drift라고 한다. 이는 고전적 조건형성과 마찬가지로, 조작적 조건형성이 생물학적 제약을 받으며 작동한다는 사실을 나타낸다. 스키너는 일상생활에서 의도가 없음에도 불구하고 타인의 행동을 끊임없이 강화·조성한다는 점을 강조했다. 예를 들어, 아이의 칭얼거림은 부모를 짜증나게 한다. 그럼에도 부모가 아이를 대하는 전형적인 교류방식은 [대화상자 6-1]과 같다.

[대화상자 6-1] **부모가 아이를 대하는 전형적인 교류방식**

아이: 엄마, 신발 끈 좀 매 줘요.
엄마: (부엌일을 계속한다.)
아이: 엄마, 신발 끈 좀 매 줘!
엄마: 어, 그래 잠깐만 기다려! (손을 씻는다.)
아이: 엄마아! 신발 끈 좀 매 달-라-고!
엄마: 너, 엄마가 징징거리지 말라고 했지! (아이를 노려보면서) 그랬어, 안 그랬어! (잠시 후) 자, 신발을 더 내밀어 봐!

[대화상자 6-1]에서 아이의 칭얼거림은 강화를 받았다. 원하는 것, 즉 엄마의 주의를 끌었기 때문이다. 엄마의 반응도 강화를 받는다. 아이의 칭얼거림('혐오자극')을 제거했기 때문이다('부적 강화'). 이 사례는 강화의 전형적인 예다.

강화. 스키너의 실험에서 행동에 뒤따르는 환경사건은 그 행동의 발생빈도 증가 또는 감소를 초래한다. 강화reinforcement는 자극의 제공이 행동의 발생빈도를 증가시키는 과정을 말한다. 강화는 정적 강화positive reinforcement(바람직한 행동이 나타날 때마다 유쾌 조건을 제공함으로써 특정 행동의 발생 빈도수를 높임)와 부적 강화negative reinforcement(바람직한 행동이 나타날 때마다 불쾌 조건을 제거해 줌으로써, 특정 행동의 발생 빈도수를 높임)로 나뉜다.

아이의 칭얼거림이 정적으로 강화되는 이유는 어머니의 관심이라는 강화물을 얻기 때문이다. 칭얼거림에 대한 어머니의 반응이 부적으로 강화되는 이유는 아이의 칭얼거림이라는 혐오자극을 종료시키기 때문이다. 이처럼 부적 강화는 혐오자극을 제거함으로써 안도감을 제공하는 것으로, 특정 행동의 재발 가능성을 증가시킨다.

물질사용자에게 금단의 고통을 종료시키는 부적 강화는 다시금 물질을 갈망하게 만드는 강력한 이유가 된다(Baker et al., 2004). 이에 내담자의 행동 통제 또는 변화를 위해 보상체제를 사용하려면, 그에게 보상이 되는 것을 파악해야 한다. 행동과 강화 간에는 정적 또는 부적 수반성이 존재한다. 정적 수반성positive contingency이란 무엇인가 주어지는 것(+)을 의미한다. 예를 들어, 레버 누르기에 먹이가 뒤따른다. 반면, 부적 수반성은 무엇인가 제거되는 것(-)을 말한다. 레버를 누르면 전기충격을 차단하는 것이 그 예다. 이러한 원리를 적용하여 행동의 빈도를 증가시키기 위한 방법은 〈표 6-1〉과 같다.

〈표 6-1〉 강화원리를 적용한 행동의 빈도를 증가시키기 위한 방법

강화	원리	예시
1. 정적 강화	• 바람직한 자극 제공	❍ 부를 때 달려오는 강아지 쓰다듬어 주기 ❍ 집안일을 도와준 아이에게 칭찬해 주기
2. 부적 강화	• 혐오자극 제거	❍ 통증 완화를 위해 진통제 복용하기 ❍ 안전벨트 착용을 통해 경고음 제거하기

강화계획. 강화계획reinforcement schedule이란 특정 행동에 대한 강화를 비율/간격에 따라 제시/중단하는 절차를 말한다. 강화계획은 연속강화계획과 간헐강화계획으로 나뉜다. 연속강화continuous reinforcement는 특정 행동이 나타날 때마다 강화가 주어지는 강화계획이다. 이 강화계획은 학습이 빠르게 일어난다는 점에서 한 가

지 행동을 숙달시키기 위한 최선의 선택이 된다.

반면, 소거가 신속하게 일어난다. 쥐가 레버를 눌렀음에도 먹이 공급을 차단할 때처럼 강화를 중단하면, 그 행동도 곧 소거된다. 잘 작동하던 자판기가 2회 연속 작동하지 않으면, 돈을 집어넣지 않게 되는 이치와 같다. 연속강화는 실생활에서는 실현 가능성이 작다. 영업사원이 고객을 끌어들일 때마다 물건을 팔 수는 없기 때문이다. 그러나 이러한 노력이 때로 보상을 받기 때문에 계속하는 것이다. 이는 간헐강화계획의 전형적인 특징이다('부분강화partial reinforcement'라고도 함).

[그림 6-6] 슬롯머신

간헐강화intermittent reinforcement는 특정 행동이 나타날 때마다 강화하지 않고 불규칙적으로 강화가 주어지는 강화계획이다. 이 강화계획은 연속강화보다 학습이 느리게 진행되지만, 소거에 대한 저항은 더 커진다. 먹이를 위해 원판 쪼기를 학습한 비둘기는 먹이 제공이 점차 뜸해지고 예측할 수 없게 되면, 보상 없이도 150,000번을 쫄 수 있게 된다(Skinner, 1953).

슬롯머신 역시 같은 방식으로 도박에 빠진 사람에게 보상을 준다. 이러한 이유로 도박에 중독된 사람은 비둘기처럼 끊임없이 시도하게 된다. 이처럼 간헐강화는 '언젠간'이라는 무한한 기대를 하게 한다. 부모가 가정의 평화와 안식을 위해 때로 자녀의 투정을 받아 주는 것은 그 투정을 간헐적으로 강화하는 것이다. 이는 아이의 투정을 지속하게 만드는 최악의 선택이다.

간헐강화계획intermittent reinforcement schedule은 다시 비율계획과 간격계획으로 나뉜다. 비율계획ratio schedule은 유기체가 나타내는 반응 횟수에 따라 강화가 주어지는 강화계획이다. 이 강화계획은 고정비율계획과 변동비율계획으로 구분된다. 고정비율계획fixed ratio schedule(FR계획)은 일정한 횟수의 반응 다음에 나타나는 행동을 강화한다(예 도급제). 실험실 쥐는 고정비율에 따라 10회 반응할 때마다 한 번의 강화를 받을 수 있다. 일단 조건형성이 되면, 유기체는 강화를 받은 후 잠시 휴식 후 다시 빠른 속도로 반응하게 된다.

변동비율계획Variable Ratio schedule(VR계획)에서는 특정 횟수의 반응을 나타낼 때 강

〈표 6-2〉 강화계획

	고정계획	변동계획
1. 비율계획	❍ 고정비율: 고정된 수의 반응 후 강화(예 5잔의 커피를 사면, 1잔 공짜)	❍ 변동비율: 예측할 수 없는 수의 반응 후 강화(예 노름, 낚시, 슬롯머신)
2. 간격계획	❍ 고정간격: 고정된 시간 경과 후 강화(예 금요일 특별할인)	❍ 변동간격: 무선적인 시간 경과 후 강화(예 이메일, 페이스북)

화를 받지만, 그 횟수는 예측할 수 없다(예 도박, 노름, 낚시, 슬롯머신). VR계획에서의 반응은 휴지기간이 없다. 이는 아무런 소득이 없어도 그 행동이 소거되기 어렵게 만드는 원인이 되기도 한다. 반응 수가 증가함에 따라 강화도 증가하므로, 변동비율계획은 가장 높은 비율의 반응을 생성한다.

간격계획interval schedule은 특정 시간이 경과한 후에만 강화가 제공되는 강화계획이다. 이 강화계획은 다시 고정간격계획과 변동간격계획으로 구분된다. 고정간격계획Fixed Interval schedule(FI계획)은 정해진 시간이 지난 후에 나타나는 첫 번째 반응을 강화하는 것이다. 고정간격계획에서 유기체는 보상 예상시간이 가까워질수록 더 자주 반응하는 경향이 있다. 비둘기는 강화시간이 가까워질수록 원판을 더 빠르게 쫀다. 사람들은 메일 도착시간이 가까워질수록 메일함을 더 자주 확인한다. 고정간격계획 역시 강화 후에 휴지기간이 있다.

변동간격계획Variable Interval schedule(VI계획)에서는 가변적인 시간간격 후에 나타나는 첫 번째 반응이 강화된다. 이메일을 반복적으로 확인할수록 "메일이 도착했습니다."라는 보상을 받게 되는 것처럼, 변동간격계획은 느리지만 꾸준한 반응을 생성한다. 언제 기다림이 끝날지 알 수 없기 때문이다.

강화는 일반적으로 반응시간(간격계획)이 아니라 반응 횟수(비율계획)와 연계되어 있을 때 반응률이 더 높다. 그러나 강화가 예측 가능(고정계획)할 때보다 예측 불가능(변동계획)할 때의 반응이 더 오래 지속된다. 스키너(Skinner, 1956)는 조작적 조건형성의 강화원리는 보편적이어서 어떤 반응, 어떤 강화물, 어떤 종이든 강화계획의 효과는 유사하다고 주장했다("비둘기, 쥐, 원숭이? 아무런 차이가 없다. 행동은 놀랄 정도로 유사한 특성을 보인다."). 강화와 벌을 도식으로 나타내면 [그림 6-7]과 같다.

	쾌 자극	불쾌 자극
적용 +	정적 강화	1차 벌/정적 벌
철수 −	2차 벌/부적 벌	부적 강화

[그림 6-7] 강화와 벌의 도식

벌. 강화는 행동을 증가시키는 반면, 벌punishment은 행동을 감소시킨다. 신속하고 확실한 벌은 바람직하지 않은 행동을 감소시킨다. 이처럼 벌은 행동의 발생 가능성 또는 빈도를 감소시키며, 혐오자극의 제공(1차primary 벌/정적 벌 또는 단순히 '벌') 또는 만족자극의 제거(2차secondary 벌/부적 벌 또는 단순히 '생략 벌')로 구성된다. 벌은 바람직한 행동에 대한 정적 강화와 함께 사용될 때 강력한 효과가 있다.

벌도 강화와 마찬가지로, 행동과 벌 사이에 정적 수반성(레버 누르기에서 전기충격이 뒤따름) 또는 부적 수반성(레버 누르기가 먹이 공급을 차단함)이 존재한다. 금지된 물건을 건드린 후에 전기충격을 받는 쥐, 뜨거운 그릇을 만져서 손을 덴 아이는 그 행동을 반복하지 않는 것을 학습한다. 꾸중 또는 타임아웃 등의 벌을 받은 후, 아이의 응종compliance이 증가한다. 벌은 바람직하지 않은 반응을 억제하는 효과가 있지만, [글상자 6-1]과 같은 한계가 있다(Gershoff, 2002).

[글상자 6-1] **벌의 문제점**

1. 벌받은 행동은 망각하는 것이 아니라 억제된다. ☛ 부모의 행동을 부적으로 강화하여 처벌을 계속하게 한다.
2. 벌의 효과는 보상만큼 유용한 정보를 제공하지 못한다. ☛ 보상은 '방금 한 것을 반복하라'고 알려 주지만, 벌은 '그만하라'고 하면서 대안을 제시해 주지 못한다.
3. 벌은 상황을 변별하도록 가르친다. ☛ 다른 곳에서는 괜찮다는 사실을 학습할 수 있다.
4. 벌의 부산물은 불행한 것일 수 있다. ☛ 연합을 통해 벌주는 사람 또는 상황에 대한 공포를 학습하여 등교 기피 또는 불안을 유발할 수 있다.
5. 고통스러운 벌은 바람직하지 않았던 행동보다 더 심각한 공격행동을 유발할 수 있다.
6. 벌은 문제에의 대처방법으로 공격적 행동을 시범 보이게 됨으로써 공격성을 증가시킬 수 있다. ☛ 공격적 · 일탈적이고 학대하는 많은 부모가 학대가정 출신이다.

[글상자 6-1]에 제시된 것처럼, 아이를 자주 벌하는 것은 미래에 아이가 공격성을 보일 가능성을 예측할 수 있는 주요 변인이다(Taylor et al., 2010). 벌은 하지 않아야 할 것을 알려 주지만, 강화는 해야 할 것을 알려 준다. 즉, 벌은 특정 유형의 도덕성, 즉 금지에 초점을 맞춘 도덕성을 훈련한다. 벌이 가르쳐 주는 것은 그 벌을 회피하는 방법이다(Skinner, 1953). 오늘날 심리학자 대부분은 강화를 선호한다. 사람들이 올바른 행동에 주목하고 그 행동에 강화자극을 주는 것이다.

조작적 조건형성의 적용

비록 동물실험을 통해 수립된 이론이지만, 조작적 조건형성은 ① 가정, ② 학교, ③ 직장, ④ 스포츠 등 사회의 곳곳에서 행동형성에 유용하게 적용되고 있다.

가정. 조작적 조건형성은 부모들에게도 도움을 줄 수 있다. 부모교육 전문가들은 부모가 자녀에게 '잘 시간'이라고 말하고는 항의 또는 거부에 굴복하게 되면, 그 행동을 강화하게 된다는 사실을 경고하고 있다(Wierson & Forehand, 1994). 화가 나서 아이에게 고함을 지르거나 위협적인 행동으로 인해 아이가 무서워서 복종하는 행동은 다시 부모의 화난 행동을 강화하게 된다는 것이다. 이 상태는 시간이 경과함에 따라 부정적인 부모-자녀 관계로 발전한다. 이런 악순환의 고리를 깨려면, 부모는 [글상자 6-2]에 제시된 행동형성의 법칙을 기억해야 한다.

[글상자 6-2] **자녀교육을 위한 행동형성 법칙**

1. 올바른 행동에 주목하고 그 행동을 적극 강화(칭찬)해 준다.
2. 구체적인 행동을 목표로 정하고 보상을 제공하면서 그 행동이 증가하는지 지켜본다.
3. 아이가 잘못된 행동을 하거나 반항적일 때, 고함을 지르거나 매를 들지 않는다.
4. 그저 잘못된 행동을 설명해 주고 행동을 제한한다.

학교. 좋은 교육에는 두 가지가 필요하다. 학생들에게 자신이 맞았는지, 틀렸는지 즉시 알려 주어야 한다. 만일 맞았다면, 다음에 어느 단계로 가야 하는지 알려 주어야 한다(Skinner, 1989). 컴퓨터는 수학 훈련의 속도를 학생의 학습속도에 맞추고, 퀴즈를 통해 학생이 이해하지 못하는 것이 무엇인지 찾아내게 하며, 즉각적인 피드백을 제공하고, 정확하게 기록하는 교사의 역할을 담당할 수 있다.

직장. 강화물이 생산성에 영향을 미친다는 사실을 알고 있는 많은 기업은 직원들도 회사 지분의 위험risk과 보상을 공유하도록 유도해 왔다. 또 잘 수행한 직무를 강화하는 것에 초점을 맞춰 왔다. 바람직한 수행이 잘 정의되어 있고, 달성 가능한 것일 때, 보상은 생산성을 더 높여 준다. 기업 경영자들에게 주는 메시지는 목표행동을 구체적이고 달성 가능하게 정의하고, 이러한 행동에 대해 적극 보상해 주라! 그러면 직원들의 직무 효율성이 높아질 거라는 것이다.

스포츠. 운동 수행에서 행동조성의 핵심은 우선 작은 성취를 강화한 다음, 점진적으로 도전거리를 증가시키는 것이다. 골프선수들은 짧은 거리에서의 퍼팅에서 시작하여 익숙해짐에 따라 점차 거리를 멀리 함으로써 퍼팅능력을 향상시킬 수 있다.

야구 초보자는 배트를 짧게 잡고 투수가 3m 거리에서 던져 주는 커다란 공을 하프 스윙으로 성공적으로 맞힘으로써 공을 때려 냈다는 즉각적인 기쁨을 경험한다. 성공으로 인해 타자의 자신감이 증가함에 따라 투수는 점진적으로 뒤로 물러나서 공을 던져 주게 되고, 궁극적으로는 투수가 실제 거리에서 던지는 실제 야구공을 때려 내게 된다.

검사 상황에서든 실제 경기 상황에서든, 전통적인 방법으로 가르친 아이들과 비교할 때 이러한 행동기법으로 훈련받는 아이들의 기량이 빠르게 증진된다(Simek & O'Brien, 1981). 조작적 조건형성은 이 책을 읽고 있는 독자의 행동형성에도 적용될 수 있다([글상자 6-3] 참조).

[글상자 6-3] **자신에 대한 조작적 조건형성 원리 적용을 위한 지침**

1. 현실적인 목표를 측정 가능한 용어로 설정한다. ☛ 예컨대, 공부시간을 하루에 30분 늘리겠다는 목표를 설정할 수 있다.
2. 언제, 어디서, 어떻게 목표성취를 위한 행동을 할 것인지 결정한다. ☛ 구체적인 목표와 계획을 세우는 사람이 목표를 성취할 가능성이 훨씬 높다.
3. 증진시키고자 하는 행동을 얼마나 자주 하고 있는지 확인한다. ☛ 현재의 공부시간을 기록하면서 어떤 조건에서 공부를 하거나 안 하는지 확인한다.
4. 원하는 행동을 강화한다. ☛ 공부시간을 늘리기 위해 정해진 공부시간이 끝난 후에만 스스로 보상을 제공한다(예 좋아하는 간식 또는 운동).
5. 보상을 점차 줄인다. ☛ 새로운 행동이 습관화됨에 따라 구체적인 보상 대신, 자기대화를 통해 칭찬해 준다.

고전적 조건형성과 조작적 조건형성 비교

고전적 조건형성과 조작적 조건형성은 연합학습에 의해 이루어진다는 공통점이 있다. 즉, 다른 자극과 연결되어 행동의 획득, 소거, 자발적 회복 등이 이루어질 수 있다. 또한 반응의 일반화뿐 아니라, 다른 자극과의 변별이 학습될 수도 있다. 반면, 이 두 조건형성은 다음과 같은 차이점이 있다.

고전적 조건형성에서는 학습자가 통제할 수 없는 사건을 연합하고, 자동으로 반응한다('수동적 반응행동'). 이에 비해 조작적 조건형성에서는 학습자가 행동에 따른 보상을 받거나, 벌을 피하기 위해 환경에 가하는 행동과 그 결과를 연합한다('능동적 조작행동'). 따라서 고전적 조건형성에서는 학습자가 수동적으로, 조작적 조건형성에서는 능동적으로 학습한다는 차이가 있다.

만일 아이가 거리에서 자동차를 무서워하도록 조건형성 하려면, 고전적 조건형성 원리를 적용한다. 반면, 돌고래에게 묘기를 가르치거나 어린아이에게 "고맙습니다."라는 말을 하도록 가르치려면, 조작적 조건형성 원리를 사용한다. 이 두 조건형성에 의한 학습은 흔히 동일한 상황에서 함께 일어난다.

일본의 한 목장주는 모든 소에게 휴대전화로

소리를 전달하는 전자호출기를 부착하여 소 떼를 불러 모을 수 있었다. 일주일의 훈련을 통해 소들은 호출기 소리와 먹이의 도착을 연합시키는 것을 학습했다('고전적 조건형성'). 소들은 또한 여물통으로 달려오는 행동과 먹는 즐거움을 연합시키는 것도 학습했다('조작적 조건형성'). 이 두 학습은 목장주의 일손을 크게 덜어 주었다(Nolen-Hoeksema et al., 2015).

인지학습

전통적인 행동주의에서는 인간 행동을 예측하려면 사람이 반응을 보이는 상황만 알면 된다고 보았다. 그리고 학습 메커니즘을 연구하려면, 단순히 동물을 대상으로 한 연구만으로도 충분했다. 학습은 경험(반응-자극 관계와 반응결과의 경험)에서만 유래한다고 가정했기 때문에 고등 정신과정을 연구하거나 가정할 이유가 없었다. 그러나 20세기 중・후반으로 가면서 인지학습cognitive learning, 즉 학습에서 인지의 중요성을 알리는 연구들이 속속 발표되었다. 그중 하나가 톨먼의 잠재학습이다. 학습에서 인지적 요인은 통제control다('제어'로도 불림).

잠재학습

잠재학습latent learning은 에드워드 톨먼이 창안한 개념으로, 강화물이 제공되지 않은 상태에서도 유발되는 학습을 말한다. 그는 실험을 통해 동물이 학습을 했음에도 행동은 학습된 것에 상응하는 방식으로 변하지 않음을 입증했다(Tolman & Honzik, 1930).

에드워드 톨먼
(Edward C. Tolman, 1886~1959)

그의 실험에서 쥐는 복잡한 미로를 학습했다. 한 집단의 쥐들은 미로에서 길을 정확하게 찾았을 때, 보상으로 먹이가 주어졌다. 이 쥐들은 여러 날에 걸쳐 미로를 찾아 나오는 데 점진적인 증진을 보였다. 두 번째 집단의 쥐들은 처음에 보상이 주어지지 않았고, 그 결과 미로 찾기에서 증진을 보이지 않았다.

그러나 그 후, 보상이 주어졌을 때, 그 성과는 거의 즉각적으로 첫 번째 집단의 성과에 접근했다. 이는 두 번째 집단의 쥐들이 미로에 대한 잠재적 지식을 축적했고, 보상으로 먹이가 제공되자 이를 행동으로 나타냈음을 보여 주는 것이었다. 이에 톨먼은 미로를 달리는 쥐가 일련의 좌·우회전 반응을 학습하는 것이 아니라, 미로의 배열에 관한 심적 표상('인지도cognitive map')을 발달시킨다는 결론을 내렸다(Tolman, 1932). 더욱 중요한 사실은 동물이 강화를 받지 않아도 학습이 일어난다는 것이었다. 동물뿐 아니라 사람들 역시 행동에 즉각적인 강화가 주어지지 않아도 많은 것을 학습한다. 이를 실험으로 입증한 것이 밴듀라의 관찰학습이다.

관찰학습

앨버트 밴듀라
(Albert Bandura, 1925~2021)

관찰학습observational learning은 앨버트 밴듀라가 발표한 것으로, 다른 사람의 행동과 그 결과의 관찰로 학습이 이루어진다는 이론이다('사회학습이론' '대리학습' '모델링'으로도 불림). 아이들은 어려서 요리 또는 청소하는 부모를 지켜보면서 관찰학습을 한다. 학교에 가서는 수학교사의 문제풀이를 보면서 관찰학습을 한다.

관찰학습은 강화가 없어도 발생한다. 명백한 반응에 관여하지 않고 단순히 주의를 기울이는 것만으로도 관찰학습이 일어난다(Bandura, 2016). 밴듀라는 1961년 보보인형(사람 크기의 오뚝이 인형) 실험에서 모델의 공격행동을 관찰한 아이들이 관찰하지 않은 아이들보다 훨씬 더 공격적인 행동을 보인다는 사실을 발견했다. 이 실험은 그의 관찰학습 또는 모델링 개념, 즉 사회학습이론social learning thory의 토대가 되었다.

모델링 실험. 밴듀라는 성인 모델이 보보인형을 향해 공격적으로 행동하는 동영상을 한 집단의 아동들에게 보여 주었다([그림 6-8] 참조). 다른 집단의 아동들에게는 성인 모델이 공격적이지 않게 행동하는 동영상을 보여 주었다. 그런 다음, 아동들을 다양한 여러 인형을 가지고 놀 수 있는 방으로 데리고 갔다. 그러자 첫 번째 집단의 아동들은 두 번째 집단보다 보보인형에 대해 더 공격적인 행동을 나

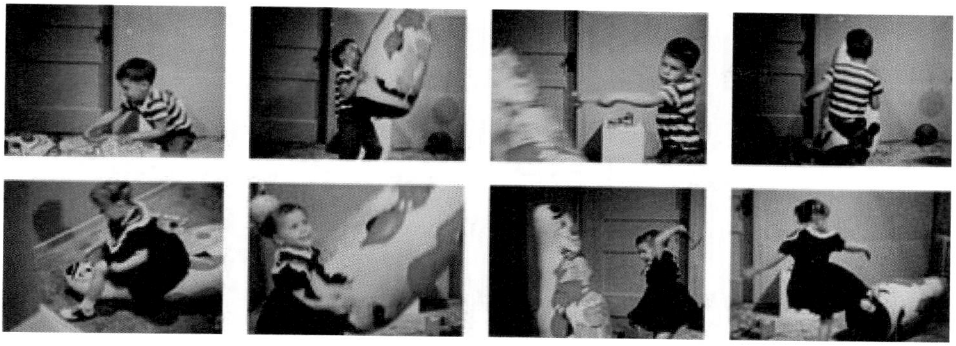

[그림 6-8] 밴듀라의 관찰학습 실험

출처: https://ko.sainte-anastasie.org/

타냈다. 아동을 대상으로 한 보보인형 실험에 관한 절차는 [그림 6-8]과 같다.

그 후, TV에 등장하는 모델이 공격적으로 행동하는 동영상을 아동들에게 보여주어도 그 결과는 유사했다(Bandura et al., 1963). 보보인형 실험에서 밴듀라는 관찰학습이 조작적 조건형성 원리를 기반으로 이루어진다는 점을 강조했다. 밴듀라는 일련의 연구를 통해 대중매체의 폭력적 영상이 아동의 공격행동 발달에 영향을 미칠 수 있음을 입증했다.

이어 수행된 종단연구(Huesmann et al., 2003) 역시 폭력적인 대중매체 프로그램에의 노출은 공격행동 성향이 증가한다고 보고했다. TV 폭력물 시청이 아동을 더 공격적으로 만드는가에 대한 논란은 밴듀라의 보보인형 실험을 통한 모델링modeling 효과가 발표된 이후에도 오랫동안 지속되었다. 그러나 미디어의 폭력물 시청이 아동의 공격성을 자극한다는 주장이 있는가 하면, 사람들에게 카타르시스 효과cathartic effect를 가져다준다는 주장도 있다.

밴듀라는 후기 연구에서 관찰학습 유발에 필요한 인지능력을 강조했다. 즉, 관찰학습이 일어나려면 학습자는 ① 모델의 행동에 주의attention를 기울이고, 그 결과를 관찰할 수 있고, ② 관찰한 것을 파지retention하며, ③ 그 행동을 재생reproduction할 수 있어야 하고, ④ 그런 행동을 하려는 동기motivation가 있어야 한다. 이는 관찰학습에는 상상, 사고, 예측 능력과 의도가 필수로 수반된다는 의미다.

[그림 6-9] 아이가 인형에게 체벌을 가하는 장면

밴듀라는 사람의 사회학습에서 인지의 중요성을 강조해 왔다. 그에 의하면, 사람은 자기경험의 수용자가 아니라 주체자다(Bandura, 2001). 이러한 주체자로서의 인지가 행동을 동기화하고, 자기효능감self-efficacy(자신의 유능성에 대한 개인적 신념)이 복잡한 사회학습에 필수적이다. 그 후, 밴듀라는 자신의 사회학습이론에 환경의 영향을 추가하여 환경과 개인의 특성, 그리고 행동의 삼원적 관계를 골자로 하는 사회인지이론social cognitive theory을 발표했다.

거울뉴런. 한 연구에서 거울뉴런mirror neuron이 다른 사람의 행동을 관찰할 때 활성화되고, 그 행동을 특정 목표를 가지고 수행하거나 의미 있는 맥락에서 수행할 때 더 활성화된다는 사실을 발견했다(Catteano & Rizzolatti, 2009). 이는 거울뉴런이 관찰학습, 즉 다른 사람의 행위와 의도를 이해하는 데 관여한다는 것을 시사하는 것이다. 이는 유기체 안에 거울뉴런이 있어서 타인의 행동을 관찰할 때 활성화되어 모방행동을 자극한다는 것이다.

거울뉴런은 신생아가 보는 앞에서 윙크하거나 혀를 내밀면 아이도 덩달아 이를 모방하려는 것에 관여한다. 또 주변 사람이 하품하면 덩달아 하품하게 되거나, 웃음의 전염성도 바로 이 거울뉴런이 있기 때문이다. 이러한 자동모방automatic modeling은 서서히 사라지는 경향이 있지만, 거울뉴런은 여전히 타인이 특정 물건을 향해 손을 뻗을 때, 그의 의도를 눈치챌 수 있게 해 준다(Ferrari & Rizzolatti, 2015).

관찰학습의 친사회적 · 반사회적 효과. 친사회적 행동prosocial behavior이란 남을 돕거나 도우려는 제반 행동을 말한다. 관찰학습이 친사회적 효과가 있음은 가깝게는 부모의 모델링을 들 수 있다. 나치 치하에서 목숨을 걸고 유대인 구출에 앞장선 기독교인들은 대부분 강한 도덕심 또는 인류애적 관심을 보여 준 부모와 친밀한 관계가 있었다(Nolen-Hoeksema et al., 2015). 관찰학습의 친사회적 효과는 모델의 언행이 일치할 때 가장 효과가 있었다. "내가 말한 대로 해! 내가 하는 것은 따라 하지 말고!"처럼 보이는 부모의 위선을 보며 자라난 자녀는 부모의 위선을 모델링하게 될 것이다(Myers & DeWall, 2019).

마하트마 간디
(Mahatma Gandhi, 1869~1948)

소감

07

기억
: 내 마음의 궤적

개요

- 기억처리모형
- 부호화
- 저장
- 인출
- 기억구성

학습목표

1. 기억을 정의하고 기억의 유형을 분류할 수 있다.
2. 기억의 과정을 설명할 수 있다.
3. 감각기억의 기능을 설명할 수 있다.
4. 단기기억의 기능을 설명할 수 있다.
5. 장기기억의 기능을 설명할 수 있다.
6. 잊어버린 인간의 정체성을 설명할 수 있다.
7. 기억의 생물학적 측면을 설명할 수 있다.

기억memory은 경험과 정보를 부호화 · 저장 · 인출하는 인지적 정신기능이다. 이는 시간이 지나도 계속되는 학습과정인 동시에, 개인의 경험과 습득된 정보가 축적된 저장고이기도 하다. 기억은 개인의 삶을 정의해 주고, 지금까지 살아온 과정을 설명해 준다. 그래서 우리는 기억하는 만큼 존재한다. 사람들은 기억을 통해 가까운 사람을 인식하고, 언어를 말하며, 집에 돌아갈 수 있고, 물이나 음식이 어디에 있는지 알 수 있다. 기억이 있어서 과거의 경험을 즐기고, 정신적으로 재생하며, 기뻐할 수 있다.

만일 우리에게 경험을 저장할 장치, 즉 기억이 없다면 즐거웠던 추억을 떠올릴 수 없고, 고통스러운 기억으로 힘들어하지도 않을 것이다. 또한 언제나 낯선 사람을 만나게 될 것이고, 모든 언어는 외국어가 될 것이며, 일상적인 활동은 매번 새로운 도전이 될 것이다. 그저 끝없는 현재에 살게 될 것이다. 자기 자신에 대한 기억 소멸은 자신에게조차 낯선 사람이 될 수 있다.

사람들은 셀 수 없이 많고 다양한 얼굴, 음성, 소리, 맛, 냄새, 촉감, 장소, 사건 등을 기억하고 있다. 사람들은 어떻게 이처럼 놀랍고 신비한 능력을 지니고 있을까? 우리의 뇌는 어떻게 주변 세상의 정보를 저장하여 나중에 사용할 수 있도록 챙겨놓는 것일까?

또 우리는 어떻게 오랫동안 잊고 지내던 것을 기억해 낼 수 있으면서도, 조금 전에 만났던 사람의 이름은 기억하지 못하는 것일까? 우리의 뇌는 어떤 방식으로 작동하기에 우리의 경험을 거르기도 하고, 저장하여 필요할 때 인출 할 수 있게도 하며, 또 어떤 것은 잊게 하는 것일까? 이 장에서는 이러한 흥미 있는 질문을 탐구하는 한편, 기억구성 오류와 기억증진을 위한 방법에 관해서도 살펴보기로 한다.

기억처리모형

기억연구의 고전으로 불리는 앳킨슨과 쉬프린(Atkinson & Shifflin, 1968)의 중다 저장모형multi-store model을 수정한 3단계 기억처리모형은 기억이 어떤 과정으로 형성·처리·저장되는지의 이해를 돕는다. 이 모형은 컴퓨터의 정보처리과정information processing에 기반하여 사람에게 정보가 입력·저장·인출되는 과정을 체계적·단계적으로 설명한 모형이다. 이를 도식으로 나타내면 [그림 7-1]과 같다.

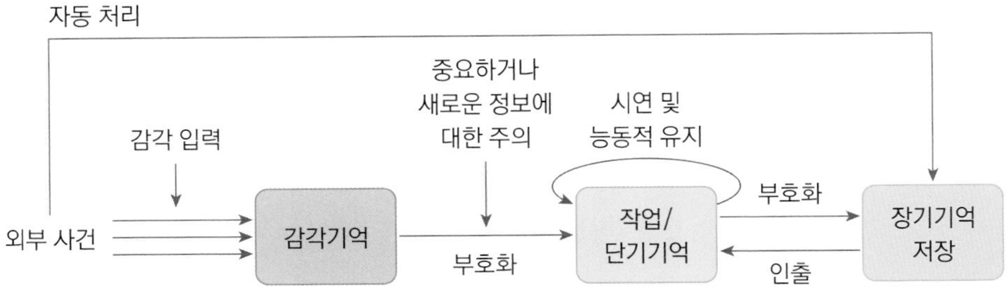

[그림 7-1] 수정된 기억처리모형

[그림 7-1]의 감각기억sensory memory에는 감각기관을 통해 유입된 외부 정보들이 일시적으로 저장된다. 이곳에서 시각정보는 0.5초 미만, 청각정보는 몇 초에 이르는 시간 내에 소멸한다. 단, 주의를 기울인 극히 소량의 정보만이 단기기억으로 전이된다(Massaro & Loftus, 1996). 단기기억short-term memory(STM)은 감각기억에 들어온 정보를 몇 초간 의식에 유지하는 기억이다('작업기억working memory'이라고도 함). 이 정보는 방치하면 약 20초 이내에 소멸(망각)된다. 단기기억 정보는 쉽게 접속할 수 있고 의사결정 또는 초 단위 과제수행의 근거로 사용된다.

정보를 계속해서 반복('시연/되뇌기rehearsal')하면 소멸을 막을 수 있고, 이 과정을 거친 정보는 장기기억으로 전이된다. 장기기억 저장long-term memory store은 가용한 모든 정보를 유지하는 대규모 저장 공간으로, 크기가 무한하다. 장기기억에는 단기기억으로부터 되뇌기/정교화 과정을 거쳐 넘어온 다양한 유형의 정보가 유입된다. 단기기억에서 주어진 과제수행을 위해 저장된 정보를 단기기억으로 인출하여 정보를 조작·사용할 수 있게 한다.

기억 연구자들은 기억의 작동과정을 컴퓨터의 작동원리에 비유하곤 한다. 즉, 인간의 기억이 ① 부호화encoding, ② 저장storage, ③ 인출retrieval 과정으로 작동된다고 가정한다. 즉, 감각기관을 통해 들어온 정보는 기억에 입력되고('부호화'), 기억에 저장되어 시간이 지나도 유지된다('저장'). 이렇게 저장된 정보는 필요할 때 기억에서 꺼낼 수 있다('인출')는 것이다.

부호화

부호화encoding란 정보처리과정의 일부로, 감각을 통해 들어오는 정보를 처리·저장할 수 있는 기호 형태로 변환하는 작업 또는 과정을 말한다. 정보를 작업기억에 부호화하려면 주의를 기울여야 한다. 주의는 선택적이므로, 작업기억은 선택한 것만을 대상으로 한다. 이는 입력된 수많은 정보가 작업기억에 들어가지 못하기 때문에 나중에 인출할 수 없음을 의미한다. 이러한 점에서 기억문제는 주의결핍 문제다.

예를 들어, 방금 지나온 가게의 이름을 물었을 때 답하지 못하는 이유는 무엇일까? 그 이유는 기억실패가 아니라 가게의 상호명에 주의를 기울이지 않았기 때문이다. 부호화는 주로 음운 부호화와 시각 부호화로 이루어진다. 정보를 기억에 부호화할 때는 음운 부호화, 즉 특정 부호 또는 표상으로 들어온다. 기억형성은 두 가지 경로, 즉 ① 외현기억과 ② 암묵기억으로 작동한다.

외현기억

외현기억explicit memory은 의식적으로 알고 선언할 수 있는 사실과 경험에 대한 기억이다('선언기억'). 이 기억은 의식적이고 노력이 필요한 처리effortful processing를 통해 부호화된다. 외현기억(사실 또는 경험의 지속적인 기억) 형성을 위해서는 주의를 집중하고 기억하려는 의식적 노력이 도움이 된다.

감각기억. 감각기억sensory memory은 외현기억 형성의 첫 단계다. 기억되는 내용은 짧은 이미지 또는 소리 등의 감각을 통해 작업기억으로 이동한다. 반면, 감각기억은 마치 번개처럼 사라진다. 한 실험(Sperling, 1960)에서 참여자들에게 1/20초간 세 개의 글자로 된 세 줄의 행을 보여 주었다([그림 7-2] 참조). 이들은 단지 절반 정도

K	Z	R
Q	B	T
S	G	N

[그림 7-2] 전체 회상

만 기억했다. 이는 참여자들이 모든 글자를 보았으나, 아주 짧은 시간 동안만 회상할 수 있음을 보여주는 것이었다. 이처럼 잠깐 나타났다가 사라지는 감각기억은 영상기억iconic memory이다.

사람의 눈은 1/10초간 한 장면에 대한 그림 이미지를 보유한다. 그 후, 이 이미지는 시야에서 사라지고 새로운 이미지가 이전 이미지를 대체한다. 소리 역시 빨리 사라지는 감각기억을 가지고 있다. 이는 몸에서 3~4초간 울려 퍼지는 잔향기억echoic memory이다. 영상기억에 잔상이 남는 것처럼, 잔향기억에는 잔향이 남는다. 잔향기억은 다음 소리가 들리기 전까지 처리되지 않는다는 점에서 '보유탱크holding tank'에 비유되기도 한다.

작업기억. 작업기억working memory이란 주어진 과제와 관련된 일련의 정보들을 인지적 과정을 통해 과제를 효과적으로 수행할 수 있게 하는 작업대로서의 단기기억Short-Term Memory(STM)을 말한다. 작업기억은 본래 단기기억이라는 말로 소개되었으나, 기억의 중간단계에서 많은 정보를 처리한다는 점에서, 종종 작업기억이라는 말로 대체하여 사용되고 있다. 작업기억에서는 뇌가 중요한 정보를 적극적으로 처리하고, 새롭게 입력된 정보를 이해하며, 장기기억과 연결한다. 반면, 반대 방향으로 작동하여 이미 저장된 정보도 처리한다.

언어정보를 처리할 때, 작업기억 장치는 이미 저장된 정보 또는 상상한 것과 새로운 정보를 연결한다(Cowan, 2010). 현재 읽고 있는 책의 내용은 시각을 통해 작업기억에 입력된다. 이러한 기억입력을 기존의 장기기억과 통합하려면, 집중하여 주의를 기울여야 한다. 그렇지 않으면, 정보는 곧 사라진다. 이러한 점에서 작업기억은 생각을 처음부터 끝까지 연결하는 정신적 접착제로 비유되곤 한다.

작업기억 용량의 크기는 정보 보유량과 문제의 창의적 해결력에 영향을 준다(de Dreu et al., 2012). 젊은 성인은 아동과 나이 든 성인보다 더 큰 작업기억 용량을 지니고 있다. 그러나 나이에 상관없이 한 번에 한 가지 일에 집중할 때, 일의 효율성은 더 높다. 이러한 일련의 연구결과를 고려할 때, TV 시청, 친구와의 문자메시지 교환, 심리학 보고서 작성을 동시에 하려는 것은 그리 현명한 생각은 아니다(Willingham, 2010). 그러나 부호화 시간이 분산되어 있으면, 정보를 더 잘 보유할 수 있다('간격효과spacing effect').

분산학습distributed learning은 반복적으로 셀프테스트를 하는 것이다('검사효과testing effect'). 예컨대, 자료를 읽기만 하는 것은 자칫 숙달했다는 잘못된 자신감을 가지게 할 수 있다는 점에서 시험을 칠 때처럼 인출 및 연습하는 것이 학습에 도움이 된다. 인출연습은 강력하고 보편적인 학습전략이다(Roediger, 2013). 일일 온라인 퀴즈를 풀면 심리학 입문 과정에 있는 학생의 학습 성과가 향상된다는 사실은 그리 놀랄 일이 아니다(Pennebaker et al., 2013).

암묵기억

암묵기억implicit memory은 의식적 노력 없이 형성되는 기억이다('비선언기억'). 자동처리automatic processing를 통해 형성된 암묵기억은 부호화 경로를 우회한다. 암묵기억에는 자동기술(예 자전거, 스노보드 타기)과 고전적 조건화된 연합이 포함된다. 고전적 조건화된 연합의 예로는 어린 시절 사나운 개에게 물리거나 물릴 뻔한 기억은 수년이 지나도 개가 접근할 때 자동으로 몸이 긴장되는 것이다. 또한 공간, 시간, 빈도에 대한 정보는 의식적인 노력 없이도 자동으로 처리된다. 이에 관한 설명은 〈표 7-1〉과 같다.

〈표 7-1〉 자동 처리되는 정보

정보	설명
1. 공간	❍ 공부하는 동안 특정 자료가 담긴 페이지의 해당 위치를 부호화할 수 있음 ❍ 나중에 해당 정보를 인출할 때, 그 페이지의 해당 위치를 시각화할 수 있음
2. 시간	❍ 뇌는 하루의 사건 순서를 기록함 ❍ 물건을 잃어버리는 경우, 한 단계씩 순서대로 역추적하여 기억을 되살릴 수 있음
3. 빈도	❍ 특정 사건이 얼마나 자주 일어났는지 추적하여 알게 함(예 "그분과의 만남은 네 번째였어요.")

자동처리는 노력을 기울이지 않고도 가능하다. 모국어로 된 단어를 볼 때, 그 의미를 바로 알게 된다. 그러나 읽기 학습은 처음부터 자동적이지 않다. 그러나 경험과 연습을 통해 읽기가 자동으로 이루어지게 된다. 이처럼 노력이 필요하지만 연습하면 더 자동으로 된다. 운전, 문자메시지, 새로운 어휘 등 다양한 기술이 이런 방식으로 습득된다. 연습은 이러한 기술들을 자동 처리할 수 있도록 돕는다.

저장

외현기억과 암묵기억은 각각 다른 뇌 영역에서 처리된다. 이러한 사실은 활동 중인 뇌 스캔 자료와 다양한 형태의 기억상실을 겪은 사람들의 부검자료를 통해 축적되었다. 이처럼 두 개 경로로 작동되는 체제는 자동 경로와 노력이 필요한 경로를 통해 정보의 부호화, 저장, 인출에 도움을 준다.

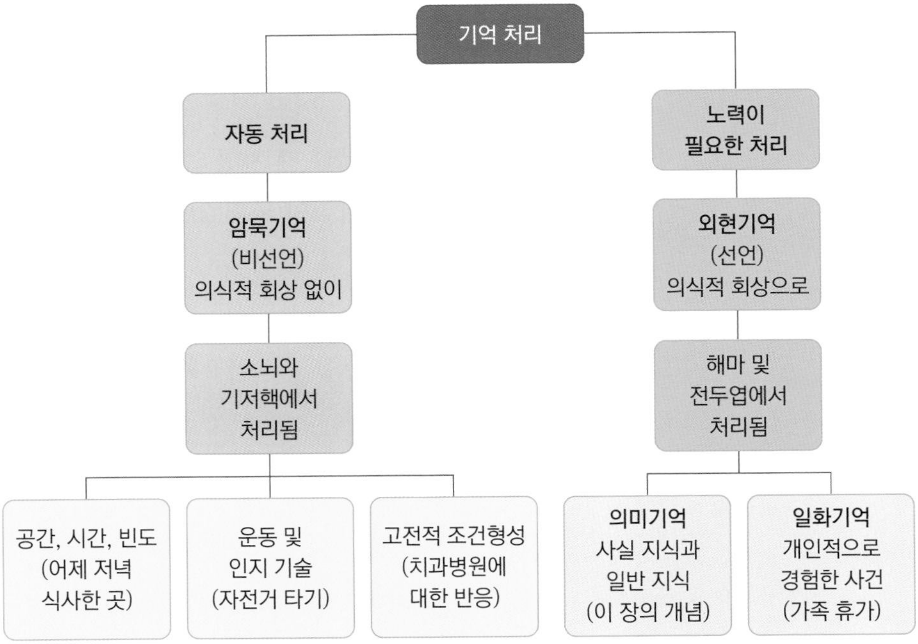

[그림 7-3] 이중기억 처리체제

외현기억 저장

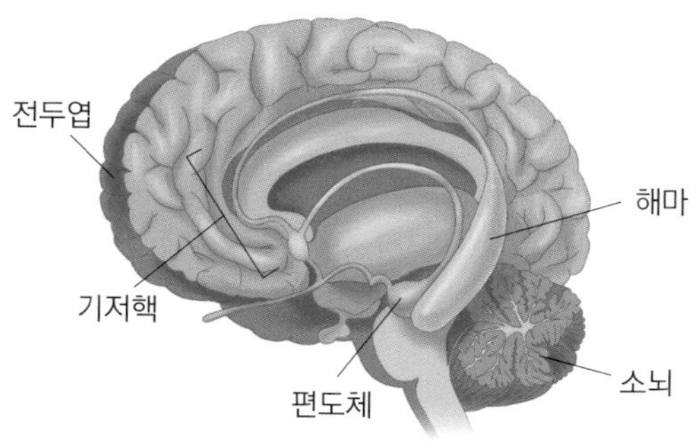

[그림 7-4] 기억저장에 관여하는 뇌 영역

의식적 회상인 외현기억explicit memory은 의미기억semantic memory(추상적이고 일반적인 지식과 관련된 기억)과 일화기억episodic memory(특정 사건 또는 개인적 경험과 관련된 기억)을 포함하는 기억이다. 새로운 외현기억은 변연계 신경중추인 해마hippocampus를 통해 저장된다. 해마는 뇌의 저장 버튼과 같은 곳이다. 뇌 스캔 파일을 보면 사람들이 이름, 이미지 또는 사건에 대해 외현기억을 형성할 때, 해마와 주변 뇌 연결 네트워크가 활성화되는 것이 관찰된다(Wang et al., 2014).

해마는 뇌가 여러 사상(냄새, 느낌, 소리, 위치 등)을 일시적으로 등록·저장하는 하역장 같은 기능을 한다. 또한 오래된 파일을 저장소로 옮기듯이, 기억은 다른 위치의 저장소로 이동한다('기억 응고화memory consolidation'). 뇌의 좌·우측 전두엽frontal lobe에는 다른 정보가 저장된다. 예컨대, 패스워드를 회상하여 작업기억에 두고 있으면, 좌측 전두엽이 활성화된다. 어젯밤의 소개팅 장면을 인출하고자 한다면, 우측 전두엽이 활성화될 것이다.

헤르만 에빙하우스
(Hermann Ebbinghaus, 1850~1909)

기억폭. 기억폭memory span은 완벽한 순서로 회상할 수 있는 항목의 최대 수다. 이는 무관한 항목(숫자, 문자, 또는 단어)을 제시하고, 그 항목을 순서대로 회상하도록 요구함으로써 알 수 있다. 작업기억 용량은 상당히 제한되어 있다. 기억 능력의 차이는 일차적으로 장기기억에 의한 것이다. 작업기억의 경우, 성인 대부분은 7±2의 용량을 지니고 있다. 이는 1885년 기억에 관한 실험연구를 시작한 독일의 심리학자 헤르만 에빙하우스가 자신의 기억폭이 7개 항목임을 보여 주는 실험 결과에서 추출된 것이다.

에빙하우스는 자음-모음-자음으로 구성된 일련의 무의미 철자nonsense syllables(예 JIH, BAZ, FUB)를 수천 개 생성하여 다양한 개수의 무의미 철자 목록을 학습하고, 또 재학습을 반복하여 기억해 내는 실험을 수행했다. 에빙하우스가 기억자료로 무의미 철자를 이용한 것은 기존의 지식이 기억 형성에 미치는 영향을 배제하기 위한 것이었다. 에빙하우스는 일련의 무의미 철자들을 무선 선택하여 연습한 다음, 스스로 절약률savings이라는 값을 통해 기억을 측정했다([글상자 7-1] 참조).

[글상자 7-1] **집단에 따른 꿈의 특성에 관한 연구결과**

> ※ 다음 목록을 8회에 걸쳐 큰 소리로 빠르게 읽은 후, 다른 곳을 보면서 회상해 보자.
> JIH, BAZ, FUB, YOX, SUJ, XIR, DAX, LEQ, VUM, PID, KEL, WAV, TUV, ZOF, GEK, HIW

에빙하우스는 [글상자 7-1]에 제시된 목록을 학습한 다음 날, 철자들을 거의 회상할 수 없었다. 그러나 완전히 망각한 것은 아니었다. 첫째 날 목록을 큰 소리로 반복한 횟수가 많을수록, 다음 날 그 목록의 재학습에 필요한 시간이 줄어들었다. 이는 언어 정보의 부가적 되뇌기가 파지를 증가시킨다는 사실을 입증하는 것이었다. 특히 연습을 시간에 걸쳐 분산했을 때 그랬다. 이 결과는 강의내용을 알게 된 후에도 되뇌기가 기억에 도움을 준다는 것이다. 그 후, 조지 밀러(Miller, 1956)는 자신의 논문「마법의 수 7±2(The magical number seven, plus or minus two)」에서 이 숫자를 '마법의 수 7'이라고 명명했다. 이 한계는 동서양 모두에서 공통적이다(Yu et al., 1985).

청크 만들기. 청크 만들기chunking란 새로운 자료를 크고 의미 있는 단어로 재부호화하여 그 단위('청크chunk')를 작업기억에 저장하는 것을 말한다('청킹'으로도 불림). 기억폭 실험 절차는 항목을 기억하기 위해 장기기억 정보와 연결 짓지 못하게 한다. 그러나 장기기억 정보와 연결이 가능하다면, 기억폭 과제의 성과가 급격히 상승한다. 이를 위해 문자열 'HCUMOSUOYKNAHT'가 제시된다면, 기억폭이 7±2이므로 전체 14개 문자열을 모두 회상하기란 거의 불가능하다. 그러나 이 문자열을 역순으로 읽으면 THANK YOU SO MUCH가 된다는 사실을 안다면, 이 과제는 무척 수월해진다. 장기기억에 저장된 지식을 사용하여 작업기억에 저장해야 할 항목의 수를 14개에서 네 단어로 줄여 버린 것이다.

그렇다면 이러한 철자법 지식은 어디에서 오는 것인가? 이는 단어에 관한 지식이 저장된 장기기억에서 온다. 따라서 작업기억의 용량은 7±2 청크로 표현하는 것이 적절하다(Miller, 1956). 청크 만들기는 숫자로도 할 수 있다. 숫자열 139219501945는 기억폭을 훨씬 초과하지만, 1392-1950-1945는 용량 이내에 있는데, 한국사 지식이 있다면 가능하다. 이처럼 문자와 숫자의 연속은 장기기억에서 인출이 가능한 단위로 재구성할 수 있다면, 작업기억의 용량을 늘릴 수 있다(Bower & Springston, 1970).

암묵기억 저장

보행, 요리, 옷 입기 같은 신체적 기술과 관련된 암묵기억implicit memory 형성은 소뇌cerebellum가 담당한다. 뇌간의 뒤에 있는 소뇌는 고전적 조건형성으로 생성된 기억을 형성 · 저장하는 데 중요한 역할을 한다. 뇌의 깊은 곳에 있는 기저핵basal ganglia은 운동 동작을 담당하는 구조로, 이러한 기술에 대한 기억형성을 돕는다(Mishkin et al., 1997). 자전거, 스케이트, 스키 또는 스노보드 타는 법을 터득했다면, 이는 기저핵 덕분이다.

정서와 기억

각성은 뇌에 특정 사건이 새겨지게 한다(McGaugh, 2015). 이 과정은 흥분하거나 스트레스를 받으면 땀샘이 스트레스 호르몬 생성을 촉발함으로써 시작된다. 스트레스 호르몬은 뇌 활동에의 연료 공급을 위해 포도당 에너지 공급을 통해 중요한 일이 일어나고 있음을 뇌에 알린다. 스트레스 호르몬은 또한 편도체를 자극하여 뇌의 기억형성 영역의 활동을 촉진한다(Kensinger, 2007). 이로 인해 끔찍한 경험(교통사고, 인질, 테러, 참전, 총격, 화재, 강간 등)에 대한 생생한 기억을 반복적 · 침습적으로 떠오르게 한다.

그 결과, 강력하고 믿을 만한 기억으로 자리 잡게 한다. 다른 한편으로, 이런

출처: https://airtravelinfo.kr/

기억의 지속은 적응에 도움이 되기도 한다. 미래의 위험에 대해 경계심을 갖도록 하기 때문이다. 즉, 기억된 사건에 대한 정신적 터널시야tunnel vision를 제공함으로써, 개인이 사소한 세부사항에 관심을 줄이고 중심되는 사건에 집중하게 한다(Mather & Sutherland, 2012).

이처럼 주변 맥락을 희생시키면서 우리의 관심을 끄는 것은 회상이 더 잘된다. 이는 정서적 사건의 섬광기억flashbulb memory이 다른 기억보다 선명하게 남는 것을 설명해 준다. 2006년 설문조사에서 미국 성인의 95%는 9·11 테러 소식을 처음으로 들었던 위치를 정확히 기억할 수 있다고 답했다.

그러나 시간이 지나면서 다소의 오류가 생기기도 했지만, 9·11에 대한 대부분 사람의 기억은 2~3년간 일관되게 유지되었다(Conway et al., 2009). 극적인 경험은 부분적으로는 연습을 통해 기억에 더 선명하게 남는다. 또한 기분 좋은 경험은 반복적인 회상과 되뇌기를 통해 더 오래 기억되는 경향이 있다(Talarico & Moore, 2012). 프로 스포츠팀 팬들이 자신이 응원하는 팀이 승리한 경기를 훨씬 더 잘 회상하는 것이 그 예다(Breslin & Safer, 2011).

인출

인출retrieval은 장기기억에서 작업기억으로 정보를 꺼내는 과정이다. 시험공부를 열심히 했지만, 정작 시험을 치는 순간에 답이 기억나지 않거나, 누군가 아는 사람을 만났을 때, 이름이 생각나지 않는 것은 한 가지 정보로 다른 정보를 불러내는 방식으로 문제와 답안에 필요한 내용을 연결하지 못함으로 인해 발생하는 인출실패의 예다.

파지 측정치

기억memory이란 장기기억에 저장된 정보 또는 학습한 내용이 시간이 지나도 계속 해서 남아 있는 상태를 말한다. 이처럼 학습한 것을 보유하고 있음은 파지 측정치를 통해 확인할 수 있다. 파지 측정치로는 ① 회상, ② 재인, ③ 재학습이 있는데, 이에 관한 설명은 〈표 7-2〉와 같다.

〈표 7-2〉 파지 측정치

파지 측정치	설명
1. 회상recall	❍ 저장고에서 정보를 의식으로 꺼냄
2. 재인recognition	❍ 과거에 학습한 항목을 식별함
3. 재학습relearning	❍ 같은 내용을 2회 이상 학습함으로써, 더 신속한 학습이 가능해짐

초등학교 동창생들의 얼굴과 이름을 떠올려 보자. 이미 세월이 많이 흘러서 이들을 모두 회상할 수는 없을 것이다. 그러나 졸업앨범을 보면 이들의 얼굴을 재인하거나, 이름을 보고 그 얼굴의 주인공을 재인할 수 있다. 한 연구에서 25년 전에 졸업한 사람들은 동기생 대부분을 회상할 수 없었지만, 사진과 이름을 보고는 90%를 재인할 수 있었다(Bahrick et al., 1975). 기억이론에서는 이 세 단계 중 하나 또는 그 이상 단계에서의 실패가 망각을 유발한다고 본다.

인출단서

인출단서retrieval cues란 장기기억에 저장된 정보 탐색에 도움을 주는 단어 또는 자극을 말한다. 기억은 마치 거미줄 중간에 매달려 있는 거미가 자기를 중심으로 서로 다른 방향의 지점을 향해 바깥쪽으로 여러 가닥이 뻗어 있어서 어떤 지점에서도 연결된 가닥을 따라가면 거미에 다다를 수 있는 것과 같다. 기억은 이처럼 저장소에 설치된 거미줄처럼 각 정보가 다른 것들과 연결된 양상을 띤다. 동창생을 기억으로 부호화한다면, 이름을 비롯하여 환경, 분위기, 좌석 위치 등 수반되는 정보도 함께 부호화될 것이다. 이들 요소는 나중에 이름을 인출할 필요가 있을 때, 동기생의 이름에 접속하는 경로의 기준점 또는 인출단서 역할을 한다.

맥락의존 기억. 맥락의존 기억context-dependent memory은 특정 맥락에서 학습한 것은 그 맥락에 있을 때 더 쉽게 회상할 수 있는 현상이다. 경험 맥락에 자신을 되돌려 놓으면 기억인출이 점화될 수 있다. 여러 측면에서 기억은 개인의 환경에 의존하는 행동이다(Palmer, 1989). 반면, 일상적인 상황이 아닌 데서의 경험은 혼란을 초래할 수 있다. 예를 들어, 자주 들르던 식당 주인을 역에서 만났다면, 그를 알아보지만, 그가 누구이고, 어떻게 알고 있는지 알아내려면 다소의 시간과 노력이 들 수 있다. 이는 기억이 맥락에 의존하고 있고, 그 맥락과 연관된 단서의 영향을 받기 때문이다.

상태의존 기억. 상태의존 기억state-dependent memory은 특정 상태에서 학습한 것은 그 상태에 다시 있을 때 더 쉽게 회상할 수 있는 현상이다. 이러한 형태의 기억은 맥락의존 기억과 밀접한 관련이 있다. 술에 취한 상태에서 학습한 것은 다시 술에 취했을 때 더 잘 회상할 수 있는 것이 그 예다. 술에 취한 상태에서 돈을 숨겼다면, 다시 술에 취하면 그 위치를 회상할 수 있다.

기분도 기억에 영향을 준다(Gaddy & Ingram, 2014). 행복한 느낌이 들면 달콤한 기억이 점화된다. 화가 나거나 우울해지면 좋지 않은 기억이 점화된다. 기분이 나쁘면 불행한 기억이 촉발된다. 이 시점에 친구나 가족을 만나면 그와 관련된 좋지 않은 기억이 떠오를 수 있다. 기분과 같은 사건을 회상하는 경향성을 기분일치기억mood-congruent memory이라고 한다.

사람들은 종종 색안경을 끼고 세상일을 회상한다(DeSteno et al., 2000). 사람들은 자신의 행동이 유능하고 효과적이라고 회상하는 경향이 있다. 이들은 다른 사람들이 친절하고 후하다고 생각한다. 그리고 불행한 사건보다 행복한 사건이 더 자주 일어날 것이라고 확신한다. 현재 우울해하는 사람들은 부모를 거부적 · 처벌적이라고 회상한다.

그러나 기분이 나아지면, 부모는 천사가 된다. 인출에 대한 기분 효과는 기분이 지속되는 이유 설명에 도움을 준다. 행복할 때, 사람들은 행복한 사건을 기억하고, 세상을 행복한 곳으로 보며, 이로 인해 좋은 기분이 연장된다. 반면, 우울해지면, 슬픈 사건이 회상되고, 현재 사건에 대한 견해도 어두워진다. 우울 성향이 있는 사람들에게 이 과정은 악순환을 유지하게 만든다.

망각

망각forgetting은 이전의 경험 또는 학습내용을 장기기억으로부터 인출할 수 없거나 소멸된 상태다. 망각은 장기기억에 저장된 정보가 시간 경과에 따라 소멸되거나 새로운 항목으로 대체되기 때문에 일어난다. 망각은 공부하는 학생들에게는 저주일 수 있지만, 도움되지 않는 기억을 잊는 것은 축복이다. 망각이 발생하는 원인은 무엇일까?

시험지를 받아 본 순간 공부한 내용이 기억나지 않았다면, ① 부호화 실패(애초에 공부한 내용이 제대로 저장되지 않음), ② 저장 실패(도중에 공부한 내용을 망각함), 또는 ③ 인출 실패(한 가지 정보로 다른 정보를 불러내는 방식으로 문제와 답안에 필요한 내용을 연결하지 못함)로 인한 것일 수 있다. 이 외에도, ④ 영아기 기억상실과 ⑤ 알츠하이머병으로 인한 기억상실이 발생한다.

부호화 실패. 사람들은 감지하는 것 중에서 많은 것을 알아채지 못한다. 또 부호화에 실패한 것을 기억하지 못한다. 나이는 부호화 능력에 영향을 줄 수 있다. 젊은 성인들과는 달리, 나이 든 성인들은 새로운 정보를 부호화할 때 뇌의 여러 영역이 느리게 반응하는 경향이 있다. 이로써 새로운 이웃의 이름을 잘 기억하지 못하거나, 새로운 스마트폰 사용법을 익히는 것을 어려워하게 된다. 이러한 부호화 지연은 나이와 관련된 기억쇠퇴에 대한 설명이 된다(Grady et al., 1995). 부호화 실패로 인한 망각과정을 도식으로 나타내면 [그림 7-5]와 같다.

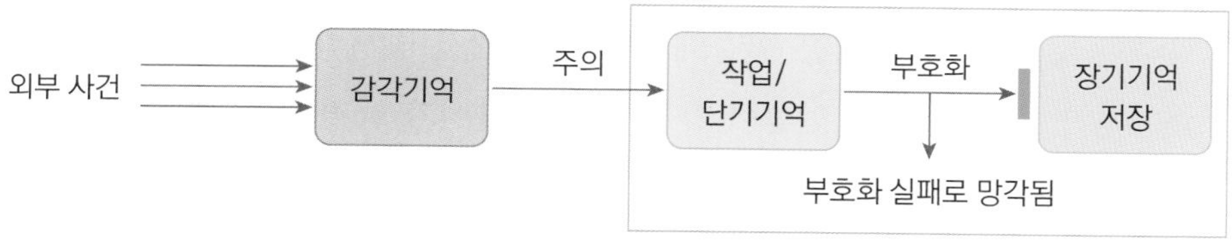

[그림 7-5] 부호화 실패로 인한 망각과정

저장 실패. 잘 부호화된 정보라도 시간이 지나면 잊어버릴 수 있다. 무의미 음절 학습의 대가, 헤르만 에빙하우스는 기억의 지속 기간을 연구했다. 그는 YOX, JIH 같은 무의미 철자 목록을 학습한 후, 20분에서 30일 사이에 기억 정도를 측정했다. 그 결과, 그는 학습-재학습 사이의 시간이 길어질수록 절약률이 낮아진다는 사실을 발견했다. 이러한 패턴을 그래프로 나타낸 것이 망각곡선forgetting curve('망각과정은 처음에는 빠르다가 시간이 흐르면 그 수준이 평평해진다')이다.

망각곡선에 대한 설명은 기억흔적memory trace(기억이 형성될 때 뇌에서 일어나는 물리적 변화)이 점차 사라지는 것이다. 에빙하우스는 종전까지 과학적 연구가 불가능하다고 여겨졌던 기억을 과학적으로 측정하여 그 원리를 밝혀냄으로써, 기억 연구의 선구자로 불리고 있다.

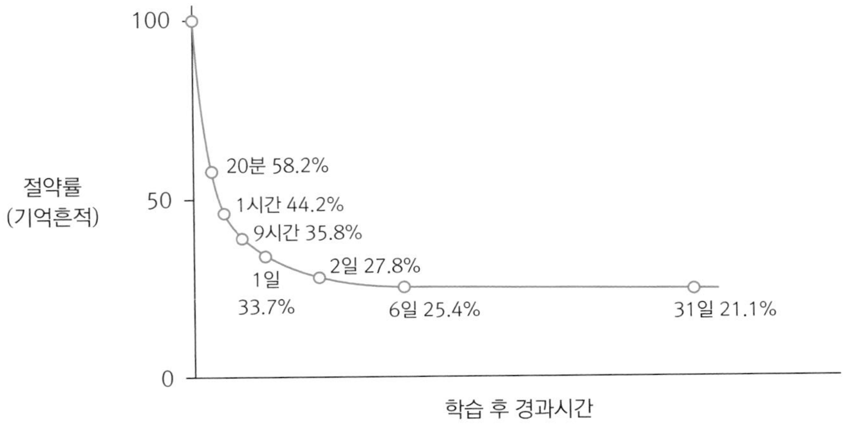

[그림 7-6] 에빙하우스의 망각곡선

주. 망각은 학습 직후 빠르게 발생하지만, 시간이 흐를수록 점차 느려진다.

인출 실패. 망각은 특정 사건 또는 정보에 접근할 수 있는 충분한 정보가 없어서 인출할 수 없을 수도 있다. 이는 마치 도서관에서 원하는 책을 찾지 못하는 것과 같다. 이처럼 혀끝 망각은 인출에 문제가 생겨서 발생한다. 그러나 인출단서가 주어지면, 비교적 쉽게 인출이 가능해진다. 나이가 들면, 좌절하게 하는 혀끝 경험이 자주 발생한다(Salthouse & Mandell, 2013). 인출 실패로 인한 망각과정을 도식으로 나타내면 [그림 7-7]과 같다.

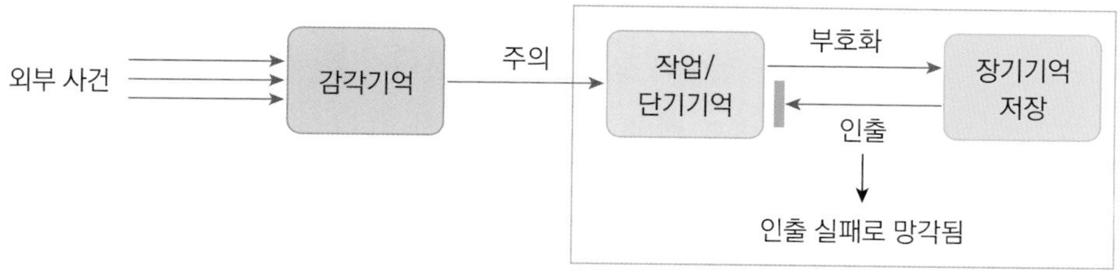

[그림 7-7] 인출 실패로 인한 망각과정

인출 실패는 간섭과 동기화된 망각으로 인해 발생한다. 첫째, 간섭interference은 점차 많은 정보를 저장함에 따라, 정신의 방이 어지럽혀지면서 발생한다. 새로운 것과 오래된 것이 서로 충돌하고 주의를 끌기 위해 경쟁하게 되면서 인출을 방해하게 된다. 순행간섭proactive interference은 이미 저장되어 있던 정보로 인해 새로운 정보의 학습 또는 기억·인출을 방해하는 현상을 말한다. 스마트폰 번호를 변경하면, 이전의 번호가 새로운 번호의 인출을 방해하는 것이 그 예다.

역행간섭retroactive interference은 새롭게 입력된 정보가 기존 정보의 인출을 방해하는 현상이다. 오래된 노래곡에 맞춰 새로운 가사로 노래를 부를 때, 기존의 노래를 기억하기 어려워지는 것이 그 예다. 잠들기 전에 새로운 것을 학습하면 기억이 방해받을 기회가 거의 없으므로 역행간섭으로 인한 손실이 감소된다(Diekelmann & Born, 2010). 수면 전 시간은 정보 기억을 위한 좋은 시간이다(Scullin & McDaniel, 2010).

둘째, 인출 실패는 동기화된 망각motivated forgetting으로 인해 발생하기도 한다. 과거에 대한 회상은 종종 그 내용을 변경한다. 프로이트는 이 현상을 개인의 기억 시스템이 정보를 자체 검열함으로써, 자기개념을 보호하고 불안의 최소화를 위해 고통스럽거나 용납할 수 없는 기억을 억압하기 때문이라고 보았다. 그는 억압된 기억(예 외상사건)은 계속 남아 있어서 정신분석으로 인출될 수 있다고 믿었다. 사람들은 흔히 중립적 정보(예 어제 저녁에 먹은 음식)는 바로 잊어버리지만, 감정적인 사건은 잊으려고 애쓴다(Payne & Corrigan, 2007). 이로써 잊고 싶은 외상에 대한 침습적 기억intrusive memory이 생기게 된다.

영아기 기억상실. 영아기 기억상실infantile amnesia이란 출생 후 첫 4년간의 기억이 결여된 상태를 말한다. 이 용어는 지그문트 프로이트가 성 심리학적 측면에서의 억압을 설명하기 위해 창안한 것이다. 생물학적 관점에서 볼 때, 외현기억의 형성·저장을 위해서는 언어구사력과 해마 발달이 필수적이다. 그러나 4세 이전에는 이러한 여건이 마련되어 있지 않기 때문에 영아기 기억상실이 발생한다고 본다.

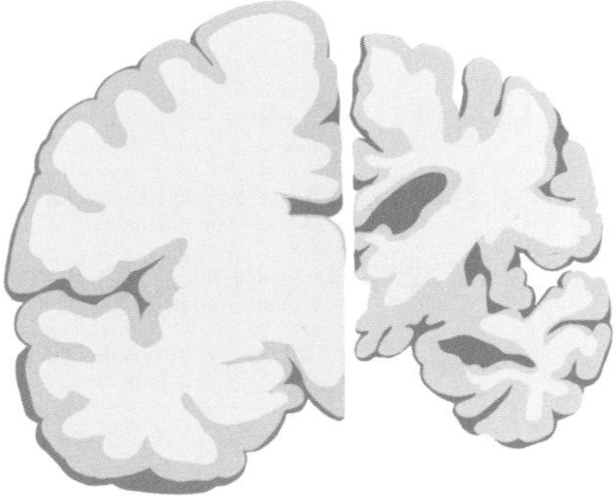

[그림 7-8] 건강한 뇌와 알츠하이머병으로 손상된 뇌

알츠하이머병. 알츠하이머병Alzheimer's disease은 치매를 일으키는 가장 흔한 퇴행성 뇌 질환으로, 기억력을 비롯한 인지기능 악화가 점진적으로 진행하는 병이다. 이 병은 수많은 나이 든 성인들의 새로운 정보 기억을 어렵게 하다가 점차 일상 업무의 수행력을 앗아간다.

서서히 가족과 가까운 친구들이 낯선 사람들이 되고, 복잡한 말은 단순한 문장으로 변한다. 한때 건강했던 뇌의 기억 중추는 쇠퇴의 길로 접어든다(Desikan et al., 2009). 이런 상태가 수년간 지속되면 사람들을 알아보지 못하게 된다. 바로 이것이 기억을 잃을 때 나타나는 비극이다.

기억구성

기억은 일반적으로 정확하지 않다. 왜냐하면 이는 저장된 토막정보와 상상, 예상, 보고 들었던 것 등에 더하여 과거를 추측하여 이를 재구성하기 때문이다(Gilbert, 2006). 이로써 기억은 수정된 버전이 원래의 버전을 대체하곤 한다(Hardt et al., 2010). 이를 재응고화reconsolidation라고 한다. 이는 기억의 사용횟수가 적을수록 원상태를 더 유지한다는 의미가 되므로, 모든 기억이 어느 정도는 거짓임을 의미한다(Bernstein & Loftus, 2009).

기억구성 오류

기억구성 오류는 때로 ① 오정보 · 상상 효과, ② 출처 기억상실, ③ 오기억 재인, ④ 아동의 목격자 회상 오류를 초래한다.

오정보 · 상상 효과. 사람들은 오정보 효과misinformation effect, 즉 잘못된 정보에 노출되면 잘못 기억하는 경향이 있다(Loftus et al., 1992). 오정보 효과로 인해 지갑은 때로 권총이 되고, 말끔하게 면도한 사람이 수염을 기른 남성으로 변하며, 심지어 무고한 사람이 범죄자 누명을 쓰기도 한다.

범죄 또는 사고 목격자가 사건에 관한 질문에 대해 기억을 재구성하는 방식을 탐구한 연구가 있었다(Loftus & Palmer, 1974). 두 집단으로 나뉜 참여자들은 교통사고 동영상을 시청하고 나서, 목격한 것에 관해 물었다.

그 결과, "자동차가 서로 충돌했을 때 얼마나 빨리 달렸나요?"라는 질문보다 "자동차가 서로 충돌하여 박살났을 때, 자동차가 얼마나 빨리 달렸나요?"라고 질문받았던 사람들이 더 빠른 속도로 달렸다고 답했다. 이 질문에서 '박살crash'이라는 단어는 응답자의 반응에 영향을 준 오정보로 작용했다([그림 7-9] 참조).

[그림 7-9] 사건회상 오류

일주일 후, 참여자들에게 깨진 유리조각을 봤냐는 질문에, 후자의 질문을 받았던 집단이 유리조각을 봤다고 2배 이상 많이 보고했다. 그러나 동영상에 깨진 유리는 없었다. 이 연구는 기억이 실질적이지 않고, 다만 상황에 따라 계속 바뀔 뿐임을 입증했다. 좀 더 구체적으로 말하면, 특정 사건을 사실적으로 다시 듣는 것만으로도 잘못된 기억을 심어 줄 수 있다는 것이다.

네덜란드에서 수행된 실험(Geraerts et al., 2008)에서 대학생들에게 아이들이 상한 계란 샐러드를 먹은 후 병에 걸렸다고 거짓 암시를 주었다. 그러자 이들은 즉시, 그리고 4개월 후에도 계란 샐러드 샌드위치를 덜 먹었다. 이는 상상효과

imagination effect, 즉 가짜 행동과 사건을 반복해서 상상하기만 해도 잘못된 기억이 생기는 현상을 입증했다.

출처 기억상실. 출처 기억상실source amnesia은 누군가를 알아보았지만 그를 어디서 만났는지 알지 못하는 현상을 말한다. 이는 사건의 기억은 보유하고 있지만, 그 맥락은 그렇지 않은 것이다. 출처 기억상실은 오정보 효과와 함께 거짓 기억의 핵심을 이룬다. 책 저자와 작곡가들이 때로 출처 기억상실로 어려움을 겪는다. 이들은 이전에 읽었거나 들었던 것을 의도하지 않게 표절하면서도 자신의 창의적인 상상력에서 아이디어가 나온 것으로 생각한다.

강간 혐의로 경찰에 소환된 심리학자(도널드 톰슨Donald Thompson)가 있었다. 피해자는 주저 없이 톰슨을 범인으로 지목했다. 그러나 사건 발생 직전에 톰슨은 생방송 인터뷰를 진행하고 있어서 범죄 현장에 가는 것이 불가능했다. 당시 피해자는 출처 기억상실, 즉 방송에서 보았던 톰슨의 얼굴 인식을 통해 강간범과 톰슨에 대한 기억을 혼동한 것으로 밝혀졌다(Schacter, 1996).

오기억 재인. 오기억 재인allomnesia recognition은 추측한 내용이 실제 기억에 흡수되어 진짜처럼 느껴지는 현상이다. 사람들은 종종 부정확한 기억에 대해 확신한다. 오정보와 출처 기억상실은 개인의 인식 밖에서 발생하므로, 거짓 기억과 실제 기억의 분리가 쉽지 않다(Schooler et al., 1986). 거짓 기억은 너무도 진짜 같아서 끈질기게 지속한다. 한 실험(Roediger & McDermott, 1995)에서 참여자들에게 사탕, 설탕, 꿀, 맛 같은 단어목록을 큰 소리로 읽게 하고 나서 더 큰 목록에서 이러한 단어를 인식하게 했다. 그 결과, 참여자들은 4회 중 3회를 '달콤한' 같은 유사어를 잘못 기억했다. 이로써 사람들이 단어 자체보다 요지를 더 쉽게 기억하는 것으로 판명되었다.

기억구성 오류는 왜 무고한 사람들이 범인으로 오인되곤 하는지를 이해하는 데 도움을 준다. 미국의 경우, DNA 검사로 무죄가 입증된 337명 중 71%가 잘못된 목격자 증언으로 유죄 판결을 받았다(Innocence Project, 2015). 최면술을 통한 범죄에 대한 기억 역시 종종 비슷한 오류를 유발한다. 이는 최면술사가 유도질문(예 "큰 소리를 들었나요?")을 하는 경우, 증인이 거짓 정보를 사건 기억에 짜 넣게 됨으로써 발생한다. 기억구성 오류는 어린 시절 학대 경험에 대한 기억을 다루는 경우에도 종종 발생한다.

아동의 목격자 회상 오류. 아동의 회상은 얼마나 정확할까? 아이들의 기억이 성 학대의 유일한 증거라면 어떤 일이 일어날까? 아이들의 기억이 얼마나 쉽게 변경될 수 있는지를 입증하기 위한 연구(Ceci & Bruck, 1993, 1995)가 수행되었다. 연구자들은 3세 아이들에게 소아과 의사가 이들의 신체 어느 부위를 만졌는지 인형을 통해 보여 달라고 했다. 생식기 검사를 받지 않은 아이 중 55%가 생식기 또는 항문 부위를 가리켰다. 다른 실험(Bruck & Ceci, 1999, 2004)에서는 암시적 인터뷰 효과가 입증되었다.

실험에 참여한 미취학 아동이 일어날 수 있는 상황이 적힌 카드 조합에서 한 카드를 선택하면, 성인이 그 카드를 아이들에게 읽어 주었다. 예를 들면, "잘 생각해 보고 이 일이 너한테 일어났는지 내게 말해 주렴. 쥐덫에 손가락을 다쳐 병원에 갔던 일이 기억나니?" 매주 인터뷰에서 같은 성인이 반복해서 아이들에게 여러 실제 사건과 가상 사건에 대해 생각해 보게 했다. 10주 후 새로운 성인이 같은 질문을 하자, 아동의 58%는 사건에 대해 한 번도 경험하지 않은 한 가지 이상의 거짓 이야기를 했다(Ceci et al., 1994).

아이의 상세한 진술은 전문가라도 거짓 정보와 실제를 구분하기가 거의 불가능할 것이다. 증언 아동 역시 이를 구분하지 못했다. 물론 피해아동이 가장 정확한 목격자일 수 있다. 중립적인 사람이 사건 직후에 아이가 이해할 수 있는 말로 비유도질문을 하는 경우, 아이들은 무슨 일이 일어났는지, 그리고 누가 어떻게 했는지 정확하게 기억하는 경향이 있다(Goodman & Quas, 2008).

기억력 증진법

기억에 관한 심리학 연구는 학생들의 수업과 시험성적 향상에 도움을 줄 수 있을까? 이 질문에 대한 대답은 '그렇다'이다. 기억력 증진법이란 학습내용 또는 정보를 효과적으로 입력/부호화 · 저장하고, 필요한 내용의 적시 인출에 도움을 주는 전략을 말한다. 실증적 연구에 기초한 기억력 증진법으로는 ① 정보의 조직화,

② 인출단서 활성화, ③ 반복시연, ④ 충분한 수면, ⑤ 셀프테스트 활용이 있다.

정보의 조직화. 첫째, 정보를 학습자의 말로 의미 있게 조직하는 방법이다. 이 방법은 자신의 말로 메모하여 인출단서 네트워크를 구성하여 단서를 늘리는 것이다. 이는 이미 습득된 것에 각각 새로운 개념을 연결하여, 생생한 이미지로 스토리를 만들고, 정보를 이해 · 조직하는 방법이다. 개념의 의미에 대한 정확한 이해 없이 무의미하게 반복한다면, 많은 인출단서를 확보할 수 없게 된다. 체제화 전략에 활용할 수 있는 스토리 자료로는 들었던 이야기, 수강했던 강의내용 등이 있다. 또한 영어와 독일어처럼 간섭이 일어날 수 있는 주제는 연이어 공부하지 않도록 시간표를 편성함으로써, 순행 및 역행간섭을 최소화한다.

인출단서 활성화. 둘째, 인출단서를 활성화하는 방법이다. 이 방법은 기본적으로 공부한 내용을 더 쉽게 인출할 수 있도록 청크를 만드는 것('청킹chunking')이다. 또한 맥락의존 기억과 상태의존 기억을 활용하여 학습이 일어난 상황을 재현하는 것이다. 맥락과 상태는 강력한 인출단서다. 그러므로 학습이 일어났던 맥락 또는 상태의 회복은 기억증진에 도움을 준다.

예를 들어, 특정 과목의 강의가 진행되었던 강의실에서 그 과목에 대한 시험을 본다면, 다른 강의실보다 더 강의내용을 더 잘 회상할 수 있다. 강의실이라는 맥락이 강의내용의 인출단서로 작용하기 때문이다. 그러나 일상생활에서는 특정 내용을 학습했던 맥락으로 되돌아갈 수 없는 경우가 많다. 대신, 같은 장소로 돌아가서 같은 기분 상태에 있다고 상상해 보자. 한 가지 생각이 다음 것이 생각나도록 하는 단서가 되도록 기억을 훈련한다.

반복시연. 셋째, 학습할 내용을 반복시연repetitive rehearsal하는 방법이다. 반복시연은 공부시간을 효율적으로 사용하는 방법이다. 특히 간격효과spacing effect, 즉 부호화하는 시간이 분산되어 있으면, 정보를 더 잘 저장할 수 있다. 이에 비해 집중학습massed practice(벼락치기)은 정보를 단기간에 저장할 수 있다는 이점이 있으나, 그만큼 빨리 잊어버린다는 한계가 있다.

따라서 벼락치기보다는 시간 간격을 두어 학습하고, 나중에 복습하는 방식을 활용하면 학습내용을 더 잘 기억할 수 있다. 특정 정보를 암기하려면, 암기하려는 자료를 시연하고, 몇 초 동안 기다렸다가 다시 시연하고, 좀 더 오래 기다렸다가 다시 시연하고, 또 더 오래 기다렸다가 시연하는 경우, 해당 정보는 장기기억에의 반영구적 저장이 가능해진다(Landauer, 2001).

펜은 키보드보다 강하다(Mueller & Oppenheimer, 2014). 펜으로 필기하는 것이 학습에 효과적이라는 뜻이다. 강의내용을 펜으로 적는 방법은 자신의 말로 자료를 요약할 수 있어서 노트북 컴퓨터로 타이핑하는 것보다 뇌에 더 잘 저장할 수 있다. 반복시연은 암묵기억 상황에서도 유용하다. 이미지 트레이닝image training으로 불리는 이 절차는 신체를 움직이지 않으면서 지각-운동기술 되뇌기를 상상해 보는 것이다. 예컨대, 테니스공을 향해 라켓을 스윙하는 장면을 머릿속에 그려 보고는 잘못된 부분이 있을 때 마음속에서 수정할 수 있다. 이러한 방법으로 이미지 트레이닝은 기술을 증진할 수 있고, 특히 실제 신체훈련 중간에 삽입될 때 그렇다(Swets & Bjork, 1990).

충분한 수면. 넷째, 잠을 충분히 자는 방법이다. 수면 중에 뇌는 장기기억을 위해 정보를 재구성하고 통합한다. 숙면은 기억 강화를 돕는다. 그러나 수면부족은 이 과정을 저해한다(Frenda et al., 2014). 깨어 있을 때 갖는 10분간의 휴식도 읽은 내용의 기억 향상에 도움을 준다(Dewar et al., 2012). 만일 복잡한 내용을 공부했다면, 다음 주제를 다루기 전에 몇 분간 조용히 앉아 있거나 휴식을 취하는 것이 기억력 향상에 도움이 된다.

셀프테스트 활용. 끝으로, 학습내용을 스스로 테스트해 봄으로써 잘 이해되지 않는 부분을 확인한다. 이러한 검사효과는 명확하면서도 강력하다. 설령 학습내용을 잘 알고 있다고 해도 과신은 금물이다. 그러므로 백지에 각 절의 개요를 적어 보고, 교재의 복습문제 또는 스스로 평가문항을 만들어서 직접 풀어 보라.

복습문제

※ 다음 빈칸에 들어갈 말을 써 보세요.

1. ________기억은 추상적이고 일반적인 지식과 관련된 기억인 의미기억과 특정 사건 또는 개인적 경험과 관련된 기억인 ________기억을 포함하는 기억이다.

2. ______________은/는 완벽한 순서로 회상할 수 있는 항목의 최대수로, 무관한 항목(숫자, 문자, 또는 단어)을 제시하고, 그 항목을 순서대로 회상하도록 요구함으로써 알 수 있다.

3. 새로운 자료를 크고 의미 있는 단어로 재부호화하여 그 단위를 작업기억에 저장하는 것을 ______________(이)라고 한다.

4. 보행, 요리, 옷 입기 같은 신체적 기술과 관련된 ________기억 형성은 ________이/가 담당한다.

5. 학습한 것을 보유하고 있음은 ______________을/를 통해 확인할 수 있는데, 이것에는 회상, 재인, ____________을/를 포함한다.

6. ________________은/는 치매를 일으키는 가장 흔한 퇴행성 뇌 질환으로, 기억력을 비롯한 인지기능 악화가 점진적으로 진행하는 병이다.

7. ________________(이)란 장기기억에 저장된 정보 탐색에 도움을 주는 단어 또는 자극을 말한다.

8. 놀랍고 중요하며 감정적인 사건에 대한 자세한 기억을 ________기억이라고 한다.

9. 특정 상태에서 학습한 것은 그 상태에 다시 있을 때 더 쉽게 회상할 수 있는 현상을 ________________ 기억이라고 한다.

10. ________________은/는 이미 저장되어 있던 정보로 인해 새로운 정보의 학습 또는 기억 · 인출을 방해하는 현상을 말한다. 스마트폰 번호를 변경하면, 이전의 번호가 새로운 번호의 인출을 방해하는 것이 그 예다.

자기검사

✿ 셀프테스트 해 보세요.

자살이해척도

※ 다음 문항을 읽고, 맞으면 'T', 틀리면 'F'에 ✓표하세요.

문항	T	F
1. 실제로 자살할 사람은 남에게 자살 의도를 밝히지 않는다.		
2. 자살하는 사람은 꼭 죽고야 말겠다고 확고하게 결단을 내린 사람들이다.		
3. 한 번 자살을 결심한 사람은 결국 자살하고 말 것이다.		
4. 자살 시도를 했다가 실패하면 그것으로 자살에 대한 생각은 사라진다.		
5. 자살에 관해 이야기하는 것은 누군가를 자살하도록 만들 수 있다.		
6. 괴로워하던 사람이 갑자기 평온해지면 자살 위험이 사라진 것이다.		
7. 자살하려는 사람들 대부분은 실패자다.		
8. 자살은 정신병이다.		
9. 자살은 예방과 치료가 불가능하다.		

해설

☞ 짐작했겠지만, 앞에 제시된 9개 문항은 모두 'F', 즉 잘못된 진술입니다. 미국의 유명 코미디언 로빈 윌리엄스는 여러 영화에 출연하면서 항상 우스꽝스럽고 재미있는 모습을 보여 왔기 때문에 그가 자살했을 때 많은 팬은 큰 충격을 받았습니다. 그가 스스로 목숨을 끊기 전 수년 동안 병으로 인해 고통과 절망감으로 괴로워한 사실을 아는 사람은 거의 없었습니다. 이처럼 자살은 주변 사람은 물론, 사회적으로도 큰 충격을 줄 수 있습니다. 다음은 일련의 연구를 토대로 위의 문항을 수정한 진술입니다.

로빈 윌리엄스
(Robin Williams,
1951~2014)

1. 자살자들은 대체로 자살의도의 단서를 암묵적 또는 명시적으로 흘리지만, 주변 사람들이 이러한 암시를 간과하는 경우가 많다.
2. 자살하는 사람들은 실행에 옮기기 직전까지도 자살에 대해 양가적인 마음이 있다. 다

른 한편으로는 살고 싶어 하는 마음이 있기 때문이다. 이때 누군가 그에게 관심을 가져 주고, 그의 손을 잡아 준다면, 자살하지 않을 수도 있다.

3. 삶에 희망이 보이지 않아 이를 벗어날 수 있는 방법이 자살이라는 생각이 들 때, 그 사람에게는 터널시야가 생긴다. 그러나 그 고비를 넘기면 자기파괴적인 충동을 극복하고 행복한 삶을 사는 사람들도 많다.
4. 한 번 자살을 시도했다고 해서 자살 원인이 사라지는 것은 아니다. 원인이 사라지지 않는 한, 다시 자살을 생각 · 시도할 가능성이 크므로, 세심한 관심과 치료가 필요하다.
5. 자살의 징후가 있는 사람에게는 그 사람을 자극할까 봐 우회적으로 질문하기보다는 단도직입적인 질문이 필요하다. 이는 이들의 마음을 털어놓을 수 있게 할 뿐 아니라 도움을 청할 수 있게 한다.
6. 실제로 죽겠다고 결심을 한 사람은 그를 짓눌렀던 짐을 내려놓은 느낌이 들게 하여 놀랍도록 평온해질 수 있다. 이는 마치 폭풍 전의 고요함 같은 상태이므로, 주의 깊은 관찰이 필요하다.
7. 자살은 경제적 · 사회적 · 심리적 요인 등 다양하고 복합적인 원인에 의해 시도된다. 따라서 자살은 실패자들의 전유물이 아니라, 누구에게나 발생할 수 있다.
8. 자살은 우울증 같은 정신장애와 관련되는 경우도 있다. 그러나 자살을 시도했다고 해서 그 사람이 정신병이 있다고 볼 수는 없다.
9. 자살은 복합적인 요인에 의해 발생하므로, 통계적으로 정확한 예측이 어렵다. 그러나 자살에 기여하는 요인을 파악하여 그 요인의 영향력을 감소시켜 준다면, 자살예방과 치료에 도움을 줄 것이다.

소감

08

언어 · 사고 · 지능
: 생각의 탄생

개요

- 언어
- 사고
- 지능

학습목표

1. 언어의 특성과 구조를 이해할 수 있다.
2. 언어습득과 발달을 이해할 수 있다.
3. 사고에 관한 개념들을 이해 · 설명할 수 있다.
4. 문제해결과 의사결정에서 사고의 기능을 이해 · 설명할 수 있다.
5. 지능의 본질에 관한 이론을 이해할 수 있다.
6. 지능측정 방법과 '지능검사 논란'에 관해 논의할 수 있다.

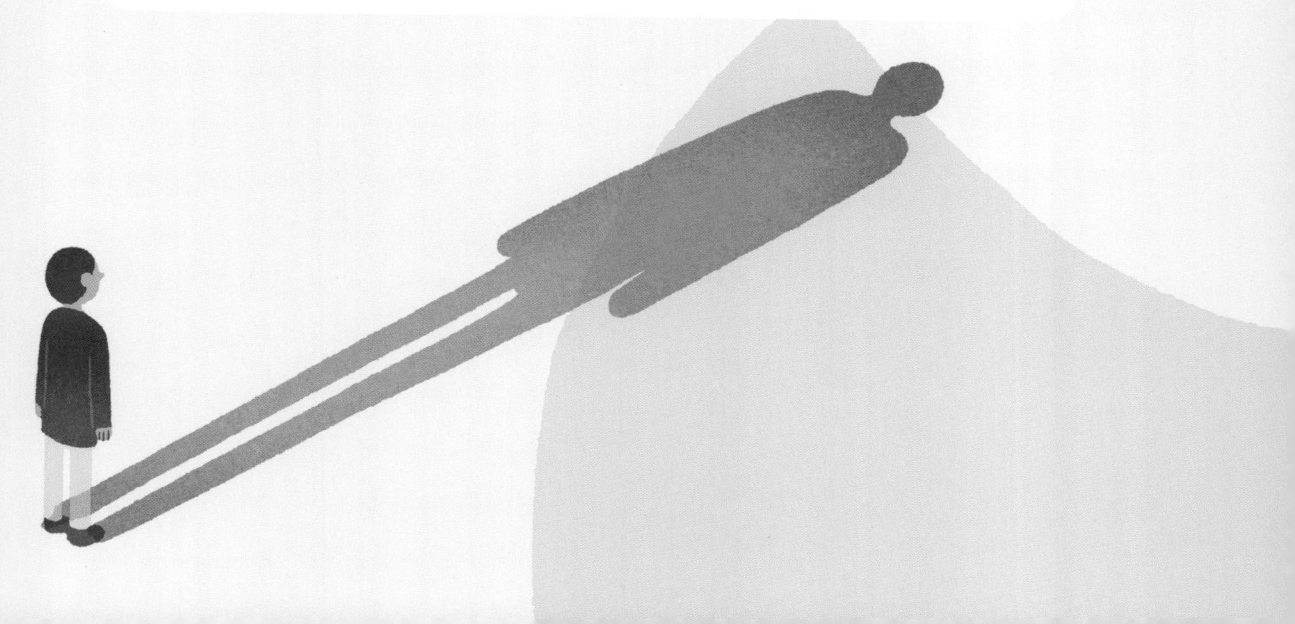

나는 생각한다. 고로(그러므로) 존재한다. 17세기 프랑스의 철학자 르네 데카르트의 말이다. 인간은 생각('사고')하고 그것을 말 또는 글('언어')로 표현한다. 사고와 소통 능력은 인간이 생존·확장할 수 있게 해 준다. 이러한 점에서 사고와 언어능력이야말로 인류가 이룬 위대한 업적 중 하나다.

르네 데카르트
(René Descarte,
1596~1650)

만일 언어가 없다면, 사람들은 생각할 수 있을까? 안타깝게도, 그럴 수 없을 것이다. 언어가 있기에 사고가 가능하다. 언어는 사람들이 복잡한 사고를 하고, 그 결과를 소통하며, 이를 기반으로 행동할 수 있게 해 준다. 언어를 통한 정보처리, 논리적 사고, 문제해결 능력은 인간을 다른 동물과 구분할 수 있게 하는 중요한 요소다.

사람들이 서로 협력하고 발전을 이룰 수 있는 것은 바로 언어를 사용하여 사고·소통할 수 있는 능력이 있기 때문이다. 언어가 있기에 한 번도 본 적이 없는 인물을 글을 통해 만날 수 있고, 또 그들이 미처 알지 못했던 것들을 이해할 수 있다. 언어를 통한 사고의 발달은 오늘날 웬만한 초등학생도 고대 그리스의 천문학자들보다 우주에 관해 더 많은 사실을 알 수 있게 한다. 또 특별한 장애가 없다면, 언어와 사고 관련 과제를 힘들이지 않고 수행할 수 있게 한다. 이 장에서는 생각을 가능하게 하고, 생각을 소통하는 수단인 언어에 관해 알아보고, 추리, 의사결정, 문제해결 등 사고, 그리고 지능에 관한 심리학적 쟁점을 살펴보기로 한다.

언어

언어language는 일련의 단어를 규칙에 따라 결합하여 사고 또는 감정을 나타내거나 전달에 사용하는 음성, 문자, 또는 이 두 요소의 사회·관습적 체계다. 언어는 사고를 소통하는 수단이다. 모든 인간 사회에는 언어가 있고, 구성원들은 언어를 획득·사용한다. 언어와 사고는 복잡한 뇌의 기능이다. 오늘날 컴퓨터가 아무리 정교하게 제작되었다고 하더라도 인간의 뇌를 능가하지 못한다. 이는 여전히 오늘날의 첨단과학으로도 풀지 못하는 수수께끼이자, 심리학의 연구 주제다.

뇌와 발성기관은 상대의 고막을 울리는 음파를 만들어 냄으로써, 하나의 뇌로부터 다른 뇌로 사고를 전이한다. 사람들은 때로 몇 시간 동안 앉아서 타인이 날숨을 쉬면서 만들어 내는 소리를 듣곤 하는데, 그 이유는 그 소리가 '정보'를 담고 있기 때문이다. 음파를 통해 뇌가 만들어내는 소리로 상대의 주의를 끌고, 무언가를 하게 만들고, 관계를 형성 · 유지한다. 이처럼 언어는 공기 진동 이상의 것으로, '인지라는 왕관을 장식하는 보석'이다(Pinker, 1991).

언어의 특성

언어는 ① 말소리, ② 단어, ③ 문장 단위로 구성되고, 산출과 이해를 통해 소통된다. 언어산출production은 사고에서 시작되어, 사고를 문장으로 변환하고, 문장을 표현하는 말소리로 이루어진다('표현'). 반면, 언어이해comprehension는 말소리를 듣는 것에서 시작되어 말소리에 단어 형태로 의미를 부여하고, 단어들을 결합하여 문장을 구성하며, 문장으로부터 의미를 추출한다('수용'). 언어는 다음 세 가지 특성(① 상징성, ② 체계성, ③ 생산성)이 있다.

첫째, 언어는 상징적이다('상징성'). 단어는 임의적 방식으로 대상을 표상한다. 예컨대, '책'이라는 단어는 책과 같이 보이거나 느껴지거나 맛볼 수 있는 것이 아니고, 단지 그것을 표상할 뿐이다. 언어의 상징성은 사람들에게 대상, 행위, 사건, 감정, 아이디어를 참조 · 소통하게 해 준다. 이로써 현재 읽고 있는 책과 마찬가지로 다른 책에 관해서도 말할 수 있다.

둘째, 언어는 구조화되어 있다('체계성'). 언어에는 문법(상징의 조합 방식을 규정하는 규칙)이 있다. 이러한 규칙은 모든 언어 수준에 존재한다.

셋째, 언어는 생산적이다('생산성'). 언어의 규칙은 한 수준에서의 단어들을 다음 수준에서 엄청난 수의 단위로 결합할 수 있게 해 준다. 이러한 특성은 무한한 수의 단위로 결합할 수 있게 해 준다. 이는 무한한 수의 메시지를 생산해 낼 수 있고, 또 이해할 수 있게 해 준다. 이 특성 역시 모든 수준에 적용된다. 인간의 모든 언어는 이러한 특성이 있다.

언어발달

언어는 어떻게 획득되는가? 심리언어학적 관점에 의하면, 언어는 선천적 언어습득 경향성과 환경적 영향(예 부모의 말, 강화)의 상호작용으로 습득된다. 언어발달에 대한 생득적 접근에 의하면, 선천적 요인들이 특정 방식으로 언어를 습득한다(Chomsky, 1965). 즉, 아이들의 언어습득은 이미 연결된prewiring 신경학적 구조와 환경적 요인(부모의 언어, 강화)의 상호작용에 의해 이루어진다. 언어습득의 선천적 경향성을 언어습득장치Language Acquisition Device(LAD)라고 한다. LAD는 문법 습득을 위해 신경계를 준비시킨다.

지구상에 존재하는 서로 다른 언어들은 표면적으로는 크게 달라 보이지만, 보편적 문법universal grammar(아이디어를 문장으로 바꾸는 데 적용되는 일련의 기본 규칙)을 공유하므로, LAD는 전 세계 어린아이들에게 적용된다(Chomsky, 1965). 신생아들은 매우 효과적인 표현 도구를 사용한다. 울기와 더 울기가 그것이다. 울음은 신생아가 처음으로 사용하는 언어다. 울음은 불편함을 전달하고 즉시 돌봐 주기를 원하는 신호다. 생후 5~6개월이 되면, 아이들은 옹알이를 시작한다. 언어학습은 생후 18~24개월에 시작하여 사춘기까지 계속된다(Bates, 2001). 이 민감기 동안 신경계는 언어학습을 용이하게 하는 방향으로 발달한다. 5세경이 되면, 거의 완벽한 문장을 이해하고 생성한다. 언어, 특히 어휘의 발달은 지능과 밀접한 관계가 있다.

사람들은 대부분 적어도 생애 초기 3년간의 사건을 회상하지 못한다('아동기 기억상실childhood amnesia'). 생애 첫 3~4년간 아이는 풍부한 경험을 한다. 어른의 도움 없이는 생존할 수 없는, 무력한 젖먹이로 태어나 걸음마를 배우고, 옹알이를 통해 언어를 습득하는 등, 서서히 독립된 개체로 성장한다. 이러한 획기적인 사건들은 개인의 기억에 흔적을 남기지 않는다. 이는 해마hippocampus(기억을 응고시키는 기능)를 비롯한 관련 기관의 미발달로 인한 것으로 보인다.

언어구조

언어는 3개 수준, 즉 ① 음소, ② 단어, ③ 문장으로 구성된다. 언어발달은 음소 수준에서 시작하여 단어와 형태소 수준으로 진행하고, 문장 단위 또는 통사로 옮겨 간다.

음소. 음소phoneme는 말소리로 재인할 수 있는 가장 짧은 분절음이다. 예컨대, '엄마'라는 단어에서 첫 문자에 해당하는 소리는 /ㅇ/으로 표현하는 음소다. 여기서 음소는 자모alphabet/syllabic인 동시에 말소리다. 전 세계적으로 인간의 언어에는 200개 정도의 서로 다른 음소가 있지만, 언어 대부분은 60개 미만의 음소를 지니고 있다(Ladefoged, 2005). 이처럼 언어마다 서로 다른 음소들로 되어 있음은 외국어 단어의 발음 학습이 어려운 이유다. 발음은 차치하더라도 새로운 음소를 들을 수 있게 되는 데도 시간이 걸린다. 우리 말에서 영어의 'r'과 'l'에 해당하는 두 개의 음(/r/, /l/)을 같은 음소로 지각된다는 점에서 'rice'와 'lice' 같은 단어를 혼동하게 된다.

언어발달 초기에 유아는 말의 생성('수용성 언어')보다 이해('표현성 언어')를 더 잘한다. 이에 아이는 모국어에서 상이한 음을 구별할 수 있지만, 그 음을 명확하게 생성하지는 못한다. 그러나 생후 4~6개월이 되면, 옹알이babbling(음소를 닮은 소리의 생성)를 시작하는데, '마마마마' 같이 같은 자음-모음의 조합을 반복한다. 초기의 옹알이로는 아이의 모국어를 구분하기 어렵다. 아이가 음소 결합을 통해 단어 만드는 법을 학습하는 것은 여러 해가 걸린다.

인간은 어떤 언어에서든 상이한 음소에 해당하는 상이한 말소리를 변별할 수 있는 상태로 태어난다. 그러나 생후 첫해에 어떤 음소가 모국어와 관련되는지 학습하게 되면서, 동일한 음소에 해당하는 소리의 변별능력을 점차 상실한다. 만일 다른 언어에 노출되지 않으면, 아이는 모국어 이외의 언어에서 사용하는 말소리를 듣고 생성하는 능력을 상실하게 된다(Meltzoff & Brooks, 2009). 성인이 되면, 모국어의 서로 다른 음소에 해당하는 말소리 변별에 능하지만, 동일한 음소에 해당하는 서로 다른 말소리 변별을 어려워하게 된다.

단어. 단어word는 일정한 뜻을 지닌 언어의 최소 단위다. 말소리를 들을 때, 전형적으로 지각하는 것은 음소가 아니라 단어다. 단어는 음소와는 달리 의미를 지니고 있다. 그러나 단어는 의미를 지니는 유일한 최소 단위는 아니다. 접두사나 접미사도 의미를 지니고 있다. 접두사나 접미사가 단어에 첨가되면 상이한 의미의 복잡한 단어가 될 수 있다.

의미를 담고 있는 가장 작은 언어단위는 형태소morpheme다. 대부분의 형태소는 그 자체가 단어다. 단어는 '책' 또는 '읽다'처럼 특정 내용을 지칭한다. 언어는 의미 전달의 기능이 있다. 단어와 문장의 의미를 다루는 영역을 의미론semantics이라고 한다. 단어에는 사전적 의미뿐 아니라, 심리적 · 문화적 · 정서적 의미도 담겨 있다. 단어에 따라서는 다의적인polysemantic 것들도 있다(예 '사과'는 과일의 명칭이자, 용서를 구하는 행위를 의미함).

생후 1년 무렵이 되면, 대부분의 아이는 말을 하기 시작하면서 한 단어 단계one-word stage에 접어든다. 옹알이는 아이의 환경에서 듣게 되는 언어의 단어와 유사해진다. 더욱이 아이는 개념을 지칭하는 단어를 사용하게 된다. 생후 1년이 지나면서 아이는 여러 대상에 관한 개념을 획득하는 한편, 이러한 개념을 성인이 사용하는 단어와 결합할 수 있게 된다.

전 세계적으로 유아의 최초 어휘는 거의 같다. 즉, 사물이나 사람을 지칭하는 명사로, 사람(엄마, 아빠, 아가), 동물(멍멍이, 야옹이), 교통수단(차, 트럭, 배), 장난감(공, 블록, 책), 음식(주스, 우유, 과자/까까), 신체 부위(눈, 코, 입), 생활용품(모자, 양말, 숟가락, 스푼, 포크) 등에 관한 어휘를 말할 수 있게 된다. 가족은 유아의 언어를 쉽게 알아차리게 되고, 아동의 언어는 점차 가족의 언어를 닮아 가게 된다.

생후 2년 무렵이 되면 두 단어 단계two-word stage에 접어든다. 특히 생후 12~30개월이 되면, 아이는 의사전달의 효용성을 높이기 위해 자신이 알고 있는 단어를 과잉확장overextension한다. 즉, 단어를 유사 개념에까지 적용함으로써, '멍멍이'라는 말을 고양이, 말, 소에게 적용하기도 한다. 이 시기의 아동은 다양한 동물 그림을 보여 주면서 멍멍이를 찾아보라고 하면, 정확하게 찾아낸다. 어휘의 과잉확장은 생후 36개월경이 되면 사라지기 시작한다. 이는 아동이 보유하는 어휘 수 급증에 따른 것으로 이해할 수 있다.

생후 18~24개월 사이에 전형적으로 어휘급등vocabulary spurt 현상이 나타나는데, 2세 아동은 매일 여러 개의 새로운 단어를 획득한다. 이는 신속맵핑fast mapping 과정을 통해 일어난다. 이 과정에서 단어는 한 번의 노출만으로 기저 개념과 대응된다(Markman et al., 2003). 즉, 모르는 단어를 들으면 아동은 아직 이름을 붙이지 않은 개념 중 하나와 대응된다고 가정한다.

문장. 문장sentence은 통사적/문법적으로 관련된 단어들의 독립된 집합체다. 통사syntax는 생각이나 감정을 말 또는 글로 표현할 때 완결된 내용을 나타내는 최소 단위다. 문장 단위에는 문장과 구절이 포함되는데, 이는 사고나 명제proposition의 일부가 된다. 명제는 주부와 술부로 분할된다. 예를 들어, '개는 동물이다'라는 명제에서 '개는'은 주부고, '동물이다'는 술부다.

어떤 문장이든 이처럼 구로 나눌 수 있다. 이에 각 구는 명제의 주부 또는 술부와 대응되거나 전체 명제에 대응된다. 이 문장은 또 2개 구로 나눌 수 있다. 첫 번째 구는 중심이 명사에 있으므로, 명사구noun phrase라고 하며, 명제의 주어를 규정한다. 두 번째 구는 중심이 동사에 있으므로, 동사구verb phrase라고 하며, 명제의 술어를 규정한다.

구와 문장 단위(통사)의 획득은 생후 18~30개월 사이에 시작된다. 이 시기에 아동은 단일 단어를 '저기 멍멍이'(저기에 개가 있어요.), '아가 침대'(저것은 아기의 침대야.), '야옹이 의자'(고양이가 의자 밑에 있어요.) 같이 두 단어를 결합하여 표현하기 시작한다. 아이는 두 단어 말에서부터 동사구를 확장함으로써 명제를 더 정확하게 표현하는 복합문장으로 급속히 발달한다. 또 접속어를 사용하여 복합문장을 구성하는 한편, 과거시제 같은 문법 형태소를 사용하게 된다. 언어발달의 순서는 모든 아동이 유사하다.

3세가 되면, 대부분의 아동이 복수와 과거시제를 사용할 수 있게 된다. 이 시기에 과잉규칙화 현상이 나타난다. 과잉규칙화overregulation란 새롭게 발견한 문법 규칙을 불규칙 사례에 일반화하는 것을 말한다. 예컨대, 영어권의 아이가 모든 동사의 과거형에 -ed를 붙여 과거시제를 만들어 내는 것이다. 아동의 언어학습은 대부분 생후 5년 전후에 완수된다. 그 후 아동은 학교에서 언어의 형식 규칙을 학습하면서 메타언어 자각metalinguistic awareness(언어의 본질에 관한 사고 능력)을 발달시킨다. 이로써 6~8세 아동은 하나의 진술이 문자적 의미와는 상반되는 함축적 의미를 가질 수 있음을 학습함으로써 반어법을 이해하기 시작한다("난 정말 딸기 아이스크림을 싫어한다니까!")(Creusere, 1999).

사고

사고thinking는 마음의 언어다. 사고는 정보에 주의를 기울이고, 추론하여 판단·결정하는 과정을 의미한다. 이는 세상을 이해하고, 변화시키려는 의도적·계획적 시도다. 사고는 계획하지 않아도 스스로 진행되며, ① 명제적 사고와 ② 심상적 사고로 구분된다. 명제적 사고propositional thought가 명제/주장을 표현하는 생각이라면, 심상적 사고imaginal thought는 마음속에서 볼 수 있는 시각적 심상이다. 명제는 사실적 주장을 표현하는 진술이다. 예컨대, '아버지는 성실한 가장이다'는 하나의 명제다. 명제적 사고를 이해하려면, 이를 구성하는 개념의 이해가 요구된다.

개념

개념concept은 공통 속성을 가진 대상, 사건, 관계, 현상, 또는 자질의 집단화에 사용되는 정신적 범주다. 개념과 범주화는 사고의 기본 단위다. 범주화categorization는 대상을 개념에 할당하는 과정이다. 대상을 범주화할 때, 대상은 개념과 연합된 특성을 많이 지니는 것으로 처리된다. 여기에는 직접 지각할 수 없는 특성도 포함된다. 사고의 다양한 구성요소는 개념을 통해 제공된다.

개념에는 ① 구상개념과 ② 추상개념이 있다. 구상개념concrete concept은 대상의 물리적 속성에 따라 구별하는 개념(예 액체, 고체)이고, 추상개념abstract concept은 관찰될 수 없는 현상을 나타내는 공통적인 속성을 정의함으로써 구별하는 개념이다(예 진리, 정의). 개념은 흔히 계층구조로 구성된다. 방송국 개념은 국내 방송국과 외국 방송국으로 나눌 수 있다. 국내 방송국은 다시 KBS, MBC, SBS 등으로 나누고, 외국 방송국은 BBC, CNN, NHK 등으로 나뉜다([그림 8-1] 참조).

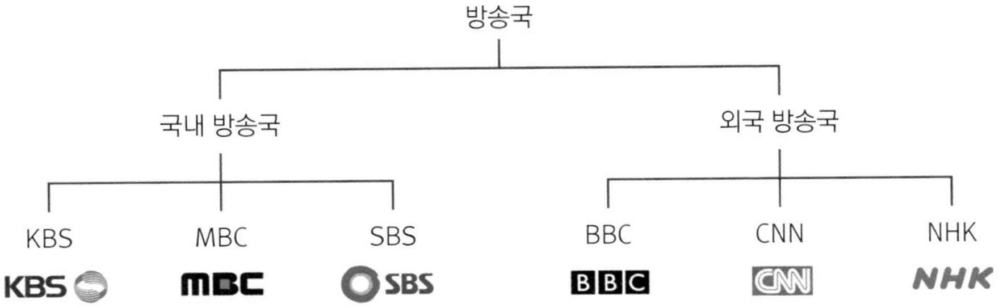

[그림 8-1] 방송국 개념의 계층구조

개념은 두 가지 중요한 기능이 있다. 하나는 인지적 경제성이고, 다른 하나는 예측력이다. 첫째, 개념은 세상의 대상 또는 현상을, 다룰 수 있을 정도의 단위로 분할해 줄 수 있다('인지적 경제성'). 개념의 이러한 기능은 전 세계 방송사들을 일일이 독특한 대상으로 취급하지 않고도 방송사라는 개념으로 처리될 수 있게 한다. 이 세상에는 무수히 많은 대상과 현상이 있다. 만일 이들을 개별적으로 각기 다른 명칭을 붙여야 한다면, 어휘는 감당하기 어려울 정도로 많아져서 소통이 불가능하게 될 것이다.

예컨대, 인간의 눈으로 식별 가능한 700만 가지의 색상에 이름을 붙여야 한다면, 어떻게 될지 상상해 보라. 그러나 개념은 사고를 단순화한다. 앉는 데 사용하는 모든 대상(예 식탁 의자, 책상 의자, 안락의자, 유아용 의자 등)을 일일이 말하지 않아도 '의자'라는 개념을 사용하면 소통에 지장이 없고 소통이 원활할 수 있다. 이처럼 개념은 과도한 인지적 노력을 들이지 않고도 중요한 정보를 제공한다. 또 서로 다른 대상을 동일 개념의 요소로 처리함으로써, 마음에 표상해야 하는 복잡성을 감소시켜 주는 효과가 있다.

둘째, 개념은 쉽게 지각될 수 없는 정보를 예측할 수 있게 해 준다('예측력'). 예를 들어, '사과'라는 개념은 둥글고 특정 색상이며 나무에 열리는 과일로 쉽게 지각할 수 있게 한다. 또 씨가 있고 먹을 수 있다는 등의 지각하기 어려운 특성과도 연합된다. 이렇게 지각 가능한 특성(빨갛고 둥글며 나무에 달려 있음)을 활용하여 어떤 사물을 '사과'로 범주화하고는 그 사물에서 지각하기 어려운 특성(씨가 있고 먹을 수 있음)도 지니고 있다고 추론하게 된다. 이처럼 개념은 직접 지각하는 정보를 넘어설 수 있게 한다(Anderson, 1991).

개념에는 ① 구상개념, ② 추상개념 외에도 ③ 행위개념('먹기'), ④ 상태개념('젊다'), ⑤ 숫자개념('7'은 행운을 의미함)도 있다. 사람들은 각 개념의 구성요소의 공통적 특성을 알고 있다. 널리 사용되는 개념은 일반적으로 한 단어와 연합된다. 이로써 빈번히 일어나는 경험을 신속하게 소통할 수 있게 해 준다. 또 특수 목표를 위해 즉석에서 개념이 만들어지기도 한다. 예컨대, 자전거 여행을 계획한다면, '자전거 여행의 준비물' 개념을 생성해 낼 수 있다. 이 개념은 자주 사용되지는 않고, 비교적 긴 명칭을 지니고 있지만, 인지적 경제성과 예측력을 제공해 준다. 개념과 연합된 특성은 두 부류로 구분된다. 이 부류의 하나가 원형이다.

원형

원형prototype이란 개념의 가장 대표적인 사례를 기술하는 일련의 특성을 말한다. 비둘기와 타조 중 어떤 것이 더 새처럼 보이는가? 원숭이와 고래 중 어떤 것이 더 포유류로 보이는가? 배추와 토마토 중 어떤 것이 더 채소로 생각되는가? 이 질문에 대한 답을 찾는 과정은 새, 포유류, 채소의 원형을 떠올리게 한다. 이처럼 사람들은 특정 범주의 심상 또는 최선의 본보기('원형')를 발달시킴으로써 개념을 형성한다. '할아버지' 개념의 원형은 50~60대 이상의 남성, 백발, 주름살, 손주

의 재롱에 기뻐하는 특성이 포함된다. 이처럼 원형은 특정 개념을 생각할 때 떠오르는 특성이다. 그렇지만 원형의 특성이 전형적인 할아버지에게는 참일 수 있으나, 모든 사례에서 참은 아니다. 왜냐하면 손주가 없거나 머리가 하얗지 않은 50~60대 이상의 남성도 있기 때문이다. 이는 개념에 원형 외에 다른 무언가가 있어야 함을 의미한다.

부가적인 것이 개념의 요소가 되려면, 중요한 특성으로 구성된 핵core이 요구된다. '할아버지' 개념의 핵은 '아버지의 아버지'라는 특성처럼 개념의 필수요소를 뜻한다. 여기서 할아버지 개념의 핵은 정의definition다. 개념의 핵에서 멀어지면 경계가 모호해지기도 한다. 대상을 잘 정의된 범주로 범주화하려면 핵 또는 정의에 해당하는 특성이 있는지 결정해야 한다.

만일 차별이 편견의 원형(예 남성 대 여성, 서양인 대 동양인 등)과 일치하지 않으면, 차별을 깨닫지 못할 수 있다. 사람들은 여성에 대한 남성의 편견은 쉽게 인식하지만, 남성에 대한 여성의 편견 또는 여성에 대한 여성의 편견은 쉽게 인식하지 못하는 경향이 있다(Marti et al., 2000). 개념은 사람들의 사고를 촉진하지만, 항상 현명하게 만들어 주는 것은 아니다.

문제해결

사람들은 순간순간 해결해야 할 문제들과 함께 살아간다. 한 가지 문제를 해결하면, 해결해야 할 또 다른 문제가 산적해 있다. 자연은 인간에게 그리 크지 않은 뇌와 함께 다양한 사고전략을 개발 · 활용할 수 있는 지혜도 선물로 주었다. 문제해결problem-solving은 사고의 중요한 기능이다. 문제를 해결하려면 ① 문제 이해, ② 알고리듬 사용, 또는 ③ 발견법 사용이 요구된다.

문제 이해. 문제해결을 위한 첫 번째 작업은 문제를 이해하는 것이다. 문제를 이해하려면 다음 세 가지 기능이 요구된다.

첫째, 문제에 대한 정신적 표상('내적 표상')을 서로 의미 있는 방식으로 구성할 수 있어야 한다. 표상representation이란 지각 또는 기억에 근거하여 현존하지 않는 자극 또는 사물을 원래의 것과 가장 유사하게 재현하는 것(떠올려 보는 것)을 말한다.

둘째, 문제에 대한 정신적 표상 요소는 외부 세계의 문제 요소와 일치해야 한다. 의사는 환자에 대한 치료계획을 세우기 전에 혈압, 체온, 심박수 등의 활력 징후를 파악하여 환자에 대한 자신의 정신적 표상이 그의 몸에서 일어나고 있는 것과 일치하도록 해야 할 것이다.

셋째, 뇌의 장기저장고로부터 문제해결에 필요한 배경지식과 정보를 능동적으로 활용할 수 있어야 한다. 문제해결을 위해 이전의 경험, 교육, 훈련 내용의 검색을 위한 엔진을 사용해야 할 것이다.

알고리듬 사용. 알고리듬algorithm은 문제해결을 위해 입력된 자료를 토대로 원하는 출력을 유도해 내는 규칙의 집합을 말한다. 기하학 문제를 해결하기 위한 피타고라스 정리 같은 수학 공식이 그 예다. 적절한 공식을 적용한다면, 문제의 정답을 산출할 수 있다. 문제해결을 위해 적절한 공식을 찾으려면, 문제 요소 중 하나 이상의 변수가 포함된 모든 공식에 관한 기억을 더듬어야 한다. 직각삼각형에 관한 문제를 해결하려면, 피타고라스 정리(직각삼각형에서 직각을 끼고 있는 두 변의 길이를 각각 a, b, 빗변의 길이를 c라고 하면, $a^2+b^2=c^2$이 성립된다는 수학 이론)를 사용해야 할 것이다.

누군가와 첫 만남에서 좋은 인상을 주려면, 만남의 본질(예 취업 면접, 소개팅)을 고려한 다음, 만남에 적합한 의상 선택과 행동 방식을 고려해야 할 것이다. 만남의 목적이 취업 면접이라면, 이를 위한 알고리듬은 단정한 의상과 헤어스타일, 적절한 메이크업과 향수, 구두를 착용하는 것이다. 처음 소개받은 이성과의 데이트라면, 캐주얼한 의상으로 갈아입고, 향수를 더 많이 뿌리는 선택을 할 수 있다. 어떤 경우든, 미소와 시선접촉은 대인 간 문제해결을 위한 알고리듬의 필수요소다.

발견법 사용. 사람들은 때로 신속한 문제해결을 위해 손쉬운 방법을 사용한다. 컴퓨터 바탕화면에 바로가기 아이콘을 설치하면, 원하는 사이트에 신속하게 접속할 수 있는 것이 그 예다. 발견법heuristics(제한된 정보를 바탕으로 신속한 문제해결을 할 수 있게 하는 단순한 사고전략)은 알고리듬보다 처리속도가 빠르다는 이점이 있지만, 실수를 범할 가능성이 크다는 약점이 있다. 이 방법은 대체로 이전에 효과가 있었던 전략을 기반으로 한다. 발견법은 정확한 해결책이 보장되지는 않지만, 더 빠른 해결책을 찾을 수 있다는 이점이 있다.

아나그램anagram(단어 또는 문구의 글자를 재배열하여 새로운 단어 또는 문구를 형성하는 것) 문제를 해결하기 위한 발견법은 익숙한 문자조합을 찾은 다음, 나머지 문자에 이러한 조합이 포함된 단어가 있는지 확인하는 것이다. 아나그램 문제에 따라서는 모든 문자 또는 일부 문자만을 사용하게 한다. 예컨대, 'SPLOYOYOCHYG'라는 10개 문자를 사용하여 단어를 찾아내라는 문제가 제시되었다고 하자. 만일 알고리듬을 사용한다면, 907,200가지의 문자조합의 배열을 만들어야 할 것이다. 그러나 발견법을 사용한다면, 우선 익숙한 문자조합('CH' 'GY')을 집단화하고, 가능성이 낮은 문자조합('YY')을 배제하여 'SPLOYOCHYG'라는 문자조합을 확보함으로써 고려해야 할 대안 수를 크게 줄일 수 있다. 그런 다음, 시행착오trial-and-error를 통해 'PSYCHOLOGY'라는 답을 찾아낼 수 있다.

문제해결은 때로 통찰insight에 의해 이루어진다. 특정 문제에 골몰하고 있다가 갑자기 퍼즐 조각이 맞춰지듯이 만족스러운 해결책에 대한 통찰이 일어난다. 만일 콘크리트 담에 나 있는 75cm 깊이의 좁은 구멍 속으로 떨어진 새끼 울새robin를 어떻게 구출할 것인가? 이 문제를 놓고 건설 인부들은 무척 난처해했다. 그런데 한 10세 소년이 한 가지 묘책을 제시했다. 이 좁은 구멍으로 모래를 서서히 부어서 새가 조금씩 높아지는 모래 위로 올라설 수 있도록 시간을 주면, 새끼 울새는 결국 좁은 구멍을 통해 세상 밖으로 나올 수 있다는 아이디어였다(Ruchlis, 1990).

의사결정

사람들은 대부분 제한된 정보를 바탕으로 판단 또는 결정을 내린다(예 오늘은 어떤 옷을 입고 외출할까? 이 남자를 믿어도 될까? 몸에 열이 조금 있는데 학교를 꼭 가야 할

루이스 터먼
(Lewis Terman,
1877~1956)

스탠퍼드-비네 지능검사. 스탠퍼드-비네 지능검사Stanford-Binet intelligence scales는 1916년 스탠퍼드대학교의 루이스 터먼이 비네-시몽 정신능력검사를 미국의 아동들에게 맞게 수정 · 개발한 지능검사다. 그는 검사과정을 표준화했고, 다양한 연령 집단에 속하는 수천 명의 아동을 대상으로 검사를 수행하여 연령별 규준을 개발했다.

터먼은 비네의 정신연령 개념을 토대로 '지능지수Intelligence Quotient(IQ)' 개념을 창안했다. 이는 지능을 신체연령에 대한 정신연령 비율로 표시한 것이다. 이 공식에서 100이란 수치는 정신연령이 신체연령과 같을 때 지능지수가 100이 되도록 곱해진다. 즉, 정신연령이 신체연령보다 낮으면 지능지수는 100 미만이 될 것이고, 정신연령이 신체연령보다 높으면 지능지수는 100 이상이 될 것이다.

지능지수(IQ)＝정신연령(MA)/생활연령(CA)×100

출처: http://www.proedinc.com

이 방식으로 산출되는 비율지능은 논리적이면서도 단순 · 명확하다는 이점이 있었다. 그러나 연령에 따라 비율지능의 표준편차가 달라진다는 점에서 나이가 다른 아동의 지능과 비교할 수 없다는 한계가 있었다. 또 초기에 언어적 수행력의 측정에 치우쳤다는 비판을 받았다. 이에 이 검사는 개정을 거듭하여 2003년 제5판('SB-5')이 개발되었다.

SB-5에서는 지능지수 점수 대신 표준연령standard age 점수를 사용한다. 이는 백분위 점수로 해석되는 것으로, 표준화된 집단에서 특정 점수보다 위 또는 아래 점수에 해당하는 사람들의 백분율을 알려 준다. 이 검사에서 여전히 IQ 개념이 사용되고 있기는 하지만, 앞의 방정식은 사용되지 않는다. 대신, 검사에서 얻은 원점수를 각 연령에서 평균이 100이 되도록 한 표준점수로 변환하여 사용하고 있다.

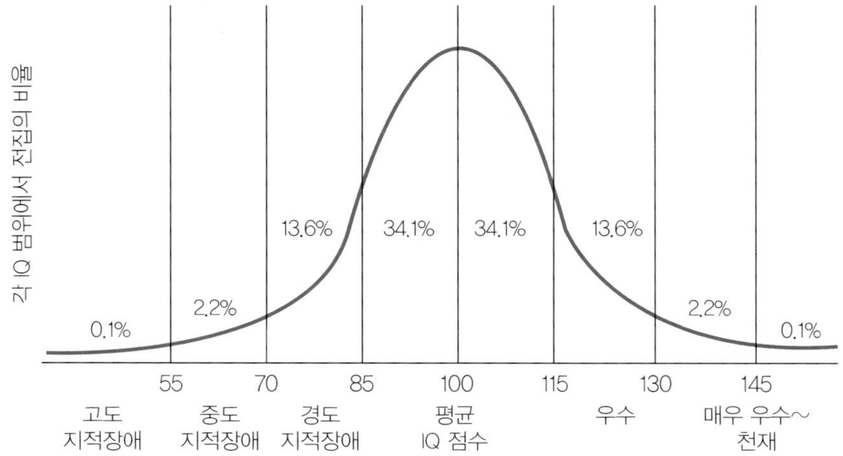

[그림 8-2] IQ 점수의 표준분포곡선

IQ 점수는 대부분의 점수가 100 근처에 분포되지만, 일부 사람들의 점수는 100보다 훨씬 높거나 낮은 종 모양의 정상분포곡선을 그린다. [그림 8-2]는 다양한 범위의 IQ 점수를 보이는 모집단 비율을 나타내고 있다. SB-5는 지능을 다양한 능력의 조합으로 보는 오늘날의 관점과 일치한다. 즉, SB-5의 전체척도 지능full scale IQ은 언어성 지능verbal IQ과 비언어성 지능nonverbal IQ으로 구성되어 있다.

이 두 하위지능은 공통적으로 ① 유동추론fluid reasoning, ② 지식knowledge, ③ 수리추론quantitative reasoning, ④ 시공간처리visual-spatial processing, ⑤ 작업기억working memory 등으로 이루어져 있다. SB-5는 여전히 가장 많이 사용되는 지능검사의 하나로, 성인 집단과 언어 사용에 제약이 있는 사람들에게도 적절한 검사라는 평을 받고 있다.

데이비드 웩슬러 (David Wechsler, 1896~1981)

웩슬러 지능검사. 웩슬러 지능검사Wechsler Intelligence Scale는 1939년 데이비드 웩슬러가 스탠퍼드-비네 지능검사가 지나치게 언어능력에 의존하고, 성인에게 부적합하다는 생각으로, 전체 지능에 언어적 · 비언어적 수행력을 측정할 수 있게 개발한 검사다.

웩슬러는 지능을 근본적으로 성격과 분리될 수 없고, 개인이 합목적적으로 행동하고, 이성적으로 사고하며, 환경을 효과적으로 다루는 개인의 일반능력으로 보았다. 이 검사에는 당시로서는 혁신적인 편차지능지수deviation IQ(표준점수) 개념이 도입되었다. 이 개념은 지능이 종 모양의 정규분포곡선처럼 분포된다는 사실에 기초한 것으로, 개인의 지적 수준을 해당 연령의 집단 평균치에서 이탈된 상대적 위치로 나타냄으로써, 비율지능지수의 한계를 보완했다.

성인용 웩슬러 지능검사로는 WBISWechsler-Bellevue Intelligence Scale(1939), WAISWechsler Adult Intelligence Scale(1955), WAIS-R(1981), WAIS-III(1997), WAIS-IV(2008)가 제작되었다. 이 검사는 두 부분(① 언어성 검사, ② 동작성 검사)으로 나누어져 있고, 전체 IQ 점수와 각 영역의 개별 점수를 모두 구하도록 되어 있다. 그 후, 1958년 웩슬러는 아동용 웩슬러 지능검사를 개발했다.

동작성 검사문항은 블록, 그림, 또는 다른 재료를 조작 또는 배열하게 한다. 웩슬러 검사는 각 하위검사의 점수도 제공한다는 점에서 피검자의 지적 강점과 약점에 구체적으로 알 수 있다는 장점이 있다. 예를 들어, 언어성 점수와 동작성 점수 간의 차이가 크면, 읽기장애 또는 언어장애 같은 특정한 학습 문제의 가능성이 있다.

[그림 8-3] WISC

출처: Pearson.

〈표 8-3〉 성인용 웩슬러 지능검사의 하위검사

언어성 검사	설명
1. 상식	❍ '이탈리아의 수도는 어디인가? 같은 일반정보를 알고 있는지 질문
2. 이해	❍ '왜 편지에 우표를 붙이는가?' 같이 실용적 정보와 과거 경험을 평가하는 능력 측정
3. 산수	❍ 산술적 추리를 검증하는 언어문제
4. 공통성	❍ 2개의 대상 또는 개념(예 조리법과 지도)이 어떤 점에서 유사한지 질문(☛ 추상적 사고능력 측정)
5. 숫자 외우기	❍ 일련의 숫자를 불러 주고(예 7-5-6-3-8), 그대로 또는 거꾸로 따라 하게 함(☛ 주의집중과 기계적 반복기억 검증)
6. 어휘	❍ 단어 지식 평가

7. 차례 맞추기	❍ 순서가 뒤섞여 제시된 글자와 숫자를 들려준 후, 숫자를 작은 것부터 큰 순서로 말하게 한 다음, 글자를 알파벳 순으로 말하게 함(☛ 작업기억 측정)
동작성 검사	**설명**
1. 기호 쓰기	❍ 숫자와 대응되는 다양한 모양을 그대로 빨리 받아 적기(☛ 학습과 쓰기 속도 측정)
2. 빠진 곳 찾기	❍ 불완전한 그림에서 빠진 부분을 찾아 명명하기(☛ 시각적 각성, 시각기억, 지각적 체제화 측정)
3. 토막 짜기	❍ 제시된 그림대로 토막 짜기(☛ 형태 지각 · 분석 능력 측정)
4. 차례 맞추기	❍ 일련의 만화식 그림을 보고 이야기가 되도록 바른 순서로 나열하기(☛ 사회적 상황에 대한 이해력 측정)
5. 모양 추론	❍ 여러 가지 모양이 섞여 있는 보기에 제시된 모양과 유사한 기하학적 모양 선택하기(☛ 지각적 체제화 측정)
6. 모양 맞추기	❍ 조각난 모양들을 모아 온전한 대상으로 조립하기(☛ 부분-전체 관계를 다루는 능력 측정)
7. 동형 찾기	❍ 2개의 상징으로 구성된 표적자극을 제시한 후, 2개의 상징 중 하나가 탐색자극에 나타나 있는지 결정하기(☛ 처리속도 측정)

SB-5와 웩슬러 지능검사 점수는 둘 다 학업성취에 대한 매우 타당한 예측변인이다. IQ 점수는 또한 성인의 수입 수준에 대한 타당한 예측변인으로 작용한다. 즉, 학업성취가 높은 사람이 좋은 직장을 얻을 가능성이 더 크기 때문이다. 국내에서 처음 표준화된 한국판 웩슬러지능검사Korean Wechsler Intelligence Scale(KWIS)(전용신 외, 1963)는 K-WAIS(염태호 외, 1992)를 거쳐, K-WAIS-IV(황순택 외, 2012)로 표준화되었다.

복습문제

※ 다음 빈칸에 들어갈 말을 써 보세요.

1. 일련의 단어를 규칙에 따라 결합하여 사고 또는 감정을 나타내거나 전달에 사용하는 음성, 문자, 또는 이 두 요소의 사회 · 관습적 체계를 ________(이)라고 한다.

2. ____________은/는 특정 유형의 문제해결을 위해 입력된 자료를 토대로 원하는 출력을 유도해 내는 규칙의 집합을 말한다.

3. ________은/는 제한된 정보를 바탕으로 신속한 문제해결을 할 수 있게 하는 단순한 사고 전략이다.

4. 아이들은 이미 연결된prewiring 신경학적 구조와 환경적 요인의 상호작용에 의해 언어를 습득한다. 촘스키(N. Chomsky)는 이러한 선천적 경향성을 ___________(이)라고 명명했다.

5. 사고는 주장을 표현하는 생각인 ________ 사고와 마음속에서 볼 수 있는 시각적 심상인 ________ 사고로 구분된다.

6. 사고의 기본 단위로는 공통 속성을 가진 대상, 사건, 관계, 현상, 또는 자질의 그룹화에 사용되는 정신적 범주를 의미하는 ________와/과 범주화가 있다.

7. 사건의 가능성을 기억의 가용성에 근거하여 추정하는 의사결정 방법을 ____________(이)라고 한다.

8. 선거에서 다른 조건이 같다면, 후보 1번은 그 이후의 번호를 배정받은 후보들에 비해 더 유리할 수 있음을 의미하는 현상을 ___________ 효과라고 한다.

9. 가드너(H. Gardner)는 지능을 논리적 추론에 필요한 정신능력으로 보는 고전적 접근에 반발하여 _____________이론을 창안했다.

10. 웩슬러(D. Wechsler)는 지능이 종 모양의 정규분포곡선처럼 분포된다는 사실에 기초하여, 개인의 지적 수준을 해당 연령의 집단 평균치에서 이탈된 상대적 위치로 나타내는 ________ 지능지수 개념을 도입했다.

자기검사

셀프테스트 해 보세요.

하인츠 딜레마 / Heinz dilemma와 도덕성 수준

※ 다음 글을 읽고 콜버그의 질문에 답해 보세요. 콜버그의 해석을 토대로 자신의 답변이 어떤 수준에 해당하는지 확인해 보세요.

한 여성이 암으로 사경을 헤매고 있다. 그녀의 남편은 하인츠다. 의료진은 그녀를 살릴 수 있는 약을 알고 있다. 그 약은 라듐으로 제조된 것으로, 최근에 한 약사가 개발한 것이다. 하인츠는 암에 걸린 아내를 치료하기 위해 약을 구하러 나선다. 이 약의 원가는 20만 원이었다. 그런데 약사는 하인츠에게 200만 원에 판매하고자 한다. 하인츠는 약값을 마련하기 위해 주변 사람들에게 돈을 빌리는 등 최선을 다했지만 겨우 100만 원밖에 마련하지 못한다. 하인츠는 약사에게 아내가 죽어가고 있으니 약값을 깎아 주거나 나중에 갚게 해 달라고 애원한다. 그러나 약사는 자신이 애써서 약을 개발했고, 돈을 벌어야 하므로, 약을 싸게 팔 수도, 외상을 줄 수도 없다며 거절한다. 절박해진 하인츠는 결국 약사의 연구실에 무단 침입하여 약을 훔치려 한다. 하인츠는 아내를 살리기 위해 연구실에 침입하여 약을 훔쳐야 하는가? 훔쳐서는 안 되는가? 그 이유는 무엇인가?

콜버그의 질문

1. 하인츠는 약을 훔쳤기 때문에 벌을 받아야 할까?
2. 약사는 비싼 약값을 요구할 권리가 있을까?
3. 약사 때문에 아내가 죽게 되었다고 비난하는 것은 정당할까?
4. 만약 비난이 정당하다면, 그리고 아내가 사회적으로 중요한 인물이었다면, 약사를 더 무겁게 처벌해야 할까?

콜버그의 해석

수준	'훔쳐야 한다'의 정당화	'훔치지 말아야 한다'의 정당화
1 복종	• 약의 가치는 20만 원이며 약사가 바라던 값만큼 비싸지 않기 때문이다. • 그는 약값을 지불할 용의가 있고, 다른 물건은 훔치지 않을 것이다.	• 약을 훔칠 경우, 교도소에 가게 되고, 이는 그가 악인이라는 의미가 되므로 훔치지 말아야 한다.

2 자기 욕구	• 교도소에 가더라도 자신의 아내가 살아남게 되는 경우가 더 행복하므로 훔쳐야 한다.	• 교도소는 끔찍한 곳이므로 훔치지 말아야 한다. 아내의 죽음보다 교도소에서의 생활이 더 고통스러울 수 있기 때문이다.
3 조화	• 아내의 기대에 부응하기 위해 훔쳐야 한다. 그는 좋은 남편이 되고 싶어 하기 때문이다.	• 도둑질은 나쁜 짓이므로 훔치지 말아야 한다. • 법을 어기지 않고 할 수 있는 모든 것을 하려고 노력해 왔으므로 그를 비난해서는 안 된다.
4 법과 질서	• 아내를 위해 약을 훔치지만 그 범죄에 대해 규정된 처벌과 그가 진 빚을 갚아야 한다. 범법행위에는 결과가 따라야 한다.	• 약을 훔치는 것은 법으로 금지되어 불법이 되므로, 훔치지 말아야 한다.
5 사회 계약	• 법을 불문하고 누구나 인생을 선택할 권리가 있으므로 훔쳐야 한다.	• 약사는 공정한 보상을 받을 권리가 있으므로, 훔치지 말아야 한다. • 아내의 병이 도둑질을 정당화하지 않는다.
6 보편 윤리	• 인간의 생명을 구하는 것이 타인의 재산권보다 더 근본적인 가치이므로 훔쳐야 한다.	• 타인도 약을 필요로 할 수 있고, 그들의 생명도 중요하므로, 훔치지 말아야 한다.

소감

디르크 빌렘스 / Dirk Willems와 이타성 수준

※ 다음에 소개된 디르크 빌렘스(Dirk Willems) 예화를 읽고 소감을 적어 보자.

1569년 유난히 추웠던 겨울 어느 날, 다른 종교를 믿는다는 이유로 박해받다가 투옥되었던 빌렘스는 절체절명의 결정을 해야 했다. 갖은 고문으로 죽음을 앞두고 있던 그는 가까스로 탈옥에 성공했다. 그러자 간수장은 그를 잡기 위해 서둘러 길을 나섰다. 빌렘스가 네덜란드 아스페렌의 얼어붙은 호수를 막 건너던 찰나, 갑자기 얼음이 깨지면서 그의 뒤를 바짝 쫓고 있던 육중한 몸집의 간수장이 호수에 빠졌다. 간수장은 빌렘스에게 살려 달라고 애원했다. 빌렘스는 자유를 향해 내달리던 발길을 돌려 이내 물에 빠진 간수장을 구해 주었다. 그러자 간수장은 빌렘스를 다시 감옥으로 연행했고, 몇 주 후 빌렘스는 화형에 처해졌다. 이 사연을 들은 아스페렌 시민들은 빌렘스의 헌신에 대한 보답의 의미로 그의 이름을 딴 거리를 만들었다(Toews, 2004).

소감 ______________________________

09

동기와 정서
: 행동과 감정의 원인

개요

동기

- 동기이론
- 배고픔과 갈증
- 성취동기
- 친애 욕구와 소속 욕구

정서

- 정서의 요소와 기능
- 정서와 인지평가
- 정서표현
- 정서분류
- 정서 탐지와 조절

학습목표

1. 동기 관련 개념(추동, 욕구, 항상성 등)을 이해 · 설명할 수 있다.
2. 추동과 항상성이 동기에 영향을 미치는 방식을 이해할 수 있다.
3. 욕구위계이론을 이해 · 설명할 수 있다.
4. 배고픔과 갈증에 대한 생물학적 · 심리적 작용을 설명할 수 있다.
5. 정서의 구성요소와 기능을 설명할 수 있다.
6. 정서와 인지평가의 관계를 이해할 수 있다.
7. 정서표현과 관련된 이론과 지식을 탐구할 수 있다.

우리는 왜 음식을 먹는가? 왜 물을 마시는가? 왜 성에 관심을 가지는가? 왜 지금보다 나아지려고 하는가? 왜 목표를 성취하려고 하는가? 이러한 질문은 모두 동기에 관한 것들이다. 이 장에서는 크게 두 가지 주제, 즉 동기(① 동기이론, ② 배고픔과 갈증, ③ 성취동기, ④ 친애 욕구와 소속 욕구)와 정서(① 정서의 요소와 기능, ② 정서와 인지평가, ③ 정서표현, ④ 정서분류, ⑤ 정서 탐지와 조절)로 구분하여 살펴보기로 한다.

동기

동기motivation는 쾌 증가 · 불쾌 감소 목표를 향한 행동을 활성화하고 방향성을 제공하는 가상의 상태로 ① 욕구, ② 추동, ③ 유인의 형태를 취한다. 욕구need는 유기체의 행동을 유발하게 하는 심리적 동인으로, 추동을 자극한다. 추동drive은 행동의 원인을 제공하는 동기 상태다('욕동'이라고도 함). 유인incentive은 추동의 목표가 되는 대상, 사람, 또는 상황이다. 금전, 음식, 음료, 성행위, 성적 매력이 있는 사람, 사회적 인정과 관심 등은 모두 유인으로 작용한다.

동기는 ① 생리적 동기와 ② 심리적 동기로 나뉜다. 생존을 위해서는 생리적 욕구가 충족되어야 한다(예 산소 · 음식 · 물 섭취, 통증 회피, 적정체온 유지, 폐기물 제거). 일부 생리적 욕구(배고픔, 갈증)는 신체적 결핍 상태를 가리킨다. 체내 에너지 고갈은 배고픔을 유발하고, 수분의 고갈은 갈증을 유발한다. 일정 기간 음식이나 물을 섭취하지 않으면 음식 또는 물에 대한 욕구가 생긴다. 심리적 욕구로는 성취, 힘, 자존감, 사회적 인정, 소속 등이 있다.

욕구는 문화적 환경의 영향을 받으므로, 다양한 방식으로 표출된다. 채식을 선호하는 사람이 있는가 하면, 육식을 선호하는 사람이 있다. 배고픔과 갈증에 대한 추동의 경험은 심리적이다. 결핍 기간이 길어질수록, 추동은 더 강하게 행동을 자극한다. 즉, 1시간보다 10시간 동안 음식을 섭취하지 않을 때, 더 배고픔을 느낀다. 심리적 욕구(인정, 성취, 소속 등) 역시 추동을 일으킨다. 먹고 마시려는 생리적 추동처럼, 학교 또는 사회생활에서 남보다 앞서려는 심리적 추동이 일어난다.

동기이론

동기에 관한 이론은 크게 ① 헐의 추동감소이론, ② 캐넌의 항상성 개념, ③ 매슬로의 욕구위계이론, ④ 자극추구 욕구로 구분된다. 이러한 이론들은 동기에 대해 상이한 관점들을 제공한다.

헐의 추동감소이론

클라크 헐
(Clark Leonard Hull, 1884~1952)

미국의 심리학자 클라크 헐이 체계화한 추동감소이론drive-reduction theory은 강화물 효과의 원인을 추동의 감소로 보는 강화이론이다. 이 이론은 동기에 작용하는 내적 요인의 역할을 강조한다. 헐에 의하면, 배고픔, 갈증, 통증 같은 기본 추동은 흥분(긴장)을 유발하고, 행동을 활성화한다.

사람들은 긴장을 줄이는 행동을 습득하는 동시에, 경험을 통해 추동이라는 추진력을 얻는다. 돈으로 음식, 음료, 집을 마련할 수 있다는 점에서 돈을 벌려는 추동을 일으켜 범죄와 추위로부터 스스로를 보호한다. 어린아이는 중요한 타인의 선의가 자신의 추동감소에 도움이 되므로, 사회적 인정과 소속감을 얻기 위한 추동을 일으킨다. 이 모든 경우, 긴장 감소가 목표가 된다. 배고픔이나 갈증 같은 기본 추동은 결핍 상태에 있을 때 자극이 된다. 이러한 기본 추동은 신체 균형을 회복하는 방식으로 행동하도록 동기를 부여한다. 이러한 경향성을 항상성이라고 한다.

캐넌의 항상성 개념

항상성homeostasis이란 생존에 필요한 안정적인 생리적 상태를 능동적으로 유지하는 과정을 말한다. 이 개념은 월터 캐넌(Walter B. Cannon, 1871~1945)이 그리스어 접두사 '*homeo*'(동일한)와 '*stasis*'(정적인 또는 일정한)를 합성하여 창안했다. 항상성은 심리적 · 생리적 · 기계적 통제과정으로, 이는 마치 중앙 냉난방 시스템을 가동하는 자동온도조절장치thermostat처럼 작동된다. 이 장치는 온도 항상성을 유지하도록 고안되어, 특정 온도에 설정해 놓으면, 온도는 목표치 또는 설정점이 된다.

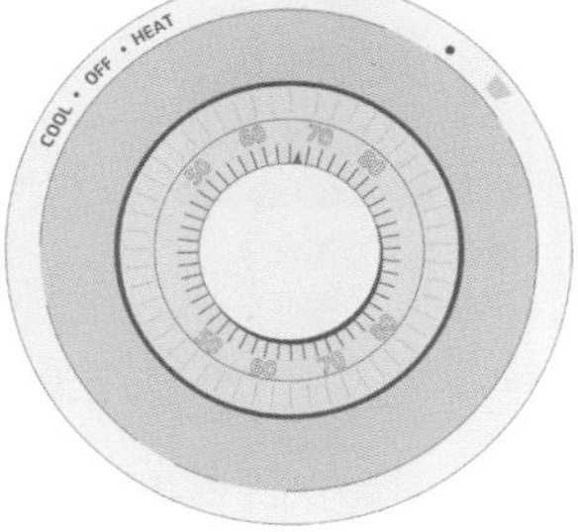

설정점set point은 항상성 체계를 유지시키는 값이다. 이는 여름에 실온이 설정점 이상으로 상승하면 온도조절장치가 작동하여 냉방기를 가동하고, 겨울에 실온이 설정점 아래로 떨어지면 난방기를 가동하여 안정된 실온을 유지하는 원리와 같다. 여러 생리적 과정은 온도조절장치처럼 기능하여 체내 항상성 유지를 위한 동기를 활성화한다.

유기체의 생존은 항상성에 달려 있다. 뇌 온도, 체내 수분 비율이 그 예다. 만일 뇌 온도가 몇 도 상승하거나 떨어지면 의식을 잃게 된다. 또 체내 수분 비율이 몇 퍼센트 정도 올라가거나 내려가면 뇌와 신체기능을 떨어뜨려 생명을 잃는다. 이러한 점에서 유기체는 생리적 양극단 사이에서 균형을 이루는 줄다리기를 한다. 이처럼 유기체의 생명 유지는 내적 환경의 섬세하고 정교한 균형 유지를 기반으로 이루어진다. 이러한 균형은 유기체가 자체적으로 유지하도록 설계되어 있다. 이에 유기체의 내적 상태는 외부 환경의 변화에도 비교적 안정을 유지한다. 동기는 바로 항상성, 즉 유기체의 생존에 필요한 일정한 내적 상태 유지를 돕는다.

매슬로의 욕구위계이론

어떤 욕구는 다른 욕구보다 우선권이 있다. 배고픔과 갈증에 대한 욕구가 충족되면, 성취 욕구 같은 다른 동기가 에너지 공급과 행동을 주도한다. 만일 갈증해소

에이브러햄 매슬로
(Abraham Maslow, 1908~1970)

욕구가 충족되지 않았다면, 갈증은 다른 욕구를 압도한다. 1954년 에이브러햄 매슬로는 욕구위계hierarchy of needs 이론을 발표했다. 피라미드 형태로 된 위계의 가장 하위단계에는 생리적 욕구(물, 음식)가 위치한다. 사람들은 이 욕구를 충족한 후에야 안전 욕구를 충족하고자 한다. 그런 다음, 사랑하고 사랑받으려는 욕구와 자존감을 지키려는 욕구를 충족하고자 한다. 이 욕구가 충족되면 욕구위계의 정점에 도달하는데, 이는 개인의 모든 잠재력을 실현하려는 욕구다(Maslow, 1970).

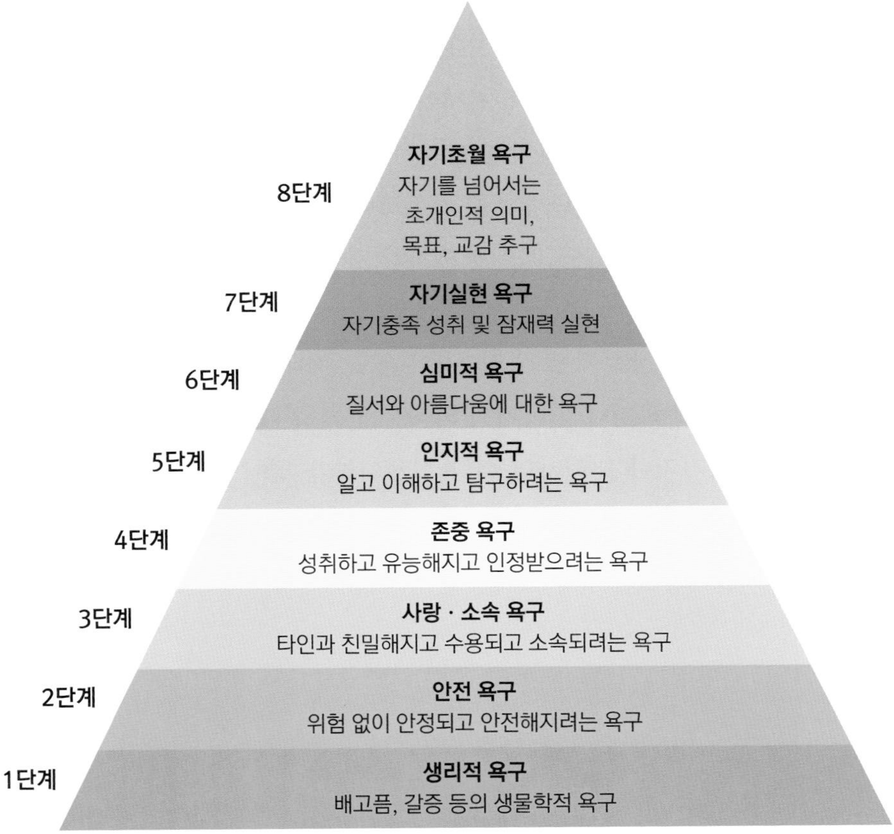

[그림 9-1] 매슬로의 욕구위계

주. 생리적 욕구부터 존중 욕구까지를 결핍 욕구('d욕구deficiency needs'), 인지적 욕구부터 자기초월 욕구까지를 성장 욕구('g욕구grawth needs')라고 함.

매슬로는 처음에는 욕구단계를 5단계로 구분했다. 그 후, 존중 욕구와 자기실현 욕구 사이에 인지적 욕구와 심미적 욕구를 추가하여 7단계로 수정했다. 그리고 말년에는 자기초월transpersonal에 도달하는 사람들도 있다고 제안하면서 자기초월 욕구를 정점에 올려놓았다. 이 수준에서는 자기를 넘어서는 초개인적 의미, 목표, 교감을 추구한다. 오늘날 심리학자들은 매슬로의 욕구위계의 순서가 보편적으로 고정되지 않고 다소 임의적이라고 본다. 정치적 소신을 굽히지 않기 위해 단식투쟁을 하거나 굶어 죽기를 자처하는 사람도 있기 때문이다.

자극추구 욕구

자극추구 욕구stimulus seeking need는 에리히 프롬(Erich Fromm, 1900~1980)이 제시한 인간의 기본 욕구(① 관계성relatedness, ② 초월성transcendence, ③ 소속감rootedness, ④ 정체성identity, ⑤ 지향 틀frame of orientation, ⑥ 흥분excitement · 자극stimulation) 중 하나로, 일상에서 최적의 수행을 위한 자극적인 환경을 확보하고 싶어 하는 욕구다. 이러한 기본 욕구는 서로 대립하는 추동을 일으킨다. 즉, 일상에서 절대적 안정을 유지하고 싶어 하면서도 새로운 자극을 추구하는 양면적인 욕구를 지니고 있다.

자극추구 욕구는 감각추구 성향으로 발현된다. 감각추구 성향sensation seeking tendency이란 규제를 싫어하고, 지루함을 참지 못하며, 새롭고 강렬한 감각자극을 추구하는 경향성이다. 이러한 경향성은 흔히 청소년기에 새로운 활동을 시도하는 행동으로 나타난다(예 롤러코스터, 번지점프, 산악등반, 오지 탐방, 성 행동, 난폭운전, 오토바이 폭주, 물질 남용 등). 인간에게 감각추구 성향이 있음을 실험을 통해 입증한 고전적인 연구로는 감각박탈 실험이 있다.

감각박탈 실험. 캐나다 몬트리올의 맥길McGill대학교에서 대학생을 대상으로 수행된 감각박탈sensory deprivation 실험(Bexton et al., 1954)은 감각자극과 작용의 중요성을 시사한다. 실험 참여 대학생들에게는 하루에 20달러[오늘날 200달러(22만 원)

이상]가 지급되었다. 이 실험에서 대학생들은 조용한 칸막이 안에서 눈가리개를 하고 누워 있기만 하면 되었다. 또 팔에는 붕대를 감아서 손으로 어떤 것도 느낄 수 없게 했고, 다만 에어컨 돌아가는 소리만 들을 수 있었다.

참여자 대부분은 잠시 잠을 잤지만, 감각박탈 후 몇 시간이 지나자, 이들 대부분은 지루해하면서 짜증을 냈다. 시간이 더 지나자, 다수의 참여자가 더 불편해 했다. 당시로서는 적지 않은 금전적 보상에도 불구하고, 90% 이상의 학생들이 실험 시작 후 24시간 이내에 실험 참여를 포기했다. 그 후, 48시간 이상 남아 있던 참여자 대다수는 얼마 동안 간단한 문제에도 집중하기 어려워했다. 이들에게 실험은 결코 편안한 휴식이 되지 못했고, 대신 지루함, 불편감, 지남력 상실(환시, 환청 등)을 초래했다. 이 실험은 유기체는 새로운 자극을 찾도록 동기가 유발됨을 시사하고 있다.

이와 유사한 연구로는 1930년대 독일의 심리학자 볼프강 메츠거(Wolfgang Metzger, 1899~1979)가 창안한 간츠펠트 효과Ganzfeld effect(장기간 외부 자극이 차단된 상태에 놓이면, 감각상실 방지를 위해 뇌에서 환각[환시, 환청]을 만들어 내는 현상) 실험이 있다. 독일어 'Ganzfeld'란 '전체 시야'라는 뜻으로, 이 개념의 요지는 시야가 완전히 차단된 상태에서 아무런 자극이 없으면, 뇌에서는 놓치고 있는 시각정보 파악을 위해 신경에 전달되는 자극을 증폭 해석함으로써 환각을 경험하게 된다는 것이다.

배고픔과 갈증

생존을 위해서는 음식이 필요하다. 배고픔hunger의 통제는 갈증과 유사하나, 섭식eating은 갈증 해소보다 훨씬 더 복잡하다. 갈증thirst은 물이나 음료를 필요로 하고, 이를 공급해 줄 수 있는 곳으로 향하게 한다. 이에 비해 먹을거리는 다양하고, 건강 유지를 위해 다양한 영양분(단백질, 탄수화물, 지방, 미네랄 등)을 섭취할 필요가 있다.

배고픔

오늘날 많은 사람에게 음식은 생존 이상의 의미가 있다. 음식은 가족관계와 돌봄의 상징이기도 하다. 우리의 뇌는 진화를 통해 안전한 먹을거리를 선택하고, 독성 섭취를 피하는 방법을 획득했다. 이를 위해 유기체는 생래적으로 선호하는 맛을 보유하는 한편, 특정 음식의 선호와 혐오를 학습하는 메커니즘을 갖추고 있다.

음식 선호성. 맛taste은 음식 선호에서 가장 중요한 요인으로, 미각과 후각보다 더 중시되어 왔다. 인간은 특정한 맛을 선호 또는 혐오하도록 프로그램화된 상태로 태어난다.

유아 역시 입맛을 다시거나 쾌를 나타내는 표정을 통해 단맛에 긍정적으로 반응한다(Steiner, 1979). 반면, 쓴맛에 대해서는 얼굴을 돌리거나, 혐오를 나타내는 표정을 짓는다. 오늘날 음식 제조업자들은 사람들의 이러한 선천적인 단맛 선호성을 이용하여 많은 사람이 과식하게 하는 달콤한 먹을거리를 생산·공급한다.

사람들은 왜 단맛sweet taste을 좋아할까? 진화심리학자들은 인류의 선조가 미지의 식물 중에서 먹을 수 있는 음식 또는 딸기처럼 당분이 풍부하면 소화가 가능한 탄수화물임을 알려 주는 것처럼, 단맛을 양호한 지표로 여겼기 때문이라고 본다. 단맛이 나는 음식 섭취는 필요한 열량을 얻을 수 있는 방법이었던 반면, 쓴맛은 독성과 연합된 지표로 작용했다. 선조들은 쓴맛이 나는 식물을 멀리함으로써 독성중독을 피할 수 있었다(Rozin et al., 2000).

음식 선호성 발달의 두 번째 방법은 학습과 사회학습 메커니즘을 통해서다. 하나는 특정 맛이 나는 음식을 소화한 결과에 기초한 선호성이다. 즉, 특정 음식에서 영양분을 섭취해 본 경험의 결과는 고전적 조건형성을 통해 그 맛에 대한 점진적인 선호성을 유발한다(Booth, 1991). 다른 형태의 맛과 결과의 연합에 대한 경험 역시 술(알코올) 또는 커피(카페인)처럼 처음에는 좋아하지 않았던 맛에 대한 선호성 발달의 토대가 될 수 있다. 이와 동일한 과정은 특정 음식에 대한 강한 혐오를 일으키는 방향으로 작용하기도 한다.

예를 들어, 맛있는 음식 또는 음료라 하더라도 처음 섭취한 후 구토나 복통을 초래했다면, 다음에 그 음식 또는 음료를 다시 섭취할 만큼 맛있지 않다고 기억할 것이다. 그 음식 또는 음료 자체는 변하지 않았지만, 새로 연합한 기억이 대상을 불쾌한 것으로 경험했기 때문에 유기체에 변화가 생긴 것이다. 이 과정을 조건화된 혐오conditioned aversion라고 한다. 그러면 사람들은 배고픔을 어떻게 알 수 있을까?

배고픔의 단서. 배가 고플 때 종종 위에서 꼬르륵 소리가 난다. 그 순간, 위벽은 근육수축을 일으켜 내용물이 보글보글하는 운동을 만들어 낸다. 그렇다면 위의 수축으로 인해 나는 소리는 배고픔의 신호일까? 그렇지 않다. 이는 우연히 일어난 것일 뿐, 수축으로부터 오는 위의 감각은 배고픔의 진정한 원인이 아니다. 의학적 이유로 위가 제거되어 음식이 직접 장으로 넘어가는 사람들도 심한 배고픔을 느낄 수 있다. 따라서 배고픔을 느끼는 것은 포만의 느낌과 더 관계가 있다.

위에는 배고픔의 변화에 중요한 수용기가 있어서 포만신호satiety signal를 얻을 수 있다. 그러나 이 신호가 뇌에 도달하는 데 오랜 시간이 걸린다. 그러므로 입으로 씹고 삼키는 것에서 포만신호를 받지 못하면, 충분한 음식 섭취 후에도 오랫동안 더 많은 음식을 먹게 될 수 있다. 입에서 음식을 씹고 삼키는 것이 포만감을 준다는 사실을 입증하기 위해 개를 대상으로 '가짜 수유' 실험이 수행되었다.

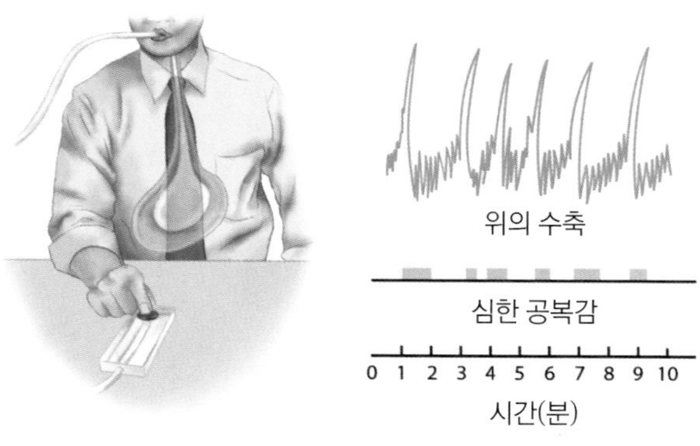

[그림 9-2] 위 수축 모니터링 실험

이 실험을 위해 개의 목구멍에 튜브를 삽입하여 삼킨 음식이 몸 밖으로 떨어지도록 했다. 음식이 위에 도달하지 않았음에도 불구하고, 개는 잠시 후에 먹는 행동을 멈추었다(Janowitz & Grossman, 1949).

한 고전적 연구에서는 위 수축이 배고픔의 결정적인 신호로 작용한다는 사실을 입증했다. 이 연구에서 실험자 워시번(A. L. Washburn)은 직접 풍선을 삼켜서 위 수축과 배고픈 느낌의 관계를 알아보았다. 그는 배고픔을 느낄 때 버튼을 눌렀고, 그의 위 수축과 팽창 상태는 다른 관찰자에 의해 기록되었다. 이 실험을 통해 위 수축과 배고픔 사이에 연관이 있음이 밝혀졌다(Cannon & Washburn, 1912). 이 외에도 의학적 관찰과 고전적 연구들은 사람과 동물의 위가 제거된 상태에서도 여전히 정상체중 유지를 위해 음식 섭취를 조절한다는 사실을 밝혀냈다(Tsang, 1938).

섭식항진 · 섭식저하. 배고픔hunger은 포만감이 들지 않을 때 느끼는 현상이다. 칼로리가 높은 음식이 위나 장에 있거나, 신체의 칼로리 저장 수준이 높을 때, 사람들은 배가 부르다고 느낀다. 반면, 포만감이 감소할 때 배고픔이 느껴진다. 배고픔은 시상하부(완두콩 크기의 뇌 구조)의 두 하위영역, 즉 ① 외측 시상하부(각 측면에 있는 부위)와 ② 복내측 시상하부[아래(내측)의 중앙(내측) 부위]를 조작함으로써 각각 섭식항진과 저하를 초래할 수 있다.

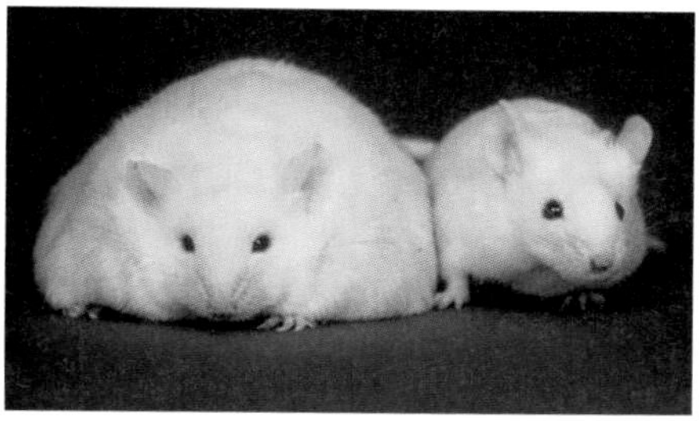

[그림 9-3] 복내측 시상하부 증후군과 외측 시상 하부 증후군 실험에 사용된 쥐

출처: http://www.hani.co.kr/

먼저, 외측 시상하부의 파괴는 나머지 뇌가 회복되어 보상할 때까지 배고픔 상실(섭식저하)을 초래한다(Teitelbaum & Epstein, 1962). 이러한 현상을 외측 시상하부 증후군lateral hypothalamic syndrome(LHS)이라고 한다. 외측 시상하부에 손상을 입은 동물은 단순히 음식을 무시하고, 마치 맛이 없어서 음식을 멀리하는 것처럼 보인다(예 얼굴을 찡그리고 음식을 격하게 내뱉음). 인위적인 먹이 주입이 없으면, 이들은 결국 굶어 죽게 된다.

반면, 복내측 시상하부의 손상은 지나친 식욕(섭식항진)을 초래한다. 이를 복내측 시상하부 증후군ventromedial hypothalamic syndrome(VHS)이라고 한다. 복내측 시상하

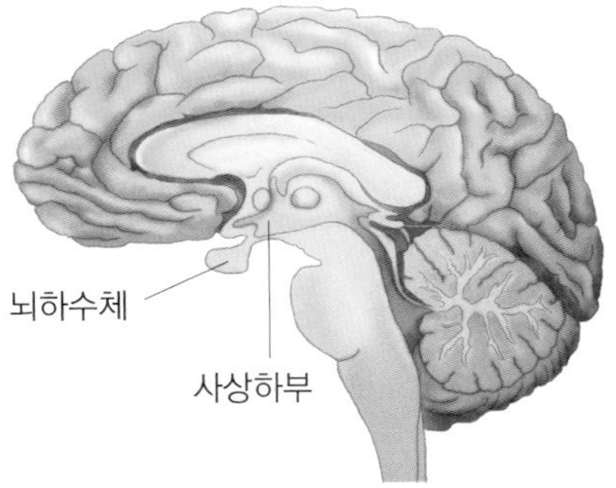

[그림 9-4] 시상하부와 뇌하수체

부에 손상을 입은 동물은 많은 양의 음식을 게걸스럽게 다 먹어 버린다. 이 동물의 체중은 정상체중의 2배를 넘어 비만해질 때까지 계속해서 증가한다. 또 외측 시상하부에 전기자극을 가하면, 동물은 즉시 음식을 찾아 먹기 시작한다. 그러다가 자극을 멈추면 먹기를 멈춘다. 반대로, 복내측 시상하부의 자극은 배고픈 동물의 정상적인 섭식을 멈추게 한다.

1960년경, 배고픔에 대한 외측 시상하부와 복내측 시상하부의 역할에 관한 연구가 발표되었을 때, 이 부위는 단순히 '배고픔 중추hunger center' 또는 '포만중추satiety center'로 불렸다. 그러나 이러한 부위들이 뇌에서 배고픔 또는 포만을 위한 단일 중추가 아니라, 이런 효과를 나타내기 위해 다른 여러 뇌 체계와 상호작용을 한다는 사실이 밝혀졌다. 즉, 시상하부의 손상이 배고픔을 파괴하지 않고, 다만 배고픔을 통제하는 체중의 항상성 설정점을 높이거나 낮춘다는 것이다. 복내측 시상하부가 손상된 동물 역시 체중이 무한정 증가하지 않는다. 대신, 새로 정해진 비만 체중 수준에 도달하면 증가를 멈춘다.

비만. 현대인들은 비만/과체중overweight을 유발하는 환경에 살고 있다. 이들은 어려서부터 설탕과 지방이 풍부한 식품 광고에 노출되고 있다. 더욱이 가족 행사, TV 시청, 직장 스트레스 등은 과식을 유발하고 다이어트를 중단시키곤 한다. 정상체중 유지를 위한 노력은 부적 정서(우울, 불안 등)에 의해 방해받을 수 있고, 또 폭식으로 이어지기도 한다(Smith et al., 2018). 이런 상황에서 비만 인구가 증가하는 것은 그리 놀라운 일이 아니다.

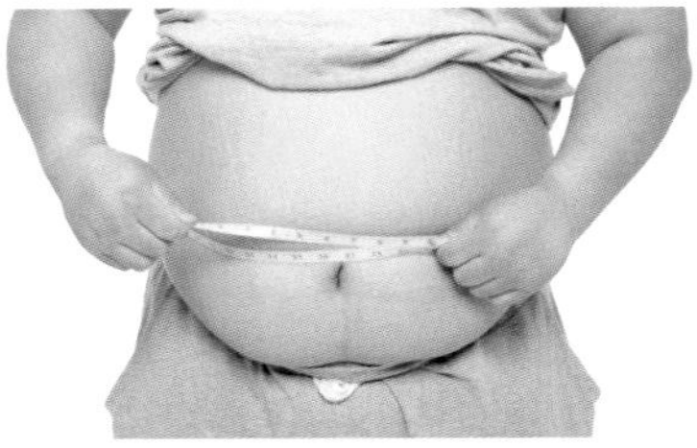

비만obesity은 적절 체중에서 30% 또는 그 이상을 초과하는 체중으로 정의된다. 비만 평가는 체중 측정법과 캘리퍼로 피부주름의 두께를 측정하는 방법이 있다. 이 중에서 이상체중법이 가장 많이 사용된다. 이상체중은 [신장(cm)−100] × 0.9로 계산할 수 있다. 비만도 지수는 이 공식에 의해 산출된 이상체중을 활용하여 현재 체중을 백분율화해서 산출한다.

비만도 지수=(실측체중−표준체중)/표준체중 × 100%

비만은 건강의 주 위협요인이다. 비만은 제2형 당뇨병, 고혈압, 심장병 발병 가능성을 높이고, 암과 관절염을 비롯한 만성질환의 원인이 된다. 비만의 유병률에 성차는 없으나, 여성들이 과체중에 대해 더 큰 심리적 부담을 느끼는 것으로 조사되었다(Burke et al., 2010). 이에 매년 수많은 사람이 다이어트에 많은 돈과 시간을 투입하고 있다. 그러나 이러한 사회적 인식은 잘못된 것일 수 있다. 과식이 비만을 초래할 수 있다는 것은 의문의 여지가 없지만, 비만은 과식보다 유전적 요인에 기인한다는 주장이 지배적이기 때문이다.

비만이 유전된다는 것은 이미 오래전부터 알려진 사실이다. 부모 둘 다 비만이 아니면 자녀의 10%, 부모 중 한 명이 비만이면 자녀의 약 40%, 부모 둘 다 비만이면 자녀의 약 70%가 비만이 된다(Gurney, 1936). 이 통계치는 비만의 생물학적 토대를 시사하지만, 다른 해석도 가능하다. 즉, 자녀가 단순히 부모의 식습관을 모방했을 수도 있다. 그러나 최근 연구들은 비만의 유전적 기초를 강력히 뒷받침하고 있다. 비만에서 유전의 영향에 대한 증거를 얻는 주요 방법은 일란성 쌍생아를 연구하는 것이다. 스칸디나비아 입양아 연구(Stunkard et al., 1990)에 의하면, 입양아의 체중은 입양 부모보다 생물학적 부모의 것과 더 유사했다.

또 다른 연구에서 12쌍의 일란성 쌍생아(모두 남성)를 대상으로 100일간 대학 기숙사에서 지내면서 체중을 증가시키는 실험을 했다. 이들은 하루에 1kcal가 추가로 포함된 식사를 했고, 운동이 허용되지 않았으며, 대신 독서, 게임, TV 시청을 하며 시간을 보냈다. 100일 후, 이들은 모두 체중이 증가했다(4~15kg). 그러나 쌍생아는 서로 같은 양의 체중이 증가했고, 같은 신체 부위(몸통, 엉덩이, 허벅지 등)에 살이 쪘다(Bouchard et al., 1990).

이러한 결과는 칼로리 섭취와 유전적 특질이 체중 증가에 영향을 미친다는 것과 비만인 사람이 그렇지 않은 사람보다 더 많이 먹는다고 가정할 수 없는 이유를 보여 주고 있다. 또 대체로 같은 양의 식사를 했음에도 쌍생아들 간에 늘어난 체중의 양이 다른 이유는 칼로리의 대부분을 지방으로 저장하거나 먹은 양과 무관하게 같은 양의 칼로리를 태우는 대사과정이 작동되었기 때문인 것으로 추정된다(Ravussin et al., 1988).

섭식장애. 비만은 가장 공통적인 섭식문제다. 그러나 이는 ① 신경성 식욕부진증, ② 신경성 폭식증 같은 병리적인 섭식장애eating disorders로 이어지기도 한다. 이 두 장애는 모두 체중 증가를 막으려는 병리적 욕구의 결과로, 주로 10~30대 여성에게서 흔히 나타난다(Stice et al., 2013a). 섭식장애가 있는 사람은 자신의 신체에 대해 완벽주의가 되려는 경향이 있다. 이들은 이상화된 체형과 체중에 대해 조금도 만족하지 않을 것이다(Wade et al., 2015). 대표적인 섭식장애로는 ① 신경성 식욕부진증과 ② 신경성 폭식증이 있다.

신경성 식욕부진증anorexia nervosa(이하 AN)은 개인의 최소 정상체중에 적어도 15% 미달하는, 극단적·자발적 체중감소가 특징인 정신장애다('거식증'으로도 불림). 일부 환자들은 정상체중의 50% 미만을 유지한다. 체중의 극단적 상실과 이로 인한 문제에도 불구하고, 이들은 자신에게 문제가 있음을 부정하고, 체중증가를 위한 어떤 시도도 거부하며, 스스로 너무 살이 쪄 보인다고 생각한다. 또 섭식량에 집착하면서 자신이 섭취한 칼로리양을 강박적으로 계산한다. 이런 경향성은 하루에 7시간씩 격렬히 운동하는 강박적 운동중독자가 되기도 한다(Logue, 1991).

일례로, 어려서부터 누가 더 날씬한지 경쟁하다가 신경성 식욕부진증으로 이어진 쌍둥이 자매(마리아와 케이티 캠벨) 중 언니 마리아는 자신의 증상을 '내 발목에 채워진 족쇄같이 떼어낼 수 없다'고 했다(Foster, 2011). AN이 있는 여성은 1년 이내에 체중의 25% 이상이 줄어 호흡기와 심혈관 문제를 일으킬 수 있다. 체중감소는 심신쇠약, 감염에의 취약성, 영양실조로 인한 부작용, 월경 중지, 그리고 사망으로 이어진다. AN 여성의 사

망률은 약 5%다.

신경성 폭식증bulimia nervosa(이하 BN)은 폭식(불연속적인 시간 주기로 다량의 음식을 빠른 속도로 먹는 행위)과 후속적인 구토 또는 설사로 폭식한 음식물 방출의 순환적 삽화가 특징이다. BN이 있는 여성은 대부분 최소한 하루에 한 차례(보통 석식) 마음껏 음식(달거나 짠 탄수화물 음식)을 먹고, 곧바로 섭취한 음식을 방출함으로써 비교적 정상체중을 유지한다.

그러나 음식물 방출을 위한 구토 또는 하제 사용은 신체의 칼륨 균형 파괴를 비롯하여 탈수, 심장부정맥, 비뇨기 감염 등의 문제를 유발할 수 있다. BN은 AN과 마찬가지로 호르몬 불균형을 유발한다. BN이 있는 다수의 여성은 월경주기가 불규칙하고(Mountjoy & Goolsby, 2015), 종종 심한 우울증과도 관련이 있다(Stice et al., 2013b). 신경성 폭식증은 신경성 식욕부진증보다 발병률이 높은 편이다.

갈증

갈증thirst은 생존에 필수적인 물에 대한 욕구의 심리적 표현이다. 갈증 충족 역시 항상성 과정에 속한다. 물을 마시지 않거나 심한 운동을 하면, 신체는 땀, 호흡, 소변을 통해 수분이 감소되어 두 종류의 수분이 고갈된다. 하나는 세포의 구조와 내용을 구성하는 단백질, 지방, 탄수화물 분자와 혼합된 수분이고, 다른 하나는 혈액과 다른 체액에 함유된 세포외 저장소extracellular reservoir의 수분이다. 이 두 종류의 수분이 고갈되면, 각각 ① 세포내 갈증과 ② 세포외 갈증을 유발한다.

세포내 갈증. 세포내 갈증intracellular thirst은 삼투압(수분이 많은 곳에서 적은 곳으로 이동하는 경향성)에 의해 발생한다. 수분의 정도를 결정하는 지표는 염분[소듐(나트륨), 염소, 포타슘(칼륨)] 이온의 농도다. 신체에서 수분이 빠져나가면 혈액의 염분이 높아진다. 혈액 내 염분 농도 상승은 낮은 농도의 세포체(뉴런 포함) 내부로부

터 혈액으로의 수분 이동을 촉발한다. 이는 삼투압성 또는 세포내 갈증을 유발하여 물을 마시려는 욕구를 촉발한다.

수분 섭취는 뉴런과 다른 세포내의 수분 수준을 정상화한다. 이 과정은 수분을 상실하지 않더라도 짠 음식을 먹은 후에 갈증을 느끼게 되는 이유이기도 하다. 대부분의 술집 주인은 짠 음식 또는 안주가 삼투압성 세포내 갈증을 일으켜 손님이 술을 더 많이 마시게 된다는 사실을 알고 있다.

세포외 갈증. 세포외 갈증extracellular thirst은 오랫동안 물을 마시지 않거나 심한 운동으로 인한 탈수상태에서 발생한다. 수분은 신장을 통해 소변으로 배설되거나, 피부의 땀샘을 통해 분비되거나, 폐를 통해 호흡으로 배출·증발한다. 이때 배출되는 수분은 대부분 혈액으로부터 공급된다. 수분 상실로 인해 세포외액에 남아 있는 수분의 양이 감소하고, 혈액량의 저하는 혈압을 떨어뜨린다.

신장, 심장 등 혈관 내의 혈압수용기blood pressure receptor는 이러한 변화를 감지하고, 감각뉴런을 활성화하여 뇌로 신호를 보낸다. 시상하부의 뉴런은 뇌하수체에 신경충동을 전달하여 항이뇨호르몬antidiuretic hormone(ADH)을 혈류에 방출한다. 신장은 수분을 소변으로 배출하지 않고 혈액으로 되돌려 준다. 이러한 현상은 몇 시간 동안 물을 마시지 않을 때 발생하는데, 이로 인해 소변의 색깔이 짙어진다.

뇌는 레닌renin 호르몬을 분비하도록 신장에 신호를 보낸다. 레닌은 혈액에 있는 물질과 화학적 상호작용을 통해 안지오텐신angiotensin 호르몬을 생성한다. 이는 뇌의 심층부 뉴런을 활성화하여 수분섭취 욕구를 촉발한다. 체내 탈수로 인한 변화는 혈압강하에 의해 발생한다. 이에 혈압을 떨어뜨리는 다른 원인도 갈증을 일으킨다. 부상으로 출혈이 심한 사람이 심한 갈증을 느끼는 것이 그 예다. 이런 갈증을 유발하는 원인은 레닌과 안지오텐신을 생성하는 연쇄과정을 유발하여 갈증을 초래하는 혈압수용기를 활성화하기 때문이다(Fitzsimons, 1990).

성취동기

성취동기achievement motivation는 도전적이고 어려운 과제를 기꺼이 수행하려는 내적 욕구다. 억만장자는 더 많은 부의 축적을 위해 동기화되고, 톱스타 연예인은 더 유명해지고자 하며, 유력정치인은 더 많은 권력을 쥐고자 하고, 모험을 즐기는 사람은 더 스릴 넘치는 도전을 추구한다. 성취동기는 충족되더라도 더 많은 것을 성취하려는 욕구가 생긴다.

헨리 머레이 (Henry Murray, 1893~1988)

스티브 잡스 (Steve Jobs, 1955~2011)

헨리 머레이는 성취동기를 의미 있는 성취, 기술, 또는 아이디어의 숙달, 제어, 그리고 높은 기준을 신속하게 달성하려는 욕구라고 정의했다(Murray, 1938). 성취동기가 높은 사람은 도전에 대한 불굴의 정신grit(장기목표를 추구하는 열정과 집념) 덕분에 더 많은 것을 성취한다.

한 연구에서는 지능검사 점수가 상위 1%에 드는 아동 1,528명의 삶을 추적 조사했다. 40년 후 전문직에서 가장 성공한 사람과 가장 실패한 사람을 비교했을 때, 동기에서 차이가 있었다. 가장 성공한 사람들은 야심적이었고, 에너지 넘쳤으며, 인내심이 강했고, 어려서부터 적극적인 취미를 가지고 있었다. 또 성인이 되어서는 더 많은 집단과 어울렸고 스포츠를 즐겼다(Goleman, 1980). 지능은 정규분포를 보이지만, 성취는 그렇지 않다. 이는 성취가 단순히 능력만을 수반하는 것이 아님을 보여 준다.

조직심리학자들이 평범한 일을 하는 보통 사람들을 동기화시키고 일에 매진하도록 만들 수 있는 방법을 찾는 이유도 바로 여기에 있다. 또 학생들을 '혹독하게' 훈련시키는 것, 즉 스트레스 상황에서도 다시 일어설 수 있게 하는 것이 더 우수한 성적을 초래하는 이유도 바로 이것이다(Maddi et al., 2009). 규율은 재능을 탄탄하게 한다. 최고의 바이올리니스트들은 20대 초기에 이미 10,000시간 이상 연습하고 있었다. 이 시간은 음악 교사가 되려는 바이올린 전공생들의 연습 시간보다 2배 이상 많은 양이었다(Ericsson et al., 2007). 뛰어난 학자, 운동선수, 예술

가들의 동기 수준 역시 매우 높고, 자율성이 강하며, 매일 목표추구에 상당한 시간을 기꺼이 할애하는 특성이 있었다(Bloom, 1985).

친애 욕구와 소속 욕구

인간은 사회적 동물이다. 아리스토텔레스의 말이다. 그는 『니코마코스 윤리학(Nicomachean Ethics)』이라는 자신의 저서에서 “친구가 없다면, 다른 모든 것을 가지고 있더라도 살아갈 수 없다.”고 하였다. 인간의 기본 욕구에는 친애 욕구와 소속 욕구가 있다.

친애 욕구

친애 욕구affiliation needs는 타인과 관계를 맺거나 유대bond를 형성하려는 사회적 동기다. 이 동기는 인류 조상들의 생존율을 높여 주었다. 애착 유대는 보호자가 자녀를 가까이 있게 하여, 위협으로부터 자녀를 보호할 수 있게 했다. 협력collaboration 역시 개인의 생존에 도움을 주었다. 양식 채취 또는 집단 이동·작업을 하는 경우, 포식자와 적으로부터 보호받을 수 있었다.

이뿐 아니라, 몸집이 크고 힘이 센 동물들에 비해 그리 강인한 포식자가 아니었던 조상들은 집단 사냥이 훨씬 더 효과적이라는 사실을 터득했다. 친애 욕구를 바탕으로 형성된 사회적 유대를 형성한 조상들은 생존·번영했다. 이들은 이 중요한 경험과 정보를 세대에서 세대로 전수할 수 있었다. 이로써 현대인들은 생득적으로 사회적 존재가 되었고, 이와 관련된 유전자가 주도하고 있다.

개인심리학의 창시자 알프레트 아들러(Alfred Adler, 1870~1937)는 인간에게 타고난 공동체 욕구가 있음을 강조했다. 이 욕구는 개인의 적응행동을 주도하고, 욕구가 충족될 때 심리적 웰빙도 고양된다(Sheldon et al., 2001). 이에 사람들은 타인과의 친애를 추구하고, 특정한 타인에게는 지속적이고 긴밀한 관계 속에서 애착을 형성한다. 가족 또는 가까운 친구와 이별하는 경우, 생득적 친애 욕구는 개인에게 중요한 사회적 유대를 상실했다는 느낌이 강하게 들게 한다.

소속 욕구

소속 욕구belongingness needs는 원하는 집단의 일원으로서 귀속감을 느끼고 싶어 하는 바람이다. 원하는 집단에 소속되는 일은 호기심과 즐거움을 수반한다. 사람들은 흔히 가족, 친구, 사랑하는 사람들과의 만족스러운 관계를 행복의 조건으로 꼽는다(Berscheid, 1983). 또 인정받기 위해 집단기준에 동조하거나, 줄을 서서 기다리거나, 법을 준수하거나, 같은 집단의 구성원을 돕는다. 그런가 하면 타인에게 좋은 인상을 주기 위해 자신의 행동을 살피거나, 옷, 화장품, 다이어트, 체력단련 도구에 돈을 투자하기도 한다.

'우리'라는 개념은 사람들 사이에 경계를 설정한다. 소속 욕구는 애착과 위협을 동시에 제공한다. '우리'를 규정하려는 욕구로부터 가족, 우정, 연대의식이 형성되지만, 10대의 폭력조직, 인종/민족 간 갈등, 광적 국수주의도 만들어진다. 좋든 싫든 사람들은 관계를 형성 · 유지하기 위해 애쓴다. 친숙성familiarity은 호감을 초래한다. 사람들은 학교나 직장생활을 함께하면서 자연스럽게 유대감을 형성한다.

그러나 이별은 고통을 유발한다. 이 경우, 사랑은 천연 진통제다. 사랑에 빠진 대학생들은 낯선 사람의 사진을 보거나 단어 과제에 집중할 때보다 연인의 사진을 들여다보고 있을 때 고통을 현저하게 덜 느꼈다. 연인의 사진은 안전과 연합된 전전두엽을 활성화시켜, 고통을 완화한다(Eisenberg et al., 2011).

사람들은 좋지 않았던 관계가 깨질 때도 고통을

받는다. 미국을 비롯한 16개국에서 수행한 연구에 의하면, 미혼, 사별, 이혼한 사람들은 기혼자들보다 '매우 행복하다'고 반응한 비율이 절반에도 미치지 못했다(Inglehart, 1990). 사회적 유대가 위협을 받거나 와해될 때, 사람들은 불안, 외로움, 질투, 죄책감 등을 겪는다. 친구를 새로 사귀거나, 사랑에 빠지거나, 자녀가 생기는 등 친밀관계의 시작은 생애 최고의 순간이 되지만, 친밀관계의 종결은 최악의 순간이 되기도 한다.

특히 사랑하는 이를 떠나보낸 사람은 삶이 공허하고 무의미하다고 느낄 수 있다. 가족과 함께하던 집을 떠나 낯선 곳에서 시작하는 대학 생활은 외로움이 엄습하는 시간이 될 수 있다. 그러나 소속 욕구는 새로운 사회관계 네트워크 형성의 동력으로 작용한다(Oishi et al., 1999). 사회적 유대는 건강하고 행복한 삶과 정적 상관이 있으나, 사회적 고립은 심리적 · 신체적 건강을 위협한다. 반면, 인정받는 느낌과 사회적 연대감 상승은 자존감, 긍정적 감정, 신체건강을 회복한다(Cacioppo et al., 2000).

정서

정서emotion는 감각과 함께 사람들의 생존을 지원한다. 감각sense은 눈(시각), 코(후각), 귀(청각), 혀(미각), 피부[촉각(통각, 압각, 온각)]를 통해 외부의 자극을 알아차리는 것이다. 문제에 직면할 때, 정서는 주의를 집중시키고 행동에 활력을 제공한다. 심장박동이 빨라지고, 감각은 경계수준을 높여, 민첩한 행동을 준비시키기도 한다.

사람들에게 정서가 있어서 반가운 소식에 기쁨의 눈물을 흘리고, 사랑하는 사람을 잃고 슬픔에 잠긴다. 때로 부정적인 정서가 장기간 지속되면서 사람들의 정신건강뿐 아니라 신체건강을 해치기도 한다. 정서에 관해서는 ① 정서의 요소와 기능, ② 정서와 인지평가, ③ 정서표현, ④ 정서분류, ⑤ 정서 탐지와 조절로 구분하여 살펴보기로 한다.

정서의 요소와 기능

정서는 어떻게 발생하는가? 정서는 신체의 주관적인 적응반응으로, 동기와 연합되어 있으며, 생존을 지원한다. 정서는 흔히 외부에서 관찰할 수 있을 정도로 드러난다. 개인이 위기에 직면할 때, 정서는 주의를 집중시키고, 행동과 활기를 불어넣는다(Cyders & Smith, 2008). 위험에 노출되었다는 생각이 들 때, 우리의 모든 감각은 높은 각성과 경계 상태가 된다. 예상치 못한 기쁜 소식을 접하면, 우리의 눈에 눈물이 고이거나 흐른다. 또 스포츠 경기에서 이기면, 우리는 승리감에 도취되어 두 손을 번쩍 치켜든다. 이로써 기쁨과 새로운 자신감을 느낀다.

정서의 요소

정서는 ① 인지평가, ② 주관적 느낌, ③ 사고 · 행동 경향성, ④ 내적 신체변화, ⑤ 얼굴표정, ⑥ 정서에 대한 반응 요소가 포함된 다차원적 · 복합적인 현상이다. 주사 맞는 순간을 예로 떠올려보자. 주삿바늘이 위협적인 대상이라는 생각(인지평가)이 들자, 두려움(주관적 느낌)이 엄습하고, 도망가려는 듯 몸이 뒤로 젖혀지며(동기화된 행동), 가슴이 쿵쾅거리고 근육에 힘이 들어가고(신체변화), 미간이 찌푸려진다(얼굴표정). 이처럼 정서는 생물학적 · 인지적 · 행동적 · 목적적 현상이다. 정서의 요소에 관한 설명은 〈표 9-1〉과 같다(Lazarus, 1991).

〈표 9-1〉 정서의 요소

구성요소	설명
1. 인지평가	❍ 현재 상황에 대한 개인적 의미의 평가
2. 주관적 느낌	❍ 개인적 경험을 채색하는 느낌 또는 감정 상태
3. 사고 · 행동 경향성	❍ 특정 방식으로 행동하려는 충동

4. 내적 신체변화	❍ 자율신경계 활성화로 심박률, 땀 분비 등의 생리적 반응 유발
5. 얼굴표정	❍ 얼굴 여러 부위(뺨, 입술, 코, 눈썹 등)의 근육수축이 일어남
6. 정서에 대한 반응	❍ 자신의 정서 또는 정서유발 상황에 대한 대처 또는 반응 방식

〈표 9-1〉에 제시된 요소들은 특정 정서를 유발하기 위해 함께 활성화된다. 정서의 요소는 개인과 환경의 관계에 따라 기술된다. 정서, 행동, 표정은 개인의 내면 상태에 대한 정보 소통의 수단이다. 사람들은 정서 상태에 따른 표정 변화, 목소리 톤과 리듬으로 다른 사람에게 자신의 관심사, 동기, 의도, 정서 상태를 전달하거나 상대의 상태를 감지한다.

따라서 표정의 인식능력은 대인관계와 적응에 중요하다. 아이가 위험한 물건에 손을 대려고 할 때, 부모의 놀란 표정은 아이에게 위험신호로 작용한다. 이처럼 정서적 소통은 직면한 상황에 대한 정보를 제공하는 동시에 사회기술 습득의 원천이 된다. 정서의 발생과정을 도식으로 나타내면 [그림 9-5]와 같다.

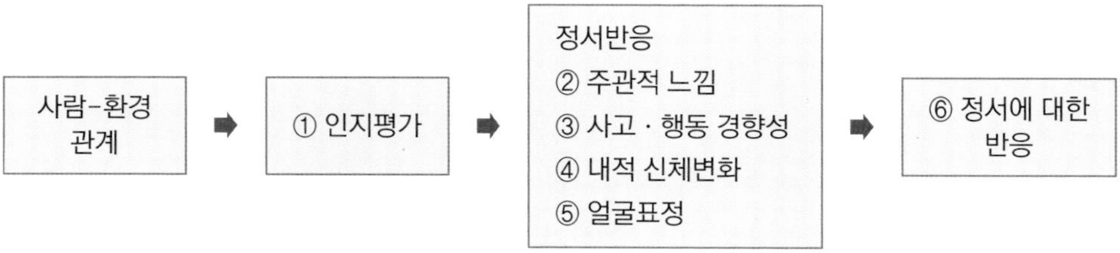

[그림 9-5] 정서과정 도식

사람들은 정서 소통과 공감을 토대로 공동체에서 각자 맡은 일을 수행 · 협력한다. 그러나 때로 정서적 고통을 겪거나, 감정을 못 이겨 일을 그르치거나, 화를 참지 못해 후회할 일을 하거나, 두려움 때문에 장래에 도움이 되는 일을 포기하기도 한다. 이처럼 정서는 때로 비합리적이고, 심지어 위험한 결과를 초래하기도 한다. 이는 흔히 정서조절 기능이상으로 인한 것이다. 정서와 관련된 개념의 정의는 〈표 9-2〉와 같다.

〈표 9-2〉 정서 관련 용어 정의

개념	정의
1. 정서emotion	❍ 인지 평가, 신체 각성, 주관적 느낌, 사고 · 행동 경향성이 포함된 의식적 경험의 복합물
2. 감정sentiment	❍ 중추신경에서 주관적으로 경험되고, 쾌-불쾌의 연속선상에서 의식적으로 경험하며, 의식에서 차단될 수도 있는 상태 ❍ 주로 과거 사건과 연결된 심리적 상태를 말로 표현한 것을 지칭함
3. 느낌feeling	❍ 특정 경험에서 비롯된, 신체감각(예 촉감)의 능동적 경험을 포함한 순간적인 반응상태
4. 기분mood	❍ 비교적 안정적이고 오래 지속되는 정동 상태(예 우울)
5. 정동affect	❍ 무의식적인 것을 포함한 주관적 경험, 인지적 · 생리적 요인을 포함하는 복합적인 심리생리적 상태

〈표 9-2〉에 제시된 개념들은 원초적인 심리상태에서부터 복잡하고 인지적으로 분화된 심리상태에 이르기까지 넓은 범위를 포함하고 있고, 때로 혼용되기도 한다. 개인의 삶은 정서가 주도적인 역할을 한다. 동기와 보상에서 쾌는 기본심리 기능을 하도록 진화되어 왔다(Cabanac, 2010).

생리적 각성 반응(심박수 증가, 가쁜 호흡, 가슴통증, 근육긴장, 안면홍조 등)은 정서적 경험과 밀접한 관련이 있다. 정서 각성(분노, 공포, 두려움 등)은 교감신경계를 활성화한다. 이는 심박수와 호흡 증가를 유발하여 에너지 대사에 필요한 산소와 포도당 공급을 촉진하고, 동맥혈관 수축과 심장을 순환하는 혈류의 증가로 혈압 상승의 원인이 된다. 이것이 정서 각성이 가슴의 두근거림, 숨 가쁨, 안면홍조를 유발하는 이유다.

이처럼 자율신경계는 위와 장으로 가는 혈류를 줄이는 한편, 골격근과 뇌로 가는 혈류량을 늘린다. 이로써 소화기와 생식기의 혈액순환과 분비작용의 감소가 초래된다. 정서 각성상태에서 소화가 잘 안 되고, 입이 마르는 것은 바로 이 때문이다. 이처럼 정서는 당면한 상황에 신속하게 대응할 수 있도록 신체가 에너지를 동원하는 반응체계다. 정서가 복합체계로 작동되는 점은 기분과 다른 점이다.

정서의 기능

정서는 주관적이다. 정서는 개인에게 의미 있는 사건에 대한 반응으로 인해 발생한다. 특별한 약속이 없으면, 도로가 정체되더라도 정서가 발생하지 않지만, 중요한 약속에 급히 가야 하는 상황에서는 불안해지거나 화가 난다. 그러나 제시간에 목적지에 도착하면 불안과 분노는 곧 사라진다. 이처럼 의미 있는 상황과 그 상황에 적응해야 할 필요성이 해소되면 정서도 사라진다. 정서의 주요 기능은 다음 세 가지다.

상황에 필요한 행동의 동기화. 첫째, 정서는 행위의 가치 평가를 통해 상황에 필요한 행동을 동기화한다. 일례로, 상한 음식이 입에 닿으면 맛을 제대로 느끼기도 전에 즉시 뱉어 낸다. 역겨움(혐오감)이 들기 때문이다. 역겨움은 몸에 해로운 음식을 피하게 한다. 역겨움disgust은 부도덕하거나 비인간적인 행동에 대해서도 발생함으로써 개인과 공동체를 보호·유지한다.

또 위험하거나 낯선 상황에서는 두려움fear을 느끼게 하여, 신체를 긴장시키고 위험을 주시하게 함으로써 잠재적 위험에 대비하게 한다. 무언가 의미 있는 일에 대비하지 못하고 있다는 생각이 들면, 불안anxiety을 느끼게 하여 대비 행동을 강화한다. 이처럼 정서는 특정 목적이 있는 행동을 하도록 동기적 욕구를 생성함으로써, 유기체의 생존 가능성을 높인다.

타인과의 연결을 통한 생존 지원. 둘째, 정서는 타인과 연결하여 생존을 돕는다. 대인관계는 정서를 매개로 형성·변화한다. 격리/분리불안은 아이가 부모와 떨어지지 않고 보호받을 수 있게 하고, 애착은 아이가 성장할 때까지 부모의 보살핌이 지속되게 한다.

불안과 사랑은 어린아이의 생존에 필수적이다. 자부심과 수치심 역시 대인관계의 기초가 된다. 중요한 타인의 인정은 자부심pride과 기쁨joy을, 잘못된 또는 기대에 미치지 않는 행동은 수치심shame을 유발한다. 이처럼 불안, 사랑, 자부심, 수치심 등 다양한 정서는 대인관계의 기초가 되는 동시에 활력을 준다. 정서와 인지적 원인에 관한 설명은 <표 9-3>과 같다.

<표 9-3> 정서와 인지적 원인

정서	인지적 원인
1. 분노anger	❍ 나와 나의 것을 모욕하는 공격
2. 불안anxiety	❍ 불확실하고 실존적 위협에의 직면
3. 공포fright	❍ 즉각적 · 구체적 · 압도적인 신체적 위협에의 직면
4. 죄책감guilt	❍ 도덕적 잘못 저지르기
5. 수치심shame	❍ 자기 이상에 따른 삶 실패
6. 슬픔sadness	❍ 돌이킬 수 없는 상실 경험
7. 선망envy	❍ 다른 사람이 지니고 있는 것을 원함
8. 질투jealousy	❍ 특정인의 애정에 대한 위협 또는 상실을 이유로 제3자에 대한 미움
9. 혐오disgust	❍ 싫어하는 대상 또는 생각을 받아들이거나 근접한 상태
10. 행복감happiness	❍ 목표 실현을 향한 합당한 진전
11. 자부심pride	❍ 가치 있는 대상이나 성취에 대해 또는 자신과 동일시되는 사람이나 집단의 공으로 돌림으로써 자기정체감의 증진
12. 안도감relief	❍ 고통스러운 목표 불합치 조건이 호전, 변화 또는 사라짐
13. 희망감hope	❍ 최악의 상황이 두렵기는 하지만, 더 나아질 것을 열망하기
14. 사랑love	❍ 보통 서로 주고받지만, 꼭 그렇지만은 않은 애정을 바라기
15. 동정심compassion	❍ 타인의 고통에 의해 마음이 움직이고 돕기를 원하기

신체의 적응반응으로 생존 지원. 셋째, 정서는 신체의 적응반응으로서 생존을 지원한다. 건널목을 건너려는데, 갑자기 덤프트럭이 돌진해 오면 몸이 떨리고 움츠러진다. 이때 두려우니까 떨리는 것일까, 떨리니까 두려움을 느끼는 것일까? 우리는 슬퍼서 우는 걸까, 울어서 슬퍼지는 걸까?

윌리엄 제임스(James, 1890)에 의하면, "우리는 울

기 때문에 슬프고, 누군가를 때리기 때문에 화가 나며, 떨기 때문에 두려움을 느끼게 된다"(p. 1066). 이에 관한 이론이 바로 제임스-랑게 이론이다. 이 이론은 오늘날까지 정서심리학의 대표이론으로 평가되고 있다.

제임스-랑게 이론

윌리엄 제임스
(William James, 1842~1910)

칼 랑게
(Carl Georg Lange, 1834~1900)

제임스-랑게 이론James-Lange theory(1898)은 윌리엄 제임스의 이론과 덴마크의 의사 · 심리학자 칼 랑게의 이론이 합쳐진 것이다. 제임스(James, 1884)는 정서를 '흥미로운 사실을 지각하는 순간, 곧 신체에 변화가 일어나고, 이러한 신체변화에 대한 느낌'이라고 정의했다. 즉, 위험한 사건을 지각하면 가슴이 뛰거나 근육이 긴장하는 등의 신체변화가 일어나면서 도피에 필요한 준비 상태가 되듯이, 생리적 각성은 정서 경험에 필수라는 것이다.

예를 들어, 중요한 발표를 앞둔 상황을 떠올려 보자. 가슴이 뛰고, 몸이 긴장된 상태가 되며, 목소리는 떨리고, 심지어 식은땀이 나거나 화장실을 다시 가고 싶은 느낌이 들 수 있다. 이러한 신체변화를 자각할 때 불안하다는 느낌이 들게 된다. 만일 이러한 신체변화가 생기지 않는다면, 불안하다는 느낌이 들지 않는다. 이처럼 정서는 생리적 · 심리적 경험이므로, 신체변화에 주의를 기울이면, 정서를 인식할 수 있게 된다.

생리적 각성을 정서로 인식한다는 제임스-랑게 이론에서의 주장은 다양한 실험에서 입증되었다. 일례로, 한 실험(Dutton & Aron, 1974)에서 연구자들은 두 개 집단, 즉 고공에서 흔들거리는 다리[캐나다 밴쿠버의 캐필라노 현수교(75m)] 위를 건너는 남성집단과 평지의 탄탄한 다리를 건너는 남성집단을 대상으로 실험을 진행했다.

실험에서 한 젊은 여성(실험자)은 다리를 건너려는 남성에게 간단한 설문조사를 하고, 궁금한 것이 있으면 전화하라면서 자신

의 전화번호를 건네주었다. 그 결과, 비교집단 참여자는 단 9%만이 실험자에게 전화를 건 반면, 실험집단 참여자는 39%가 전화를 했다. 이는 고공에 매달려 흔들리는 다리의 위험성으로 인한 생리적 각성이 다가온 여성에 대한 호감으로 지각되었기 때문이었다.

정서와 인지평가

인지과정cognitive process에는 주의, 기억, 추론, 의사결정이 포함된다. 인간은 이성과 감성이 적절히 조화를 이루면서 사고한다는 것이다. 정서적 · 생리적 각성은 정서의 강도 결정에 필수적이다. 그러나 정서의 종류를 결정하지는 않는다.

외부 상황적 자극에 의해 가슴이 두근거릴 때, 이것이 어떤 정서(두려움, 흥분감 또는 기대감)인지는 신체 반응만으로는 알기 어렵다. 사람들은 특정 상황에 대한 평가를 수반함으로써 특정한 정서를 경험한다. 사람들은 스릴 넘치는 놀이기구를 타면서 강한 흥분감을 즐기지만, 그 기구의 안전성에 대한 평가에 따라 경험하는 정서는 달라진다. 이처럼 의미 있는 사건과 생리적 · 행동적 반응 사이에 인지적 과정이 수반된다.

예컨대, 친구가 약속 시간에 나타나지 않는 상황이 직접적으로 정서를 유발하는 것은 아니다. 평소에 시간을 잘 지키던 친구라면, '혹시 사고 난 것 아냐?'라는 생각이 들면서 걱정할 수 있다. 반면, 약속을 잘 지키지 않던 친구라면, '또 지각이야. 도대체 얘는 시간관념이 없어'라는 생각이 들면서 화가 날 것이다. 이처럼 정서는 사건 자체가 아니라, 사건의 어떤 면에 주의를 기울이는지, 사건을 해석하는지 등의 인지평가에 따라 변한다.

정서의 인지과정에서 핵심은 평가evaluation다. 사람들은 사건/상황을 경험할 때, 개인적 목표 또는 안녕과 관련하여 상황을 평가한다(Lazarus, 1991). 사람들은 사건이 발생하면, 이것이 자신의 생존 또는 이익과 관련이 있는지(목표연관성) 판단

한다('이 사건은 내게 중요한가?'). 사건이 자신과 관련이 있다면, 이내 자신의 신체적 · 심리적 안녕, 재정 상태, 대인관계 등에 위협이 되는지(목표일치성)를 판단한다('이 사건이 내가 바라는 바와 일치하는가, 방해되는가?'). 이러한 순간적인 단계적 평가과정으로 정서가 체험된다. 유익 또는 위협으로 평가된 상황에 대해('일차 평가') 자신의 대처능력을 평가한다('이차 평가'). 위협으로 인식되는 상황이라도 대처할 수 있다고 판단되면 희망감/안도감이 들지만, 그렇지 않다면 정서적 고통(불안, 우울 등)이 뒤따른다.

심리학자들은 다양한 정서 경험을 체계적으로 설명할 수 있는 평가차원 구인을 위한 연구를 수행해 왔다. 그 결과, 쾌감, 목표 일치성, 책임, 대처 잠재력, 자기개념 등이 인지평가에 중요한 역할을 한다고 결론지었다. 특히 정서에는 평가, 이로 인한 행동 경향성, 심리적 반응, 주관적 경험이 포함되며, 이 모든 요소는 평가 후에 연쇄적으로 일어나는 대처과정으로 나타난다고 보았다(Lazarus, 1991).

예를 들어, 반려견이 죽었을 때, 죽음은 반려견과 함께하려는 목표와 일치하지 않는 사건이므로 불쾌를 초래한다. 만일 반려견이 자연사했다면 이를 통제 또는 대처할 수 없고 누구의 책임도 아니므로 슬픔을 느끼게 된다. 반면, 반려견이 누군가의 실수 또는 고의에 의한 사고로 죽었다면, 책임, 통제, 대처 가능성에 따라 인지평가가 이루어지면서 분노감이 발생한다. 이 예는 왜 같은 사건에 대해 사람마다 다른 정서를 경험하는지 설명하고 있다. 이러한 설명은 인지행동치료에서 인지변화를 통해 사람들의 정서적 고통을 감소 또는 해소하는 데 크게 기여했다.

정서와 의사결정

정서가 의사결정에 미친다는 증거는 9 · 11 세계무역센터 테러사건 이후 12개월간 미국 내 교통사고 사망자 수는 매달 5년 평균치를 초과했다는 사실이다. 특히 이 사건 이후 3개월간 자동차 사고 사망자 수는 테러에 의해 사망한 사람의 수보다 많았다. 민간 여객기가 세계무역센터와 충돌하는 장면이 반복적으로 보도된 9 · 11 테러 직후, 미국인들이 항공기 사고의 위험을 피해 자동차 여행을 택한 결과였다. 실제로 자동차 사고 발생률은 항공기 사고 발생률보다 월등히 높다(Myers & DeWall, 2019).

이러한 점이 시사하는 바는 두려움은 위험발생 확률을 지나치게 높게 인식하게 하고, 위험을 피하려는 의사결정과 행동을 동기화한다는 사실이다. 인지의 정동주입모델Affect Infusion Model(AIM)에 의하면, 사람들은 대상에 대한 의사결정을 위한 정보로 자신의 정서상태를 활용한다(Forgas, 1984). 날씨가 화창한 날 요즘 삶이 어떤지를 물으면, 흐린 날 질문을 받았을 때보다 더 좋은 평가를 내린다. 이는 삶 전반의 만족에 관한 질문은 현재 구름이 많은지 바람이 상쾌한지는 중요하지 않지만, 날씨로 인한 현재의 기분은 삶의 만족도 판단에 유의하게 영향을 미친다는 것을 시사한다.

정서와 기억

출처: Wikipedia.

세월호 침몰사고 당일, 무엇을 하고 있었는가? 강렬한 정서적 각성을 일으키는 사건은 오랫동안 생생히 기억된다. 강렬한 정서는 기억의 형성과 강도를 높인다. 즉, 강렬한 정서경험과 관련된 편도체의 활성화는 해마의 장기기억을 촉진한다.

세월호 침몰사고, 9·11 세계무역센터 테러 같은 강렬한 정서적 각성을 일으키는 사건에 대한 사진처럼 생생한 기억을 섬광기억flashbulb memory이라고 한다. 섬광기억은 상세하고 마치 살아 있는 것 같은 느낌이 들어 기억의 정확도에 대한 주관적 확신이 매우 높다. 그러나 장기적으로는 다른 기억에 비해 더 정확하지 않다고 보고되고 있다.

9·11 테러 같이 충격적인 소식을 어떻게 접했고, 당시에 무엇을 하고 있었는지를 들어 보고 나서 수주, 수개월 후에 재차 질문하자 기억이 점차 부정확해졌다(Talarico & Rubin, 2003). 초기에 아무리 강하게 형성된 기억이라도 시간이 흐름에 따라 오염될 수 있다는 것이다. 사건 이후, 다른 사람들과 이야기를 나누고, 개인의 상태가 변함에 따라 기억에 새로운 내용이 덧붙여지거나 생략되거나 바뀌게 되어 원래의 기억과 혼동될 수 있다는 것이다. 이러한 현상은 범죄 목격자 또는 피해자 증언의 신뢰성 등 현실적인 문제와 연관이 있다.

정서표현

행동은 정서를 나타낸다. 다윈(Darwin, 1872)은 여러 종의 동물이 분노, 슬픔, 두려움 등의 신체적 표현 행동이 유사하다는 사실에 주목했다. 그는 정서표현이 개체의 생존과 번식에 유리하기 때문에 진화했다고 보았다. 즉, 위협적인 표정은 경쟁자를 쫓아 버리고, 두려워하는 표정은 종족에게 위험을 알려 생존 가능성을 높일 수 있었다는 것이다.

인간은 진화과정에서 생존에 유용한 정서표현 방법을 발달시켜 왔다. 영아는 울거나 찡그리거나 미소를 통해 자신의 상태를 알림으로써 중요한 타인들과 관계를 형성한다. 또 자라면서 주변 사람들의 표정을 살핌으로써, 접근 또는 회피 등의 결정방법을 학습하게 된다.

이처럼 정서는 표정, 몸짓, 음성 등의 신호를 통해 개인의 내면과 환경에 대해 정보를 전달한다. 즉, 자신이 어떤 감정 상태에 있고, 어떤 행동을 할 수 있음을 외부로 드러낸다. 정서표현으로 소통하려면 특정한 정서표현이 모든 사람에게 동일한 의미를 지녀야 한다. 그중에서도 얼굴표정에 주목한 심리학자가 있었다.

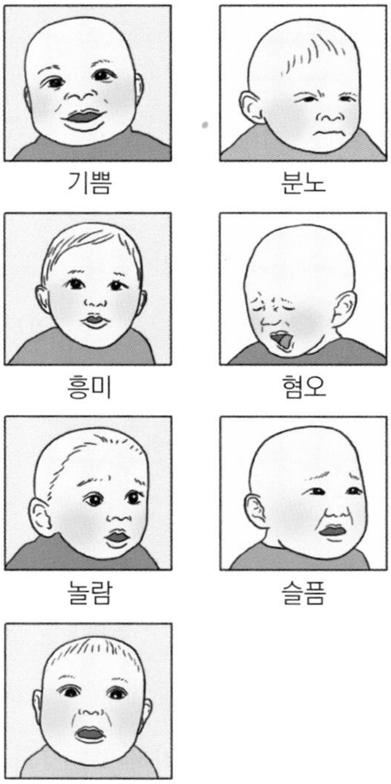

[그림 9-6] 유아의 얼굴표정을 통한 정서표현

얼굴표정

미국의 심리학자 폴 에크만(Paul Ekman, 1934~)은 기본 정서가 얼굴표정과 관련이 있고, 문화 또는 경험이 달라도 보편적인 표정이 존재함을 입증했다. 이는 타 문화권과 교류가 없었던 파푸아뉴기니의 포레Fore족에 관한 연구를 통해 이루어졌다(Ekman, 1972). 에크만은 포레족에게 상황을 들려주고, 그 상황에 맞는 표정을 고르게 했다. 그러자 이들은 유럽인들과 같이 기쁨, 슬픔, 분노 표정을 명확히 분류했다.

[그림 9-7] 폴 에크만의 실험에 사용된 포레족의 얼굴표정

출처: https://www.paulekman.com/

또 이들에게 이야기를 들려주고, 표정을 촬영한 후, 미국 대학생들에게 보여주었을 때, 해당 정서를 정확히 맞혔다. 이러한 결과는 문화권에 상관없이 보편적인 얼굴표정과 정서 상태가 일치함을 시사한다. 그리고 신생아도 쓴맛 나는 음식이 입에 닿으면 혐오 표정을 짓는다. 이처럼 문화의 영향과는 무관하게, 경험 또는 학습과정을 거치지 않아도 특정 정서가 일관된 표정으로 나타나는 것은 표정이 선천적·보편적임을 나타낸다.

안면 피드백 가설

안면 피드백 가설facial feedback hypothesis이란 얼굴표정이 의사소통 기능과 함께 정서 경험에도 영향을 준다는 가정을 말한다(Tomkins, 1962). 이 가설은 제임스-랑게 이론과 유사하다. 즉, 사람들은 자율신경계 각성에 대한 피드백을 받는 것과 마찬가지로, 자신의 안면 근육으로부터 피드백을 받고, 이 피드백은 정서 경험을 초래 또는 강화한다.

윌리엄 제임스(James, 1890)는 부정적인 감정에서 벗어나려고 노력하면서 경험하기를 원하는 정서를 향해 나아감으로써 정서를 조절할 수 있다고 믿었다([글상자 9-1] 참조). 얼굴표정의 정서효과에 관한 연구들은 제임스가 예견한 것을 입증하고 있다. 즉, 표정은 정서를 전달할 뿐 아니라 정서를 증폭·조절해 준다는 것이다.

[글상자 9-1] 윌리엄 제임스의 정서조절을 위한 제안

울적한 자세로 온종일 앉아서 한숨 쉬고, 매사에 음울한 목소리로 답해 보라. 그러면 우울함이 떠나지 않을 것이다. ……<중략>…… 만일 바람직하지 않은 정서적 경향성을 극복하려면 배양하려는 정반대의 성향을 향해 나아가야 한다. ……<중략>…… 즐거운 감정을 가지려면, 즐겁게 앉아서 즐겁게 둘러보면서 즐거움이 이미 그곳에 존재하는 듯이 행동하라!

1872년 다윈은 저서 『인간과 동물의 정서표현(The Expression of Emotion in Man and Animals)』에서 정서의 외현신호를 자유롭게 표현하는 것은 그 정서를 강력하게 만든다고 주장했다. 윗니와 아랫니 사이에 펜을 물어서 미소 근육 중 하나를 작동시키기만 해도 스트레스 상황을 덜 괴로운 것으로 인식하는 한편, 의도적으로 얼굴근육을 긴장시키고, 두 눈썹을 안쪽으로 모아 찡그린 표정을 지으면 분노를 느끼게 된다.

행동피드백 효과

안면 피드백 가설과 유사한 개념으로, 행동피드백 효과behavior feedback effect가 있다(Flack, 2006). 눈을 아래쪽으로 고정한 채 보폭을 짧게 하고 발을 끌면서 몇 분 동안 걸어 보라. 이젠 눈은 정면을 향한 채 두 팔을 흔들며 큰 보폭으로 걸어 보라. 기분에 변화가 생기는 것을 느낄 수 있을 것이다.

행동은 정서를 일깨운다. 상대방의 표정을 흉내 내 보라. 상대방처럼 행동하는 것은 상대방처럼 느끼게 해 준다. 상대방의 정서를 자연스럽게 흉내 내는 것은 정서가 전염성이 있는 이유를 설명해 준다(Neumann, 2000). 페이스북에 긍정적 · 낙관적인 내용을 게시하는 것은 물결효과를 만들어내어 페이스북 친구들이 더 긍정적인 정서를 표현하는 데 영향을 준다. 영장류 동물 역시 서로를 흉내낼 수 있고, 이러한 동시적 표정은 유대감 증진에 도움을 준다. 반면, 타인을 흉내 내는 능력을 상실하게 되면 정서유대 형성에 어려움을 겪을 수 있다(De Waal, 1996).

정서표현 규칙

정서표현 규칙emotional display rules이란 특정 사건에 어떤 정서가 적절한지, 어떤 정서는 표현하고 감출지, 어떤 상황에서 그렇게 해야 하는지에 대한 규칙을 말한다. 사람들은 사회화 과정에서 문화로부터 정서표현 규칙을 학습한다.

기본 정서는 보편적이지만, 정서표현은 사회문화적 측면에서 형성된 규칙의 영향을 받는다. 사람들은 기쁠 때, 슬플 때, 화가 날 때, 실제로 느끼는 것보다는 사회적으로 적절한 방식으로 감정을 표현하는 경향이 있다. 사회 또는 문화마다 정서표현 규칙이 있어서 정서표현 방법과 시기에 영향을 준다. 이로써 실제로 느끼는 감정을 축소 또는 과장하거나, 때로는 느껴지지 않는 감정을 드러내기도 한다.

정서표현 규칙에 따르다 보면, 개인이 실제로 경험하는 정서와 불일치가 발생하기도 한다. 때로 개인이 느끼는 정서와 다르게 표현하도록 압력을 받기도 한다. 감정노동이 그 예다. 감정노동emotional labor이란 직무 수행 시 사회와 조직의 요구에 적절한 감정을 표현하는 행위를 말한다. 즉, 실제로 느껴지는 감정과 표출해야 하는 감정의 차이가 노동으로 개념화된다는 것이다.

감정노동자들은 고객의 무례한 요구 또는 무차별적인 폭언에도, 공손하고 친절한 말씨로 응대하는 과정은 적잖은 정신적 노력과 에너지가 요구된다. 과도한 감정노동은 탈인격화, 정서고갈, 성취감 감소 등으로 이어질 수 있다. 이러한 상태가 장기간 지속되면 스마일 마스크 증후군smile mask syndrome[얼굴은 웃지만, 만성적인 감정 억제로 인한 고통 또는 기능이상(불면증, 무력감, 의욕 저하 등)및 우울 상태로 이어지다 심하면 자살에 이르는 병]을 겪게 된다.

문화와 정서표현

제스처의 의미는 문화에 따라 다르다. 그러나 미소는 세계 어디서나 미소다. 슬픔을 비롯한 다른 정서표현도 다소의 정도 차이만 있을 뿐이다. 얼굴표정은 문화에 대한 비언어 단서를 제공한다(Marsh et al., 2003). 세계 어디서든 아동은 고통스러울 때 울고, 거부할 때 고개를 가로저으며, 행복할 때 미소를 짓고, 심지어 선천성 맹인 아동의 경우에도 그렇다(Galati et al., 1997).

각 문화권마다 기본 정서에서는 보편적인 얼굴표정을 공유하지만, 정서를 얼마나 표현하는지는 차이가 있다. 서유럽, 호주, 뉴질랜드, 북미처럼 개별성을 강조하는 문화에서는 대체로 정서를 눈에 띄도록 표출한다. 반면, 아시아의 일부 국가들처럼 타인들과 조화를 이루도록 부추기는 문화에서는 개인 정서를 적게 표출하는 경향이 있다(Matsumoto & Ekman, 1989).

정서표현과 적응

인간은 성장하면서 정서 경험과 표현을 조절하는 법을 배운다. 원하는 것을 당장 얻지 못해도 화를 내거나 떼를 쓰기보다 감정을 말로 표현하거나, 정중히 요구하거나, 만족을 지연시키며 원하는 것을 얻을 방안을 궁리하기도 한다. 즉, 즉각적인 표현을 자제하면서 더 정교하고 사회적으로 용납되는 방식으로 조절된 행동을 한다. 사회적 상황에서 정서표현의 조절 · 억제 능력은 필요하고 또 유용하다. 사람들은 종종 관계를 손상시키지 않도록 내면화된 표현규칙에 따라 정서표현을 조절 · 억제한다.

정서억제는 단기적으로는 적응적 대처방법이 되기도 한다. 예컨대, 심리적 외상 충격으로부터 자신을 보호하고 대인관계에도 더 적응적일 수 있다. 그러나 정서표현의 억제가 만성적으로 지속되면 심리 · 신체 · 관계 문제의 원인으로 작용할 수 있다. 또 정서능력 발달을 저해하고, 정서표현 감소와 둔화를 초래할 수 있다. 정서경험과 표현은 욕구충족과 직접적으로 관련이 있다. 이러한 이유로, 상담과 심리치료에서는 억제·부인되어 온 경험과 정서를 인식·경험·표현하는 치료적 작업을 중시한다.

페니베이커(Pennebaker, 2007)는 정서적 경험표출의 효과를 입증했다. 그는 대학생들을 두 집단으로 나누어, 한 집단은 '심리적 외상경험', 다른 집단은 '피상적 주제'에 관해 4일간 매일 15분씩 글을 쓰도록 했다. 연구가 진행되면서 깊은 감정, 학대, 자살시도, 모욕 등 사적인 주제가 노출되었다. 글쓰기 과제를 마친 후의 기분 변화를 점검한 결과, 피상적 주제 글쓰기 집단보다 심리적 외상경험 글쓰기 집단의 기분상태가 좋지 않았다. 그러나 6개월 후에 실시된 추적조사에서는 심리적 외상경험 글쓰기 집단이 건강문제로 센터를 방문한 횟수가 더 적었고, 더 좋은 기분과 신체건강 상태를 보고했다.

참여자들은 글쓰기가 단순히 부정적 감정을 고백 또는 제기하는 것만이 아니라, 의미발견의 수단이 되었고, 자기이해 증진에 도움이 되었다고 보고했다. 연구자는 고통스러웠던 생애 사건을 털어놓고 싶은 욕구를 억제하는 사람들이 그렇지 않은 사람들보다 더 많은 건강문제를 겪는다는 사실을 발견했다. 그는 또 생애사건을 털어놓고 싶은 욕구를 능동적·만성적으로 억제하는 것(생각, 느낌, 행동 회피를 위한 노력)은 생리적 활동을 요구하고 면역체계의 결함을 초래하는 스트레스 요인이라고 결론지었다.

정서분류

정서는 어떻게 분류되는가? 에크만(Ekman, 1972)은 서로 구별되는 표정을 기반으로 6요소(① 슬픔, ② 분노, ③ 놀람, ④ 혐오, ⑤ 경멸, ⑥ 행복)를 기본 정서로 보았다. 기본 정서는 발달하며, 성인에게서 관찰되는 다양하고 복잡한 감정으로 분화한다는 것이다.

캐럴 이저드(Izard, 1977)는 기본정서를 10요소(① 기쁨, ② 흥미, ③ 놀람, ④ 슬픔,

⑤ 분노, ⑥ 혐오, ⑦ 경멸, ⑧ 공포, ⑨ 수치심, ⑩ 죄책감)로 구분했다. 그런가 하면, 자부심도 별도의 정서이며, 엷은 미소, 머리를 약간 뒤로 젖히는 것, 그리고 개방된 자세 등으로 표현된다고 주장하는 연구자들(Tracy & Robins, 2004)도 있다. 사랑도 기본 정서일 수 있지만, 이저드는 다른 정서들은 기본 정서의 조합으로 보았다. 사랑은 기쁨과 흥미의 혼합체라는 것이다. 여기서는 분노와 행복감에 관해 구체적으로 살펴보기로 하자.

분노

공포fear는 도피를, 분노anger는 투쟁을 촉발한다. 집단적으로 발생하면, 분노는 군중을 용감하게 만들기도 한다. 위협이나 어려움에 직면할 때, 공포와 분노는 적응 행동이다. 그러면 무엇이 분노를 촉발하는가?

분노는 타인의 잘못된 행동에 대한 반응이다. 특히 타인의 행위가 의도적 · 계획적이고, 부당하며, 피할 수 있는 것일 때 분노가 발생한다(Averill, 1983). 사소한 갈등, 썩는 냄새, 고온, 교통체증, 통증같이 비난하기 어려운 불쾌감도 분노의 원인이 된다(Berkowitz, 1990).

예로부터 동양문화권에서는 자제심과 차분함을 고귀한 신분을 암시하는 전통이 있었다. 특히 선비의 덕을 높이 샀던 유교문화권에서는 화를 참지 못하고 분출하는 것을 천박한 행동으로 간주했다. 서구 상류사회 역시 예부터 담담한 어조와 신사적인 태도, 그리고 엄격한 에티켓을 중요한 덕목으로 삼았다. 오늘날에도 여러 문화권에서 분노를 직접 표현하는 것을 무례한 행동으로 간주하고 있다.

분노는 몸에 해로울 수 있다. 만성적 적개심은 심장병과 관련이 있다. 분노는 심박수를 증가시키고, 피부를 땀에 젖게 하며, 테스토스테론 수준을 높인다. 분노와 우울은 종이 한 장 차이이다. 분노는 뇌의 경고시스템에 혈액을 더 많이 공급하여, 화가 난 이유를 숙고하게 한다.

그러면 분노는 어떻게 감소 또는 제거할 수 있는가? 10대를 대상으로 수행한 갤럽 조사에 의하면, 남아들은 그 상황을 벗어나거나 운동으로, 여아들은 친구와

의 대화, 음악 듣기, 글쓰기로 분노를 가라앉힌다(Ray, 2005). 분노를 표출하라는 서양의 충고는 공격행동 또는 백일몽을 통해 정서를 방출(카타르시스)할 수 있음을 전제로 하고 있다.

분노표출은 죄책감 또는 불안감을 남기지 않을 때 일시적으로 가라앉는 효과가 있다. 그러나 카타르시스catharsis는 분노를 완전히 제거해 주지는 못한다. 대신, 분노표출은 더 큰 분노를 유발하는 경향이 있다. 즉, 분노표출은 또 다른 보복을 야기하여 사소한 갈등을 심각한 대립으로 악화시켜 분노를 증폭시킬 수 있다. 이러한 점에서 분노 감소/제거를 위한 분노표출은 불을 끄기 위해 휘발유를 붓는 것과 같을 수 있다(Bushman, 2002). 나중에 후회하게 될 신체적 · 언어적 공격행위가 분노에 기름을 끼얹는 꼴이 된다면, 이는 부적응 행동이다.

게다가 분노는 편견과 선입견을 점화한다. 9 · 11 테러와 COVID-19를 겪으며, 두려움보다 분노를 경험한 일부 미국인들이 각각 이민자와 회교도, 그리고 아시아계 사람들을 향한 편협성을 드러낸 것이 그 예다. 일시적인 진정효과가 있는 분노표출은 그 자체가 강화적이어서 분노를 표출하는 습관을 형성할 수 있다. 스트레스를 받은 상사가 부하직원을 타박함으로써 긴장을 해소할 수 있음을 알게 되면, 짜증나고 긴장을 느낄 때마다 다시 폭발할 가능성이 커진다. 그러면 분노에 대처하는 최선의 방법은 무엇일까? 이는 [글상자 9-2]와 같다.

[글상자 9-2] **분노에 대처하는 방법**

1. 기다린다. ☛ 신체는 위로 쏜 화살과 같아서 올라가면 내려오기 마련이다. 충분히 기다리면, 정서각성은 누그러진다.
2. 건전한 기분전환 또는 지원방안을 모색한다. ☛ 화가 난 이유를 곱씹는 것은 편도체 혈류만 증가시키므로, 다른 방법(예 운동, 악기연주, 친구와의 대화 등)으로 진정시킨다.
3. 거리를 둔다. ☛ 마음속에서 그 상황을 멀리한다. 거리를 두면 곱씹기, 분노 · 공격성 감소에 도움을 준다.

행복감

사람들은 건강과 행복을 원한다. 행·불행은 삶의 색깔이 달라지게 한다. 행복한 사람은 세상을 더 안전하다고 지각하고, 자신감이 있으며, 더 쉽게 결정하고, 참을성도 더 많다. 또 구직자들을 더 호의적으로 평가하고, 과거의 부정적인 경험에 매몰되지 않으며, 긍정적인 경험을 음미하고, 사회적 연계도 우수하며, 건강하고 활기차며 만족스러운 삶을 영위한다(DeNeve & Cooper, 1998). 반면, 기분이 울적해지면, 삶 전체가 우울하고 무의미한 것처럼 보이고, 자신의 처지를 더 회의적으로 생각하며, 비관적으로 조망한다.

기분을 밝게 만들면, 사고도 확장되고 더 재미있으며 창의적이 된다. 이러한 사실은 대학생들의 행복감이 삶의 진로를 예측하는 데 도움을 주는 이유를 설명해 준다. 1976년 수천 명의 미국의 대학생들을 조사하고 37세가 되었을 때 다시 조사했던 한 연구에 의하면, 행복했던 대학생들은 평균 이하의 행복감을 나타냈던 학생들보다 더 유의하게 재정적 수입이 많았다(Diener et al., 2003). 행복한 사람의 특징을 정리하면 〈표 9-4〉와 같다.

〈표 9-4〉 행복한 사람의 특징

행복한 사람의 특징	행복과 무관한 요인
❍ 높은 자존감 ❍ 낙관적, 외향적, 친절성 ❍ 친밀한 우호성 또는 만족스러운 결혼 ❍ 자신의 재능을 사용하는 직업과 여가생활 ❍ 의미 충만한 종교적 신념 ❍ 숙면과 운동	❍ 연령 ❍ 성별(여성이 더 자주 우울하지만, 더 자주 즐거워하기도 함) ❍ 신체적 매력

행복감happiness은 관계, 자기상, 미래에 대한 희망을 더 낙관적으로 보게 한다. 게다가 행복감은 단지 기분 좋은 것뿐 아니라, 선행을 많이 하게 만든다. 이는 심리학 연구에서 가장 일관된 결과 중 하나다. 여러 연구에서 돈을 줍거나, 어려

운 과제를 성공적으로 완수하거나, 행복한 사건을 회상하는 것 같이 기분을 고양시키는 경험은 사람들에게 돈을 기부하고, 다른 사람이 떨어뜨린 서류를 집어 주며, 자발적으로 시간을 할애하고, 여러 다른 선행을 할 가능성을 높여 주었다. 이러한 현상을 기분 좋음, 선행 현상feel-good, do-good phenomenon이라고 한다(Salovey, 1990).

선행은 좋은 기분을 촉진한다. 이러한 현상은 행복훈련 프로그램에서 리더들이 수련자에게 매일 무엇이든 착한 일을 실천하고 그 결과를 글로 기록하게 하는 과제를 하도록 하는 이유이기도 하다. 사람들은 행복한 삶을 원한다. '건강을 얻으면, 모든 것을 얻는 것이다' '돈으로 행복을 살 수 없다'는 등 행복에 관한 상식적 가설은 많다. 건강, 젊음, 소박한 전원생활, 자녀를 낳아 부모가 되는 기쁨은 진정 행복을 가져다주는 필수요소일까?

행복조건의 오해. 행복에 관한 경험적 연구들을 검토한 프리드먼(Freedman, 1978)은 행복에 관한 상식적 가설을 검증했다. 그는 사람들이 흔히 행복과 웰빙의 결정요인으로 믿고 있지만, 부분적 관계만 보이는 요인으로 ① 돈, ② 건강, ③ 나이, ④ 자녀, ⑤ 거주지, ⑥ 종교, ⑦ 성생활을 꼽았다.

첫째, 돈을 많이 벌수록 더 행복해질까? 그렇지 않다. 돈은 없을 때 중요하다. 빈민층에 속하는 사람은 상대적으로 불행감을 느낄 수 있다.

그러나 일단 어느 정도의 수준을 넘어서면 재정적 수입과 행복도 사이에는 거의 차이가 없다. 오늘날 물질만능 시대에 사는 사람 대부

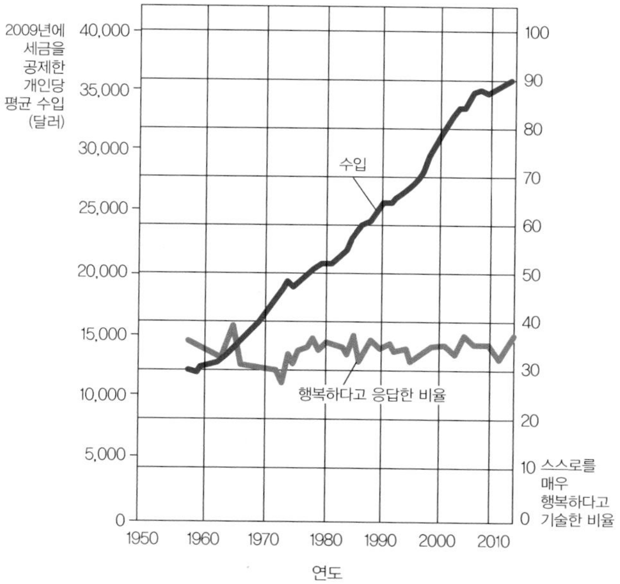

[그림 9-8] 미국 국민의 수입 증가에 따른 행복도

분은 돈을 아무리 많이 벌어도 부족함을 느낀다. 그렇지만 일반적으로 부유한 사람이 돈이 많다고 해서 중산층보다 행복지수가 더 높지 않다.

둘째, 건강하면 행복할까? 꼭 그렇지 않다. 건강은 돈의 경우와 크게 다르지 않다. 물론 건강상태가 매우 좋지 않거나 치명적인 질병에 걸린 상태로는 행복한 삶을 영위하기 어려울 수 있다. 그러나 아무리 건강상태가 좋다고 하더라도 그 자체로 행복이 보장되지는 않는다. 자신의 건강을 당연하게 받아들이기 때문이다.

셋째, 나이, 즉 어리거나 젊으면 행복할까? 꼭 그런 것은 아니다. 아동・청소년기는 보통 미래에 대한 꿈과 희망으로 가득 찬 시기라고들 하지만, 이 주장은 과학적으로 확인된 바 없다. 오히려 청소년기는 혼란, 자기회의, 번민의 시기일 수 있다. 이는 나이와 행복이 상관이 없음을 시사한다. 예외적인 상황은 성인기 후기에서 나타난다. 65세 이상이 되면, 스스로 불행하다고 생각하는 사람의 수 못지않게 자신이 매우 행복하다는 사람의 수도 증가한다.

넷째, 자녀를 가지면 행복할까? 자녀를 낳아 보면 안다. 자녀를 갖는 일은 부모가 되는 기쁨과 행복의 근원일 수 있다. 그러나 다른 한편으로는 고통과 괴로움의 근원이 되기도 한다. 자녀를 갖는 것이 많은 사람의 행복에 영향을 주지 못한다는 증거를 고려할 때, 부모가 된다는 것의 긍정적・부정적 측면은 서로 상쇄된다.

다섯째, 거주지, 즉 부자들만 사는 고급 주택가 또는 한적한 전원주택에서 살면 행복할까? 꼭 그런 것 같지는 않다. 가장 살고 싶은 지역에 관한 질문에 대해 사람들은 보통 도시를 떠나 한가한 전원생활을 선호하는 반응을 보인다. 그러나 도시, 교외, 농촌지역에 거주하는 사람의 행복지수는 거의 동일하다.

여섯째, 종교 생활을 하면 행복이 보장될까? 종교를 가지고 있는 많은 사람은 행복하다고 여긴다. 그러나 종교가 행복의 주 결정요인으로 작용하지는 않는다. 심지어 내세에 대한 믿음조차 행복지수를 높여 주지 않았고, 무신론자 역시 행복지수가 높다.

끝으로, 성생활은 돈과 건강의 경우와 유사하다. 사람들은 성생활을 전혀 하지 못하는 경우, 행복에 유의한 영향을 미친다고 답했다. 그러나 성생활의 빈도와 그 상대자의 수는 행복수준과 무관하다. 여성들은 성생활의 양보다 질을 더 중시하고, 특정 성 문제(예 불감증)는 행복수준을 떨어뜨린다. 반면, 남성들에게 특정한 성 문제는 행복수준 저하와 관계가 없었다. 또 동성애자 역시 이성애자만큼 행복지수가 높았다.

행복조건의 이해. 프리드먼(Freedman, 1978)은 일관성 있게 전체적인 행복과 관계있는 요인으로, ① 사랑, ② 결혼, ③ 일을 꼽았다.

첫째, 성생활은 행복수준에 크게 영향을 미치지 않지만, 사랑은 확실히 중요하다. 모든 사람은 사랑이 행복의 가장 중요한 결정요인임을 나타냈다. 사랑으로 인해 매우 행복한 사람 중 90% 이상이 매우 행복해하고, 단 1%만이 매우 불행하다고 답했다. 불행한 사람은 자신을 행복하게 할 수 있는 한 가지 요인으로 사랑을 꼽았다.

둘째, 이혼이 유행처럼 번져 가는 시대에 결혼이 행복의 중요한 요인이라는 증거가 있다. 성별에 상관없이 기혼자는 독신자보다 더 행복해한다. 독신은 고독감에 더 노출되기 쉽기 때문이다. 그러나 결혼 자체가 부부에게 더 큰 행복을 가져다준다고 결론지을 수는 없다. 이미 행복한 사람이 결혼하게 되고, 이미 불행한 사람이 독신으로 남아 있을 수 있기 때문이다. 이 상황에서 인과관계를 확인할 수 없다고 하더라도, 연구에 의하면 결혼이 행복의 중요한 바탕으로 작용하고 있음을 시사한다.

셋째, 직무만족은 전반적인 행복과 높은 관계가 있다. 연구에 의하면 일을 통해 행복을 느끼는 사람 중 70%가 전반적인 생활에서 행복해했고, 단 14%만이 생활에서 불행해하는 것으로 나타났다. 일은 남녀 모두에게 중요하다. 그러나 일은 기혼자보다 독신자에게 더 중요하다. 흥미로운 사실은 기혼여성 중 직업을 가진 여성이 그렇지 않은 여성보다 더 행복해한다는 사실이다. 또 직장에서의 지위와 행복 사이에도 정적상관이 있다. 더 높은 지위의 직업(전문직, 서비스직)을 가지고 있는 사람은 더 낮은 지위의 직업(점원, 노동자)을 가진 사람보다 더 큰 행복감을 보고했다.

행복조건의 결론. 프리드먼은 행복에 관한 연구에 대해 전체적으로 조망하면서 다음과 같이 결론을 내리고 있다.

첫째, 행복을 얻기 위한 어떤 단순한 처방도 없다. 프리드먼(Freedman, 1978)은 다음과 같이 말한다([글상자 9-3] 참조).

[글상자 9-3] **프리드먼의 행복에 관한 진술**

> 이 모든 연구에서 한 가지 중요한 결과는 행복을 얻기 위한 쉬운 해결책은 없다는 것이다. 나는 어떤 종교적 신념, 신비주의 훈련, 명상훈련, 낯선 식이요법, 바이오피드백 절차, 또는 행복을 낳는 철학체계도 제안할 수 없다. 나는 또 긍정적 사고력, 1등을 바라는 것, 당신과 내가 의견의 일치를 보는 것, 당신의 좋은 친구가 되는 것, 또는 그와 같은 것이 행복을 보장해 줄 것이라고 말할 수 없다. 이러한 생각 중 어떤 것도 많은 사람의 행복감에 어떤 실질적인 영향을 준다는 증거는 없다(p. 9).

둘째, 행복은 상대적이다. 사람들은 흔히 자신이 소유하고 있는 것을 다른 사람의 것과 비교하고, 스스로 가질 것이라고 기대하는 바와 비교하여 평가한다. 자신을 타인과 비교할 때, 자신과 비슷한 사람들을 참조집단으로 사용한다. 이에 부유한 사람은 부유한 친구들 또는 지인들의 재산과 자신의 재산을 비교 · 평가한다. 이는 부자이면서 불만을 가질 수 있는 이유가 될 것이다. 이미 좋은 집을 소유하고 있는데 이웃에 궁전 같은 저택이 들어선다면, 이 상황은 불만의 원인이 될 것이다.

그러므로 자신을 타인과 비교하기보다는 자신이 과거에 비해 얼마나 성장 · 발전하고 있는가에 초점을 두라. 사람들은 자신의 기대를 초과 달성했을 때, 행복을 느끼는 경향이 있다. 이웃보다 더 훌륭한 저택에 사는 사람은 어디든 부유한 동네에 살아야 한다는 기대를 하지 않는다면, 여전히 행복할 수 있다. 그러므로 행복은 절대적인 척도가 아니라 상대적인 척도에서 측정된다.

셋째, 행복 추구는 희망적이다. 치명적인 질병을 제외하고는 행복을 불가능하게 만드는 것은 없다. 사람들은 극복할 수 없을 것 같이 보이는 문제를 겪으면서도 행복할 수 있다는 사실을 보여 주곤 한다. 불우한 어린 시절을 보냈지만, 행복한 성인으로 살아가는 사람들도 많다. 행복 추구를 위한 지름길은 찾을 수 없지만, 사람은 누구나 이 중요한 목표에 도달할 수는 있다. 현재 얼마나 불행한가에 관계없이 행복 추구는 언젠가 실현될 것이라는 소망은 여전히 키워 갈 수 있다.

행복한 삶을 위한 제안. 행복은 콜레스테롤 수준과 마찬가지로 유전의 영향을 받는다. 콜레스테롤이 음식과 운동의 영향을 받는 것처럼, 행복도 부분적으로 스스로 제어할 수 있다. 개인의 삶을 개선하고 삶의 만족도를 높이기 위한 경험적 연구에 토대를 둔 행복한 삶을 위한 제안은 [글상자 9-4]와 같다.

[글상자 9-4] **행복한 삶을 위한 11가지 제안**

1. 지속적 행복은 경제적 성공에서 오지 않는다는 사실을 기억하라. ☛ 기대를 조정함으로써 변화에 적응하라.
2. 시간을 관리하라. ☛ 행복한 사람은 자신의 삶을 제어하고 있다고 느낀다. 목표를 정하고, 목표를 매일의 하위목표로 분할하라.
3. 행복하게 행동하라. ☛ 연구에 의하면, 억지로라도 미소 짓는 사람은 기분이 좋아진다. 행복한 표정을 지으라. 긍정적인 자존감을 가지고, 낙천적이고 외향적인 것처럼 말하라. 행복한 마음의 상태로 이끌어 가는 방식으로 행동하라.
4. 재능을 수반하는 일과 여가를 찾아라. ☛ 행복한 사람은 재능을 수반하는 일에 몰입한다.
5. 물건보다는 공유하는 경험을 구입하라. ☛ 돈을 물질에 소비하기보다 고대하고 즐기며 회상할 수 있는 경험에 투자한다면, 돈으로 행복을 살 수도 있다.
6. 몸을 움직이는 운동을 하라. ☛ 건강한 정신은 건강한 신체로부터 온다. TV 앞 소파에 누워 감자칩이나 먹고 있는 모습에서 벗어나라!
7. 신체에 필요한 만큼의 수면을 취하라. ☛ 충분한 수면과 휴식으로 신체를 회복하라.
8. 친밀관계에 우선권을 두라. ☛ 친밀관계는 어려움 극복에 도움을 준다. 속내를 털어놓는 것은 정신과 신체에 유익하다. 행복한 사람은 피상적인 잡담보다 의미 있는 대화에 더 많은 시간을 할애한다. 사랑하는 사람을 당연한 것으로 받아들이지 않고, 존중하며, 타인에게 보여 주는 친절을 나타내고, 함께 놀고 공유하라.
9. 자신을 넘어선 것에 초점을 맞추고, 도움이 필요한 사람을 도우라. ☛ 행복은 도움행동을 증가시킨다. 기분이 좋은 사람이 선행을 하고, 선행은 기분을 좋게 만든다.
10. 자비행동과 감사표현을 글로 쓰라. ☛ 감사일기를 쓰는 것은 웰빙을 높여 준다. 성취경험이 생기면, 시간을 내서 감사를 표하고, 그 경험을 음미하라. 긍정적 사건과 그 사건이 일어난 이유를 기록하라. 다른 사람에게 감사 표현을 하라.
11. 영적 자기를 계발하라. ☛ 영적 믿음은 지지집단, 자기를 넘어선 것에 초점을 맞추어야 하는 이유, 그리고 목표감과 희망을 제공해 준다.

정서 탐지와 조절

정서탐지를 위해 사람들은 상대의 신체적 메시지를 읽고, 목소리에 귀 기울이며, 얼굴표정을 들여다본다. 사람의 뇌는 미묘한 비언어적 행동을 잘 탐지해 낸다. 힘 있는 악수는 즉각적으로 외향적인 성격임을 전달한다. 주시, 시선 하향, 응시는 각각 친밀감, 복종, 지배성을 전달한다. 떨리는 눈과 흔들리는 머리는 불안을 나타낸다. 사랑에 빠진 사람들은 전형적으로 상대방의 눈을 들여다보는 데 많은 시간을 보낸다(Rubin, 1973).

사람들은 보통 비언어 단서를 잘 읽어 낸다. 이전의 경험은 사람들을 특정 정서에 민감하게 만든다. 슬픔 또는 공포에서 분노로 변하는 일련의 얼굴을 보여 주면, 신체학대를 받은 아동은 정상 아동보다 분노를 훨씬 더 빠르게 읽어 낸다. 이 아동에게 50%는 공포, 나머지 50%는 분노인 얼굴을 보여 주면, 공포보다 분노를 지각할 가능성이 더 크다. 그 이유는 이들의 지각이 학대받지 않은 아동이 놓칠 수 있는 미묘한 위험신호에 민감하게 조율되어 있기 때문이다(Myers & DeWall, 2019).

정서조절 능력은 심리적 안녕, 사회적응, 목표성취에 중요하게 작용한다. 목표성취를 위해서는 고난과 역경에 따른 불안, 두려움, 좌절을 견뎌야 하지만, 동시에 정서를 상황에 적절하게 활용할 수 있어야 한다. 즉, 화가 나도 참아야 할 때와 표현할 때를 구분할 수 있어야 한다. 감정표현에 있어서도 때로 공격적으로 나타내기보다 감정을 인식하고 적절한 방식과 강도로 표현할 수 있어야 한다. 정서조절은 순간순간 의식적·무의식적으로 이루어진다.

정서조절의 목적

사람들은 쾌락적 가치, 적절성, 유용성을 이유로 정서를 조절한다. 정서조절의 일차 목적은 유쾌한 정서를 유지하고, 불쾌한 정서를 감소 또는 제거하는 것이다. 즉, 기쁘고 행복하며 재미있는 감정은 유지하는 반면, 분노, 슬픔, 두려움, 수치감, 혐오감 등의 정서는 피하고자 한다. 그러나 정서조절이 언제나 정적 감정만을 유지하기 위한 것은 아니다.

사람들은 상황의 요구, 그리고 목표 달성에 유용하도록 정서를 조절한다. 기분 좋은 상태에 있었다고 하더라도 장례식장에 가면 상황에 적절하게 정서를 조절·표현하는 것이 그 예다. 자녀훈육을 위해 엄격한 표정과 함께 긴장된 정서를 표현하는 부모의 모습이 또 다른 예가 된다. 이러한 상황처럼 사회적 상호작용에서 감정조절 능력이 뛰어난 사람은 그렇지 못한 사람보다 더 좋은 평가를 받는다. 고객 응대를 위해 유쾌한 정서 상태를 유지하는 것은 유용하지만, 중요한 계약을 체결할 때는 들뜨기보다 차분한 감정 상태를 유지하는 것이 더 유용할 것이다.

정서조절과 적응

정서표현뿐 아니라 정서 인식·조절 능력은 정신장애의 발병 유무와 밀접한 관련이 있다. 숨을 쉴 수 없을 정도의 불안감, 삶에 아무 의욕과 흥미가 없는 무력감, 끊임없이 이어지는 걱정, 도저히 견딜 수 없는 분노, 죽음과 맞닿아 있는 것 같은 우울 등의 정서는 정신장애의 주요 증상이다. 분노는 격분으로, 슬픔은 우울로, 불안은 공황발작으로 이어질 수 있다. 정서조절부전emotion dysregulation은 개인의 내적 기능뿐 아니라 가정적·사회적·학업적·직업적 기능이상을 초래한다는 문제가 있다.

복습문제

※ 다음 빈칸에 들어갈 말을 써 보세요.

1. ________은/는 행동을 활성화하고 유기체를 목표로 향하게 하는 가상의 상태다. 유기체의 행동을 유발하게 하는 심리적 동인을 ________(이)라고 하고, 행동의 원인을 제공하는 동기 상태를 ________(이)라고 하며, 추동의 목표가 되는 대상, 사람 또는 상황은 ________(이)라고 한다.

2. 헐(C. Hull)은 강화물 효과의 원인을 추동의 감소로 보는 강화이론인 ________________ 이론을 창안했다.

3. 생리학자 캐넌(W. Cannon)은 생존에 필요한 안정적인 생리적 상태를 능동적으로 유지하는 과정을 __________(이)라고 명명했다.

4. 매슬로(A. Moslow)의 욕구위계이론에 의하면, 생리적 욕구부터 존중 욕구까지를 ___________욕구, 인지적 욕구부터 자기초월 욕구까지를 ___________욕구라고 한다. 그는 말년에 ___________욕구를 욕구위계의 정점에 올려놓았다. 이 수준에서는 자기를 넘어서는 초개인적 의미, 목표, 교감을 추구한다.

5. 캐나다 몬트리올의 맥길대학교에서 대학생들 대상으로 수행된 ___________ 실험은 감각자극과 작용의 중요성을 시사한다.

6. ________은/는 주관적인 신체의 적응반응으로, 감각과 함께 사람들의 생존을 지원해 주는 기능을 한다.

7. 정서는 ① 내적 신체변화, ② ___________, ③ 얼굴표정, ④ ____________, ⑤ 주관적 느낌, ⑥ 정서에 대한 반응 요소가 포함된 다차원적 · 복합적인 현상이다.

8. 얼굴표정이 의사소통 기능과 함께 정서 경험에도 영향을 준다는 가정을 ______________ 가설이라고 한다.

9. 직무 수행 시 사회와 조직의 요구에 적절한 감정을 표현하는 행위를 ________________(이)라고 한다.

10. 에크만(P. Ekman)은 서로 구별되는 표정을 기반으로 6요소, 즉 ① __________, ② __________, ③ 놀람, ④ 혐오, ⑤ 경멸, ⑥ 행복을 기본 정서로 본 반면, 이저드(C. Izard)는 10요소, 즉 ① __________, ② 흥미, ③ 놀람, ④ 슬픔, ⑤ 분노, ⑥ 혐오, ⑦ 경멸, ⑧ 공포, ⑨ 수치심, ⑩ ___________으로 보았다.

자기검사

✿ 셀프테스트 해 보세요.

간편 자기실현검사

당신은 할 수 있는 모든 것을 위해 노력하고 있나요? 심리학자 매슬로는 다음 여덟 가지 특성을 자기실현인의 특성으로 보았습니다. 당신은 몇 개의 문항에 해당하나요?

문항	Y	N
1. 당신은 현재의 삶을 충분히 경험하고 있나요?		
2. 선택을 두려워하지 않고 성장하기를 선택하고 있나요?		
3. 당신은 지식을 얻기 위해 노력하고 있나요?(내면 가치, 재능, 의미 찾기)		
4. 대인관계에서 정직하기 위해 노력하고 있나요?		
5. 당신은 때로 사회적 반감을 감수하면서 자기주장을 펼치고 있나요?		
6. 새로운 목표를 향해 노력하고 있나요? 당신의 삶에서 최고의 사람이 되기 위해 노력하고 있나요?		
7. 의미 있고 보람 있는 활동을 추구하고 있나요? 당신은 인본주의 심리학자들이 최고의 절정이라고 부르는 자기실현의 순간을 경험하고 있나요?		
8. 당신은 새로운 경험을 하기 위해 마음이 열려 있나요?		

소감

10

성격
: 나만의 페르소나

개요

- 성격의 정의
- 성격이론
- 성격검사

학습목표

1. 성격에 대한 정신분석학적 관점을 이해 · 설명할 수 있다.
2. 특질이론을 알고, 성격 5요인('Big Five') 모델을 설명할 수 있다.
3. 성격의 구조를 이해 · 설명할 수 있다.
4. 특질이론적 접근을 이해 · 설명할 수 있다.
5. 행동주의적 접근의 기본 가정, 개념, 학습이론을 이해할 수 있다.
6. 인본주의적 관점을 이해 · 설명할 수 있다.
7. 성격을 측정하기 위한 방법을 이해 · 설명할 수 있다.

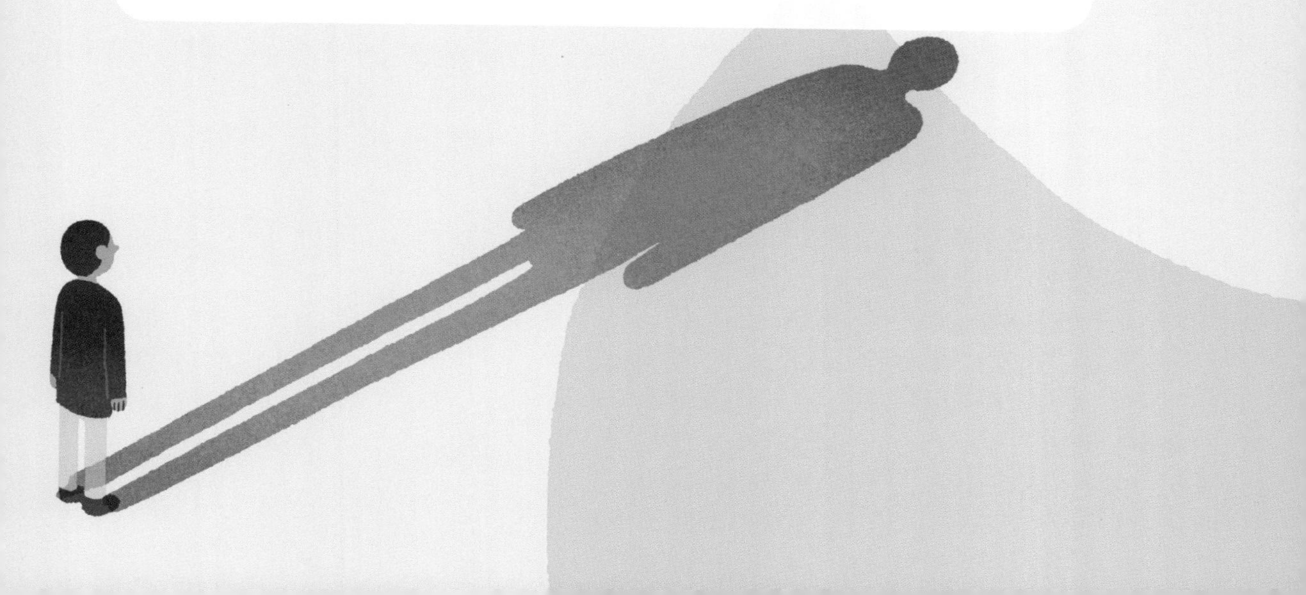

협을 직시하기보다 자아보호를 위해 사용하는 무의식적 책략으로, ① 기만형, ② 대체형, ③ 도피형으로 나뉜다. 기만형은 불안이나 위협을 감정이나 태도를 변경시킴으로써 인식을 달리하려는 기제다(합리화, 억압, 투사). 대체형은 불안이나 위협을 그럴듯한 것으로 대신하려는 기제다(보상, 전치, 치환, 반동형성, 승화, 지성화). 도피형은 불안이나 위협적인 현실에서 탈출, 비현실적 세계로의 도피를 통해 만족과 위안을 추구하려는 기제다(고착, 퇴행, 부인, 동일시). 자아 방어기제에 관한 설명은 〈표 10-1〉과 같다.

〈표 10-1〉 자아 방어기제

기제	설명
□ 기만형	
1. 합리화	❍ 인식하지 못한 동기에서 나온 행동을 지적으로 이치에 닿는 이유를 내세움으로써 그 행동이 정당하고 인정받을 만하다는 것을 증명하려는 현상
2. 억압	❍ 의식에서 용납하기 힘든 욕망 또는 충동을 무의식 속으로 눌러 넣어 버리는 현상
3. 투사	❍ 용납하기 어려운 충동을 인정하기보다 타인이나 외부에 돌려 버리려는 현상
4. 억제	❍ 의식적 노력 과정이 포함된 기제로, 의식적/반의식적으로 잊기 위해 노력하는 현상
□ 대체형	
5. 보상	❍ 결함/약점(성격, 지능, 외모 등)으로 인한 좌절을 다른 데서 과잉충족함으로써 자존심을 세우려는 현상
6. 전치	❍ 원래의 무의식 대상에게 주었던 감정을, 그 감정을 주어도 덜 위험한 대상에게로 옮기는 현상
7. 치환	❍ 에너지를 바라던 목표에서 대용의 목표로 전환함으로써 불안이나 위기의식을 방출시키는 현상
8. 반동 형성	❍ 위험하고 불안한 욕구 노출을 막기 위해 욕구나 생각과 정반대되는 태도나 행동을 과장하여 나타내는 현상
9. 승화	❍ 본능적 욕구나 참아 내기 어려운 충동의 에너지를 사회적으로 용납되는 형태의 다른 목표나 욕구를 충족시킴으로써 만족을 얻는 현상
10. 지성화	❍ 불안, 자아의 위협, 불편감, 충동을 억누르기 위해 이를 직접 경험하는 대신 인지과정을 통해 해소하려는 현상
□ 도피형	
11. 고착	❍ 불안 또는 자아의 위협에서 벗어나기 위해 발달의 특정 단계에 멈추는 현상

12. 퇴행	❍ 심한 좌절로 인해 만족이 주어졌던 초기 발달단계의 덜 성숙된 반응을 보이는 현상
13. 부인	❍ 의식화되면 감당 못할 정도의 생각, 욕구, 충동, 위협적 현실을 지각하지 않는 현상
14. 동일시	❍ 우월하다고 여겨지는 인물 또는 집단과 강한 정서유대 형성을 통해 만족을 추구하는 현상

심리성적발달. 프로이트는 주요 본능인 성적 욕구가 생명을 보존하고 삶을 영속시킨다고 믿었다. 그의 심리성적발달이론psychosexual developmental theory에 의하면, 삶의 에너지 리비도libido는 성격형성에 강력한 영향을 미친다. 이 이론에서는 리비도 에너지의 발달과 성숙을 설명하면서, 성격 요인(원초아, 자아, 초자아)이 생후 5년간 발달한다고 본다. 만일 본능적 추동instinctual drives이 적절히 인정 · 처리되지 않으면, 증상symptom으로 발달한다. 이 시기에 심리적 성장, 좌절, 갈등, 위협에서 반복되는 긴장 상태가 단계별로 나타나는데, 긴장상태 감소를 위한 노력이 성격형성에 영향을 미친다.

심리성적발달단계는 심적 에너지psychic energy의 성적 부분인 리비도가 어떤 성감대erogenous zone에 집중하는가에 따라 5단계로 나뉜다. 각 단계마다 개인이 추구하는 쾌락이 충족되면 다음 단계로의 발달이 순조롭게 진행되지만, 욕구가 좌절되면 다음 단계로 넘어가지 못하고 특정 단계에 고착한다.

1단계: 구강기oral stage(출생~18개월)에 리비도는 입에 집중되어 외부 세상과 교류하는 주된 통로 역할을 한다. 이 시기에 입은 쾌락의 근원으로, 물고, 빨고, 내뱉는 행위는 입술과 구강의 촉각을 자극한다. 구강기의 태아는 생존을 위해 중요한 타인(주로 어머니)에게 의존하게 된다. 지나친 의존감은 구강기 이후 성인기가 되어서도 불안 또는 안전을 위협받는 상황에 놓일 때 되살아난다.

의존의 극단적 증상은 '자궁으로의 회귀욕구'다. 구강기에 형성된 자아는 구강자아mouth ego로 불리며, 이후 행동특성의 원형prototype이 된다. 구강기에 수유가 지나치게 규칙적이거나 조기에 젖을 떼면, 구강고착 또는 구강의존 성격(섭식, 흡연, 음주에 집착하거나 타인에 대해 지나치게 비판적이거나, 반대로 의존적이어서 타인의 말을 여과 없이 받아들여 잘 속는 성격)이 형성된다.

2단계: 항문기anal stage(18개월~3세)는 리비도가 항문에 집중되는 시기로, 영아는 괄약근을 조절하는 법을 습득함으로써, 이완과 경직의 양극성을 관리하는 법을 배운다. 이 시기에 실시되는 배변훈련toilet training(배설, 배설 보류)은 사회적 권위와 압력과의 첫 대면으로, 실시 연령과 방법, 배변 또는 청결에 대한 중요한 타인의 태도가 성격발달에 영향을 준다. 즉, 배변행위에 대한 칭찬은 영아로 하여금 자신이 생산적인 사람이라고 인식하게 되어 창의적인 성격형성의 기초가 된다.

반면, 배변훈련이 너무 엄격하면, 항문고착 성격anal fixated personality(청결 · 질서 · 절약에 집착, 인색, 고집이 세고 욕심이 많으며, 외부 압력에 저항하는 적대적 태도와 행동이 특징임)이 형성된다. 또 배변에 의한 쾌감에 고착되면, 항문폭발 성격anal explosive personality(자유분방, 낭비벽, 잔인, 방종, 파괴적, 짜증을 잘 내는 것이 특징임)이 발달한다.

▲ Thomas Sully, 〈어머니와 아들〉

3단계: 남근기phallic stage(3~6세)에 유아는 자신의 생식기를 인식하게 되고, 손으로 만지면 쾌감을 얻을 수 있음을 알게 된다. 이 시기에 유아에게는 감각적인 충동이 이성부모에게 향해 있고, 동성부모에게는 공격적 충동이 있는 오이디푸스 콤플렉스Oedipus complex와 엘렉트라 콤플렉스Electra complex가 발달한다. 전자(OC)는 보편적인 성향의 남아가 어머니를 차지하고 아버지를 제거하고 싶은 욕구를 의미한다면, 후자(EC)는 여아가 아버지를 원하고 어머니를 제거하고 싶은 욕구를 의미한다.

이 시기에 유아는 리비도의 본능을 초자아 발달을 통해 적절한 성 역할과 행동양식을 학습한다. 특히 남아는 자신의 절대적인 열세를 인식하게 되면서 거세불안castration anxiety을 갖게 되지만, 동성 부모와

의 동일시와 억압으로 갈등을 해결한다. 반면, 여아는 자신이 무언가 잘못하여 잃은 것은 아닐까 하는 남근선망penus envy을 발달시킨다.

4단계: 잠복기latency stage(6~12세)는 성에 대한 관심이 성격의 배경으로 잠복하게 되면서 자아를 확장하는 시기다('잠재기'라고도 함). 이 시기의 아동은 더 이상 일차과정적 사고에 지배되지 않고 충동을 자제하는 법을 배우게 된다. 이전 단계에서 오이디푸스/엘렉트라 콤플렉스를 성공적으로 해결한다면, 아동은 자신감을 갖게 되고 학교와 사회의 요구에 부응할 수 있는 능력을 갖추게 된다. 이 시기의 아동은 사춘기에 이를 때까지 급격한 변화를 겪게 된다.

사춘기가 되면, 아동은 도전적이면서도 말이 없어지는 경향이 있다. 또한 잠재된 성충동은 부모에 대한 적개심, 가족의 정서적 유대 와해, 그리고 오랜 기간 좌절의 원인으로 작용한다. 이는 자아 성숙을 위해 필연적으로 거치는 과정이다. 남근기에서 긴장 상태를 효과적으로 대처할 만큼 강하지 못하던 유아의 자아는 이 과정을 통해 삶의 문제를 대처할 수 있을 정도로 성장한다. 이 단계에서의 갈등과 해결 경험은 자아 성장의 자양분이 된다.

5단계: 성기기genital stage(12세 이후)에 청소년은 호르몬 변화와 성적으로 성숙하게 됨으로써 자연스럽게 성에 관심을 갖고 성숙한 방식으로 사랑할 수 있게 된다. 프로이트는 이 기간에 자위행위가 빈번해진다고 보는데, 이는 알프레드 킨제이Alfred Kinsey의 설문연구에 의해 확인되었다(제1장 참조). 성인이 되면서 원초아, 자아, 초자아가 조화롭고 균형 있게 기능하게 되면, 추동과 좌절감을 조절할 수 있는 안정된 삶을 영위하게 된다. 이 시기에는 행동의 일차 동력인 성적 욕구와 공격적 충동이 다시 나타나게 되면서 이성, 그리고 가족 이외의 사람과의 관계에 관심을 갖게 되고, 결혼과 가정형성에 압력을 받게 된다. 또 적절한 방어기제 사용을 통해 비교적 안정된 삶을 영위하게 된다.

특질이론적 접근

특질trait이란 개인을 타인과 구별해 주는 독특하고 일관성 있는 심리적 경향성을 뜻한다. 이는 행동에서 유추되는 안정적인 성격의 요소다. 만일 당신이 한 친구를 수줍음이 많은 사람이라고 묘사한다면, 이는 그 사람이 사회적 상황에서 종종 불안해하거나 움츠러드는 모습을 보았기 때문일 것이다. 특질은 이처럼 여러 상황에서 일관된 행동 패턴을 설명한다. 특질은 당신의 수줍음이 많은 친구가 대부분의 사회적 상황에서도 동일한 행동을 보일 거라고 예상하는 것을 포함한다.

특질이론. 특정인의 성격을 말해 보라고 하면, 사람들은 보통 '성실하다' '내성적이다' 같은 성격 특질을 지칭하는 용어를 사용하는 경향이 있다. 역사적으로, 심리학자들은 일반인들이 성격 특질이라고 생각하는 수많은 용어를 적절하게 다룰 수 있는 요인으로 단순화하기 위한 노력을 기울여 왔다. 독일 태생, 영국의 심리학자 한스 아이젱크(Hans Jürgen Eysenck, 1916~1997)는 특질 간의 상관에 대한 요인분석을 통해 두 가지 주 요인(① 내향성-외향성, ② 정서적 안정성-불안정성)을 산출했다.

그는 이 두 가지 성격특질을 도식으로 나타냈다([그림 10-2] 참조). 도식의 x축은 정서적 안정성-불안정성, 즉 신경성 성향 요인을 나타내고 있고, y축은 내향성-외향성 요인을 나타낸다. 이 원 위에 제시된 형용사들은 특질이 이 두 요인과 관련된 상대적 위치를 알려 준다.

아이젱크는 자신의 기본가정이 히포크라테스의 것과 유사하다는 사실을 인정했다. 그의 특질 차원에 의하면, 신경증형은 외향적 · 불안정적이고, 낙관형은 외향적 · 안정적이며, 냉정형은 내향적 · 안정적이고, 우울형은 내향적 · 불안정적이라는 견해를 제시했다.

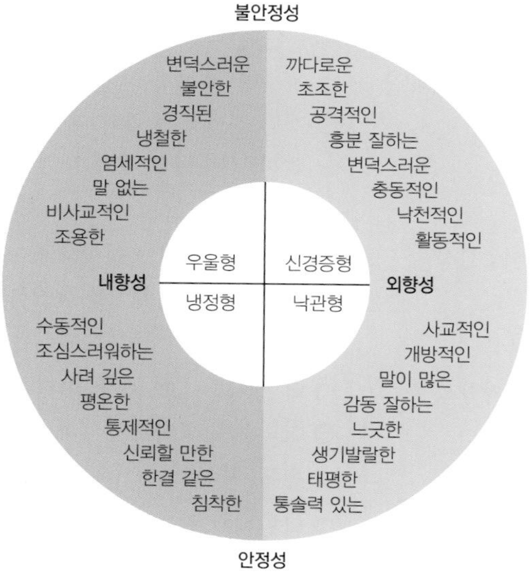

[그림 10-2] 한스 아이젱크의 성격요인

성격 5요인 모델. 성격 5요인 모델Five-Factor Model(FFM)은 1981년 미국의 성격심리학자 루이스 골드버그(Lewis R. Goldberg, 1932~)가 일련의 연구를 통해 산출한 다

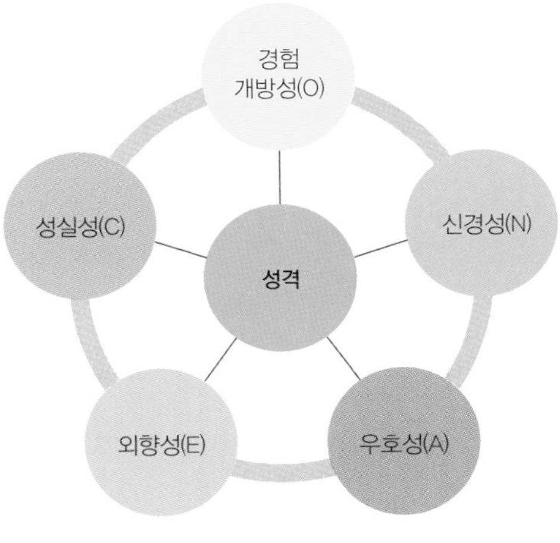

[그림 10-3] 성격 5요인 모델

섯 가지 공통적인 성격요인들로 구성된 성격모델이다. 그는 이 모델을 'Big Five'라고 명명했다. 'Big'이란 각 성격요인에 다수의 특질이 있다는 뜻이다. 성격의 5요인에는 ① 경험 개방성Openness to experience(O), ② 성실성Conscientiousness(C), ③ 외향성Extraversion(E), ④ 우호성Agreeableness(A), ⑤ 신경성Neuroticism(N)이 포함된다. 성격 5요인 모델은 영문 첫 글자를 따서 'OCEAN 모델'로도 불린다. 성격 5요인에 관한 설명은 〈표 10-2〉와 같다.

〈표 10-2〉 성격 5요인에 관한 설명

요인	특질
1. 경험 개방성 (O)	❍ 상상력, 호기심, 모험심, 예술적 감각 등으로 보수주의에 반대하는 성향 ❍ 개인 심리와 경험의 다양성과 관련된 특성으로, 지능, 상상력, 고정관념 탈피, 심미적인 것에 대한 관심, 다양성에 대한 욕구, 품위 등과 관련된 특질
2. 성실성 (C)	❍ 목표성취를 위해 성실하게 노력하는 성향 ❍ 과제·목적 지향성을 촉진하는 속성과 관련된 것으로, 심사숙고, 규준·규칙 준수, 계획수립, 조직화, 과제 준비 등과 관련된 특질
3. 외향성 (E)	❍ 타인과의 사교, 자극, 활력을 추구하는 성향 ❍ 사회와 현실세계에 대해 의욕적으로 접근하는 속성과 관련된 것으로, 사회성, 활동성, 적극성 등과 관련된 특질
4. 우호성 (A)	❍ 타인에게 협조적인 태도를 보이는 성향 ❍ 사회적 적응성, 타인에 대한 공동체적 속성과 관련된 것으로, 이타심, 애정, 신뢰, 배려, 겸손 등과 관련된 특질
5. 신경성 (N)	❍ 분노, 우울, 불안 같은 불쾌한 정서를 쉽게 느끼는 성향 ❍ 부적 감정과 바람직하지 못한 행동과 관련된 것으로, 걱정, 슬픔, 긴장, 두려움 등과 관련된 특질

1992년 로버트 맥크레이(Robert McCrae)와 폴 코스타(Paul T. Costa Jr.)는 성격 5요인 모델을 토대로 'NEO 성격검사-개정판NEO Personality Inventory-Revision(NEO-PI-R)'이라는 자기보고식 성격특질검사를 개발했다. 이 검사를 사용한 여러 연구에 의하면, 정치적 급진주의자들은 경험 개방성에서 높은 점수를 얻는 반면, 정치적 보수주의자들은 성실성에서 높은 점수를 얻는 경향이 있었다(Cooper et al., 2013). 또 폭음을 하는 사람들은 신경성과 외향성 점수가 높은 반면, 성실성에서는 적당히 술을 마시는 사람들보다 점수가 낮았다(Adan et al., 2017). 그리고 행복지수가 높은 사람들은 정서적 안정성, 우호성, 성실성, 외향성에서 더 높은 점수를 받을 가능성이 더 컸다(Soto, 2014).

행동주의적 접근

행동주의적 접근behavioral approach은 행동의 환경적·상황적 결정요인의 중요성을 강조한다. 이 접근에서 행동은 개인변인과 환경변인 간의 끊임없는 상호작용의 결과다. 1924년 미국의 행동주의 심리학자 존 왓슨은 '나에게 12명의 건강한 아이를 주면, 나는 무작위로 아이의 재능, 경향, 능력, 직업, 조상의 인종과 관계없이 의사, 변호사, 심지어 거지와 절도범으로 만들 수 있다.'고 선언했다. 그의 선언은 성격이 후천적 요인에 의해 결정된다는 행동주의적 견해를 강조하는 것이었다. 행동주의적 접근에 의하면, 환경조건은 학습을 통해 행동을 조성하고, 개인의 행동 역시 환경을 조성한다. 이 접근에서는 행동 예측을 위해 개인의 특성과 상황의 특성이 어떻게 상호작용하는지를 중시한다.

고전적 조건형성. 행동주의적 접근에서는 고전적 조건형성 이론을 통해 특정 상황이 특정 결과와 연합할 때 발생하는 정서를 기반으로 성격을 설명한다. 부모가 금지한 특정 행동으로 인해 부모에게 벌을 받은 아동은 그 벌로 인해 죄책감 또는 불안과 연합되어 생리적 반응을 유발한다.

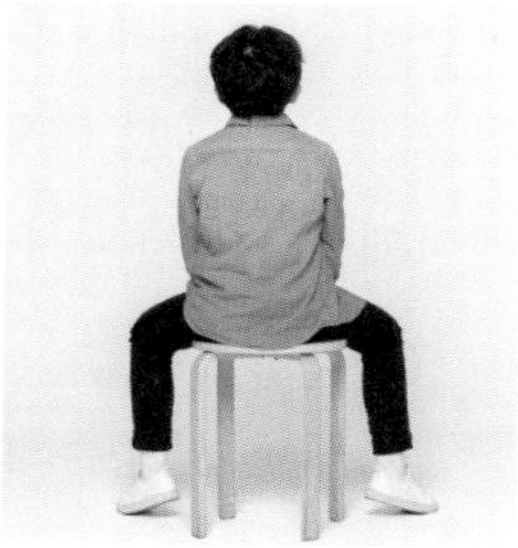

그 후, 아동은 그 행동을 할 때마다 동일한 생리적 반응(죄책감, 불안)을 유발할

것이다. 고전적 조건형성 원리에 의하면, 부모가 금지한 행동은 벌이라는 무조건 자극과 연합되어 조건형성되었고, 불안은 조건형성된 반응이다. 프로이트가 초자아로 명명한 내면화된 불안의 원천은 행동주의적 접근에서는 고전적 조건형성이 되는 셈이다.

조작적 조건형성. 타인들의 행위효과(타인들이 제공하는 보상과 벌)는 개인의 행동형성에 영향을 준다. 행동주의적 접근의 기본 원리는 행동과 특정 결과 간의 연합을 학습하는 조작적 조건형성이다. 이 이론의 기본 가정은 사람들은 강화가 발생할 법한 방식으로 행동하고, 행동의 개인차는 성장과정과 학습경험의 차이에서 생겨난다는 것이다. 개인은 특정 방식으로 나타낸 행동에 대해 보상 또는 벌을 받음으로써 행동 패턴을 형성한다.

그러나 사람들은 관찰학습을 통해서도 다양한 행동을 학습한다. 관찰학습은 타인의 행동을 관찰하고, 특정 행동의 결과를 주목함으로써 학습이 일어난다는 이론이다. 학습된 행동의 표현을 통제하는 강화는 ① 직접적인 것(관찰 가능한 보상, 사회적 인정/불인정, 혐오조건의 완화)일 수 있고, ② 대리적인 것(자신의 행동과 유사한 행동에 대한 타인의 보상/벌 받는 것의 관찰)일 수도 있으며, ③ 자기관리에 의한 것(자신의 수행에 대한 자기칭찬/비난)일 수도 있다.

개인의 행동은 모든 상황에서 획일적으로 보상 또는 벌이 제공되는 것은 아니다. 이에 개인은 특정 행동이 적절한 맥락과 그렇지 않은 맥락을 구분하는 학습을 하게 된다. 동일한 반응이 다양한 상황에서 보상을 받는 정도에 따라 일반화가 일어난다. 일반화는 다양한 상황에서 동일한 행동이 발생하는 것을 말한다. 예를 들어, 가정, 놀이터, 학교에서 공격성에 강화를 받은 아이는 공격적 성격을 발달시킬 수 있다. 공격성은 흔히 차별강화가 필요하다. 즉, 개인에게는 공격성이 적절한 상황과 그렇지 않은 상황을 구분하는 학습이 요구된다. 공격성은 운동경기에서는 용납되지만, 수업시간에는 용납되지 않는 것이 그 예다.

성격에 대한 행동주의적 관점. 정신분석과 마찬가지로, 성격에 대한 행동주의적 관점 역시 결정론적이다. 단, 행동주의적 관점에서는 행동의 생물학적 요인보다 환경적 요인을 중시한다. 즉, 사람들은 선천적으로 선하거나 악한 것이 아니라, 환경에 있는 사건과 상황에 의해 변화될 수 있다는 것이다. 특정 행동을 형성하는 환경 변인의 규명에 역점을 두었던 행동주의적 접근은 성격이론과 상담·임상심리학 발달에 크게 기여했다. 이 접근은 인간의 행동을 특정한 환경에 대한 반응으로 조망하게 했고, 환경 요인이 어떻게 개인의 행동을 통제하며, 행동수정을 위해 환경이 어떻게 바뀔 수 있는지에 초점을 맞추게 했다.

또 학습원리의 체계적 적용은 다양한 부적응 행동을 적응행동으로 변화시키는 데 효과가 있음이 확인되었다. 역사적으로, 행동주의 이론가들은 행동에 미치는 상황의 영향을 지나치게 강조한다는 비판을 받아 왔다. 그러나 학습이론가들의 연구결과는 성격심리학자들로 하여금 성격이 다양한 상황 간에 일관성이 있다는 가정을 재고하도록 했다. 이는 개인과 상황 간의 상호작용뿐 아니라 개인의 개별성에 관해 더 명확하게 이해할 수 있게 해 주었다.

전통적으로 행동주의적 접근은 인간의 성격을 수정 가능하고, 수동적 성질을 지니고 있으며, 개인의 통제를 넘어서는 외적 요인에 의해 형성된다고 보았다. 그러나 사회학습이론의 출현으로 이러한 입장이 바뀌었다. 즉, 환경 선택과 수정에 있어서 개인의 능동적 역할에 대한 인식이 높아졌다. 그 결과, 개인이 자신의 삶을 형성하는 원인을 제공할 수 있다는 견해가 수용되었다. 그러나 이 정도로 개인의 역할을 중시하는 것은 인본주의 심리학자들에 비하면 매우 미흡한 수준이다. 인본주의 심리학자들은 심리적 건강을 단지 환경에의 적절한 적응으로 규정하는 것에 동의하지 않았다.

인본주의적 접근

1950~1960년대 사이에 충동과 갈등이라는 인간의 부정적 측면에 초점을 맞추는 정신분석과 기계론적 접근의 행동주의에 반기를 든 인본주의적 접근이 등장했다. 이들은 '병든sick' 사람의 기본 동기에 관한 프로이트의 견해에 반발하는 한편, 행동주의의 과학적 객관성에 반대하면서 '건강한' 사람들의 잠재력과 자기실현 추구의 중요성을 강조했다. 이러한 인본주의적 접근의 발달을 주도한 개척자는 칼 로저스와 에이브러햄 매슬로, 두 심리학자였다.

칼 로저스
(Carl Ransom Rogers, 1902~1987)

로저스의 자기이론. 칼 로저스는 임상장면에서 내담자와의 경험을 토대로 자기이론self theory을 정립했다. 그는 내담자들과 만나면서 성장, 성숙, 긍정적 변화로 나아가려는 인간의 생래적 · 내재적 경향성에 깊은 감동을 받았다. 그는 내담자와의 만남을 통해 실현경향성actualization tendency(자신의 역량을 충족 · 실현하는 방향으로 나아가려는 경향성)이 사람을 동기화하는 힘이라는 사실을 깊이 신뢰하게 되었다.

인간의 자기실현 욕구를 중시한 로저스의 믿음은 인간중심치료person-centered therapy의 토대가 되었다. 이 심리치료법에 의하면, 사람은 변화하려는 동기와 능력을 가지고 있고, 이러한 변화가 일어나게 할 방향 결정에 가장 훌륭한 전문가다. 치료자의 역할은 내담자가 자신의 문제를 탐색 · 분석하는 동안 합리적인 촉진자로 내담자를 돕는 것이다.

로저스 성격이론의 핵심개념은 자기self 또는 자기개념self-concept이다(로저스는 이 두 용어를 혼용했음). 자기는 '주체적 자기(I)' 또는 '보이는 나(me)'를 규정하는 모든 생각, 지각, 가치로 구성된다. 또 '현재의 나(What I am)'와 '할 수 있는 나(What I can do)'에 대한 자각이 포함된다. 로저스에 의하면, 사람들에게는 이상자기ideal self(각자 자신이 되고 싶어 하는 존재에 대한 인식)와 실제자기real self(현재의 자신에 대한 인식)가 있다고 보았다. 이상자기와 실제자기가 비슷할수록, 개인은 충만함과 행복감을 느끼는 반면, 이 둘 사이의 괴리가 크면 불행하고 불만이 많은 삶을 영위하게 된다.

로저스는 자기와 실제 경험 간의 괴리, 그리고 실제자기와 이상자기 간의 불일치가 어떻게 발달하는지를 부모의 조건적인 긍정적 존중conditional positive regard(자녀가 올바르게 행동하고 사고하고 느낄 때만 자녀를 가치 있는 존재로 인정해 주는 경향성) 개념으로 설명했다. 부모의 이러한 태도는 자녀가 자신의 자기개념을 왜곡하게 한다. 로저스는 부모와 타인들로부터 무조건적인 긍정적 존중unconditional positive regard(자신의 감정, 태도, 행동이 이상적 수준에 미치지 못하더라도 자신이 가치 있는 존재라는 느낌)을 받으면, 사람은 더 효율적으로 성장할 것임을 강조했다.

매슬로의 욕구위계. 에이브러햄 매슬로는 인간이 욕구위계에 의해 동기화된다고 보았다. 그는 초기에 행동주의에 매료되어 영장류의 성과 지배성에 관해 연구했다. 그러나 첫째 아이가 태어나면서 행동주의에서 멀어졌고, 그 후 아이를 관찰한 사람이라면 결코 행동주의자가 될 수 없을 거라고 말했다. 그는 또 정신분석에 관심을 가졌다가, 결국 정신분석의 동기이론에 반기를 들게 되면서 욕구위계hierarchy of needs라는 독자적인 이론을 개발했다.

욕구위계이론은 기본적인 생물학적 욕구가 충족되면 더 복잡한 심리적 욕구를 가지게 된다는 이론이다. 단, 상위수준의 욕구가 행위의 중요한 동인이 되기 전에 더 낮은 수준의 욕구가 적어도 부분적으로 충족되어야 한다.

만일 배고픔을 해소하거나 안정을 얻기 어렵다면, 이 욕구를 충족하려는 노력이 개인의 행동을 지배하게 되면서 개인은 상위욕구를 중시하지 않게 될 것이다. 반면, 기본욕구가 충족된다면, 개인은 상위욕구 충족을 위해 시간과 에너지를 쏟게 될 것이다. 이러한 이유로 음식, 주거지, 안전을 확보하기 위해 전념해야 하는 사회에서는 예술적 · 과학적 노력이 활발하지 않은 경향이 있다.

매슬로는 역사적으로 자기실현을 한 것으로 보이는 인물들(스피노자, 토머스 제퍼슨, 에이브러햄 링컨, 제인 애덤스, 알베르트 아인슈타인, 엘리너 루스벨트 등)을 추적 조사했다. 이를 통해 매슬로는 자기실현을 이룬 사람들의 특성을 정리할 수 있었다. 그는 또 자신의 연구를 대학생 집단으로 확장하여 자기실현의 정의에 합당한 학생들을 추렸다. 이들은 대학생 전체 집단 중 가장 건강한 1%에 해당하는 학생들로 부적응의 지표가 전혀 없었고, 자신의 재능과 능력을 효율적으로 사용하고 있었다(Maslow, 1970).

다수의 사람은 매슬로가 절정경험이라고 명명한 자기실현의 일시적 순간을 경험하곤 한다. 절정경험peak experience이란 순간적으로 무아지경에 빠지면서 절대적 행복과 충만감을 느끼게 되는 상태를 말한다. 이 상태는 창의적 활동, 자연 감상, 친밀한 관계, 심미적 느낌, 신체활동 등 다양한 상황에서 발생한다. 절정경험과 비슷한 경험을 기술하게 했을 때, 대학생들은 전체감, 완전함, 생동감, 독특성, 효율성, 자기충족감, 아름다움, 선함, 진실의 가치를 꼽았다.

인지적 접근

오늘날 성격심리학자들은 대부분 성격의 인지적 측면을 중시하고 있다. 이러한 현상은 실제로 성격심리학자들의 실험적 연구가 대부분 인지적 기반에서 이루어지고 있기 때문이다. 성격에 대한 인지적 접근은 개인 자신과 세상에 관한 정보처리 방법과 관련된 주제를 다룬다. 이에 인지적 접근에 의하면, 성격의 개인차는 개인이 정신적 표상방식의 차이에서 발생한다. 성격의 인지적 접근의 대표적인 이론은 사회학습이론이다.

사회학습이론social learning theory은 행동주의 이론에 뿌리를 두고 있지만, 도입 당시는 행동주의와는 현저하게 다른 접근으로 간주되었다. 사회학습이론에 의하면, 내적 인지과정은 행동에 영향을 준다. 이는 타인의 행동을 관찰하고, 행동이 일어나는 환경을 관찰하는 것도 마찬가지다. 사회학습이론의 관점은 이 이론을 창안한 앨버트 밴듀라의 진술에 잘 제시되어 있다([글상자 10-1] 참조).

[글상자 10-1] **사회학습이론의 창안자 밴듀라의 진술**

> 만일 사람들이 시행착오 결과에 의해서만 학습한다면, 생존 전망은 매우 희박할 것이다. 사람들은 아이에게 수영하는 법을 가르칠 수 없고, 청소년에게 자동차 운전도 가르칠 수 없으며, 초보 의대생에게 수술하는 법을 가르칠 수 없고, 성공적인 수술과 실패하는 수술의 결과로부터 수술에서 필수적인 행동이 무엇인지 발견하도록 해야 할 것이다(1986, p. 20).

앨버트 밴듀라
(Albert Bandura,
1925~2021)

사회학습 분야의 개척자 앨버트 밴듀라는 사회학습이론을 더 발전시켜 사회인지이론social cognition theory을 창안했다(Bandura, 1986). 이 이론에서는 상호교환적 결정주의를 강조한다. 이 개념은 행동의 외적 결정요인(보상, 벌)과 내적 결정요인(신념, 사고, 기대)이 상호작용하는 시스템의 일부가 되는데, 이 시스템은 행동과 시스템의 다른 부분에도 영향을 미친다는 것이다(Bandura, 1986). 즉, 환경이 행동에 영향을 줄 뿐 아니라, 행동도 환경에 영향을 미침으로써, 환경과 행동이 서로 영향을 주고받는 관계에 있다는 것이다.

성격검사

성격검사personality test는 개인의 기질, 태도, 가치, 선호/비선호, 감정, 동기, 대인관계 능력, 적응수준 등을 측정하는 도구다. 이 검사는 개인의 정서, 동기, 대인관계, 태도 등의 특성에 관한 정보를 제공한다. 성격검사는 수검자의 성격적 특성을 체계적으로 기술하고, 문제를 진단하며, 행동 변화를 파악할 수 있다는 점에서 개인의 성격특성 파악, 병리적 문제 진단, 행동 예측에 사용된다. 성격검사는 크게 ① 객관형 검사와 ② 투사검사로 나뉘지만, 다른 한편으로는 ① 자기보고식, ② 투사법, ③ 문장완성, ④ 욕구진단, ⑤ 체크리스트형으로 구분되기도 한다.

객관형 검사

객관형 검사objective test는 성격의 일부 측면을 측정하기 위해 진위형, 예/아니요 형, 다지선택형, 관련 응답을 요구하는 형태의 검사다. 이 유형의 성격검사는 주로 불안, 우울, 정신병, 자살 경향성, 섭식장애, 외향-내향성, 결혼 만족도 등을 측정한다. 예컨대, MBTI는 기질과는 관련 없는 일반적인 성격유형을 측정하는 데 비해, MMPI-2는 정신병, 기질의 일부, 또는 깊이 내재된 성격유형 추정에 사용된다.

객관형 검사는 내담자의 통찰 심화, 임상진단 결정 조력, 행동 예측, 법정의 요구에 따른 성격특성 판별(예 자녀 양육권, 성희롱/성폭력, 사이코패스 판정)을 위해 사용된다. 이 검사는 간단한 소개로 대집단을 동시에 검사할 수 있어서 경제적이고, 수검자 혼자서도 검사를 수행할 수 있다. 또 채점과 실시가 비교적 단순하고 객관적이며, 컴퓨터로 실시·채점이 가능하다는 이점이 있다. 게다가 비교적 높은 객관성과 신뢰도 역시 이 검사의 이점이다. 대표적인 객관형 성격검사로는 ① MMPI, ② MBTI, ③ NEO-PI-R이 있다.

MMPI. 미네소타 다면적 인성검사Minnesota Multiphasic Personality Inventory(MMPI)는 1943년

미네소타대학교의 해서웨이Hathaway와 맥킨리McKinley에 의해 제작된 자기보고식 성격검사다. 이 검사는 환자집단의 반응을 기초로 문항이 선별되었다는 강점이 있는 반면, 척도 간 상관계수가 높다는 약점이 있다(박경, 최순영, 2009). MMPI는 1989년 초등학교 6학년 이상의 독해능력을 갖춘 만 18세 이상의 성인에게 실시할 수 있도록 개정된 MMPI-2와 만 18세 미만의 청소년 대상의 MMPI-A 등 다양한 종류로 개발되었다. 이 중에서도 총 567개 문항으로, 수검자가 '그렇다/아니다/무응답' 중 하나로 반응할 수 있도록 고안된 유형이 가장 많이 사용되고 있다.

MMPI-2에는 검사문항 개선을 비롯해서 새로 개발된 재구성 임상척도, 새로운 내용 척도, 타당도 척도, 재구성 임상척도, 성격병리 5요인 척도가 포함되었다. 재표준화된 MMPI-2는 세 개의 타당도 척도와 무응답 척도, 그리고 10개의 임상척도로 구성되어 있다. 이 검사는 제한된 모집단을 대상으로 표준화된 MMPI와는 달리, 지리학적 · 인종적으로 다양한 참조집단을 사용했고, 시각장애, 읽고 쓰기에 제한이 있거나 신체장애가 있는 사람에게도 적용이 가능하다. 또 정신병리 문제가 있는 개인을 판별할 뿐 아니라 분노, 사회적 소외, A형 행동, 결혼생활 부적응같이 중요한 심리적 특성을 식별할 수 있는 기능을 갖추고 있다는 이점이 있다. 국내에서는 2005년 '한국판 MMPI-2'가 개발되었다.

이사벨 마이어스 (Isabel B. Myers, 1897~1980)

캐서린 브릭스 (Katharine C. Briggs, 1875~1968)

MBTI. 마이어스-브릭스 성격유형검사Myers-Briggs Type Indicator(MBTI)는 이사벨 마이어스와 그녀의 어머니 캐서린 브릭스가 융(Carl Jung)의 성격이론을 토대로 제작한 성격검사다(흔히 'MBTI'로 불림).

이 검사는 진로 · 결혼 · 가족상담, 기업의 팀워크강화연수 등 다양한 장면에서 널리 사용되고 있다. MBTI는 감정과 행동에 관한 168개 문항으로 구성되어 있는데, 두 가지 보기 중 개인이 더 선호하는 것을 체크하도록 되어 있다. 이 검사는 네 개 차원[① 외향Extroversion(E) · 내향Introversion(I), ② 감각Sensing(S) · 직관Intuition(N), ③ 사고Thinking(T) · 감정Feeling(F), ④ 판단Judgment(J) · 인식Perception(P)]의 양극성 척도로 구성되어 있다.

〈표 10-3〉 MBTI의 네 개 차원

차원	기능
1. 외향/내향	❍ 인식 또는 판단이 외부/내부로 향하는가?
2. 감각/직관	❍ 사물을 지각할 때 주로 어떤 인식체계에 의존하는가?
3. 사고/감정	❍ 의사결정 시, 어떤 종류의 판단체계를 주로 선호하는가?
4. 판단/인식	❍ 외부 세계에 대해 판단적 태도(사고/감정) 또는 인식적 태도(감각/직관)를 주로 사용하는가?

〈표 10-3〉에 제시된 것처럼, MBTI에서는 네 개 차원을 조합하여 총 16개 성격유형으로 나뉜다. 이러한 성격유형은 수검자가 주변 환경을 어떻게 인식하고 상호작용하는지에 대한 정보를 제공한다.

NEO-PI-R. NEO 성격검사-개정판NEO Personality Inventory-Revision(NEO-PI-R)은 성격 5요인 모델Five-Factor Model(FFM)에 기초한 자기보고식 성격특징검사다. 이 검사는 5개 요인, 즉 ① 경험 개방성Openness to experience(O), ② 성실성Conscientiousness(C), ③ 외향성Extraversion(E), ④ 친화성Agreeableness(A), ⑤ 신경성Neuroticism(N)으로 구성되어 있다('OCEAN 모델'). 각 영역에는 여러 측면을 대표하는 성격 특질을 나타내는 6개 하위요인이 있다.

NEO-PI-R은 총 240문항(30개 측면별 8문항/5개 영역별 48문항)으로 되어 있는데, 수검자는 각 문항에 대해 5점 척도(① 전혀 그렇지 않다, ② 그렇지 않다, ③ 보통이다, ④ 그렇다, ⑤ 매우 그렇다)로 평정한다. 이 검사는 문항의 거의 절반 정도가 역채점 문항으로 되어 있어서, 수검자의 불성실한 응답의 가능성을 예방할 수 있다는 장점이 있다. 단, 수검자의 수검 태도를 측정하는 타당도 척도가 세 개 문항으로 되어 있다는 한계가 있다. 이 세 문항은 각각 ① 정직하고 정확하게 반응했는지, ② 모든 문항에 답했는지, ③ 답을 정확한 위치에 기입했는지를 평가한다.

투사검사

투사검사projective test는 비체계적 자극(예 잉크반점, 모호한 그림)에 대한 개인의 반응에 따른 성격 특성을 파악하는 검사다. 이 유형의 검사는 프로이트의 정신분석을 추종하는 성격심리학자들이 개인의 무의식적 욕구, 동기, 갈등을 측정하기 위해 정신분석의 자유연상법을 기반으로 개발되었다. 투사검사는 개인이 하고 싶은 대로 반응하도록 애매모호한 자극으로 구성되어 있다. 이 검사에서 제시되는 자극은 개인의 의식적 · 무의식적 요구, 욕구, 선호성, 추동, 고심을 나타내는 것으로, 수검자의 폭넓은 반응을 유발한다. 이는 자극이 모호하고 특정 반응을 요구하지 않으면, 개인은 자신의 성격을 자극에 투사함으로써 특성을 드러낼 것이라는 가정에 기초한다. 여기서는 대표적인 투사검사인 ① 로르샤흐 잉크반점검사, ② 주제통각검사(TAT)에 관해 살펴보기로 한다.

헤르만 로르샤흐 (Hermann Rorschach, 1884~1922)

로르샤흐 잉크반점검사. 로르샤흐 잉크반점검사Rorschach Inkblot Test(이하 RIT)는 1921년 스위스의 정신과 의사 헤르만 로르샤흐가 좌우 대칭인 일련의 잉크 반점들을 제작하여 자신의 저서, 『심리진단(Psychodiagnostik)』에 소개한 투사형 검사다. 이 책에서 그는 사람들이 모호한 검사자극에 반응할 때, 실제 생활 경험에 대한 반응을 드러낸다고 밝혔다. 이 검사는 정신과 환자의 성격적 특성 평가를 통한 정신병리의 감별진단을 위해 개발되었다. RIT는 미국에 소개되면서, 주제통각검사 개발의 토대가 되었다.

RIT는 성격의 인지, 정서, 자기상, 대인관계 등에 대해 종합적인 정보를 제공한다는 이점이 있다. 이 검사는 1993년 엑스너가 로르샤흐 종합체계(Rorschach: A Comprehensive System)를 개발하게 되면서 표준화된 체계를 갖추게 되었다(Exner, 2003).

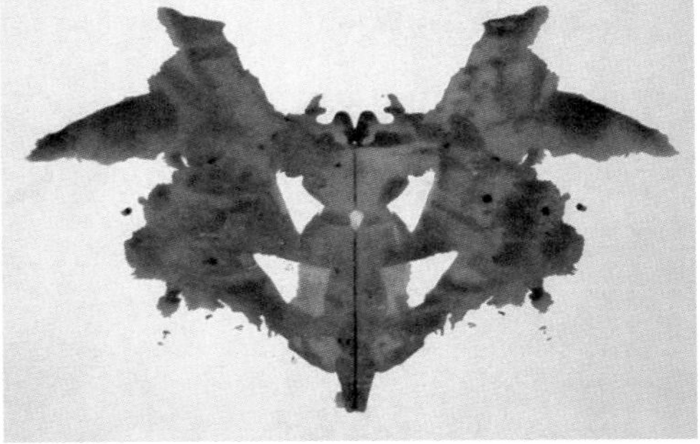
[그림 10-4] 로르샤흐 잉크반점검사의 예시
출처: Wikipedia.

RIT는 총 10장의 카드로 구성되어 있다. 이 중 다섯 장(I, IV, V, VI, VII번 카드)은 흑백, 두 장(II, III번 카드)은 흑백과 붉은색이 혼합되어 있고, 나머지 세 장(VIII, IX, X번 카드)은 여러 색으로 혼합되어 있다. 카드에는 공통으로 모호한 그림이 그려져 있어서 이를 통해 수검자의 성격적 특성을 탐색할 수 있다([그림 10-4] 참조).

주제통각검사. 주제통각검사Thematic Apperception Test(TAT)는 1935년 하버드대학교의 헨리 머레이와 모건(Christiana D. Morgan, 1897~1967)이 개발한 투사검사다. 이 검사는 모호한 그림자극을 통해 그림 속 인물의 활동, 생각, 느낌을 기술하는 이야기를 구성하도록 함으로써 수검자의 욕구, 동기, 대인관계를 다루는 특징적인 방식을 드러내는 반복적인 주제를 측정한다. TAT는 개인의 상상에서 반복되는 기본 주제를 밝히기 위해 개발되었다. 그 후, 3회의 개정을 통해 1943년 완성된 31개의 도판이 오늘날까지 사용되고 있다. 여기서 통각apperception이란 자극 특성을 이전 경험을 토대로 특정 방식으로 지각 · 이해 · 추측 · 상상하는 심리적 작용을 말한다.

헨리 머레이
(Henry A. Murray, 1893~1988)

이 검사에서 수검자는 자신의 통각에 따라 모호한 그림을 해석하고, 좋아하는 구성 또는 개인적 환상을 반영하는 주제에 관한 이야기를 정교화한다. 만일 특정 문제가 개인을 괴롭히고 있다면, 그 문제는 여러 이야기 속에 또는 1~2개의 이야기에 드러날 것이다. TAT의 기본가정은 개인은 대상지각 과정을 통해 자극 내용을 있는 그대로 받아들이지만, 개인별로 이해, 해석, 상상을 통해 받아들이기도 한다는 것이다.

이로써 TAT는 사람들이 모호한 상황을 자신의 과거 경험과 현재의 욕구에 따라 해석하는 경향, 그리고 이야기를 통해 감정과 욕구를 의식적 · 무의식적으로 표현하는 경향성을 이용하여 개인의 성격특성에 관한 정보를 얻을 수 있다.

[그림 10-5] TAT 인물 그림 예시
출처: https://personalitypsychbp.weebly.com

TAT에서 그림자극에 대한 수검자의 상상에 의한 이야기는 개인의 욕구need와 환경적 압력pressure(성취, 친애, 의존, 권력, 성 등)의 결합으로, 실생활에서 발생하는 일의 역동적 구조다(Murray, 1938). 로르샤흐 검사가 추상적 자극(잉크반점)을 통해 원초적인 욕구와 환상 도출에 초점을 맞추고 있다면, TAT는 인물이 등장하는 모호한 그림자극을 통해 대인관계의 역동 파악에 중점을 둔다. TAT 검사과정에서 수검자는 자신의 과거 경험, 상상, 욕구, 갈등을 투사하게 되면서 성격특성, 발달배경, 환경과의 상호작용 방식 등을 드러내게 된다. TAT는 모호한 인물 그림이 그려진 카드 30장과 백지 카드 1장을 포함하여 총 31장으로 구성되어 있다.

TAT 외에도, 아동의 성격발달에 포함되는 특질, 태도, 정신역동을 측정하는 세 가지 유형의 아동용 주제통각검사Children's Apperception Test(CAT)가 있다(① CAT-A, ② CAT-H, ③ CAT-S). CAT-Aanimal는 아동에게 익숙한 장면을 배경으로 10장의 동물 그림으로, CAT-Hhuman는 사람 그림으로 구성되어 있다. 반면, CAT-Ssituation는 공통적인 가족 상황에서 10장의 동물 그림으로 된 보충검사다. 검사는 30분 정도 소요된다.

복습문제

※ 다음 빈칸에 들어갈 말을 써 보세요.

1. 환경과의 상호작용에서 나타내는 개인의 독특하고 비교적 일관된 사고, 정서, 행동 경향성을 기술하는 가설적 구성개념을 ________(이)라고 한다.

2. 정신분석은 마음의 깊은, 심연과 같은 부분을 탐구한다고 해서 ________심리학으로도 불린다.

3. ________은/는 성격의 가장 원초적인 부분으로, ________원리에 따라 작동되며, 본능을 바탕으로 만족을 추구한다는 점에서 ________자아로도 불린다.

4. 위협적 충동이나 외부 위협을 직시하기보다 자아보호를 위해 사용하는 무의식적 책략을 ___________(이)라고 하며, 의식에서 용납하기 힘든 욕망, 충동을 무의식 속으로 눌러 넣어 버리는 현상인 ________은/는 이 메커니즘의 하나다.

5. 심리성적발달단계에서 ________기에는 보편적인 성향의 남아가 어머니를 차지하고 아버지를 제거하고 싶은 공격적 충동을 의미하는 ____________ 콤플렉스 또는 여아가 아버지를 원하고 어머니를 제거하고 싶은 욕구를 의미하는 ____________ 콤플렉스가 나타난다.

6. 아이젱크(H. Eysenck)는 _________ 간의 상관에 대한 요인분석을 통해 두 가지 주 요인, 즉 ________________와/과 정서적 안정성-불안정성을 산출했다.

7. 'Big Five'로 불리는 성격 5요인 모델은 영문 첫 글자를 따서 _________ 모델로도 불린다.

8. 로저스(C. Rogers)에 의하면, 사람들에게는 각자 자신이 되고 싶어 하는 존재에 대한 인식인 _________ 자기와 현재의 자신에 대한 인식인 _________ 자기가 있는데, 이 두 요소가 비슷할수록 개인은 충만함과 행복감을 느끼는 반면, 이 둘 사이의 괴리가 크면 불행하고 불만이 많은 삶을 영위하게 된다.

9. 매슬로(A. Maslow)는 다수의 사람이 순간적으로 무아지경에 빠지면서 절대적 행복과 충만감을 느끼게 되는 상태, 즉 _________(이)라고 불리는 자기실현의 일시적 순간을 경험하곤 한다고 주장했다.

10. _________(이)란 자극 특성을 이전 경험을 토대로 특정 방식으로 지각 · 이해 · 추측 · 상상하는 심리적 작용을 말한다.

자기검사

✿ 셀프테스트 해 보세요.

사회재적응평정척도(비성인용)

지난 1년간 당신의 삶에서 발생한 사건에 '✓'표를 하고 나서 생활변화량의 합을 산출해 보세요. 생활변화량의 합은 스트레스가 당신의 건강에 어느 정도 영향을 주고 있는지에 대한 대략적인 측정치를 제공합니다.

순위	생활사건	변화량	✓	순위	생활사건	변화량	✓
1	부모의 죽음	100		21	남친/여친과 헤어짐	53	
2	계획에 없던 임신/낙태	100		22	데이트 시작	51	
3	결혼	95		23	정학	50	
4	부모의 이혼	90		24	약물사용/음주	50	
5	눈에 띌 정도의 신체변형	80		25	형제/자매 출생	50	
6	아빠가 됨	70		26	부모와의 논쟁 증가	47	
7	부모의 1년 이상의 징역형	70		27	부모의 실직	46	
8	부모의 별거	69		28	탁월한 개인적 성취	46	
9	형제/자매의 죽음	68		29	부모의 재정상태 변화	45	
10	또래의 수용 변화	67		30	원하는 대학 합격	43	
11	자매의 계획되지 않은 임신	64		31	고교 3학년이 됨	42	
12	입양아라는 사실의 발견	63		32	형제/자매의 입원	41	
13	부모의 재혼	63		33	부모의 출타 증가	38	
14	친한 친구의 죽음	63		34	형제/자매의 집 떠남	37	
15	눈에 띌 정도의 선천성 기형	62		35	제3의 성인가족 증가	34	
16	입원이 필요한 심각한 질병	58		36	정식교인이 됨	31	
17	학업성적 부진	56		37	부모의 논쟁 감소	27	
18	과외활동 불참	55		38	부모와의 논쟁 감소	26	
19	부모의 입원	55		39	부/모의 취업	26	
20	부모의 30일 이상 징역형	55		소계		점	
소계		점		합계		점	

해석

총점	진단
☐ 300점 이상	• 질병 발생 고위험군에 해당합니다.
☐ 150~299점	• 중간 정도의 질병 발생 가능성이 있습니다(고위험군으로부터 30% 정도 감소).
☐ 150점 미만	• 경미한 정도의 질병 발생 가능성이 있습니다.

소감

11

스트레스
: 마음의 감기

개요

- 스트레스의 정의
- 스트레스원
- 생활변화와 스트레스
- 스트레스 판별요인
- 투쟁/도피반응 이론
- 스트레스와 일반적응증후군
- 스트레스와 신체건강
- 스트레스 대처

학습목표

1. 스트레스와 스트레스원의 정의를 이해할 수 있다.
2. 투쟁/도피반응 이론과 일반적응증후군에 관해 설명할 수 있다.
3. 스트레스가 신체건강에 미치는 영향을 설명할 수 있다.
4. 심리학과 건강과의 관계를 설명할 수 있다.
5. A형 행동과 스트레스의 관계를 이해 · 설명할 수 있다.
6. 스트레스의 심리학적 대처방법을 이해할 수 있다.

스트레스는 살아 있는 한 누구나 겪는다. 심리상태가 신체반응을 유발한다는 사실은 이미 널리 알려져 있다. 사소한 실수, 대인관계 문제, 경쟁 등은 스트레스를 유발한다. 스트레스 누적은 삶의 질을 크게 떨어뜨릴 뿐 아니라, 질병 발생과 사망의 위험성을 높이기도 한다. 스트레스는 심리사회적 요구에 대한 심리적·신체적 각성반응으로, 삶의 과정에서 항시 존재한다. 그러므로 스트레스는 예방·관리할 수는 있어도 치료할 수는 없다.

스트레스 상황에 대한 사람들의 반응은 매우 다양하다. 유사하거나 같은 상황을 스트레스로 받아들이는 사람들이 있는가 하면, 기꺼이 도전으로 여기며 즐기는 사람들도 있다. 이처럼 스트레스가 항상 사람들에게 피해를 주는 것은 아니다. 오히려 적당한 스트레스는 개인의 집중력, 창의성, 생산성 향상에 도움을 준다. 스트레스 때문에 활력을 얻기도 하고, 어려움을 극복하는 인내와 끈기를 길러 주기도 하며, 동기를 유발하여 계획을 성취할 수 있게 하는 힘을 주기도 한다.

이러한 점을 고려할 때, 사람들의 신체·정신건강에 영향을 미치는 심리적 요인과 건강행동 증진방법을 연구하는 행동의학behavioral medicine 또는 건강심리학health psychology의 출현은 결코 우연한 일은 아니다. 이 장에서는 ① 스트레스의 정의, ② 스트레스원, ③ 생활변화와 스트레스, ④ 스트레스 판별요인, ⑤ 투쟁/도피반응 이론, ⑥ 스트레스와 일반적응증후군, ⑦ 스트레스와 신체건강, ⑧ 스트레스 대처로 구분하여 살펴보기로 한다.

스트레스의 정의

스트레스stress란 적응하기 어려운 상태에 처할 때 느끼는 심리적·신체적 긴장 상태를 말한다. 생물학적 측면에서 적응adjustment은 생물이 환경에 적합하도록 형태적·생리학적으로 변화하는 것 또는 그 과정을 말한다. 반면, 심리학적 측면에서의 적응은 환경과 생활이 조화를 이루는 것 또는 그 상태를 말한다. 야생동물이 생존을 위해 혹독한 겨울 날씨에 적응해야 하는 것처럼, 사람 역시 새로운 학교, 직장, 주변 환경의 변화에 적응이 요구된다는 것이다. 이러한 점에서 심리학에서 적응은 종들이 환경의 변화에 적응하기 위한 노력을 뜻하는 순응adaptation과 유사한 개념이다.

스트레스는 종종 사건 자체보다는 사건의 평가방식에 의해 발생한다. 대학 입학 또는 졸업 후 취업을 새로운 도전으로 인식하는 학생이 있는가 하면, 실패의 위험으로 인식하는 학생이 있다는 것은 사건의 평가방식이 스트레스 유발에 원인이 될 수 있음을 보여 준다. 적응은 보통 환경을 변화시키거나 스스로를 변화시킴으로써 이루어진다. 스트레스를 일시적인 것 또는 도전으로 지각한다면, 긍정적인 효과를 얻을 수 있다. 일시적 스트레스는 감염을 차단하고, 부상을 치유하는 면역체계를 활성화한다(Segerstrom, 2007).

역경은 성숙을 낳고, 성숙은 성장으로 이어진다. 스포츠 챔피언, 성공한 기업가, 훌륭한 교사와 지도자들은 도전거리의 각성을 통해 수월성을 보인다(Blascovich et al., 2004). 위기를 잘 극복한 사람은 더 강력해진 자존감, 강해진 정신력, 뚜렷한 목표의식을 가지게 된다. 생애초기에 경험하는 약간의 스트레스는 성장과정에서 탄력성을 구축한다. 그러나 만성 스트레스는 사람의 건강을 해칠 수 있다. 몸과 마음은 상호작용한다. 뇌와 건강은 상호작용한다. 정신적으로 고갈시키는 힘든 일은 신체건강도 해칠 수 있다. 심리적인 것은 동시에 생리적인 것이기 때문이다.

스트레스원

개인에게 스트레스를 유발하는 상황/사건을 스트레스원stressor이라고 한다('스트레스 요인' '스트레스 인자'로도 불림). 이러한 상황/사건에 대한 개인의 반응을 스트레스 반응stress response이라고 한다. 스트레스는 삶에서 불가피하다. 특정 상황/사건이 개인에게 좋은 일이든 나쁜 일이든 간에 삶에 큰 변화나 적응을 요구한다면 스트레스로 작용한다. 즉, 삶에서 새롭게 적응해야 하는 변화는 모두 스트레스로 작용한다(Holmes & Rahe, 1967). 심지어 잠들어 있을 때에도 신체는 환경변화에 대처하면서 스트레스를 경험한다. 스트레스로부터 완벽하게 도피할 수 있는 유일한 방법은 죽음이다. 누구에게나 똑같이 해롭거나 유익한 스트레스 요인은 없다. 개인에 따라 스트레스 감내력과 스트레스에 대한 요구가 다르기 때문이다.

스트레스원의 유형

스트레스원은 세 가지 유형, 즉 ① 재난, ② 삶의 변화, ③ 소소하게 짜증나는 일로 분류할 수 있는데, 이 모두가 건강에 해로울 수 있다.

재난. 첫째, 재난disaster이란 지진, 홍수, 산불, 폭풍, 지진해일 같이 예측 불가능한 대규모 사건을 말한다. 재난은 피해자들에게 정신적·신체적 건강을 심각하게 훼손하곤 한다. 허리케인 카트리나가 휩쓸고 지나간 후 4개월 동안 뉴올리언스의 자살률 증가, 9·11 테러 발생 후 뉴욕시민의 수면제 처방 증가, 테러장면의 반복적 시청으로 인한 건강 악화는 재난이라는 스트레스원이 사람들에게 미치는 영향의 예다.

삶의 변화. 둘째, 삶의 변화(이혼, 별거, 실직, 집을 떠남, 사랑하는 이의 죽음 등)는 개인에게 심각한 정도의 스트레스로 작용한다. 그뿐 아니라, 약혼 또는 결혼처럼 행복한 사건조차 스트레스를 유발한다('긍정적 스트레스eustress'). 이러한 변화는 성인 초기에 종종 발생한다. 배우자의 사망, 실직, 이혼 등의 동시다발적인 사건 발생은 개인의 질병 발생 가능성을 높인다.

소소하게 짜증나는 일. 셋째, 소소하게 짜증나는 일hassle도 스트레스원으로 작용한다. 교통체증, 아파트의 층간소음, 주차시비, 지갑/휴대폰 분실, 계산대에서 긴 줄서기, 스팸메일 등이 그 예다. 이러한 일에 대해 대수롭지 않게 넘어가는 사람도 있지만, 이러한 스트레스원들의 누적으로 건강과 웰빙에 위협받는 사람도 있다. 특히 빈민가 지역에 거주하는 사람들은 낮은 수입, 실직, 편부모, 과밀과 관련된 일상의 다툼으로 인한 스트레스를 겪는다. 이처럼 지속적인 스트레스는 건강, 특히 심혈관계의 건강을 위협한다.

생활변화와 스트레스

1967년 정신건강 전문의 토머스 홈즈(Thomas Holms)와 리처드 래히(Richard Rahe)는 기쁜 일, 괴로운 일 모두가 생활변화를 의미하는 한 스트레스가 되고, 생활사건 하나하나의 심각성이 아니라 그 사건들의 전체 영향('생활변화량')이 스트레스 수준에 중요한 영향을 미친다고 보았다. 이들은 삶의 변화 정도, 즉 생활변화량을 측정하기 위해 사회재적응평정척도라는 일종의 생활사건척도life event scale를 고안했다.

사회재적응평정척도

사회재적응평정척도Social Readjustment Rating Scale(이하 SRRS)는 가장 극심한 스트레스 사건(배우자의 죽음)부터 가장 경미한 사건(경미한 법규위반)까지 순위를 매겨 산출된 생활변화량을 통해 스트레스 수준을 양적으로 평정하는 검사도구다. 이 척도의 항목 구성을 위해 연구자들은 의료환자 5,000명 이상의 의료기록 검토와 면담을 통해 사람들이 어떤 사건에 스트레스를 경험하는지를 조사했다. 이들은 사람들 대부분이 중요한 사건으로 여기는 결혼을 지수의 중간에 놓고 50점을 배정했다.

그런 다음, 다양한 연령대, 환경, 결혼 상태에 있는 400여 명의 남녀에게 다른 사건과 결혼을 비교하여("이 사건이 결혼보다 더 새로운 적응을 필요로 했나요?"), 각각의 사건에 대해 느끼는 심각성 또는 적응에 걸린 시간 등을 고려하여 점수를 배정하게 했다. 그러고 나서, 연구자들은 사람들에게 가장 극심한 스트레스를 주는 사건(배우자의 죽음)부터 가장 경미한 정도의 사건(경미한 범법행위)까지 순위를 매겼다. 이러한 과정을 통해 사회재적응평정척도가 개발되었다. [그림 11-1]에 제시된 SRRS는 피검자가 척도의 질문에 답함으로써, 자신의 전체 스트레스 양을 알 수 있다.

자기검사

✿ 셀프테스트 해 보세요.

사회재적응평정척도(성인용)

※ 지난 1년간 당신의 삶에서 발생한 사건에 '✓'표를 하고 나서 생활변화량의 합을 산출해 보세요. 생활변화량의 합은 스트레스가 당신의 건강에 어느 정도 영향을 주고 있는지에 대한 대략적인 측정치를 제공합니다.

순위	생활사건	변화량	✓	순위	생활사건	변화량	✓
1	배우자의 죽음	100		23	자녀가 집을 떠남	29	
1	이혼	73		24	인척과의 불화	29	
2	별거	65		25	탁월한 개인적 성취	28	
3	교도소/구치소 수감	63		26	아내의 취업/퇴직	26	
4	가까운 가족의 죽음	63		27	입학/졸업	26	
5	상해/질병	53		28	생활여건 변화	25	
6	결혼	50		29	개인적 습관 교정	24	
7	해고/실직	47		30	상사와의 문제	23	

8	부부/커플 화해	45		31	취업 시간/조건 변화	20	
9	은퇴	45		32	거주지 변동	20	
10	가족의 건강변화	44		33	학교 변동	20	
11	임신	40		34	여가활동 변동	19	
12	성 문제	39		35	종교 활동 변동	19	
13	가족 증가	39		36	사회활동 변동	18	
14	사업 재적응	39		37	소액 저당/대출	17	
15	재정상태 변화	38		38	수면습관 변화	16	
16	가까운 친구의 죽음	37		39	가족 상봉 수 변동	15	
17	업무부서의 변화	36		40	식습관 변화	15	
18	부부싸움의 횟수 변화	35		41	휴가	13	
19	심각한 정도의 담보대출	31		42	명절	12	
20	저당물/대출금 압류	30		43	경미한 법규위반	11	
21	직책 변화	29		소계			점
소계			점	합계			점

해석

총점	진단
☐ 300점 이상	• 질병 고위험군
☐ 150~299점	• 중간 정도의 질병 발생 가능성이 있음(고위험군으로부터 30% 정도 감소)
☐ 150점 미만	• 경미한 정도의 질병 발생 가능성이 있음

[그림 11-1] 사회재적응평정척도

SRRS는 스트레스 연구에 큰 영향을 주었다. 이 척도는 실시와 채점이 용이하고 쉽게 활용할 수 있다는 장점이 있지만, 비판의 대상이 되기도 했다. 긍정적인 사건 역시 적응이 필요하여 스트레스를 유발할 수 있지만, 부정적인 사건이 심신건강에 더 큰 영향을 준다는 것이 그 이유였다. 또 사람마다 각 사건에 얼마나 영향을 다르게 받는지에 대한 개인차를 고려하지 않았다는 것이 또 다른 이유였다. 이러한 결점을 보완하여 개작된 것이 생활경험설문지다.

생활경험설문지

생활경험설문지Life Experience Survey(이하 LES)는 생활사건이 개인에게 긍정적 또는 부정적 영향을 미쳤는지를 평정할 수 있도록 제작된 척도다. 이 척도는 생활사건의 긍정적 변화, 부정적 변화, 그리고 총 변화량을 점수화할 수 있어서 연구자가 스트레스의 어떤 국면이 가장 결정적이었는지 알 수 있게 해 준다. LES는 스트레스의 평가에서 개인차를 고려하고 있다. 이는 규범적 가중치를 사용하지 않는 대신, 관련 사건의 영향에 대해 개인적으로 할당한 가중치를 사용하고 있다. 여전히 모호한 문항이 있다는 지적이 있지만, LES는 SRRS와 다음과 같은 차이점이 있다.

첫째, SRRS에서 누락된 문항을 추가함으로써 스트레스 사건에 대한 영역 표집의 결점을 보완했다. 둘째, 사전에 작성된 척도 문항 대신, 개인적으로 중요한 사건을 적도록 했다. 셋째, 대학생들을 위한 별도의 문항들을 포함했다. SRRS는 점수의 과잉해석에 대한 비판을 받았다. 그러나 사람들이 최근에 스트레스를 얼마나 많이 받고 있는지 수량화할 수 있고, 척도의 총점 환산이 간단하다는 점에서 널리 사용되고 있다.

스트레스 판별요인

청장년층을 대상으로 수행한 여러 연구에 의하면, 사소한 일에 화를 내면서 반응하는 사람들은 관상성 심장질환에 가장 취약하다. 13,000여 명의 중년층 사람들을 5년간 추적 조사한 결과, 혈압이 정상인 사람 중에서 분노 점수가 높은 사람은 흡연과 체중 효과를 통계적으로 배제한 후에도 심장마비 발생 가능성이 3배나 컸다(Williams, 2017).

비관적인 생각 역시 건강에 해롭다. 낙관주의자, 비관주의자, 또는 중립적 입장으로 구분된 1,306명의 건강한 사람들을 10년간 추적 조사한 결과, 흡연 같은 다른 위험요인의 효과를 제거한 후에도 비관론자들은 낙관론자보다 심장병 발병 가능성이 2배 이상 높았다(Kubzansky et al., 2001). 사람들에게 흔히 스트레스로 인식되는 부정적 사건의 판별에는 세 가지 요인, 즉 ① 통제 가능성, ② 예측 가능성, ③ 지속시간이 고려된다.

통제 가능성

첫째, 스트레스원에 대한 통제 가능성controllability은 그 영향력을 완화시킨다. 통제control는 (심지어 통제당한다는 상상조차) 운명의 자비 앞에 있지 않다고 느끼게 한다(McChesney & Weits, 2017). 통제불능 사건으로는 사랑하는 이의 죽음, 직장 해고, 사고 피해, 재해·재난, 치명적 질병 등이 있다. 반면, 경미한 통제불능 사건으로는 친구의 약속 불이행, 타인의 오해 등이 있다. 심각한 정도의 통제 불능 사건은 학습된 무기력 현상으로 이어지기도 한다. 사람에 따라서는 통제 불능 사건에 대해 학습된 무기력, 무감정화, 위축, 무활동 등의 반응을 보이기도 한다.

학습된 무기력 이론learned helplessness theory(Seligman, 1975)은 사람들이 어려운 상황에 처할 때 왜 그 상황을 극복하기 위한 시도조차 하지 않는지에 대한 이해를 돕는다. 이는 과거 제2차 세계대전 당시 나치 수용소에 수감된 유대인들이 왜 저항하지 않았는지에 대한 설명에 적용되곤 한다. 이들은 자신들이 처한 상황에 대해 어떤 노력을 해 봐도 소용없다고 믿게 되었고, 그 결과 탈출하려는 시도조차 하지 않았다. 심지어 연합군의 진주에 따라 수용소가 개방되었음에도, 수용소를 나서려고 하지 않았다는 사실은 다소 충격적이다.

[그림 11-2] 폴란드 남부에 위치한 아우슈비츠 강제 수용소 전경

[그림 11-3] 제2차 세계대전 당시 연합군이 진주했을 때 발견된 유대인 시신 더미

출처: Wikipedia.

예측 가능성

둘째, 스트레스 요인에 대한 예측 가능성predictability은 그 영향력을 완화시킨다. 상황에 대한 예측 가능성은 피할 수 없는 상황에 대비하고, 대처방법을 계획할 수 있게 한다. 사람들은 예측된 충격을 기다리다가 받았을 때는 덜 괴로워하고 스트레스도 덜 받지만, 동일한 수준의 충격도 예측하지 못한 상태에서는 더 불쾌한 경험을 한다. 혐오사건이 일어나기에 앞서 경고신호를 하는 것은 사람과 동물에게 그 사건을 덜 불쾌한 경험이 되도록 대비하게 해 준다. 이는 부정적인 사건이 일어날 것이라는 경고 또는 신호를 안다면, 다음 경고신호가 오기 전까지 심신을 이완할 수 있기 때문이다(Seligman & Binik, 1977).

소방관 또는 응급실 담당의사 같은 직업은 예측할 수 없는 일들이 연속된다는 점에서 스트레스 수준이 높은 직업으로 알려져 있다. 또 고문 같은 극단적인 부정적 사건에서도 피해자가 고문이 예측 가능성에 따라 그 영향이 다를 수 있다. 감금되어 있는 동안 고문의 종류와 시기를 예측할 수 있었던 고문의 피해자들은 전혀 예측할 수 없었던 피해자들에 비해 풀려났을 때 회복속도가 더 빨랐다(Basoglu & Mineka, 1992).

지속시간

셋째, 부정적 사건의 지속시간duration은 스트레스 수준에 영향을 주는 예측요인이다. 지속시간이 긴 사건은 짧은 시간의 사건보다 더 큰 스트레스를 준다. 예컨대, 최전선에 여러 차례 배치되었던 병사는 한 차례 배치된 병사보다 심리적 · 신체적 스트레스를 더 경험한다(Iversen et al., 2008). 또 성폭행을 한 번 당한 사람보다 일정 기간 동안 반복적으로 당한 사람이 정신건강에 더 심각한 문제를 겪는다(Merrill et al., 2001). 그렇다면 스트레스에 대해 사람들의 몸과 마음은 어떻게 반응하는가? 스트레스에 대해 사람들에게서 나타나는 전형적인 신체적 · 정서적 반응이 있다. 그러나 이러한 반응은 사람에 따라 차이가 크다.

투쟁/도피반응 이론

주택가 막다른 골목에서 날카로운 이빨을 드러내며 으르렁거리는 커다란 개를 만나게 된 장면을 떠올려 보자. 한적한 오솔길을 걷고 있다가 똬리를 틀고 있는 뱀이 갑자기 눈에 들어왔다고 하자. 이때 우리의 몸은 어떻게 반응하는가? 우리의 몸은 스트레스원에 관계없이 위기상황에 대처하기 위해 자동적으로 투쟁/도피 반응을 보인다.

월터 캐넌
(Walter B. Cannon, 1871~1945)

투쟁/도피반응이론fight-or-flight response theory은 1932년 미국의 생리학자 월터 캐넌이 창안한 것으로, 위협적인 상황에서 반격 또는 도주 준비를 하는 신체적 변화를 일컫는 이론이다. 이 이론은 그의 저서, 『신체의 지혜(The Wisdom of the Body)』에 소개된 것으로, 투쟁반응은 분노할 때, 도피반응은 공포를 경험할 때의 신체반응과 유사하다는 것이다.

스트레스로 인한 고통은 심리적 · 신체적 측면 모두에서 나타난다. 이 경우, 신체가 필요로 하는 에너지를 즉시 사용할 수 있도록 간은 평소보다 훨씬 많은 글루코스glucose를 분비하여 근육에 연료(혈액)를 공급하고, 호르몬이 분비되어 지방과 단백질을 당으로 분해시킨다. 또 신진대사가 활발해지면서 혈당, 맥박(심장박동), 호흡, 혈압이 상승하고, 근육이 긴장하며, 타액과 점막은 말라 들어서 산소가 폐로 통하는 통로를 넓힌다.

스트레스의 초기 징후는 입이 마르는 것이다. 또 신체의 천연 진통제 엔도르핀endorphine이 분비되고, 출혈에 대비하여 혈관 표면적이 줄어든다. 지라에서는 산소 운반을 원활하게 하기 위해 적혈구가 활발히 분비되고, 골수는 감염 방지를 위해 백혈구를 생성한다. 반면, 소화 같이 당장 필요하지 않은 작용은 둔화된다. 이러한 생리적 변화의 대부분은 시상하부hypothalamus의 지배를 받는 두 가지 신경내분비계의 활성화에 따른 것이다. 그런데 투쟁/도피를 위한 준비는 순간적으로 진행되지만, 정상상태(평온한 상태)로의 복귀는 많은 시간이 걸린다. 내장기관을 통제하는 자율신경계는 ① 교감신경계sympathetic nervous system('응급 기능')와 ② 부교감신경계parasympathetic nervous system('회복 기능')로 이루어져 있는데, 각각의 기능은 〈표 11-1〉과 같다.

〈표 11-1〉 교감신경계와 부교감신경계의 기능

생리적 반응	교감신경계	부교감신경계
1. 심박수	❍ 증가	❍ 감소
2. 소화기능	❍ 억제	❍ 자극
3. 폐	❍ 확장	❍ 수축
4. 동공	❍ 확대	❍ 축소
5. 타액분비	❍ 억제(구강 건조)	❍ 증가
6. 신체 내 에너지	❍ 방출	❍ 회복

캐넌은 이러한 일련의 신체의 내적 조절을 신체의 지혜라 명명했다. 교감신경계의 활동에 내분비계(특히 부신피질 호르몬들)가 같이 작용하기 때문에 스트레스 반응은 더 격하고 더 오래 지속된다. 격하게 화를 내거나 심하게 놀랐을 때, 가슴이 방망이질하거나 심장이 멎는 것 같고, 얼굴에 피가 몰리거나 핏기가 없어지고, 근육이 저절로 긴장되거나 긴장이 풀리는 등 순간적으로 격하게 반응하지만, 막상 진정되기까지는 상당히 오랜 시간이 걸린다. 만일 개인이 스트레스 상황에 장기적으로 노출된다면, 면역계 기능을 손상시켜 질병에 취약해질 수 있다(Sizemore, 2012). 또 확인되지 않는 스트레스는 고혈압, 심장병, 당뇨병, 비만, 자살의 원인이 될 수 있다.

스트레스의 경고신호를 인식함으로써 생활 속에서 스트레스의 원인을 줄이거나, 스트레스에 대한 반응에 변화를 주거나, 전문가의 도움을 구할 수 있다. 그러면 자신이 스트레스를 받고 있음을 어떻게 알 수 있는가? 스트레스에 대한 공통적인 신체반응 또는 경고신호는 [글상자 11-1]과 같다(APA, 2014).

[글상자 11-1] **스트레스 경고 신호**

❍ 두통, 근육긴장, 목 · 허리 통증 ❍ 배탈 ❍ 구강 건조 ❍ 흉부 통증, 심장박동 증가 ❍ 수면 개시 · 유지 곤란	❍ 피로 ❍ 식욕저하 또는 과식 ❍ 감기 ❍ 집중력 저하 ❍ 기억 곤란 또는 건망증	❍ 초조함 ❍ 성급함 ❍ 성마름 ❍ 불안

출처: American Psychological Association. (2014).

스트레스와 일반적응증후군

한스 셀리에 (Hans Selye, 1907~1982)

스트레스는 개인의 발달이상에 영향을 미친다. '스트레스stress'라는 말은 처음에는 일반적응증후군으로 불렸다. 일반적응증후군General Adaptation Syndrome(GAS)은 1946년 헝가리 출신의 오스트리아 생리학자 한스 셀리에가 창안한 개념으로, '스트레스에 오랫동안 계속해서 노출된 결과로 일어나는 신체의 모든 비특이적 · 체계적 반응의 합'을 말한다.

셀리에는 실험을 통해 신체가 추위, 상처, 약물 등 해로운 자극에 노출되면, 자극의 종류와 상관없이 내장에 궤양이 생기고, 호르몬 분비기관인 부신의 크기가 커지는 등의 공통 증상이 나타나는 현상을 발견했다. 이는 신체가 감염 또는 손상되면, 침해받은 부위나 기관만 반응할 뿐 아니라 대응도 한다는 것이다. 이로써 셀리에는 스트레스를 연구한 첫 번째 연구자이자, '스트레스'라는 용어의 창안을 통해 '스트레스의 아버지'로 불린다. 그는 스트레스에 반응하여 몸 전체에서 나타나는 일련의 반응이 ① 경고반응단계, ② 저항단계, ③ 소진단계 순으로 진행한다고 보았다.

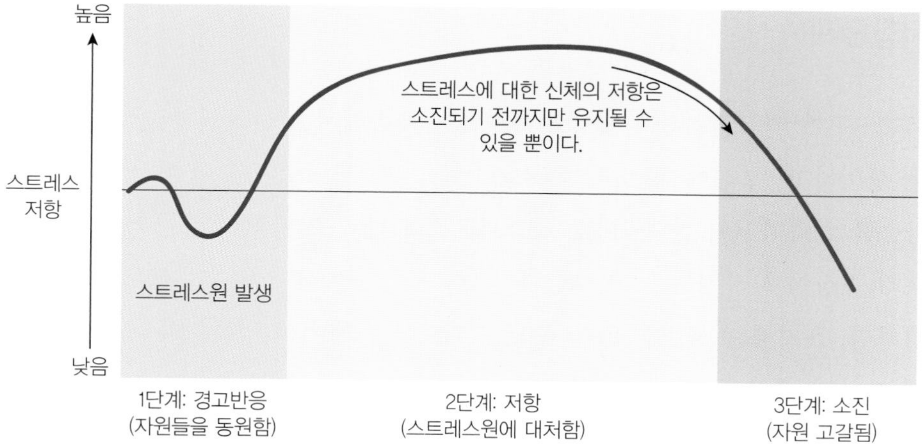

[그림 11-4] 한스 셀리에의 일반적응증후군

경고반응단계

경고반응단계alarm reaction stage(1단계)에서는 스트레스에 대한 심신의 저항력이 약해짐으로써 두통, 미열, 피로, 식욕부진, 무력감, 근육통, 관절통 등의 증상이 나타난다. 신체는 자율신경계를 활성화하여 이에 대처하려고 한다. 자율신경계의 교감신경계는 부신수질adrenal medulla을 자극하여 카테콜아민catecholamine[에피네프린epinephrine(아드레날린adrenaline)과 노르에피네프린norepinephrine]을 혈관으로 분비하게 한다.

한편, 시상하부는 뇌하수체를 자극하여 부신피질자극호르몬(ACTH)를 분비하게 한다. 이 호르몬은 신체의 '스트레스 호르몬'으로 알려져 있다. 이는 또 부신의 표면(부신피질adrenal cortex)을 자극하여 글루코코르티코이드glucocorticoids(스테로이드 호르몬)를 분비하게 한다. 만일 최초 스트레스가 극심한 경우에는 유기체가 생명을 잃기도 한다. 그러나 이 정도까지는 아니더라도, 신체는 오랫동안 상승된 흥분 정도를 유지할 수 없다. 이 단계에서 스트레스가 해소되지 않고 더 지속되면 저항단계에 이르게 된다.

저항단계

저항단계resistance stage(2단계)에서 뇌하수체는 계속해서 부신피질자극호르몬(ACTH)을 분비하고, 부신에서는 부신피질호르몬('스테로이드 호르몬')을 분비하여 스트레스 반응을 완화하고자 한다. 이로써 스트레스에 대한 저항력이 증가되어 스트레스 초기 증상이 사라지는 듯이 보인다. 그러나 이 단계에서 제2의 스트레스원이 발생하면, 유기체는 생명을 잃을 수도 있다. 이 단계에서 성행위와 재생reproduction에 관련된 여러 신체기능이 압박당한다. 예컨대, 남성은 정액과 성 호르몬의 산출량이 현저히 감소하고, 여성은 생리주기에 이상이 생길 수 있으며, 남녀 모두 성욕감퇴를 초래하게 된다. 이 같은 저항에도 불구하고 스트레스가 지속되면, 소진단계에 도달한다.

소진단계

소진단계exhaustion stage(3단계)에 이르면, 뇌하수체와 부신에서의 계속적인 호르몬 분비에도 불구하고 신체는 스트레스를 감당하지 못하게 된다. 스트레스와 질병에 대한 신체 저항력이 떨어져 스트레스 초기단계의 증상들이 다시 나타난다. 유기체는 더 이상 회복되지 않는 상태에 놓이기 때문에 신체적 불균형을 초래하게 되어 심리신체적 질병(암, 심장병, 편두통, 위궤양, 본태성 고혈압, 알레르기 등) 또는 심리적 불균형으로 인한 불면, 불안, 환각, 망상 증상이 나타나며, 결국 사망에 이르게 된다. 셀리에의 GAS 모형은 스트레스 생리학의 토대를 마련했지만, 모든 스트레스 반응에 적용되지는 않는다는 지적이 있다.

스트레스와 신체건강

신체가 지속적인 스트레스원에 적응하기 위해 내적 조절기능을 지속적으로 작동시키는 경우, 신체자원이 고갈되면서 점차 질병에 취약해진다. 알로스타 부하allostatic load(지속적인 스트레스로 인해 만성적으로 생리적 과다활성 상태가 계속되는 현상)는 신체의 소진을 초래한다(McEwen, 2000). 이처럼 스트레스는 면역계를 손상시킴은 물론 유해한 세균 또는 바이러스에 대항하는 능력을 떨어뜨리고, 만성화되면 궤양, 고혈압, 심장병 등의 질환을 유발한다. 특히 정서적 스트레스는 심리생리학적 장애를 유발하는 한편, 전체 질병 절반 이상의 원인이 되고 있다.

심리생리학적 장애

심리생리학적 장애psychophysiological disorder란 신체적 · 생리적 문제 중 정서가 핵심역할을 하는 장애를 말한다. 이 장애는 생리학적 손상과 관련된 조직 손상과 통증을 수반한다. 예컨대, 스트레스성 위 또는 십이지장 소화성 궤양은 아스피린 장기복용 같이 스트레스와는 무관한 원인으로 발생하는 궤양과 구분되지 않는다. 심리생리학적 연구는 주로 천식, 궤양, 대장염, 류머티즘 관절염 등을 대상으로, 특정 질병과 환자들의 성격, 질환에 대응하는 태도, 스트레스 유발사건 등을 연관시켜 실시되었다.

일례로, 대장염 환자들은 분노표출에 어려움이 있음을 밝혀내기도 한다. 그러나 특정 질병과 성격의 대응방식과의 관계에 관한 연구는 더 이상 이어지지 않고 있고(Overmier & Murison, 1998), 스트레스에 대한 반응방식과 특정 질병에의 취약성과의 관계에 관한 가설은 검증되지 않고 있다. 단, 관상성 심장 질환과 A형 행동에 관한 연구에는 꽤 진전이 있었다.

관상성 심장질환

만성적 스트레스원으로 인해 과각성 상태가 지속되면, 관상성 심장질환 발생 가능성이 커진다. 관상성 심장질환Coronary Heart Disease(이하 CHD)이란 심장근육에 혈액을 공급하는 혈관 내면에 플라크plaque라는 단단한 지방성분의 퇴적물이 축적되어 혈류의 통로를 좁히고 혈류의 흐름을 방해하여 심장으로 산소와 영양분이 원활하게 공급

[그림 11-5] 동맥경화

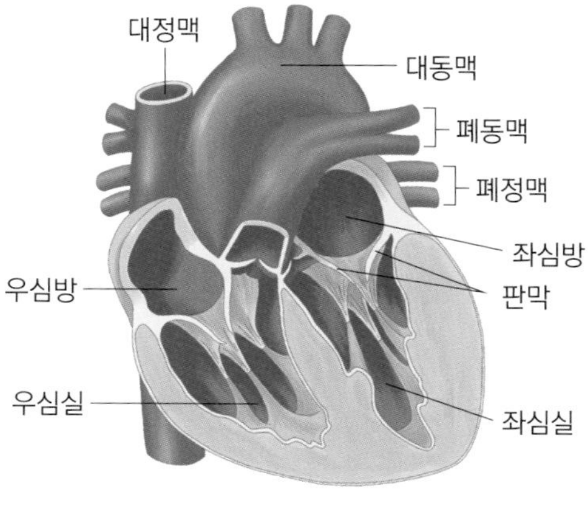

[그림 11-6] 심장 구조

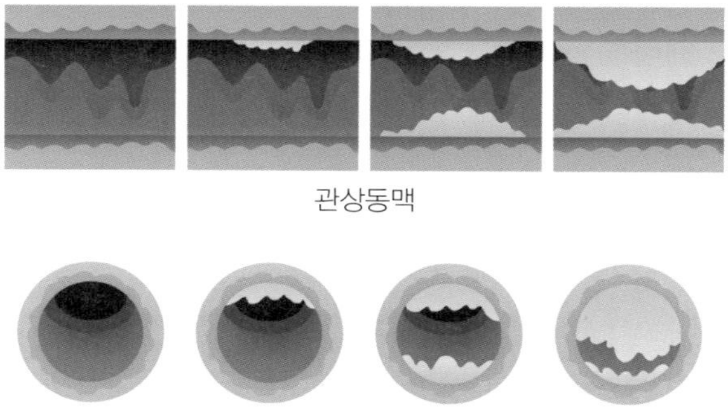

[그림 11-7] 관상동맥과 죽상경화증

되지 못함으로 인해 발생하는 질환이다.

이러한 협심증angina pectoris은 가슴과 팔에 극심한 통증을 유발한다. 심장에 산소 공급이 완전히 차단되면, 심근경색myocardial infarction 또는 심장마비heart attack가 발생한다. 미국의 경우, 매년 약 60만 명이 심장병으로 사망한다(CDC, 2013).

1990년 이후, 관상성 심장질환에 의해 사망한 사람이 가장 많았을 정도로, CHD는 만성 질환과 사망의 가장 큰 원인이 되고 있다(WHO, 2007). 이 질환은 유전적 원인이 가장 커서 가족력이 있는 사람에게 CHD 발병 가능성이 더 크다.

그렇지만 CHD로 사망하는 사람들의 80~90%는 고혈압, 콜레스테롤, 당뇨, 흡연, 비만처럼 생활습관에 영향을 받은 위험요인 한 가지 이상을 겪고 있었던 것으로 조사되었다(WHO, 2007). CHD의 위험 감소를 위해서는 금연, 체중감량, 운동 등의 행동변화가 효과적이다.

고혈압은 심장병과 심장마비의 주요 위험요인이다. 고혈압hypertension은 혈액이 과도한 힘으로 혈관을 통과함으로써, 혈관 벽에 무리한 압력이 가해지는 상태를 말한다. 혈압blood pressure은 혈액이 혈관 벽에 가해지는 힘이다. 특히 본태성 고혈압essential hypertension은 특별한 원인 질환 없이 수축기 혈압이 140mmHg 이상이거나 확장기 혈압이 90mmHg 이상인 상태를 말한다. 만성 고혈압은 동맥 혈관 벽을 딱딱하게 만들고, 세포조직을 약화시켜 CHD, 심부전, 뇌졸중 등의 발작의 원인이 된다.

A형 행동과 스트레스

A형 행동Type A Behavior은 1974년 심장병 전문의 마이어 프리드먼(Meyer Friedman, 1910~2001)과 그의 동료 레이 로젠먼(Ray H. Rosenman)이 성격(만성적 분노와 참을성 없음)이 개인의 스트레스 유발과 질병 발생에 영향을 미친다고 주장하면서 창안한 개념이다. 이 두 의사는 수년에 걸쳐 심장병 환자들이 공통적으로 적개심이 많고, 공격적이며, 인내심 없는 일벌레라는 사실에 주목했다. 이들은 관상성 심장질환(CHD) 환자들에게서 공통적으로 나타나는 일련의 행동적 특성을 정리하여 A형 행동이라고 명명했다.

A형 행동의 세 가지 핵심적 특징은 ① 시간에 쫓기고, ② 쉽게 적개심을 드러내며, ③ 성취에 대한 경쟁심에 목말라 한다는 것이다. 좀 더 구체적인 A형 행동의 특징은 [글상자 11-2]와 같다.

[글상자 11-2] **A형 행동의 특징**

1. 한 번에 두 가지 이상의 일을 생각하거나 수행한다.
2. 점점 더 짧은 시간에 더 많은 활동을 계획한다.
3. 심미적인 일에 주목하지 못하거나 흥미가 없다.
4. 다른 사람의 말을 재촉한다.
5. 줄을 서거나 너무 느리다고 생각하는 차가 앞에 있으면 과도하게 화를 낸다.
6. 어떤 일이 제대로 되려면 자기 스스로 그 일을 해치워야 한다고 생각한다.
7. 이야기할 때 몸짓과 손짓을 사용한다.
8. 자주 발을 흔들거나 손가락을 재빨리 두드린다.
9. 폭발적인 말씨, 욕설, 또는 이에 가까운 말을 자주 사용한다.
10. 항상 시간엄수를 최우선으로 생각한다.
11. 가만히 앉아 있거나 아무것도 하지 않고 있는 것을 견디지 못한다.
12. 어린아이와 게임할 때에도 거의 모든 게임을 이기려고 든다.
13. 자신이나 타인의 성공을 수량(진료환자 수, 논문 수 등)으로 평가한다.
14. 말할 때 혀를 차거나, 머리를 끄덕대거나, 주먹을 불끈 쥐거나, 탁자를 치거나, 큰 숨을 들이쉰다.
15. 더 잘하거나 빨리할 수 있다고 생각하는 일을 타인이 하는 것을 잠자코 지켜보지 못한다.
16. 재빨리 눈을 깜박이거나 안면근육 경련과 비슷하게 눈썹이 올라간다.

한 연구에서 35~59세에 이르는 3천 명 이상의 건강한 남성을 대상으로 일과 섭식 습관, 대화방식 등 다양한 행동 패턴에 관해 개별면접을 실시했다. 면접을 통해 이들은 [글상자 11-2]에 해당하는 사람들을 A형, 거의 같은 수의 태평한 사람들을 B형으로 구분했다. 8년 반이 지나자, 이들 중 257명이 심장병이 발병했는데, 69%가 A형이었다. 반면, 집단에서 가장 원만하고 느긋한 사람들인 '진정한' B형 중 심장병에 걸린 사람은 단 한 명도 없었다.

또 A형에 속하는 사람들이 그렇지 않은 사람들에 비해 2배나 많이 심장마비와 관상성 심장질환(CHD)에 시달리는 것으로 조사되었다. 조사 대상자들의 식생활, 연령, 흡연, 그리고 심장질환에 영향을 줄 수 있는 요소를 모두 고려해도 결과는 같았다(Rosenman et al., 1976). 이후에 실시된 다른 연구에서도 성별에 관계없이 A형 행동과 심장병의 관계는 동일했다(Myrtek, 2007). 게다가 A형 행동에 속하는 사람들은 사후 부검 또는 X선 촬영을 통한 관찰에서도 관상동맥이 훨씬 심하게 좁아진 것으로 조사되었다.

다른 연구에서는 심장질환의 위험도 예측에서 A형 행동의 전체 지수보다 적개심이 더 유의한 작용을 하는 것으로 나타났다. 한 연구에서 118명의 변호사를 대상으로 25년에 걸쳐 면담이 아니라 성격검사를 통해 이들의 적개심을 측정했다. 법학대학원 재학 시 성격검사에서 적개심 수치가 높은 사람은 동창생들에 비해 50세 이전에 사망할 확률이 5배 높았다(Barefoot et al., 1989). 이와 유사하게, 1,055명의 의대생을 36년간 추적 조사한 결과, 의대에서 실시한 성격검사에서 적개심 수치가 높았던 사람은 관상성 심장질환(CHD)을 겪은 사람의 수가 5배나 높았다(Chang et al., 2002). 분노는 "심장근육을 몰아치고 두들겨 패는 것 같다."(Spielberger & London, 1982).

면역계

심리신경면역학psychoneuroimmunology은 스트레스 또는 기타 심리적 요인에 의해 신체의 면역계가 영향을 받는 과정을 연구하는 학문이다. 면역계immune system는 임파구lymphocyte(면역반응에 특화된 세포)를 통해 질병을 유발하는 미생물로부터 신체를 방어하는 한편, 감염성 질환, 알레르기, 암, 자가면역질환(정상조직을 면역세포가 공격해서 생기는 질환) 등에도 영향을 준다. 스트레스는 면역계에 다양한 방식으로 영향을 미친다. 단기간의 스트레스는 면역반응을 강화하지만, 만성 스트레스는 면역기능을 약화시킨다. 왜냐하면 만성 스트레스는 투쟁/도피반응에서 생성되는 생화학물질(예 코르티솔cortisol)이 면역계를 억제하기 때문이다. 이처럼 심한 스트레스는 면역계를 약화시켜 감기 등의 질병에 더 취약하게 만든다.

한 연구에서 400명의 건강한 자원자들을 다섯 가지 감기 바이러스 중 한 가지를 넣은 코 세정액과 순수한 소금물 세정액에 노출시켰다. 그 결과, 바이러스에 노출된 참여자들 상당수가 감염 징후를 보였지만, 이 중 1/3만이 실제로 감기 증상으로 발전되었다. 바이러스 감염과 실제 감기 발병 정도는 스트레스 수준과 일치하여 증가했다. 특히 스트레스 수준이 가장 낮은 집단과 비교했을 때, 스트레스 수준이 가장 높은 집단은 감기 바이러스 감염률이 현저히 높았고, 감기 발병은 2배나 되었다(Nolen-Hoeksema et al., 2015).

재난이 삶에 미칠 영향에 대해 걱정을 많이 하는 사람일수록 자연살상세포natural killer cell[T 림프구(백혈구)의 일종이며, 바이러스에 감염된 세포를 찾아 제거하는 세포로 'NK 세포'라고도 함]가 감소했다는 연구(Segerstrom et al., 1998)도 있다.

[그림 11-8] 대식세포가 박테리아를 잡아 먹는 모습

면역계는 복잡한 감시체계다. 이 체계는 박테리아와 바이러스를 비롯한 침입자를 격리 · 파괴함으로써 건강을 지켜준다. 이처럼 침입자들을 찾아서 파괴하는 임무를 수행하는 대표적인 유형의 세포에 관한 설명은 〈표 11-2〉와 같다.

〈표 11-2〉 면역체계의 주요 세포

면역세포	기능
1. B 림프구	❍ 골수에서 생성하며, 박테리아 감염에 맞서 싸우는 항체를 방출함
2. T 림프구	❍ 흉선과 다른 림프절 조직에서 생성하고, 암세포, 바이러스, 이물질을 공격함
3. 대식세포	❍ 해로운 침입자와 파괴된 세포를 확인 · 추적하여 먹어 버림
4. 자연살상세포	❍ 바이러스, 암세포 등에 감염된 세포를 추적 · 파괴함

스트레스와 암

스트레스가 암cancer을 유발하지는 않는다. 즉, 스트레스는 암세포를 만들어 내지 않는다. 다만, 유해세포의 증식에 대항하는 신체의 방어능력을 약화시킴으로써 암세포의 성장에 영향을 줄 뿐이다. 건강하게 기능하는 면역계에서는 림프구, 대식세포, NK 세포들이 암세포와 암으로 손상된 세포들을 찾아 파괴한다. 스트레스와 암 사이의 연계성을 알아보기 위해 연구자들은 쥐에게 종양세포를 이식하거나 발암물질을 주입했다. 그런 다음, 피할 수 없는 쇼크 같이 통제 불가능한 스트레스에 노출시켰는데, 이것이 면역계를 약화시켰다(Sklar & Anisman, 1981). 이로 인해 쥐들은 암에 걸릴 가능성이 더 컸다. 스트레스로 인해 면역력이 떨어진 쥐들의 경우, 종양이 신속하게, 더 확산적으로 진행되었다.

정서와 암 사이의 관계를 과장하는 보고의 위험성은 환자들이 암에 걸린 것을 자신의 탓으로 돌리게 할 수 있다는 점이다. "내가 조금만 더 감정을 표현하고, 느긋하고 희망적이었더라면" 이에 수반하는 위험성은 건강한 사람들이 가지고 있는 건강 자만심인데, 이들은 건강 체질을 자랑하며, 병에 걸린 사람에게 죄를 뒤집어씌우는 과오를 범한다. "그 사람이 암에 걸렸다고요? 감정을 속에만 묻어두고 여러 가지 일에 신경쓰더니 결국 암에 걸렸군요. 그렇게 될 줄 알았어요." 이로써 죽음은 궁극적인 실패가 되어 버리는 것이다.

스트레스는 암세포를 만들어 내지 않는다. 과학과 소망적 사고는 구분되어야 한다. 즉, 스트레스를 피하거나 이완되어 있지만, 이미 상당히 진행된 암 또는 AIDS에서 작동하는 강력한 생물학적 과정은 단호한 정신력으로도 완벽하게 되돌릴 가능성은 없다(Anderson, 2002). 이는 다양한 연구가 입증한 것처럼, 심리치료가 암환자의 생명을 연장시키지 못하는 이유다.

스트레스 대처

스트레스 상황에 처할 때, 사람들은 불쾌감이 조성되는 상황 또는 부정적인 감정에서 벗어나고자 대처방법을 적용한다. 대처coping란 개인이 스트레스 또는 감정을 다루거나 처리하기 위한 조치를 말한다. 스트레스 대처전략은 ① 문제중심대처와 ② 정서중심대처로 나뉜다(Lazarus & Folkman, 1984). 스트레스 상황에서 벗어나려고 할 때, 사람들은 보통 이 두 가지 방법을 모두 사용한다.

문제중심대처

문제중심대처problem-focused coping는 스트레스를 유발하는 상황 또는 그에 따른 결과를 변화시키려는 전략에 초점을 두는 방법이다. 이 방법은 전형적인 문제해결방법을 사용하거나 내적인 방향으로 변화전략을 세울 수 있다. 전자의 경우, 문제해결을 위해 다양한 해결책을 생각해 보고, 각각의 장단점을 분석하여, 다양한 대안 중 하나를 택한다. 후자의 경우는 주어진 상황 또는 환경을 바꾸는 대신, 자신을 변화시키는 것이다. 즉, 목표수정, 다른 곳에서의 충족, 내면적 해결책 마련 등이 그 예다. 이 방법의 적용방식은 경험과 자기조절 능력에 기인된다.

예를 들면, 밤늦은 시간에 이웃집에서 음악을 크게 틀어놓아 수면을 방해한다면, 이웃을 찾아가 볼륨을 낮출 것을 요구하거나, 스피커 선을 잘라 버리거나, 귀마개를 하는 방법이 있을 것이다. 이러한 각각의 선택은 스트레스를 유발하는 상황에 변화를 주는 방향의 전략이라는 점에서 문제중심대처에 해당한다. 문제중심대처로는 ① 문제해결을 위한 계획 수립, ② 정보수집을 위한 사회적 지지 추구, ③ 공격적 행위가 있다. 이러한 전략들은 스트레스를 유발하는 상황에 집중하는 특성이 있다.

정서중심대처

정서중심대처emotion-focused coping는 스트레스 유발 상황에 따르는 정서완화에 초점을 맞추는 방법이다. 이 방법을 적용하는 사람들은 부적 정서가 엄습하여 문제해결을 못하는 상황이 발생하지 않도록 노력한다. 사람들은 부적 감정에서 벗어나기 위해 다양한 방법을 동원한다. 이러한 방법들은 행동전략과 인지전략으로 구분되기도 한다. 행동전략은 신체활동(예 운동에의 몰입, 알코올 · 약물사용, 화풀이, 정서적 지지 등)이 중심이 되고, 인지전략은 상황에 대한 재평가가 수반된다. 전형적인 정서중심대처 방법은 〈표 11-3〉과 같다(Lazarus & Folkman, 1984).

〈표 11-3〉 정서중심대처방법

대처방법	설명
1. 재평가	❍ 새로운 정보 또는 추가적인 생각에 비추어 상황을 재평가함
2. 거리두기	❍ 정서적 경험으로부터 스스로를 분리시킴
3. 도피-회피	❍ 상황에 신경 쓰지 않기 위해 다른 생각 또는 행위를 함
4. 사회적 지지 추구	❍ 정서적 지지를 목적으로 친구와 대화를 나눔
5. 자기통제	❍ 문제에 대한 감정 또는 행위 조절을 시도함
6. 책임수용	❍ 스트레스 유발 상황에서 자신의 역할을 인정함

정서중심대처는 통제를 벗어난 상황에 있는 사람들에게 유용하다. 특히 재평가reappraisal는 정서적 스트레스 조절에 유용하다(예 직장상사가 내게 화내는 것은 그가 피곤하기 때문이지, 내가 잘못해서 그런 것은 아니다). 그러나 이러한 정서에 대한 의지적인 억압은 자기통제의 형태로, 만성 생리적 각성의 원인이 될 수 있다는 점에서 바람직하지 않은 심리적 적응으로 이어질 수 있다. 또 고통스러운 경험 감소를 위해 음주, 흡연, 물질사용은 부적응적인 전략에 속한다. 이러한 방법은 더 심한 스트레스를 유발할 수 있기 때문이다.

한 연구에서 신혼부부들 중 결혼생활의 문제에 관한 이야기를 나누는 도중 서로를 미워하고 부정적인 감정을 서로에게 표출한 사람들은 차분하고 비적대적인 사람들에 비해 면역기능 활성을 나타내는 네 가지 지표에서 현저한 저하를 보였고, 혈압상승 역시 장시간 지속되었다. 반면, 자신을 지지하는 사람들과 부정적인 감정과 삶에서 중요한 문제에 관해 대화하는 것은 건강에 좋은 영향을 준다(Panagopoulou et al., 2006). 그러나 대화를 나눌 지지자가 없는 경우, 감정표현자료, 즉 일기, 블로그, 또는 SNS를 통해 자신의 이야기를 공유하기도 한다.

감정표현치료Expressive Emotions Therapy(EET)는 1995년 미국의 사회심리학자 제임스

제임스 페니베이커
(James W. Pennebaker, 1950~)

페니베이커가 개발한 감정표현 글쓰기expressive emotions writing를 활용하여 정서 방출을 유도하는 스트레스 대처법인 동시에 치료법이다. 이 치료법은 15분 동안 최근에 경험한 정서(고민이 된 정서, 계속해서 괴롭히는 정서, 다른 사람들과 많이 논의하지 못했던 정서)경험에 관해 글로 쓰는 것이다.

이처럼 정서경험에 관한 고백confession을 활용한 스트레스 대처방법은 통제집단(비정서적인 사상 또는 전날 행한 일에 관한 글을 씀)에 비해 유의하게 건강이 회복되는 결과(HIV/AIDS 관련 건강 변인, 면역력, 암)를 가져왔다. 이처럼 감정표현 글쓰기는 개인에게 일어난 사건에서 의미를 찾고, 이를 이해함으로써 사건에 대해 느끼는 부정적인 감정과 생리적 장애를 완화시키는 효과가 있다.

복습문제

※ 다음 빈칸에 들어갈 말을 써 보세요.

1. 적응하기 어려운 상태에 처할 때 느끼는 심리적 · 신체적 긴장 상태를 ________(이)라고 한다.

2. 사람들에게 흔히 스트레스로 인식되는 부정적 사건의 판별을 위해서는 세 가지 요인, 즉 ① ________, ② 예측 가능성, ③ 지속시간을 고려해야 한다.

3. 캐넌(W. Cannon)이 창안한 ________ 이론은 위협적인 상황에서 반격 또는 도주 준비를 하는 신체적 변화를 일컫는 이론이다.

4. ________은/는 셀리에(H. Selye)가 창안한 개념으로, 스트레스에 오랫동안 계속해서 노출된 결과로 일어나는 신체의 모든 비특이적 · 체계적 반응의 합을 말한다.

5. 스트레스의 초기단계에서는 신체의 천연 진통제 ________이/가 분비되고, 출혈에 대비하여 혈관 표면적이 줄어들며, 지라에서는 산소운반을 원활하게 하기 위해 ________이/가 활발히 분비되고, 골수는 감염방지를 위해 ________을/를 생성한다.

6. 지속적인 스트레스로 인해 만성적으로 생리적 과다활성 상태가 계속되는 현상을 ________(이)라고 한다.

7. 특별한 원인 질환 없이 수축기 혈압이 140mmHg 이상이거나 확장기 혈압이 90mmHg 이상인 상태를 ________(이)라고 한다.

8. T 림프구(백혈구)의 일종으로 바이러스에 감염된 세포를 찾아 제거하는 세포를 ________라고 하는데, 이 세포는 NK 세포로도 불린다.

9. 페니베이커(J. Pennebaker)가 개발한 ________치료는 글쓰기를 활용하여 정서 방출을 유도하는 스트레스 대처법인 동시에 치료법이다.

10. 불안과 우울 같은 심리 상태는 ________체계 기능을 손상시켜 건강문제에 더 취약하게 만든다.

자기검사

✿ 셀프테스트 해 보세요.

대학생활 스트레스 척도

이 척도는 대학생이 경험하는 생활스트레스 수준을 측정해 보기 위한 것입니다. 스트레스 정도에 따라 척도화된 다양한 생활사건 또는 삶의 변화들로 구성되어 있습니다. 지난 1년 동안 경험한 항목에 ✓표를 하고, ✓표한 항목의 점수를 합하여 전체 스트레스 점수를 산출해 보세요.

생활사건	✓	점수	사건	✓	점수
1. 성폭행/강간		100	27. 수면 부족		69
2. HIV(성병) 양성 확인		100	28. 주거상황 변화(지저분함, 이사)		69
3. 강간 혐의로 기소됨		98	29. 경쟁 또는 대중 공연		69
4. 친한 친구의 죽음		97	30. 신체적 싸움		66
5. 가까운 가족의 죽음		96	31. 룸메이트와의 갈등		66
6. 성병 감염(HIV/AIDS 제외)		94	32. 직장변화(취업, 직장 내 괴롭힘)		65
7. 임신에 대한 우려		91	33. 전공발표/향후 계획에 대한 우려		65
8. 기말시험 주간		90	34. 싫어하는 수업		62
9. 파트너의 임신에 대한 우려		90	35. 음주 또는 약물 사용		61
10. 시험기간의 과수면		89	36. 교수와의 대면		60
11. 수업 낙제		89	37. 새 학기 시작		58
12. 남자친구/여자친구의 속이는 행위		85	38. 첫 데이트		57
13. 안정적인 데이트 관계가 끝남		85	39. 대학등록		55
14. 가까운 친구/가족의 심각한 질병		85	40. 안정적인 데이트 관계 유지		55
15. 재정적 어려움		84	41. 캠퍼스/직장 혹은 둘 다의 통근거리		54
16. 학기말 논문 작성		83	42. 동료의 압력		53
17. 시험에서 부정행위 발각		83	43. 처음 집을 떠남		53
18. 음주 운전 혐의		82	44. 아픔		52
19. 학교나 직장에서의 과부하		82	45. 외모에 대한 우려		52
20. 하루에 두 번의 시험		80	46. 계속 A 학점 받기		51
21. 남자친구/여자친구의 부정행위		77	47. 좋아는 하지만 어려운 수업		48

22. 결혼		76	48. 새 친구 사귀기/친구들과 어울리기		47
23. 음주/약물의 부정적 후속결과		75	49. 사교 혹은 여학생 클럽		47
24. 가장 친한 친구의 우울/위기		73	50. 수업 시간에 잠		40
25. 부모와의 갈등		73	51. 운동 경기 참석(예 풋볼 경기)		20
26. 수업시간에 발표하기		72	소계		점
소계		점	합계		점

해석

총점	진단
□ 300점 이상	• 질병 고위험군에 해당합니다.
□ 150~299점	• 중간 정도의 질병 발생 가능성이 있습니다(고위험군으로부터 30% 정도 감소).
□ 150점 미만	• 경미한 정도의 질병 발생 가능성이 있습니다.

소감

12

심리장애
: 마음의 병

개요

- 이상행동의 정의
- 정신건강 문제의 분류
- 불안장애
- 강박장애
- 주요우울장애
- 양극성 장애
- 조현병
- 성격장애

학습목표

1. 정상과 이상을 구분하기 위한 세 가지 기준을 이해 · 설명할 수 있다.
2. 정신장애 분류체계 사용의 장단점을 이해할 수 있다.
3. 정신장애의 정의와 관련 개념을 이해 · 설명할 수 있다.
4. 불안장애의 일곱 가지 유형의 주요 특징을 설명할 수 있다.
5. 강박 및 관련장애의 다섯 가지 유형의 주요 특징을 설명할 수 있다.
6. 기분장애(우울장애와 양극성 장애)의 주요 특징을 설명할 수 있다.
7. 조현병의 진단적 특징과 망상의 유형을 설명할 수 있다.
8. 성격장애의 열 가지 유형의 주요 특징을 설명할 수 있다.

사람들은 때로 정신장애와 유사한 방식으로 행동하고, 느끼고, 생각한다. 살다 보면 불안하고 우울할 때가 있다. 또 고립감을 느끼고 뭔가 미심쩍거나 공상, 환상, 또는 망상같이 현실에서 벗어난 생각에 빠지기도 한다. 이러한 생각을 실행에 옮겨 자신 또는 타인에게 피해가 된다면, 이는 심리장애일 가능성이 크다. 심리학은 인간의 행동과 정신과정을 탐구하는 학문이다. 심리장애psychological disorder란 행동과 정신과정('심리')의 기능이 제 기능을 하지 못하거나 결함이 있는 상태('장애')다. 즉, 마음의 작용과 의식의 상태가 정상을 벗어나 비정상적인 행동을 나타내는 상태를 말한다.

일찍이 윌리엄 제임스(James, 1890)는 비정상성abnormality을 연구하는 것은 정상성을 이해하는 최선의 길이라고 했다. 심리장애를 들여다보는 것은 때로 자신을 돌아보는 작업이다. 심리장애는 정신의학psychiatry에서는 정신장애mental disorder로 불린다.

전 세계적으로 약 4억 5천만 명이 정신장애 또는 행동장애를 겪으며 살고 있다고 한다(WHO, 2010). 정신장애의 발병률과 증상은 문화에 따라 다를 수 있지만, 주요우울장애와 조현병이라는 정신장애에서 자유로운 사회는 없다(Baumeister & Härter, 2007). 이 장에서는 이상행동의 정의에서 시작하여 다양한 심리장애에 관해 살펴보기로 한다.

이상행동의 정의

정상을 의미하는 영어의 'normal'은 '목수의 작업틀'이라는 의미의 라틴어 'norma'에서 유래되었다. 정상성normality이라는 말은 흔히 평균적인average, 건강한healthy, 보통의usual, 이상적인ideal 등의 의미가 있다. 그러면 이상행동이란 무엇을 말하는가? 이상성/비정상성abnormality이라고 하면, 흔히 기괴하거나 위험한 행동을 떠올릴 수 있으나, 이를 정의하기는 쉽지 않다. 이상행동을 정의할 단일 기준이

나 기술적 특성이 없을 뿐 아니라, 정상과 이상을 구분하는 경계 또한 명확하지 않기 때문이다.

그럼에도 이상행동abnormal behavior을 한마디로 정의한다면, 정상에서 벗어난 행위를 말한다. 그렇다면 어떤 기준으로 정상과 이상행동을 구분하는가? 혈액검사? 아니면 뇌 스캔? 안타깝게도, 현재로서는 정상과 이상행동을 구분하는 생물학적 · 생리학적 검사는 존재하지 않는다(Nolen-Hoeksema, 2019). 다만, 징후, 증상, 증후군 등을 토대로 임상적 경험과 주관적 기준에 의존하고 있다.

이상행동 판별기준

정상과 비정상/이상을 구분하는 기준으로는 ① 규범 동조성, ② 주관적 고통, ③ 무능성 · 기능이상을 들 수 있다(강진령, 2020).

규범 동조성. 첫째, 규범 동조성norm-conformity 기준은 개인의 행동이 사회적 · 문화적 규범을 명백하게 벗어날 때 이상 범주로 분류되는 것이다. 모든 사회와 문화권에서는 적절한 행동과 사고방식에 대한 명시적 · 암묵적 규범이 있다. 이러한 규범에서 일탈하는 사람들은 이상으로 간주된다. 오늘날 문화상대주의 조망cultural relativist perspective 지지자들은 정상과 이상에 대한 각 문화권의 정의를 존중해야 한다고 주장한다. 이러한 주장은 한 문화권의 기준을 다른 문화권에 강제로 부과해서는 안 된다는 것이다. 그러나 이러한 조망에 반박하는 사람들은 이 기준에 위험성이 있음을 지적한다.

역사적으로 사회는 구성원들을 조종 · 침묵시키기 위해 '이상/비정상'이라는 정의를 남용해 왔다. 중세시대의 마녀사냥이 그러했고, 유대인들을 비정상적 집단으로 몰아 홀로코스트를 정당화했던 비극적 사건이 그 예다. 그러나 정상과 이상의 개념은 같은 문화권에서조차 시간이 흐르면서 변화된다. 과거에는 남자가 귀걸이를 하는 것을 이상행동으로 보았지만, 오늘날에는 남녀 모두에게 수용되는 것처럼 말이다. 이처럼 정상과 이상의 정의와 견해는 사회 또는 시대에 따라 변한다.

누군가의 행동이나 사고가 비정상이라고 하는 경우, 이는 사람들이 일반적으로 생각 또는 사고하는 방식과는 다르게 이례적이거나 드물다는 것을 의미한다. 이는 통계적 규준statistical norm, 즉 통계적 희귀성 또는 사회규범 이탈 여부로 정상과 이상을 구분하는 것으로, 두 가지 이점이 있다. 하나는 양적 절단점cutoff points을 설정할 수 있다는 점이다. 이러한 특성 때문에 통계적 이탈 기준은 심리검사 해석에 자주 사용된다. 즉, 검사 개발자가 정상 표본에서 얻은 평균 점수로부터의 통계적 이탈에 근거하여 검사 요강에 절단점을 설정한다. 그런 다음, 절단점 이상의 점수는 임상적으로 유의한 이상행동으로 간주한다.

다른 하나는 직관intuition에 호소하는 것으로, 일부 사람들이 정상이 아닌 것으로 평가하는 행동은 다른 사람들도 동일하게 평가하는 경향이 있다는 것이다. 이 기준은 개인의 평가에 중요한 역할을 한다. 반면, 규범 동조성 기준은 극도로 똑똑하거나 행복한 사람도 이상으로 분류될 수 있다는 문제가 있다([글상자 12-1] 참조).

[글상자 12-1] **규범 동조성 기준의 한계**

1. 모두가 동의하는 절단점을 설정하기 어렵다.
2. 얼마나 많은 행동을 일탈의 증거로 볼 것인가에 관한 문제가 있다.
3. 문화적 상대성, 즉 일탈 행동은 개인이 속해 있는 문화권에 따라 다르게 평가될 수 있다.

주관적 고통. 둘째, 주관적 고통subjective distress 기준은 관찰 가능한 행동이 사회규범을 벗어나지 않는 것으로 판단되지만, 개인은 심각한 정도의 고통(예 불안, 우울, 초조, 불면, 식욕상실, 고통 등)을 겪고 있다면 이상으로 봐야 한다는 것이다. 예컨대, 불안을 호소하는 사람을 사회규범에서 벗어나는 행동을 하지 않아도 비정상으로 간주하는 것이다.

이 기준에서는 개인이 자신의 내면 상태를 인식할 수 있고, 개인적 고통 또는 불편감에 대해 솔직하게 반응할 수 있다고 가정한다. 이 가정은 내담자의 부적응 정도를 절대적으로 판단해야 하는 임상가의 부담을 덜어 준다. 그러나 임상가가 장애가 있는 것으로 추정하는 모든 사람이 주관적 고통을 호소하지는 않는다는 문제가 있다.

무능성 · 기능이상. 셋째, 무능성disability과 기능이상malfunctioning 기준은 특정 행동이 일정한 정도의 사회적 또는 직업적 문제를 초래한다면 이상행동으로 간주해야 한다는 것이다. 즉, 타인들과의 접촉 결여로 대인관계에 문제가 있다면 사회적 부적응을, 정서 문제로 실직한다면 직업적 기능이상이 있는 것으로 간주한다. 이 기준의 이점은 비교적 작은 추론이 요구된다는 점이다. 사회적/직업적 문제는 종종 상담의 동기가 된다. 사람들은 자신의 문제가 가족이나 사회관계에 영향을 미치거나, 학업이나 직무에 영향을 주게 되면서 문제의 심각성을 인식하게 된다.

무능성 · 기능이상 판단은 절대적이기보다는 상대적 · 가치 지향적이다. 즉, 특정 행동이 적절한 기능수준 이내에 있다는 것이 구체적으로 어떤 것으로 구성되는지는 개인 간 또는 집단 간의 차이가 있다. 더욱이, 이에 대한 사회구성원들 간의 합의점을 찾기 어렵다는 한계가 있다. 정상과 이상의 구분에는 여러 기준이 사용되고 있지만, 각 기준은 장단점이 있어서 한 가지 기준만을 적용하기 어렵다. 또 어떤 기준을 적용하든 간에 주관적인 판단은 완전히 배제할 수 없다.

그렇다고 해서 이상행동이 곧 정신질환을 의미하는 것은 아니다. 정신질환은 이상행동 또는 특성을 포함하여 흔히 관찰되는 증후군의 집합을 의미하기 때문이다. 지금까지 논의한 그 어떤 기준도 이상행동에 대해 완벽한 설명을 제공하지 못하고 있다. 그렇지만 이 세 기준은 정신건강 문제의 진단에 적용되고 있다. 정신건강 전문가들은 진단과 연구목적으로 사람들에게 고통과 기능이상을 가져다주는 증상을 정신장애로 분류하는 체계를 연구 · 개발해 왔다. 그렇다면 정신건강 문제는 어떻게 분류하는가?

4D's

정상과 이상의 판별에 도움을 주는 기준으로는 4D가 있다. 4D란 ① distress(고통), ② dysfunction(기능이상), ③ deviance(일탈)/unusualness(특이성), ④ dangerousness(위험성)을 말한다. 즉, 이상심리는 보통 불쾌 · 불편하고('고통'), 괴이하고 남다르며('일탈'), 일상생활(가정, 학교, 직장 등)을 지속하기 어렵고('기능이상'), 자해 · 타해 가능성('위험성')을 수반할 수 있다.

고통. 첫째, 고통distress, 즉 행동·사고·정서로 인한 현저한 고통이 수반될 때 이상으로 규정한다. 그러면 특정 행위를 이상행동으로 규정하기 위해서는 반드시 고통이 수반되어야 할까? 꼭 그렇지는 않다. 고통은 문화, 기대, 과거 경험 등의 영향을 받는다.

인도의 여러 지역에서 행하는 '갈고리 그네 타기' 의식에서 사제는 강철 갈고리 2개를 등의 양쪽 피부와 근육 아래로 깊숙이 찔러 넣는다. 이 2개의 갈고리는 수레에 설치된 구조물의 꼭대기에 밧줄로 연결된다. 사람들은 수레를 이 동네 저 동네로 끌고 다닐 때, 사제는 수레의 끝에 매달린 채, 그네처럼 자신을 흔들면서 아이들과 곡식을 축복한다. 놀랍게도 사제가 고통을 느낀다는 증거는 없다. 오히려 그는 고양된 상태처럼 보인다(Melzack, 1973). 고통은 감각수용기의 문제일 뿐 아니라, 마음의 문제이기도 하다.

기능이상. 둘째, 기능이상dysfunction이란 자신을 제대로 돌보지 못하거나, 다른 사람들과의 상호작용을 힘들어하거나, 주위 사람들을 당혹스럽게 하거나, 생산적인 활동에 참여할 수 없는 상태를 말한다. 이상행동은 개인의 가정, 학교, 직장 등 일상생활에서 기능을 저해하는 경향이 있다.

일탈. 셋째, 일탈deviance(unusualness), 즉 사회 또는 문화가 적절하다고 보는 심리적 기능과는 현저하게 다른 행동, 사고, 정서다. 예컨대, 밤마다 울다가 잠이 든다거나, 세상을 증오하거나, 자신이 죽기를 바란다거나, 주위 사람이 듣지 못하는 목소리가 시키는 대로 하는 것은 일반적으로 우리 사회와 문화에서는 벗어나는 행동, 정서, 사고로 볼 수 있다. 평균에서 벗어난 특이성이다.

위험성. 넷째, 위험성dangerousness은 개인 자신 또는 타인을 위험에 처하게 하는 행동이다. 무모하거나 적대적이거나 혼란스럽게 하는 행동은 종종 자신 또는 주변 사람을 위험한 상황으로 내몰 수 있다. 여러 날 동안 식사를 하지 않거나, 독성물질을 체내에 투여함으로써 자신을 해하거나, 집에 총기와 탄약을 쌓아 두는 행동이 그 예다. 위험성은 언뜻 이상심리의 주요 특성처럼 여겨질 수 있다. 그러나 연구에 의하면, 이상심리에 위험이 따르는 경우는 극히 예외적이다(Freedman et al., 2007). 심지어 괴이한 생각을 하는 사람들도 자신 또는 타인에게 즉각적인 위험이 되지 않는다.

정신건강 문제의 분류

정신건강 문제 분류를 위해 창안된 두 가지 대표적인 분류체계는 세계보건기구(WHO)가 제작한 국제질병분류International Classification of Diseases(ICD)와 미국정신의학회American Psychiatric Association(APA)가 발간한 정신장애 진단 · 통계편람Diagnostic and Statistical Manual of Mental Disorders(DSM)이 있다. 특히 ICD는 진단을 내리기 위해 필수로 나타나야 하는 증상을 서술하고, 각 주제에 속하는 하위범주 목록을 제공한다. 이는 DSM의 내용과 대체로 일치한다. 이처럼 정신건강 문제를 분류한 체계를 사용하는 것의 이점과 한계는 〈표 12-1〉과 같다(강진령, 2020).

〈표 12-1〉 정신건강 문제 분류체계 사용의 이점과 한계점

이점	한계
1. 임상가들의 사례 이해에 도움이 된다. 2. 적절한 진단을 통해 적절한 치료계획 수립에 도움이 된다. 3. 임상가들 간의 소통을 촉진한다. 4. 진단 범주의 조사 · 연구를 가능하게 한다. 5. 치료 결과에 관한 가설 점검을 위한 모델을 제공한다. 6. 치료 결과에 관한 가설 점검을 위한 모델을 제공한다. 7. 무엇이 정상인지에 대한 준거를 제공한다. 8. 임상가들에게 명명법과 치료에 대한 논의의 장을 제공한다.	1. 치료 결과를 예측할 수 없다. 2. 병인과 치료 방법에 관한 내용이 없다. 3. 의학적 모델 사용 경향을 강화할 수 있다. 4. 전후 사정과 사회적 요인을 충분히 확인하지 않게 된다. 5. 개인에게 꼬리표를 붙이거나, 낙인을 찍을 수 있다. 6. 개인을 비인간화할 수 있다. 7. 개인에 대해 대상물의 관점을 조성하고 치료관계를 축소한다. 8. 과학적 증거가 없는 문제들의 진단 범주화를 옹호한다.

정신장애

정신장애mental disorder의 사전적 정의는 사물 판별 또는 의사결정 능력이 불완전한 상태를 말한다. 장애disorder는 신체 또는 심리적 기능의 장해disturbance, 즉 신체 기관에 문제가 생겨 제 기능을 하지 못하거나 정신 능력에 결함이 생긴 상태를 의미한다. 미국정신의학회(APA, 2013)는 정신장애를 [글상자 12-2]와 같이 정의하고 있다.

[글상자 12-2] **정신장애의 정의**

> 정신장애는 정신기능의 기초를 이루는 심리적·생물학적 또는 발달과정에서의 기능 이상을 반영하는 개인의 인지, 정서조절, 또는 행동에서 임상적으로 현저한 장해가 특징인 증후군이다. 정신장애는 보통 사회적, 직업적, 또는 기타 중요한 활동에 있어서 현저한 고통 또는 장애와 연관이 있다. 흔한 스트레스 요인 또는 상실(예 사랑하는 이의 죽음)에 대한 예측이 가능하거나 문화적으로 용인되는 반응은 정신장애가 아니다. 사회적으로 일탈된(예 정치적·종교적 또는 성적) 행동과 주로 개인과 사회의 갈등은, 앞서 기술한 바와 같이 일탈 또는 갈등이 개인에게 있어서의 기능 이상으로 인한 것이 아닌 경우에는 정신장애가 아니다(p. 20).

범죄 행위에 형사상 책임을 묻기 위해서는 행위자의 온전한 판단 능력 또는 의사 능력이 전제되기 때문에 「형법」 제10조는 이러한 상태에서의 범죄는 처벌하지 않거나 감경하게 되어 있다. 이에 비해 정신질환mental illness은 사람의 사고, 감정, 행동 따위에 영향을 미치는 병적인 정신상태를 말한다. DSM-5에 수록된 정신장애 진단범주는 [글상자 12-3]과 같다.

[글상자 12-3] **DSM-5의 II편에 수록된 20개 정신장애 진단범주**

1. 신경발달장애	7. 외상 및 스트레스 관련 장애
2. 조현병 스펙트럼 및 기타 정신병적 장애	8. 해리장애
3. 양극성 및 관련 장애	9. 신체증상 및 관련 장애
4. 우울장애	10. 급식 및 섭식 장애
5. 불안장애	11. 배설장애
6. 강박 및 관련 장애	12. 수면-각성장애

13. 성기능부전	17. 신경인지장애
14. 성별 불쾌감	18. 성격장애
15. 파괴적, 충동조절 및 품행 장애	19. 변태성욕장애
16. 물질관련 및 중독 장애	20. 기타 정신장애

정신장애로 진단되려면, 개인에게서 특정 증상들이 나타나야 하고, 이러한 증상들이 그의 일상생활에 현저한 고통을 초래할 정도로 심각해야 한다. 그렇다면 증상, 징후, 증후군은 무엇을 말하는가?

증상 · 징후 · 증후군

증상symptom은 임상가의 관찰보다는 주로 환자에 의해 주관적으로 표현되는 병리적 상태를 말한다. 즉, 증상은 환자(또는 정보제공자)가 호소하는 주관적 감각, 불편감, 또는 기능상의 변화다. 우울감, 집중 곤란, 공포, 수면 곤란, 식욕 저하, 자살 생각, 환각, 망상 등이 그 예다. 증상의 결정은 상황과 정도가 지표 역할을 한다는 점에서 다소 주관적이다. 증상과 징후의 차이점에 주목해야 하는 이유는 징후가 더 객관적이고, 증상보다 우세하므로 징후를 더 신뢰할 수 있기 때문이다. 예를 들어, 자신이 우울하다고 생각하지 않는 사람의 울먹임과 축 처진 어깨는 우울 징후가 있음을 암시한다. 자살생각, 식욕 상실, 이상한 목소리를 듣거나 이상한 것이 보이는 것은 정신과적 평가가 필요함을 나타낸다.

징후sign는 임상가에 의해 관찰되는 병리적 상태의 객관적인 표현이다. 징후는 무언가 잘못되었다는 신호다. 징후가 보고 듣고 병리적 상태임을 알게 되는 비교적 객관적인 단서라면, 증상은 개인이 호소하는 것이다. 따라서 내담자나 정보제공자는 징후를 호소하지 않는다. 대신, 임상가가 내담자의 외모, 행동, 위생상태 등을 통해 징후를 확인한다. 징후의 예로는 심박수 증가, 혈압 변동, 쓰러질 것 같은 걸음걸이가 있다.

증상과 징후는 때로 중복되기도 한다. 반면, 증

후군syndrome은 2개 이상의 징후가 늘 함께 나타나지만 그 원인이 불분명할 때, 이러한 일련의 징후를 통틀어 일컫는 말이다. 증후군에는 발병 연령, 발병 속도, 촉발요인, 이전 삽화 과거력, 현재 삽화의 지속 기간, 직업적 · 사회적 기능손상 정도 등과 같은 특징이 포함된다. 내과의 경우, 질병을 원인에 따라 분류하지만, 안타깝게도 정신의학은 원인을 밝힐 수 있는 진단은 거의 없다.

신경증과 정신병

전통적으로, 정신건강 문제는 크게 신경증과 정신병으로 구분해 왔다. 신경증neurosis은 심리적 갈등 또는 스트레스 누적/과부하로 인한 심리적 긴장, 불안, 우울, 부적응 행동 등 일련의 증상이 나타나는 심인성 질환을 말한다. 신경증이 있는 사람은 일상생활에 지장을 초래할 정도의 불안정한 정서와 생활태도를 보이고, 증상으로 인해 괴로워하면서 증상에서 벗어나기 위해 애쓰게 된다. 또한 최상의 역량을 발휘할 수 있는 상태는 아니더라도, 여전히 현실검증reality testing 능력이 있고, 가정 · 학교 · 직장생활을 수행할 수 있다. 또 정신병과는 달리 망상, 환각, 괴이한 행동을 보이지 않고, 입원이 필요할 정도로 심각하지 않은 경향이 있으며, 정신병보다 더 흔히 발생한다.

과거의 진단체계에서 신경증의 범주에는 우울증, 불안증, 강박증, 해리증, 전환증, 히스테리, 성기능부전 등이 포함되었다. 그러나 정신건강 문제를 이분법, 즉 신경증과 정신병으로 구분하던 분류체계에 의한 진단은 상당히 부정확한 측면이 많았다. 오늘날 정신병리에 관한 연구를 통해 이러한 분류방식은 다변화되었다. 이에 ICD와 DSM에서는 정신장애를 훨씬 더 협소한 의미에서 정의함으로써 더 정확한 진단을 가능하게 하는 한편, 정신장애에 관한 임상가들 간의 소통과 정보교환을 촉진했다. 신경증의 개념은 이미 진단체계에서 사라졌고, 일부 의학 영역에서는 사용되지 않는다. 그렇지만 일반인들에게는 여전히 정신건강 문제를 이분법적으로 분류 · 조망하는 경향이 남아 있고, 정신병과 대응되는 개념으로 사용되고 있다.

정신병psychosis은 정신기능에 이상이 생겨 사회생활에 적응하지 못하고, 일상생활에서 기능이상을 초래하는 병적 정신상태를 말한다. 그러나 좁은 의미로는 정신질환, 즉 지적장애('정신지체'로도 불림) 또는 정신병질, 심인성 정신장애 등을 제외한 나머지에 해당하는 병적 정신상태를 가리킨다. 정신병질psychopathy은 비정상적인 성격으로 인해 사회적응에 심각한 어려움이 있는 병적 성격을 말한다('성격이상' '정신병적 성격' '정신병증'으로도 불림). 이러한 성격의 소유자를 정신병질자psychopath('사이코패스'로도 불림)라고 한다.

정신병은 신경증보다 더 심각한 정신장애로, 행동 · 사고 과정이 심하게 불안하고, 현실에서 멀어지며, 일상생활의 요구를 감당할 수 없고, 입원이 필요한 경우가 많다. 종전에는 정신병을 유전병으로 단정 짓던 시대도 있었으나, 정신의학의 발달과 함께 다양한 치료약물과 심리치료 프로그램의 개발로 치유율이 높아져서 정신병 환자들의 회복과 사회 복귀율도 함께 높아지고 있다.

불안장애

어느 화요일 오후, 대학생 A는 중요한 과목의 기말시험을 보기 위해 강의실을 향해 발걸음을 옮기고 있었다. 그런데 갑자기 강렬한 공포감과 함께 신체 증상이 엄습하는 것이 느껴졌다. 그는 온몸이 경직되면서 심장박동이 급격히 빨라졌고, 땀이 나기 시작하면서 현기증과 함께 방향감각을 상실했다. '심장마비가 틀림없어! 뭔가 끔찍한 일이 나한테 일어나고 있어. 난 이걸 도저히 이겨 낼 수 없을 거야. 결국 이렇게 죽고 말 거야!'라는 생각이 뇌리를 스쳤다. A는 지나가던 사람에게 도움을 청하지 못할 거라는 생각으로 길 한가운데에서 얼어붙은 채 서 있었다.

불안장애anxiety disorder는 다양한 형태의 비정상적 · 병적 불안과 공포로 인해 일상생활에서 고통과 기능이상이 나타나는 상태를 말한다. 불안anxiety은 공포 발현 또는 상황에 적절하지 않은 염려를 의미하는데, 대체로 네 가지 유형의 증상이 있다. 첫째, 생리적 또는 신체 증상이다. 이는 투쟁/도피 반응의 일종으로, 중요한 시험을 볼 때 나타나는 증상(예 심박수 상승, 땀 분비, 근긴장 등)처럼 도전적 상황에 대한 신체의 자연스러운 반응이다. 둘째, 인지 증상이다. 즉, '이번 시험을 망치면 난 파멸이야!' '심장마비가 틀림없어. 난 이렇게 죽는구나.'라는 등의 생각이 그

예다. 셋째, 행동 증상으로, 얼어붙은 것처럼 도움을 받기 전까지 몸을 움직일 수 없는 것이 그 예다. 넷째, 정서 증상이다(예 두려움, 공포심 등).

불안장애는 전 세계적으로 가장 널리 퍼져 있는 정신의학적 질환 중 하나다(APA, 2013). DSM-5에서 불안장애는 진단명이 아니라, 진단부류class의 하나다. 불안장애의 범주에는 ① 분리불안장애Separation Anxiety Disorder(SAD), ② 선택적 함구증selective mutism, ③ 특정공포증specific phobia, ④ 사회불안장애social anxiety disorder(사회공포증social phobia), ⑤ 공황장애panic disorder, ⑥ 광장공포증agoraphobia, ⑦ 범불안장애Generalized Anxiety Disorder(GAD)가 있다(APA, 2013). 불안장애의 진단명에 따른 특징은 〈표 12-2〉와 같다.

〈표 12-2〉 불안장애에 속하는 정신장애와 특징

진단명	특징
1. 분리불안장애	❍ 강한 애착을 가지고 있는 장소 또는 사람과의 분리에 대한 과도한 불안
2. 선택적 함구증	❍ 다른 상황(예 가정)에서는 말할 수 있음에도 불구하고 말하기가 기대되는 특정 사회적 상황에서 지속적으로 말을 하지 않음
3. 특정공포증	❍ 특정 대상, 환경, 또는 상황에 대한 과도한 두려움이 특징이며, ① 동물형(거미, 곤충, 개), ② 자연환경형(고공, 폭풍, 물), ③ 혈액-주사-부상형, ④ 상황형, ⑤ 기타형으로 구분됨
4. 사회불안장애 (사회공포증)	❍ 타인에게 면밀하게 관찰될 수 있거나, 낯선 사람들과의 접촉을 비롯한 사회적 상황에 대한 공포 또는 불안
5. 공황장애	❍ 지속적인 걱정 또는 행동 변화가 동반된 재발성 공황발작 패턴 ❍ 촉발요인 또는 환경적 단서 없이 자발적으로 발생함
6. 광장공포증	❍ 혼자 있는 상황, 그리고 갑작스럽게 무기력하게 되는 경우, 그 상황에서 벗어나기 어렵거나 도움을 받을 수 없을 것 같은 공공장소에 대한 현저한 공포와 회피
7. 범불안장애	❍ 걱정의 초점이 되는 사건 또는 환경이 주는 충격에 걸맞지 않게 잦고 지속적인 과도한 불안과 걱정 패턴

공포증phobia은 일반적으로 사람들이 특별히 위험하다고 보지 않는 자극 또는 상황에 대해 강렬한 두려움을 나타내는 것이 특징이다. 공포증이 있는 사람은 타인이 경험하는 것보다 자신이 훨씬 더 큰 두려움을 느낀다는 것을 알고 있다. 그럼에도 이들은 이러한 자극 또는 상황을 피하지 않고서는 불안에서 벗어나지 못한다.

공황장애에는 공황발작 명시자가 있다. 공황발작panic attack이란 불편한 신체적 감각을 유발하는 몇 분에서 몇 시간 동안 지속되는 극심한 공포 또는 불편감이 급작스럽게 나타나는 삽화episode를 말한다. 공황발작을 경험하는 사람은 흔히 자신이 통제력 상실, 심장마비, 또는 죽어 가고 있다고 믿는 특징이 있다. 이러한 공황발작은 다양한 정신병리적 상태로 발생할 수 있다(강진령 역, 2018).

9 · 11 테러 이후, 많은 미국인이 자동차 운전보다 항공기 탑승을 더 두려워하게 되었다. 그러나 미국인들은 항공기 탑승보다 교통사고로 사망할 확률이 훨씬 높다. 왜냐하면 9 · 11 테러 이후 3개월간(2001년 10월~12월) 발생한 교통사고 통계에 의하면, 1996~2000년 평균 교통사고 사망자 수보다 353명이 증가했다. 더욱이 9 · 11 테러 이듬해(2002년)에는 1,500명의 미국인이 비행위험을 피하려고 자동차로 이동하다가 사고로 목숨을 잃었다. 2010~2012년 사이에 미국에서 자동차 또는 경트럭 사고로 65,249명이 목숨을 잃었다. 그러나 이 기간에 항공기 사고로 인한 사망자는 단 한 명도 없었다(Myers & DeWall, 2019).

강박장애

직장인 B 씨는 매일 밤 몇 번씩 침대에서 일어나 모든 불, 전등, 수도, 창문, 그리고 문이 확실히 잠겨 있는지 확인한다. 일일이 확인하고 나서 침대로 돌아가면서도 한 가지를 놓쳤을지 모른다는 생각에 몹시 괴로워한다.

강박장애 Obsessive-Compulsive Disorder(OCD)는 반복적인 강박사고 및/또는 강박행동으로 고통 및/또는 지배를 받게 되는 정신장애다. 강박사고 obsession는 침습적이고 원치 않는 방식으로 경험되고, 대부분의 사람에게 뚜렷한 불안 또는 고통을 초래하는 반복적 · 지속적인 관념, 사고, 충동, 또는 심상이다(예 세균과 오염 공포). 강박행동 compulsion은 강박사고에 대한 반응으로 또는 경직되게 적용되어야 하는 특정한 규칙에 따라 수행되는 반복적 · 의도적 행동 또는 정신적 행위다(예 반복적 손 씻기, 의례적 확인). 강박장애의 주요 특징은 통제력 상실에 대한 주관적 경험이다.

강박장애가 있는 사람은 문제가 되는 생각을 하지 않으려 애쓰고, 행동 반복을 멈추려 하지만 그러지 못한다(정신적 의례행위). 사람들은 때로 반복되는 생각['나올 때, 가스 불을 껐던가?'(확인강박)]과 의식적 행동[공부하기 전에 책상 위 물건의 순서별 배열(대칭 · 정리정돈강박)]에 대한 충동을 느낀다. 그러나 강박장애가 있는 사람들은 일상생활에 지장을 초래할 정도로 강박사고와 강박행동을 실행하느라 많은 시간을 허비한다. 이들은 자신의 사고가 비이성적이고 불쾌하다는 것을 알고 있지만, 이를 무시하거나 억누르지 못한다. 또 강박행동이 무의미하다는 것을 알지만, 이에 저항하려고 하면, 심한 불안을 느낀다. 그러나 강박행동을 하고 나면 안도감 또는 해방감을 느낀다.

강박사고에는 다양한 주제가 포함되지만, 대체로 자신 또는 타인에게 해를 입히지 않을까 하는 염려, 감염 공포, 완수한 과업이 만족스럽게 완수되지 않았을 것이라는 의심과 관련이 있다. 강박사고가 있는 사람들 대다수는 강박행동을 한다. 전형적인 강박행동은 '씻기(세정강박)'와 '확인하기(확인강박)'다. 특히 강박적으로 씻는 사람들('washers')은 특정 사물 또는 사고에 노출되어 감염되었다고 생각하고, 세정의식 수행에 몇 시간을 보낸다. 강박적으로 확인하는 사람들은 문, 전등, 오븐, 완수한 일의 정확성 등을 10회, 20회, 또는 100회 확인하거나 반복적인 의식 행동을 계속한다. 이러한 행동이 미래의 재해 또는 처벌을 방지한다고 믿기 때문이다.

강박장애와 관련된 정신장애로는 ① 신체이형장애 body dysmorphic disorder, ② 수집장애 hoarding disorder, ③ 발모광 trichotillomania(털뽑기장애 hair-picking disorder), ④ 피부뜯기장애 excoriation (skin-picking disorder)가 있다(APA, 2013). 이 장애들의 특징은 〈표 12-3〉과 같다.

〈표 12-3〉 강박 및 관련 장애에 속하는 정신장애와 특징

진단명	특징
1. 신체이형장애	❍ 지각된 외모상의 결점에 관한 강박사고와 어떤 시점에서 이러한 사고에 대한 반응으로 발달한 강박행동이 특징임
2. 수집장애	❍ 소유물을 버리는 것 또는 떠나보내는 것에 대해 지속적으로 어려움을 겪는 것이 특징임
3. 발모광 (털뽑기장애)	❍ 눈에 띨 정도의 모발 상실, 주관적 고통, 사회적/직업적 손상으로 이어지는 반복적 털뽑기가 특징임
4. 피부뜯기장애	❍ 피부 병변으로 이어지는 반복적이고 강박적인 피부뜯기가 특징임

주요우울장애

C 씨는 아침에 일어날 때부터 밤에 잠들 때까지 견딜 수 없을 정도로 비참하고, 삶에 아무런 낙이 없다는 생각이 든다. 그는 산다는 것 자체가 무의미하다는 생각이 들고, 이렇게 계속해서 살아야 하나라고 생각하는 것조차 힘에 부친다. 한때 활기 넘쳤던 때도 있었지만, 지금의 생활은 단조롭고 지겹기 그지없다. 스스로 멍청해진 것 같고, 무기력해진 것 같다. 어느 날 거울을 보고는 깜짝 놀랐다. 거울 속에는 창백하고 무표정한 모습의 낯선 사람이 비쳤기 때문이었다.

주요우울장애major depressive disorder(이하 MDD)는 슬프고 우울해하며, 무쾌감증anhedonia, 식욕 증가/감소, 체중 증가/감소, 불면/과다수면 등이 특징인 정신장애다. 이 장애를 겪는 사람은 이러한 신체증상으로 인해 만성 피로, 체력소진을 초래한다. 이들은 때로 슬픔, 무기력, 즐거워하던 활동에서조차 흥미를 잃는 시기를 겪는다.

이처럼 MDD는 몸과 마음 전체에서 나타나는 장애다. 경미한 우울 증상은 삶에서 오는 스트레스 또는 사랑하는 이의 상실에 대한 정상 반응이다. 그러나 좋지 않은 일로 우울해진 기분과 MDD의 차이는

힘들게 달린 후 숨을 헐떡이는 것과 만성 천식을 앓는 것의 차이와 같다.

사회인지적 관점에서 개인의 신념과 기대는 지각에 영향을 준다. 우울을 겪는 사람들은 낮은 자존감이라는 어두운 안경을 통해 삶을 조망한다(Orth et al., 2016). 이들은 자신, 상황, 미래에 대해 매우 부정적인 관점을 가지고 있으면서 나쁜 경험을 확대하고 좋은 경험을 축소한다(Wenze et al., 2012). 이들의 자기패배적 신념과 부정적인 설명방식이 우울증을 불러온다. 자기패배적 신념은 흔히 학습된 무력감에서 유발된다. 우울증상이 심해져 삶에서 고통, 손상, 기능이상이 2주 이상 지속된다면, MDD를 의심해 봐야 한다.

MDD는 비교적 흔한 정신장애다. MDD의 발생 가능성은 남성보다 여성에게서 더 높다. 이 장애는 기분뿐 아니라 신체기능, 행동, 사고에도 영향을 미치는 심각한 질병이다. MDD 증상의 특징은 [그림 12-1]과 같다.

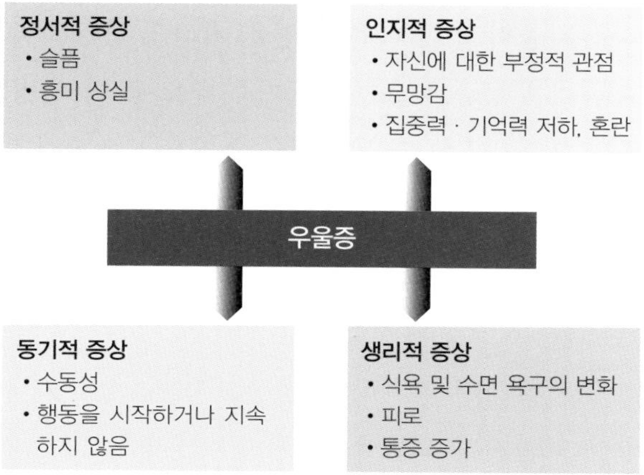

[그림 12-1] 주요우울장애 증상 도식

MDD의 정서적 증상은 끝없는 고통과 절망감이 특징이다. 이 장애가 있는 사람들은 개인적으로 매우 기뻐할 만한 일에도 즐거움을 느끼지 못한다. 심지어 즐거움을 느끼는 능력을 상실했다고 보고한다('무쾌감증'). 또 이전에 즐거워했던 일, 취미생활, 가족 또는 친구들과의 교류에도 즐거움을 느끼지 못한다고 호소한다. 감정은 우리가 무엇을 해야 할지 말해 주는 나침반이다. 그러나 북쪽만을 가리키는 나침반은 쓸모가 없다.

MDD의 인지증상에는 무가치감, 죄책감, 절망감, 때로 자살사고 등의 부정적 사고가 포함된다. 이 장애가 있는 사람들의 사고는 외적 사건보다 자신의 내면에 집중되어 사소한 통증, 고통, 건강에 대해 과민해지기도 한다. 삶의 불가피한 실패가 왜 일부 사람들만 우울하게 할까? 이에 대한 답은 귀인방식에서 찾을 수 있다. 우울해하는 사람들은 실패를 타인/요인의 탓으로 돌릴 뿐 아니라, 성공 역시 타인의 공으로 돌린다. 시험 점수가 생각보다 낮은 경우, 누군가의 탓으로 돌리면 화가 나고, 자신을 탓하면 자신이 멍청하다는 생각으로 우울해질 것이다.

우울한 사람들은 자신을 비난하는 경향이 있다. 비관주의와 실패는 종종 우울을 만들어 낸다. 사람들을 일시적으로 기분 나쁘게 하거나 우울하게 만들면, 이들의 기억, 판단, 기대는 더 비관적이 된다('상태의존적 기억'). 상태의존적 기억state-dependent memory이란 현재 기분 상태에 맞는 경험을 떠올리려는 경향성을 말한다. 우울증은 자신의 꼬리를 무는 뱀처럼 악순환된다.

고통에는 나름의 의미가 있다. 고통스러운 경험은 때로 세부사항에 더 많은 주의를 기울이고 더 나은 결정을 내리게 한다(Forgas, 2009). 다양한 형태의 신체적 고통(기침, 통증, 메스꺼움, 현기증, 구토 등)이 생명을 위협하는 독소로부터 우리의 몸을 보호하듯이, 우울증상은 우리를 보호한다. 우울증은 우리를 느리게 만들고, 깊이 성찰하게 하여 다양한 선택을 고려할 시간을 준다(Wrosh & Miller, 2009).

또 공격성을 진정시키고, 위험을 무릅쓰지 않게 하며, 마음을 집중시킨다(Andrews & Thomson, 2009). 사랑하는 이의 상실로 인한 슬픔조차 그리운 얼굴을 더 정확하게 처리하고 떠올리는 데 도움을 준다(Hills et al., 2011). 삶에 대한 재평가는 현재의 고통을 더 희망적인 방향으로 바꾸게 하기도 한다. 그러나 주요 우울장애는 때로 이 장애가 있는 사람으로 하여금 심각한 부적응과 고통을 겪게 한다.

자살과 자해

전 세계적으로 매년 80만 명 이상의 사람들이 일시적인 문제로 끝날 일을 영구적인 해결책을 택하여 해결하곤 한다(WHO, 2014). 자살의 위험성은 우울증이 있는 사람들이 그렇지 않은 사람보다 최소 5배 더 높다(Bostwick & Pankratz, 2000). 우울 증상은 자동차 연료가 부족할 때 들어오는 경고등과 같다. 경고등이 들어오면, 차를 잠시 멈추고 적절히 조치해야 한다. 사람들은 우울해도 활력과 의지가 부족한 경우에는 자살을 택하지 않는다. 오히려 자살의 위험성은 회복하기 시작하고 이겨 낼 만할 때 증가한다(Chu et al., 2016).

사람들은 흔히 두 가지 욕구, 즉 ① 사람들과 어울리거나 소속되고자 하는 욕구와 ② 사람들에게 영향을 미치거나 효율적이고자 하는 욕구가 사라졌다고 판단될 때 죽음을 택한다(Joiner, 2006). 자살충동은 대개 사람들과 단절되어 있고, 그들에게 짐이 된다는 느낌이 들거나, 벗어날 수 없을 것 같은 상황에 갇혔다는 느낌이 들 때 일어난다(Chatard & Selimbegović, 2011).

자살시도suicide attempt는 대부분 실패로 끝나지만, 자살을 시도한 사람들이 그렇지 않은 사람들에 비해 자살로 죽을 위험성은 7배 높다(Al-Sayegh et al., 2015). 아이러니한 사실은 미국인들은 안전을 위해 총기를 소지하지만, 총기 소지는 자살과 살인의 위험성을 크게 높인다는 것이다(Vyse, 2016).

[그림 12-2] 권총으로 자살한 노벨상과 퓰리처상 수상자 어니스트 헤밍웨이

비자살성 자해

비자살성 자해nonsuicidal self-injury(NSSI)란 반복적 · 고의적으로 자신의 신체표면에 출혈, 상처, 고통을 유발하는 자해행동(예 칼로 긋기, 불로 지지기, 찌르기, 과도하게 문지르기 등)을 말한다. 이 장애는 주로 사춘기 청소년과 여성들에게서 나타난다(CDC, 2009). 이러한 행동은 고통스럽기는 하지만 치명적이지는 않다는 특징이 있다.

비자살성 자해를 하는 사람들은 따돌림 또는 괴롭힘을 당한 경험이 있고, 정서적 고통을 감내 · 조절하는 능력이 떨어지며, 극도로 자기비판적이고, 의사소통과 문제해결에 어려움이 있다(Nock, 2010). 비자살성 자해를 통해 성취할 수 있는 목표는 [글상자 12-4]와 같다.

[글상자 12-4] **비자살성 자해를 통해 성취할 수 있는 목표**

1. 고통을 통해 부정적 사고에서 벗어날 수 있다.
2. 주변사람들의 관심을 끌고 도움을 받을 수 있다.
3. 자기처벌을 통해 죄책감에서 벗어날 수 있다.
4. 따돌림 또는 비난 같은 상대방의 부정적 행동에 변화를 가져올 수 있다.
5. 또래와 어울릴 수 있다.

비자살성 자해는 보통 자살로 이어지지 않는다는 점에서 비자살성 자해를 하는 사람들은 자살시도자라기보다는 자살표현자다(Nock & Kesler, 2006). 이들은 격한 감정에 압도당하더라도 생명에는 지장이 없는 비자살성 자해를 한다. 그렇지만 비자살성 자해는 자살사고와 자살시도의 위험요인으로 간주된다(Hawton et al., 2015). 이들이 제때 적절한 도움을 받지 못한다면, 비자살성 행동은 자살사고 → 자살시도 → 자살완수로 이어질 수 있기 때문이다.

양극성 장애

D 씨는 모든 일이 너무도 쉬워 보였다. 한꺼번에 많은 계획이 떠올랐고, 열정이 넘쳤으며, 비현실적인 원대한 미래를 설계하느라 밤잠을 설치곤 했고, 연거푸 며칠 밤을 새는 것은 일도 아니었다. 남들이 어렵다는 천체물리학 이론을 직관적으로 이해할 수 있었고, 이러한 이론들을 통해 우주의 다양한 현상에 관해 열정적으로 친구들에게 상세하게 설명할 수 있었다. 그러나 친구들은 때로 그가 말하는 깨달음이나 우주의 아름다움에 놀라기보다 그의 열의에 찬 말(장황하게 횡설수설하는 말)을 듣는 것이 힘든 것처럼 보였다.

양극성 장애bipolar disorder는 우울증depression과 극단적인 조증mania이 교대로 나타나는 것이 특징인 정신장애다. 이러한 증상적 특징 때문에 종전에는 '조울증manic depression'으로 불렸다. 때로 우울 삽화와 조증 삽화 사이의 전환주기가 매우 빠르고, 이 과정에서 아주 일시적으로 정상으로 돌아오기도 한다. 그러나 이내 우울

또는 조증 국면으로 이동한다. 조증 삽화는 표면적으로는 우울증과 반대로 보이는 방식으로 행동한다. 우울증이 느리게 사는 것이라면, 조증은 빠르게 사는 것이다.

경조증hypomania(경미한 조증) 삽화를 경험하는 사람들은 이 시기 동안 활력 넘치고, 열정적이며, 자신감이 충만하다. 이들은 쉴 새 없이 말하고, 잠도 안 자며, 한 가지 활동을 마치자마자 곧 다른 활동을 시작하고, 실현 가능성은 전혀 염두에 두지 않은 채 거창한 계획을 세운다. 이러한 활력, 열정, 자신감은 이들에게 상당히 매력적으로 보일 수 있어서 조증 삽화를 겪는 사람들은 종종 증상이 사라지는 것을 원치 않는다.

그러나 어느 시점이 되면, 조증 증상manic symptom은 충만한 흥분 상태에서 적대적인 동요 상태로 넘어간다. 즉, 자신의 행동을 방해하면, 극도로 화를 내면서 폭력적으로 돌변한다. 이들의 충동(성적 충동 포함)은 행동 또는 언어로 즉각 여과 없이 표출된다. 이들은 마음의 혼돈을 겪고 분별력을 잃을 수 있으며, 엄청난 부, 성취, 권력에 대한 망상delusion을 표출하기도 한다.

그러나 대부분의 조증 삽화는 우울 삽화로 전환되는데, 이는 극단적인 우울 상태로 추락하기도 한다. 양극성 장애는 우울장애에 비해 흔치 않다. 양극성 장애는 남성과 여성에게서 같은 비율로 나타나고, 유전 가능성이 크며, 치료약물에 잘 반응하지 않고, 조기에 치료하지 않으면 재발하는 특징이 있다(Nolen-Hoeksema et al., 2015).

조현병

미국인 E 씨는 게시판에 다음과 같은 글을 올렸다(Nolen-Hoeksema, 2019). 앤털로프 마을, 오리건, 존스타운, 찰리 맨슨, 힐사이드 스트랭글러, 조디악 킬러, 워터게이트, 로스앤젤레스에서 킹의 재판 등등. 지난 7년 만에 23명 이상의 스타워즈 과학자들은 특별한 이유 없이 자살했다. 에이즈 은폐, 1987년 남아메리카 회의에서 천 명이 넘는 박사들은 곤충이 그것을 전달할 수 있다고 주장했다. 그 사람이 알아차리지 못하게 누군가의 사고를 읽고, 누군가의 마음에서 생각을 교체하기, 실현은 생화학자기적 통제의 현실인데, 그것은 생각 전달, 감정 통제, 개인의 사고, 감각, 감정의 뇌파 주파수 기록이다.

조현병schizophrenia은 현실과 비현실을 구분하지 못하고, 일상생활에의 대응을 어려워하며, 종종 부동의 상태에 빠지는 증상이 특징인 정신장애다(종전에는 '정신분열증' '정신분열병'으로 불렸음). 이 장애는 사람을 가장 무력하게 만드는 정신병이다(강진령 역, 2018).

조현병은 적어도 200여 년에 걸쳐 모든 문화권 사람들을 괴롭혀 왔다. 조현병은 보통 사춘기 후반 또는 성인기 초반에 발병하는데, 이 시기는 개인이 직장생활 또는 가정을 꾸리기 시작하는 때다. 조현병은 사회적으로 낙인이 가장 심한 장애 중 하나다. 이러한 이유로 조현병 환자와 그 가족은 흔히 감당하기 어려운 수치심을 안고 살아간다.

조현병의 특징

조현병은 증상 수가 많고, 그 유형도 다양하다. 이처럼 다양한 증상은 확인하기가 쉽지 않다. 왜냐하면 증상에는 조현병의 직접적인 결과로 나타내는 것과 치료약물에 대한 반응이 혼재되어 있기 때문이다. 조현병의 주요 특징은 ① 사고 ·

주의 장해(망상), ② 지각 장해(환각), ③ 정서표현 장해, ④ 행동 장해, ⑤ 기능저하(음성 증상) 등이 있다.

그러나 조현병으로 진단받는 사람들이 이러한 증상을 모두 겪는 것은 아니다. 대신, 진단기준 A에서 세 가지 주요 양성 증상(① 망상, ② 환각, ③ 와해된 언어) 중 적어도 한 가지가 나타나야 한다(APA, 2013).

사고 · 주의 장해. 첫째, 조현병 환자는 사고 과정과 내용에서 장해disturbance를 겪는다. 조현병 환자의 글은 단어와 구 자체는 말이 되기도 하지만, 서로 연결되지 않는 단어와 구를 뒤죽박죽으로 나열해 놓는 증상('단어 샐러드word salad')을 보인다. 이는 연상이완loosening of association(개인의 사고가 한 가지 주제에서 다른 주제로 마구 옮겨 다니는 증상)을 반영하는 것이다. 또 이러한 일련의 사고는 단어의 의미보다는 발음에 의해 영향을 받는 양상을 보인다.

와해된 사고과정disorganized thought process은 주의집중, 그리고 부적절한 자극을 걸러 내는 능력의 결핍에 기인한다. 사람들은 보통 외부 자극에 대한 선택적 집중이 가능하여 방대한 양의 감각입력 정보 중 과제와 관련된 자극을 선택하고 나머지는 무시할 수 있다. 그러나 조현병 환자는 많은 자극을 동시에 수용함으로써, 이를 이해하는 데 어려움을 겪는 양상을 보인다.

조현병 환자는 망상에도 시달린다. 망상delusion이란 현실을 잘못 해석하는 것으로 보이는 믿음을 말한다. 가장 흔한 망상은 조종망상delusion of influence(외부의 힘이 자신의 사고 또는 행동을 통제하려고 한다는 믿음)이다. 조종망상에는 누군가의 사고가 전 세계로 방송되어 다른 사람들이 들을 수 있게 된다는 믿음, (본인의 사고가 아닌) 이상한 사고가 자신의 마음에 주입되거나, 감정 또는 행동이 외부의 어떤 힘에 의해 자신에게 부과된다는 믿음이 포함된다. 또 피해망상delusion of persecution(특정인 또는 집단이 자신을 위협하거나 자신을 대상으로 음모를 꾸민다는 믿음) 역시 빈번하게 발생하는 반면, 자신이 영향력 있거나 중요한 사람이라는 믿음('과대망상delusion of grandeur')은 흔하지 않다.

편집증적 망상paranoid delusion이 있는 사람은 친구 또는 가족을 의심하거나, 독살당할 것을 두려워하거나, CIA, FBI, 국정원 같은 정보기관의 비밀요원이 자신을 밀착감시 · 미행하며, 자신에 관해 이야기한다고 불평하거나 경계심을 높이기도 한다. 편집paranoid이라는 말은 피해에 초점을 맞춘 믿음을 지칭할 때 사용된다. 드문 경우, 편집증적 유형의 조현병이 있는 사람은 자신을 해하려고 한다고 여겨지는 사람을 공격할 수 있다. 그러나 이들 대부분은 정신착란으로 인해 자신을 위험에 처하게 할 수는 있어도 타인에게 위협이 되지는 않는다(Nolen-Hoeksema, 2019). 망상의 유형은 〈표 12-4〉와 같다.

〈표 12-4〉 망상의 유형

유형	망상의 주제
1. 색정형	❍ 다른 사람이 자신을 무척 사랑하고 있다는 믿음
2. 과대형	❍ 자신이 굉장한(그러나 확인되지 않은) 재능 또는 통찰력을 가지고 있다거나, 어떤 중요한 발견을 했다는 확신
3. 질투형	❍ 자신의 연인 또는 배우자가 외도를 하고 있다는 믿음
4. 피해형	❍ 자신이 음모, 속임수, 염탐, 추적, 독극물/약물 주입, 악의적 비방, 희롱, 장기 목표 추구에 대한 방해 등을 당하고 있다는 믿음
5. 신체형	❍ 신체적 기능 또는 감각을 수반하는 믿음

지각 장해. 둘째, 조현병 환자들은 지각장해를 겪는다. 이들은 세상이 다르게 보인다고 보고한다. 즉, 소리가 더 크게 들린다거나, 색이 더 강렬하게 느껴진다거나, 역겨운 냄새가 난다거나, 이상한 맛이 느껴진다고 보고한다. 그런가 하면, 자신의 몸이 이전과는 달라 보인다고 보고하기도 한다. 즉, 손 크기, 다리 길이, 또는 눈이 얼굴에서 어긋나 있는 것처럼 보인다고 한다. 일부 조현병 환자들은 거울에 비친 자신을 알아보지 못하거나, 세 겹으로 겹쳐진 상으로 보인다고도 한다. 이러한 극적인 지각 장해를 환각이라고 한다.

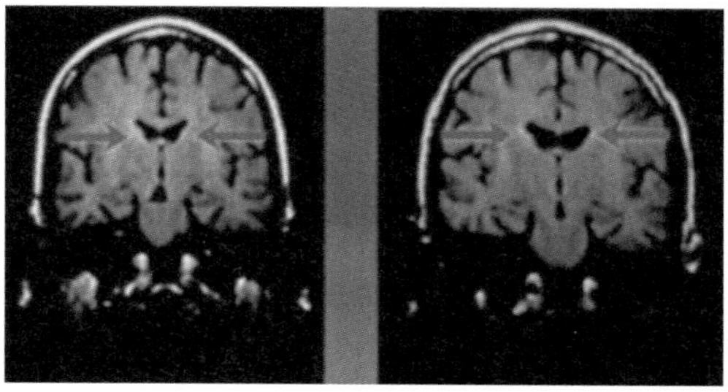

[그림 12-3] 정상뇌와 조현병 환자의 뇌

© Dr. Daniel Weinberger.

환각hallucination은 '대상 없는 지각', 즉 외부 자극이 없는 상태에서 느껴지는 감각경험이다. 즉, 환각 중에는 환청auditory hallucination(무엇을 하라고 말하거나, 행동을 지적하는 목소리)이 가장 흔히 발생한다. 조현병 환자들이 주로 듣는 목소리는 자신을 욕/비난하거나, 자신이 무엇을 해야 할지 지시하는데, 이는 마음속으로 나누는 대화와 비슷하다. 이들은 이러한 목소리가 자신에게서 나왔다는 사실, 그리고 스스로 목소리를 통제할 수 있다고 믿지 않는 경향이 있다.

환청에 비해 환시visual hallucination(이상한 생물체 또는 천국을 보는 것)는 다소 덜 발생한다. 또 환후olfactory hallucination(신체에서 나는 불쾌한 냄새), 환미gustatory hallucination(음식에 독이 든 것 같은 맛), 환촉tactile hallucination(바늘에 찔리는 것 같은 느낌 또는 피부 아래로 벌레가 기어 다니는 느낌) 역시 비교적 드물게 발생한다. 외적 · 내적인 것, 그리고 가상과 현실을 구분하지 못하는 증상은 조현병의 핵심 양상이다.

정서표현 장해. 셋째, 조현병 환자들은 대체로 비정상적인 정서반응을 나타낸다. 이들은 슬프거나 기쁜 상황에서 위축되거나 아무런 반응을 보이지 않는다. 예컨대, 조현병이 있는 여성은 자녀가 교통사고로 크게 다쳤다는 소식을 듣고 아무런 정서 반응을 나타내지 않을 수 있다. 이러한 정서둔마emotional flattening(매사에 무관심해 보이고 감정적으로 거칠어지는 증상)의 이면에는 내적 혼란이 감추어져 있어서 갑작스럽게 폭발적인 분노가 표출되기도 한다. 조현병이 있는 사람들은 때로 상황에 적절치 않거나 표현하고자 하는 사고에 부합되지 않는 감정을 표현한다. 예컨대, 비극적인 사건에 관해 말하면서 빙그레 웃을 수 있다. 이러한 증상이 발생하는 이유는 이들의 와해된 사고와 지각이 정서 반응의 변화를 초래하기 때문이다.

행동 장해. 넷째, 조현병이 있는 사람들은 때로 괴이한 행동을 나타낸다. 즉, 얼굴을 찡그리거나, 기괴한 표정을 짓거나, 특이한 순서로 손가락, 손, 팔을 반복적으로 움직이거나, 흥분 상태로 쉬지 않고 움직이기도 한다. 반면, 전혀 반응하지 않거나, 특이한 자세를 취한 채 오랜 시간 미동도 없이 서 있

[그림 12-4] 조현병 환자들의 긴장성 자세
© The Oskar Diethelm Library.

기도 한다. 이러한 증상을 긴장증catatonia이라고 한다([그림 12-4] 참조). 긴장증은 초조와 얼굴 찡그림 외에도 다양한데, 그 유형과 특징은 〈표 12-5〉와 같다.

〈표 12-5〉 긴장증의 유형

유형	특징
1. 혼미stupor	❍ 정신운동 활동 및 주변에 대한 능동적 관여 결여
2. 강경증catalepsy	❍ 타동적으로 강요된 자세 유지
3. 납굴증waxy flexibility	❍ 외력에 대한 약한 저항으로 취해진 자세 유지
4. 함구증mutism	❍ 언어 반응 결여 또는 극히 적음
5. 거부증negativism	❍ 외부 지시/자극에 대한 불복, 무반응, 또는 반대되는 반응행동
6. 자세유지증posturing	❍ 중력에 반한 자세의 자발적 · 능동적 유지
7. 기행증mannerism	❍ 독특하고 이상한 습관적 행동의 반복(예 걸어가면서 이상한 몸짓을 계속하거나 얼굴을 찡긋찡긋함)
8. 상동증stereotypy	❍ 목적 없는 행동의 비정상적으로 빈번한 반복
9. 반향언어증echolalia	❍ 타인의 말을 따라 함
10. 반향동작증echopraxia	❍ 타인의 행동을 따라 함

기능저하. 끝으로, 조현병이 있는 사람들은 일상적인 과제수행 능력에서 기능이상 또는 손상('음성 증상')을 겪는다. 음성 증상negative symptom이란 발현되어야 할 것(예 언어적 표현의 자발성과 유창성)이 결여된 상태를 말한다. 조현병이 청소년기에 발병하는 경우, 학교생활에서의 대처능력 저하, 사회기술 부족, 친구 결여 등이 그 예가 된다. 조현병이 있는 성인은 종종 직업을 갖지 못하거나 유지하지 못한다. 이들은 위생관리와 몸단장 상태가 좋지 못하고, 다른 사람들과의 교류를 피하는 경향이 있다.

성격장애

성격장애personality disorder란 내적 경험과 행동의 지속적인 유형이 개인이 속한 문화에서 기대되는 것으로부터 현저하게 편향되어 개인의 기능에 심각한 손상을 가져오는 부적응적 행동 패턴을 말한다. 성격장애가 있는 사람들은 자신을 심하게 괴롭히거나 일상생활 기능을 손상시키는 방식으로 자신과 세상을 경험한다. 이러한 경험은 주로 아동기 또는 청소년기에 시작되어 시간과 상황을 통해 지속되며, 삶의 대부분 영역에 영향을 미치게 된다. 개인이 경험하는 특정 감정, 사고, 행동은 성격장애의 유형에 따라 다양하다. ICD와 DSM에서 성격장애는 그 특성에 따라 분류·수록되어 있다. DSM-5에서 성격장애는 증상의 유사성에 따라 3개 군으로 분류되는데, 각 진단군에 따른 성격장애와 그 특징은 〈표 12-6〉과 같다.

〈표 12-6〉 성격장애의 특징

A 군: 특이성 · 괴이성	
1. 편집성	❍ 타인의 동기에 대한 악의적 해석 등, 타인에 대한 전반적인 불신과 의심 양상
2. 조현성	❍ 사회적 유대로부터 유리되고, 제한된 범위의 감정 표현 양상
3. 조현형	❍ 친분관계를 갑작스럽게 불편해하고, 그럴 능력의 감퇴, 인지 · 지각 왜곡, 괴이한 행동 양상
B 군: 극적 · 정서적 · 변덕스러움	
4. 반사회성	❍ 다른 사람들의 권리 무시 또는 침해하는 영속적인 행동 양상
5. 경계성	❍ 대인관계, 자기상self-image, 정동 불안정성, 현저한 충동성 양상
6. 연극성	❍ 과도한 정동성과 주의를 끄는 행동 양상
7. 자기애성	❍ 과대성(공상 또는 행동양상), 숭배에의 요구, 공감 결여 양상
C 군: 불안 · 의존성	
8. 회피성	❍ 사회관계의 억제, 부적절감, 부정적 평가에 대한 예민한 양상
9. 의존성	❍ 돌봄을 받고자 하는 과도한 욕구, 복종적이고 매달리는 행동 유발 양상
10. 강박성	❍ 정돈, 완벽, 조절에 대한 지나친 집착

성격장애의 특징은 서로 중복되는 경향이 있어서 때로 장애의 진단에 대해 임상가들의 의견 또는 입장이 나뉠 수 있다. 또 어떤 경우에 특정인의 행동이 타인들의 것과 다르다고 할 수 있는지, 그리고 어떤 경우에 그 정도가 심각하므로 장애로 진단할 수 있는지 판단이 쉽지 않다는 한계가 있다. 따라서 여기서는 그동안 가장 많이 연구되었고, 진단 신뢰도가 비교적 높은 편에 속하는 반사회성 성격장애와 최근에 논란이 많은 경계성 성격장애에 관해 살펴보기로 한다.

반사회성 성격장애

F 씨(27세, 남)는 폭행, 강도, 심지어 「마약류 관리에 관한 법률」 위반으로 교도소에 복역한 적이 있다. 학창 시절, 그는 무단결석, 폭행, 가출을 일삼았고, 차량 절도 혐의로 소년원 생활을 했다. 이후에도 주변 사람에게 자주 시비를 걸곤 했고, 사소한 일에도 분개하면서 신체적 해를 입히겠다고 위협하곤 한다. 그는 외톨이로 지내면서 한곳에서 2개월 이상 일해 본 적이 없고, 자신의 행동에 대해 뉘우침이 없으며, 자신이 해를 입힌 사람들에게 어떤 감정도 표현하지 않는다.

반사회성 성격장애antisocial personality disorder(이하 APD)는 낮은 사회적 순응성, 사기, 충동성, 범죄성, 뉘우침 결여의 전반적 패턴이 특징인 성격장애다. APD가 있는 사람들은 양심, 책임감, 도덕의식, 타인에 대한 배려가 결여되어 있다. 사람들은 성장 과정에서 자신의 행동을 절제하고, 타인을 배려하며 개인적 즐거움을 자제할 때가 있음을 알게 된다. 그러나 APD가 있는 사람들은 자신이 바라는 것만 생각할 뿐, 타인이 바라는 것은 고려하지 않는다. 이들은 충동적으로 행동하고, 욕구를 즉각 충족하려 하며, 좌절을 참지 못한다. 이와 같은 반사회적 행동의 원인은 범죄조직 가입 · 활동, 주목받고 지위를 차지하려는 욕구, 현실과의 접촉 상실, 충동조절 불능 등 다양한 원인에서 비롯된다.

APD가 있는 사람들은 자신을 제외한 타인에게 거의 감정을 느끼지 않고, 후회 또는 죄책감을 느끼지 않는 것처럼 보인다. 또 거짓말을 잘해서 남을 속이고, 다칠 수 있다는 염려 없이 자극을 추구하며, 처벌을 받아도 행동을 고치지 않는다. 이들은 때로 멋지고, 지적이며, 다른 사람을 다루는 데 능숙한 사기꾼의 모습을 보인다. 외견상으로는 자신감 있고 성실해 보여 좋은 일자리를 구하기도 하지만, 이를 유지하지 못한다.

또 차분하지 못하고 충동적인 성향으로 인해 반복적으로 탈선을 저지른다. 이는 가족을 부양하지 않고, 빚을 지거나, 공금 횡령 같은 범죄 행위를 반복한다. 그러다가 검거되면, 그럴싸한 변명을 늘어놓으면서 반성하는 것처럼 보여 종종 처벌을 면하기도 한다. 그러나 반성은 말뿐, 자신의 약속에 대해 책임지지 않는다. 이들의 언행은 실제 느낌, 행동과 아무 관련이 없는 것처럼 행동하는 경향이 있다.

경계성 성격장애

최근 치명적인 자살시도로 입원한 G 씨(32세, 여)는 정신건강 전문의와의 치료과정에서 지금까지 수차례의 자해 · 자살시도(칼로 손목 긋기, 세제 마시기 등)가 남자친구와의 관계에서 시작되었음이 드러났다. 그녀는 남자친구로부터 위협, 비판, 사랑받고 있지 못하다는 느낌이 들면 자신이 느낀 무망감, 분노, 슬픔의 정도에 따라 자해/자살 충동이 일어나곤 했다. 자해/자살 시도는 종종 "네가 그러면 내가 어떻게 나오는지 한 번 봐!"라는 생각과 함께 나타났다. 때로 무망감과 고통을 영원히 끝내버리고 싶었다. 치료를 받는 과정에서도 의사가 자신에게 좀 더 관심을 가질 수 있도록 화상 입은 다리에 오물을 집어넣어 수술을 받은 적이 있었다.

경계성 성격장애borderline personality disorder(이하 BPD)는 대인관계, 자기상, 불안정한 정동, 현저한 충동성이 여러 상황에서 나타나는 성격장애다. BPD는 성인기 초기에서 시작되어 평생 지속된다. BPD가 있는 사람들의 기분, 자기개념, 타인과의 관계는 매우 불안정하다. 즉, 다른 사람을 이상화하다가도 급작스레 경멸하는 등 변덕스러운 모습을 자주 보인다. 이들은 종종 절망적인 공허감을 느낀다. 이러한 공허감을 채우기 위해 새로 만난 사람에게 매달리며 공허감을 채워 주길 기대한다. 그러면서 다른 사람의 사소한 행동에 대해 자신을 버리거나 거부하는 신호로 오인하기도 한다.

이들은 사소한 일에도 심각한 정도의 우울과 불안을 느끼거나, 사소한 자극에도 자주 분노를 표출한다. 자신에 대한 관점은 극도의 자기의심self-doubt에서부터 과도한 자기중요성에 이르기까지 극단적이다. 기분, 자기개념, 관계의 불안정성은 자해(예 분신, 절단 등) 또는 자살시도 같이 자신에게 해를 가하는 행동으로 이어지기도 한다. 이들은 또 일시적으로 비현실감을 느끼거나 시간 감각을 상실하고, 심지어 자신이 누구인지 기억하지 못하기도 한다.

BPD가 있는 사람들은 자신 또는 타인을 '전적으로 좋은 사람' 또는 '전적으로 나쁜 사람'으로 구분하는 경향이 있고, 이 두 관점 사이를 오가는데 이를 분열splitting이라고 한다. 이는 BPD가 있는 사람들의 정서와 대인관계에 대한 관점의 변덕스러움은 자신과 타인에 대한 극단적인 관점 사이의 동요를 반영한다. BPD가 있는 사람들은 그렇지 않은 사람들에 비해 불안정했던 아동기, 학대, 방임, 부모의 정신병리 문제를 지니고 있었던 경우가 더 많다. 그러나 이러한 가정환경은 다른 정신병리를 가진 사람들의 아동기에도 공통적으로 나타나는 특징이다.

복습문제

※ 다음 빈칸에 들어갈 말을 써 보세요.

1. 행동과 정신과정의 기능이 제 기능을 하지 못하거나 결함이 있는 상태를__________(이)라고 한다.

2. ________은/는 임상가의 관찰보다는 주로 환자에 의해 주관적으로 표현되는 병리적 상태를 말하고, ________은/는 임상가에 의해 관찰되는 병리적 상태의 객관적인 표현이다.

3. 종전의 정신병과 상대되는 개념으로, 심리적 갈등 또는 스트레스 누적 또는 과부하로 인한 심리적 긴장, 불안, 우울, 부적응 행동 등 일련의 증상이 나타나는 심인성 질환을 ________(이)라고 한다.

4. 불안장애의 일종으로, 타인에게 면밀하게 관찰될 수 있거나, 낯선 사람들과의 접촉을 비롯한 사회적 상황에 대한 공포 또는 불안을 __________장애 또는 __________(이)라고 한다.

5. 불편한 신체적 감각을 유발하는 몇 분에서 몇 시간 동안 지속되는 극심한 공포 또는 불편감이 급작스럽게 나타나는 삽화를 __________(이)라고 한다.

6. 침습적이고 원치 않는 방식으로 경험되고, 대부분의 사람에게 뚜렷한 불안 또는 고통을 초래하는 반복적 · 지속적인 관념, 사고, 충동, 또는 심상을 __________(이)라고 한다.

7. __________은/는 우울증과 극단적인 조증이 교대로 나타나는 것이 특징인 정신장애로, 종전에는 ________(으)로 불렸다.

8. 현실과 비현실을 구분하지 못하고, 일상생활에의 대응을 어려워하며, 종종 부동의 상태에 빠지는 증상이 특징인 정신장애를 ________(이)라고 한다.

9. ________은/는 대상 없는 지각, 즉 외부 자극이 없는 상태에서 느껴지는 감각경험을 말하고, ________은/는 현실을 잘못 해석하는 것으로 보이는 믿음을 말한다.

10. ________ 성격장애가 있는 사람들은 자신 또는 타인을 '전적으로 좋은 사람' 또는 '전적으로 나쁜 사람'으로 구분하는 경향이 있고, 이 두 관점 사이를 오가는데, 이를 ________(이)라고 한다.

자기검사

✿ 셀프테스트 해 보세요.

생활경험설문지 / The Life Experience Survey (LES)

※ 다음은 사람들의 삶에 변화를 일으켜서 재적응이 필요한 사건들입니다. 최근에 경험했던 사건, 그 사건을 경험한 기간, 그리고 사건이 삶에 긍정적/부정적 영향을 주었다고 생각하는 정도에 ✓표 하세요. (−3 = 매우 부정적, −2 = 보통 부정적, −1 = 약간 부정적, 0 = 영향 없음, +1 = 약간 긍정적, +2 = 보통 긍정적, +3 = 매우 긍정적 영향을 의미함)

생활경험	0~6 개월	7~12 개월	매우 부정적	보통 부정적	약간 부정적	영향 없음	약간 긍정적	보통 긍정적	매우 긍정적
1. 결혼									
2. 교도소/유사기관 수감									
3. 배우자의 죽음									
4. 수면습관 변화(수면시간 연장/축소									
5. 가까운 가족구성원의 죽음									
a. 부									
b. 모									
c. 남자형제									
d. 여자형제									
e. 조부									
f. 조모									
g. 다른 친척(구체적으로)									
6 식습관의 주요 변화(음식 섭취량 증가/감소)									
7. 저당/임대의 반환권 상실									
8. 가까운 친구의 죽음									

생활경험	0~6 개월	7~12 개월	매우 부정적	보통 부정적	약간 부정적	영향 없음	약간 긍정적	보통 긍정적	매우 긍정적
9. 뛰어난 개인의 성취									
10. 경미한 법규 위반 (교통법규 위반, 치안방해 등)									
11. 남성: 아내/여자친구의 임신									
12. 여성: 임신									
13. 변화된 직업상황 (다른 책임, 근로조건 등)									

생활경험	0~6 개월	7~12 개월	매우 부정적	보통 부정적	약간 부정적	영향 없음	약간 긍정적	보통 긍정적	매우 긍정적
14. 새로운 직업									
15. 가까운 가족구성원의 심한 질병/부상									
a. 부									
b. 모									
c. 남자형제									
d. 여자형제									
e. 조부									
f. 조모									
g. 다른 친척(구체적으로)									
16. 성적인 어려움									
17. 고용주와의 갈등 (실직 위험, 정직, 좌천 등)									
18. 아내/남편 쪽 가족과의 갈등									
19. 재정상태의 주요 변화 (호전/악화)									
20. 새로운 가족구성원 추가 (출생, 양자, 친지 등)									
21. 주거 변화									
22. 부부 별거(갈등 이유)									
23. 가족구성원의 친밀성 변화 (친밀성 증가/감소)									
24. 교회 활동의 주요 변화 (참석 증가/감소)									
25. 배우자와의 화해									
26. 배우자와의 논쟁 횟수의 주요 변화(증가/감소)									
27. 기혼남성: 아내의 직업 변화 (일의 시작/중지, 새로운 일로 바꿈 등)									

생활경험	0~6 개월	7~12 개월	매우 부정적	보통 부정적	약간 부정적	영향 없음	약간 긍정적	보통 긍정적	매우 긍정적
28. 기혼여성: 남편의 직업변화 (실직, 새로운 일 시작, 퇴직 등)									
29. 여가의 일상적 유형 및/또는 양									
30. 1만 달러(1,200만 원) 이상 차용									

생활경험	0~6 개월	7~12 개월	매우 부정적	보통 부정적	약간 부정적	영향 없음	약간 긍정적	보통 긍정적	매우 긍정적
31. 1만 달러 미만 차용(자동차, TV 구입, 교육비 대출 등)									
32. 직장에서의 해고									
33. 남성: 아내/여자친구의 낙태									
34. 여성: 낙태									
35. 개인적 질병/상해									
36. 사회적 활동(파티, 영화, 방문 등)의 주요 변화(증가/감소)									
37. 가족생활 조건의 주요 변화(새로운 집 건축, 노후된 집, 이웃 등)									
38. 이혼									
39. 가까운 친구의 심한 상해/질병									
40. 퇴직									
41. 가정을 떠난 자녀(결혼, 대학진학 등)									
42. 정규 학교과정 수료									
43. 배우자와의 별거(일, 여행 등의 사유로)									
44. 약혼									
45. 남자친구/여자친구와의 이별									
46. 처음으로 집을 떠남									
47. 남자친구/여자친구와의 화해									
※ 기타 삶에서 충격을 주었던 최근 경험을 쓰고 평정하라.									
48.									
49.									
50.									

생활경험	0~6 개월	7~12 개월	매우 부정적	보통 부정적	약간 부정적	영향 없음	약간 긍정적	보통 긍정적	매우 긍정적
대학생용									
51. 더 높은 학문 수준의 새로운 학교 경험 시작(대학, 대학원 등)									
52. 동일 학문 수준의 새로운 학교로 편입(대학, 대학원 등)									

생활경험	0~6 개월	7~12 개월	매우 부정적	보통 부정적	약간 부정적	영향 없음	약간 긍정적	보통 긍정적	매우 긍정적
53. 학업 시험									
54. 기숙사/주거지 이동									
55. 중요한 시험 실패									
56. 전과(전공 바꿈)									
57. 학과목 실패									
58. 학과목 유급									
59. 남학생/여학생 동아리 가입									
60. 학업 관련 재정문제 (계속할 돈이 충분하지 않음)									

채점

검사지의 우측에 위치한 긍정적 변화에 관한 문항 점수를 더하면, 그 합은 긍정적 변화 점수가 됩니다. 또 좌측에 위치한 부정적 변화에 관한 문항 점수를 모두 더하면, 그 합은 부정적 변화점수가 됩니다. 이 두 점수를 모두 더하면, 총 변화점수가 됩니다.

□ 대학생용 규준표

점수 범위	부적 변화	정적 변화	총 변화량
상	14 이상	16 이상	28 이상
중	4~13	7~15	12~27
하	0~3	0~6	0~11

해석

LES의 부적 변화점수는 생리불순, 비동조, 직무불만족, 신체부상, 질병, 불안, 심리적 불편감, 우울, 관상동맥 장해를 포함하는 다양한 적응문제와 관련이 있다는 증거가 있습니다.

주요우울장애 검사

※ 다음 문항을 읽고, 밑줄 친 부분에 지난 2주 동안 당신이 경험한 증상에 해당하는 것에 ✓ 표 하세요.

_____ 1. 하루 중 대부분, 그리고 거의 매일 우울하다.

_____ 2. 거의 매일, 하루 중 대부분, 거의 또는 모든 일상 활동에 대해 흥미나 즐거움이 현저히 감소했다.

_____ 3. 체중조절을 하고 있지 않은 상태에서 식욕과 체중조절에 어려움이 있다.

_____ 4. 거의 매일 수면조절에 어려움이 있다(불면/과다수면).

_____ 5. 거의 매일 초조하거나 신체적으로 무기력하다.

_____ 6. 거의 매일 피로하거나 활력이 없다.

_____ 7. 거의 매일 무가치감 또는 과도하거나 부적절한 죄책감이 든다.

_____ 8. 거의 매일 사고력/집중력이 감소되거나 의사결정에 어려움이 있다.

_____ 9. 반복적으로 죽음 또는 자살에 대해 생각한다.

해석

지난 2주에 걸쳐 증상 가운데 ① 우울 기분 또는 ② 흥미 또는 즐거움 상실이 포함되어 있고, 9개 증상 중 5개 이상의 문항에 ✓ 표를 했다면, 주요우울장애가 의심되니 전문가와 상의해 보세요. 주요우울장애는 적어도 5개의 우울증 증상이 2주 이상 지속할 때 진단됩니다. 이에 비해, 지속성 우울장애persistent depressive disorder(기분저하증dysthymia)는 최소 2년간 비교적 약한 정도의 우울감을 경험하고, 적어도 2개 이상의 우울 증상을 나타내는 경우에 진단됩니다.

소감 ____________________

13

심리치료
: 마음의 회복

개요

- 심리치료의 역사
- 심리치료의 이론적 접근
- 심리치료의 효과
- 생물학적 치료
- 정신건강 관리

학습목표

1. 심리장애 치료의 역사적 배경을 이해 · 설명할 수 있다.
2. 전통적인 정신분석과 대인관계치료를 비교 · 설명할 수 있다.
3. 행동주의와 인지행동적 접근의 기본개념과 기법을 설명할 수 있다.
4. 인본주의적 접근의 기본 가정과 주요 치료법을 비교 · 설명할 수 있다.
5. 집단치료, 커플치료, 가족치료의 이점을 비교 · 설명할 수 있다.
6. 심리치료의 효과성에 관해 논의할 수 있다.
7. 생물학적 심리치료의 종류와 장단점을 설명할 수 있다.
8. 정신건강 관리를 위한 지침을 이해 · 적용할 수 있다.

이상행동을 나타내는 사람들을 치료하기 위한 노력은 인류 역사와 함께 오랜 세월에 걸쳐 변천을 거듭해 왔다. 문헌 사료가 존재하지 않는 선사시대에도 사람들이 인간적 기능과 정신장애에 관한 이론들을 갖고 있다는 징후들이 있다. 또 고대의 기록은 정신질환 치료를 위해 '두개골 뚫기trephining'가 행해졌다는 것을 보여 주고 있다.

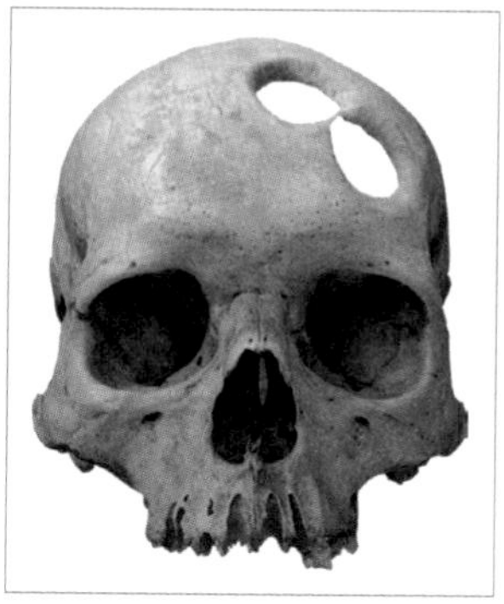

[그림 13-1] 석기시대 두개골 뚫기 흔적이 있는 두개골

© John W. Verano

고대인들은 정신질환이 있는 사람을 귀신에게 정신을 빼앗겼다고 믿었다. 따라서 귀신을 내쫓기 위해 두개골에 구멍을 뚫었다. 그러나 이러한 처치는 오히려 정신장애 자체보다 더욱 심각한 결과를 초래한 것으로 알려져 있다.

이 외에도 사람들이 나타내는 이상행동은 악마, 악령, 마귀, 귀신 같은 초자연적인 힘 때문으로 여기던 때가 있었다. 이러한 힘은 기도, 주문, 마술 같은 방법으로 내쫓거나 제거하고자 했다. 이러한 방법이 효과가 없는 경우에는 사람의 몸에 악령이 머물지 못하게 더 극단적인 방법을 시도했다(예 채찍질, 굶기기, 화형, 다량 출혈, 익사 직전까지 물속에 빠뜨리기 등). 이 장에서는 ① 심리치료의 역사, ② 심리치료의 이론적 접근, ③ 심리치료의 효과, ④ 생물학적 치료, ⑤ 정신건강 관리로 구분하여 심리장애의 치료에 관해 살펴보기로 한다.

심리치료의 역사

고대 그리스인들은 정신질환을 신들이 광기를 일으켜 인간을 처벌하는 것이라고 믿었다. 그러나 히포크라테스의 생각은 달랐다. 그는 심리장애가 뇌의 이상으로 인해 발생하는 것으로 봄으로써, 정신건강 문제 연구에 처음으로 의학적 관점을 도입했다. 히포크라테스는 이상행동을 체액(황담즙, 혈액, 흑담즙, 점액질)의 불균형에서 초래된다고 가정했다.

히포크라테스
(Hippocrates,
BC 460~377)

그는 정신건강 문제가 있는 환자를 강제로 묶거나 정화의 식같이 다소 바람직하지 못한 치료도 했지만, 쾌적한 주변 환경과 운동, 적절한 식단, 마사지, 진정 효과가 있는 목욕의 중요성을 강조했다. 당시에는 정신질환자들을 위한 치료기관은 없었지만, 많은 환자가 치유의 신을 모시는 신전에서 정성스럽게 보살핌을 받았다. 그러나 정신질환 치료에 대한 이런 접근은 지속되지 못했다. 반면, 생물학적 문제가 사람의 생각, 감정, 행동에 영향을 미친다는 그의 믿음은 현대 정신의학의 발판이 되었다.

중세시대

중세 유럽에서는 정신질환의 원인이 악령에 사로잡혔기 때문이라는 원시적인 미신과 믿음이 되살아났다. 즉, 정신질환자는 사탄과 결탁하여, 홍수를 일으키고 역병을 퍼뜨리는 등의 재앙을 가져오는 초자연적인 힘을 가졌다고 믿었다. 이러한 믿음은 악마 처벌을 명분으로, 정신질환자를 잔혹하게 때리고, 굶기고 고문하는 것으로 나타났다. 이 시기에 등장한 대표적인 치료법은 엑소시즘이었다.

© Girolamo di Benvenuto.

엑소시즘. 엑소시즘exorcism은 귀신을 내쫓고 정신착란 상태의 사람을 건강한 상태로 되돌려 놓고자 하는 의식이다('구마예식'으로도 불림). 이 의식은 주로 남자 수도원에서 성직자에 의해 시행되었다. 성직자는 대상자를 손으로 공격하거나, 외설적인 욕설로 귀신을 모욕하거나 꾸짖는 등의 기술을 사용했다. 귀신들림bedevilment에 대한 이론이 세속 세계에서 널리 받아들여짐에 따라 태형, 굶기기, 체인 사용, 뜨거운 물에 빠뜨리기 같은 수단들이 정신질환자의 몸에서 귀신을 쫓아내는 데 사용되었다.

이러한 방법을 적용하는 배경에는 귀신 들린 사람을 생명에 위협을 느낄 정도까지 못살게 하면 귀신이 위기의식을 갖게 되어 더 버티지 못하고 몸에서 빠져나갈 것이라는 가정이 깔려 있었다. 그러나 이러한 비과학적이고 무모한 방법들은 많은 정신질환자에게 평생 씻을 수 없는 장애를 입게 했고, 대부분 생명을 잃게 하는 비극적인 결과로 이어졌다. 귀신들림에 대한 엑소시즘과 유사한 역사적 사건으로는 마녀사냥이 있었다.

마녀사냥. 마녀사냥witch hunting은 악마적 마법 집회를 일삼는다고 믿었던 마법사와 마녀를 색출하여 재판을 거쳐 고문·처형했던 광신도적인 사회 현상이었다. 이 현상은 15세기 초 유럽에서 산발적으로 시작되어 16세기 말에서 17세기에 이르기까지 절정을 이루었다.

© mullica.

당대 유럽의 종교적 지배 세력들은 유럽을 휩쓸었던 종교전쟁(가톨릭과 개신교 간), 흉년과 기근, 흑사병 등에 대한 책임을 악마의 뜻을 옮긴다는 마법사와 마녀의 소행으로 돌렸다. 이에 따라 이교도에 대한 박해 수단이었던 종교재판은 악마를 따르고 사회를 파괴한다는 마법사와 마녀의 처단을 위한 수단으로 바뀌게 되었다.

이로써 종교재판의 심판관은 개인 간 분쟁을 악마적 마법의 결과로 해석하여, 마녀로 지목된 여성을 잡아들여 자백을 강요했다. 자백하지 않으면 혹독한 고문이 가해졌고, 자백한 여성은 공개적으로 화형, 참수형 또는 교수형에 처해졌다. 마녀사냥은 당시 민중의 종교적 번민과 갈등의 탈출구뿐 아니라, 불안정한 사회에 대한 민중의 불만과 저항의 대리 해소 및 지배층의 권력 유지를 위한 수단으로 사용되었다. 이 불행한 사건들은 16~17세기에 절정을 이루다가, 르네상스 시대의 도래와 함께 이성과 과학이 시대정신이 되면서 점차 그 모습을 감추었다.

보호수용소 건립. 중세 후반에는 도시의 정신질환자 보호수용소asylum('안식처'라는 의미)가 마련되었다. 이 보호수용소는 갈 곳 없는 정신질환자들에게 거처를 제공했다는 점에서 그 의의를 찾을 수 있다. 그러나 정신질환자를 마치 범법자들처럼 수용하는 비인간적인 감옥과 크게 다르지 않았다. 이곳에 수용된 환자들은 사슬에 묶여 어둡고 더러운 철창으로 막힌 방에 갇혀 짐승과 다름없는 생활을 해야 했다. 게다가 이들은 일반인들의 구경거리로 전시되기도 했고, 문란한 성생활로 사생아가 양산되는 등 수용시설 내의 무질서와 혼란으로 악명을 떨쳤다.

18~19세기

18세기에 들어서면서 정신질환자를 치료하기 위한 접근법 마련을 위한 새로운 시도들이 유럽과 북미에서 거의 동시에 일어났다. 이러한 움직임은 북미의 벤자민 러스트(Benjamin Rust), 프랑스의 필립 디넬(Phillip Dinel), 영국의 윌리엄 투크(William Tuke)를 주축으로 이루어졌다. 이들이 내세운 접근법은 정신질환자들이 쇠사슬에 묶이지 않고, 매일 일광욕을 위한 외출을 하며, 따뜻한 관심과 영양가 있는 규정식을 제공받고, 다른 사람들과 소통하도록 하는 등 과거와는 판이하게 다른 치료를 받게 하는 것이었다.

특히 1792년 필립 피넬(Philippe Pinel, 1745~1826)은 프랑스 파리 소재 정신병원 원장으로 부임하면서 실험적으로 입원환자들을 묶어 두었던 사슬을 풀어 주었다. 주변에서는 '짐승'을 풀어 주는 피넬을 향해 미쳤다고 손가락질하면서 우려를 표하는 사람들이 많았다. 그러나 이 실험적 시도는 대단히 성공적이었다.

사슬에서 풀려난 환자들이 깨끗하고 햇볕이 잘 드는 방에서 인간적인 대우를 받자, 수년간 가망이 없다고 여겨졌던 다수의 정신질환자가 수용소를 떠나 사회로 복귀할 수 있을 정도로 병세가 호전되었기 때문이었다. 이러한 개혁적 시도는 사회구성원들의 폭발적인 관심을 불러일으켰다.

[그림 13-2] 살페트리에르(Salpetriere) 병원 마당의 필립 피넬 그림

© French psychiatrist Philippe Pinel (1745~1826) releasing lunatics from their chains at the Salpêtrière asylum in Paris in 1795.

이러한 역사적인 사건으로 인해 서양 사회에서는 귀신 들림에 대한 이론이 대부분 불식되었고, 정신질환자를 죽음으로 내몰던 혹독하고 잔인한 고문은 인간적인 보살핌으로 대체되었다. 이는 정신질환자들이 과거 쇠사슬에 묶여 고초를 겪던 시절에 비하면 이들의 삶의 질과 대우가 대폭 나아지게 되는 조치였다. 그러나 정작 이들을 위한 치료법에 관한 이론적 구조가 여전히 마련되지 않은 관계로 신체적 감금과 보호 외에 이렇다 할 치료적 접근은 없었다.

20세기

프로이트 이전에 이미 오늘날과 유사한 대화치료talk therapy에 대한 관심이 고조되었다. 이러한 시대적 분위기는 당시 스위스 내과 의사인 폴 뒤부아(Paul Dubois)와 프랑스 내과 의사 피에르 자네(Pierre Janet)에 의해 주도되었다. 이 두 전문가는 환자들에게 이성적 · 논리적인 방법으로 말하는 방법을 가르쳤다. 1950년대에는 우울과 불안을 비롯한 정서문제와 이상행동 감소를 위해 다양한 향정신성 약물이 개발되었다. 1960년대에 이르러 치료약물이 광범위하게 사용할 수 있게 되면서 다수의 입원환자가 퇴원하여 집으로 돌아가 통원치료를 받을 수 있게 되었다. 이처럼 시설에 수용된 환자의 퇴원과 지역사회 기반 서비스로의 전환은 탈시설화 운동deinstitutionalization movement으로 불렸다.

일부 환자들에게는 탈시설화가 성공적이었다. 그러나 심각한 정신건강 문제가 있는 사람들을 위한 지역사회 기반 서비스가 부족하거나 부재한 경우는 사정이 달랐다. 입원치료로 호전되어 도움을 받으면 자립적인 생활이 가능한 많은 사람이 통원치료와 치료약물 복용 모니터링, 친구 사귀기, 집 장만, 구직 같은 적절한 사후관리를 받지 못하는 경우가 잦았다. 그 결과, 스스로 장애를 극복하고자 시도하는 과정 사이에 시설 출입을 반복하는 '회전문revolving door' 현상이 초래되었다.

일부 퇴원 환자들은 상태가 심각하여 스스로 지탱할 엄두도 못 내거나 보호자의 도움 없이는 기능할 수 없을 정도가 된다. 이들은 종종 불결하고 사람이 북적거리는 집에서 살거나 노숙자로 살아간다. 꾀죄죄한 남자가 길모퉁이에 서서 혼잣말을 하거나 횡설수설 소리친다면, 이는 탈시설화의 희생자 중 한 명일 수 있다. 쇼핑백 안에 자신의 소지품을 모두 넣은 채 하루는 건물 출입구에서, 다음 날은 지하철역 바닥에서 밤을 보내는 여성 역시 또 다른 희생자일 수 있다. 특히 대도시에서 정신질환을 앓고 있는 노숙자가 눈에 띄게 늘고 있는 현상은 일반인들의 우려를 불러일으켜 시설 재수용reinstitutionalization의 필요성에 대한 움직임을 촉발하고 있다. 그러나 이러한 움직임은 윤리적 쟁점에 불을 붙였다. 만일 정신질환이 있는 사람들이 사회에 재적응하지 못한다면, 이들의 의지와는 상관없이 정신병원에 강제로 입원시켜야 하는가? 민주주의 사회에서 가장 중요한 권리 중 하나는 자유에 대한 권리다.

일부 전문가들은 법적 행위가 한 사람이 타인에게 잠재적으로 위협이 될 경우에만 정당화된다고 주장한다. 정신질환자가 정신병 증세가 발병한 상태에서 아무 죄 없는 보행자를 공격하는 일은 실제로 드물지만, 이러한 일이 자주 일어나는 것으로 일반인들에게 알려져 있기 때문에 공공안전에 대해 공포심을 갖게 한다. 그러나 이런 사건이 일어날 가능성은 매우 낮다. 한 대규모 연구에 의하면, 정신질환을 앓고 있는 사람의 5% 이하만이 정신건강 시설에서 퇴원 후 폭력범죄를 일으킨 것으로 나타났다(Steadman et al., 1998). 물론 심각한 정신건강 문제와 알코올 중독 같은 물질남용 문제가 동반되는 경우, 그 수치는 22%까지 올라가지만, 여전히 소수에 불과하다.

심리치료의 이론적 접근

심리치료psychotherapy란 개인의 심리적 문제를 완화하고, 효과적으로 기능할 수 있도록 돕기 위한 치료적 개입을 말한다. 정신역동적 접근에서는 개인이 자신의 무의식적 동기와 갈등 이해가 심리적 문제 완화를 위한 핵심과제로 본다. 행동치료자 또는 인지행동 치료자들은 습관적인 사고와 행동 패턴의 변화에 초점을 둔다. 심리치료 방법이 다양함에도 불구하고, 심리치료의 이론적 접근에는 치료자와 내담자(환자)가 협력관계 형성을 중시한다는 공통점이 있다.

치료과정에서 내담자는 치료자가 자신을 비판 · 판단하거나, 신뢰를 저버릴 것이라는 두려움을 떨쳐 버리고, 자유롭게 자신의 고민, 감정, 경험을 털어놓도

록 격려받는다. 또 심리치료자는 공감과 이해를 기반으로 내담자와 신뢰 관계를 형성하고, 효과적인 방법을 적용하여 내담자의 문제를 해결하여 치료목표를 성취할 수 있도록 돕는다. 이를 위한 심리치료의 접근은 다양하다. 이러한 접근을 모두 다루는 것은 이 책의 범위를 초과한다. 따라서 여기에서는 심리치료 현장에서 가장 자주 사용되는 주요 접근들, 즉 ① 정신역동적 접근, ② 행동주의적 접근, ③ 인본주의적 접근, ④ 인지행동적 접근, ⑤ 집단치료, ⑥ 커플치료와 가족치료를 중심으로 살펴보기로 한다.

정신역동적 접근

정신역동적 접근psychodynamic approach의 핵심 가정은 사람들의 현재 문제가 어린 시절 부모 · 형제자매와의 관계에서 형성된 무의식에 대한 이해 없이는 해결될 수 없다는 것이다. 이 접근의 목표는 무의식적 갈등(억압된 감정 또는 동기)을 의식화하여 합리적 · 현실적인 방식으로 해결하는 것이다. 정신역동 치료자들이 내담자의 무의식적 갈등을 다루기 위해 사용하는 주요 기법으로는 ① 자유연상, ② 꿈 분석, ③ 전이분석과 해석이 있다. 또한 전통적인 정신분석의 장점을 토대로, 한계를 보완한 ④ 대인관계치료가 있다.

자유연상. 첫째, 자유연상free association은 내담자가 의식적으로 자신의 억압된 생각을 내려놓고, 비이성적 · 선정적이거나 고통스러운 것이라도 머릿속에 떠오르는 대로 말하게 하는 기법이다. 이 기법은 자아를 침묵하게 하고, 원초아에게 말할 기회를 제공하기 위한 것으로, 무의식적 소망, 환상, 동기의 굴레에서 벗어나도록 돕는다.

고전적인 정신분석에서 내담자는 치료자와 몇 회기 동안 면대면 회기를 거쳐, 긴 소파에 누워 자유연상에 참여하게 된다. 자유연상에서 소파를 사용하는 이유는 내담자가 자신의 감정, 경험, 기억, 공상이 의식의 검열을 받지 않게 하고, 내적 갈등 또는 정신역동적 내용에의 접촉을 방해할 자극을 최소화하며, 분석가의 표정에 영향을 받지 않게 하기 위해서다.

꿈 분석. 둘째, 꿈 분석dream analysis은 꿈의 의미를 여러 조각으로 나누어, 표현적 내용에 나타난 상징을 명료하게 하는 기법이다. 이 기법은 내담자의 무의식적 욕동 탐색과 이해, 그리고 미해결 문제의 통찰을 돕기 위해 사용된다. 프로이트는 꿈을 '무의식으로 통하는 왕도the royal road to the unconsciousness'로 보았다. 꿈을 통해 내담자의 무의식적 욕구, 소망, 두려움이 표현된다고 믿었기 때문이다. 이러한 요소들은 흔히 용인될 수 없다는 이유로 가장되거나 상징 형태로 표출된다.

꿈은 잠재몽latent dream과 현재몽manifest dream으로 나뉜다. 수면 중에는 자아의 방어벽이 허술해져 억압된 감정이 표면화된다. 즉, 잠재몽이 의식으로 올라오는데 이것이 현재몽이다. 현재몽이 꿈에 나타난 내용 그 자체라면, 잠재몽은 현재몽에 숨겨진 상징적인 무의식적 동기, 소망, 두려움이다. 이러한 내용은 의식에서 용인되기 어려운 것이므로, 치환, 퇴행 등의 방어기제를 통해 왜곡 · 변형된 것으로, 형태를 바꾸어 의식으로 올라오게 된다. 이처럼 잠재몽이 덜 위협적인 현재몽으로 전환되는 과정을 꿈 작업dream work이라고 한다. 꿈 작업을 통해 치료자와 내담자는 현재몽의 의미를 분석 · 해석함으로써, 꿈의 가장된 의미를 탐색 · 이해할 수 있게 된다.

전이분석과 해석. 셋째, 전이분석과 해석은 내담자가 과거에 중요한 타인과의 미해결된 문제로 인해 현재 상황을 왜곡시켜 과거 중요한 타인에 대한 감정을 상담자에게 투사하는 감정의 재경험을 돕는 기법이다. 이 기법은 내담자의 심리내적인 삶을 설명하는 방법이다. 전이transference는 내담자가 과거의 중요한 인물에 대한 반응에서 비롯된 정적/부적 감정, 태도, 환상을 무의식적으로 치료자에게 옮기는 심리적 현상이다. 상담은 이러한 전이 반응의 탐색이 가능한 공간으로, 내담자의 과거 경험과 초기에 습득된 왜곡패턴이 현재의 치료자와의 관계를 왜곡시킨다(Luborsky et al., 2011).

치료과정에서는 흔히 상담자 또는 다른 내담자를 부, 모, 형제자매, 배우자/동반자, 이전 연인, 또는 직장 상사 같은 중요한 인물로 보게 되면서, 강렬한 감정을 촉발하는 과거의 미해결된 문제가 재현되곤 한다. 이를 통해 내담자는 무의식에 묻어 두었던 충동과 감정을 표출하게 된다. 이 작업을 통해 내담자는 자신이 치료자, 과거의 중요한 타인들, 그리고 현재의 중요한 인물들과의 관계에서 동일한 행동 패턴을 어떻게 반복하고 있는지 깨닫게 되고, 이런 일련의 과정은 성격 변화로 이어진다. 전이 분석과 해석은 내담자의 과거가 현재 기능에 미치는 영향에 대한 '지금 여기'의 통찰을 얻을 수 있게 한다는 점에서 정신분석의 핵심과정이다.

대인관계치료. 끝으로, 전통적인 정신분석은 치료 기간이 길고, 비용이 많이 드는 과정이다. 내담자와 분석가는 회기당 50분씩 주당 1회 또는 그 이상 만나고, 이러한 방식으로 치료 기간은 적어도 1년 이상 지속된다. 다수의 사람이 전통적인 정신분석에서 이루어지는 자기탐색이 가치 있다고 여기지만, 일부에서는 감당하기 어려운 오랜 치료 기간과 고비용을 지적하기도 한다.

더욱이 급성 우울과 불안, 또는 정신병으로 고통받는 사람들은 구조화되지 않은 전통적인 정신분석을 감당하기 어려워할 수 있고, 더 짧은 기간에 증상을 완화해 줄 치료를 원한다. 이러한 시대적 요구에 따라 전통적인 정신역동적 접근을 기반으로 상담과정을 구조화시키고, 기간을 훨씬 단축시켜 '대인관계치료'라는 새로운 치료모델이 개발되었다.

대인관계치료interpersonal therapy(IPT)의 회기는 보통 주당 1회이고, 아동기 경험의 완벽한 재구성을 덜 중시하며, 과거보다는 현재 타인과 상호작용하는 방식에서 발생하는 문제에 초점을 둔다. 자유연상free association은 대면상태에서 중요한 쟁점에 대한 직접적인 논의로 대체되었고, 치료자도 내담자가 스스로 관련 주제를 떠올릴 때까지 기다리기보다는 적절한 시점에 직접 적절한 주제를 제시한다. 전이는 여전히 치료과정에서 중요한 도구로 사용되지만, 치료자는 전이과정의 강조를 제한하고자 노력한다.

행동주의적 접근

행동주의적 접근behavioral approach은 학습과 조건화 원리에 기반한 이론적 접근을 말한다[예 고전적 조건화, 조작적 조건화, 사회인지이론, 변증법적 행동치료Dialectic Behavior Therapy(DBT) 등]. 이 접근의 치료자들에 의하면, 부적응 행동은 스트레스를 다루기 위해 학습된 것이므로, 학습에 관한 실험을 통해 개발된 기법을 사용하여 부적응 행동을 적응행동으로 대체할 수 있다.

그렇다면 행동 대체를 위해 행동에 대한 통찰이 필수로 요구되는가? 행동치료자들은 통찰이 가치가 있지만, 그것이 행동 변화를 보장하지는 않는다고 본다. 사람들은 때로 특정 상황에서 스스로 왜 특정 방식으로 행동하는지 이해는 하지만, 그렇다고 해서 행동을 변화시키지는 못한다. 한 학생이 발표불안이 있다고 가정하자. 그 학생은 과거의 사건에서 불안의 원인을 추적해 낼 수 있을 것이다.

예컨대, 의견을 말할 때마다 중요한 타인들이 비판적으로 반응했을 수 있다. 그가 불안의 원인을 이해했다고 해서 발표불안이 금새 사라지는 것은 아니다. 이에 행동치료자들은 구체적인 상황에서 부적응 행동을 수정하고자 한다. 이들은 내담자의 문제를 행동적 언어로 구체적이고 명확하게 정의하고, 이를 세분하여 각각에 대해 구체적인 치료목표를 수립한다.

만일 내담자가 부적절감을 느낀다면, 치료자는 그 감정을 더 구체적으로 표현하게 한다. 부적절감과 관련된 느낌이 드는 구체적 상황의 종류, 감정과 연합된 행동의 종류를 명확하게 기술하도록 돕는다. 수정할 필요가 있는 행동이 구체화된다면, 치료자와 내담자는 그 문제의 치료에 가장 적절하고 효과적인 치료방법을 택하여 치료 프로그램을 진행해 나간다. 행동주의적 접근의 주요 기법으로는 ① 체계적 둔감화, ② 노출치료, ③ 토큰경제, ④ 모델링, ⑤ 자극통제가 있다.

조셉 월피 (Joseph Wolpe, 1915~1997)

체계적 둔감화. 첫째, 체계적 둔감화systematic desensitization는 이완된 상태에서 불안을 일으키는 상황을 위계적 상상을 통해 불안과 양립할 수 없는 이완을 연합시켜 불안을 감소/소거시키는 기법이다. 이는 1958년 남아프리카공화국 출신의 독일계 미국인 정신과 의사, 조셉 월피가 고전적 조건화와 상호억제reciprocal inhibition이론을 토대로 개발한 치료법이다.

둔감화는 ① 이완훈련, ② 불안위계 작성, ③ 이완상태에서 불안위계에 따라 실시된다(Head & Gross, 2003). 체계적 둔감화의 첫 단계에서는 점진적 근육이완progressive muscle relaxation을 실시한다. 근육이완을 위해 치료자는 내담자에게 고요한 호숫가에 앉아 있거나 아름다운 초원을 거니는 상상을 하도록 하여 고요하고 평온한 상태에 도달하게 한다.

그런 다음, 불안유발 요소(거부, 질투, 비판, 비난, 무시, 공포 등)를 분석하여 표적target 증상과 관련된 불안위계목록anxiety hierarchies list(불안을 가장 적게 유발하는 사건에서 가장 심하게 일으키는 사건 순으로 작성된 목록)을 작성한다. 이를 토대로 각 사건에 대해 0에서 100을 할당하여 '주관적 불편단위척도Subjective Units of Discomfort scale(SUDs)'를 작성한다. 그러고 나서 둔감화를 실시한다. 체계적 둔감화는 특정 사건, 사람, 대상에 대한 극심한 불안/공포 치료를 위해 고안된 것으로, 불안장애, 특히 공포증과 강박증이 있는 사람들에게 효과가 있다(Spiegler, 2016).

노출치료. 둘째, 노출치료exposure therapy는 공포증이 있는 사람을 통제된 조건에서 공포 또는 부적 정서를 유발하는 상황에 노출시킴으로써, 자신의 반응을 적절하게 다룰 수 있게 하는 기법이다('노출기법exposure technique'으로도 불림). 이 기법은 고전적 조건화에 기초한 것으로, 사람은 오랜 시간 계속 불안해할 수 없다는 점에 착안하여 자극을 점차 차분한 감정과 연합하는 원리를 이용한 것이다.

노출치료의 기저에는 홍수법이 있다. 홍수법flooding은 공포증이 있는 사람이 두려워하는 자극이 존재한다고 상상하거나 실제 자극에 일정시간 동안 노출시키는 기법이다. 이는 개인이 노출된 상태에서 불안을 경험하지만, 두려워했던 결과가 실제로는 일어나지 않음을 체험하게 되는 원리에 기초한 방법이다.

노출치료의 주요 절차로는 ① 심상노출법과 ② 실제노출법이 있다. 심상노출법imaginal exposure은 실제노출법을 사용하기 전 또는 환자의 공포가 너무 심해 실제 상황에 직면할 수 없는 경우에 사용된다. 반면, 실제노출법in vivo exposure은 환자를 불안이 유발되는 실제 상황에 직접 노출시키는 기법이다. 예를 들어, 엘리베이터 공포증이 있는 사람을 둔감화 작업 없이 고층 건물의 엘리베이터를 탑승하게 하는 것이다.

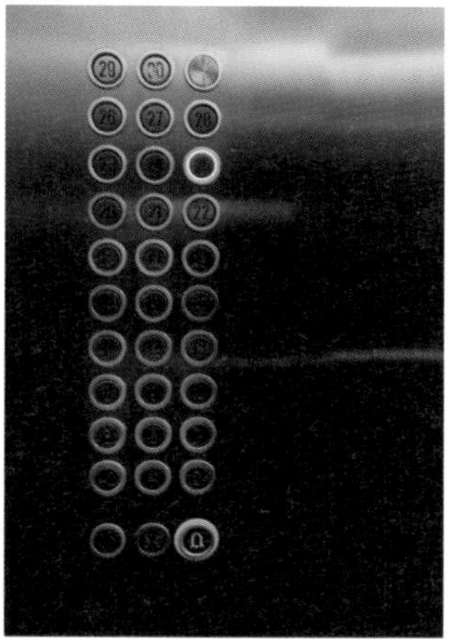

노출치료는 공포심 때문에 피하고 싶은 대상/상황에 대한 기능분석functional analysis으로 시작한다. 환자는 치료자와 함께 마주하기 힘든 순서대로 상황의 위계를 작성한다. 그런 다음, 불안과 공존할 수 없는 이완 상태에서 위계의 가장 낮은 단계부터 공

포를 유발하는 대상에의 반복적 · 체계적 노출을 통해 가장 극심한 공포를 유발하는 단계까지 단계적으로 공포 상황과 마주한다.

노출치료 원리를 활용한 치료법으로는 지속노출치료Prolonged Exposure therapy(PE)도 있다. 이 기법은 펜실베이니아대학교 불안치료 · 연구센터Center for the Treatment and Study of Anxiety의 에드나 포아(Edna B. Foa)가 외상후 스트레스장애(PTSD) 치료를 위해 기존의 노출치료를 응용 · 개발했다.

주요 절차로는 ① 심상노출법(트라우마 기억을 의도적으로 끄집어내어 반복적으로 말하게 하는 방법)과 ② 실제노출법[환자에게 트라우마 또는 위험을 느끼게 하는 상황, 장소, 사물(객관적으로는 안전함)을 점진적으로 직면하게 하는 방법]이 있다. 추가 절차로는 트라우마 기억처리processing of the trauma memory와 호흡재훈련breathing retraining이 있다.

토큰경제. 셋째, 토큰경제token economies는 토큰/환권을 제공하여 원하는 물건 또는 권리와 교환할 수 있게 하는 조작적 조건화를 이용한 행동수정 기법이다. 이 기법의 전제는 개인이 명확하게 적절한 행동을 보였을 때, 토큰을 제공하여 일정한 수의 토큰이 모이거나 특정 시간이 지나면 토큰을 보상물과 교환할 수 있게 하는 것이다. 이는 토큰 자체는 강화물이 아니지만, 토큰으로 교환이 가능한 강력한 강화물과 연합시키면, 강화물로서의 특성을 갖게 되는 원리를 이용한 것이다.

1960년대에 창안된 이 기법은 주로 보호시설에 수용된 지적장애 또는 정신장애가 있는 사람들에게 사용되었으나, 점차 학교, 가정, 직장 등 다양한 환경에서 사용되고 있다.

모델링. 넷째, 모델링modeling은 타인의 적절한 행동을 관찰한 다음, 이를 연습하게 하여 새로운 행동습득을 돕는 기법이다('모방학습' '대리학습'으로도 불림). 이는 내담자가 타인의 행동을 자신의 것으로 통합해 가는 변화과정으로, 강화와 벌보다 효과가 더 크다. 또 새로운 기술이나 행동이 타인의 관찰을 통해 더 효과적으로 습득될 수 있음을 입증하는 것으로, 비현실적인 공포 제거에도 효과가 있다 (Cooper et al., 2007). 모델링 효과를 높이기 위한 내담자의 조건은 [글상자 13-1]과 같다.

[글상자 13-1] **모델링 효과를 높이기 위한 내담자의 조건**

1. 모델에 관심이 있어야 한다. ☛ 관심을 높이기 위해 보상을 주기도 함
2. 모델에게서 얻은 정보를 유지해야 한다. ☛ 획득한 정보를 조직·유지하기 위해 상상기술 또는 언어적 부호화 전략 등을 사용함
3. 모델의 행동을 따라해야 한다. ☛ 행동은 학습과 행동 변화를 위해 모방·연습되어야 함
4. 모방행동에 동기화되어야 한다. ☛ 결과에 대한 보상은 모델의 행동발생 가능성을 증가시킴

자극통제. 끝으로, 자극통제stimulus control는 자극에 변화를 줌으로써 새로운 자극으로부터 바람직한 행동을 강화하는 기법이다. 체중감량을 위해 음식을 눈에 띄지 않거나 손이 잘 가지 않는 곳에 두거나, 거동이 불편한 노인이 좀 더 편리하게 생활하도록 가구를 재배치하거나, 아이가 좀 더 쉽게 글을 깨우칠 수 있게 장난감에 첫 글자를 붙여 놓는 것이 그 예다. 자극통제는 반드시 달라진 자극의 결과에 대해 정적 강화가 수반되어야 한다는 조건이 있다.

인본주의적 접근

인본주의적 접근humanistic approach은 성격에 대한 인본주의적 접근에 바탕을 두고 있고, 개인의 성장 잠재력과 자기실현self-actualization을 향한 자연적 경향성을 중시한다. 이 접근에 의하면, 개인의 심리적·정신적 문제는 환경적 상황 요인 또는 삶에서 중요한 인물들이 조건적인 긍정적 존중conditional positive regard을 통해 개인의 잠재력이 발휘되는 것을 방해함으로써 발생한다고 본다. 이 경우, 사람들은 자신의 진정한 소망을 부인하게 되고, 성장 잠재력이 쇠퇴하게 된다. 인본주의 치료자는 사람들이 현실자기와 접촉하고, 외부 상황 또는 사건에 의해 통제받기보다 자신의 삶과 행동에 대해 스스로 선택할 수 있도록 돕는다.

또 지금 여기here-and-now에서의 경험에 초점을 맞춤으로써 내담자의 기저에 있

[그림 13-3] 칼 로저스의 집단치료 장면

출처: http://www.nypcrc.org/groups

는 감정과 동기에 대한 자각 증진의 촉진을 돕는다. 반면, 정신분석가처럼 내담자의 행동을 해석하거나 행동치료자처럼 행동을 수정하려고 하지 않는다. 이러한 방식은 치료자의 관점을 내담자에게 부과하는 것이 될 수 있기 때문이다.

인본주의치료의 목표는 내담자가 자신의 사고와 감정 탐색을 촉진하고, 스스로 해결책을 발견하도록 돕는 것이다. 이러한 접근의 본질은 초기 인본주의 접근에서 온 것으로, 로저스의 인간중심치료의 핵심과업이기도 하다.

인간중심치료Person-Centered Therapy(PCT)는 1940년대에 칼 로저스가 창시한 것으로, 모든 사람은 자신에 관해 가장 잘 알고 있는 최고의 전문가이며, 자신의 문제에 대한 해결책을 스스로 발견할 수 있다고 가정한다. 이 접근에서 치료자는 내담자에게 질문/해석하거나, 행동 지침을 제안하지 않고, 내담자가 자신의 문제에 대한 해결책을 스스로 찾는 과정을 촉진한다. 이러한 이유로, 로저스는 치료자를 촉진자facilitator로 부르는 것을 선호했다. 또 정서 문제는 치료해야 하는 질병의 지표가 아니라고 여겼기 때문에 자신과 함께 작업하는 사람을 환자patient가 아니라 내담자client로 불렀다.

인간중심치료에서 치료자는 내담자가 자신의 욕구 또는 감정에 대해 말한 것을 치료자의 말로 정리하여 내담자에게 다시 전달하는 과정을 통해 내담자의 자기통찰과 이해를 촉진한다. 로저스는 치료자에게 가장 중요한 태도적 자질이 ① 공감적 이해, ② 무조건적인 긍정적 존중, ③ 진실성/일치성이라고 믿었다. 그는 이 세 가지 특성을 갖춘 치료자가 내담자의 성장과 자기탐색·이해를 촉진한다고 보았다(Rogers, 1970).

인간중심치료의 한계로는 정신분석과 마찬가지로 언어표현에 능숙하고, 자신의 문

되었다. 우울장애와 불안장애의 경우, 환자의 생화학적 측면과 사회 · 직업 상황에서의 기능에 모두 영향을 미친다. 이때 생물학적 측면과 심리사회적 측면 모두에 대해 치료하는 것이 치료 효과를 높일 수 있다. 예를 들어, 조현병처럼 주요 원인이 생물학적 장해로 인한 것이지만, 흔히 사회적 기술과 직장에서의 직무수행 능력에 심각한 손상을 입는다. 그러므로 약물치료와 함께 조현병의 영향에 효과적으로 대처할 수 있도록 심리치료를 제공하는 것은 매우 효과가 높다.

이처럼 정신건강 문제의 치료에 생물학적 치료와 심리치료를 병행하는 것은 개인의 생물학적 · 심리적 · 사회적 체계에 개입하는 것이 그 체계의 모든 수준에 영향을 줄 수 있음을 시사한다. 심리적 수준에서의 개입은 환자의 생화학적 측면과 사회적 행동 변화로 이어질 수 있다. 그 이유는 유기체의 생화학적 측면, 성격, 사고과정, 사회적 행동은 매우 복잡하게 얽혀 있어서 각기 다른 수준에 영향을 미치기 때문이다.

정신건강 관리

사람들이 스스로 심리적 안녕을 증진하고 신체적 웰빙을 유지하는 방법은 많고 다양하다. 이러한 방법 중에는 자신의 감정과 행동을 모니터함으로써, 자신에게 즐거움 또는 고통을 주는 행동과 상황을 파악할 수 있다. 즉, 삶에서 일어나는 다양한 사건에 대해 자신의 동기와 능력을 분석함으로써 삶에서 능동적으로 선택하는 역량을 키워 나갈 수 있다. 물론 사람들의 문제는 각기 다양할 뿐 아니라, 정신건강 관리를 위한 보편적인 지침도 없다. 그러나 다양한 치료자의 임상경험을 통한 몇 가지 지침으로는 자신의 ① 감정 수용, ② 취약성 파악, ③ 재능과 흥미 개발, ④ 사회적 관계 형성, ⑤ 전문가의 도움 활용이 있다.

감정 수용

사람들은 흔히 불쾌한 감정(분노, 슬픔, 놀람, 두려움, 역겨움 등)을 부인함으로써 불안을 회피하곤 한다. 또 이러한 감정 없이 상황을 직면함으로써 초연함 또는 냉정한 반응을 보이곤 한다. 반복적이고 습관적인 감정 억압은 타인과의 관계에서 자연스럽게 느낄 수 있는 정상적인 감정도 인식하지 못하거나 받아들일 수 없게 될 수 있다. 많은 경우, 불쾌한 감정은 정상적인 반응이다. 고향을 그리워하거나, 새로운 것을 배우는 것이 두렵거나, 자신을 실망시킨 사람에게 화가 나는 것은 자연스러운 감정이다. 이러한 감정은 부인하기보다 인정하는 것이 낫다. 만일 이러한 감정을 직접 표출하지 못하는 상황에 있다면, 적어도 스트레스에 대처할 방법을 찾는 것이 도움이 된다. 예컨대, 산책, 운동, 친구와의 대화는 긴장 완화에 도움이 될 수 있고, 문제해결을 위한 방안을 마련할 수도 있다.

취약성 파악

자신의 마음을 아프게 하거나 상하게 하거나 과민반응하게 하는 상황을 파악하는 것은 스트레스에 대처하고 정신건강 유지 · 증진에 도움이 된다. 만일 자신에게 불쾌한 감정을 유발하는 사람이 있다면, 적어도 그 사람의 어떤 점이 자신을 불편하게 하는지 알아볼 수는 있다. 이러한 시도는 상황을 새로운 관점에서 조망하는 데 도움이 될 수 있다.

다른 학생들 앞에서 발표하는 것이 불안을 유발한다면, 스피치에 관한 강의를 수강하여 발표 역량을 강화함으로써 발표에 대한 자신감을 높일 수 있다. 또는 '다른 학생들은 내가 입을 열자마자 기다렸다는 듯이 속으로 나를 흉볼 거야'라는 생각 대신, '사람들은 내 말에 관심을 가질 것이고, 조금 실수한다고 해서 그게 그렇게 문제가 되는 것은 아냐'라고 스스로에게 말할 수 있다.

사람들은 흔히 압박 받을 때 불안을 느낀다. 그러나 철저한 계획과 충분한 시간적 여유를 가진다면, 적어도 시간에 쫓겨 겪을 수 있는 압박감을 피하는 데 도움이 된다. 예를 들어, 약속 장소에 가는 데 필요하다고 생각하는 시간보다 의도적으로 더 이른 시간에 출발 · 도착한다면 적어도 한 가지 스트레스원은 제거할 수 있다.

재능과 흥미 개발

삶을 무료해하고 불행하다고 생각하는 사람치고 다양한 것에 흥미와 관심을 가진 사람을 찾아보기 힘들다. 오늘날 대부분의 대학에서는 모든 연령대 사람들에게 교양, 스포츠, 헬스, 육아, 수공예, 음악, 댄스, 원예 등 다양한 영역에서 취미와 재능을 살릴 수 있는 프로그램을 제공하고 있다. 흔히 한 가지 주제에 관해 많이 알수록, 그 주제에 관해 더 흥미와 관심을 가지게 된다. 이를 통해 미처 깨닫지 못했던 자신의 재능과 흥미를 발견하는 일은 개인적 유능감과 자존감을 높일 수 있게 된다.

사회적 관계 형성

고독과 외로움은 정서적 건강 문제의 중심에 있다. 인간은 사회적 존재로, 타인들과의 관계와 교류를 통한 지지, 격려, 위안, 안도감을 필요로 한다. 자신의 문제에만 주의를 기울이는 것은 건강하지 못한 집착으로 이어질 수 있다. 대신, 자신의 관심사 또는 개인적인 문제에 관해 다른 사람들과 대화를 나누어 보는 것은 그 문제를 좀 더 명확하게 조망하는 데 도움이 된다. 또 다른 사람의 안녕에 관심을 보이며, 그의 문제에 관한 이야기를 들어 주고 공감해 주는 이타적 행위는 자신의 존재 가치를 강화하는 선택이 된다.

전문가의 도움 활용

지금까지 소개한 일련의 제안은 개인의 정서적 안녕을 증진하는 데 도움이 될 수 있다. 그러나 때로 자기이해self-understanding와 자기도움self-help만으로는 한계가 느껴지는 상황에 놓이게 될 수 있다. 사람들의 자기기만 성향은 문제를 객관적으로 조망하는 것을 어렵게 하고, 가능한 해결책을 마련하는 데 걸림돌이 될 수 있다.

더 이상 자기 스스로 문제를 해결할 수 없다고 느낄 때, 이때가 전문적 도움이 필요한 때다. 이 경우, 기꺼이 전문적 도움을 받고자 하는 것은 나약함이 아니라, 정서적 성숙함의 징표다.

복습문제

※ 다음 빈칸에 들어갈 말을 써 보세요.

1. 심리치료의 역사에서 귀신을 내쫓고 정신착란 상태의 사람을 건강한 상태로 되돌려 놓는 의식, 즉 ____________이/가 있었다.

2. 1960년대에 치료약물이 광범위하게 사용할 수 있게 되면서 시설에 수용된 환자의 퇴원과 지역사회 기반 서비스로 전환하는 움직임을 ____________ 운동이라고 한다.

3. 정신역동적 접근의 주요 치료기법인 ____________은/는 내담자가 의식적으로 자신의 억압된 생각을 내려놓고, 비이성적 · 선정적이거나 고통스러운 것이라도 머릿속에 떠오르는 대로 말하게 하는 기법이다.

4. ____________은/는 꿈의 의미를 여러 조각으로 나누어, 표현적 내용에 나타난 상징을 명료하게 하는 기법인데, 꿈은 ________와/과 현재몽으로 나뉜다.

5. 전통적인 정신역동적 접근을 기반으로 상담과정을 구조화시키고, 기간을 훨씬 단축시켜 개발된 새로운 치료모델을 ____________치료라고 한다.

6. 체계적 둔감화에서 ____________은/는 불안을 가장 적게 유발하는 사건에서 가장 심하게 일으키는 사건 순으로 작성된 목록을 말한다.

7. 노출치료의 대표적인 기법인 ________은/는 내담자가 두려워하는 자극이 존재한다고 상상하거나 실제 자극에 일정 시간 동안 노출시키는 기법이다.

8. 인본주의적 접근에 의하면, 개인의 심리적 · 정신적 문제는 환경적 상황 요인 또는 삶에서 중요한 인물들이 _______________을/를 통해 개인의 잠재력이 발휘되는 것을 방해함으로써 발생한다.

9. 영국의 심리학자 ___________은/는 연구를 통해 심리치료에서 사람들의 호전율이 심리치료를 받지 않은 사람들보다 더 크지 않다고 발표함으로써, 심리치료의 효과에 관한 연구에 불을 붙였다.

10. ___________은/는 경미한 전류를 뇌로 흘려보내 뇌전증 발작과 유사한 발작을 일으킴으로써 치료적 효과를 내는 우울증 치료 방법이다.

자기검사

✿ 셀프테스트 해 보세요.

비합리적 신념 체크리스트 / Irrational Belief Checklist (IBC)

※ 다음은 사람들에게 종종 정서장해를 초래하는 비합리적 신념 목록입니다. 자신에게 해당하는 비합리적 신념을 체크해 보세요.

_____ 1. 주변의 중요한 사람들에게 반드시 인정을 받아야 해!

_____ 2. 가치 있는 사람으로 인정받으려면 능력 있고, 적합하며, 모든 면에서 완벽해야 해!

_____ 3. 나쁘고 못된 짓을 하는 사악한 사람들은 반드시 비난 · 처벌받아야 해!

_____ 4. 일이 뜻대로 되지 않으면 끔찍한 파멸이야!

_____ 5. 불행은 외적 원인에 의해 발생하므로 이로 인한 슬픔과 고통은 통제할 수 없어!

_____ 6. 위험이나 두려운 일이 일어날 것에 대해 항상 깊이 염려해야 해!

_____ 7. 특정 문제나 책임은 직면보다 회피하는 것이 더 쉬워!

_____ 8. 사람은 누군가에게 의지해야 하고 그럴 사람이 꼭 필요해!

_____ 9. 어떤 일이 삶에 깊이 영향을 미치면 이 영향은 무한정 계속될 것이고, 과거의 일은 현재 행동의 중요한 결정요인이야!

_____ 10. 문제에는 예외 없이 옳고, 정확하며, 완벽한 해결책이 있어! 완벽한 해결책을 찾지 못하면 파멸이야!

_____ 11. 사람은 타인의 문제와 어려움에 대해 속상해해야 해!

_____ 12. 세상은 공평하고 정의로워야 하는데 그렇지 않다면 끔찍하고 참을 수 없어!

_____ 13. 사람은 항상 편안하고 고통이 없어야 해!

_____ 14. 사람은 다소의 불안감 경험으로도 정신병에 걸릴 수 있어!

_____ 15. 사람은 무기력과 무행위, 수동적이고 무책임하게 즐김으로써 큰 행복을 누릴 수 있어!

엘리스의 건강한 삶을 위한 방법

☛ 사람은 자신이 믿는 것처럼 느낍니다. 엘리스(A. Ellis)는 다음과 같이 건강한 삶을 위한 방법으로 수용에 대한 삶의 태도와 가치를 제안했습니다. 다음의 글을 토대로 자신의 비합리적 신념을 합리적 신념으로 바꾸어 보세요.

1. 아무리 많은 실패를 했다고 하더라도 무조건적으로 자신을 수용해 보세요.
2. 결함이 있는 다른 사람을 무조건적으로 수용해 보세요.
3. 죄가 아니라 죄지은 사람을 수용해 보세요.
4. 삶의 가혹한 조건이 변화될 수 없을 때, 그러한 조건을 수용해 보세요.
5. 자신의 역기능적인 감정을 바꿀 수 없다면, 그 감정을 수용해 보세요.
6. 현재의 제약과 고통이 미래에 도움이 될 때, 그 제약과 고통을 수용해 보세요.
7. 과거사는 변할 수 없지만, 그것에 대한 현재 반응은 변할 수 있음을 수용해 보세요.
8. 생물학적 · 사회적으로 학습된 한계를 수용하되, 이러한 것이 존재하지 않기를 요구하지 말아 보세요.
9. 영원히 살고 싶다고 할지라도 결국 죽는다는 사실을 수용해 보세요.
10. 보통 많은 노력과 실천이 요구되지만, 자신의 생각, 감정, 행동을 변화시킬 수 있음을 수용해 보세요.
11. 완전히 선하거나 악한 것은 거의 없다는 사실을 수용해 보세요.
12. 자신과 다른 사람들이 흔히 쉽게 혼란에 빠질 수 있고, 어떤 문제를 야기함이 없이도 아주 비이성적으로, 그리고 당혹스럽게 행동할 수 있음을 수용해 보세요.

나의 비합리적 신념을 합리적 신념으로 바꾸어 보기 연습

〈예시〉

비합리적 신념		합리적 신념
주변의 중요한 사람들에게 반드시 인정을 받아야 해!	➡	중요한 사람들에게 인정을 받으면 좋겠지만, 인정받지 못한다고 해서 파멸은 아니야!

비합리적 신념		합리적 신념
	➡	
	➡	
	➡	
	➡	

	➡
	➡
	➡
	➡
	➡

소감

14

사회심리
: 마음과 마음

개요

사회적 인지
- 근본적 귀인오류
- 태도와 행동

사회적 영향
- 동조와 복종
- 집단효과

사회적 관계
- 편견과 차별
- 호감과 매력
- 사랑과 결혼

학습목표

1. 역사적 사건을 통해 사회적 인지와 관련된 개념을 이해 · 설명할 수 있다.
2. 몰개성화와 방관자가 사회적 행동에 미치는 영향에 관해 설명할 수 있다.
3. 편견과 차별의 집단역동과 관련 이론을 이해 · 설명할 수 있다.
4. 동조와 복종에 관한 역사적 사건에 대한 심리학적 의미를 설명할 수 있다.
5. 집단 분극화와 집단사고의 발생원인에 관해 설명 · 논의할 수 있다.
6. 고정관념이 어떻게 인상형성에 영향을 주는지 설명할 수 있다.
7. 호감과 매력의 결정요인을 설명할 수 있다.

인간은 사회적 동물이다. 아리스토텔레스(Aristoteles, BC 384~322)의 말이다. 사람은 홀로 살 수 없고, 우리의 삶은 보이지 않는 수많은 끈으로 연결되어 있다는 의미다. 사람들에게는 각자 독특한 속성이 있다. 이들은 같은 상황이라도, 접촉하는 사람에 따라 다르게 행동하기도 한다. 상황과 환경은 개인의 행동에 결정요인으로 작용한다. 이처럼 어떻게 상황이 사람들의 사고, 감정, 행동, 정신 과정을 조성하는지 과학적 · 체계적으로 이해할 수 있게 된 것은 사회심리학의 공헌이다.

사회심리학social psychology은 사람들의 사고, 감정, 행동, 정신 과정이 타인 또는 상상 속에 존재하는 타인에 의해 어떻게 영향을 받는지 과학적으로 연구하는 학문이다. 이로써 우리는 사람들이 특정 상황의 객관적인 면에 반응하기보다 주관적인 해석에 따라 반응한다는 사실을 공유할 수 있게 되었다. 이 장에서는 인간의 사회적 행동을 크게 세 범주, 즉 ① 사회적 인지, ② 사회적 영향, ③ 사회적 관계로 구분하여 살펴보기로 한다. 인간의 사회적 행동은 사회적 인지에서 발생한다.

사회적 인지

사회적 인지social cognition는 대인관계 또는 사회생활 적응에 도움이 되는 사회적 행동을 결정하는 내재적 과정이다. 예상치 않았던 일이 발생하면, 사람들은 왜 그런 행동이 자신에게 발생했는지 이해 · 설명하고자 한다. 1958년 독일의 프리츠 하이더(Fritz Heider, 1896~1988)는 귀인이론attribution theory을 제안했다. 귀인attribution은 자신 또는 타인의 행동이 발생한 원인을 추론하는 것이다. 이 이론에 의하면, 사람들은 행동을 개인의 안정적 · 지속적 특질에 귀인하거나('성향귀인'), 상황에 귀인한다('상황귀인').

예를 들어, 학생 A는 강의시간에 거의 말이 없다. 학생 B는 맥주를 마시며 끊임없이 말한다. 사람들은 이들의 서로 다른 행동이 본래 그런 부류의 사람이기 때문이라고 인식하는 경향이 있다. A는 내향적이고, B는 외향적인 사람이 틀림없다는 것이다. 이러한 성향귀인은 타당할 수 있다. 사람들에게는 지속적인 성격 특질이 있기 때문이다. 그러나 안타깝게도 사람들은 때로 성격의 영향력을 과대평가하고, 상황의 영향을 과소평가하는 근본적 귀인오류의 희생양이 되기도 한다(Ross, 1977).

근본적 귀인오류

근본적 귀인오류fundamental attribution error란 타인의 행동을 설명할 때, 상황 또는 주변 정황의 영향을 과소평가하는 대신, 성격적 특성 또는 타고난 기질적 요인을 부각시켜 설명하려는 경향성을 말한다. 아돌프 히틀러, 짐 존스, 오사마 빈 라덴은 사악한 지도자로 분류될 만하다. 그러나 사회심리학자들은 행위의 원인을 전적으로 행위자의 성격에 귀인하는 것은 바람직하지 않음을 경고해 왔다. 이들은 사악한 지도자처럼 보이는 현상을 전형적인 근본적 귀인오류의 예로 들곤 한다.

1933~1945년까지 나치 독일의 아돌프 히틀러Adolf Hitler는 제1차 세계대전 패전 이후 독일 재건을 위한 청사진으로 독일인들의 마음을 사로잡았고, 이는 결국 폴란드 침공을 시작으로 제2차 세계대전으로 이어졌다. 6년여에 걸친 전쟁으로 수

많은 사람이 생명과 재산을 잃었다. 특히 그는 홀로코스트holocaust, 즉 800만 명이 넘는 죄 없는 유대인들을 계획적으로 학살했다. 이러한 사실은 전쟁이 종식된 후에야 고도의 효율성을 고려하여 설계된 살인공장이 설치된 강제수용소에서 자행되었다는 사실이 전 세계에 알려지게 되었다. 어떻게 이러한 대규모 학살이 자행될 수 있었을까? 히틀러와 그를 추종한 사람들은 얼마나 사악하기에 이런 만행을 저질렀을까?

1950년대에 인민사원을 세운 짐 존스Jim Jones 목사는 인종 통합을 몸소 실천하고 자선활동도 활발하게 펼치며 세간의 주목을 받았다. 그러나 1970년대 중반에 종교 지도자로서 부적절한 각종 악행이 폭로되자, 그는 남미 가이아나의 정글로 신도들을 이주시켜 존스타운이라는 마을을 이루게 했다.

1978년 11월 18일, 가족들의 안전을 염려한 신도 가족들의 제보가 잇따르자, 미 하원의원 리오 라이언은 조사를 위해 그곳을 방문했다. 조사를 마치고 일행과 경비행기에 탑승하려는 순간, 갑자기 라이언 의원의 일행과 이들과 함께 탈출하려던 사람들에게 총격이 가해졌다. 이들은 모두 그 자리에서 숨졌고, 짐 존스는 913명(어린이 276명 포함)의 신도들에게 미리 준비한 독극물을 마시고 자살하라는 명령을 내렸다. 이들은 그대로 따랐다. 이 사건은 역사상 최대의 집단자살로 기록되었다. 이들은 어떤 사람들이기에 타인의 지시에 따라 자살을 했을까?

출처: Wikipedia.

2001년 9월 11일, 네 대의 민항기가 공중 납치되었다. 이 중 두 대는 뉴욕시 맨해튼의 110층 세계무역센터(WTC) 빌딩, 한 대는 워싱턴 D.C. 외곽의 펜타곤(미 국방부 건물)에 돌진 · 충돌했고, 나머지 한 대는 의도했던 표적을 벗어나 펜실베이니아의 외딴곳에 추락했다.

항공기 탑승자 전원과 펜타곤에 있었던 사람들 수백 명이 사망한 것 외에도, 항공기 충돌로 인해 세계무역센터가 무너져 내릴 때 건물 안에 있던 3천여 명의 사람들도 함께 목숨을 잃었다. 이런 엄청난 사건을 일으킨 테러범들은 도대체 어떤 사람들이기에 그토록 수많은 무고한 사람들의 생명을 한꺼번에 앗아 가는 일을 저지를 수 있을까?

사람들은 때로 이해하기 힘든 행동을 저지른다. 이렇듯 누군가에 의해 자행된 참으로 이해하기 힘든 사건을 이해하기 위해 사람들이 나타내는 첫 번째 반응은 흔히 사악하기 짝이 없는 행위는 미치광이의 소행이라고 단정하는 것이다. 즉, '히틀러를 비롯한 추종자들은 사악한 인종차별주의자' '짐 존스는 미친 사이비 종교 교주' '민항기 공중납치범들은 사악한 테러범들'이라고 쉽게 단정하는 것이다. 납득하기 힘든 문제의 열쇠를 쥐고 있는 사람을 '나쁜' 사람(미친 사람)과 '좋은' 사람(정상인)으로 구분 짓는 단정적인 해석은 사람들의 궁금증을 일부 해소해 주는 효과가 있다.

사람들은 종종 일상생활에서 주변 사람들의 일상적인 행위에 대해서도 근본적 귀인오류를 범한다. 인파가 많은 백화점에서 한 남성이 자선을 구하는 사람의 요청에 5만 원을 모금함에 넣었다. 이 남성은 선하고 인정 많은 사람인가? 아니면 상황의 압력에 굴복한 사람인가? 연구에 의하면, 사람들은 종종 상황적 압력으로 인한 행동을 하는 사람도 인정 많은 사람으로 평가하는 오류를 범한다.

맞춤법이 틀린 이메일 메시지를 받으면, 보낸 사람의 지적 능력과 성실성을 의심하게 된다. 이 현상 역시 근본적 귀인오류에 해당한다. 메일을 보낸 사람이 언어장애가 있다거나, 메일에 사용한 언어에 익숙하지 않은 외국인이라는 사실 같은 상황적 정보가 추가된다면, 그에 대한 부정적 평가는 감소될 것이기 때문이다 (Vignovic & Thompson, 2010).

타인의 행동을 그 개인의 성격 또는 상황 중 어떤 것으로 해석하는가는 현실에 영향을 줄 수 있다. 사람들은 타인의 행동이 호의인지 호감인지 결정해야 할 때가 있다. 근본적 귀인오류는 낯선 사람이 바람직하지 않은 행동을 하는 경우에 종종 발생한다.

자신에게 근본적 귀인오류가 있음을 자각하는 것은 부정적 사고와 편견 제거에 유용하다. 삶에 비관적인 사람이 자신이 부정적인 방식으로 자신의 행동을 설명하고 있음을 인식할 때, 자신을 수용하고 사랑할 수 있음이 그 예다.

태도와 행동

태도attitude는 대상, 사람, 사건에 대해 특정 방식으로 반응하게 하는 신념의 영향을 받기 쉬운 감정이다. 태도는 행동에 영향을 미친다. 증오적 태도는 폭력적 행동을 초래한다. 태도와 행동은 양방향적, 즉 태도가 행동에, 행동이 태도에 영향을 준다. 태도가 바뀌면 행동이 변할 수 있다. 강한 사회적 압력은 태도와 행동의 연계를 약화시킬 수 있다(Wallace & Hinsz, 2009). 공개투표에서 정치인들이 개인적으로는 동의하지 않아도 지지자들이 요구하는 방향으로 표를 던지는 것이 그 예다. 태도와 행동의 관계를 나타내는 예시로는 ① 문 안에 발 들여놓기 기법, ② 자기정당화, ③ 인지부조화가 있다.

문 안에 발 들여놓기 기법

문 안에 발 들여놓기 기법foot-in-the-door technique이란 작은 부탁을 들어준 후에 더 큰 부탁을 거부하지 못하고 비교적 쉽게 들어주는 현상을 말한다. 이는 사람들이 거절하기 힘든, 작은 요청으로 시작함으로써 본래 잘 동의하지 않는 요청에 동의하도록 하는 방법이다. 사람들은 흔히 작은 요청(예 뇌물, 청탁, 사이비 종교 등)에 동의하면, 자신들의 태도와 공개적 행동을 더 강하게 일치시킴으로써, 더 큰 요청을 거부하기 더 어려워지게 된다.

한 연구에서 연구자들은 주민들을 방문해서 운전조심이라는 문구가 인쇄된 작은 전단(가로세로 7.5cm의 정사각형)을 주민들에게 보여 주면서 현관 창문에 붙여 줄 것을 청했다(Freedman & Fraser, 1966). 좋은 취지에서 하는 요청이고, 부담이 없는 것이어서 거의 모든 주민이 동의했다. 그 후 주민들은 현관을 드나들면서 전단을 통해 자신들이 공공안전의 중요성을 깊이 인식하고 있다고 생각하게 된다. 2주 후, 더 큰 규모의 홍보 간판 설치를 넌지시 요청하자, 주민의 76%가 동의했다. 이처럼 타인에게 일관성이 있는 사람으로 보여야 한다는 압력은 개인에게 자기정당화를 부추기는 결과를 낳는다(Petrova et al., 2007).

자기정당화

동조와 복종에 관한 연구는 다수의 사람이 상황에 따른 사회적 영향에 응종compliance하는지에 초점을 둔다. 사람들은 때로 잘못을 인정하기보다 부적절한 행동임을 알면서도 계속하고자 한다. 일관성을 유지하려는 압력으로 인해 사람들은 종종 신념 형성 또는 조절함으로써 행동을 정당화 또는 합리화한다.

존스타운에서의 자기정당화. 1978년 11월 18일, 사람들이 존스타운에 건설된 인민사원의 지도자 짐 존스 목사가 주도한 집단자살 사건에 관한 뉴스를 접했을 당시에는 근본적 귀인오류가 지배적이었다. 즉, 짐 존스 목사는 본래 사악하고 성격에 심각한 문제가 있는 사람이었고, 그의 신도들은 판단력이 부족한 정신박약자나 정신이상자들이라는 것이다. 그러나 실제로는 대부분 평범한 시민들이었고, 교육수준이 높은 전문직업인들도 꽤 있었다.

이에 이들이 스스로 남미 가이아나의 정글에 세워진 존스타운으로 이주하게 된 과정과 짐 존스가 사용한 책략을 분석한 결과, 짐 존스는 '문 안에 발 들여놓기 기법'을 교묘하게 이용했음이 밝혀졌다(Osherow, 1984). 그는 처음부터 신도들에게 '당신이 평생 모은 재산과 자녀를 내게 맡겨라! 그리고 나와 함께 지상낙원 가이아나 정글로 가자!'는 식으로 요구하지 않았다. 대신, 그는 초기에 사람들에게 작은 요구에 응종하게 한 다음, 점차 희생과 헌신의 수준을 높여 나갔던 것이다.

[그림 14-1] 짐 존스의 설교 장면
출처: https://abcnews.go.com/

짐 존스는 만민평등주의에 기초한 사회정의와 인종 간의 조화라는 이상향, 즉 '대의the Cause'라고 알려진 그 비전을 거듭 제시했다. 초기에 그는 신도들에게 그 대의를 위해 단지 시간을 내 달라고 요청했다. 다음에는 돈, 재산, 자녀의 법적 후견권, 그리고 또 다른 중요한 것 등 점차 수위를 높여 갔다.

추종자들의 선택지는 조금씩 줄어 가다가 결국 없어지고 말았다. 그럴수록 이들은 자신들의 과거 행동을 정당화하려는 동기가 커지게 되었다. 이 상황에서 가장 쉬운 방법은 짐 존스의 대의에 한층 더 헌신하는 것이었다. 가이아나로 이주하기 전, 인민사원Peoples Temple을 벗어나려다 살해당한 여성, 지니 밀스(Jeannie Mills, 1979)는 『하나님과 함께한 6년(Six Years with God)』이라는 자신의 책에서 자기정당화의 위력에 관해 [글상자 14-1]과 같이 기록하고 있다.

[글상자 14-1] **지니 밀스의 『하나님과 함께한 6년』이라는 책 내용의 일부**

우리는 고통스러운 현실에 직면해야 했다. 우리가 평생 저축한 돈이 사라졌다. 짐(존스)이 생명보험 증서를 처분하여 교회에 헌금할 것을 요구하는 바람에 그마저 사라졌다. 우리는 가지고 있던 모든 재산을 빼앗겼다. ……<중략>…… 우리는 이 나라를 떠난다고 부모님께 말씀드리면서 이것이 부모님과의 마지막 작별이라고 생각했다. (교회 사람들에게) 내맡겨 남겨진 아이들조차 우리에게 공공연한 적개심을 나타냈다. 짐 존스 목사는 이 모든 걸 그렇게 짧은 시간에 이뤘다. 이제 우리에게 남은 것은 짐(존스)과 대의뿐이었기에 우리는 복종하고 이 두 가지에 힘쓰기로 결심하기에 이르렀다(Osherow, 1984에서 인용).

인지부조화

인지부조화 이론cognitive dissonance theory은 레온 페스팅거가 창안한 것으로, 개인의 사고, 신념, 행동, 태도 간의 부조화가 유발하는 심리적 불편감 해소를 위한 태도 또는 행동 변화를 설명하는 이론이다. 이 이론에 의하면 사람들은 인지적 불일치가 발생할 때, 심리적 불편감 해소를 위해 자신의 태도나 행동을 바꿈으로써 자기일관성을 유지하고자 하는 경향성이 있다. 즉, 사람들은 자신의 태도와 행동이 부조화 상태에 놓이면, 부조화라는 불쾌한 상태를 벗어나는 가장 쉬운 경로를 택하게 된다는 것이다.

레온 페스팅거
(Leon Festinger, 1919~1989)

이처럼 사람들은 스스로 택한 결정의 가치를 높이 평가함으로써 자신의 노력을 정당화하는 경향이 있다. 이러한 일들은 매년 대학 캠퍼스에서 일어난다. 대학교 신입생들은 동아리 가입을 위해 때로 고통스럽고 위험한 괴롭힘을 가하는 신고식을 치른다. 인지부조화에 관한 한 실험에서 특정 집단에 가입하기 위해 더 많이 노력한 사람은 더 적은 노력으로 가입한 사람들보다 그 집단에 더 큰 가치를 부여하게 된다(Aronson & Mills, 1959). 인지부조화 이론에 의하면, 이러한 현상은 사람들이 선택하지 않은 결정이 지닌 좋은 특징을 평가절하하거나, 선택한 결정의 좋은 특징을 과대평가함으로써 자신의 선택을 정당화하기 때문에 발생한다.

사회적 영향

사회심리학의 업적은 사회적 영향의 엄청난 위력을 발견한 것이다. 이러한 영향은 동조, 권위에의 복종, 집단행동에서 찾을 수 있다. 자살, 폭탄테러, 항공기 납치, UFO(미확인 비행물체) 목격 등은 흥미롭게도 집단적으로 나타나는 경향이 있다. 대학가에는 청바지, 금융가에는 정장이 대세다. 어떻게 행동하고 치장하며, 어떻게 말해야 하는지를 알면, 삶이 조화롭게 작동한다. 사회적 끈의 위력, 즉 사회적 영향력은 얼마나 강력하고, 또 어떻게 작동하는가? 타인의 존재는 개인의 수행에 어떤 영향을 미치는가? 여기서는 논의의 초점을 개인에서 집단으로 옮겨 보기로 한다. 사회적 영향은 ① 동조와 복종, 그리고 ② 집단효과로 구분하여 살펴보자.

동조와 복종

제2차 세계대전 당시 나치 독일에 의해 자행된 홀로코스트, 즉 800만 명 이상의 인종 학살을 주도한 인물은 아돌프 히틀러였다. 그러나 히틀러 혼자서는 그 참사를 저지를 수 없다. 이러한 참사의 이면에는 그의 뜻에 동조하고 지시에 복종한 사람들이 있었다. 1942년 여름, 가정이 있는 중년의 독일 예비경찰 500여 명이 폴란드 유제푸프에 들이닥쳤다. 지휘관은 이들에게 적을 도운 유대인들을 체포할 것을 명령했다. 그러자 이들은 일사불란하게 명령에 따랐다. 신체가 건장한 유대인들은 강제노동 수용소로 보내졌고, 나머지는 즉석에서 총살되었다. 처형 참여를 거부할 기회가 주어지자, 12명만이 거부했고 나머지 485명은 17시간 만에 엎드려 있는 1,500여 명의 여성, 아이, 노약자들의 뒤통수에 총을 쐈다(Browning, 1992).

이들 모두는 히틀러와 마찬가지로 정신병자였는가? 전쟁 상황이 아니어도 합법적으로 보이는 권위의 위력은 잔혹 행위를 수행하라는 지시에 복종한 평범한 사람들의 실험 참여에서도 드러난다. 사회적 압력에의 순응, 즉 동조와 복종이 어떤 결과를 초래할 수 있는지에 관한 연구로는 ① 애쉬의 동조 실험, ② 아렌트 보고서, ③ 짐바르도의 스탠퍼드 교도소 실험, ④ 밀그램의 복종 연구, ⑤ 자동흉내 실험이 있다.

애쉬의 동조 실험

솔로몬 애쉬
(Solomon Asch,
1907~1996)

피암시성suggestibility과 모방은 미묘한 형태의 동조conformity, 즉 행동 또는 생각을 집단기준에 맞추는 현상이다. 1955년 솔로몬 애쉬는 사람들의 동조 현상을 규명하기 위한 실험을 수행했다. 참여자는 자신이 시지각 연구에 참여하는 것으로 알고 실험실을 방문했다. 거기에는 이미 다른 참여자('협조자') 다섯 명이 테이블에 둘러앉아 있었다.

실험자는 세 개의 선분 중에서 기준 선분과 길이가 같은 것이 어떤 것인지 참여자들에게 순서대로 물었다. 참여자는 선분 2가 정답임을 쉽게 알 수 있었고, 다른 사람이 먼저 답하는 것을 보면서 자신의 차례를 기다렸다. 두 번째도 똑같이 쉬운 비교가 진행되었다. 세 번째 시행 역시 정답은 명백해

[그림 14-2] 애쉬의 동조 실험 장면

보였다.

그런데 첫 번째 참여자가 '선분 3'이라고 틀린 답을 말해서 참여자를 어리둥절하게 만들었다. 두 번째, 세 번째, 네 번째 참여자도 똑같이 틀린 답을 말하자, 참여자는 의자를 고쳐 앉고는 눈을 가늘게 뜨고 선분을 응시했다. 다섯 번째 사람도 앞의 네 사람과 같은 답을 말하자, 참여자는 무척 당황하는 기색을 보였다. 실험자가 참여자에게 답하도록 요청하자, 그는 다른 참여자들의 만장일치 반응과 자신이 보고 있는 것 사이의 괴리로 인해 긴장하면서 조금 전에 비해 자신의 시지각을 덜 확신하게 되었다. 답을 말하기 전, 머뭇거리면서 집단의 이단아가 되는 불편감을 감내할 것인지 고민했다.

이 실험에서 대학생들이 홀로 답하면, 실수할 가능성은 1%도 채 되지 않았다. 그러나 다른 참여자('실험협조자')들이 엉터리 답을 말하는 경우, 다수의 참여자는 진실을 말했으나, 1/3 이상의 참여자는 집단에 동조하여 틀린 답을 말했다. 후속 연구들에 의하면, 참여자가 동조할 가능성이 큰 조건은 [글상자 14-2]와 같다.

[글상자 14-2] **동조 발생 가능성이 큰 조건**

1. 집단에 최소한 세 명이 있을 때
2. 집단의 위상과 매력을 존중할 때
3. 능력이 없거나 불확실하다고 느끼게 했을 때
4. 문화가 사회적 기준의 존중을 강력히 요구할 때
5. 집단의 다른 구성원들이 자신의 행동을 관찰하고 있음을 알고 있을 때
6. 집단이 만장일치일 때 ☛ 한 명의 이탈자라도 있으면, 사회적 용기를 현저하게 증가시킴

사람들은 사회적 배척을 피하거나 안정을 얻기 위해 동조하는 경향이 있다. 이는 규범적 사회영향normative social influence에 반응하고 있음을 나타내는 것이다. 사람들은 사회규범, 즉 용인되고 기대되는 행동을 위해 이해하고 있는 규칙에 민감하다. 사람들에게는 소속 욕구가 있어서, 공동체의 다수집단과 다르거나 이탈로 인한 대가가 클 수 있음을 인식한다. 이로 인해 비정상적으로 고집스러운 사람을 제외하고는 동조가 발생한다. 특정 사안에 대해 타인의 견해를 받아들일 때, 그는 정보적 사회영향informational social influence에 반응하는 것이다.

아렌트 보고서

유대인 학살 혐의로 1962년 교수형에 처해진 나치 전범 아돌프 아이히만(Adolf Eichmann, 독일 나치 친위대 장교로, 유럽 각지에 있는 유대인을 체포·강제 이주시키는 책임자였다가 독일 항복 후 가족과 함께 아르헨티나로 도피해 리카르도 클레멘트라는 이름으로 살던 중, 1960년 이스라엘 정보국 모사드 요원들에게 체포됨)의 재판을 방청했던 독일의 사회철학자 안나 아렌트(Anna Arendt, 1906~1975)의 「예루살렘의 아이히만: 사악함의 평범성에 관한 보고서(Eichmann in Jerusalem: A Report on the Banality of Evil)」(1963)는 아이히만은 미치광이가 아니라 거대한 기계의 작은 톱니바퀴 하나에 불과한, 우둔하고 평범한 관료였고, 독일 제3제국의 사악하게 보이는 사람들 대부분이 명령에 따른, 지극히 평범한 사람들이었다고 주장했다.

이러한 결론은 누구라도 그와 같은 상황에서는 사악한 존재가 될 수 있음을 시사한다. 또 나치 독일의 만행이 정상적인 조건에서 사람들이 생각하는 것에서 크게 벗어난 것도 아니라는 것이다. 아렌트의 결론은 평상시에 점잖은 보통 사람도 특정 상황에서는 범죄자가 될 수 있다는 충격적인 지적이다. 그러나 이러한 지적은 누구나 받아들이기 쉽지 않은 결론이다. 왜냐하면 사악한 짓은 사악한 자나 저지르는 것이라고 믿는 것('근본적 귀인오류')이 마음을 더 편안하게 해 주기 때문이다.

아렌트의 주장은 역사학자들로부터 심한 비판을 받았다(Cesarani, 2004). 비판의 요지는 아이히만이 나치 당원이 될 무렵에는 평범한 사람이었을지 모르지만, 나치운동에 동조하게 되면서 유대인들을 강제수용·살해하는 독창적인 방법을 고안한 업적을 인정받아 특전을 입기까지 대량학살자로 변질되었다는 것이다. 이에 사회심리학자들은 '사악한 상황이 사악한 행동을 낳는다'는 종래의 주장을, ① 개인이 집단과 동일시하는 방식과 ② 개인이 강력한 상황을 조성하고 강력한 상황에 의해 조성되는 방식 사이의 미묘한 상호작용이 있다는 쪽으로 선회하였다(Reicher et al., 2012).

집단의 상호작용은 흔히 조직규범의 영향을 받는다. 조직규범institutional norm은 용인되는 행동과 신념에 대한 내 · 외현적 규칙이다. 이는 사회개념과 유사하나, 동종의 조직 또는 기관에만 적용된다는 차이가 있다. 집단의 상호작용 패턴은 보통 조직 상황에서 제도화된다. 이는 특정 역할(고용인 vs. 피고용인, 상관 vs. 부하)을 맡는 사람들에게 기대하는 행동이 정해진다는 의미다. 이러한 상황에서 사람들의 행동은 개인적 특성보다는 특정 역할기대에 더 의존한다. 즉, 조직 상황은 개인의 행동에 강한 영향을 주는 또 다른 상황이다. 조직규범의 힘이 얼마나 강력한지를 보여 주는 대표적인 연구로는 필립 짐바르도가 수행한 스탠퍼드 교도소 실험Stanford prison experiment이 있다.

스탠퍼드 교도소 실험

필립 짐바르도
(Philip G. Zimbardo, 1933~)

필립 짐바르도는 교도관의 심리적 과정에 관심이 있었다. 그는 스탠퍼드대학교 심리학과 지하실험실에 모의교도소를 만들고, 지역신문에 일정한 보수가 제공되는 실험에 참여할 사람들을 모집하는 광고를 실었다. 이 광고를 보고 방문한 미국과 캐나다 중산층 가정 출신의 성숙하고 정서적으로 안정적이며, 정상적 · 지성적인 백인 남자 대학생 24명을 선발했다. 이들은 수감된 적이 없었고, 모두 유사한 가치관을 가진 것으로 보였다. 제비뽑기로 12명은 교도관, 나머지 12명은 수감자 역할에 배정되었다. 교도관 역할을 맡은 참여자들에게는 잠재적인 위험이 따르므로, 자신을 보호할 필요가 있는 상황으로 인식하게 했다.

수감자 역할을 배정받은 참여자들은 느닷없이 그들의 집에 들이닥친 모의 경찰에게 연행당해 수갑을 차고 눈을 가린 채 모의교도소로 이송되었다. 이들은 모의교도소에서 조사받고, 몸을 소독하고, 지문을 찍고, 수인번호를 받고 다른 수감자들과 함께 감금되었다. 참여자들은 보수를 받는 조건으로 실험 참여에 동의했고, 사전에 실험이 2주간 진행될 것임

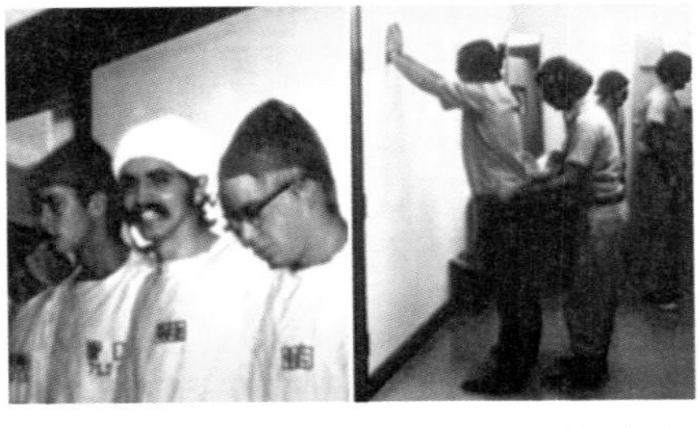

[그림 14-3] 스탠퍼드 교도소 실험 장면
출처: https://www.simplypsychology.org

을 알고 있었다. 그러나 6일째 되던 날, 연구자들은 실험을 중단해야 했다. 그 이유는 실험 결과가 너무도 두려웠기 때문이었다. 짐바르도는 당시 상황을 [글상자 14-3]과 같이 기록했다(Zimbardo, 1972).

[글상자 14-3] **실험 중단에 대한 짐바르도의 해명**

> 연구자들을 포함하여 참여자 대부분에게는 더 이상 어디까지가 현실이고, 어디부터가 역할인지 그 한계가 분명하지 않게 되었다. 참여자들은 진짜 수감자 또는 교도관처럼 되고 말았고, 역할수행과 자기를 명확하게 구분할 수 없게 되었다. 이들의 행동, 사고, 감정의 모든 측면에서 실제로 극적인 변화가 생겼다. 일주일도 채 안 된 교도소 생활의 경험이 일생 동안 배운 것들을 지워 버렸고, 인간의 가치가 멈춰 섰으며, 자기개념이 도전받았고, 인간 본성의 추악하고 비열한 병리적 측면이 표면화되었다. 수감자 역할을 맡은 학생들은 살기 위해, 그리고 교도관들에 대한 끓어오르는 증오심을 이기지 못해 도주만 생각하는, 비굴하고 비인간적인 로봇이 되어 버렸다. 반면, 교도관 역할을 맡은 학생들은 수감자 학생들을 동물처럼 다루면서 야비하고 잔인한 행위를 저지르는 것을 보고 연구자들은 두려움에 휩싸였다(p. 243).

[글상자 14-3]에 제시된 것과 같은 상황은 연구자들이 예측했던 것보다 훨씬 더 빠르고 철저하게 실험이 현실이 되어 버렸다. 이 실험은 교도소 같은 상황에서 작동하는 조직규범의 힘을 보여 주었을 뿐 아니라, 상상을 초월하는 상황의 힘을 입증했다. 실험 참여자들의 성품이나 배경으로는 이들의 행위를 전혀 설명할 수 없었다. 즉, 교도관 역할과 수감자 역할 간의 상호작용은 부정적 · 적대적 · 비인간적인 경향이 있었는데, 이는 실제 교도소에서 일어나는 상호작용과 매우 흡사했다. 이러한 연구의 시사점은 상황 자체가 너무 병리적이어서, 정상인의 행동을 왜곡 · 변질시킬 수 있다는 것이었다. 이 실험과 유사한 것으로는 밀그램의 복종 연구가 있다.

밀그램의 복종 연구

1963년 예일대학교의 스탠리 밀그램은 실험을 통해 사람들이 사회적 압력에 쉽게 굴복한다는 사실을 입증했다. 그는 필립 짐바르도의 고교 동창이자, 솔로몬 애쉬의 제자다. 밀그램은 실험을 위해 신문에 '처벌이 학습에 미치는 효과에 관

스탠리 밀그램
(Stanley Milgram,
1933~1984)

한 연구'에 참여하면 시간당 4달러를 지급한다는 광고를 내서 참여자를 모집했다.

광고를 본 지원자가 실험실에 도착하면, 조교는 지원자와 또 한 사람의 참여자(실제로는 '실험협조자') 중에서 누가 '교사' 또는 '학생' 역할을 하게 될 것인지 결정하기 위해 제비뽑기를 하도록 요청했다. 지원자는 (예정된 대로) 교사 역할을 맡게 되고, 전압이 표시된 30개의 레버 스위치가 수평으로 장착된 전기충격기 앞에 앉는다.

각 스위치에는 15~450V까지 전압 수치가 적혀 있다. 15V 스위치 옆에 있는 일련의 스위치 아래에는 '경미한 충격'이라고 적혀 있고, '위험' '극심한 충격'이라고 적혀 있는 일련의 스위치를 지나 끝에 있는 스위치 아래에는 'XXX'라고만 적혀 있다. 실험자는 온순하고 복종적으로 보이는 '학생'을 옆방으로 데려가 벽을 통해 전기충격기와 연결된 의자에 앉아 전극이 손목에 부착한다.

교사의 역할은 단어쌍 목록을 학생에게 가르치고 평가하는 것이다. 학생이 틀린 답을 제시하면, '15V(경미한 충격)'이라고 적힌 스위치를 누르는 것부터 시작한다. 실험자는 학생이 오답을 제시할 때마다 전압을 한 단계씩 높이라고 지시한다. 실험자가 첫 번째 스위치를 올려 시범을 보인다. 스위치를 올리면 버저 소리가 울리고, 불빛이 번쩍거리면서 전압기 바늘이 오른쪽으로 기울었다.

실험이 시작되면, 교사는 단어 쌍이 적힌 목록을 학생(실험협조자)에게 읽어 주고 나서, 각 쌍의 첫 단어를 읽어 주고 네 개의 단어 중 정답인(두 번째로 읽어 준) 단어를 골라 답하게 했다. 만일 학생이 오류를 범하면, 교사는 전기충격 장치의 레버 스위치를 눌렀다. 그러나 학생(47세 남성)은 실제로는 전기충격을 받지 않았다. 그가 계속해서 오류를 범하기 시작하고 전기충격 수준이 상승하면서, 그가 항변하는 소리가 옆방의 벽을 통해 들렸다. 전기충격이 더 강해지자, 그는 소리를

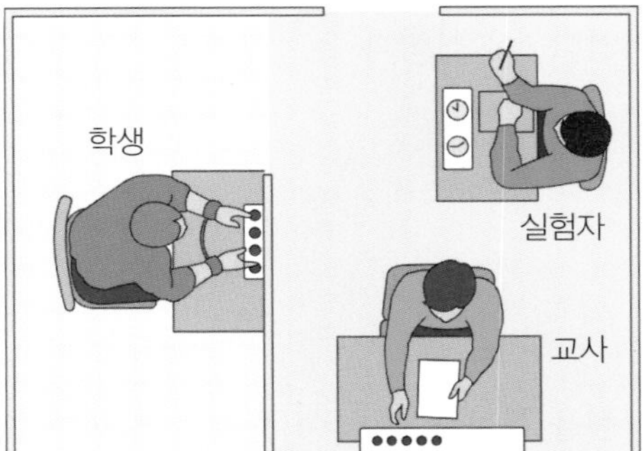

[그림 14-4] 밀그램의 복종 실험 도식

지르고 심지어 욕설까지 했다.

전기충격이 300V에 이르자, 그는 벽을 발로 차기 시작했고, 전기충격을 더 높였을 때는 더 이상 반응하지 않고 아무 소리도 내지 않았다. 그러자 참여자들은 실험 절차에 대해 연구자에게 이의를 제기하기 시작했고 중지할 것을 요청했다. 그러나 연구자는 참여자가 실험을 계속하도록 정해진 순서에 따라 침착하게 일러 주기만 했다('계속해 주시기 바랍니다.' '귀하께서 계속해야 실험이 이루어집니다.' '귀하께서 계속하는 것이 절대적으로 필요합니다.' '귀하는 선택의 여지가 없습니다. 반드시 계속해야 합니다.' 등). 복종의 양은 참여자들이 계속하기를 거부하는 시점 전까지 가한 최대 전기충격치로 측정했다.

[그림 14-5] 밀그램과 복종실험도구

출처: https://psicologiaymente.com/

밀그램은 명문 의과대학 정신과 의사들을 대상으로 같은 연구를 수행한다면, 참여자 대부분이 전기충격 수준이 150V를 넘으면 더 이상의 참여를 거부할 것이고, 300V를 넘으면 전기충격을 가하는 사람이 약 4%밖에 안 될 것이며, 450V까지 가하는 사람은 1% 미만일 것으로 예측했다. 그러나 실제로는 이들의 65%가 전기충격의 마지막 단계(450V, 'XXX')에 이를 때까지 계속해서 복종했다. 학생 역할자가 벽을 차기 시작하는 전기충격 수준인 300V 수준 이전에 진행을 멈춘 참여자는 단 한 명도 없었다.

그렇다면 사람들은 왜 복종의 정도를 예측하지 못하는 걸까? 그것은 바로 '근본적 귀인오류'와 연관이 있다. 즉, 타인의 행동을 설명할 때, 상황의 영향은 과소평가하고 성격 또는 타고난 기질적 요인과 연결하여 설명하려는 경향성 때문이다. 이러한 이유로 사람들은 타인 대부분이 무고한 사람에게 고통을 가하는 것을 바라지 않을 것이라는 믿음으로 밀그램의 절차를 따져 보고, 복종하는 사람이 거의 없을 것이라고 쉽게 결론을 내린다. 밀그램의 실험 절차에 관해 설명을 들은 대학생의 99%가 전기충격을 주지 않겠다고 답한 것이 그 예다(Aronson, 1995).

밀그램의 실험은 참여자들에게 참기 어려울 만큼 심한 스트레스를 줄 수 있고, 장기적인 심리적 영향을 줄 수 있다는 점에서 비인간적 · 비윤리적이라는 비

© Wikipedia.

판을 받았다. 그러나 밀그램은 실험을 마친 후, 실험 참여자들에게 주의 깊은 해명debriefing을 해 주었음을 강조했다. 밀그램의 복종 실험은 현대전에서 병사들에게 자신들은 적군의 죽음에 대해 아무런 책임이 없다는 느낌이 들게 함으로써, 살인하라는 명령에 복종하는 현상을 이해하는 데 도움을 준다. 밀그램은 "우리 연구의 근본적인 교훈은 자신의 임무를 충실히 수행하고, 특정한 적개심도 가지지 않은 보통 사람들이 끔찍한 파괴적 행위자가 될 수 있음을 보여 준다"(Milgram, 1974, p. 6)는 사실을 강조했다.

자동흉내 실험

카멜레온은 주변 색깔에 맞춰 피부색을 바꾼다. 사람들 역시 주변 사람들의 정서적 분위기에 따라 행동한다. 사람들은 카멜레온 못지않게 타인의 표현, 자세, 목소리 등을 무의식적으로 모방한다. 이를 카멜레온 효과chameleon effect라고 한다.

한 연구(Chartland & Bargh, 1999)에서 대학생들에게 다른 사람('실험협조자')과 같은 공간에서 일하게 했다. 실험협조자는 의도적으로 얼굴을 문지르거나 발을 떨었다. 그러자 참여자들은 얼굴을 문지르는 실험협조자와 함께 있을 때는 자신의 얼굴을 문질렀고, 발을 떠는 사람과 있을 때는 발을 흔드는 경향이 있었다. 연구자들은 이러한 현상을 자동흉내automatic mimicking라고 명명했다. 이 같은 무의식적 모방은 다른 사람들과의 공감대 형성에 도움을 준다.

자동흉내는 왜 슬프고 우울해하는 사람들 곁에 있을 때보다 즐겁고 행복해하는 사람들과 함께할 때 더 행복한 느낌이 드는지 설명해 준다. 공감적 모방은 친근감을 조성한다. 누군가의 고개 끄덕임에 대해 고개를 끄덕이며 그의 말에 동의해 줄 때 그 사람은 상대에 대해 친근감을 느끼게 된다. 흥미로운 점은 공감적인 사람은 타인이 하품하는 것을 보면 하품을 더 자주 한다는 것이다(Chartland & van Baaren, 2009).

또 다른 연구에서는 비만, 수면상실, 물질남용, 고독, 행동 등이 사회 네트워크를 통해 퍼져나간다는 사실을 보여 주었다(Christakis & Fowler, 2009). 웹사이트에서 긍정적인 평가는 더 긍정적인 평가를 생성하는데, 이를 긍정적 군집positive gathering이라고 한다.

집단효과

1898년 노먼 트리플렛은 사이클 선수들의 속도 기록을 검토하던 중 선수들이 혼자 달렸을 때보다 다른 선수들과 경쟁하며 달렸을 때의 기록이 더 좋다는 사실을 발견했다. 그는 아동들을 대상으로 수행한 실험에서 정해진 시간 내에 낚싯줄을 최대한 빨리 감도록 했다. 한 집단의 아동들에게는 같은 공간에서 두 아동이 각자의 낚싯대에 낚싯줄을 감도록 지시했고, 다른 집단은 혼자서 낚싯줄을 감도록 했다.

노먼 트리플렛
(Norman Triplett,
1861~1934)

그 결과, 아동들이 혼자서 낚싯줄을 감을 때보다 자신과 같은 일을 수행하고 있는 다른 아동들이 있을 때('공동행위coaction') 더 빨리 감았다. 이로써 공동행위자와 관중이 수행을 촉진하는 효과를 일컫는 '사회적 촉진'이라는 용어가 창안되었다. 이에 집단효과는 ① 사회적 촉진과 억제, ② 사회적 태만, ③ 몰개성화, ④ 집단 분극화, ⑤ 집단사고로 나누어 살펴보기로 한다.

사회적 촉진과 억제

사회적 촉진social facilitation이란 다른 사람들이 함께 있을 때 잘 연습된 과제를 더 잘 수행하게 되는 현상을 말한다. 반면, 사회적 억제social inhibition란 다른 사람들이 있을 때, 어려운 과제의 수행력이 떨어지는 현상을 말한다. 이러한 현상들은 1960년 중반부터 20여 년간 수행된 241개 연구에 대한 메타분석 결과로 밝혀졌다(Bond &

Titus, 1983). 즉, 공동행위자와 관중의 존재는 단순하거나 학습이 잘되어 있는 과제에서는 수행 속도와 정확도를 높이지만('사회적 촉진'), 복잡하거나 부실하게 학습된 과제에서는 떨어뜨린다('사회적 억제')는 것이다.

사회적 촉진과 억제 현상은 열광적인 관중 효과가 스포츠 경기에서 홈팀에게 이점으로 작용하는지 설명해 준다. 희극 공연은 관중들이 가득 찬 공간에서 훨씬 더 재미있어 보이는 것(Aiello et al., 1983)이 한 예다. 활기찬 심리학 강의를 원하는가? 모든 학생을 수용하기 어려운 강의실을 택하면 효과가 있다. 또 공연은 호의적인 관중 앞에서 더 잘할 가능성이 크다. 반면, 어려움을 느끼는 일을 할 때 관중이 있으면 불가능하게 보일 수 있다.

사회적 태만

사회적 태만social loafing이란 개인이 혼자 수행할 때보다 집단상황에서 목표 달성을 위한 노력을 덜 하는 현상을 말한다. 줄다리기 경기를 할 때, 사람들은 일대일로 할 때보다 힘을 더 쓸까, 덜 쓸까, 아니면 똑같을까? 이 질문에 답하기 위해 매사추세츠대학교 연구팀은 참여자의 눈을 가린 채 밧줄을 있는 힘껏 당기도록 했다. 뒤에서 세 사람이 함께 줄을 당기고 있다고 거짓으로 알려 주었을 때, 눈이 가려진 학생은 혼자 당기고 있다고 생각할 때보다 82%만 힘을 사용했다(Ingham et al., 1974).

집단에서 눈을 가린 사람들이 헤드폰을 통해 다른 사람들의 큰 박수 또는 고함 소리를 들으면서 가능한 한 크게 박수치거나 고함을 지르게 하면 어떤 일이 일어날까? 다른 사람들과 함께 박수치거나 고함을 지르고 있다고 생각할 때, 참여자들은 '혼자' 박수치거나 고함 지를 때보다 1/3 정도 소리를 적게 냈다. 이처럼 사람들은 종종 군중 속에서는 혼자 있을 때와 다르게 행동한다. 사람들은 시위, 파업, 폭동 같은 상황에 휩쓸리는 경우 몰개성화, 즉 집단의 일부가 되어 개인 정체감 상실과 익명의 존재로 더 공격적인 행동을 하곤 한다.

몰개성화

몰개성화deindividuation란 개인이 집단의 일원이 되면서 자신의 정체성 또는 개인적 특성을 상실하고 집단에 융합된 것처럼 느껴지는 심리적 상태를 말한다('몰개인화'라고도 함). LA 폭동처럼 자의식과 억제력을 상실하게 되는 과정은 전형적인 몰개성화 현상의 예다.

몰개성화는 1895년 프랑스의 귀스타브 르봉(Charles-Marie Gustave Le Bon, 1841~1931)의 저서 『군중: 대중의 마음 연구(The Crowd: A Study of Popular Mind)』에서 군중은 홀로 있을 때보다 타인들과 함께할 때 지적으로 더 열등해진다는 주장('군중심리')에서 파생되었다. 르봉은 프랑스 혁명 가담자들의 잔인하고 비도덕적인 폭력적 행위가 개인의 도덕성과 자제력을 와해시키고, 전염병처럼 군중에게로 퍼져 나가는 충격적인 광경을 목격했다. 몰개성화는 종종 ① 군중심리, ② 익명성 효과, ③ 방관자 효과로 인해 발생한다.

군중심리. 군중심리mob psychology/crowd psychology, 즉 군중의 일원이 되는 것은 개인이 혼자 있을 때는 저지르지 않을 파괴적인 행동에 기꺼이 가담하게 하는 원인으로 작용한다. 개인의 집단행동에 관한 르봉의 초기 관찰은 1950년대에 페스팅거 등(Festinger et al., 1952)에 의해 처음 소개된 '몰개성화' 개념의 출현으로 이어졌다. 그 후, 지속적인 연구를 거쳐 몰개성화는 집단상황에서 사람들의 개인 정체감 최소화 및 대중에게 해명해야 할 의무감 감소로, 공격적 · 비일상적 행동이 나타나게 되는 현상으로 정의되고 있다.

몰개성화 현상은 1866년 발족되어 흑인을 비롯한 유색인종과 이들을 옹호하는 백인들에게 살인, 방화 등 무차별 폭력을 가했던 KKK(Ku Klux Klan)의 행태를 예

[그림 14-6] KKK 집회 장면

출처: https://www.npr.org/

로 들 수 있다. 이들은 뾰족한 두건, 흰색 가운, 마스크를 쓰고 십자가를 불태우는 등의 의식을 통해 잠재적 희생자들에게 위협을 가하고 집단테러를 자행했다.

이뿐 아니라 1990년대 중반에 발생한 북아일랜드 폭동에서도 신원확인이 가능한 폭도들보다 얼굴을 가리고 위장한 폭도들이 더 많은 사람에게 잔인한 폭력을 가하여 더 심각한 상해를 입혔다(Silke, 2003). 이러한 현상은 대중에게 해명해야 할 의무감 감소로 인해, 충동적이고 규칙에 위배되는 행동을 제어하지 못한 결과('몰개성화')로 설명될 수 있다. 집단에의 동조는 이처럼 사람들을 각성시키는 동시에 익명성anonymity이 보장될 때 발생하기 쉽다.

익명성 효과. 한 실험(Zimbardo, 1969)에서 4인 1조의 뉴욕대학교 여학생으로 구성된 여러 집단에게 (학습자 역할을 맡은) 다른 한 명의 여대생이 오류를 범할 때마다 전기충격 버튼을 누르게 했다. 이들 집단의 절반에게는 KKK의 것과 유사한 후드를 씌워 얼굴을 가렸고, 통짜로 된 흰색 가운을 입게 했으며, 이들의 이름을 거명하지 않고 집단('몰개성화 집단')으로 대했다. 나머지 절반의 집단은 입고 온 옷을 그대로 입게 했고, 큼직한 명찰을 달아 주었으며, 한 사람씩 호명하면서 서로 소개해 주었다('개성화 집단'). 그런 다음, 참여자들에게 버튼을 누르면 학습자에게 전기충격이 전달된다고 알려 주었다(실제로는 전기충격이 없었음). 그 결과, 몰개성화 집단이 개성화 집단보다 2배 더 많이 전기충격 버튼을 눌렀다.

이 실험에서 참여자들이 착용한 KKK의 것과 흡사한 의상은 익명성을 보장해 주었을 뿐 아니라 공격성을 부추기는 사회규범을 자극했다. 사회규범social norm이란 개인이 행동 또는 판단할 때 사회문화적으로 용인되는 행동과 신념의 내·외현적 가치판단 기준을 말한다. 또 다른 실험에서 익명성보다 사회규범이 공격적 행동 유발에 동기를 부여했는지를 알아보기 위해 전기충격 실험을 수행했다. 이를 위해 참여자들에게 세 가지 종류의 의상(① KKK의 것과 흡사한 의상, ② 간호사 복장, ③ 참여자의 옷) 중 한 가지를 입게 했다. 그 결과, KKK의 것과 같은 의상, 참

여자의 옷, 간호사 복장 순으로 전기충격을 가하는 횟수가 많았다.

이는 익명성이 보장되면 반드시 공격행동을 더 많이 하는 것은 사실이 아님을 보여 준다 (Johnson & Downing, 1979). 이처럼 상황 특이적 단서(예 간호사 복장)가 익명의 집단에서 행동에 영향을 주는 사회규범을 촉발한다는 사실은 종전의 몰개성화 이론('집단과 익명성이 규칙위배 행동의 억제력을 와해한다')에 변화를 가져왔다. 즉, 집단상황의 특징은 상황 특이적 사회규범을 따르는 동조를 높인다는 것이다(Lea et al., 2001).

온라인, 시위, 록 콘서트, 운동경기, 종교집회든 간에 사람들은 자의식과 자기억제를 상실하면, 집단행동에 매몰되고 만다. 그렇다면 누군가 위급한 상황에 처하는 경우, 목격자가 많을수록 도움받을 가능성이 커질까? 안타깝게도 그렇지 않다. 그 이유는 방관자 효과 때문이다. 즉, 사람들이 행동해야 할 때, 행동을 가로막는 요인이 타인의 존재라는 것이다.

방관자 효과. 방관자 효과bystander effect란 주위에 사람들이 많을수록 어려움에 처한 사람을 돕지 않게 되는 현상을 말한다('구경꾼 효과'라고도 함). 1964년 3월 13일 새벽 3시경 뉴욕 퀸스 지역 주택가에서 일을 마치고 귀가하던 키티 제노비스(Kitty Genovese)라는 젊은 여성이 괴한의 칼에 찔려 살해당하는 사건이 일어났다. 사건 발생 2주 후, 뉴욕타임스 표지에 '살인을 목격한 38인, 경찰에 신고조차 하지 않다'라는 기사 제목이 실렸다. 피해자가 비명을 지르는 35분간 목격자들은 구조의 손길을 보내기는커녕 소리조차 내지 않았다.

확인 결과, 실제 목격자는 38명이 아니라 12명이었다. 그들 대부분은 추운 겨울이어서 창문을 닫고 있었고, 그저 연인끼리 다투는 중이라고 생각했다 한다. 보도를 접한 시민들은 경악을 금치 못했다. 이 사건은 방관자 효과의 원인에 관한 연구에 불을 지폈다. 방관자 효과에 관한 연구 50편의 결과를 조사한 결과, 연구의 대부분은 다른 사람들이 있을 때, 도움행동이 감소하는 것으로 나타났다(Latané et al., 1981). 타인의 존재는 방관자 모두의 무지 과정을 통해 방관자에게 특정 상황을 위급상황이 아닌 것으로 오판하게 함으로써, 책임감 분산responsibility diffusion을 유발하여 적절한 행동을 취하지 않게 한다는 것이었다.

집단 분극화

집단 분극화group polarization란 개인적으로 의사결정을 할 때보다 집단적으로 할 때 더 극단적으로 결정하게 되는 경향성을 말한다. 이러한 집단 간의 차이는 시간이 경과하면서 더 커지는 경향이 있다는 것이다. 여아들은 남아들보다 더 친밀하게 대화하고, 덜 공격적인 놀이와 상상을 하는데, 이러한 차이가 동성의 또래와 어울리면서 더욱 확대되는 것이 그 예다. 사람들은 흔히 자신의 신념과 태도가 유사한 사람들과 어울리면서 그 신념과 태도가 더욱 공고해진다. 유사한 생각을 가진 사람들은 마치 공명을 일으키듯이 사람들을 지속적으로 극단으로 몰아간다.

집단 분극화는 자살테러 같은 극단적 행동을 가능하게 한다. 테러리스트들의 신념과 태도는 어느 날 갑자기 형성되는 것이 아니라, 불만을 공유하는 사람들 사이에서 서서히 시작된다(McCauley, 2002). 고립된 상태에서 집단구성원끼리 상호작용함으로써 이들의 생각은 점차 극단으로 치닫게 되고, 세상을 '우리'와 '그들'로 범주화하게 된다(Moghaddam, 2005).

이러한 현상은 소셜 네트워킹도 예외가 아니다. 사람들은 자신의 견해를 지지하는 블로그의 글을 읽으며, 시간이 경과함에 따라 정치적 분극화political polarization('상대방 이념의 혐오')가 점차 강력해진다. 이처럼 인터넷은 유사한 어려움을 겪고 있는 사람들을 연결해 주고 생각을 하나로 묶어 줌으로써, 가상공간에서도 격리와 결속이 분극화를 가속화한다.

집단사고

집단 상호작용은 개인적 의사결정에 영향을 미치기도 한다. 1961년, 존 케네디 전 미국 대통령 특별자문위원회는 만장일치로 1,400여 명의 쿠바 난민을 훈련시켜 쿠바를 침공하여 카스트로 정권을 전복시킨다는 결정을 실행에 옮겼다. 그러나 쿠바의 피그만Pig's Bay을 기습한 침공군들은 곧바로 포로가 되거나 사살되어 미국에 막대한 국가적 손실을 초래했다. 이에 대해 케네디 대통령은 "우리가 어떻게 이토록 어리석을 수 있었단 말인가?"라고 개탄했다고 한다. 이 사건을 계기로 1982년 사회심리학자 어빙 재니스(Irving Janis, 1918~1990)는 명백한 실패로 이어지는 집단결정 과정에 관해 연구했다.

존 케네디
(John F. Kennedy, 1917~1963)

피그만 침공에 대한 의사결정 과정은 여러 면에서 잘못 수립된 것이었다. 당시 대통령과 참모들 사이에 강한 응집력이 형성되어 있었다. 높은 사기와 집단에 대한 과신은 자신들이 수립한 계획에 대해 자만심을 갖게 했다. 집단의 긍정적인 분위기 유지를 위해 집단에 반하는 의견은 압력 또는 자체 검열로 억제되었고, 누구도 이의를 제기하지 않았다. 이로써 이 계획은 자문위원들에게 만장일치로 결정된 것처럼 느껴지게 했다.

재니스는 이처럼 표면적으로는 조화로워 보이지만 비합리적인 집단결정 과정을 설명하기 위해 집단사고라는 용어를 창안했다. 집단사고groupthink는 집단적 의사결정 상황에서 구성원들이 집단의 응집력과 획일성을 강조하는 한편, 반대의견을 억제함으로써 비합리적인 결정을 내리는 왜곡된 의사결정 방식을 말한다.

집단사고로 인한 문제는 1986년 발생한 우주왕복선 챌린저호 폭발사고에서도 나타났다(Esser & Lindoerfer, 1989). 로켓 추진장치를 제작한 회사(Morton Thiokol)와 우주선을 만든 회사(Rockwell International)의 기술자들은 발사 당일 날씨가 추울

거라는 일기예보를 들었다. 이들은 저온에서는 로켓을 연결하는 고무밸브가 폭발할 가능성이 있다는 이유로 발사 연기를 건의했다.

그러나 회사와 NASA 관리들은 이 의견을 무시한 채, 로켓을 예정대로 발사하기로 결정했다. 챌린저호는 발사 후 1분 13초 만에 폭발했고, 7명의 승무원 전원이 참변을 당했다. 이 과정에서도 다른 대안을 고려하지 않는 자체 검열이 있었고, 기술자들을 배제한 채 간부들과 관리들만으로 이루어진 회의에서 만장일치의 착각 등 집단사고의 증상이 나타난 것으로 밝혀졌다.

집단사고의 문제점을 예방하기 위해서는 지도자가 다양한 의견을 기꺼이 받아들이고, 전문가의 비판을 적극 수렴하며, 참모들에게 가능한 문제점을 찾아내도록 해야 한다. 열띤 논의는 합리적인 결정을 만들어 낼 수 있다. 누구도 모두보다 더 현명할 수 없다.

사회적 관계

사람들은 서로 어떻게 관계를 형성하고 유지하는가? 이 과정에서 편견과 차별은 어떻게 발생하는가? 우리와 그들로 나뉘어 다른 집단의 사람들에게 해를 입히려는 이유는 무엇일까? 사람들의 폐쇄적인 마음과 행동을 개방적이고 공감적인 것으로 바꿀 수 있을까? 사람들이 서로 매력을 느끼고, 사랑에 빠지는 원인은 무엇일까? 여기서는 이러한 질문에 대한 답을 탐색해 보자. 사회적 관계social relations는 ① 편견과 차별, ② 호감과 매력, ③ 사랑과 결혼으로 구분하여 살펴보기로 한다.

편견과 차별

편견prejudice이란 공정치 않고 한쪽으로 치우친 부정적인 생각, 태도 또는 견해를 말한다. 편견은 종종 다른 인종, 민족, 종교, 문화, 출신지 등에 대해 형성된다. 편견은 대체로 신념(고정관념), 정서(공포심, 적개심), 행동성향(차별, 무시)으로 구성된다. 고정관념에 따라서는 정확한 것도 있다. 예컨대, 20대 청년이 60~70대

여성보다 차를 더 빨리 운전한다는 고정관념은 어느 정도 맞을 것이다. 그렇지만 대결상황에 있는 진보와 보수 집단이 상대 견해의 극단성을 과대 추정하는 것처럼 고정관념은 때로 과장된 것일 수 있다. 편견과 차별의 근원을 설명하는 개념으로는 ① 내집단 · 외집단, ② 사회범주화, ③ 고정관념, ④ 초두효과, ⑤ 사회불평등, ⑥ 후견편향, ⑦ 확증편향, 그리고 ⑧ 희생양 이론이 있다.

내집단 · 외집단

사람들은 조상들로부터 집단생활과 집단에서 인정받고자 하는 욕구('소속 욕구')를 물려받았다. 이를 기반으로 다져진 결속력은 집단의 안전과 직결된다. 결속력이 약했던 족속들은 멸종되었거나, 소수의 후손만을 남겼다. 사냥, 공격, 방어이든 소수보다는 다수가 유리했다. 이처럼 우리 대 그들로 구분하는 것은 공동체 결속이라는 이점으로 작용하지만, 때로 집단 간 갈등의 원인이 되기도 한다. 진화는 사람들에게 낯선 사람을 만날 때 친구인지 적인지 판단할 수 있게 해 주었다.

사람들은 어려서부터 자기 집단에 속한 사람, 자기와 비슷하게 생긴 사람, 자기 억양과 유사하게 발음하는 사람들을 좋아하지만, 그렇지 않은 사람들에게는 마음의 울타리를 치는 경향이 있다(Gluszek & Dovidio, 2010). 마음속에서 울타리를 치는 것이 '우리'(내집단ingroup)이고, 울타리 밖에 있는 사람들은 '그들'(외집단outgroup)이다. 이렇게 되면 자신의 집단을 선호하는 내집단 편향이 뒤따른다. 심지어 제비뽑기를 통해 임의로 편성된 내 · 외집단조차 이러한 편향을 만들어 낸다(Myers & DeWall, 2019).

사회범주화

세상을 단순화시키는 방법으로는 사회범주화social categorization가 있다. 사람들은 흔히 인종으로 범주화된다. 혼혈인 사람들은 주로 소수인종으로 구분된다. 어머니

버락 오바마
(Barack H. Obama, 1961~)

가 백인이고, 백인 조부모에 의해 양육되었음에도, 유럽계 미국인들은 버락 오바마 전 미국 대통령을 흑인으로 지각한다. 사람들이 친숙한 인종 집단의 자질을 학습한 후, 덜 친숙한 소수인종의 차별적 자질에 선택적으로 주의를 기울이기 때문이다. 사람들을 집단으로 범주화할 때, 흔히 고정관념이 작동한다(Myers & DeWall, 2019).

사람들은 자신이 속한 집단의 구성원이 서로 다르다는 사실을 알고 있음에도 불구하고 타 집단의 구성원 간의 유사성('외집단 동질성')을 과대 추정하는 경향이 있다(Bothwell et al., 1989). 이처럼 개인이 속한 인종의 얼굴을 더 잘 재인하는 현상을 타 인종 효과other-race effect라고 한다('인종 간 효과' '자기인종 효과'라고도 함). 이러한 편견으로부터 자유로워지기 위해서는 자신의 감정과 행동을 모니터하고, 새로운 우호성에 근거하여 낡은 습관을 새로운 습관으로 대체해야 한다.

고정관념

고정관념stereotype이란 집단을 범주화하는 단순화된 도식을 말한다. 고정관념이 언제, 어떻게, 왜 작동하는지를 이해하게 되면 고정관념의 부정적인 영향을 감소 또는 제거하고 사회정의를 실현할 수 있을 것이다. 고정관념에 관한 연구들이 밝혀낸 사실은 타인에 대한 첫인상이 선입견에 의해 편향된다는 것이다. 사람들은 어떤 대상 또는 사상을 지각할 때, 유입된 정보를 유사한 대상 또는 사상에 관해 과거의 기억과 비교함으로써 암묵적으로 범주화한다. 즉, 기억은 보통 최초의 자극을 사진처럼 재생하는 것이 아니라, 최초의 지각을 단순화하여 재구성한 것이다. 이러한 표상과 기억구조를 도식이라고 한다.

도식. 도식schema은 사람, 대상, 사상/현상, 상황에 대해 조직화된 신념과 지식이다. 입력되는 자료와 가장 일치하는 도식을 기억에서 찾아가는 과정을 도식적 처리schematic processing 또는 하향적 사고라고 한다. 도식과 도식적 처리는 방대한 정보를 효율적으로 조직 · 처리할 수 있게 해 준다. 즉, 각각의 새로운 대상 또는 사상

의 세부적인 것들을 기억 · 지각하는 대신, 이미 존재하는 도식 중 하나만을 주목할 수 있어서 두드러진 특징만 기억하고 부호화할 수 있다. 예컨대, 도식적 처리는 음식 또는 음료를 쉽게 분류하여 음식은 접시에 담고, 음료는 유리잔에 따를 수 있게 해 준다.

사물 또는 현상과 마찬가지로, 사람들은 사람과의 만남에서도 도식과 도식적 처리를 한다. 예컨대, 사람들은 타인들을 성별, 연령, 인종, 민족 같은 두드러진 신체적 속성 또는 우리 대 그들(우리 편 vs. 상대편) 같이 자신의 사회정체감에 따른 관계에 근거하여 집단별로 범주화한다. 이에 비해, 도식은 다소 좁은 의미로 정의된다. 즉, 개인이 외향적인 성격의 사람을 만날 것이라는 말을 듣는다면, 앞으로 있을 만남에 대한 기대로 '외향적인 사람' 도식을 끌어내게 된다.

외향적인 사람 도식은 사교성, 따뜻함, 소란스럽고 충동적일 것 같은 상호 관련된 특질들의 집합이다. 이처럼 고정관념은 사람들의 유목 또는 하위유목에 대한 도식이다. 이로써 고정관념은 인상형성에까지 영향을 미치는 사람에 대한 도식이다. 사람들은 기억 속에 저장된, 조직화된 자기개념의 집합인 자기도식self-schema을 가지고 있다(Markus, 1977).

고정관념의 자동활성화. 상황적 맥락에 의한 도식의 우발적 활성화를 점화priming라고 한다. 점화는 고정관념을 의식에 자각하지 않은 채 자동으로 활성화한다. 고정관념이 없다면 사람들은 넘쳐나는 정보에 이내 압도될 것이다. 만일 여러 유형의 사람들에 대해 기대를 조직 · 접근할 장치가 없다면, 타인에 대한 인상형성은 상당히 지연될 것이다.

점화는 기억뿐 아니라, 사람들의 사회적 행동에도 영향을 미친다. 고정관념의 중요한 출처는 시각 미디어다(예 TV, 영화, 광고 게시판). 매스컴에 등장하는 사람들은 길에서 마주치는 사람들보다 더 젊고, 날씬하며, 매력적이다. 특히 여성은 외모로 가치를 인정받는, 흔히 성적 대상으로 묘사되는 경우가 많다. 대중매체에 등장하는 여성에 대한 고정관념에의 노출은 언뜻 해가 없는 것 같지만, 실제로는 유해하다.

예를 들어, TV를 많이 보는 사람들은 여성에 대해 더 심한 성차별적 태도를 가지고 있다(Gerbner et al., 1986). 한 연구에서 연구자들은 성적 대상으로서의 여성에 대한 고정관념을 점화하기 위해 남성들로 구성된 실험집단에게 주요 시간대 정규방송에 삽입된 TV 광고를, 통제집단의 남성들에게는 비성차별주의적인 TV 광고를 보여 주었다. 그런 다음, 참여자들에게 연구보조원으로 뽑을 여성들에 대한 면접을 담당하게 했다.

그 결과, 통제집단에 비해 실험집단의 남성들은 여성 지원자들에게 성차별적 질문을 더 많이 했고, 더 성적인 태도를 나타냈다(Rudman & Borgida, 1995). 이는 고정관념이 무의식적 점화를 통해서도 촉진될 수 있음을 보여 준다. 그러나 고정관념 덕분에 인상형성impression formation의 효율성은 높아지지만, 주어진 정보에 대한 지각, 기억, 판단에서의 편향이라는 대가를 치르게 된다.

고정관념과 추론. 고정관념은 추론에 도움을 준다. 추론reasoning은 주어진 정보를 넘어서서 판단하는 것을 말한다. 사람들은 누군가를 단순히 만나는 것만으로도 사람들을 성별, 연령, 인종, 민족, 또는 우리 편과 상대편으로 범주화하여 고정관념을 활성화한다. 자동으로 활성화된 인종의 범주화가 감정적 평가를 가져온다. 한 실험에서 백인도 흑인도 아닌 참여자들에게 젊은 백인 남성 또는 젊은 흑인 남성의 얼굴 사진을 지루한 컴퓨터 과제 속에 슬쩍 끼워 순간적으로(30msec 미만) 보여 주었다.

참여자들이 연구자가 부과한 과제에 상당 시간을 보낸 후, 컴퓨터 화면에 'F11 오류: 데이터 저장 실패'라는 에러 메시지가 뜨게 했다(의도적인 실험 절차임). 연구자는 참여자들에게 컴퓨터 과제를 처음부터 다시 할 것을 요청했다. 이 말을 들은 참여자들의 반응을 몰래카메라로 녹화한 결과, 흑인의 얼굴로 점화된 참여자들이 컴퓨터 에러에 대해 훨씬 더 적대적으로 반응했다. 이는 흑인이

[그림 14-7] 흑인과 백인 얼굴 사진

적대적 대상이라는 고정관념의 점화가 점화 사실을 인식하지 못한 참여자들에게 적대적 반응을 유발한 것이었다(Bargh et al., 1996).

자기충족적 고정관념. 고정관념을 가지고 있으면 그 고정관념대로 일이 일어날 수 있다. 고정관념은 일단 활성화되면, 고정관념 대상 인물에게서 최초의 고정관념을 확증해 주는 행동이 나타나게 하는 연쇄적 행동과정을 작동시키기 때문이다. 이러한 효과를 자기충족예언 또는 자성예언self-fulfilling prophecy이라고 한다(Rosenthal & Jacobson, 1968).

고정관념은 종종 행동으로 표출된다. 예를 들어, 한 남학생이 특정 학과의 몇 안 되는 여학생들이 죄다 속물이라는 평을 들었다고 하자. 실제로는 그 학과의 여학생 대부분이 상냥한 편인데, 그 정보를 흘린 사람이 사실과 다르게 말한 것이다. 그 남학생이 캠퍼스에서 그 학과 여학생을 우연히 마주쳤다면 외면해 버리기 쉽다. 남학생의 냉담한 반응은 여학생에게 유사한 반응을 유발할 것이다. 여학생의 차갑고 냉담한 반응을 본 남학생은 이러한 반응을 자신의 예상대로 그녀가 속물임을 입증하는 증거로 여길 것이다.

그렇지만 안타까운 사실은 남학생이 상대의 차갑고 냉담한 반응을 유발한 것이 자신임을 알지 못한다는 점이다. 따라서 남학생이 만났던 여학생에게 처음에 고정관념이 잘못 적용되었다 하더라도, 특정 학과 여학생들에 대해 그가 가진 고정관념은 그의 행동을, 그런 다음 상대의 행동을 조성하게 되고, 이런 연쇄반응 고리에 의해 남학생은 처음에 가졌던 잘못된 고정관념을 확증해 주는 행동을 관찰하게 된다. 이러한 경로를 통해 자기충족적 예언, 즉 생각은 현실로 나타나게 된다.

초두효과

초두효과primacy effect란 먼저 제시된 정보가 나중에 알게 된 정보보다 더 강력한 영향을 미치는 현상을 말한다. 이러한 현상은 특히 인상형성에 첫인상이 중요하게 영향을 준다는 의미로 첫인상 효과first impression effect라고도 한다. 초두효과는 실제 인물을 사용한 연구를 비롯하여 인상형성에 관한 다양한 연구에서 반복적으로 입증되었다(Jones, 1990).

이와는 반대로, 가장 나중에 제시된 정보를 더 잘 기억하는 현상을 최신효과 recency effect라고 한다. [글상자 14-4]에 제시된 한 대학생이 행동에 관한 글을 읽고 그에 대한 인상을 형성해 보자.

[글상자 14-4] **인상형성에 관한 예화**

> 한 남성이 학용품을 사기 위해 집을 나섰다. 그는 친구 두 명과 함께 햇살 가득한 거리로 나와 햇볕을 흠뻑 만끽하며 걸었다. 그는 사람들로 붐비는 문구점에 들어섰고, 점원과 시선이 마주칠 때까지 기다리면서 아는 사람과 담소를 나눴다. 그가 막 나가려는데, 마침 그 가게로 들어오는 학교 친구 한 명을 만나 잠시 이야기를 나눴다. 가게를 떠나 학교를 향해 가던 길에 전날 밤 소개받았던 여성을 만났다. 그 여성과 잠시 이야기를 나눈 그는 다시 학교로 향했다.
>
> 방과 후 그는 혼자 강의실을 나섰다. 걸어서 가기에는 다소 멀리 떨어진 집을 향해 걷기 시작했다. 거리는 여전히 햇살이 가득했고, 그는 그늘진 거리를 걸어갔다. 그는 전날 저녁에 만났던 예쁘게 생긴 여성이 자신을 향해 걸어오는 것이 눈에 띄었다. 그러자 그는 길을 건너 캔디 가게로 들어갔다. 그 가게는 학생들로 붐비고 있었고, 몇몇 아는 얼굴들이 그의 눈에 들어왔다. 그는 점원과 시선이 마주칠 때까지 조용히 기다렸다가 주문을 했다. 그는 음료를 들고 벽에 붙어 있는 테이블에 앉아 음료를 마시고 귀가했다(Luchins, 1957, pp. 34-35).

[글상자 14-4]에 소개된 남성에 대해 어떤 인상이 형성되었는가? 그는 외향적이고 우호적인 사람인가? 아니면 내향적이고, 수줍음이 많은 사람인가? 만일 이 남성이 우호적인 사람이라는 생각이 들었다면, 이 글을 읽은 사람들의 78%와 의견이 일치한다. 그러나 이 글을 좀 더 들여다보면, 이 남성의 행동은 두 가지 양상으로 묘사되어 있다. 즉, '그는 다시 학교로 향했다'로 끝나는 문장까지 이 남성은 몇 가지 상황에서 비교적 친절하고 외향적인 사람으로 그려져 있다. 그러나 그 이후부터는 거의 동일한 상황에서 외로운 사람으로 묘사되어 있다.

이 글의 전반부만을 읽은 사람의 95%는 이 남성을 친절한 사람으로 인식한 반면, 후반부만 읽은 사람들은 3%만이 그렇다고 답했다. 따라서 전체 글에서는 이 남성의 우호성이 전체 인상을 지배한 것으로 결론지을 수 있다. 전반부가 비우호적인 것으로 작성된 똑같은 글을 읽었을 때는 18%만이 이 남성이 우호적인 사람으로 평가되었다. 그의 비우호적인 행동이 주 인상을 남긴 것이었다. 이 연구는 전형적인 초두효과를 제시하고 있다.

사회불평등

재산, 권력, 특권 등을 쥐고 있는 집단과 그렇지 못한 집단이 있을 때, 소위 '가진 자들'은 대체로 자신의 상황을 정당화하는 태도를 발달시킨다. 공정세상 현상just-world phenomenon은 사람들이 종종 자녀들에게 전수하는 신념['인과응보因果應報'(선은 보상받고 악은 처벌받는다)]을 반영한다.

이러한 현상으로 인해 돈, 권력, 특권을 지닌 사람은 선하고 근면·성실한 반면, 힘없고 가난한 사람은 악하고 게을러서 벌 받고 있다고 여길 수 있다. 이러한 추론은 부자와 권력자들은 자신들의 부와 권력, 그리고 가난한 사람의 불행이 그럴 만한 이유가 있다고 믿게 된다.

이러한 믿음이 극단적으로 흐르는 경우, 노예 소유자는 노예가 선천적으로 게으르고 무식하며 책임감이 없다고 여김으로써, 이들을 노예로 사용하는 것을 정당화하게 된다. 고정관념이 불평등을 합리화시키는 것이다. 이에 사회불평등의 희생자들은 때로 자기비난 또는 사회에 대해 분노를 표출하기도 한다. 이 역시 '희생자 비난blame the victim dynamic'같은 역동성을 통해 편견 발달이 가속화된다(Allport, 1954). 빈곤층의 열악한 상황이 높은 범죄율과 관계가 있는가? 만일 그렇다면, 가난한 사람들의 차별을 정당화하는 데 높은 범죄율은 이들에 대한 편견을 더 부추길 것이다. 이는 후견편향을 수반한다.

후견편향

후견편향hindsight bias은 피해자 비난을 통해 자신의 편견을 정당화하는 현상이다. 성폭행/강간 피해자, 학대받는 배우자, AIDS 감염자들은 그렇게 될 수밖에 없는 이유가 있다는 생각이 그 예다. 일례로, 파키스탄에서는 강간당한 여성이 간통

죄를 범했다는 이유로 극형에 처해졌다(Mydans, 2002). 희생자 비난 현상을 입증하기 위한 실험에서 참여자들에게 한 여성이 강간당하는 것으로 끝난 데이트에 관해 이야기해 주었다.

그 결과, 참여자들은 그 여성의 행동이 부분적으로는 비난받을 만했다고 인식했다. 또 돌이켜 생각할 때, '피해 여성이 사태를 더 잘 파악했어야 했다'고 판단했다. 이는 피해자 비난을 통해 이런 일이 자신에게는 일어날 수 없다고 확신시키는 역할을 했다. 강간 사건을 제외하고 똑같은 설명을 해 준 다른 참여자들은 이 여성의 행동이 강간을 유발했다고 인식하지 않았다(Myers & DeWall, 2019). 후견편향과 유사한 개념으로는 확증편향이 있다.

확증편향

확증편향confirmation bias은 자신의 신념, 판단, 가치관 등과 부합하는 정보에만 주목하고 그 외의 정보는 무시하는 경향성이다. 이는 보고 싶은 것만 보고, 듣고 싶은 것만 듣는 사고방식을 말한다. 이 현상은 알고리듬algorithm(문제해결 촉진을 위해 원하는 콘텐츠, 관련된 정보만 선택적으로 수집하는 현상) 또는 어떤 것을 설명 또는 주장할 때 편향된 방법을 동원하게 만든다. 이는 근거 없이 자신의 믿음 또는 판단을 과신하게 하여 같은 성향의 같은 답을 내린 것들만 인식하게 한다. 이로써 사람들은 과학적으로 입증된 사실을 받아들이기보다 자신의 잘못된 믿음을 고수한다.

일례로, 지구 온난화에 대한 가용 이미지 결여는 대다수 사람의 염려를 일으키지 않는다. 사람들은 오히려 거주 지역에서 추웠던 날들에 관한 선명한 기억을 떠올리며 지구 온난화에 대한 걱정을 완화하며, 지구 온난화에 관한 과학적 데이터의 기억을 대체한다. 이 잠재적 비극이 서서히 일어나고 있고, 되돌릴 수 없는 대재앙일 수 있는데도 말이다.

희생양 이론

사담 후세인
(Saddam Hussein, 1937~2006)

희생양 이론scapegoat theory은 일을 그르치게 되면 비난할 누군가를 찾아냄으로써 분노의 표적을 제공할 수 있음을 설명하는 이론이다. 9·11 테러가 발생한 직후, 격분한 미국인들은 무고한 아랍계 사람들에게 맹비난을 퍼부었다. 심지어 테러 사건과 무관한 사담 후세인(전 이라크 대통령으로, 걸프전을 일으켰다가 미 연합국에 패한 후 숨어 지내다가 2003년 체포되어 2006년 사형당함)을 제거하라고 거센 요구를 했다. 이처럼 공포와 분노는 공격성을 만들어 내고, 상이한 인종 또는 민족의 시민들을 향한 공격성은 인종차별을 일으키며, 다시 새로운 형태의 테러를 만들어 낸다(Zimbardo, 2001).

실패를 겪거나 안정감을 느끼지 못하게 된 대학생 참여자들은 상대 대학 또는 타인을 비난함으로써 자신의 자존심을 회복하고자 하는 경향이 있다. 자신의 위상을 높이는 데는 타인의 명예를 훼손하는 것이 도움을 준다. '경쟁자의 불행이 곧 나의 행복'이라는 말도 바로 이 때문이다. 부정적 정서는 편견에 영양분을 공급한다. 죽음에 직면하거나, 위협에 공포를 느끼거나, 좌절을 경험하게 되면, 사람들은 내집단과 친구들에게 더 매달리게 된다. 죽음의 테러에 직면하면 애국심이 들끓고, 자기 세계를 위협하는 무리를 향해서는 혐오감과 적개심이 타오르는 경향이 있다(Pyszczynski et al., 2002).

호감과 매력

호감liking이 좋게 여기는 감정이라면, 매력attraction은 사람의 마음을 사로잡아 끄는 힘이다. 어떤 사람과는 친구가 되거나 사랑에 빠지는 반면, 다른 사람과는 그렇게 되지 않는 이유는 무엇인가? 이는 대인매력interpersonal attraction, 즉 사람들과의 관계에서 개인의 마음을 사로잡아 끄는 타인의 특성 또는 행동 때문이다. 대인매력은 타인에 대한 인지와 감정이 복잡하게 얽혀 있는 인간 행동이다. 이 영역에 관

한 사회심리학적 연구는 다양한 일반 상식을 입증해 왔지만, 때로 사실과 모순되는 경우도 많다.

대인매력에서 호감의 결정요인으로는 ① 신체적 매력, ② 근접성, ③ 친숙성, ④ 유사성, ⑤ 감정전이가 있다. 그러나 오늘날 높은 이혼율이 말해 주듯, 이러한 요인이 관계 형성의 필요조건일지언정 장기적인 관계 유지의 충분조건은 아닐 수 있다.

신체적 매력

호감의 첫 번째 요인은 외모appearance('신체적 매력')이다. 상대방이 매력적이기 때문에 사랑에 빠지는가? 아니면 사랑에 빠졌기 때문에 매력적으로 보이는가? 외모는 성품 또는 성격과 달리 개인이 통제할 수 없는 요인이다. 다양한 문화권에서 실시된 조사에서 '타인에 대해 호감을 느끼는 데 신체적 매력이 얼마나 중요한가'라는 질문에 대해 응답자들은 신체적 매력을 중요한 요인으로 평가하지 않았다.

그러나 실제 행동에서는 단 한 가지, 즉 신체적 매력만이 중요했다(Buss, 1989). 대학생 대상의 연구에서 남녀 모두 잘생긴 파트너에게 가장 호감을 느꼈다. 흥미로운 사실은 남학생보다는 여학생들이 파트너의 외모가 영향을 미치지 않는다고 말하는 경향이 더 컸다는 점이다(Lippa, 2002). 또 남학생의 외모가 여학생의 행동에 유의하게 영향을 주었다(Eastwick & Finkel, 2008).

외모는 성격에 대한 첫인상에 영향을 주는 동시에, 데이트 빈도와 인기도를 예측해 준다. 매력적인 사람은 더 건강·행복하고 감수성이 높으며, 사회적으로 유능한 것으로 지각되는 경향이 있다. 또 매력적이고 잘 차려입은 사람은 잠재적 고용인에게 호의적인 인상을 주고, 직업에서 성공할 가능성이 더 크다. 재정적 수입 면에서는 평범함 또는 비만에 비해 아름다움은 그만한 보상을 받는다(Engemann & Owyang,

2005). 단, 매력은 자존감 및 행복과는 무관하다(Diener et al., 1995). 그러면 사람들은 어떤 신체적 조건을 선호할까?

전 세계적으로 사람들은 코, 다리, 체격 등이 지나치게 크거나 작지 않은 신체적 조건을 선호하는 것으로 조사되었다. 즉, 평균적인 외모를 선호한다는 것이다. 한 연구에서 연구자들은 32명의 대학생 얼굴을 컴퓨터로 합성하여 평균적인 얼굴을 산출했다([그림 14-8] 참조). 참여자들은 평균적인 얼굴을 다른 대부분의 얼굴보다 매력적인 것으로 평가했다. 평균적인 얼굴이 대칭적이고, 대칭적인 얼굴과 몸매를 가진 사람이 성적 매력을 더 많이 풍긴다는 것이 그 이유였다(Singh, 1995). 그러나 지속적인 관계를 맺을 상대를 선택하는 경우, 신체적 매력의 중요도는 감소했다(Stroebe et al., 1971).

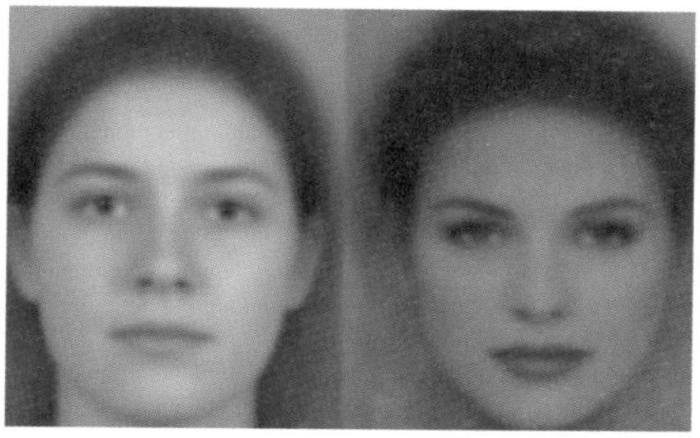

[그림 14-8] 여성얼굴 합성 사진

출처: https://www.researchgate.net

근접성

호감의 두 번째 요인은 근접성이다. 근접성proximity은 사회적 거리social distance가 가까운 상태를 말한다. 지리적으로 가까운 곳에 사는 것은 호감과 매력을 느끼게 하는 가장 강력한 예측변인이다. 연애와 결혼은 만남에서 시작한다. 처음 만났을 때 생기는 감정은 대부분 중립적인 감정에서 유쾌한 감정에 이르는 범위 내에 드는 감정이라는 점에서 근접성이 유지될 때 나타나는 결과는 호감이다. 사람들은 가까운 이웃, 강의실에서 가까이 앉는 사람, 같은 사무실에서 근무하는 사람, 같은 주차장을 사용하는 사람, 같은 식당에서 식사하는 사람에게 호감을 느끼고, 심지어 결혼으로 이어질 가능성이 크다(Myers & DeWall, 2019).

근접성에 관한 흥미로운 사례는 대만에서 있었다. 한 남성이 여성에게 자신의 사랑을 고백하는 700여 통의 편지를 여성의 집 근처에 사는 친구를 통해 전했다. 그 후, 그 여성은 결혼했는데, 그 상대는 그 편지를 전해 주곤 했던 남성이었다(Steinberg, 1993). 근접성이 호감을 유발하고 매력을 느끼게 하는 이유는 부분적으로 단순노출효과로 인한 친숙성 때문이다.

친숙성

호감의 세 번째 요인은 친숙성familiarity이다. 로맨틱한 끌림은 종종 우연한 만남으로 발생한다. 근접성은 친숙성을 증가시킨다(Reis et al., 2011). 이는 단순노출효과 때문이다(Zajonc, 2001). 단순노출효과mere exposure effect란 처음에는 무관심하거나 싫어했지만, 대상에 대한 노출이 반복될수록 호감도가 증가하는 현상을 말한다. 이는 친숙성을 유발하고, 친숙성은 호감을 낳는다.

단순노출효과는 에펠탑 효과Eiffel tower effect라고도 한다. 처음 에펠탑 건립계획이 발표될 당시 파리의 시민들과 예술가들의 거센 반대에 부딪혔다. 고풍스러운 고딕식 건물로 이루어진 도시에 무게 7천 톤, 높이 320m나 되는 철골 구조물은 천박하다는 이유 때문이었다. 그러나 시간이 흐르면서 에펠탑은 전 세계 수많은 관광객이 찾는 명소가 되었다. 이는 친숙성이 호감을 증가시키는 현상의 대표적인 예로 여겨지고 있다.

유사성

호감의 네 번째 요인은 유사성similarity이다. 근접성은 누군가와 만나게 하고, 외모는 첫인상을 형성한다. 그러면 낯익은 사람에서 친밀한 관계로 발전하는 데 영향을 주는 요인은 무엇일까? 그것은 부부의 사회적 특성(연령, 종교, 교육수준, 사회경제적 지위 등)뿐 아니라, 심리적 특성(지능)과 신체적 특성(신장, 눈동자 색깔)의 유사성이다(Rubin, 1973). 즉, 연인들이 서로가 유사할수록 호감도 더 오래 지속되고, 서로 사랑할 뿐 아니라 다른 많은 것을 함께 사랑할 때 관계가 더 잘 유지된다는 것이다.

그런가 하면, 이름의 첫 글자나 끝 글자가 같은 사람들끼리 결혼하는 비율이 상대

적으로 더 높다는 연구도 있다. 한 실험에서는 참여자의 생일과 일치하는 숫자 코드를 배정받은 다른 사람을 더 좋아한다는 사실이 밝혀졌다. 이러한 효과는 의식적으로는 자각되지 않는 수준, 즉 식역하 수준에서 제시된 경우에도 나타났다(Jones et al., 2004). 이러한 결과는 암묵적 자아중심성implicit egotism의 증거로 해석된다. 즉, 사람들은 무의식적으로 자신을 떠오르게 만드는 미묘한 속성이 있는 사람, 장소, 대상에 끌린다는 것이다.

감정전이

호감의 다섯 번째 요인은 감정전이다. 감정전이transference란 과거에 자신에게 중요했던 누군가를 떠올리는 새로운 사람을 만나게 되면, 이런 회상(재인)이 그 사람에 대한 지각과 호감에 영향을 주는 현상을 말한다(Chen & Anderson, 1999). 한 실험에서 참여자들은 2회의 검사를 받았다. 사전단계에서 참여자들은 자신에게 중요한 타인 2명(좋아하는 사람과 싫어하는 사람)을 회상하여 그들의 특징에 관해 짤막하게 묘사하도록 했다(예 'A는 근면 · 성실하고 공부를 잘했다.' 'B는 놀기를 좋아했고 제멋대로였다.'). 2주 이상의 시간이 지난 후, 참여자들은 재차 검사를 받았다. 이때 이들은 옆방에 있는 처음 만나게 될 사람과 곧 상호작용하게 될 것이라고 통보되었다.

이 새로운 사람에 대한 묘사는 사전단계에서 참여자들이 묘사한 특징을 그대로 옮겨서 참여자의 중요한 타인과 닮은 사람으로 조작된 것이었다. 한 실험집단은 새로운 사람이 좋아하는 쪽의 중요한 타인과 닮은 경우였고, 다른 실험집단은 새로운 사람이 싫어하는 쪽의 중요한 타인과 닮은 경우였다. 묘사 자체의 유인가 통제를 위해 각각의 묘사를 통제집단 참여자들에게 주었다. 통제집단의 참여자들에게 제공된 묘사는 참여자 자신이 아닌 다른 누군가의 중요한 타인과 닮은 것으로 조작된 것이었다.

그 결과, 새로운 사람이 중요한 타인을 닮았을 때, 참여자들은 중요한 타인에 대한 자신의 태도에 따라 좋아하거나 싫어했다. 즉, 참여자들은 새로운 사람이 자신의 중요한 타인을 닮았을 때 더 많은 미소를 보냈다. 이와 동일한 절차를 적용한 추가 실험에서는 감정전이가 호감에 미치는 이러한 효과가 활성화된 도식

에 의해 일어나는 것임을 입증했다. 이는 자신에게 중요했던 누군가를 떠올리는 것은 그 중요한 인물에 관한 도식 또는 저장된 지식을 자동으로 활성화하기 때문이다. 도식이 활성화되면, 새로 만난 사람에 관한 정보를 활성화된 도식과 일치시키는 방향으로 처리된다는 것이다.

이 외에도, 사람들은 자신을 좋아하는 사람을 좋아하는 경향이 있다. 누군가 자신을 좋아한다고 생각할 때, 그 사람에게 더 따뜻하게 대하게 되고, 이는 다시 상대가 자신을 좋아하게 만든다(Curtis & Miller, 1986). 누군가 자신을 좋아한다는 것은 강력한 보상으로 작용한다. 매력의 보상이론에 의하면, 상대방의 행동이 자신에게 보상적일 때, 그 사람을 좋아하게 된다. 이 범주에는 누군가 목표성취를 도울 수 있고, 기꺼이 돕고자 하는 사람이 포함된다(Montoya & Horton, 2013).

누군가 자신과 가까운 곳에 살거나 함께 일하는 경우, 관계를 발전시키고 그 관계를 즐기기 위한 시간과 노력이 적게 든다. 매력적인 사람은 심리적으로 즐거움을 주고, 그 사람과 함께 하는 것은 사회적 보상을 제공한다. 인생관 · 세계관이 비슷한 사람은 자신의 인생관 · 세계관을 타당한 것으로 만들어 줌으로써 보상을 제공한다.

사랑과 결혼

사랑

사랑love은 단지 좋아하는 것보다 훨씬 더 강렬하다. 사람들은 흔히 좋아하지만, 사랑하지는 않는다고 한다. 연애와 결혼은 문화권마다 큰 차이가 있다. 일부 문화권에서는 여전히 결혼은 사랑과 무관한, 단지 계약 또는 재정적 이유에서 성사되기도 한다. 사람들은 왜 사랑에 빠질까? 사람들은 왜 친밀/연인관계를 맺을까? 사랑에 빠지는 일차 동기는 자기확장self-expansion의 충동에 있다(Aron et al., 1998).

친밀관계intimate relationship는 다양한 방식으로 자기확장 성취 또는 잠재력과 자원을 증가시켜 준다. 대학교 신입생들을 대상으로 수행된 연구에서 참여자들은 사랑에 빠지기 전과 후의 자신에 관해 기술했다. 이들은 사랑에 빠진 후의 자신에 관한 기술에서 다양성이 유의하게 증가했다. 사랑은 흔히 열정애와 동료애로 구분한다(Hartfield, 1988).

열정애. 열정애passionate love는 부드럽고 성적인 느낌, 의기양양함과 고통, 불안과 안정, 이타심과 질투심이 감정의 혼동 속에 공존하는 강렬한 정서 상태다. 열정애의 경험은 생리적 각성과 사랑하는 이에 의해 야기된 각성이라는 지각이 결합된 것이다. 열정애의 특징인 강렬한 느낌은 오래 지속되지 않는 경우가 많다(Berscheid, 1983).

신체가 활성화되고, 그 각성을 멋진 사람과 연합시키면 열정을 느끼게 된다. 뇌에서 분비되는 아드레날린은 사랑의 감정을 솟구치게 만든다. 솟구치는 애착이 성적 욕구를 보완하게 되면서 로맨틱한 사랑의 열정이 산출된다.

동료애. 동료애companionate love는 삶과 깊이 얽혀 있는 사람에게 느끼는 애정이다(Hatfield, 1988). 상대방에 대한 격정적인 몰입과 연애의 스릴, 그리고 구름 위를 걷는 것 같은 들뜬 기분은 오래지 않아 사라진다. 프랑스 속담에 '사랑은 시간을 흘러가게 하고, 시간은 사랑이 흘러가게 한다.'라는 말이 있는 것처럼, 사랑은 성숙해짐에 따라 더 안정적인 동료애로 발전한다.

동료애는 격한 감정적 열정보다는 신뢰, 배려, 상대의 결점과 특이성 수용, 온정 · 애정 어린 감정이 특징이다. 관계가 지속되면서 상호의존성이 증가하고, 강렬한 정서의 잠재력이 높아진다. 사랑에 빠진 사람들에게는 열정애가 중요할 수 있지만, 오래도록 좋은 관계를 유지하게 하는 힘은 흥분을 자아내는 편이 적고, 오히려 더 노력하는 데서 생기며, 열정보다는 형평성에서 생긴다.

사랑의 삼각형 이론. 사랑의 삼각형 이론triangular theory of love은 1986년 미국의 심리학자 로버트 스턴버그(Robert J. Sternberg, 1949~)가 창안한 것으로, 사랑이 하나의 삼각형을 구성하는 3요소로 이해될 수 있다는 이론이다. 이 이론에 의하면, 성숙한 · 완전한 사랑은 사랑의 3요소가 균형 있게 존재하는 상태다. 반면, 사랑이 아닌 상태는 사랑의 3요소가 부재한 상태다. 정신분석의 관점에서는 사랑의 3요소를 연인의 자아, 리비도, 초자아를 연결하기도 한다. 스턴버그는 사랑은 ① 친밀감, ② 열정, ③ 결단/헌신, 세 가지 요소로 구성되어 있다고 보았다.

첫째, 친밀감intimacy은 정서성분, 즉 사랑하는 관계에서 두 사람이 가깝게 연결 · 결합되어 있다는 느낌을 말한다.

둘째, 열정passion은 로맨스, 신체적/성적 매력, 성적 몰입 등으로 연결되는 욕망이다. 이 욕망에는 사랑에 빠져드는 로맨틱한 감정이 주를 이룬다. 이 요소에서는 성적 욕구가 주요 부분을 차지하지만, 자존감, 친화성, 타인의 지배 · 응종, 자기실현 등의 욕구가 포함되기도 한다.

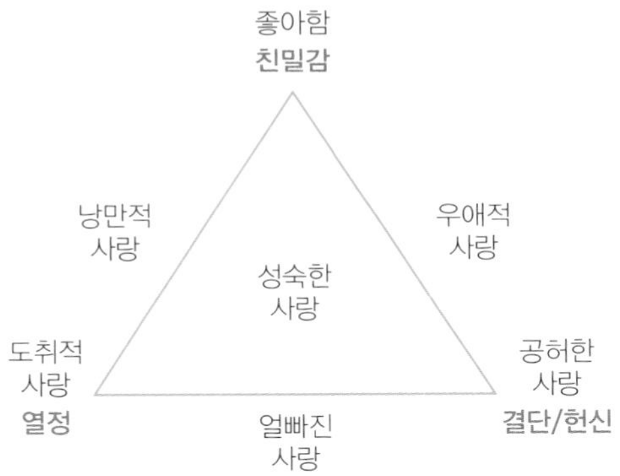

[그림 14-9] 사랑의 삼각형 도식

셋째, 결단/헌신commitment은 인지성분, 즉 단기적으로는 상대를 사랑하기로 결심하는 것이고, 장기적으로는 그 사랑을 지속하겠다는 책임/약속이행 의도를 반영한다. 사랑의 3요소를 결합하면 여덟 가지 유형의 사랑으로 구분되는데, 이에 관한 설명은 〈표 14-1〉과 같다.

〈표 14-1〉 사랑의 유형

유형	특징
1. 우정형	❍ 열정과 결단/헌신이 결여된 채, 친밀감만 있는 사랑(예 친구)
2. 도취형	❍ 첫눈에 빠진 사랑으로, 상대를 이상화하는 망상에 치우친 사랑 ❍ 친밀감과 결단/헌신 요소는 없이 열정적 흥분만으로 된 사랑

3. 공허형	❍ 친밀감과 열정 없이 단지 상대를 사랑에 헌신하겠다는 결심에 의한 사랑 (예 중매결혼)
4. 낭만형	❍ 육체적 매력을 비롯한 기타 좋아하는 감정에 밀착된 사랑 ❍ 도취형과는 달리, 우정에서 시작된 좋아하는 관계에서 서로를 열정적으로 끌어당기는 사랑으로 발전되는 사랑
5. 우애형	❍ 낭만형은 점차 열정이 친밀감과 결단/헌신으로 대체되어 우애형으로 남게 됨
6. 미성숙형	❍ 관계형성에 필요한 상대에 대한 몰입 없이 열정과 헌신이 결합된 사랑 ❍ 열정이 식어 가면서 헌신만 남게 되는 어리고 얕은 수준의 사랑
7. 성숙형	❍ 사랑의 3요소를 고루 갖춘 사랑 ❍ 낭만적 관계에 있는 사람들이 도달하고자 하는 유형의 사랑
8. 비사랑형	❍ 사랑의 3요소가 결여된 사랑 ❍ 사랑 또는 우정조차 진지한 방식으로 지속되지 않는 단편적인 사랑

결혼

결혼marriage은 남녀(일부 국가에서는 동성)가 법적으로 부부관계를 맺는 것을 말한다. 결혼은 행복, 성적 만족, 소득, 정신건강의 예측변수로 작용한다(Scott et al., 2010). 1972년 이후 미국인 5만여 명에 대한 설문조사에서 결혼한 성인의 40%가 미혼 성인의 23%와 비교해서 매우 행복하다고 답했고, 레즈비언 커플 역시 미혼인 레즈비언보다 훨씬 행복한 삶을 살고 있다고 답했다(Peplau & Fingerhut, 2007). 심지어 결혼율이 높은 동네는 아이들 사이에 범죄, 비행, 정신적 불안 수준이 낮았다.

전통적으로 커플은 주로 학교 또는 직장에서 가족 또는 친구를 통해 만난다. 그러나 최근 들어서는 온라인에서 만나게 되는 커플이 증가하고 있다(Myers & DeWall, 2019). 부부의 유대감은 대부분 두 사람이 비슷한 관심과 가치를 공유하고, 상호 감정과 물질적 지원이 제공될 때 만족스러워하고 지속되는 경향이 있다. 두 사람을 묶어 주는 유대관계는 각자에게 친밀한 측면을 상대에게 개방함으로써 돈독해지고, 헌신으로 다져진

관계는 관계를 지속시키는 동력으로 작용한다(Rosenfeld, 2014).

이혼divorce은 부부가 합의 또는 재판을 통해 법적 혼인관계를 파기하는 것을 말한다. 계약결혼('동거')은 이혼의 위험성을 감소시킬까? 미국 갤럽 조사에서 20대의 62%가 그렇다고 답했다(Whitehead & Popenoe, 2001). 그러나 실제로는 유럽, 캐나다, 미국에서 결혼 전에 동거해 본 사람들은 그렇지 않은 사람들보다 이혼율과 물질적 충돌이 더 높았다(Manning & Cohen, 2012). 이 위험성은 약혼 전 동거한 사람들에게 가장 높았다(Goodwin et al., 2010).

복습문제

※ 다음 빈칸에 들어갈 말을 써 보세요.

1. 개인이 집단의 일원이 되면서 자신의 정체성 또는 개인적 특성을 상실하고 집단에 융합된 것처럼 느껴지는 심리적 상태를 ______________(이)라고 한다.

2. 주위에 사람들이 많을수록 어려움에 처한 사람을 돕지 않게 되는 현상을 ________ 효과라고 한다.

3. 대상, 사람, 사건에 대해 특정 방식으로 반응하게 하는 신념의 영향을 받기 쉬운 감정을 ________(이)라고 하고, 공정치 않고 한쪽으로 치우친 부정적인 생각, 태도 또는 견해를 ________(이)라고 한다.

4. ________ 이론은 일을 그르치게 되면 비난할 누군가를 찾아냄으로써 분노의 표적을 제공할 수 있다는 이론으로, 9 · 11 테러가 발생한 직후, 격분한 미국인들이 무고한 아랍계 사람들에게 맹비난을 퍼부은 것이 그 예다.

5. 페스팅거(L. Festinger)가 창안한 것으로, 개인의 사고, 신념, 행동, 태도 간의 부조화가 유발하는 심리적 불편감 해소를 위한 태도 또는 행동 변화를 설명하는 이론을 ______________ 이론이라고 한다.

6. 집단적 의사결정 상황에서 구성원들이 집단의 응집력과 획일성을 강조하는 한편, 반대의견을 억제함으로써 비합리적인 결정을 내리는 왜곡된 의사결정 방식을 ______________(이)라고 한다.

7. 타인의 행동을 설명할 때, 상황 또는 주변 정황의 영향을 과소평가하는 대신, 성격이나 타고난 기질적 요인을 부각시켜 설명하려는 경향성을 ______________(이)라고 한다.

8. 연구에 의하면, ____________은/는 성격에 대한 첫인상에 영향을 주는 동시에, 데이트 빈도와 인기도를 예측해 준다.

9. ________ 효과는 처음에는 무관심하거나 싫어했지만, 대상에 대한 노출이 반복될수록 호감도가 증가하는 현상을 말하며, ________ 효과로도 불린다.

10. 호감의 결정요인으로는 누군가와 만나게 해 주는 근접성, 첫인상을 형성하는 신체적 매력, 그리고 낯익은 사람을 친밀한 관계로 발전하는 데 영향을 주는 ________이/가 있다.

자기검사

✿ 셀프테스트 해 보세요.

사랑의 삼각형 척도 / Triangular love scale

※ 이 척도는 로버트 스턴버그(Robert J. Sternberg)가 1997년 사랑의 삼각형 이론(1986)을 토대로 개발한 것입니다. 각 문항을 읽고 해당하는 점수에 'ㅇ'표 해 봄으로써, 사랑하는 이에 대한 사랑을 확인해 보세요. 이 검사는 9점 척도로, 1='전혀 그렇지 않다', 2~4='그렇지 않다', 5='보통이다', 6~8='그렇다', 9='매우 그렇다'를 나타냅니다.

나는… 문항	평정척도								
친밀감									
1. ○○(이)가 잘 지내도록 돕고 있다.	1	2	3	4	5	6	7	8	9
2. ○○와/과 함께 있으면 따뜻한 느낌이 든다.	1	2	3	4	5	6	7	8	9
3. 필요할 때 ○○에게 의지할 수 있다.	1	2	3	4	5	6	7	8	9
4. ○○(이)는 필요할 때 나에게 의지할 수 있다.	1	2	3	4	5	6	7	8	9
5. 나 자신과 내가 가진 것들을 ○○(이)와 기꺼이 나눌 수 있다.	1	2	3	4	5	6	7	8	9
6. ○○(이)로부터 정신적으로 많은 힘을 얻고 있다.	1	2	3	4	5	6	7	8	9
7. ○○(이)에게 정신적으로 많은 힘이 되고 있다.	1	2	3	4	5	6	7	8	9
8. ○○(이)와 대화가 잘 통한다.	1	2	3	4	5	6	7	8	9
9. ○○(이)는 내 삶에서 매우 소중한 존재다.	1	2	3	4	5	6	7	8	9
10. ○○(이)와 가깝다는 느낌이 든다.	1	2	3	4	5	6	7	8	9
11. ○○(이)와 함께 있으면 편안하다.	1	2	3	4	5	6	7	8	9
12. ○○(이)를 잘 이해한다.	1	2	3	4	5	6	7	8	9
13. ○○(이)는 나를 잘 이해해 준다고 생각한다.	1	2	3	4	5	6	7	8	9
14. ○○(이)를 신뢰한다.	1	2	3	4	5	6	7	8	9
15. ○○(이)에게 나에 관해 숨김없이 털어놓는다.	1	2	3	4	5	6	7	8	9
소계	점								
열정									
16. ○○(이)를 보는 것만으로도 가슴이 설렌다.	1	2	3	4	5	6	7	8	9
17. 하루에도 몇 번씩 ○○(이)를 생각한다.	1	2	3	4	5	6	7	8	9
18. ○○(이)와의 관계는 열정적이다.	1	2	3	4	5	6	7	8	9
19. ○○(이)가 매우 매력적이라고 생각한다.	1	2	3	4	5	6	7	8	9
20. ○○(이)는 내 이상형이다.	1	2	3	4	5	6	7	8	9

나는… 문항	평정척도								
21. ○○(이)만큼 나를 행복하게 해 줄 사람은 없다고 생각한다.	1	2	3	4	5	6	7	8	9
22. 다른 사람보다 ○○(이)와 더 함께 있고 싶다.	1	2	3	4	5	6	7	8	9
23. ○○(이)와의 관계에 대한 책임감은 변함없을 것이다.	1	2	3	4	5	6	7	8	9
24. ○○(이)와 손을 잡거나 팔짱을 끼는 등의 신체접촉을 좋아한다.	1	2	3	4	5	6	7	8	9
25. ○○(이)와의 관계에 끌리는 무언가가 있다.	1	2	3	4	5	6	7	8	9
26. ○○(이)를 좋아한다.	1	2	3	4	5	6	7	8	9
27. ○○(이)가 없는 삶은 생각할 수조차 없다.	1	2	3	4	5	6	7	8	9
28. ○○(이)와의 관계에는 열정이 있다.	1	2	3	4	5	6	7	8	9
29. 로맨틱한 영화/서적을 볼 때면 ○○(이)가 생각난다.	1	2	3	4	5	6	7	8	9
30. ○○(이)에 대해 환상이 있다.	1	2	3	4	5	6	7	8	9
소계	점								
결단/헌신									
31. ○○(이)에게 관심이 많다.	1	2	3	4	5	6	7	8	9
32. ○○(이)와의 관계유지를 위해 노력하고 있다.	1	2	3	4	5	6	7	8	9
33. ○○(이)에게 헌신하고 있기 때문에 우리 사이에 다른 사람이 끼어들지 못하게 할 것이다.	1	2	3	4	5	6	7	8	9
34. ○○(이)와의 관계는 변함이 없을 것이다.	1	2	3	4	5	6	7	8	9
35. ○○(이)에 대한 헌신에 어떤 것도 방해하지 않게 할 것이다.	1	2	3	4	5	6	7	8	9
36. 남은 생애를 ○○(이)와 사랑하며 지낼 것이다.	1	2	3	4	5	6	7	8	9
37. ○○(이)에 대해 강한 책임을 가지고 있다.	1	2	3	4	5	6	7	8	9
38. ○○(이)에 대한 나의 헌신에 변함없을 거라고 믿는다.	1	2	3	4	5	6	7	8	9
39. ○○(이)와의 관계가 끝나는 것은 상상조차 할 수 없다.	1	2	3	4	5	6	7	8	9
40. ○○(이)에 대한 나의 사랑을 확신한다.	1	2	3	4	5	6	7	8	9
41. ○○(이)와의 관계가 영원할 것이라고 믿고 있다.	1	2	3	4	5	6	7	8	9
42. ○○(이)와의 관계가 현명한 결정이라고 본다.	1	2	3	4	5	6	7	8	9
43. ○○(이)에 대해 강한 책임감을 느낀다.	1	2	3	4	5	6	7	8	9
44. ○○(이)와의 관계를 계속 유지해 나갈 계획이다.	1	2	3	4	5	6	7	8	9
45. ○○(이)가 어려울 때도 우리 두 사람의 관계를 계속 유지해 나갈 것이다.	1	2	3	4	5	6	7	8	9
소계	점								
합계	점								

채점

☞ 스턴버그는 사랑의 3요소를 ① 친밀감, ② 열정, ③ 결단/헌신으로 나누었습니다. 각 범주별로 점수를 더한 것을 15로 나누면, 하위 척도의 등급이 산출됩니다. 점수가 클수록 등급이 높아지겠지요. 각 요소의 등급을 비교해 보면 현재 사랑하는 사람에 대한 당신의 인식 정도를 알 수 있습니다. 시간이 지남에 따라 관계에 대한 감정 변화를 보려면, 수개월 또는 1년 후에 설문지를 다시 작성해 볼 수 있습니다. 또 두 사람이 각자의 점수를 비교할 수 있도록 파트너에게 이 척도를 완성해 보게 할 수도 있겠지요. 각 요소의 등급을 비교하면 두 사람이 서로의 관계를 어떻게 생각하고 있는지 알 수 있습니다.

배경설명

☞ 이 척도는 개인이 사랑하는 사람에 대한 사랑의 정도를 측정할 수 있을 뿐 아니라, 사랑하는 관계에 있는 두 사람 간의 차이와 변화가 필요한 점을 확인할 수 있다는 치료적 성격을 가지고 있습니다. 스턴버그는 척도 개발과 타당도 검증을 위해 스턴버그는 미국 뉴헤이븐 지역의 신문광고를 통해 성인 남녀 101명을 모집하여 이들을 대상으로 연구를 수행했습니다. 참여자들의 연령은 18~71세였습니다(평균연령은 31세). 이들이 연인, 부부 등의 관계를 맺은 기간은 1~42년이었으며, 평균 기간은 6년 3개월이었습니다.

소감 ____________________

____

____

____

____

____

____

____

____

____

복습문제 정답

1 심리학의 기초: 마음의 이치

1. 행동
2. 빌헬름 분트
3. 적자생존
4. 심층
5. 심리언어
6. 신경전달물질
7. 정보처리
8. 무선할당
9. 비판적
10. 실험, 통제

2 뇌와 신경계: 마음의 메커니즘

1. 신경전달물질
2. 축삭
3. 조현병
4. 활동전위
5. 자율
6. 세로토닌
7. 엔도르핀
8. 대뇌피질
9. 전두
10. 브로카

3 생애발달: 자궁에서 무덤까지

1. 민감
2. 유전자
3. 태아 알코올
4. 애착
5. 박탈
6. 낯선
7. 조직화, 적응, 동화, 조절
8. 비계설정
9. 정체성, 역할혼란
10. 사회적 시계 또는 social clock

4 감각과 지각: 마음의 눈 · 마음의 소리

1. 감각, 지각
2. 변환
3. 역치, 절대역치
4. 호문쿨루스
5. 감각순응
6. 원추체, 간상체
7. 스넬렌 시력
8. 감각신경성, 전도
9. 지각갖춤새
10. 지각항등성

단어 맞히기 퍼즐 정답

1. WATER	2. TABLE
3. ENTRY	4. MAJOR
5. WORDS	6. TESTS
7. TITLE	8. LABLE
9. OTHER	10. OUNCE

5 의식: 꿈과 무의식

1. 선택 주의, 통제
2. 무의식
3. 일주기 리듬, 일주기 시계
4. 뇌전도 또는 EEG
5. 피암시성
6. 초월명상, 만트라 또는 진언
7. 알아차림
8. 바이오피드백 훈련 또는 BFT
9. 대마초, 마리화나, 하시시
10. 헤로인

6 학습: 행동과 인지변화
1. 학습
2. 연합
3. 행동조성 또는 shaping
4. 정적, 부적
5. 이차 또는 부적
6. 도구적 조건형성
7. 변동비율
8. 역조건형성, 상호억제
9. 잠재, 인지도
10. 거울

7 기억: 내마음의 궤적
1. 외현, 일화
2. 기억폭
3. 청크 만들기
4. 암묵, 소뇌
5. 파지측정치, 재학습
6. 알츠하이머병
7. 인출단서
8. 섬광
9. 상태의존
10. 순행간섭

8 사고 · 언어 · 지능: 생각의 탄생
1. 언어
2. 알고리듬
3. 발견법 또는 heuristics
4. 언어습득장치 또는 LAD
5. 명제적, 심상적
6. 개념
7. 가용성 발견법 또는 availability heuristic
8. 틀 만들기
9. 다중지능
10. 편차

9 동기와 정서: 행동과 감정의 원인
1. 동기, 욕구, 추동, 유인
2. 추동감소
3. 항상성
4. 결핍, 성장, 자기초월
5. 감각박탈
6. 정서
7. 인지평가, 사고 · 행동경향성
8. 안면피드백
9. 감정노동
10. 슬픔, 분노, 기쁨, 죄책감

10 성격: 나만의 페르소나
1. 성격
2. 심층
3. 원초아 또는 이드, 쾌락, 본능
4. (자아) 방어기제, 억압
5. 남근, 오이디푸스, 엘렉트라
6. 특질, 내향성-외향성
7. OCEAN
8. 이상, 실제
9. 절정경험
10. 통각

11 스트레스: 마음의 감기
1. 스트레스
2. 통제 가능성
3. 투쟁/도피반응
4. 일반적응증후군 또는 GAS
5. 엔도르핀, 적혈구, 백혈구
6. 알로스타 부하
7. 본태성 고혈압
8. 자연살상세포
9. 감정표현
10. 면역

12 심리장애: 마음의 병

1. 심리장애
2. 증상, 징후
3. 신경증
4. 사회불안, 사회공포증
5. 공황발작
6. 강박사고
7. 양극성 장애, 조울증
8. 조현병
9. 환각, 망상
10. 경계성, 분열

13 심리치료: 마음의 회복

1. 엑소시즘
2. 탈시설화
3. 자유연상
4. 꿈 분석, 잠재몽
5. 대인관계
6. 불안위계
7. 홍수법
8. 조건적인 긍정적 존중
9. 한스 아이젱크
10. 전기경련치료 또는 ECT

14 사회심리: 마음과 마음

1. 몰개성화
2. 방관자
3. 태도, 편견
4. 희생양
5. 인지부조화
6. 집단사고
7. 근본적 귀인오류
8. 신체적 매력 또는 외모
9. 단순노출, 에펠탑
10. 유사성

참고문헌

강진령 (역). (2018). DSM-5 가이드북[DSM-5 Guidebook]. Black, D. W., & Grant, J. E. 저. 학지사. (원저는 2014년 출판).

강진령. (2019). 집단상담과 치료: 이론과 실제. 학지사.

강진령. (2020). 상담심리학. 학지사.

박경, 최순영. (2009). 심리검사의 이론과 활용. 학지사.

염태호, 박영숙, 오경자, 김정규, 이영호. (1992). K-WAIS 실시요강. 한국가이던스.

전용신, 서봉연, 이창우. (1963). KWIS 실시요강. 중앙교육연구소.

조규판, 박경희, 강선아, 박은영, 신윤경, 이수진, 이홍재 (역). (2018). 마이어스의 인간행동과 심리학*[Psychology in Everyday Life]*. Myers, D. G., & DeWall, C. N. 저. 시그마프레스. (원저는 2017 출판).

황순택, 김지혜, 박광배, 최진영, 홍상황. (2012). 한국 웩슬러 성인용 지능검사 4판(K-WAIS-IV). (주) 한국심리.

AAA. (2015). *Teen driver safety: Environmental factors and driver behaviors in teen driver crashes*. AAA Foundation for Traffic Safety (aaafoundation.org/sites/default/files/2015TeenCrashCausationFS.pdf)

Accardi, M., Cleere, C., Lynn, S. J., & Kirsch, I. (2014). Placebo versus "standard" hypnosis rationale: Attitudes, expectancies, hypnotic responses, and experiences. *American Journal of Clinical Hypnosis, 56*(2), 103-114.

Adan, A., Forero, D. A., & Navarro, J. F. (2017). Personality traits related to binge drinking: A systematic review. *Frontiers in Psychatry, 8,* DOI: 10.3389/fpsyt.2017.00134

Aiello, J. R., Thompson, D. D., & Brodzinsky, D. M. (1983). How funny is crowding anyway? Effects of room size, group size, and the introduction of humor. *Basic and*

Applied Social Psychology, 4, 193–207.

Ainsworth, M. D. S., Blehar, M. C., Walters, E., & Wall, S. (1978). *Patterns of attachment: A psychological study of the strange situation*. Erlbaum.

Al-Sayegh, H., Lowry, J., Polur, R. N., Hines, R. B., Liu, F., & Jhang, J. (2015). Suicide history and mortality: A follow-up of a national cohort in the United States. *Archives of Suicide Research, 19*, 35–47.

Albert, D., Chein, J., & Steinberg, L. (2013). Peer influences on adolescent decision making. *Current Directions in Psychological Science, 22*, 80–86.

Allen, M. W., Gupta, R., & Monnier, A. (2008). The interactive effect of cultural symbols and human values on taste evaluation. *Journal of Consumer Research*, *35*, 294–308.

Allport, G. W. (1954). *The nature of prejudice*. Addison-Wesley.

American Cancer Society. (2015). Health risks of secondhand smoke. http://www.cancer.org/cancer/cancercauses/tobaccocancer/secondhand-smoke (Accessed May 2, 2016)

American Lung Association. (2013). Smoking. Retrieved from http://www.lungusa.org/stop-smoking/about-smoking/health-effects/smoking.html (Accessed November 12, 2013)

American Psychiatric Association. (2013). *Diagnostic and statistical manual of mental disorders* (5th ed.). Author.

American Psychological Association. (2014). Help center: Signs of stress. http://www.apa.org/helpcenter/stress-signs.aspx

Anderson, B. L. (2002). Biobehavioral outcomes following psychological interventions for cancer patients. *Journal of Consulting and Clinical Psychology, 70*, 590–610.

Anderson, C. A., Bushman, B. J., Bartholow, B. D., Cantor, J., Christakis, D., Coyne, S. M., ... & Huesmann, R. (2017). Screen violence and youth behavior. *Pediatrics, 140* (Supplement 2), S142–S147.

Anderson, E., Siegel, E. H., & Barrett, L. F. (2011). What you feel influences what you see: The role of affective feelings in resolving binocular rivalry. *Journal of Experimental Social Psychology, 47*, 856–860.

Anderson, J. R. (1991). The adaptive nature of human categorization. *Psychological Review, 98*, 409–429.

Andrews, P. W., & Thomson, J. A. (2009). The bright side of being: Depression as an adaptation for analyzing complex problems. *Psychological Review, 116*, 620–654.

Arendt, H. (1963). *Eichmann in Jerusalem: A report on the banalty of evil*. Viking Press.

Arnett, J. J. (1999). Adolescent storm and stress, reconsidered. *American Psychologist, 54*, 317–326.

Aron, A., Norman, C. C., & Aron, E. N. (1998). The self-expansion model and motivation. *Representative Research in Social Psychology, 22*, 1–13.

Aronson, E. (1995). *The social animal* (7th ed.). Freeman.

Aronson, E., & Mills, J. (1959). The effect of severity of initiation on liking for a group. *Journal of Abnormal and Social Psychology, 59*, 177–181.

Aserinsky, E. (1988, January 17). Personal communication.

Atkinson, R. C., & Shifflin, R. M. (1968). Human memory: A control system and its control processes. In K. spencer (Ed.), *The psychology of learning and motivation* (Vol. 2). Academic Press.

Averill, J. R. (1983). Studies on anger and aggression: Implications for theories of emotion. *American Psychologist, 38*, 1145–1160.

Bahrick, H. P., Bahrick, P. O., & Wittlinger, R. P. (1975). fifty years of memory for names and face: A cross-sectional approach. *Journal of Experimental Psychology: General, 104*, 54–75.

Baker, T. B., Piper, M. E., McCarthy, D. E., Majeskie, M., R., & Fiore, M. C. (2004). Addiction motivation reformulated: An affective processing model of negative reinforcement. *Psychological Review, 111*, 33–51.

Bandura, A. (1986). *Social foundations of thought and action: A social cognitive theory.* Prentice-Hall.

Bandura, A. (2001). Social cognitive theory: An agentic perspective. *Annual Review of Psychology, 52*, 1–26.

Bandura, A. (2016). The power of observational learning through social modeling. In R. J. Sternberg, S. T. Fiske, & D. J. Foss (Eds.), *Scientists making a difference* (pp. 235–239). Cambridge University Press.

Bandura, A., Ross, S. A., & Ross, D. (1963). Imitation of film-mediated aggressive models. *Journal of Abnormal and Social Psychology, 66*, 3–11.

Barefoot, J. C., Dodge, K. A., Peterson, B. L., Dahlstrom, W. G., Williams, R. B. Jr. (1989). The Cook-Medley Hostility scale: Item content and ability to predict survival. *Psychosomatic Medicine, 51*, 46–57.

Bargh, J. (2007). Social psychological approaches to consciousness. In P. D. Zelazo, M. Moscovitch, & E. Thompson (Eds.), *The Cambridge handbook of consciousness* (pp. 55–570). Cambridge University Press.

Bargh, J. A., Chen, M., & Burrows, L. (1996). Automaticity of social behavior: Direct effects of trait construct and stereotype activation on action. *Journal of Personality and Social Psychology, 71*, 230–244.

Basoglu, M., & Mineka, S. (1992). The role of uncontrollable and unpredictable stress in posttraumatic stress responses in torture survivors. In M. Basoglu (Ed.), *Torture and its consequences: Current treatment approaches* (pp. 182–225). Cambridge University Press.

Bates, E. (2001). Plasticity, localization and language development. In S. T. Parker, J.

Langer, & C. Milbrath (Eds.), *Biology and knowledge revisited* (pp. 205–254). Routledge.

Baumeister, H., & Härter, M. (2007). Prevalence of mental disorders based on general population surveys. *Social Psychiatry and Psychiatric Epidemiology, 42*, 537–546.

Baumrind, D. (1967). Child care practice anteceding three patterns of preschool behavior. *Genetic Psychology Monographs, 75*, 43–88.

Baumrind, D. (2013). Authoritative parenting revisited: History and current status. In R. E. Larzelere, A. S. Morris, & A. W. Harrist (Eds.), *Authoritative parenting: Synthesizing nurturance and discipline for optimal child development* (pp. 11–34). American Psychological Association.

Beck, A. T., Davis, D. D., & Freeman, A. (2015). *Cognitive therapy of personality disorders*. The Guilford Press.

Berkowitz, L. (1990). On the formation and regulation of anger and aggression: A cognitive-neoassociationistic analysis. *American Psychologist, 45*, 494–503.

Bernstein, D. M., & Loftus, E. F. (2009). The consequences of false memories for food preferences and choices. *Perspectives on Psychological Science, 4*, 135–139.

Bernstein, I. L. (1999). Taste aversion learning: A contemporary perspective. *Nutrition, 15*, 229–234.

Berscheid, E. (1983). Emotion. In H. H. Kelley, E. Berscheid, A. Christensen, J. H. Harvey, T. L. Hutson, G. Levinger, E. McClintock, L. A. Peplau, & D. R. Peterson (Eds.), *Close relationships* (pp. 110–168). Freeman.

Bexton, W. H., Heron, W., & Scott, T. H. (1954). Effects of decreased variation in the sensory environment. *Canadian Journal of Psychology, 8*, 70–76.

Blascovich, J., Seery, M. D., Mugridge, C. A., Norris, R. K., & Weisbuch, M. (2004). Predicting athletic performance from cardiovascular indexes of challenge and threat. *Journal of Experimental Social Psychology, 40*, 683–688.

Blood, R. O. (1967). *Love match and arranged marriage*. Free Press.

Bloom, B. C. (Ed.). (1985). *Developing talent in young people*. Ballantine.

Bond, C. F., & Titus, L. J. (1983). Social facilitation: A meta-analysis of 241 studies. *Psychological Bulletin, 94*, 265–292.

Booth, D. A. (1991). Learned ingestive motivation and the pleasures of the palate. In R. C. Booes (Ed.), *The hedonics of taste* (pp. 29–58). Erlbaum.

Bostwick, J., & Pankratz, V. S. (2000). Affective disorders and suicide risk: A re-examination. *American Journal of Psychiatry, 157*, 1925–1932.

Bothwell, R. K., Brigham, J. C., & Malpass, R. S. (1989). Cross-racial identification. *Personality and Social Psychology Bulletin, 15*, 19–25.

Bouchard, C., Tremblay, A., Despres, J. P., Nadeau, A., Lupien, P. J., Theriault, G.,

Dussault, J., Moorjai, S., Pinault, S., & Fournier, G. (1990). The response to long-term overeating in identical twins. *New England Journal of Medicine, 322*, 1477-1482.

Boucher, J., Mayes, A., & Bigham, S. (2012). Memory in autistic spectrum disorder. *Psychological Bulletin, 138*, 458-496.

Bower, G. H., & Springston, F. (1970). Pases as recoding points in letter series. *Journal of Experimental Psychology, 83*, 421-430.

Bowlby, J. (1973). *Attachment and loss: Separation anxiety and anger* (Vol. 2). Hogarth Press.

Boyden, E. S., Katoh, A., & Raymon, J. I. (2004). Cerebellum-dependent learning: The role of multiple plasticity mechanisms. *Annual Review of Neuroscience, 27*, 581-600.

Brasel, S. A., & Gips, J. (2011). Media multitasking behavior: Concurrent television and computer usage. *Cyberpsychology, Behavior, and Social Networking, 14*, 527-534.

Braungart, J. M., Plomin, R., DeFries, J. C., & Fulker, D. W. (1992). Genetic influence on tester-rated infant temperament as assessed by Bayley's Infant Behavior Record: Nonadoptive and adoptive siblings and twins. *Developmental Psychology, 28*, 40-47.

Breslin, C. W., & Safer, M. A. (2011). Effects of event valence on long-term memory for two baseball championship games. *Psychological Science, 22*, 1408-1412.

Brose, A., de Roover, K., Ceulemans, E., & Kuppens, P. (2015). Older adults' affective experiences across 100 days are less variable and less complex than younger adults'. *Psychology and Aging, 30*, 194-208.

Browning, C. (1992). *Ordinary men: Reserve police battalion 101 and the final solution in Poland*. Harper Collins.

Bruck, M., & Ceci, S. J. (1999). The suggestibility of children's memory. *Annual Review of Psychology, 50*, 419-439.

Bruck, M., & Ceci, S. J. (2004). Forensic developmental psychology: Unveiling four common misconceptions. *Current Directions in Psychological Science, 15*, 229-232.

Buehler, R., Griffin, D., & Ross, M. (1994). Exploring the "planning fallacy": Why people underestimate their task completion times. *Journal of Personality and Social Psychology, 67*, 366-381.

Bulkeley, K. (2013, October 18). Data-mining our dreams. *The New York Times*, p. SR14.

Burke, M. A., Heiland, F. W., & Nadler, C. M. (2010). From "overweight" to "about right": Evidence of a generational shift in body weight norms. *Obesity, 18*(6), 1226-1234.

Bushman, B. J. (2002). Does venting anger feed or extinguish the flame? Catharsis, rumination, distraction, anger, and aggressive responding. *Personality and Social Psychology Bulletin, 28*, 724-731.

Buss, D. M. (1989). Sex differences in human male preferences: Evolutionary hypotheses testing in 37 cultures. *Behavioral and Brain Sciences, 12*, 1-49.

Cabanac, M. (2010). The dialectics of pleasure. In M. L. Krigelbach & K. C. Berridge (Eds.), *Pleasures in the brain* (pp. 113–124). Oxford University Press.

Cacioppo, J. T., Berntson, G. G., Larsen, J. T., Poehlmann, K. M., & Ito, T. A. (2000). The psychophysiology of emotion. In M. Lewis & J. M. Havilland-Jones (Eds.), *Handbook of emotion* (2nd ed., pp. 173–191). Guilford.

Cain, W. S. (1988). Olfaction. In R. C. Atkinson, R. J. Hernstein, G. Lindzey, & R. D. Luce (Eds.), *Steven's handbook of experimental psychology* (Vol. 1, pp. 409–459). Wiley.

Campbell, S. (1986). *The Loch Ness Monster: The evidence.* Acquarian Press.

Cannon, W. B., & Washburn, A. (1912). An explanation of hunger. *American Journal of Physiology, 29*, 441–454.

Caplan, N., Choy, M. H., & Whitmore, J. K. (1992, February). Indochinese refugee families and academic achievement. *Scientific American*, pp. 36–42.

Carrol, M. E., & Overmier, J. B. (2001). *Animal research and human health: Advancing human welfare through behavioral science.* American Psychological Association.

Catteano, L., & Rizzolatti, G. (2009). The mirror neuron system. *Archives of Neurology, 66*, 557–560.

CDC. (2009). *Self-harm, all injury cause, nonfatal injuries and rates per 100,000.* Centers for Disease Control and Prevention. Retrieved from http://webappa.cdc.gov/cgi-bin/broker.exe

CDC. (2013). Diagnoses of HIV infection in the United States and dependent areas, 2013. *HIV surveillance Report, Volume 25.* Centers for Disease Control and Prevention.

Ceci, S. J., & Bruck, M. (1993). Child witnesses: Translating research into policy. *Social Policy Report* (Society for Research in Child Development), *7*(3), 1–30.

Ceci, S. J., & Bruck, M. (1995). *Jeopardy in the courtroom: A scientific analysis of children's testimony.* American Psychological Association.

Ceci, S. J., Huffman, M. L. C., Smith, E., & Loftus, E. F. (1994). Repeatedly thinking about a non-event: Source misattributions among preschoolers. *Consciousness and Cognition, 3*, 388–407.

Cesarani, D. (2004). *Eichmann: His life and crimes.* Heinemann.

CFI. (2003, July). International developments. Report. Center for Inquiry International.

Chamove, A. S. (1980). Nongenetic induction of acquired levels of aggression. *Journal of Abnormal Psychology, 89*, 469–488.

Chang, P. P., Ford, D. E., Meoni, L. A., Wang, N-Y., & Klag, M. J. (2002). Anger in young men and subsequent premature cardiovascular disease: The precursors study. *Archives of Internal Medicine, 162*, 901–906.

Chartland, T. L., & Bargh, J. A. (1999). The chameleon effect: The perception-behavior link and social interaction. *Journal of Personality and Social Psychology, 76*, 893–910.

Chartland, T. L., & van Baaren, R. (2009). Human mimicry. In M. P. Zanna (Ed.), *Advances in experimental social psychology* (pp. 219–274). Elsevier Academic Press.

Chatard, A., & Selimbegović, L. (2011). When self-destructive thoughts flash through the mind: Failure to meet standards affects the accessibility of suicide-related thoughts. *Journal of Personality and Social Psychology, 100*, 587–605.

Chen, S., & Anderson, S. M. (1999). Relationships from the past in the present: Significant-other representations and transference in interpersonal life. *Advances in Experimental Social Psychology, 31*, 123–190.

Chennu, S., Pinoia, P., Kamau, E., Allanson, J., Williams, G. B., Monti, M. M., ... & Bekinschtein, T. A. (2014). Spectral signatures of reorganised brain network in disorders of consciousness. *PLoS Computational Biology, 10e,* 1003887.

Chomsky, N. (1965). *Aspects of the theory of syntax*. MIT Press.

Chopik, W. J., Edelstein, R. S., & Fraley, R. C. (2013). From the cradle to the grave: Age differences in attachment from early adulthood to old age. *Journal of Personality, 81*, 171–183.

Christakis, N. A., & Fowler, J. H. (2009). *Connected: The surprising power of social networks and how they shape our lives*. Little, Brown.

Chu, C., Podlogar, M. C., Hagan, C. R., Buchman-Schmitt, J. M., Silva, C., Chiurliza, B., ... & Joiner, T. E. (2016). The interactive effects of the capability for suicide and major depressive episodes on suicidal behavior in a military sample. *Cognitive Therapy and Research, 40*, 22–30.

Clancy, S. A. (2005). *Abducted: How people come to believe they were kidnapped by aliens*. Harvard University Press.

Clarke-Stewart, K. A. (1973). Interactions between mothers and their young children: Characteristics and consequences. *Monographs of the Society for Research in Child Development, 38* (6 & 7, Serial No. 153).

Conway, M. A., Wang, Q., Hanu, K., & Haque, S. (2009). A cross-cultural investigation of autobiographical memory: On the university and cultural variation of the reminiscence bump. *Journal of Cross-Cultural Psychology, 36*, 739–749.

Cooke, I. J., Wardle, J., & Gibson, E. L. (2003). Relationship between parental report of food neophobia and everyday food consumption in 2–6 year-old children. *Appetite, 41*, 205–206.

Cooper, C. A., Golden, L., & Socha, A. (2013). The Big Five personality factors and mass politics. *Journal of Applied Social Psychology*, *43*(1), 68–82.

Cooper, J. O., Heron, T. E., & Heward, W. L. (2007). *Applied behavior analysis* (2nd ed.). Merrill.

Corey, G. (2017). *The theory and practice of group counseling* (10th ed.). Cengage

Learning.

Correia, C. J., Murphy, J. G., & Barnett, N. P. (2012). *College student alcohol abuse: A guide to assessment, intervention, and prevention*. John Wiley & Sons.

Cowan, N. (2010). The magical mystery four: How is working memory capacity limited and why? *Current Directions in Psychological Science, 19*, 51–57.

Cowart, B. J. (1981). Development of taste perception in humans: Sensitivity and preference throughout the life span. *Psychological Bulletin, 90*, 43–73.

Creusere, M. A. (1999). Theories of adults' understanding and use of irony and sarcasm: Applications to and evidence from research with children. *Developmental Review, 19*, 213–262.

Cristea, I. A., Stefan, S., David, O., Mogoase, C., & Dobrean, A. (2016). Rational-emotive and cognitive-behavior therapy (RE & CBT) treatment protocol for anxiety in children and adults. In *REBT in the treatment of anxiety disorders in children and adults* (pp. 51–67). Springer International Publishing.

Curtis, R. C., & Miller, K. (1986). Believing another likes or dislikes you: Behaviors making the beliefs come true. *Journal of Personality and Social Psychology, 51*, 284–290.

Cyders, M. A., & Smith, G. T. (2008). Emotion-based dispositions to rash action: Positive and negative urgency. *Psychological Bulletin, 134*, 807–828.

Darwin, C. (1872). *The expression of the emotions in man and animals*. John Murray, Albemarle Street.

Davidson, R. J., Kabat-Zinn, J., Schumacher, J., Rosenkranz, M., Muller, D., Santorelli, S. F., Urbanowski, F., Harrington, A., Bonus, K., & Sheridan, J. F. (2003). Alterattions in brain and immune function produced by mindfulness meditation. *Psychosomatic Medicine, 65*, 564–570.

de Courten-Myers, G. M. (2005, February 4). Personal correspondence (estimating total brain neurons, extrapolating from her carefully estimated 20 to 23 billion cortical neurons).

de Dreu, C. K. W., Nijstad, B. A., Baas, M., Wolsink, L., & Roskes, M. (2012). Working memory benefits creative insight musical improvisation, and original ideation through maintained task-focused attention. *Personality and Social Psychology Bulletin, 38*, 656–669.

de Lange, M., Debets, L., Ruitenberg, K., & Holland, R. (2012). Making less of a men: Scent exposure as a tool for behavioral change. *Social Influence, 7*, 90–97.

de Waal, F. B. M. (1996). *Good natured: The origin of right and wrong in humans and other animals*. Harvard University Press.

de Wild-Hartmann, J. A., Wichers, M., van Bemmel, A. L., Derom, C., Thiery, E., acobs, N., ... & Simons, C. J. (2013). Day-to-day associations between subjective sleep and affect in regard to future depression in a female population-based sample. *British Journal of Psychology, 203*(5), 407-412.

DeBruine, L. M. (2002). Facial resemblance enhances trust. *Proceedings of the Royal Society of London, 269*, 1307-1312.

DeNeve, K. M., & Cooper, H. (1998). The happy personality: A meta-analysis of 137 personality traits and subjective well-being. *Psychological Bulletin, 124*, 197-229.

Desikan, R. S., Cabral, H. J., Hess, C. P., Dillon, W. P., Glastonbury, C. M., Weiner, M. W., ... & Alzheimer's Disease Neuroimaging Initiative. (2009). Automated MRI measures identify individuals with mild cognitive impairment and Alzeimer's disease. *Brain, 112*, 2048-2057.

DeSteno, D., Petty, R. E., Wegener, D. T., & Rucker, D. D. (2000). Beyond valence in the perception of likelihood: The role of emotion specificity. *Journal of Personality and Social Psychology, 78*, 397-416.

Dewar, M., Alber, J., Butler, C., Cowan, N., & Sala, S. D. (2012). Brief wakeful resting boosts new memories over the long term. *Psychological Science, 23*, 955-960.

Diekelmann, S., & Born, J. (2010). The memory function of sleep. *Nature Neuroscience, 11*, 114-126.

Diener, E., Oishi, S., & Lucas, R. E. (2003). Personality, culture, and subjective wellbeing: Emotional and cognitive evaluations of life. *Annual Review of Psychology, 54*, 403-425.

Diener, E., Wolsic, B., & Fujita, F. (1995). Physical attractiveness and subjective wellbeing. *Journal of Personality and Social Psychology, 69*, 120-129.

Dobb, E. (1989, November-December). The scent around us. *The Sciences, 29*, 46-53.

Domhoff, G. W. (2007). Realistic simulations and bizarreness in dream content: Past findings and suggestions for future research. In D. Barrett & P. McNamara (Eds.), *The new science of dreaming: Content, recall, and personality characteristics*. Praeger.

Drew, T., Vö, M. L-H., & Wolfe, J. M. (2013). The invisible gorilla strikes again: Sustained inattentional blindness in expert observers. *Psychological Science, 24*, 1848-1853.

Driessen, E., Hegelmaier, L. M., Abbass, A. A., Barber, J. P., Dekker, J. J., Van, H. L., ... & Cuijpers, P. (2015). The efficacy of short-term psychodynamic psychotherapy for depression: A meta-analysis update. *Clinical Psychology Review, 42*(1), 1-15.

Dronkers, N. F., Redfern, B. B., & Knight, R. T. (2000). The neural architecture of language disorders. In M. S. Gazzaniga (Ed.), *The new cognitive neuroscience* (2nd ed., pp. 949-958). MIT Press.

Dunson, D. B., Colombo, B., & Baird, D. D. (2002). Changes with age in the level and duration of fertility in the menstrual cycle. *Human Reproduction, 17*, 1399-1403.

Dutton, D. G., & Aron, A. P. (1974). Some evidence for heightened sexual attraction under conditions of high anxiety. *Journal of Personality and Social Psychology, 30*, 510-517.

Eastwick, P. W., & Finkel, E. J. (2008). Sex differences in mate preferences revisited: Do people know what they initially desire in romantic partner? *Journal of Personality and Social Psychology, 94*(2), 245.

Eisenberg, N., Smith, C. L., & Spinrad, T. L. (2011). Effortful control: Relations with emotion regulation, adjustment, and socialization in childhood. In K. D. Vohs & R. F. Baumeister (Eds.), *Handbook of self-regulation: Research, theory, and application* (2nd ed., pp. 263-283). Guilford Press.

Eisendrath, S. J., Gillung, E., Delucchi, K., Mathalon, D. H., Yang, T. T., Satre, D. D., ... & Wolkowitz, O. M. (2015). A preliminary study: Efficacy of mindfulness-based cognitive therapy versus sertraline as first-line treatments for major depressive disorder. *Mindfulness, 6*(3), 475-482.

Ekman, P. (1972). Universals and cultural differences in facial expressions of emotion. In J. Cole (Ed.), *Nebraska symposium on motivation, 1971* (pp. 207-281). University of Nebraska Press.

Engemann, K. M., & Owyang, M. T. (2005, April). So much for that merit raise: The link between wages and appearance. *Regional Economist* (www.stlouisfed.org)

Eranti, S. V., & McLoughlin, D. M. (2003). Electroconvulsive therapy-state of the art. *British Journal of Psychiatry, 182*, 8-9.

Erickson, K. I., Raji, C. A., Lopez, O. L., Becker, J. T., Rosano, C., Newman, A. B., ... & Kuller, L. H. (2010). Physical activity predicts gray matter volume in late adulthood: The Cardiovascular Health Study. *Neurology, 75*, 1415-1422.

Ericsson, K. A., Roring, R. W., & Nandagopal, K. (2007). Giftedness and evidence for reproducibly superior performance: An account based on the expert performance framework. *High Ability Studies, 18*, 3-56.

Erikson, E. (1950). *Childhood and society*. Norton.

Esser, J. K., & Lindoerfer, J. S. (1989). Groupthink and the space shuttle Challenger accident: Toward a quantitative case analysis. *Journal of Behavioral Decision Making, 2*, 167-177.

Falk, R., Falk, R., & Ayton, P. (2009). Subjective patterns of randomness and choice: Some consequences of collective responses. *Journal of Experimental Psychology: Human Perception and Performance, 35*, 203-224.

Feinstein, J. S., Buzza, C., Hurlemann, R., Follmer, R. L., Dahdaleh, N. S., Coryell, W. Ho., ... & Wemmie, J. A. (2013). Fear and panic in human with bilateral amygdala damage. *Nature Neuroscience, 16*, 270-272.

Ferrari, P. F., & Rizzolatti, G. (Eds.). (2015). *New frontiers in mirror neurons research*. Oxford University Press.

Ferris, C. F. (1996, March). The rage of innocents. *The Sciences*, pp. 22-26.

Festinger, L., Peptone, A., & Newcomb, T. M. (1952). Some consequences of deindividuation in a group. *Journal of Abnormal and Social Psychology, 47*, 383–389.

Finkel, E. J., Cheung, E. O., Emery, L. F., Carswell, K. L., & Larson, G. M. (2015). The suffocation model: Why marriage in America is becoming an all-or-nothing institution. *Current Directions in Psychological Science, 24*, 238–244.

Fitzsimons, J. T. (1990). Thirst and sodium appetite. In E. M. Stricker (Ed.), *Neurobiology of food and fluid intake* (pp. 23–44). Plenum.

Flack, W. (2006). Peripheral feedback effects of facial expressions, bodily postures, and vocal expressions on emotional feelings. *Cognition and Emotion, 20*, 177–195.

Forgas, J. P. (2009). November/December). Think negative! *Australian Science*, pp. 14–17.

Forgas, J. P., Bower, G. H., & Krantz, S. E. (1984). The influence of mood on perceptions of social interactions. *Journal of Experimental Social Psychology, 20*, 497–513.

Foster, J. (2011, June 16). Our deadly anorexic pact. *The Daily Mail* (dailymail.co.uk).

Freedman, J. L. (1978). *Happy people*. Harcourt Brace Jovanovich.

Freedman, J. L., & Fraser, S. C. (1966). Compliance without pressure: The foot-in-the-door technique. *Journal of Personality and Social Psychology, 4*, 195–203.

Freedman, R., Ross, R., Michels, R., Appelbaum, P., Siever, L., Binder, R., et al. (2007). Psychiatrist, mental illness, and violence. *American Journal of Psychiatry, 165*(9), 1315–1317.

Frenda, S. J., Patihis, L., Loftus, E. F., Lewis, H. C., & Fenn, K. M. (2014). Sleep deprivation and false memories. *Clinical Psychological Science, 25*, 1674–1681.

Gaddy, M. A., & Ingram, R. E. (2014). A meta-analytic review of mood-congruent implicit memory in depressed mood. *Clinical Psychology Review, 34*, 402–416.

Galati, D., Scherer, K. R., & Ricci-Bitti, P. E. (1997). Voluntary facial expression of emotion: Comparing congenitally blind with normally sighted encoders. *Journal of Personality and Social Psychology, 73*, 1363–1379.

Gardner, H. (1975). *The shattered mind*. Knopf.

Gardner, H. (1993). *Multiple intelligence: The theory in practice*. Basic Books.

Gazzaniga, M. S. (1967). The split brain in man. *Scientific American*, pp. 24–29.

Gazzaniga, M. S. (1983). Right hemisphere language folling brain bisection: A 20-year perspective. *American Psychologist, 38*, 525–537.

Gazzaniga, M. S. (2016). *Tales from both sides of the brain: A life in neuroscience*. Ecco.

Geraerts, E., Bernstein, D. M., Merckellsch, H., Linders, C., Raymaekers, I., & Loftus, E. F. (2008). Lasting false beliefs and their behavioral consequences. *Psychological Science, 19*, 749–753.

Gerbner, G., Gross, L., Morgan, M., & Signorielli, N. (1986). Living with television: The dynamics of the cultivation process. In J. Bryant & D. Zillmann (Eds.), *Mindfulness and psychotherapy* (pp. 152-172). Guilford Press.

Gershoff, E. T. (2002). Corporal punishment by parents and associated child behaviors and experiences: A meta-analytic and theoretical review. *Psychological Bulletin, 128*(4), 539-579.

Geschwind, N. (1972). Language and the brain. *Scientific American, 226*, 76-83.

Gilbert, D. T. (2006). *Stumbling on happiness*. Knopf.

Global Burden of Disease Study 2013 Collaborators. (2015). Global, regional, and national incidence, prevalence, and years lived with disability for 301 acute and chronic diseases and injuries in 188 countries, 19902013: A systematic analysis for the Global Burden of Disease Study 2013. *The Lancet, 386*, 743-800.

Gluszek, A., & Dovidio, J. E. (2010). He way they speak: A social psychological perspective on the stigma of nonnative accents in communication. *Personality and Social Psychology Review, 14*, 214-237.

Goleman, D. (1980, February). 1,528 little geniuses and how they grew. *Psychology Today*, pp. 28-53.

Goodman, G. S., & Quas, J. A. (2008). Repeated interviews and children's memory. *Current Directions in Psychological Science, 17*, 386-389.

Goodwin, P. Y., Mosher, W. D., & Chandra, A. (2010). Marriage and cohabituation in the United States: A statistical portrait based on Cycle 6 (2002) of the National Survey of Family Growth. National Center for Health Statistics. *Vital Health Statistics, 23*(28).

Gorden, A. M., & Chen, S. (2014). The role of sleep in interpersonal conflict: Do sleepless nights mean worse fights? *Social Psychological and Personality Science, 5*, 168-175.

Grady, C. L., McIntosh, A. R., Howwitz, B., Maisog, J. M., Ungeleider, L. G., Mentis, M. J., ... & Haxby, J. V. (1995). Age-related reductions in human recognition memory due to impaired encoding. *Science, 269*, 218-221.

Gurney, R. (1936). The hereditary factor in obesity. *Archives of Internal Medicine, 57*, 557-561.

Gómez-Robies, A., Hopkins, W. D., Schapiro, S. J., & Sherwood, C. C. (2015). Relaxed genetic control of cortical organization in human brains compared with chimpanzees. *PNAS, 112*, 14799-14804.

Halonen, J. I., Lallukka, T., Pentti, J., Stenholm, S., Rod, N. H., Virtanen, M., ... & Vahtera, J. (2017). Change in job strain as a predictor of change in insomnia symptoms: Analyzing observational data as a non-randomized pseudo-trial. *Sleep, 40*(1), DOI: 10.1093/sleep/zsw007

Hardt, O., Einarsson, E. O., & Nader, K. (2010). A bridge over troubled water: Recommendation as a link between cognitive and neuroscientific memory research traditions. *Annual review of Psychology, 61*, 141-167.

Harlow, H. F. (1953). Mice, monkeys, men, and motives. *Psychological Review, 60*(1), 23-32.

Harlow, H. F., & Harlow, M. K. (1969). Effects of various mother-infant relationships on rhesus monkey behaviors. In B. S. Foss (Ed.), *Determinants of infant behavior* (Vol. 4). Methuen.

Harrison, L. A., Hurlemann, R., & Adolphs, R. (2015). An enhanced default approach bias following amygdala lesions in humans. *Psychological Science, 26*, 1543-1555.

Hatfield, E. (1988). Passionate and companionate love. In R. J. Sterberg & M. L. Barnes (Eds.), *The psychology of love* (pp. 191-217). Yale University Press.

Hawton, K., Bergen, H., Cooper, J., Turnbull, P., Waters, K., Ness, J., & Kapur, N. (2015). Suicide following self-harm: Findings from the Multicentre Study of self-harm in England, 2000-2012. *Journal of Affective Disorders, 175*, 147-151.

Head, L. S., & Gross, A. M. (2003). Systematic desensitization. In W. O'Donohue, U. J. Fisher, & S. C. Hayes (Eds.), *Cognitive behavior therapy: Applying empirically supported techniques in your practice* (pp. 417-422). John Wiley & Sons.

Hellige, J. B. (1993). Unity of thought and action: Varieties of interaction between left and right hemispheres. *Current Directions in Psychological Science, 2*, 21-25.

Hemmi, T. (1969). How we have handled the problem of drug abuse in Japan. In F. Sjoqvist & M. Tottie (Eds.), *Abuse central stimulants*. Raven Press.

Hills, P. J., Werno, M. A., & Lewis, M. B. (2011). Sad people are more accurate at face recognition than happy people. *Consciousness and Cognition, 20*, 1502-1517.

Hobson, J. A. (2003). *Dreaming: An introduction to the science of sleep*. Oxford University Press.

Holmes, T. H., & Rahe, R. H. (1967). The social readjustment rating scale. *Journal of Psychosomatic Research, 11*, 213-218.

Horne, J. (2011). The end of sleep: "Sleep debt" versus biological adaptation of human sleep to waking needs. *Biological Psychology, 87*, 1-14.

Hser, Y. L., Anglin, D., & Powers, K. (1993). A 24-year follow-up of California narcotics addicts. *Archives of General Psychiatry, 50*, 577-584.

Huesmann, L. R., Dubow, E. F., & Yang, G. (2013). Why is it hard to believe that media violence causes aggression? In K. E. Dill (Ed.), *The Oxford handbook of media psychology* (pp. 159-171). Oxford University Press.

Huey, E. D., Krueger, F., & Grafman, J. (2006). Representations in the human prefrontal cortex. *Current Directions in Psychological Science, 15*, 167-171.

Hughes, J. R., Peters, E. N., & Naud, S. (2008). Relapse to smoking after 1 year of abstinence: A meta-analysis. *Addictive Behaviors, 33*, 1516-1520.

Ibos G., & Freedman, D. J. (2014). Dynamic integration of task-relevant visual features in posterior parietal cortex. *Neuron, 83*, 1468-1480.

IJerman, H., & Semin, G. R. (2009). The thermometer of social relations: Mapping social proximity on temperature. *Psychological Science, 20*, 1214-1220.

Ingham, A. G., Levinger, G., Graves, J., & Peckham, V. (1974). The Ringelmann effect: Studies of group size and group performance. *Journal of Experimental Social Psychology, 10*, 371-384.

Inglehart, R. (1990). *Culture shift in advanced industrial society*. Princeton University Press.

Innocence Project. (2015). Eyewitness misidentification. Retrieved from http://www.innocenceproject.org/understand/Eyewitness-Misidentification.php

Iversen, A. C. Fear, N. T., Ehlers, A., Hughes, J. H., Hull, L., Earnshaw, M., Greenberg, N., Rona, R., Wessey, S., & Hotopf, M. (2008). Risk factors for post-traumatic stress disorder among UK Armed Forces personnel. *Psychological Medicine, 38*, 511-522.

Izard, C. E. (1977). *Human emotions*. Plenum Press.

Jaffe, E. (2004, October). Peace in the Middle East may be impossible: Lee D. Ross on naive realism and conflict resolution. *APS Observer*, pp. 9-11.

James, W. (1884). What is an emotion? *Mind*, 188-205.

James, W. (1890/1950). *Principles of psychology*. Dover.

Janis, I. L. (1986). Problems of international crisis management in the nuclear age. *Journal of Social Issues, 42*(2), 201-220.

Janowitz, H. D., & Grossman, M. I. (1949). Effects of variations in nutritive density on intake of food in dogs and cats. *American Journal of Physiology, 158*, 184-193.

Jayakar, R., King, T. Z., Morris, R., & Na, S. (2015). Hippocampal volume and auditory attention on a verbal memory task with adult survivors of pediatric bain tumor. *Neuropsychology, 29*, 303-319.

Johnson, R. D., & Downing, L. L. (1979). Deindividuation and valence of cues: Effect on prosocial and antisocial behavior. *Journal of Personality and Social Psychology, 37*, 1532-1538.

Johnston, L. D., O'Malley, P. M., Miech, R. A., Bachman, J. G., & Schulenberg, J. E. (2015, February). *Monitoring the future national results on drug use: 1975-2014: 2014 overview key findings on adolescent drug use*. Institute for Social Research, University of Michigan.

Joiner, T. E., Jr. (2006). *Why people die by suicide*. Harvard University Press.

Jones, E. E. (1990). *Interpersonal perception*. Freeman.

Jones, J. T., Pelham, B. W., Carvallo, M., & Mirenberg, M. C. (2004). How do I love thee? Let me count the Js: Implicit egotism and interpersonal attraction. *Journal of*

Personality and Social Psychology, 87(3), 665–683.

Kabat-Zinn, J. (2003). Mindfulness-based interventions in context: Past, present and future. *Clinical Psychology: Science and Practice, 10*(2), 144–156.

Kagan, J. (1976). Emergent themes in human development. *American Scientist, 64*, 186–196.

Kahneman, D. (2016). Heuristics and biases. In R. J. Sternberg, S. T. Fiske, & D. J. Foss (Eds.), *Scientists making a difference* (pp. 171–174). Cambridge University Press.

Kamel, N. S., & Gammack, J. K. (2006). Insomnia in the elderly: Cause approach and treatment. *American Journal of Medicine, 119*, 463–469.

Kendler, K. S. (1996). Parenting: A genetic-epidemiologic perspective. *The American Journal of Psychiatry, 153*, 11–20.

Kensinger, E. A. (2007). Negative emotion enhances memory accuracy: Behavioral and neuroimaging evidence. *Current Directions in Psychological Science, 16*, 213–218.

Kihlstrom, J. F. (2007). Consciousness in hypnosis. In P. D. Zelazo, M. Moscovitch, & E. Thompson (Eds.), *The Cambridge handbook of consciousness* (pp. 45–479). Cambridge University Press.

Kille, D. R., Forest, A. L., & Wood, J. V. (2013). Tall, dark, and stable: Embodiment motivates mate selection preference. *Psychological Science, 24*, 112–114.

Kline, D., & Schieber, F. (1985). Vision and aging. In J. E. Birren & K. W. Schaie (Eds.), *Handbook of the psychology of aging*. Van Nostrand Reinholt.

Klüver, H., & Bucy, P. C. (1939). Preliminary analysis of functions of the temporal lobes in monkeys. *Archives of Neurology and Psychiatry, 42*, 979–1000.

Knight, T. (2007). Neural networks debunk phrenology. *Science, 316*, 1578–1579.

Kolb, B., & Whishaw, I. Q. (2006). *An introduction to brain and behavior* (2nd ed.). Worth Publishers.

Kornhaber, M., & Gardner, H. (1991). Critical thinking across multiple intelligences. In S. Maclure & P. Davies (Eds.), *Learning to think: Thinking to learn*. Pergamon.

Kraus, N., Malmfors, T., & Slovic, P. (1992). Intuitive toxicology: Expert and lay judgments of chemical risks. *Risk Analysis, 12*, 215–232.

Kubzansky, L. D., Sparrow, D., Vokanas, P., Kawachi, I. (2001). Is the glass half empty or half full? A prospective study of optimism and coronary heart disease in the normative aging study. *Psychosomatic Medicine, 63*, 910–916.

Kutas, M. (1990). Event-related brain potential (ERP) studies of cognition during sleep: Is it more than a dream? In R. R. Bootzin, J. F. Kihlstrom, & D. Schacter (Eds.), *Sleep and cognition* (pp. 43–57). American Psychological Association.

Ladefoged, P. (2005). *A course in Phonetics* (5th ed.). Thomson/Wadsworth.

Land, E. H. (1986). The retinex theory of color vision. *Scientific American, 237*, 108–128.

Landauer, T. (2001, September). Quoted in R. Herbert, You must remember this. *APS Observer*, p. 11.

Lang, E. V., Benotsch, E. G., Fick, L. J., Lutgendorf, S., Berbaum, M. L., Berbaum, K. S., ... & Spiegel, D. (2000). Adjunctive non-pharmacological analgesia for invasive medical procedures: A randomised trial. *Lancet, 355*, 1486-1490.

Latané, B., Nida, S. A., & Wilson, D. W. (1981). The effects of group size on helping behavior. In J. P. Rushton & R. M. Sorrentino (Eds.), *Altruism and helping behavior: Social personality, and developmental perspectives*. Erlbaum.

Lazarus, R. S. (1991). *Emotion and adaptation*. Oxford University Press.

Lazarus, R. S., & Folkman, S. (1984). *Stress, appraisal, and coping*. Springer.

Lea, M., Spears, R., & De Groot, D. (2001). Knowing me knowing you: Anonimity effects on social identity processes within groups. *Personality and Social Psychology Bulletin, 27*, 526-537.

Lee, S. W. S., & Schwarz, N. (2012). Bidirectionality, mediation, and moderation of metaphorical effects: The embodiment of social suspicions and fishy smells. *Journal of Personality and Social Psychology, 103*, 737-749.

Lehman, D. R., Wortman, C. B., & Williams, A. F. (1987). Long term effects of losing a spouse or child in a motor vehicle crash. *Journal of Personality and Social Psychology, 52*, 218-231.

Levin, E. D. (2013). Complex relationships of nicotinic receptor actions and cognitive functions. *Biochemical Pharmacology, 86*(8), 1145-1152.

Levin, R., & Nielsen, T. A. (2007). Disturbed dreaming, posttraumatic stress disorder, and affect distress: A review and neurocognitive model. *Psychological Bulletin, 133*, 482-528.

Lewis, D. O., Yeager, C. A., Swica, Y., Pincus, J. H., & Lewis, M. (1997). Objective documentation of child abuse and dissociation in 12 murderers with dissociative identity disorder. *American Journal of Psychiatry, 154*, 1703-1710.

Li, J., Lauren, T. M., Precht, D. H., Olsen, J., & Mortensen, P. B. (2005). Hospitalization for mental illness among parents after the death of a child. *New England Journal of Medicine, 352*, 1190-1196.

Lindgren, A. P., Mullins, P. M., Neighbors, C., & Blayney, J. A. (2010). Curiosity killed the cocktail? Curiosity, sensation seeking, and alcohol-related problems in college women. *Addictive Behaviors, 35*(5), 513-516.

Linville, P. W., Fischer, G. W., & Fischhoff, B. (1992). AIDS risk perceptions and decision biases. In J. B. Pryor & G. D. Reeder (Eds.), *The social psychology of HIV infection*. Erlbaum.

Lippa, R. A. (2002). Gender-related traits of heterosexual and homosexual men and women. *Archives of Sexual Behavior, 31*, 83–98.

Loftus, E. F., & Palmer, J. C. (October, 1974). Reconstruction of automobile destruction: An example of the interaction between language and memory. *Journal of Verbal Learning & Verbal Behavior, 13*(5), 585–589.

Loftus, E. F., Levidow, B., & Duensing, S. (1992). *Who remembers best? False memories and allegations of sexual abuse*. St. Martin's Press.

Logue, A. W. (1991). *The psychology of eating and drinking: An introduction* (2nd ed.). Freeman.

Lord, C. G., Lepper, M. R., & Preston, E. (1984). Considering the opposite: A corrective strategy for social judgment. *Journal of Personality and Social Psychology, 47*, 1231–1247.

Lord, C. G., Ross, L., & Lepper, M. (1979). Biased assimilation and attitude polarization: The effects of prior theories on subsequently considered evidence. *Journal of Personality and Social Psychology, 37*, 2098–2109.

Lowe, J. R., Duncan, A. F., Bann, C. M., Fuller, J., Hintz, S. R., Das, A., ... & Eunice Kennedy Shriver National Institute of Child Health and Human Development Neonatal Research Network. (2013). Early working memory as a racially and ethnically neutral measure of outcome in extremely preterm children at 18–22 months. *Early Human Development, 89*(12), 1055–1061.

Luborsky, E. B., O'Reilly-Landry, M., & Arlow, J. A. (2011). Psychoanalysis. In R. J. Corsini & D. Wedding (Eds.), *Current psychotherapies* (9th ed., pp. 15–66). Brooks/Cole, Cengage Learning.

Luchins, A. (1957). Primacy-recency in impression formation. In C. L. Hovland (Ed.), *The order of presentation in persuasion*. Yale University Press.

MacLean, P. D. (1973). *A triune concept of the brain and behavior*. Toronto University Press.

Maddi, S. R., Harvey, R. H., Khoshaba, D. M., Fazel, M., & Resurreccion, N. (2009). Hardiness training facilitates performance in college. *Journal of Positive Psychology, 4*, 566–577.

Maestripieri, D. (2003). Similarities in affiliation and aggression between cross-fostered rhesus macaque females and their biological mothers. *Developmental Psychobiology, 43*, 321–327.

Maier, S. F., & Seligman, M. E. P. (1976). Learned helplessness: Theory and evidence. *Journal of Experimental Psychology: General, 105*, 3–46.

Main, M., & Solomon, J. (1986). Discovery of an insecure disorganized/disoriented attachment pattern: Procedures, findings, and implications for the classification of behavior. In T. B. Brazelton, & M. Yogman (Eds.), *Affective development in infancy* (pp. 95-124). Ablex.

Manning, W., & Cohen, J. A. (2012). Premarital cohabitation and marital dissolution: An examination of recent marriages. *Journal of Marriage and Family, 74*, 377-387.

Markman, E. M., Wasow, J. L., & Hansen, M. B. (2003). Use of the mutual exclusivity assumption by young word learners. *Cognitive Psychology, 47*, 241-275.

Markus, H. (1977). Self-schemata and processing information about the self. *Journal of Personality and Social psychology, 35*, 63-78.

Marsh, A. A., Elfenbein, H. A., & Ambady, N. (2003). Nonverbal "accents": Cultural differences in facial expressions of emotion. *Psychological Science, 14*, 373-376.

Marshall, D. A., blumer, L., & Moulton, D. G. (1981). Odor detection curves for n-pentanoic acid in dogs and humans. *Chemical Senses, 6*, 445-453.

Marti, M. W., Robier, D. M., & Baron, R. S. (2000). Right before our eyes: The failure to recognize non-prototypical forms of prejudice. *Group Processes and Intergroup Relations, 3*, 403-418.

Martín, R., Bajo-Grañeras, R., Moratalla, R., Perea, G., & Araque, A. (2015). Circuit-specific signaling in atrocyte neuron networks in basal ganglia pathways. *Science, 349*, 730-734.

Maslow, A. H. (1970). *Motivation and personality* (2nd ed.). Harper & Row.

Mason, R. A., & Just, M. A. (2004). How the brain processes causal inferences in text. *Psychological Science, 15*, 1-7.

Massaro, D., & Loftus, G. R. (1996). Sensory storage lenses: Icons and echoes. In E. L., Bjork & R. A. Bjork (Eds.), *Handbook of perception and cognition* (Vol. 10, pp. 68-101). Academic Press.

Massimini, M., Ferrarelli, F., Huber, R., Esser, S. K., Singh, H., & Tononi, G. (2005). Breakdown of cortical effective connectivity during sleep. *Science, 309*, 2228-2232.

Masten, A. S. (2001). Ordinary magic: Resilience processes in development. *American Psychologist, 56*, 227-238.

Mather, M., & Sutherland, M. (2012, February). The selective effects of emotional arousal on memory. APA Science Brief (apa.org).

Matsumoto, D., & Ekman, P. (1989). American-Japanese cultural differences in intensity ratings of facial expressions of emotion. *Motivation and Emotion, 13*, 143-157.

May, C., & Hasher, L. (1998). Synchrony effects in inhibitory control over thought and action. *Journal of Experimental Psychology: Human Perception and Performance, 24*, 363-380.

May, P. A., Gossage, J. P., Marais, A., Hendricks, L. S., & Snell, C. L., Tabachnick, B. G., Stellavato, C., Buckley, D. G., Brooke, L. E., & Viljoen, D. L. (2008). Maternal risk factors for fetal alcohol syndrome and partial fetal alcohol syndrome in south africa: A third study. *Alcoholism: Clinical and Experimental Research, 32*, 738-753.

McCarty, C. A., Rhew, I. C., Murowchick, E., McCauley, E., & Vander Stoep, A. (2012). Emotional health predictors of substance use initiation during middle school. *Psychology of Addictive Behaviors, 26*(2), 351-357.

McCauley, C. R. (2002). Psychological issues in understanding terrorism and the response to terrorism. In C. E. Stout (Ed.), *The psychology of terrorism* (Vol. 3). Praeger/ Greenwood.

McEvoy, S. P., Stevenson, M. R., & Woodward, M. (2007). The contribution of passenger versus mobile phone use to motor vehicle crashes resulting in hospital attendance by the driver. *Accident Analysis and Prevention, 39*, 1170-1176.

McEween, B. S. (2000). Allostasis and allostatic load: Implications for neuropsychopharmacology. *Neuropsychopharmacology, 22*, 108-124.

McGaugh, J. L. (2015). Consolidating memories. *Annual Review of Psychology, 66*, 1-24.

Medland, S. E., Perelle, I., De Monte, V., & Ehrman, L. (2004). Effects of culture, sex, and age on the distribution of handedness: An evaluation of the sensitivity of three measures of handedness. *Laterality: Asymmetries of Body, Brain, and Cognition, 9*, 287-297.

Meltzoff, A. N., & Brooks, R. (2009). Social cognition and language: The role of gaze following in early word learning. In J. Colombo, P. McCardle, & L. Freund (Eds.), *Infant pathways to language: Methods, models, and research disorders* (pp. 169-194). Psychology Press.

Melzack, R. (1973). *The puzzle of pain*. Basic Books.

Melzack, R. (1990). The tragedy of needless pain. *Scientific American, 262*, 27-33.

Merrill, L., Thomsen, C. J., Sinclair, B. B., Gold, S. R., & Milner, J. S. (2001). Predicting the impact of child sexual abuse on women: The role of abuse severity, parental support, and coping strategies. *Journal of Consulting and Clinical Psychology, 69*, 992-1006.

Messick, S. (1992). Multiple intelligences or multilevel intelligence? Selective emphasis on distinctive properties of hierarchy: On Gardner's Frames on Mind and Sternberg's Beyond IQ in the context of theory and research on the structure of human abilities. *Journal of Psychological Inquiry, 1*, 305-384.

Milgram, S. (1974). *Obedience to authority: An experimental view*. Harper & Row.

Miller, G. A. (1956). The magical number seven plus or minus two: Some limits on our capacity for processing information. *Psychological Review, 63*, 81-97.

Miller, L. M. (2013). Shaken, not stirred: Emergence of neural selectivity in a "cocktail party." *Neuron, 77*(5), 806-809.

Miller, N. E. (1969). Learning of visceral and glandular responses. *Science, 163*, 434-445.

Mills, J. (1979). *Six years with God*. A & W Publishers.

Mishkin, M., Suzuki, W. A., Gadian, D. G., & Vargha-Khadem, F. (1997). Hierarchical organization of cognitive memory. *Philosophical Transactions of the Royal Society of London. Biological Science, 352*, 597–601.

Moghaddam, F. M. (2005). The staircase to terrorism: A psychological exploration. *American Psychologist, 60*, 161–169.

Montoya, R. M., & Horton, R. S. (2013). A meta-analytic investigation of the processes underlying the similarity-attraction effect. *Journal of Social and Personal Relationships, 30*(1), 64–94.

Moore, D. W. (2004, December 17). *Sweet dreams go with a good night's sleep.* Gallup News Service (gallup.com)

Morrison, M., Tay, L., & Diener, E. (2014). *Subjective well-being across the lifespan worldwide.* Paper presented at the Society for personality and Social Psychology convention, Austin, Texas.

Mountjoy, M. L., & Goolsby, M. (2015). Female athlete triad. *Handbook of sports medicine and science: The female athlete.* Wiley.

Mueller, P. A., & Oppenheimer, D. M. (2014). The pen is mightier than the keyboard: Advantages of longhand over lap-top note-taking. *Psychological Science, 25*, 1159–1168.

Murray, H. (1938). *Explorations in personality.* Oxford University Press.

Mydans, S. (2002, May 17). *In Pakistan, rape victims are the 'criminals'.* New York Times (www.nytimes.com).

Myers, D. G., & DeWall, C. N. (2019). *Psychology in everyday life* (5th ed.). Worth Publishers.

Myrtek, M. (2007). Type A behavior and hostility as independent risk factors for coronary heart disease. In J. Jordan, B. Barden, & A. M. Zeiher (Eds.), *Contributions toward evidence-based psychocardiology: A systematic review of the literature* (pp. 159–183). American Psychological Association.

Möller-Levet, C. S., Archer, S. N., Bocca, G., Laing, E. E., Slak, A., Kabijo, R., ... & Dijk, D.-J. (2013). Effects of insufficient sleep on circadian rhythmicity and expression amplitude of the human blood transcriptome. *PNAS, 110*, E1132–E1141.

Nagendra, R. P., Maruthai, N., & Kutty, B. M. (2012). Meditation and its regulatory role on sleep. *Frontiers in Neurology, 3*, 54, DOI:10.3389/fneur.2012.00054

National Sleep Foundation. (2013). *How much sleep do you really need?* Retrieved from http://www.sleepfoundation.org/article/how-sleepworks/how-much-sleep-do-we-really-need

Neitz, J., Carroll, J., & Neitz, M. (2001). Color vision: Almost reason enough for having eyes. *Optics & Photonics News, 12*, 26–33.

Neumann, N. R. (2000). The causal influence of attributions on emotions: A procedural priming approach. *Psychological Science, 11*, 179–182.

NIDA. (2005, May). Methamphetamine. *NIDA Info Facts*. National Institute on Drug Abuse.

Nielsen, T. A., Zadra, A. L., Simard, V., Saucier, S., Stenstrom, P., Smith, C., & Kuiken, D. (2003). The typical dreams of Canadian university students. *Dreaming, 13*, 211-235.

Nock, M. K. (2010). Self-injury. *Annual Review of Clinical Psychology, 6*, 339-363.

Nock, M. K., & Kesler, R. C. (2006). Prevalence of and risk factors for suicide attempts versus suicide gestures: Analysis of the National Comorbidity Survey. *Journal of Abnormal Psychology, 115*, 616-625.

Nolen-Hoeksema, S. (2019). *Abnormal psychology* (8th ed.). McGraw-Hill.

Nolen-Hoeksema, S., Fredrickson, B. L., Loftus, G. R., & Lutz, C. (2015). *Atkinson & Hilgard's introduction to psychology* (16th ed.). Cengage Learning.

NSC. (2010, January 12). NSC estimates 1.6 million crashes caused by cell phone use and texting. National Safety Council (nsc.org)

Oishi, S., Diener, E. F., Lucas, R. E., & Suh, E. M. (1999). Cross-cultural variations in predictors of life satisfaction: Perspectives from needs and values. *Personality and Social Psychology Bulletin, 25*, 980-990.

Oishi, S., Schiller, J., & Blair, E. G. (2013). Felt understanding and misunderstanding affect the perception of pain, slant, and distance. *Social Psychological and Personality Science, 4*, 259-266.

Olson, R. L., Hanowski, R. J., Hickman, J. S., & Bocanegra, J. (2009, September). *Driver distraction in commercial vehicle operation*. U.S. Department of Transportation, Federal Motor Center Safety Administration.

Orth, U., Robins, R. W., Meier, L. L., & Conger, R. D. (2016). Refining the vulnerability model of low self-esteem and depression: Disentangling the effects of genuine self-esteem and narcissism. *Journal of Personality and Social Psychology, 110*, 133-140.

Osherow, N. (1984). Making sense of the nonsensical: An analysis of Jonestown. In E. Aronson (Ed.), *Readings about the social animal* (4th ed., pp. 68-86). Freeman.

Oskarsson, A. T., Van Voven, L., McClelland, G. H., & Hastie, R. 2009). What's next? Judging sequences of binary events. *Psychological Bulletin, 135*, 262-285.

Overmier, J. B., & Murison, R. (1998). Animal models reveal the "psycho" in the psychosomatics of peptic ulcers. *Current Directions I Psychological Science, 6*, 180-184.

Ozer, E. J., Best, S. R., Lipsey, T. L., & Weiss, D. S. (2003). Predictors of posttraumatic stress disorder and symptoms in adult: A meta-analysis. *Psychological Bulletin, 1*(9), 52-73.

Palmer, D. C. (1989). A behavioral interpretation of memory. In L. J. Hayes (Ed.), *Dialogues on verbal behavior: The first international institute on verbal relations* (pp. 261-279). Context Press.

Panagopoulou, E., Maes, S., Rime, B., & Montgomery, A. (2006). Social sharing of emotion in anticipation of cardiac surgery—Effects on preoperative distress. *Journal of Health Psychology, 11*, 809–820.

Passingham, R. E., & Lau, H. C. (2017). Acting, seeing, and conscious awareness. *Neuropsychologia*. Retrieved from https://www.sciencedirect.com/science/article/pii/S0028393217302221 (February 20, 2018)

Patrick, Y., Lee, A., Raha, O., Gupta, S., Sethi, S., Mukeshimana, F., ... & Moss, J. (2017). Effects of sleep deprivation on cognitive and physical performance in university students. *Sleep and Biological Rhythms, 15*(3), 217–225.

Payne, B. K., & Corrigan, E. (2007). Emotional constraints on intentional forgetting. *Journal of Experimental Social Psychology, 43*, 780–786.

Penfield, W., & Rasmussen, T. (1950). *The cerebral cortex of man*. Macmillan.

Pennebaker, J. W. (2007). Current issues and new directions in Psychology and Health: Listening to what people say—the value of narrative and computational linguistics in health psychology. *Psychology & Health, 22*, 631–635.

Pennebaker, J. W., Gosling, S. D., & Ferrell, J. D. (2013). Daily online testing in large classes: Boosting college performance while reducing achievement gaps, *PLOS ONE, 8*(11), E79774.

Peplau, L. A., & Fingerhut, A. W. (2007). The close relationships of lesbians and gay men. *Annual Review of Psychology, 58*, 405–424.

Petrosino, J. M., DiSilvestro, D., & Ziouzenkova, O. (2014). Aldehyde dehydrogenase 1A1: friend or foe to female metabolism? *Nutrients, 6*(3), 950–973.

Petrova, P. K., Ciadini, R. B., & Sills, S. J. (2007). Consistency-based compliance across cultures. *Journal of Experimental Social Psychology, 43*(1), 104–111.

Piaget, J. (1953). *Origins of intelligence in the child*. Routledge & Kegan Paul.

Pinker, S. (1991). Rules of language. *Science, 253*, 530–555.

Pinker, S. (1998). Words and rules. *Lingua, 106*, 219–242.

Plassman, H., O'Doherty, J., Shiv, B., & Rangel, A. (2008). Marketing actions can modulate neural representation of experienced pleasantness. *PNAS, 105*, 1050–1054.

Plomin, R. (2011). Why are children in the same family so different? Nonshared environment three decades later. *International Journal of Epidemiology, 40*, 582–592.

Plous, S. (1996a). Attitudes toward the use of animals in psychological research and education: Results from a national survey of psychologists. *American Psychologist, 51*, 1167–1180.

Plous, S. (1996b). Attitudes toward the use of animals in psychological research and education: Results from a national survey of psychology majors. *Psychological Science, 7*, 352–358.

Pollak, S., Cicchetti, D., & Klorman, R. (1998). Stress, memory, and emotion: Developmental considerations from the study of child maltreatment. *Developmental Psychopathology, 10*, 811-828.

Prochaska, J. O., & Norcross, J. C. (2018). *Systems of psychotherapy: A transtheoretical analysis* (9th ed.). Oxford University Press.

Prot, S., Gentile, D., Anderson, C. A., Suzuli, K., Swing, E., Lim, K. M., ... & Lam, B. C. P. (2014). Long-term relation among procial-media use, empathy, and prosocial behavior. *Psychological Science, 25*, 358-368.

Pyszczynski, T. A., Solomon, S., & Greenberg, J. (2002). *In the wake of 9/11: The psychology of terror*. American Psychological Association.

Randall, D. K. (2012, September 22). Rethinking sleep. *The New York Times* (nytimes.com)

Randi, J. (1999, February 4). 2000 Club mailing list e-mail letter.

Randler, C., & Bausback, V. (2010). Morningness-eveningness in women around the transition through menopause and its relationship with climacteric complaints. *Biological Rhythm Research, 41*, 415-431.

Ravussin, E., and collaborators. (1988). Reduced rate of energy expenditure as a risk factor for body-weight gain. *New England Journal of Medicine, 318*, 467-472.

Ray, J. (2005, April 12). U.S. teens walk away from anger: Boys and girls manage anger differently. The Gallup Organization (www.gallup.com)

Reason, J., & Mycielska, K. (1982). *Absented-minded? The psychology of mental lapses and everyday errors*. Prentice Hall.

Reicher, S. D., Haslam, S. A., & Smith, J. R. (2012). Working toward the experimenter: Reconceptualizing obedience within the Milgram paradigm as identification-based followship. *Perspectives on Psychological Science, 7*, 315-324.

Reis, H. T., Maniaci, M. R., Caprariello, P. A., Eastwick, P. W., & Finkel, E. J. (2011). Familiarity does indeed promote attraction in live interaction. *Journal of Personality and Social Psychology, 101*, 557-570.

Ren, D., Tan, K., Arriaga, X. B., & Chan, K. Q. (2015). Sweet love: The effects of sweet taste experiences on romantic perception. *Journal of Social and Personal Relationships*. Advance online publication. doi:10.1177/0265407514554512

Resnick, M. D., Bearman, P. S., Blum, R. W., Bauman, K. E., Harris, K. M., Jones, J., ... & Udry, J. R. (1997). Protecting adolescents from harm: Findings from the national longitudinal study on adolescent health. *Journal of the American Medical Association, 278*, 823-832.

Robinson, T. N., Borzekowski, D. L. G., Matheson, D. M., & Kraemer, H. C. (2007). Effects of fast food branding on young children's taste preferences. *Archives of Pediatric and Adolescent Medicine, 161*, 792-797.

Roediger, H. L., III. (2013). Applying cognitive psychology to education: Translational educational science. *Psychological Science in the Public Interest, 14*, 1-3.

Roediger, H. L., III, & McDermott, K. B. (1995). Creating false memories: Remembering words not presented in lists. *Journal of Experimental Psychology: Learning, Memory, and Cognition, 21*, 803-814.

Roenneberg, T., Kuehnle, T., Pramstaller, P. P., Ricken, J., Havel, M., Guth, A., & Merrow, M. (2004). A marker for the end of adolescence. *Current Biology, 14*, R1038-R1039.

Roese, N. J., & Summerville, A. (2005). What we regret most ... and why. *Personality and Social Psychology Bulletin, 31*, 1273-1285.

Rogers, C. (1970). *Carl Rogers on encounter groups*. Harper & Row.

Rose, R. J., Viken, R. J., Dick, D. M., Bates, J. E., Pulkkinen, L., & Kaprio, J. (2003). It does take a village: Nonfamiliar environments and children's behavior. *Psychological Science, 14*, 273-245.

Rosenfeld, M. J. (2014). Couple longevity in the era of same-sex marriage in the United States. *Journal of Marriage and Family, 76*, 905-911.

Rosenman, R. H., Brand, R. J., Jenkins, C. D., Friedman, M., Straus, R., & Wrum, M. (1976). Coronary heart disease in the Western Collaborative Group Study: Final follow-up experience of 8 1/2 years. *Journal of the American Medical Association, 233*, 858-877.

Rosenthal, R., & Jacobson, L. (1968). *Pygmalion in the classroom: Teacher expectation and student intellectual development*. Holt, Rinehart, & Winston.

Ross, L., Amabile, T. M., & Steinmetz, J. L. (1977). Social roles, social control, and biases in social-perception processes. *Journal of Personality and Social Psychology, 35*, 485-494.

Rothbart, M., & Bates, J. (1998). Temperament. In W. Damon (Series Ed.) and N. Eisenberg (Vol. Ed.), *Handbook of child psychology: Vol. 3. Social, emotional and personality development* (5th ed., pp. 105-176). Wiley.

Rothman, A. J., & Salovey, P. (1997). Shaping perceptions to motivate healthy behavior: The role of message framing. *Psychological Bulletin, 121*, 3-19.

Rozin, P., Haidt, J., & McCauley, C. R. (2000). Disgust. In M. Lewis & J. M. Havland-Jones (Eds.), *Handbook of emotions* (2nd ed., pp. 637-653). Guilford Press.

Rubenstein, L. M., Freed, R. D., Shapero, B. G., Fauber, R. L., & Alloy, L. B. (2016, June). Cognitive attributions in depression: Bridging the gap between research and clinical practice. *Journal of Psychotherapy Integration, 26*, 103-115 http://dx.doi.org/10.1037/int0000030

Rubin, Z. (1973). *Liking and loving*. Holt, Rinehart & Winston.

Ruchlis, H. (1990). *Clear thinking: A practical introduction*. Prometheus Books.

Rudman, L. A., & Borgida, E. (1995). The afterglow of construct accessibility: The behavioral consequences of priming men to view women as sexual objects. *Journal of*

Experimental Social Psychology, 31, 493-517.

Rutter, M., Quinton, D., & Hill, J. (1990). Adult outcome of insttution-reared children: Males and females compared. In L. Robins (Ed.), *Straight and devious pathways from childhood to adulthood* (pp. 135-157). Cambridge University Press.

Salovey, P. (1990, January/February). Interview. *American Scientist*, pp. 25-29.

Salthouse, T. A., & Mandell, A. R. (2013). Do age-related increases in tip-of-the tongue experiences signify episodic memory impairments? *Psychological Science, 24*, 2489-2497.

Sayette, M. A., Schooler, J. W., & Reichle, E. D. (2010). Out for a smoke: The impact of cigarette craving on zoning out during reading. *Psychological Science, 21*, 26-30.

Scarr, S. (1993, May/June). Quoted in Nature's thumbprint: So long, superparents. *Psychology Today*, p. 16.

Schab, F. R. (1991). Odor memory: Taking stock. *Psychological Bulletin, 109*, 242-251.

Schacter, D. L. (1996). *Searching for memory: The brain, the mind, and the past.* Basic Books.

Schlomer, G. L., Del Giudice, M., & Ellis, B. J. (2011). Parent off-spring conflict theory: An evolutionary framework for understanding conflict within human families. *Psychological Review, 118*, 496-521.

Schooler, J. W., Gerhard, D., & Loftus, E. F. (1986). Qualities of the unreal. *Journal of Experimental Psychology: Learning, Memory, and Cognition, 12*, 171-181.

Schredl, M. (2007). Dream recall: Models and empirical data. In D. Barrett & P. McNamara (Eds.), *The new science of dreaming, Vol. 2: Content, recall and personality correlates* (pp. 79-114). Praeger Perspectives.

Scott, K. M., Wells, J. E., Angermeyer, M., Brugha, T. S., Bromet, E., Demyttenaere, K., ... & Kessler, R. C. (2010). Gender and the relationship between marital status and first onset of mood, anxiety and substance use disorders. *Psychological Medicine, 40*, 1495-1505.

Scullin, M. K., & McDaniel, M. A. (2010). Remembering to execute a goal: Sleep on it! *Psychological Science, 21*, 1028-1035.

Segerstrom, S. C. (2007). Optimism and resources: Effects on each other and on health over 10 years. *Journal of Research in Personality, 41*, 772-786.

Segerstrom, S. C., Taylor, S. E., Kemeny, M. E., & Fahey, J. L. (1998). Optimism is associated with mood, coping, and immune change in response to stress. *Journal of Personality and Social Psychology, 74*, 1646-1655.

Seligman, M. E. P. (1975). *Helplessness*. Freeman.

Seligman, M. E. P., & Binik, Y. M. (1977). The safety signal hypothesis. In H. Davis & H. Hurwitz (Eds.), *Pavlovian operant interactions*. Erlbaum.

Senju, A., Southgate, V., White, S., & Frith, U. (2009). Mindblind eye: An absence of spontaneous theory of mind in Asperger syndrome. *Science, 325*, 883-885.

Shallcross, A. J., Ford, B. Q., Floerke, V. A., & Mauss, I. B. (2013). Getting better with age: The relationship between age, acceptance, and negative affect. *Journal of Personality and Social Psychology, 104*, 734-749.

Shanahan, L., McHale, S. M., Osgood, D. W., & Crouter, A. C. (2007). Conflict frequency with mothers and fathers from middle childhood to late adolescence: Within-and between families comparisons. *Developmental Psychology, 43*, 539-550.

Shargorodsky, J., Curhan, S. G., Curhan, G. C., & Eavey, R. (2010). Changes of prevalence of hearing loss in US adolescents. *Journal of the American Medical Association, 304*, 772-778.

Sheldon, K. M., Elliot, A. J., Kim, Y., & Kasser, T. (2001). What is satisfying about satisfying events? Testing 10 candidate psychological needs. *Journal of Personality and Social Psychology, 80*, 325-339.

Shiromani, P. J., Horvath, T., Redline, S., & Van Cauter, E. (Eds.) (2012). *Sleep and obesity: Intersecting epidemics*. Springer Science.

Siegel, R. K. (1984, March 15). Personal communication.

Silke, A. (2003). Deindividuation, anonymity, and violence: Findings from Northern Ireland. *Journal of Social Psychology, 143*(4), 494-499.

Simek, T. C., & O'Brien, R. M. (1981). *Total golf: A behavioral approach to lowering your score and getting more out of your game*. B-MOD Associates.

Simonton, D. K. (1992). The social context of career success and course for 2,026 scientists and inventors. *Personality and Social Psychology Bulletin, 18*, 452-463.

Singh, D. (1995). Female health, attractiveness, and desirability for relationships: Roleof breast asymmetry and waist-to-hip ratio. *Ethology and Sociobiology, 16*, 465-481.

Sizemore, R. C. (2012). How does stress affect the immune response? *Cell & Developmental Biology*, doi: 10.4172/cdb.1000e101. Accessed February 9, 2014 from http://www.omicsgroup.org/journals/CDB/CDB-1-e101.pdf

Skinner, B. F. (1953). *Science and human behavior*. Macmillan.

Skinner, B. F. (1956). A case history in scientific method. *American Psychologist, 11*, 221-233.

Skinner, B. F. (1989). Teaching machines. *Science, 243*, 1535.

Sklar, L. S., & Anisman, H. (1981). Stress and cancer. *Psychological Bulletin, 89*, 369-406.

Slaughter, V., Imuta, K., Peterson, C. C., & Henry, J. D. (2015). Meta-analysis of theory of mind and peer popularity in the preschool and early school years. *Child Development, 86*, 1159-1174.

Smith, K. E., Mason, T. B., Crosby, R. D., Engel, S. G., Crow, S. J., Wonderlich, S. A., & Peterson, C. B. (2018). State and trait positive and negative affectivity in relation to restraint intention and binge eating among adults with obesity. *Appetite, 120*, 327-334.

Smith, M. L., & Glass, G. V. (1977). Meta-analysis of psychotherapy outcome studies. *American Psychologist, 32*, 752-760.

Soto, C. J. (2014). Is happiness good for your personality? Concurrent and prospective relations of the Big Five with subjective well-being. *Journal of Personality*, doi: 10.1111/jopy.12081

Sperling, G. (1960). The information available in brief visual presentation. *Psychological Monographs, 74* (Whole No. 498).

Sperry, R. W. (1964). Problems outstanding in the evolution of brain function. James Arthur Lecture, American Museum of Natural History, Cited by R. Ornstein (1977). *The psychology of consciousness* (2nd ed.). Harcourt Brace Jovanovich.

Spiegler, M. D. (2016). *Contemporary behavior therapy* (6th ed.). Cengage Learning.

Spielberger, C., & London, P. (1982). Rage boomerangs. *American Health, 1*, 52-56.

Stayton, D. J. (1973, March). *Infant responses to brief everyday separations: Distress, following, and greeting*. Paper presented at the meeting of the Society for Research in Child Development.

Steinberg, L., & Morris, A. S. (2001). Adolescent developent. *Annual Review of Psychology, 52*, 83-110.

Steinberg, N. (1993, February). Astonishing love stories (from an earlier United Press International report). *Games*, p. 47.

Steiner, J. E. (1979). Human facial expressions in response to taste and smell stimulation. *Advances in Child Development and Behavior, 13*, 257-295.

Sternberg, R. J. (2018). *The nature of human intelligence*. Cambridge University Press.

Stice, E., Martti, C. N., & Rohde, P. (2013a). Prevalence, incidence, impairment, and course of the proposed DSM-5 eating disorder diagnoses in an 8-year prospective community study of young women. *Journal of Abnormal Psychology, 122*(2), 445-457.

Stice, E., Rohde, P., Shaw, H., & Marti, C. N. (2013b). Efficacy trial of a selective prevention program targeting both eating disorders and obesity among female college students: 1- and 2-year follow-up effects. *Journal of Consulting and Clinical Psychology, 81*(1), 183-189.

Stith, S. M., Rosen, K. H., Middleton, K. A., Busch, A. L., Lunderberg, K., & Carlton, R. P. (2000). Intergenerational transmission of spouse abuse: A meta-analysis. *Journal of Marriage and the Family, 62*, 640-654.

Storms, M. D., & Thomas, G. C. (1977). Reactions to physical closeness. *Journal of Personality and Social Psychology, 35*, 412-418.

Streissguth, A. P., Aase, J. M., Clarren, S. K., Randels, S. P., LaDue, R. A., & Smith, D. F. (1991). Fetal alcohol syndrome in adolescents and adults. *Journal of the American Medical Association, 265*, 1961-1967.

Stroebe, W., Insko, C. A., Thompson, V. D., & Layton, B. D. (1971). Effects of physical attractiveness, attitude, similarity and sex on various aspects of interpersonal attraction. *Journal of Personality and Social Psychology, 18*, 79–91.

Stunkard, A. J., Harris, J. R., Pedersen, N. L., & McClearn, G. E. (1990). A separated twin study of the body mass index. *New England Journal of Medicine, 322*, 1483–1487.

Sun-Edelstein, C., & Mauskop, A. (2012). Complementary and alternative approaches to the treatment of tension-type headache. *Current Pain and Headache Reports, 16*(6), 539–544.

Swets, J. A., & Bjork, R. A. (1990). Enhancing human performance: An evalution of "new age" techniques considered by the U. S. Army. *Psychological Science, 1*, 85–96.

Talarico, J. M., & Moore, K. M. (2012). Memories of "The Rivalry": Differences in how fans of the winning and losing teams remember the same game. *Applied Cognitive Psychology, 26*, 746–756.

Talarico, J. M., & Rubin, D. C. (2003). Confidence, not consistency, characterizes flashbulb memories. *Psychological Science, 14*, 455–461.

Taylor, A., Goehler, L., Galper, D., Innes, K., & Bourguignon, C. (2010). Top-down and bottom-up mechanisms in mind-body medicine. *EXPLORE: Journal of Science and Healing*, *6*(1), 29–41.

Teitelbaum, P., & Epstein, A. N. (1962). The lateral hypothalamic syndrome: Recovery of feeling and drinking after lateral hypothalamic lesions. *Psychological Review, 69*, 74–90.

Thomas, A., & Chess, S. (1986). The New York longitudinal study: From infancy to early adult life. In R. Plomin & J. Dunn (Eds.), *The study of temperament: Changes, continuities and challenges* (pp. 39–52). Erlbaum.

Thomas, A., Chess, S., Birch, H., Hertzig, M., & Korn, S. (1963). *Behavioral individuality in early childhood*. New York University Press.

Thomas, A., & Chess, S. (1977). *Temperament and Development*. Brunner/Mazel.

Thomas, A., Chess, S., & Birch, H. (1970). The origins of personality. *Scientific American, 223*, 102–109.

Toews, P. (2004, December 30). Dirk Wilems: A heart undivided. Mennonite Brethern Historical Commission (nbhistory.org/profiles/dirk.en.html).

Tolman, E. C. (1932). *Purpose behavior in animals and men*. Appleton-Century-Crofts. (Reprinted 1967. Irvington.)

Tolman, E. C., & Honzik, C. H. (1930). Introduction and removal of reward, and maze performance in rats. *University of California Publications in Psychology, 4*, 257–275.

Tomkins, S. S. (1962). *Affect, imagery, consciousness: Vol. 1. The positive affects*. Springer.

Tracy, J. L., & Robins, R. W. (2004). Show your pride: Evidence for a discrete emotion expression. *Psychological Science, 15*, 194–197.

Treisman, A. (1987). Properties, parts, and objects. In K. R. Boff, L. Kaufman, & J. P. Thomas (Eds.), *Handbook of perception and human performance* (pp. 35-1-35-70). Wiley.

Tsang, Y. C. (1938). Hunger motivation in gastrectomized rats. *Journal of Comparative Psychology, 26*, 1-17.

Tumwesigye, N. M., Wanyenze, R. K., & Greenfield, T. K. (2012). Intoxication before last sexual intercourse and HIV risk behavior among men and women in Uganda: Evidence from a nationwide survey. *International Journal of Alcohol and Drug Research, 1*(1), 17.

Tversky, A., & Kahneman, D. (1974). Judgment under uncertainty: Heuristics and biases. *Science, 185,* 1124-1131.

Tversky, A., & Kahneman, D. (1982). Judgment under uncertainty. In D. Kahneman, P. Slovic, & A. Tversky (Eds.), *Judgment under uncertainty: Heuristics and biases* (pp. 3-22). Cambridge University Press.

Urry, H. L., & Gross, J. J. (2010). Emotion regulation in older age. *Current Directions in Psychological Science, 19*, 353-357.

Vignovic, J. A., & Thompson, L. F. (2010). Computer-mediated cross-cultural collaboration: Attributing communication errors to the person versus the situation. *Journal of Applied Psychology, 95*, 265-276.

Vyse, S. (2016, March/April). Guns feeling safe≠being safe. *Skeptical Inquirer*, pp. 27-30.

Wade, T. D., Wilksch, S. M., Paxton, S. J., Byrne, S. M., & Austin, S. B. (2015). How perfectionism and ineffectiveness influence growth of eating disorder risk in young adolescent girls. *Behaviour Research and Therapy*, *66*, 56-63.

Wagner, D., Becker, B., Koester, P., Gouzoulis-Mayfrank, E., & Daumann, J. (2012). A perspective study of learning, memory, and executive function in new MDMA users. *Addiction, 108*, 136-145.

Walker, W. R., Skowronski, J. J., & Thompton, C. P. (2003). Life is pleasant-and memory helps to keep it that way! *Review of General Psychology, 7*, 203-210.

Wallace, D. M., & Hinsz, V. B. (2009). Group members as actors and observers in attributions of responsibility for group performance. *Small Group Research*, *40*(1), 52-71.

Wang, J. X., Rogers, L. M., Gross, E. Z., Ryals, A. J., Dokucu, M. E., Brandstatt, K. L., ... & Voss, J. L. (2014). Targeted enhancement of cortical-hippocampal brain networks and associative memory. *Science, 345*, 1054-1057.

Wang, Z., Lukowski, S. L., Hart, S. A., Lyons, I. M., Thompson, I. A., Kovas, Y., ... & Petrill, S. A. (2015). Is math anxiety always bad for math learning? The role of math motivation. *Psychological Science, 26*, 1863-1876.

Ward, K. D., Klesges, R. C., & Halpern, M. T. (1997). Prediction for smoking cessation and state-of-the-art smoking interventions. *Journal of Social Issues, 53*, 129-145.

Watson, J. B. (1913). Psychology as the behaviorist views it. *Psychological Review, 20*, 158-177.

Watson, J. B., & Rayner, R. (1920). Conditioned emotional reactions. *Journal of Experimental Psychology, 3*, 1-14.

Wegner, D. M. (2002). *The illusion of conscious will* (pp. 86, 272). MIT Press.

Wenze, S. J., Gunthert, K. C., & German, R. E. (2012). Biases in affective forecasting and recall in individuals with depression and anxiety symptoms. *Personality and Social Psychology Bulletin, 38*, 895-906.

White, R. A. (1998). Intuition, heart knowledge, and parapsychology. *Journal of the American Society for Psychical Research, 92*, 158-171.

Whitehead, B. D., & Popenoe, D. (2001). *The state of our unions 2001: The social health of marriage in America.* Rutgers University: The National Marriage Project.

WHO (World Health Organization). (2007). Deaths from coronary heart disease. Retrieved from http://www.who.int/cardiovascular_disease/en/cvd_atlas_14_deathHD.pdf on October 31, 2007

WHO. (2010, September). *Mental health: Strengthening our response.* Geveva: World Health Organization (who.int).

WHO. (2012, May). *Tobacco: Fact sheet No. 339.* Geneva: World Health Organization (who.int).

WHO. (2014). *Mental disorders.* World Health Organization (who.int/mediacentre/factsheets/fs396/en/).

Wierson, M., & Forehand, R. (1994). Parent behavioral training for child noncompliance: Rationale, concepts, and effectiveness. *Current Directions in Psychological Science, 3*, 146-149.

Williams, R. (2017). Anger as a basic emotion and its role in personality building and pathological growth: The neuroscientific, developmental, and clinical perspectives. *Frontiers in Psychology*, DOI: 10.3389/fpsyg.2017.10950

Willingham, D. T. (2010, Summer). Have technology and multitasking rewired how students learn? *American Educator, 42*, 23-28.

Witt, J. K., & Brockmole, J. R. (2012). Action alters object identification: Wielding a gun increases the bias to see guns. *Journal of Experimental Psychology: Human Perception and Performance, 38*, 1159-1167.

Witt, J. K., & Proffitt, D. R. (2005). See the ball, hit the ball: Apparent ball size is correlated with batting average. *Psychological Science, 16*, 937-938.

Wolfinger, N. H. (2015). *Want to avoid divorce? Wait to get married but not too long.* Institute for Family Studies (family-studies.org/want-to-avoid-divorce-wait-to-getmarried-but-not-too-long/)

Wood, W., Labrecque, J. S., Lin, P.-Y., & Rünger, D. (2014). Habits in dual process models. In J. Sherman, B. Gawronski, & Y. Trope (Eds.), *Dual process theories of the social mind* (pp. 371-385). Guilford Press.

Wrosh, C., & Miller, G. E. (2009). Depressive symptoms can be useful: Self-regulatory and emotional benefits of dysphoric mood in adolescence. *Journal of Personality and Social Psychology, 96*, 1181-1190.

Yu, B., Zhang, W., Jing, Q., Peng, R., Zhang, G., & Simon, H. A. (1985). STM capacity for Chinese and English language materials. *Memory and Cognition, 13*, 202-207.

Zajonc, R. B. (2001). Mere exposure: A gateway to the subliminal. *Current Directions in Psychological Science, 10*, 224-228.

Zauberman, G., & Lynch, J. G., Jr. (2005). Resource slack and propensity to discount delayed investments of time versus money. *Journal of Experimental Psychology: General, 134*, 23-37.

Zhong, C. -B., & Leonardelli, G. J. (2008). Cold and lonely: Does social exclusion literally feel cold? *Psychological Science, 19*, 838-842.

Zimbardo, P. G. (1969). The human choice: Individuation, reason and order vs. deindividuation, impulse, and chaos. In W. J. Arnold & D. Levine (Eds.), *Nebraska symposium on motivation* (pp. 237-307). University of Nebraska Press.

Zimbardo, P. G. (1972). Pathology of imprisonment. *Society, 9*, 4-8.

Zimbardo, P. G. (2001, September 16). Fighting terrorism by understanding man's capacity for evil. Op Ed Essay distributed by spsp-discuss@stolaf.edu

Zogby, J. (2006, March). *Survey of teens and adults about the use of personal electronic devices and headphones*. Zogby International.

외교부(http://www.mofa.go.kr)

http://peace.saumag.edu

https://psicologiaymente.com/

http://udallasnews.com/

http://www.hani.co.kr/

http://www.minddisorders.com

http://www.nypcrc.org/groups

http://www.saint-petersburg.com/famous-people/ivan-pavlov/

https://abcnews.go.com/

https://airtravelinfo.kr/

https://brunch.co.kr/

https://en.wikipedia.org/

https://ko.sainte-anastasie.org/
https://miepvonsydow.wordpress.com
https://news.harvard.edu/
https://news.sbs.co.kr
https://psychologyhub.co.uk/
https://universe.byu.edu
https://www.holocaust.com.au
https://www.npr.org/
https://www.paulekman.com/
https://www.personalitypsychbp.weebly.com
https://www.proedinc.com
https://www.psychologicalscience.org
https://www.researchgate.net
https://www.simplypsychology.org/

찾아보기

인명

내용

저자 소개

강진령(姜鎭靈 / Jin-ryung Kang, Ph.D. in Counseling Psychology)

미국 인디애나 대학교 상담심리학 석사(M.S.) · 박사(Ph.D.)
미국 일리노이 주립대학교 임상인턴
미국 플로리다 대학교 초빙교수 역임
현 경희대학교 교수

〈주요 저서〉

쉽게 풀어 쓴 상담이론과 실제(학지사, 2023)
상담과 심리치료: 이론과 실제(2판, 학지사, 2022)
학생 생활지도와 상담(학지사, 2022)
상담연습: 치료적 대화 기술(2판, 학지사, 2022)
상담심리학(학지사, 2020)
집단상담과 치료: 이론과 실제(학지사, 2019)
집단상담의 실제(3판, 학지사, 2019)
상담연습: 치료적 의사소통 기술(학지사, 2016)
학교상담과 생활지도: 이론과 실제(학지사, 2015)
반항적인 아동 · 청소년 상담(공저, 학지사, 2014)
상담과 심리치료(개정판, 양서원, 2013)
집단과정과 기술(학지사, 2012)
학교 집단상담(학지사, 2012)
상담자 윤리(공저, 학지사, 2009)
상담심리용어사전(양서원, 2008) 외 다수

〈주요 역서〉

APA 논문작성법(원서 7판, 학지사, 2022)
DSM-5 아동 · 청소년 정신건강 가이드북(학지사, 2018)
DSM-5 노인 정신건강 가이드북(학지사, 2018)
DSM-5 진단사례집(학지사, 2018)
DSM-5 가이드북(학지사, 2018)
학교상담 핸드북(학지사, 2017)
상담심리치료 수퍼비전(학지사, 2017)
DSM-5 Selections(전 6권, 학지사, 2017)
학교에서의 DSM-5 진단(시그마프레스, 2017)
DSM-5 임상사례집(학지사, 2016)
APA 논문작성법(6판, 학지사, 2013)
간편 정신장애진단 통계 편람/DSM-IV-TR: Mini-D(학지사, 2008) 외 다수

쉽게 풀어 쓴

심리학개론

Introduction to Psychology

2023년 3월 20일 1판 1쇄 인쇄
2023년 3월 25일 1판 1쇄 발행

지은이 • 강진령
펴낸이 • 김진환
펴낸곳 • (주) 학지사

04031 서울특별시 마포구 양화로 15길 20 마인드월드빌딩
대표전화 • 02)330-5114 팩스 02)324-2345
등록번호 • 제313-2006-000265호

홈페이지 • http://www.hakjisa.co.kr
페이스북 • https://www.facebook.com/hakjisabook

ISBN 978-89-997-2874-7 93180

정가 28,000원

저자와의 협약으로 인지는 생략합니다.
파본은 구입처에서 교환해 드립니다.